西洋建築史

メソポタミアとエジプト建築から
バロック建築の発展まで

I

デイヴィッド・ワトキン 著

白井秀和 訳

中央公論美術出版

A History of Western Architecture, Fifth Edition
by
David Watkin

Copyright©David Watkin, 2011
Japanese Translation by Hidekazu Shirai
Published 2014 in Japan by Chuo-Koron Bijutsu Shuppan Co.,Ltd.
ISBN978-4-8055-0709-4

Japanese translation rights arranged
with Laurence King Publishing
through Toppan Printing Co., Ltd., Tokyo

口絵1〔図164〕　アーヘン：宮廷礼拝堂のドーム（790年頃-800年頃）

口絵2〔図165〕　サンタポリナーレ・ヌオーヴォのバシリカ、ラヴェンナ（490年、テオドリック大王により着工され、549年に献堂）

口絵3〔図169〕　ヴァシーリー・ブラジェンヌイ〔聖ヴァシーリー〕大聖堂、モスクワ（1555-60年）、建築家バルマとポスニクによる

口絵4〔図170〕　サン・マルコ、ヴェネツィア（1063年着工）：交差部と中央のドーム

口絵5〔図175〕　サン・ミニアート・アル・モンテの西正面、フィレンツェ（11世紀から12世紀まで）

口絵6〔図236〕　サント＝シャペルの内部、パリ（1243-8年）

口絵7〔図241〕　リンカーン大聖堂：身廊（1233年にヴォールト化）

口絵8〔図242〕　ブリストル大聖堂：内陣と南側側廊のヴォールト架構（1298年-1330年頃）

口絵9〔図247〕　グアダラハラのパラシオ・デル・インファンタード〔親王・王子の宮殿〕(1480-3年)、フアン・グアスによる

口絵10〔図348〕　フィレンツェと大聖堂の全体の眺望

口絵11〔図361〕　シャンボールの城館、1519年着工、ドメーニコ・ダ・コルトーナによる

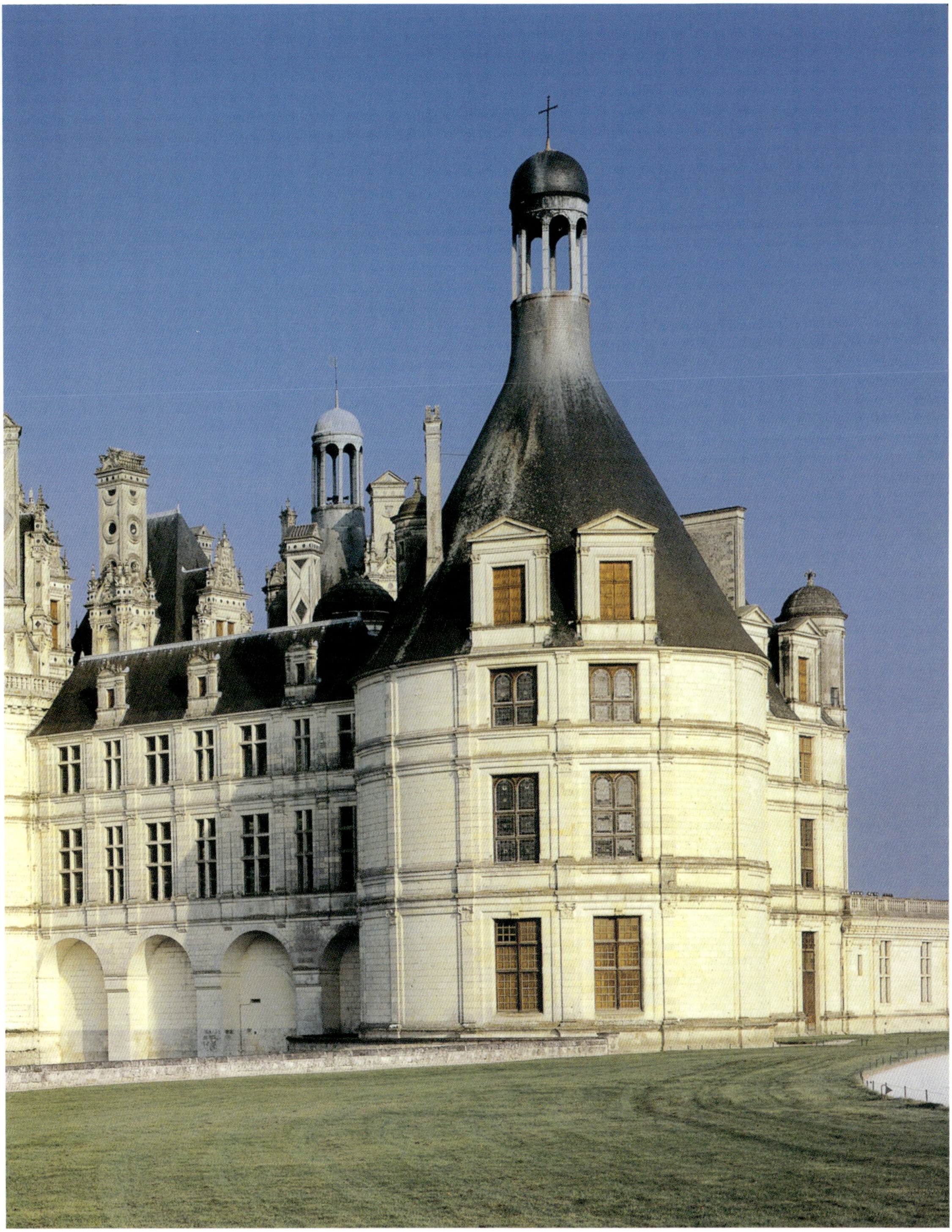

口絵12〔図354〕　サン・ピエトロ大聖堂の身廊、ローマ、カルロ・マデルナによる（1607年-14年頃）。ベルニーニによるバルダッキーノ（1624-33年）を見る

口絵13〔図355〕　ミケランジェロ：メディチ家礼拝堂もしくは新聖具室（1519-34年）

口絵14〔図365〕　パラッツォ・コルネール・デッラ・カ・グランデ、ヴェネツィア、サンソヴィーノによる（16世紀半ば）

口絵15〔図366〕　フォンテーヌブローのフランソワ1世のギャラリー。ロッソとプリマティッチョによる、ストゥッコ細工と絵画（1530年代）を見る

口絵16〔図371〕 クイーンズ・ハウス、グリニッジ、イニゴー・ジョーンズによる、1616年着工。1661年にジョン・ウェッブによって増築された

口絵17〔図498〕　サン・ピエトロ広場のベルニーニによる列柱廊、ローマ（1656年着工）

口絵18〔図499〕　サン・カルロ・アッレ・クワットロ・フォンターネのドームの内部、ローマ、ボッロミーニによる（1637-41年）

口絵19〔図503〕　アマーリエンブルクの鏡の間(ミラー・ルーム)、ミュンヒェン、キュヴィイエによる（1734-9年）。ヨハン・バプティスト・ツィンマーマンによるストゥッコ細工を伴う

口絵20〔図508〕 「戦争の間」、ヴェルサイユ（1678年着工）、コワズボックスによるルイ14世の浮き彫り(レリーフ)と、右側には、「鏡の間」(ギャルリー・デ・グラース)がある

口絵21〔図509〕　ヴュルツブルクの領主司教館(レジデンツ)の礼拝堂（1732-44年）、ノイマンによる

口絵22〔図513〕　ヴィースキルヒェ（1746-54年）、ドミニクス・ツィンマーマンによる

口絵23〔図514〕　トランスパレンテ（1721-32年）、トレード大聖堂内、ナルシソ・トメーによる

目　次

序文〔緒言〕 ………………………………………………………………………… 7
第1章　メソポタミアとエジプト ………………………………………………… 11
　　メソポタミア ……………………………………………………………………… 11
　　エジプト …………………………………………………………………………… 16
　　　　サッカーラから大ピラミッドまで ……………………………………… 18
　　　　テーベ ………………………………………………………………………… 20
　　　　カルナックとルクソール ………………………………………………… 20
　　　　プトレマイオス朝時代 ……………………………………………………… 23
第2章　古典的基盤：ギリシャ、ヘレニスティック〔ヘレニズム、汎ギリシャ〕、ローマ …………………………………………………………… 25
　　青銅器時代の遺産 ………………………………………………………………… 25
　　　　ミュケナイ …………………………………………………………………… 27
　　　　ヘレニック文化 ……………………………………………………………… 31
　　　　　　アルカイック（古拙）期の諸神殿　紀元前600年頃-480年 …… 33
　　　　イオニア式の興隆 …………………………………………………………… 43
　　　　古典的様相：紀元前480-400年 …………………………………………… 44
　　ヘレニスティック〔汎ギリシャ的〕背景 …………………………………… 55
　　　　紀元前4世紀のギリシャ本土とコリント式オーダーの発展 ………… 56
　　　　　　劇場の数々 ……………………………………………………………… 58
　　　　紀元前4世紀と紀元前3世紀の小アジア ………………………………… 60
　　　　紀元前2世紀：宗教建築と世俗建築 ……………………………………… 62
　　　　都市計画 ……………………………………………………………………… 65
　　　　　　ギリシャのアゴラ ……………………………………………………… 66
　　　　　　住居建築 ………………………………………………………………… 73
　　ローマの興隆 ……………………………………………………………………… 77
　　　　共和政の建築 ………………………………………………………………… 81
　　　　フォルム〔広場〕、バシリカ、神殿：ローマの統合 ………………… 88
　　　　　　凱旋門 …………………………………………………………………… 95
　　　　宮殿、別荘、そしてコンクリートによる新しい建築 ………………… 97
　　　　　　ハドリアヌス帝によって製作を依頼された他の建物群 ……… 104

　　　　　浴場 …………………………………………………………………… 111
　　　　　都市計画 ………………………………………………………………… 114
　　　　　コンスタンティヌス帝とキリスト教の採択 ……………………………… 122

第3章　初期キリスト教とビザンティン …………………………………… 125
　　　　ローマ ……………………………………………………………………… 125
　　　　コンスタンティノープル、サロニカ、そしてラヴェンナ ………………… 130
　　　　　ハギア〔アギア〕・ソフィア ……………………………………………… 133
　　　　　コンスタンティノープルとラヴェンナにおける他の6世紀の教会堂 …… 137
　　　　末期ビザンティン建築 …………………………………………………… 140
　　　　　ロシア …………………………………………………………………… 143
　　　　　サン・マルコ、ヴェネツィア ……………………………………………… 145
　　　　　シチリアとフランス ……………………………………………………… 148

第4章　カロリング朝とロマネスク ………………………………………… 151
　　　　修道院制度の興隆 ………………………………………………………… 151
　　　　　カロリング朝ルネサンス ………………………………………………… 152
　　　　9世紀から11世紀初めまでの、大ブリテン島とスペイン ………………… 159
　　　　　大ブリテン島 …………………………………………………………… 159
　　　　　スペイン ………………………………………………………………… 161
　　　　オットー朝の建築とその影響 …………………………………………… 164
　　　　10世紀と11世紀初期のフランス ………………………………………… 172
　　　　11世紀および12世紀のノルマンディーとイングランド ………………… 176
　　　　フランスとスペインの巡礼教会堂 ………………………………………… 187
　　　　クリュニー第3修道院と、フランス・ロマネスクの地方諸派 ……………… 191
　　　　11世紀と12世紀のスペイン ……………………………………………… 199
　　　　イタリア …………………………………………………………………… 201
　　　　　ロンバルディア地方 ……………………………………………………… 202
　　　　　トスカーナ地方 ………………………………………………………… 204

第5章　ゴシックの試み ……………………………………………………… 209
　　　　フランス …………………………………………………………………… 210
　　　　　「新しい光」：大修道院長シュジェールとゴシックの紀元 ……………… 210
　　　　　イル＝ド＝フランス地方における他の大聖堂：サンス、ノワイヨン、ラン、そしてパリ … 213
　　　　　シャルトル ……………………………………………………………… 217
　　　　高期ゴシック：ランス、アミアン、ボーヴェ、そしてブールジュ …………… 219
　　　　宮廷様式とレヨナン・ゴシック …………………………………………… 224

　　　　ホール式〔広間型〕教会堂〔ハルレンキルヒェ〕……………………………………… 227
　　　　フランボワヤン〔フランボワイヤン〕様式 ……………………………………… 230
　　　　中世フランスの世俗建築 ……………………………………………………… 230
　　イングランド〔イギリス〕………………………………………………………………… 234
　　　　カンタベリー〔キャンタベリー〕とその衝撃 ……………………………………… 234
　　　　リンカーンとその衝撃 ………………………………………………………… 239
　　　　ウェストミンスター・アビイ …………………………………………………… 241
　　　　ウェストミンスターの衝撃と華飾式（デコレイティッド・スタイル）の起源 …………………………………… 242
　　　　　　ウェルズ、ブリストル、そしてイーリーにおける華飾式 ……………………… 244
　　　　セイント・スティーヴンズ・チャペルと垂直式の諸起源 …………………………… 247
　　　　　　グロスターの垂直式 ……………………………………………………… 249
　　　　　　後期垂直式とファン〔扇状〕・ヴォールト ………………………………… 249
　　　　教区教会堂と世俗建築 ………………………………………………………… 252
　　　　　　オックスフォードとケンブリッジのカレッジ群 ………………………………… 256
　　ドイツと中央ヨーロッパ、ベルギー、イタリア、スペイン、ポルトガル ………………… 257
　　　　ケルン、プラハ、そしてパルラー一族（ダイナスティ） ………………………………… 258
　　　　ドイツの後期ゴシック …………………………………………………………… 264
　　　　　　リートとボヘミア ………………………………………………………… 267
　　　　ドイツとボヘミアの世俗建築 ……………………………………………………… 269
　　　　ベルギー ……………………………………………………………………… 271
　　　　イタリアにおける初期ゴシック ………………………………………………… 271
　　　　　　フィレンツェとミラノの大聖堂 ………………………………………… 274
　　　　　　イタリアの世俗建築 ……………………………………………………… 277
　　　　13世紀と14世紀におけるスペインのゴシック ……………………………… 280
　　　　　　フアン・グアスとイサベラ様式 ………………………………………… 283
　　　　　　スペインの世俗建築 ……………………………………………………… 286
　　　　ポルトガルのゴシック …………………………………………………………… 288
　都市計画 ……………………………………………………………………………… 290
　　　　市民という個性（アイデンティティ）の興隆（ライズ） ……………………………………………………… 290
　　　　建築規則 ……………………………………………………………………… 291
　　　　ローマの記念建造物と景観とに対する対応 ……………………………………… 292
　　　　新しい町 ……………………………………………………………………… 292

第6章　ルネサンスの調和 …………………………………………………… 295
　ルネサンスの誕生 ………………………………………………………………………… 296
　　　　フィレンツェとブルネッレスキ …………………………………………………… 296

  アルベルティ ……………………………………………………………… 302
  ピエンツァ、ウルビーノ、そしてフィレンツェにおける宮殿群と都市計画 …… 306
  フィラレーテとレオナルド ……………………………………………… 310
 高期〔盛期〕ルネサンス ……………………………………………………… 312
  ローマ：ブラマンテ ……………………………………………………… 312
  ブラマンテからマデルノまでのサン・ピエトロ ……………………… 316
  ラファエッロ、ペルッツィ、そしてアントーニオ・ダ・サンガッロ年若〔ザ・ヤンガー〕…… 318
  マントヴァでの逸脱：ジューリオ・ロマーノ ………………………… 322
  ミケランジェロ …………………………………………………………… 325
  ヴェローナとヴェネツィアにおける高期ルネサンス：サンミケーリと
   サンソヴィーノ ………………………………………………………… 332
  ヴィニョーラとバロックの諸起源 ……………………………………… 335
  パラーディオと高期ルネサンスの調和 ………………………………… 340
 イタリア以外〔外部〕のルネサンス ………………………………………… 349
  フランソワ1世統治下のフランス ……………………………………… 349
   フランス古典主義の確立：レスコー、ド・ロルム、そしてビュラン …… 355
   ド・ブロス、ルメルシエ、そしてマンサールによる古典主義の発展 …… 361
  スペイン …………………………………………………………………… 365
  ドイツ ……………………………………………………………………… 369
  東ヨーロッパ ……………………………………………………………… 374
  ネーデルランド〔オランダ〕 …………………………………………… 377
  イングランドと「驚異〔偉観〕の館〔プラダジー・ハウス〕」の成長 …… 380
   イニゴー・ジョーンズと高期ルネサンスの明快さ ………………… 385
 都市計画 ………………………………………………………………………… 389
  理想都市の数々 …………………………………………………………… 389
  広場〔スクエア〕の創造 ………………………………………………… 390
  記念碑的な街路〔ストリート〕〔通り〕 ……………………………… 391
  スペインとフランスにおける都市計画 ………………………………… 392

第7章　バロックの拡がり ……………………………………………………… 395
 イタリア ………………………………………………………………………… 395
  バロックの創造：ベルニーニ …………………………………………… 395
  ひとつの個性的な声〔もの言う力〕：ボッロミーニ ………………… 400
  ピエトロ・ダ・コルトーナ ……………………………………………… 407
  後期バロック・ローマの対照をなす潮流 ……………………………… 412

  ピエモンテ地方：グァリーニ、ユヴァッラ、そしてヴィットーネ………… 417
  ジェノヴァ、ミラノ、ボローニャ、そしてヴェネツィア ………………… 428
  ナポリとシチリア ………………………………………………………… 434
イタリア外部のバロック …………………………………………………………… 441
  フランス…………………………………………………………………… 441
    ヴェルサイユ ………………………………………………………… 446
    フランスのロココ …………………………………………………… 450
  オーストリアとドイツ …………………………………………………… 453
    フィッシャー・フォン・エルラッハ ……………………………… 454
    ヒルデブラント ……………………………………………………… 458
    プランタウアー ……………………………………………………… 460
    ノイマンとアザム …………………………………………………… 464
    ドイツのロココ ……………………………………………………… 469
  イングランド……………………………………………………………… 473
    レン …………………………………………………………………… 473
    トールマン、ヴァンブラ、ホークスムア ………………………… 485
    アーチャーとギッブズ ……………………………………………… 494
  スペイン ………………………………………………………………… 498
  ポルトガル………………………………………………………………… 504
都市計画 …………………………………………………………………………… 508
  ローマの貢献 ……………………………………………………………… 508
  ヴェルサイユとその影響………………………………………………… 511
  ヴォーバンと要塞都市…………………………………………………… 513
  国王広場〔プラス・ロワイヤル〕 ……………………………………………………………… 513
  クリストファー・レンのロンドン計画 ………………………………… 514
  建築規制：遵奉〔コンフォーミティ〕の役割 ………………………………………………… 514

訳　書　凡　例

一、本書は、David Watkin, *A History of Western Architecture*, Fifth Edition, Laurence King Publishing, 2011 の、第7章までの翻訳であり、これを上巻（Ⅰ）とする。第8章以降は、下巻（Ⅱ）とし、グロッサリー〔用語解説〕、類書案内、索引、訳者あとがき等は、この下巻に譲る。

一、原文のイタリック体は、訳文では語の上に傍点（・）を付し、できる限り原文を添えた。

一、訳文中の（　）は、原文における補足ないしは注であり、〔　〕は、訳者〔白井〕による補足ないしは訳注・注釈である。〔　〕内を取り込んで連続して読む場合もあるが、ほとんどは、訳注・注釈である。また、人物の生歿年は、原書に書かれていないものも、できる限り〔　〕に記載した。

一、原文中の著作名や絵画等の作品名は、『　』で表わし、できる限り原文名を（　）内にイタリック体で示した。

一、原文において大文字で表わされた語句の一部、通常の文章中の引用文、'　'内の語句等は、「　」で括った。なお、引用文中の［　］は引用者（ワトキン）の補足である。

一、原文のイタリック体の項目見出しは、日本語の斜体では読みづらくなるため、直立の太字体で表わした。

一、原文の - （ハイフン）は ＝（ダブル・ハイフン）で表わした。

一、巻頭の口絵カラー図版は、本文中にも（モノクロームで）掲載した。

一、原書の明らかな誤記については、軽微なものについてはいちいち記述していないものの、おおかたは、〔　〕内に記述した。

序文〔緒言〕

　本書の新版は、文章も図版も増補された。西洋建築のルーツの数々を垣間見ることのできる、古代のエジプトおよびメソポタミアの建築に関する新たな素材を含むと同時に、本書では、構成も刷新され、各章には都市計画に関する記述が遺漏なく記載されている。さらには、1930年代から現在に到るまでの20世紀建築の記述を増大させる機会もえられた。このように本書は、新しい千年期の始まりにおける世界中の建築の目をみはるような開化をめぐる探究によって、まさしく最近の情報を採り入れた、先端的なものとなっている。ベルリンからオハイオまで、またビルバオからロンドンまで、一連の見るに十分値する公共建築が、期待以上の大衆的関心を呼び寄せてきている。そして、本書はあるひとつの西洋建築史を担うものにすぎないとはいうものの、磯崎新から安藤忠雄に到るまでの現代日本の建築家がもたらした特筆すべき功績にも従来以上に目を配るという特徴をも併せもつ。

　第1版の序では、本書を古代世界から、近代建築運動の確実さの終焉以降登場してきた現代までを扱った、最初の西洋建築史として紹介した。近代主義者の教義に従うならば、20世紀において「近代人」と呼ばれた何がしかのものの誕生は、歴史的な反響とは無縁なひとつの新しい建築を呼び起こした。しかしながら、古代以降の建築史全体を熟考してみれば、伝統的なもろもろの形態が甦ることがないなどということは、私には決してありそうもないことに思えたのである。実際のところ、直近の数十年間にも、伝統的な建築は、新しい要求や新しい素材によって呈示された多くの問題点に対するひとつの解決策として、必然的に再登場してきているのである。

　初版の出来以降数年間はまた、ほとんど誰もが予想しなかったような他の事件がいくつも現われた。たとえば、東欧にそしてソヴィエト・ロシア自体にさえ起こった全体主義的共産主義システムの崩壊である。オクスフォードにある、アシュモリアン美術館の古典主義様式での増築を設計した、建築家ロバート・アダムは、マルクス主義とモダニズムとの比較を大胆に要求している。

　とりわけ、カール・マルクスこそがいくつもの潮流を、共産主義とモダニズムの双方に礎を置いた単一の哲学的システムへと一体化したのである。マルクスは、技術万能の社会観を、あらかじめ想定された目的に向かって執拗に歴史が展開してゆくという信念に結びつけた。そして、旧体制の革命的な破壊のみが過去と何ら衝突することのない真に

近代的な世界を創りあげることができ、……技術中心的な未来というこの展望が近代運動の中心に位置している……と考えたのであった。

アダムは、復古的なものが、ル・コルビュジエの記述した「過去に対する卑屈な隷属」が生みだしたものなどではなく、建築の偉大な局面の大半にとって生きいきとした動的な源泉であるという、自らの理解の深さを記述しているのだ。

確かに、このアダムのやり方が西洋建築の歴史を了解することのできる唯一の方法だと常々私は思ってきた。歴史を主に構成している、古典主義の連続的な再生を見るなら、おのおのの世代が自らのために古典の言語を発掘し、その言語のなかに、自らが見いだそうとしたものをまさしく発見しなければならなかったことは明らかである。15世紀にはアルベルティが、16世紀にはパラーディオが、17世紀にはペローが、18世紀にはアダムが、19世紀にはシンケルが、20世紀にはラッチェンスが、というように。彼らはみな、各種オーダーの言語を個別に発掘した。彼らはみな、古代のデザインのもつ秘密の数々を探ることに自分なりの期待を抱いた。こうした期待の数々はまさに、彼らが見いだしたもの、あるいは彼らが見いだした考えに対する、彼ら自身の対応を特徴づけているのである。

1980年代および1990年代には、建築学と考古学の双方の学問は、ともに、われわれの連続している歴史的遺産に対するこうした新しい反応と一体化していた。過去に対するこの本質的に創造的な態度に新たな啓発的展開を求める際の指針である、学識豊かな著作として、ウィリアム・マクドナルドとジョン・ピントーによる『ハドリアヌス帝の別荘都市とその遺産』（1995年）、ピエール・ド・ラ・リュフィニエール・デュ・プレーによる『プリニウスの別荘：古代から後世まで』（1994年）、そしてジョージ・ハーシーによる『古典建築の失われた意味：ウィトルウィウスからヴェンチューリまでの装飾考』（1988年）が挙げられる。建築におけるポスト・モダニズムの影響力ある著述家のチャールズ・ジェンクスもまた、『象徴主義の建築へ：テーマ・ハウス』（1985年）という著作のなかで、建築への意味を保持しようとした。ジェンクスは、「私的で日常的なものから公的な哲学的なものまでに見られる、一貫した意味の数々を含んだひとつの建築」にとっての図像学的なプログラムを解き明かすことを提案している。これとは対照的にモダニストたちは、過去は死んだものゆえ、過去と反響しあう建築はもはや実行不可能であると考えた。モダニストたちは、このように、過去のさまざまな局面に名前をつけ、墓標に記述するように日付を刻んでいる。しかし、「マニエリスム」、「バロック」、「新古典主義」などというふうにわれわれが記述している建物を設計した建築家たちは、こうしたことばを自分で用いていたわけではなかったことを思い起こすことは、より有効であろう。そうすることは、われわれが、さまざまな様式の詰まった美術館よりもむしろ今生きている連続体を、そして墓地よりもむしろ1個の庭を、目の当たりにするのに役立つであろう。

たとえば、アルベルティとソーンという異なった時代の建築家を「クワットロチェント」

序文〔緒言〕

や「新古典主義」様式の範例としてではなく、ウィトルウィウスの弟子と考えることは、刺激的であろう。同じ形態が、まったく異なった意図をもって復活し、異なった時代に、異なった意味の連なりと反響とを併せて喚起することができるのである。このように、ギリシャから発想をえた古典主義は、トマス・ジェファーソンによって、18世紀のアメリカで民主主義的な考えの数々を象徴するために用いられた。とはいえ、同様の形態が、1930年代のドイツにおいて、まったく異なった意味をもつことになったのではあるが……。しかし、建築そのものは、全体主義的でも民主主義的でもない。それゆえわれわれは、ギリシャ神殿を賞嘆することができるのである。ギリシャ神殿が設計された目的である動物の生贄という行為が、たとえ反発を呼び起こすとしても。レオン・クリエが述べたごとく、「建築はそれ自体の構成論理以外の何ものをも表現しえない。建築は自らの起源を、自然や人間の労働と知性といったものの法則のなかに意味づけている。建築そして建てるということは、美しく堅牢かつ快く、住み易くて優雅なる環境を形成するという行為にのみ関わっているのである」。

さらにいえば、われわれはもはや、特定の様式上もしくは文化上の発展という歴史的必然性の存在など信じてはいない。エルンスト・ゴンブリッチは、「虚栄の市の論理：流行、様式、趣味の研究における歴史主義の選択」（1974）なるエッセーのなかで、芸術史研究におけるヘーゲル的決定論の仮定条件の数々を根本からひっくり返した。こうしてわれわれは、人間のパーソナリティのもたらす偶然がなかったら、物語はまったく異なったものになっていたであろうこと、そしてこの先開かれる未来などとうてい予測しえないということを受け容れるのである。建築を機能的に説明することを、いつもいつも額面どおりに信用することもできない。というのも、建てようとする意志が目的そのものとなりえるからである。つまり、権力の表現、もしくは美的衝動の表現が、機能的な必然性の観点から正当化されてしまうからである。

アメリカの指導的な伝統を遵守する建築家のアラン・グリーンバークは、最近、次のように書いた。

> 建築の古典言語は常に近代的である。なぜならそれは、個々の人間存在の生理学と心理学にねざしているからである……古典建築は……人間存在たちが展開させてきたもっとも包括的な建築言語なのである。西洋建築の3つの千年期——それは主として古典建築の歴史である——は、いかに成功裡にこの古典言語が多様な政治的領域、文化、気候、そして地勢において必要なるものを建てるということに対応してきたのかを、明らかにしてくれるのである。

この成功の胸躍る物語を語ることこそが、本書の主要な目的となるであろう。

しかしながら、この言語がそれ自体の意義のいくつかを獲得するのは、一種のほとんど無秩序な建築の爆発的な増殖——繰り返し発生する、危険とさえ言える興奮に対する人間の欲

求に対応して生みだされるように思える——と交互に現われることによってなのである。このことは、ピーター・アイゼンマンにかかわる最近の脱構築主義的な動きのなかに明示されている。この動きは、コープ・ヒンメルブ（ル）アウ、フランク・ゲーリー、ダニエル・リベスキンド、レム・コールハース、そしてザハ・ハディドといったような建築家たちの作品に国際的に開化した。それはおそらく、余りにも早急であったため、彼らの建物を判断したり、彼らがいかに速くすたれてしまうことになるのかを推測したりすることが叶わないのである。というのも、ある意見によると、彼らは単に、昔からある「驚かそうという意志」を表現しているだけであり、それゆえ、関心を惹くこと以外の機能をもっていないように思えるのである。しかしながら、本書が未来を予言することは、「見よ。私はすべてのものを新たにする」という『ヨハネ黙示録』〔21章5節〕に見られる要求の真相を確認することにほかならない。

　21世紀初めの数年間に、「もっとも重要な」建物は、以前とは異なり、さまざまな施設、とりわけアート・ギャラリーや博物館を宣伝するために使われた。このプロセスは、荒廃し色あせた19世紀および20世紀の工業用地を、CAD（コンピューター援用設計）の使用によって時おり可能になった驚くべき新しい形をもった建物とともに、若返らせたことにもしばしば繋がっている。鋼・ガラス・コンクリートが20世紀においても多く用いられる一方で、多くの建築家は、木材・砂岩・テラコッタ・竹、さらには紙といった伝統的な材料をつとめて使用している。その結果、時には混乱した様相となるものの、多様さが生みだされ、そこでは建築が、しばしば論争的になるものの絶えず熟慮され、現代文化における中心的な位置を占めているのである。この世紀が進むとともに建築に影響を与えているもっとも大きな変化のひとつは、ヨーロッパとアメリカ合衆国から、とりわけ顕著に中国、インド、インドネシア、ブラジル、メキシコそしてロシアへと、経済的優位が移動したことである。本書は、これらの展開のいくつかを、2008年の2つの作品を例に挙げて記述することによって、考察している。すなわち、スイス、ドイツ、オランダ、フランス、オーストリア、イギリスの建築家たちによって、オリンピックを特徴づけるために、北京に建てられた建物の数々、そしてカタールのドバイに建てられたイスラーム芸術ミュージアムである。中国系アメリカ人建築家のI.M.ペイによって設計されたこのミュージアムは、伝統的なイスラーム建築の影響を受けており、フランス産の石を含んださまざまな素材を、ブラジル産のレースウッド材に組み合わせている。そして、ロンドンの大英博物館の学芸員たちからアドヴァイスを得て構想された。中国からカタールまでのグローバリゼーション〔世界化〕によって生みだされた、これら北京とドーハの建築は、きわめて当然のごとく、西洋建築の歴史のなかに組み込むことができるのである。

デイヴィッド・ワトキン
ケンブリッジ、2011年

第1章　メソポタミアとエジプト

　西洋の文化と建築は、自らの起源がヨーロッパの外にあるという事実に、その豊かさや互いの呼応関係の大半を負っている。近東やエジプト、メソポタミアのティグリス河やユーフラテス河の流域、さらに西方の、エジプトのナイル河流域においてこそ、もっとも初期の建物の数々が見いだされうるのである。われわれの物語はこのようにヨーロッパの外から始まる。もっとも、19世紀の半ばに発掘が始まるまでは、メソポタミアのシュメール文明についてはほとんど何も知られてはいなかった。しかし、ここにおいてこそ、灌漑の専門的知識の増大によって、穀物の余剰が生ずることになったのである。そしてこの余剰農産物によって、多様な生活様式の開拓が可能となり、結果、土壌を耕す者たちや、町々へと移動する者たちが現われることになったのである。

メソポタミア

　われわれは、記念碑的な建築と、都市という意識との起源を、メソポタミアという言葉が意味するところの「河と河のあいだの土地」の紀元前4千年紀に追い求めることができる。南イラク、およびペルシャ湾北端の低湿地帯に見られるシュメール文化の起源は、先史時代のエリドゥという聖なる都市の紀元前5千年以降の時代に見いだされうる。ここでは、日乾煉瓦からなる神殿の数々が、凸部と凹部〔バットレスとニッチ〕が反復する立面の壁をもち、今日でも目にすることのできる建物の類型である、初期のアシでつくった建物の面影を残している。ここに、シュメールやバビロンやアッシリアでの巨大なジグラットや堂々たる神殿の数々で最高潮に達した、メソポタミア神殿建築の永い歴史が始まるのである。神々は、都市を所有するために信じられ、結果神々をこの上もない強さと安全さを備えて庇護し住まわせることが重要となったわけである。

　ウルク（聖書でのエレク。今日のワルカ）の大きなシュメール都市にあったバビロンの南方は、紀元前4千年紀のあいだ、その地域の3分の1は、ついには神殿と公共建築に埋められることとなった。愛と戦いの女神イナンナ（のちのイシュタール）に捧げられた境域では、群状の神殿が、2列をなす泥土煉瓦の重々しい円柱群——これは最初の独立して建つ円柱群として知られる——からなる注目に値するポルティコで繋がっていた。壁面と付け柱は、テラコッタの円錐形の建築装飾物という初期の形式で装飾され、丈はおよそ4インチ（10センチ）あ

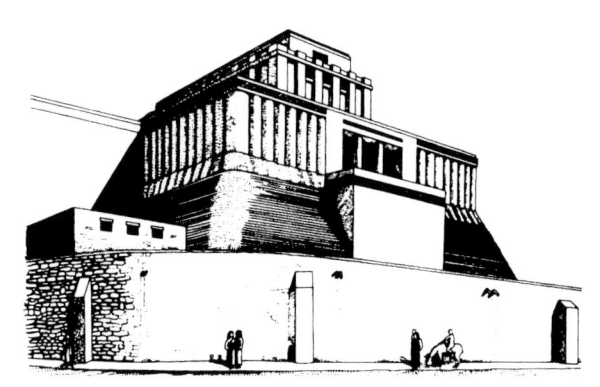

1　エリドゥ：神殿I（紀元前5千年頃）の復元透視図

2　ウルク：モザイクで飾られた中庭の細部（紀元前第4千年紀）

り、赤や淡黄褐色や黒で塗られ、幾何学的な型式で配置されていた。ここにはまた、世界でもっとも初期の頃に書かれた資料の断片が発見されている。

　空の神、アーヌーに捧げられた隣接境域には、「白神殿」として知られる建物がある。それは、側面に傾斜路のある高台の頂きに建ち、おそらくはジグラットもしくは塔状神殿の起源と思われる。われわれはこうして、ユーフラテス河のデルタ地帯という場所にすでに、突きでた装飾的な控え壁の壁面からなる洗練された煉瓦造りの建築が存在しており、ヘレニズム時代まで続くさまざまな発展に影響を及ぼしてきたことを知るのである。控え壁すらこの時期をとおしてずっと、宗教建築の際立った特徴をなしていた。彩色されたレリーフ状の装飾は、今や、単なる飾り物だけではなく、構造そのものを強調していた。紀元前3千年紀半ばの王ア・アンネパダ〔ウル第1王朝王メスアンネパダの息子〕によって建てられたウル近くのアル・ウバイドの神殿と同様に。

　平坦な土地に建てられたメソポタミアの各都市には、おそらくは山々を連想させるジグラット状の神殿が建てられていた。徐々に面積が減少する正方形の台地からなる、これらの階段状の塔のなかでもっとも注目に値するのは、紀元前2125年頃のウルの巨大なジグラットである。ここでは、日乾煉瓦の中心部は、焼成煉瓦造りと劇的な傾斜する階段という仕上げがなされている。この階段のひとつが、おおよそ59フィート（18m）の高さまで現存しているのは、それがこの時期またそれ以降の大ていのシュメールの都市に生じた階段状の塔のな

第1章　メソポタミアとエジプト

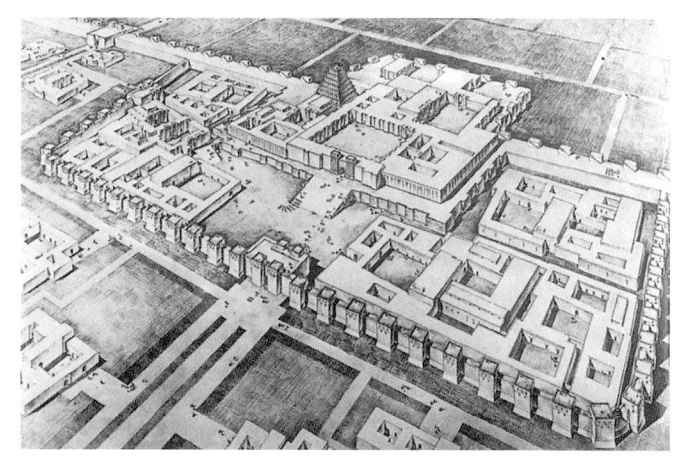

3　ホルサバード：復元透視図（紀元前700年頃）

4　ウル：ジグラット〔北東側正面と復元された階段〕（紀元前2千年頃）

かでも、もっとも保存状態が良いからである。ウルは工学技術に長じた者たちによって建てられた壁で囲まれた都市であり、ユーフラテス河からの航行を可能にする2つの一般には立ち入れない港があった。主要な公共建築や神殿や宮殿は、大きなジグラットの建つ内部要塞のなかで壁に取り囲まれていた。このことはみな、貿易商と農業に基づいた、裕福な都市文化の一部であった。そこには、紀元前3200年頃の粘土の銘板の文字や記念碑的建築や彫刻といったようなわれわれの文明の要となる数々の発明や、都市国家の起源が見られた。

　シュメール建築の原理の数々は、紀元前2千年紀の終わり頃より紀元前612年に北メソポタミアから出た、好戦的なアッシリアの王たちによって維持された。1層のみからなる泥土煉瓦の家々とともに発展していった、ニネヴェやニムルドといった大都市の遺跡はほとんど残ってはいないが、これらの家々は、中央に中庭をもち、道路側には窓がなかった。大きめの家々は2階建てで水漆喰が塗られていた。ヴォールト構造やドーム構造でさえも彼らの知るところではあったものの、彼らは技術的進展を行なうことはなく、彼らの建物はただただより大きく、より豪奢につくられ、個別に施されたり、浮き彫りされた光沢のある釉薬煉瓦

13

5　ホルサバード：玉座入口の有翼牡牛（パリ、ルーヴル所蔵）

や彫り物のある装飾できらびやかに飾り立てられただけであった。

　特徴的なアッシリアの業績のひとつは、北方イラクのホルサバードの王が統治した都市である。それはサルゴン2世（在位、紀元前721-5年）によって建設され、高くそびえた壁面で囲まれた正方形状平面の都市であり、およそ1平方マイル（2.6平方km）近くの面積を有していた。ちなみに、まさしくここで1843年に最初のアッシリアの発掘が始まったのである。敷地には王の兄弟であった首相用（グランド・ヴィズィアー）の宮殿が含まれており、アッシリアの神々のなかでもっとも重要な、書くことおよび知恵の神たるナブの神殿があった。また、公務用の建物群やサルゴン王自身の広大な宮殿があった。10ヘクタール（23エーカー）あり、3つの中庭の周りに配されたこの宮殿は、斜路と階段のあるひな段式の建物であり、化粧石張りの重々しい表面をもった高台に載り、テラコッタ製の排水路という複雑なシステムを組み入れていた。一貫した全体構成よりもむしろ、ディテールの複雑さの方が注目に値するこの建物は、レバノン杉や糸杉のような生い茂った木々といったイメージがあり、円柱はほとんどないが、彩色された付け柱のある壁面や多色の釉薬煉瓦やアーチや有翼のライオンや、人頭の牛や縁にギザギザの装飾がある銃眼つき胸壁が特徴であった。

　宮殿は公務用の大住居であるのみならず、ひとりの君主の行政司令部であった。この君主は外敵から国家を護る者としての自らの宗教上かつ実践上の役割をも担っており、穀物の分配や生命線をなす水路や運河の維持を監督していた。宮殿の一隅には、神殿をなすジグラットがあり、これは教会組織や国家を抑えこむ専制的支配者たちによる統治に、アッシリアが次第に重きをおいていった初期の例のための配置と考えられる。

　紀元前612年のニネヴェの陥落とアッシリア帝国の崩壊に続いて、権力の中枢は、ティグリス河上流からユーフラテス河下流へと移り、ここでは新しいバビロニア王朝の王たちがバビロンという都市を再建した。その壮麗さときたら、紀元前5世紀半ばにヘロドトスが次のように謳ったものであった。すなわち「壮麗さにおいてこの都市こそは、既知のいかなる都市をも凌駕している」と。実際のところ、この都市の名前そのものが、バブ＝イリ（*Bab-ili*）つまり「神々の通用門」に由来している。

　ハムラビ王（在位、紀元前1792-50年）下のバビロン最初の支配の時期から遺っている主だ

第1章　メソポタミアとエジプト

6　バビロン：ネブカドネザル（在位、紀元前604-562年）による再建の、復元透視図

7　ペルセポリス（紀元前515年頃創建）：階段室

8　バビロン：イシュタール門（ベルリン、ペルガモン博物館所蔵）

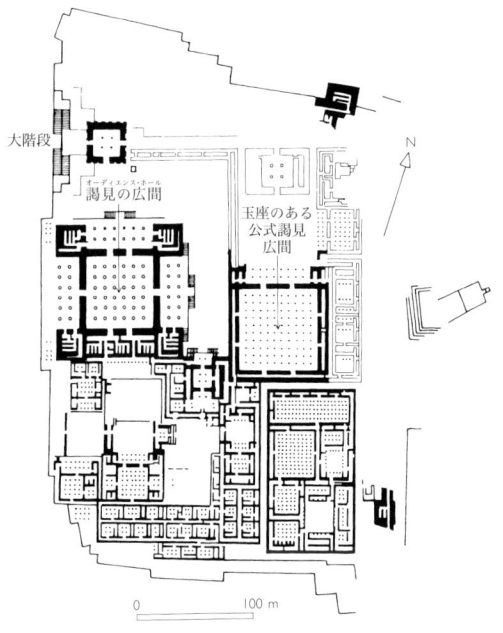

9　ペルセポリスの平面図

った建物はないものの、その第2期、すなわち紀元前604年から562年まで統治したネブカドネザル2世によってバビロンが再建された、いわゆる新バビロニア時代からは目立ったものが遺っている。イラクでの発掘が、二重壁や塔やバビロンと河を繋ぐ運河があるこの都市の格子状の平面を明らかにした。この都市にはまた、煉瓦で建てられた神殿や宮殿や要塞、そして旧約聖書にあるバベルの塔の伝説の起源である有名なジグラットがあったのである。

　バビロンの都市への主要なアプローチは、多色の釉薬煉瓦の表面からなるファサードをもつ、現在行列道路として知られる幅の広い舗装道路から行なわれた。都市内部へは、イシュタール門を通って入った。この門もまた、生命感に溢れた青色の釉薬煉瓦からなり、黄色や

白色の雄牛や龍のレリーフで飾られていた。イシュタール門の残存する断片は、ベルリンのペルガモン博物館に再建してある。門の西方には、ネブカドネザルの宮殿があり、5つの中庭を囲んで計画され、釉薬煉瓦で飾られたファサードがあった。この宮殿の一隅には、詳細はほとんど知られてはいないものの吊り庭〔空中庭園〕があり、バビロンの壁と同様に古代世界の7不思議のひとつであった。

近代の学者たちは、この時期の都市計画についてはほとんど記述してこなかった。ホルサバードやニムルドやウルのような古代の近東の諸都市にあった宮殿や神殿は、偶然に配置され、都市的文脈のなかでの建築相互の一貫した関係は、ペルシャ人たちによるメソポタミアの土地の征服に続いたギリシャの影響とともに発展しえたものと考えられてきたのであった。しかしながら、このことは、バビロンおよびエジプトにおける行列道路に見られるように、近東の古代都市群にその確証の比重が次第に移っている。

メソポタミア文明およびその建築は、紀元前539年に、キュロス大王によるバビロン征服とともに終焉を迎えた。キュロス大王はペルシャにアケメネス王朝の礎をつくり、ペルシャそのものがいまはイランとして知られている地域である。われわれが目にしてきた政治上の発展とはこの頃までに断絶することでペルシャは突然、1個の巨大な権力をもった帝国となった。このように権力をもった人々と同様に、ペルシャ人たちは、自らの征服した人々の生活様式を貪欲に取り入れていった。ペルセポリスは、紀元前518年頃にダレイオス大王のための儀式の中心地として興り、紀元前460年にアルタクセルクセス1世によって完成されたが、その壮麗な二重の階段と実に見事なレリーフ彫刻とを備えたメソポタミア建築にとっては、栄光に満ちた成果にほかならなかった。ペルセポリス全体は、バビロニアやアッシリアやエジプトやギリシャの建築の影響をきめ細かく組織立てており、ダレイオス大王がエーゲ海での戦役から連れ帰ったギリシャの職人たちの特徴を帯びている。ペルセポリスは、アレクサンダー大王によって大半が破壊されたものの、その遺跡は、われわれがこの章で目にしてきた他の建物とはちがって、永く、17世紀以降の西洋の旅行者たちに到るまで知られていた。もっとも、系統立てられた発掘は、1931年まで行なわれることはなかった。さて、われわれの物語を理解するためにはまさしく、古代エジプト人たちの記念碑的な偉業にわれわれの注意を向けるべき時である。

エジプト

エジプト建築の探究は、難解だが興味をそそる。なぜなら、われわれは、変化と革新に対する芸術的な要求や材料と形態のあいだにある固有な関係に対する建築的な要求についての、われわれの現代的な期待を消し去ることが必要とされるからである。古代エジプトの政治と宗教の組み合わせは、それらを明示するさまざまな形態と同様に、何度も何度も変革を受けたにもかかわらず3千年ものあいだ、共通する諸要素を保持したのである。エジプトは、そ

の狭い河をはさむ渓谷のなかで、アラビアとリビアの砂漠という不良なるバリヤーによって外の世界から隔離されて、その大半が異国の影響をこうむることもない、閉ざされた社会であった。建築家や芸術家たちは、創造性に何の価値も付与しなかった。実際のところ、エジプト建築のもっとも出来栄えのよい範例のいくつかは、アウグストゥスやトラヤヌスやハドリアヌスといった、ローマ皇帝たちによって建てられたのである。もっとも彼らは、今日では、「マガイモノ（pastiche）」をつくったかどで非難されていると思われるのだが。古代エジプト人たちは、素材の性質を表現することを信条とはしなかった。というのも彼らの建築は、実践的なものというよりも象徴的なものであったから。初期には、建築は日乾煉瓦の建築とか、木々や植物などから引き出された要素の数々を具現化していた。こうした形態は石造に移し変えるものとはとても言えないものであった。ここでは建築は、形態においてではなく、図像学的な領域においてこそ、意味をなしているのである。というのも、形態に意味が付与されることによってこそ、芸術は著作と同値のものとなるからである。

　ファラオとは、王を表わす古代エジプトの言葉であり、「大きな家」を意味する*pr-o*という言葉に由来している。王すなわちファラオは、常に神として扱われた。というのも、神のごとき王のみが、エジプトを維持しそれゆえ宇宙をも維持するさまざまな儀式を執り行なうことができたからである。公式の礼拝は、王と神が相互に依存しあい、神が儀礼的機能の遂行のために返礼として王にさまざまな恩恵を与えるという、宇宙的秩序の維持に対して捧げられていた。王はまた、神々をとおして、建築的な霊感の源泉であり、それゆえしばしば、記念碑的な建物の基盤を用意するものとして記述されたのである。大規模な建物のための平面図はまったく残っていないので、ごく普通の大きさの平面図を基に建てることが慣例化していたことは明らかである。しかしながら、3人の建築家の名前が知られており、彼らのうち2人は、イムホテプ（紀元前2600年代に活躍）とアメンヘテプ（紀元前1440年頃-1340年頃）であり、大いに尊敬され、その偉業のゆえに神格化されたのであった。

　エジプトの記述を残した最初の訪問者ヘロドトスは、紀元前460年頃に、エジプト人たちが自らの住まう家を、一時的な宿泊所と見なし、墓を復活蘇生までの永いあいだの住居と考えていたことを報告している。エジプト人の墓と神殿は、性格上は記念碑的なものではあるが、その起源は、農業を営む人々のつつましい平凡な建物にすぎなかったのである。ナイル河流域の建物の大半は、化学的に分解しうる素材、日乾煉瓦、木材、そしてアシのむしろでつくられており、これらのものは今日でもなおも使われていて、紀元前4千年紀にまで遡る伝統を継承した建築家のハッサン・ファジィ（1900-89年）によってもっともよく知られている。古代エジプト人たちの土着的建築はほとんど残ってはいないものの、この日乾煉瓦建築は結局のところ、石でできた成熟したエジプトの建物において、重要な意味を語っている。それゆえ、神殿への入口門を通常は形づくっている重々しい塔門〔パイロン〕は、日乾煉瓦の建物において欠かすことのできない傾斜面を備えていた。さらにまた、これらの日乾煉瓦の建物の隅の部分を補強するのに、植物の茎が慣例的に使われ、これらの茎は、4分の3円の割り形

として、石造建築に転用されたのである。

サッカーラから大ピラミッドまで

　エジプトそしておそらくは世界で最初の巨大な石造構造物は、カイロの南方、サッカーラの葬祭殿複合体であろう。これは第3王朝の創始者、ジェセル〔ジョセル〕王（在位、紀元前2630年頃-11年）によって、紀元前2650年に建設された。この軸線平面の初期の範例は、建築と絵画と彫刻を結びつけ、高さがおおよそ200フィート（60m）の広大な階段状ピラミッドが中心に置かれ、周りを円柱の並んだホールやその他の建物で囲まれている。死せる王のための住居と儀式に実際使われた舞台装置があるこの複合体は、玉座と王の彫像をも備えていた。
　墓域は、堂々としたファサードの数々を組み入れた石灰岩の壁面に囲まれ、これらのファサードは木材とむしろからつくられた臨時のテントのような祠堂の形を石造で模倣したものである。ウィトルウィウスによれば、こうしたことはドリス式のさまざまな形態が大工術を石造で模倣する方法と類似したものと見なされていた可能性が大きい。これらのまがいもののファサードは、堅固な石積み工事からなる中心部を覆い隠しており、内部空間はまったくなかった。しばしば言われることだが、エジプト建築は、18世紀の合理主義者の起源とまで目される、建築の「真実」や正当性といった、まさに現代的な課題のすべてに果敢に挑んでいるのである。入口ホールの両側には、半円柱が並び建ち、シュロの木の幹を模したアシの束で飾られている。これらのものは、いまだに独立して建つ円柱ではないものの、壁から短く張り出した半円柱の丸い付け柱があり、これはまさしくギリシャ世界において、すなわちバッサイにある、紀元前429年にイクティノスによって設計された有名なアポロ・エピクリウス神殿において、意外にも模倣された形なのである。
　サッカーラの注目に値する偉業は、力に溢れた建築的拡張の時代を画したことであった。石の使用によって、技術上の改革が現われることとなり、この改革によってこそ数々のピラミッドの建立が可能となり、ピラミッドこそが太陽光の象徴として天空へと伸びゆき、側面にはしばしば太陽の円形が刻まれたのである。ジェセル王の一群の階段状ピラミッドからの急速な発展は、1世紀後に、ギザのクフ王の大ピラミッドにおいて頂点に達した。
　第4王朝の王たちのために、紀元前2500年に建てられた大ピラミッドは、世界の7不思議のひとつと見なされてきた。実際のところ、123エーカー（49.2ha）の広さと、480フィート（146m）の高さをもち、〔各辺の〕幅が755フィート（230m）あるこの大ピラミッドは、ローマのサン・ピエトロの大きさの優に2倍はあり、人類がかつてつくり上げたもっとも巨大な構造物のひとつであり続けている。どのように建設されたのかは、いまだに謎めいている。車輪がなく、巨大な石を動かすのに必要な荷車やクレーンや滑車もなかったのである。しかしわれわれは、くさびや吊り作業台やてこや粉砕機が使われていたことは知っている。石積みの傾斜路がピラミッドの石の覆いの外側をめぐって建てられ、手押しの小型そりに入れた材

第1章　メソポタミアとエジプト

10　サッカーラ：階段状ピラミッドと囲い込み壁の再建（紀元前2650年頃）

11　カフラー王のスフィンクスとカフラー〔ワトキンはクフとしているが誤り〕王のピラミッド、ギザ（紀元前2500年頃）

12　デール・エル゠バハリ：ハトシェプスート女王葬祭神殿

　料の運搬用の道路として使われていた。これらの傾斜路は、ピラミッドが出来上がるとすぐに取り除かれた。建設に携わった労働者には、戦争捕虜や奴隷、毎年ナイル河が氾濫して大地を水浸しにした時期のあいだだけ使われた農業従事者たちが含まれていた。

　大ピラミッドの内部には、3つの墓室があり、その中央の部屋の花崗岩でできた埋葬室には、石棺が収められており、石灰岩のスラブの持送り屋根が付いたきわめて巨大なギャラリーに繋がっている。ここからはピラミッドの中心部へ、斜めに降りてゆくのである。外面は元々、天空をめざして力強く闘う記念碑の数学的正確さを強調した見事に磨きあげられた石灰岩で覆われていた。この「天空への斜路」によって、死せる君主〔王者〕が、その死後も生き返ることができたのである。

　数十年内に、大ピラミッドに続いて、クフ王の息子カフラー王、そしてその後継者メンカウラー王のピラミッドが隣り合って建てられた。前者の〔カフラー王の〕ピラミッドには、スフィンクスが鎮座し、これらのピラミッドが、1個の印象的な、王による死の都市を形づくっている。それぞれのピラミッドには、関連した神殿があり、入口通廊によってピラミッド複合体と結びついている。一方、ファラオの妃たち用の小さめのピラミッドもまた建てられていた。スフィンクスは、一見、カフラー王の謎めいた肖像のようであるが、カフラー王のピラミッドへと到る入口通廊の側面に置かれている。紀元前2500年頃に荒々しく露出した石

19

灰岩から切り刻まれた、スフィンクス像は、長さが241フィート（73.5m）あり、古代エジプトのもっとも大きな記念碑的彫刻である。太陽神の直系たるレー〔太陽神、ラーの別称〕の息子としての神々しいかたちでの王を示すため、スフィンクスは、横たわったライオンの身体と王の頭飾りで縁取られた王の頭部をもち、東の方角、すなわち昇りゆく太陽の方向を見ている。

テーベ

王のピラミッドの神殿群によって表現された伝統は、旧王国の崩壊と、中央権力がメンフィスから上エジプトのテーベなる都市へと移ったことによって、終焉を迎えた。国家はメントヘテプ2世（紀元前2040年-10年）によって再統一され、この王は、その軍事的政治的提携者たちと協力して、西テーベのナイル河岸近くのデール・エル＝バハリ（北方の君主国という意味のアラビア語）に、自分たちのための、岩から切り出した墓をつくりだした。メントヘテプ王の墓は、山脈の奥深く埋められて、木立が植えられ整備された古代の丘陵を模した台地から近づくようになっていた。太陽が昇る東の方向に向けられたこの墓は、世界の創造と、太陽の日々の再生とをイメージしたものであるように思われる。複合体全体は、東の方向にのみ開かれ、残りの3方を渓谷で限られた、切り立った絶壁という垂直的な岩山のふもとに置かれた一種の景観建築として見ることができる。互いの上に重なる3つの中庭は、傾斜した入口通廊を登ってゆくのであるが、この道には簡素な原＝ドリス式の性格をもった列柱廊が両側に並んでいる。このドリス式性格こそは、数千年後に現れるギリシャのドリス式オーダーの起源なのである。

5百年もしくは6百年後の、紀元前1470年頃、ハトシェプスート女王が、王国の事業の監督官であったその建築家センムートに、自らのために、デール・エル＝バハリの、メントヘテプ王の傾斜神殿を意図的により大きくした葬祭神殿を、まさにこの前王の神殿に隣接した場所に建てるよう命じた。

中央エジプトのベニ・ハサン〔エジプト中部ナイル河のほとりの村〕では、大きな地下の墓窟〔岩窟墳墓〕ホールが宗教建築における重要な新展開であった。もっともそこには、なおも世俗の建物の形が反映されてはいた。クヌムホテプ（中王国、第12王朝、紀元前1900年頃）の墓窟では、木材と日乾煉瓦の形が石へと移し変えられていた。円柱の何本かはデール・エル＝バハリの円柱と同様に16面の切り口をもっていた。その一方、ヴォールト天井は、織物や木材の梁を模して描かれていた。これは、木製の支柱にむしろやカーペットが掛けられた、テントのような建物を思い起こさせる。

カルナックとルクソール

2千年間エジプトの宗教的中心であり続けたテーベの北端に、やがて「神々のなかの王」として知られることになったアモン・レー神に捧げられた、カルナックの神殿都市があった。

13 アメンヘテプ3世の神殿、ルクソール（紀元前1370年頃）

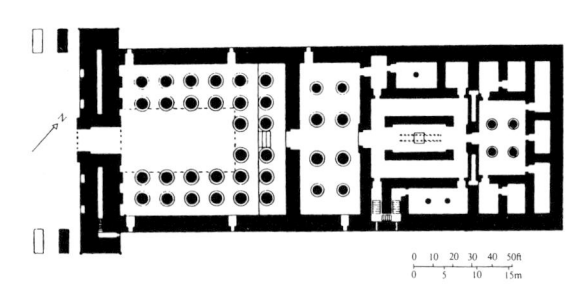

14 コンス神殿の平面図、カルナック（紀元前1180年頃-紀元前1160年）

　カルナックの起源は、紀元前2千年頃の中王国創始期に、アモン・レー神のためのつつましい祠堂の創建とともに始まった。何度もの付加造営を経て、この祠堂は、この辺一帯のもっとも重要な宗教の中心となった。というのも、アモン・レー神は、ナイル河の毎年の洪水をも含めた生きいきとしたエネルギーを、カルナックから放出したと信じられていたからである。この事実によってこそ、穀物の収穫高が順調であり続け、アモン・レー神の生きた息子である、王すなわちファラオによって是認されたエジプト国家の安泰が保障されたのである。
　カルナックの神殿複合体は、テーベの南端にあるルクソールの神殿複合体と拮抗していた。ルクソールでは、スフィンクス像が並んだ1マイル以上（3km〔ワトキンはこう書くが1マイルは約1.6km〕）の真っすぐに延びた参道に最終的には繋がっていた。数多くの神聖な祭事や手間と金をかけた祝宴のいくつかが、神殿よりも都市において催された。そしてカルナックとルクソールの神殿複合体とテーベの都市生活の近さは、中世ヨーロッパの諸都市と、それらの大聖堂との関係に匹敵することを示唆してくれる。さらにまた、これらの神殿複合体は正確にはコミュニティ機能を果たしてはいないものの、神殿の数々は、中世の修道院と若干似た、宗教的、芸術的、教育的役割を果たしたのである。これらのものは、土地の所有権に由来した大きな富を所有する、権力の中心地であった。ときには、神殿の威光によっても、税の徴収という機能が行使されたのである。
　神殿群の重要性は、王位を継承するファラオたちが神殿の数を増やすことを、義務と感じ

たことを意味し、その結果、1個の均等なまとまりとして計画されることのできたギリシャの神殿の数々とは異なり、エジプトの神殿の数々は、大きな多柱式のホールを含んだひと続きの建物になったわけである。こうして拡張された神殿の数々は、連続してそびえ建つ塔門〔パイロン〕の背後に、高さを抑えられて置かれたのである。たとえば、カルナックのアモン・レー神の神殿は、2千年の時を越えて絶えず拡張され、結果、世界の建築史においてもっとも心躍らせる空間的に人を魅了するような建物のひとつになったわけである。

入口の塔門前には、ナイル河へと続く運河と繋がった、港の役割を果たす池があり、アモン・レーの神々しい姿が、聖舟に乗って公式に航海できるようにしてある。ライオンの身体とアモン神の〔去勢しない〕雄羊が両側に並んだスフィンクスの大通りは、入口の塔門まで続いており、これは歴代の統治者たちによって付け加えられた一対ずつ計6基からなる塔門の最初のものである。旗竿の留め具のための細長い切り口〔スリット〕が付いた塔門は、太陽が昇るところの水平線を表現しており、エジプトの敵たちを征服した王の、元々は鍍金され彩色され、壁に刻み込まれた像が特徴的である。

次には大きな中庭があり、これは地上と天上の間の繋がりを表わしており、天空に向かって開かれ、肥沃なるナイル河の渓谷にある木々のような植物の柱頭がある円柱が両側に立っている。中庭は複合体の中心部に連なっている。この中心部こそは、驚くほど素晴らしい多柱室で、338フィート×170フィート（103m×52m）の広さをもち、セティ1世によって着工され、ラムセス2世によって完成されたもので、エジプト建築においてもっとも広大な周囲を囲まれた空間である。まるで植林地を彷彿させる造りの、その16列からなる134本の円柱には、パピルスの柱頭が付いている。〔多柱室〕中央の通路では、円柱は69フィート（21m）の高さがあり、他方、両の外側の通路は、これより低く、42½フィート（13m）の高さで、このことによって中央の部分は、中世の大聖堂の採光を先取りした、高く揚げられたクリアストーリーの石による窓枠によって、光を採り入れることが可能になったわけである。内部は王たちと神たちの栄誉を称えるため、彫り込まれ彩色されたレリーフや碑文で覆われていた。

もうひとつの塔門は、聖舟を収めた聖所へと導く。この聖所の向こうには別の広大な中庭がある。軸線は今では打ち棄てられ、トトメス3世（紀元前1450年頃）のテントのような祭祀用ホール〔大フェスティヴァル・ホール〕が収められた神秘的な小道に置き換えられている。ここでは、玉座の上方の天蓋を支える木の柱を模した「テント・ポール」円柱が特徴である。ここから回り道をして近づくと、アモン・レーの実際に使われた内部の聖所があり、そこには彼の黄金の彫刻が、今日でも残る赤花崗岩の塊りの上に立っている。王や高位の神官のために取っておかれたこの場所は、壁面や天井に描かれた宇宙を表現した図像に取り巻かれた日常の礼拝儀式で人間と神が会合した、ひと連なりをなす空間全体の頂点であった。これらの儀式は、神殿には必ずある聖湖まで拡張されて執り行なわれ、聖湖は、太陽神レーが最初に現われた太古の海のイメージなのであった。アモン神殿の南側は、「忠告を与えし者」たるコンス神の神殿であり、紀元前1180年頃にラムセス3世によってつくられた、保存状態の良

15 アブー・シンベル：ラムセス2世の大岩窟神殿（紀元前1250年頃）

16 デンデラのハトホル〔天空の女神〕神殿（紀元前110年-紀元後68年）

好なモニュメントである。

　ルクソールの神殿は、王とアモン神のあいだの神秘的繋がりの中心をなすものであり、そこは王が自らの神聖なる結婚を毎年祝う場所であり、カルナックの神殿と同様の壮大な目論見のもとに構想された。入口の塔門は、紀元前1250年頃に、エジプトの歴史上でもっとも偉大な建造者のひとりであるラムセス2世によって建立された。ラムセス2世の長い統治期間は、新王国（紀元前1307年-1196年）の第19王朝の大半を占めていた。当初からこの塔門の前にあった2本の赤い花崗岩〔オベリスク〕のうちの1本は、今も元の場所に（$in\ situ$）あるものの、もう1本〔の状態の良かったオベリスク〕は、1836年以降パリのコンコルド広場に建っている。

　ナイル河東岸のカルナックとルクソールは、神々を神殿に住まわせているものの、西岸は死の王国である。ここでは、ラムセス2世がその計り知れぬほど巨大な葬祭神殿ラムセウムを紀元前1250年に建設し、ミイラ状の自らの巨大な柱のごとき彫像が特徴的である。さらに巨大な、ラムセス2世の彫刻は、アブー・シンベルにあるその有名な岩を切り抜いた墓に再び登場するのである。

プトレマイオス朝時代

　われわれが最初に述べたように、建築の歴史においてもっとも異常なまでに連続している

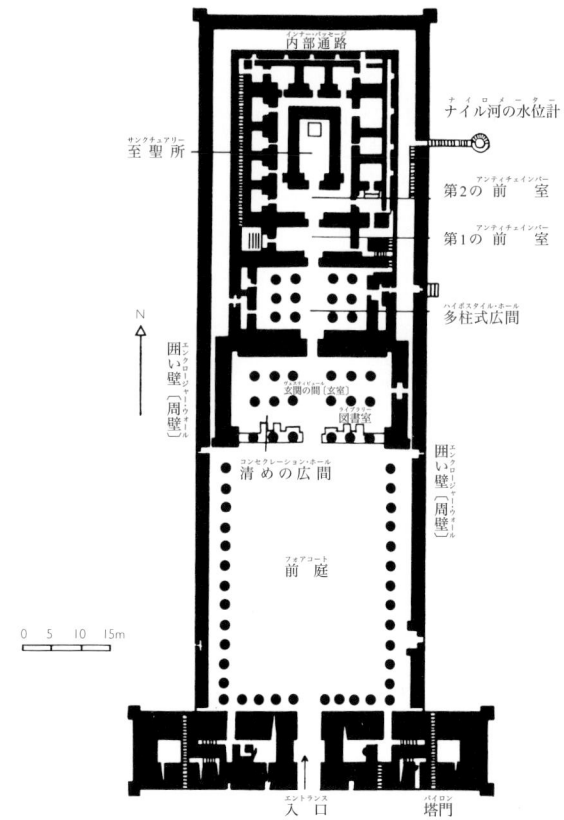

17 ホルスの神殿平面図、エドフ（紀元前273-紀元前57年）

18 ホルスの神殿、エドフ

例のひとつは、エドフやデンデラやフィラエの場合のような、エジプト帝国の敗北のあとも建てられた神殿の数々である。これらの神殿は、マケドニアのプトレマイオス王朝（紀元前304年-30年）、アレクサンドロス大王が統治したエジプト属州のギリシャ語を話す後継者たち、そしてそのあと、ファラオの称号を採り入れた異国の統治者であるローマ皇帝たち（紀元前30年-紀元後395年）によって、造営が依頼されてきた。だが、これらの建物の注目すべき特質といえば、世界中に知られてきたもっとも偉大な建築的伝統のひとつにふさわしい終末を告知したという事実なのである。

第2章　古典的基盤：ギリシャ、ヘレニスティック〔ヘレニズム、汎ギリシャ〕、ローマ

青銅器時代の遺産

　最初から始めることは、パルテノンの澄みわたった平穏さと光り輝く知的な結合力をはるかに超えて、古代ギリシャ人たちが自分たちにとってさえも神秘的であった細部に満ちた、忘れ去ることのできない太古の物語のより漠然とした世界へと、われわれが視線を向けなければならないことを意味している。これはすなわち、紀元前2千年紀の中期と末期のヘラドス文明〔紀元前2500年-1100年頃のギリシャ本土の青銅器時代文化〕にほかならない。この時代、ミュケナイとアルゴス平原とに代表されるギリシャと、トロイの町に支配された北西アジア（現代のトルコ領）とのあいだで対立があった。このヘラドス文明の伝説上の英雄たちは、ホメロス流の詩人たちによって連綿と謳いつがれて、盛名を轟かせ、その一方でクレタ島の近代における発掘は、ヨーロッパ建築のもっとも初期の例と同様に、クノッソス（紀元前1600年頃に始まる）やファイストスやマリアやハギア・トリアダの各宮殿の重要性を明らかにしたのである。紀元前2千年の少しあとからの中期青銅器時代に、エジプトとシリアの進んだ東方文化の数々との交易をとおした接触によって、クレタ人たちは、紀元前1600年までに、アジア的なものに触れ、さらには支柱、中庭、フレスコ画のある内部空間といったエジプト的なものにまで次第に大きく触れてゆくことで活気を帯びることとなった土着の建築を発展させることができたのである。

　クノッソスの神話上の王ミノスにちなんでミノア文化として知られることの多い、このクレタ文化は、紀元前5千年頃の新石器時代から発展し、直接的にではないにせよ、およそ紀元前1450年以降に、ギリシャ本土から侵入したミュケナイ人たちによって、終焉を迎えることになった。この時代の末期頃に建てられたクレタの宮殿の数々は、粗い石や、漆喰で覆われた日乾の泥煉瓦でつくられていた。これらの宮殿は、不均等にもしくは非対称形に並べられた部屋やホールをきわめて濃密に積み上げてつくられ、中庭の周りにまとめられ、開廊やテラスやポルティコやヴェランダや吹き抜けを伴って活気を呈していた。クノッソスの「ミノス王の宮殿」は、3ないし4エーカー（1.2〜1.6ha）の広大な4層の建物であり、大きな円柱からなる階段室が1個あった。これは記録された歴史のなかでは一番最初のものである。

　クレタの宮殿の外部についてはほとんど知られておらず、それらのファサードは建築的に印象的であったとは思われない。それらの内部にはしばしばフレスコ画が描かれていた。も

19　宮殿の玉座のある公式謁見室、クノッソス

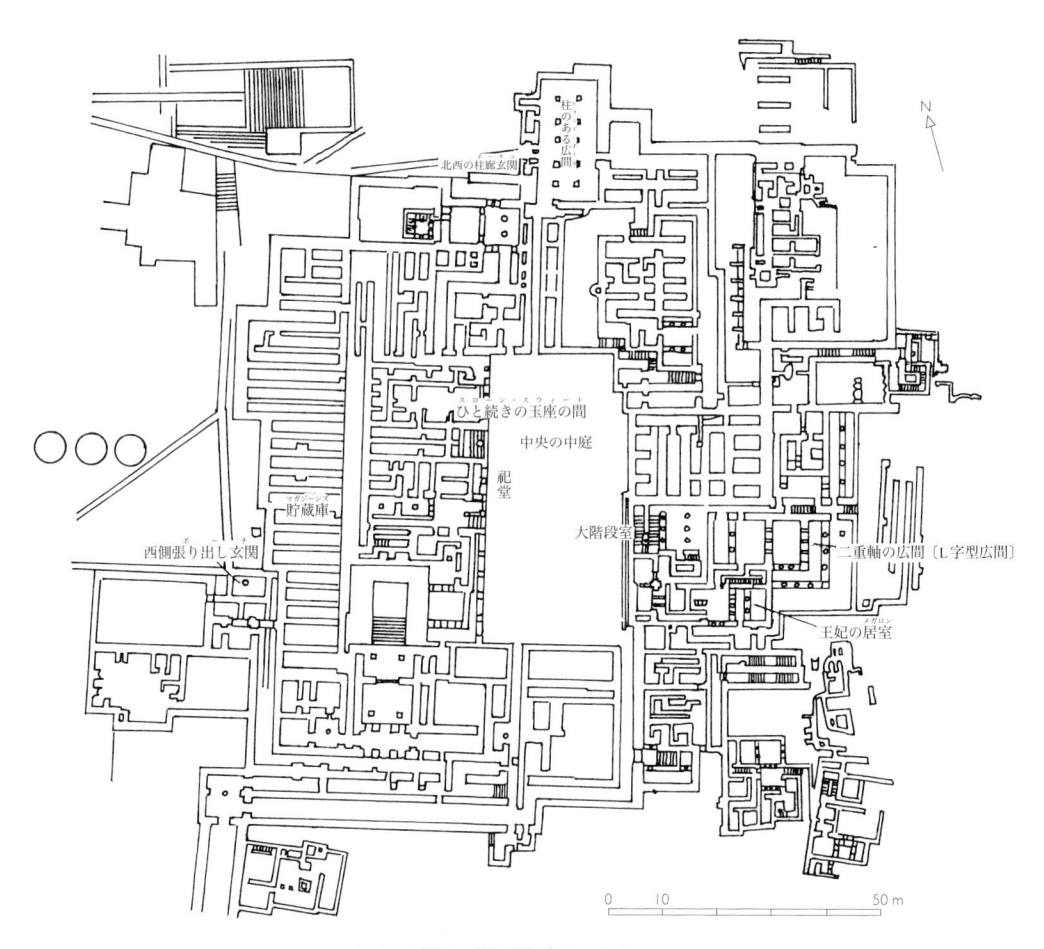

20　ミノス宮殿の復元平面図、クノッソス

第2章　古典的基盤：ギリシャ、ヘレニスティック〔ヘレニズム、汎ギリシャ〕、ローマ

っとも、華やかな海風を描いたクノッソスの有名なフレスコ画は、その大部分が考古学者のアーサー・エヴァンス卿（1851-1941年）の創作であったが。それぞれの宮殿が無防備であったという事実は、派手に絵画が描かれた木の円柱からなる回廊状の中庭や列柱を通って近づく、豊かに飾り立てられた部屋の数々が、くつろいだ文明化した生活様式用に設計されていたことを示唆している。個別の排水システムが、浴室や洗面所にあてがわれていた。料理人や冬期の暖房用の炭火の火鉢が備わった部屋もあった。その一方で、1階部分には、今日よりも当時の方が肥沃であった、穀類やワインやオリーヴ油や羊毛といった島の主要産物を貯蔵する巨大な倉庫の数々があった。クノッソスの貯蔵庫の複合体は、ミノス王が、特別に設計された迷路のなかに住んでいた怪物のごときミノタウロスに、毎年計7人のアテネの若者と乙女を餌として与えていたという、初期のギリシャ人たちのあいだで口にのぼった伝説をいくらか説明してくれる。貯蔵領域の大きさは、この宮殿がクレタ島の大半をまかなう流通機構の中心であったことをも語っている。確かに、このことは、エジプト人たちの場合のような、墓に基づいた文化でも、メソポタミアのシュメール人たちの場合のような、神殿に基づいた文化でもなかった。それはまた、戦を尊ぶ文化でもなかった。というのもクレタ島の宮殿に見られるように、クレタの都市の数々は、防御可能な造りにはなっていなかったからである。クレタは、一個の島であり、それゆえ海という境界がもっとも効果的な防御施設を形成していた海運力そのものだったのである。

ミュケナイ

一方で、ミュケナイあるいは後期ヘラドスとして今日知られている、同傾向の文化が、ギリシャ本土で展開しつつあった。これらのミュケナイのギリシャ人たちは、紀元前1400年-1200年以降の青銅器時代の最後の数世紀に、エーゲ海世界を統治したのである。彼らの世界のいくつかある中心のひとつは疑いもなく、アルゴス平原のミュケナイであり、そこでは都市と要塞の主要な残存する遺構は、紀元前1300年頃以降のものである。ミュケナイおよびその近くのティリンスにあるいかめしい大きな城塞は、クレタ島の優雅な守り難い宮殿と著しい対比をなしている。実際のところ、紀元前1450年と1400年のあいだに、クレタ島を侵略してミノア交易を引き継ぐことによってミノア文明に終焉をもたらしたのは、まさしくミュケナイの勇猛な戦士王たちであったと考えてよい。もっとも、これらの王らは、その後引き続いてミノアの建築様式を表現し、何と、ミノアの芸術家たちを重用さえもしたのである。

ミュケナイという名は、ホメロスの叙事詩では、アガメムノン王の王座として記録されている。アガメムノンの功績は、アイスキュロス〔紀元前525-456年〕の偉大な三部作の悲劇『オレステイア』〔『アガメムノン』と『供養する女たち』と『慈しみの女神たち』〕に生きいきと記録されている。そこではアガメムノンの故郷はアルゴスとされている。ミュケナイを叙情的に連想させる要素は欠けているものの、ティリンスの保存状態はミュケナイよりも良好である。ティリンスの要塞では、もっとも初期のものは、紀元前1400年よりわずか前につくられ、厚

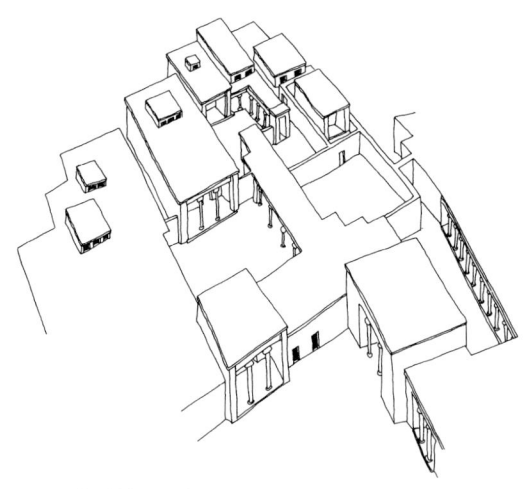

21　紀元前13世紀後期のティリンスの宮殿復元図

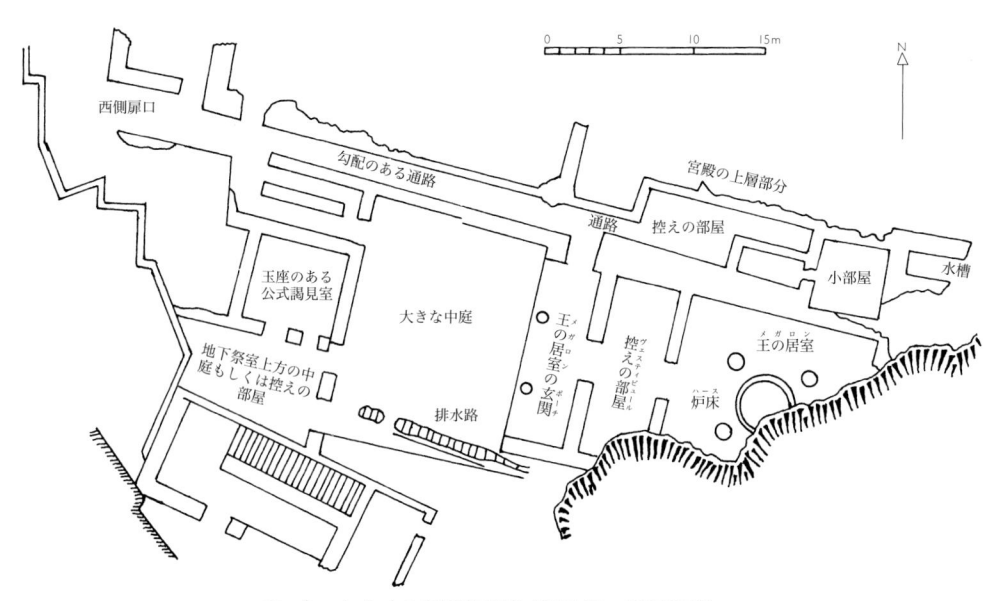

22　ミュケナイの宮殿平面図（紀元前13世紀後半）

さ20フィート（6m）で、少なくとも同じだけの高さがあった。数トンの重さがある巨大な荒削りの石の塊りから形づくられた、力強さを見せつけるこの要塞は、後世のギリシャ人たちにとっては超人的なものに見えたため、彼らはこの技術を巨石式〔キュクロプス式〕と呼んだ。なぜなら、石の数々が、額の中央に1個だけ目をもった謎めいた巨大な生き物であるキュクロプスによって、適切な位置に置かれたにちがいないように思われたからである。実際のところ、これは、小アジア〔黒海と地中海のあいだ〕で流行していたやり方を導入したものであったようだ。これらの度を越えた要塞の数々のなかでは、宮殿は、紀元前13世紀後半に、ティリンスが最終的に拡張して以降、比較的地味な対象として扱われたのであった。宮殿は、その日乾煉瓦や木造の円柱でつくられたことや、非対称形の平面と生きいきとしたフレスコ

28

第2章　古典的基盤：ギリシャ、ヘレニスティック〔ヘレニズム、汎ギリシャ〕、ローマ

画に見られるように、ミノア文化の影響を受けていた。

　ミュケナイの要塞と宮殿はティリンスのそれとほぼ同時期に、またおそらくは同じ労働者によって再建された。ミュケナイに入る堂々たる入口門を形づくっている獅子門は、記念碑的なものに対する明確な趣向を示している。この門は、三角形の石の彫刻が載った3つの巨大な石からなっている。石の彫刻では、ミノア型の中央円柱の両側に、一対のお供の（今は頭部を欠いた）ライオンが紋章のように置かれている。いくらかヒッタイト風の趣きがあるこの力強い構成には、王らしい統治を表現した、ミノアとミュケナイの主題(テーマ)が混交している。獅子門を通り抜けると、今日の訪問者は右側に、獅子門の建造者によってずっと前の王朝から保持されてきた竪穴式墳墓のある円形の墓を目にすることになる。これらの墳墓の向こうには、二輪戦闘車用の斜路が宮殿まで続いており、その一方徒歩で到着した人々のため、おそらくはミノア人の発想による2列をなす階段が、紀元前1200年頃に付け加わったと思われる。思ったよりつつましい宮殿には、小さな守衛所や客室、そしてメガロンなる部屋に通じる露天の中庭があった。メガロンとは、ホメロスによるオデュッセウスの家の記述に対応した、一種のゆったりとしたホールである。王座があったとおぼしきメガロン内部には、屋根を支える4本の円柱と、中央の炉床と、壁面に描かれた戦士や馬や二輪戦闘車のフレスコ画があった。この部屋には、一対の円柱によってそれと分かる入口をもった小さな玄関をとおって入るのであった。

　王や族長の内部の聖所たる、このメガロンのデザインには、古典時代のギリシャ神殿の種子が見いだされる、と議論されてきた。もっともメガロン型式の宮殿からギリシャ神殿が派生したとする説には、2つの問題がある。すなわち、少なくとも2世紀は続いた暗黒の時代を越えて知識が存在しえたかということと、もっとも初期の神殿と比較してみるとメガロン型式の宮殿の方がずっと複雑であったということである。おそらくはメガロンと神殿の双方が、単純かつ永続した住居の型が個々に洗練されていったものだと考えるべきであろう。確かに、ギリシャ人の祖型といえる神殿や住居と、ミュケナイの宮殿の東方に位置する「円柱の家」との類似点を指摘することは可能である。この住居のもっとも注目すべき特徴は、その4方〔辺〕のうちの3方〔辺〕に独立して建つ円柱が両側にある中央の広い中庭である。これは、ティリンスの主要なメガロンの前面にあった、はるかに堂々とした円柱列の並んだ中庭を思い起こさせる配列である。

　ミュケナイの要塞の外側には、紀元前1300年頃のいわゆるアトレウスの宝庫、すなわちアガメムノンの墓が横たわっている。おそらくこれは、要塞と宮殿の最後の改造を命じた王の休息用の場所として建てられたのであろう。ミュケナイにはその周囲も含めて12基あったとされる、トロス〔円柱円形堂〕型式の墓として最大のものであり、有史以前のギリシャ時代のもっとも高貴な残存する建築記念碑でもある。このトロス型式の墓は、はるか古代の東地中海にあった型式で、蜂の巣に似た持送りの石の屋根の架かった地下の円形部屋からなっている。そこへは、傾斜した小道すなわち「ドローモス〔地下の墓への通路〕」から近づく。こ

29

23　ミュケナイの獅子門(ライオン・ゲイト)（紀元前1250年頃） 　　24　アガメムメンの墓、ミュケナイ（紀元前1300年頃）

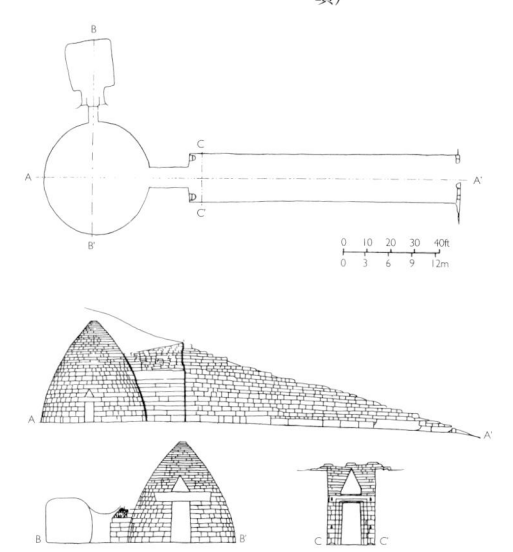

25　「アトレウスの宝庫」の平面図と、3つの横断面図、ミュケナイ（紀元前1300年頃）

　の小道は、とりわけ「アトレウスの宝庫」においては、おどろおどろしくも堂々としたアプローチをきっちりと形づくるべく、土手のなかへ切り込まれている。ここでは120フィート（36m）もの長さのドロモスの壁面は石が1列に並べられて出来ているのである。
　「アトレウスの宝庫」への出入口部分は、側面が先細になっており、内部はゆるい勾配の斜面である。これらは、エジプトに由来するといえる特徴である。この入口門の上方には、楣にかかる、上に載っている石造物からの圧力を取り払うためにつくられた三角形の開口部がある。この三角形と、一対の半円柱で飾られた入口門両側の部分とは、連続した螺旋形のフリーズで飾り立てられた、装飾的な石のスラブ〔板〕で元々は化粧張りされていた。これはミノア文化のモチーフに他ならない。入口そのものは、緑色の石灰岩からなる半円柱が両側に

第2章　古典的基盤：ギリシャ、ヘレニスティック〔ヘレニズム、汎ギリシャ〕、ローマ

添えられていた。その一部が残ってはいるものの、現在は大英博物館に収められている。その柱身にはジグザグの連続した螺旋の装飾が施されており、エジプトの睡蓮形の柱頭に似た小えぐり〔断面が四半円形の凹面刳り形〕が一番上に載っている。緑色のアラバスター〔雪花石膏〕と赤色の斑岩との飾り物からなる正面部分の洗練された贅沢な装飾は、青銅器時代全体をとおしてもっとも意表を突いた産物のひとつである。トロス式の部屋は高さが43フィート（13m）、直径が47½フィート（14.5m）あり、これは1400年以上あとのローマのパンテオンが建立されるまでは、匹敵するもののなかった石造りのスパンを誇っていた。そうはいっても、サモトラケ〔エーゲ海北部の島〕のアルシノエインのようなヘレニスティック時代の会堂には、木造りではあったがこれより大きなスパンのあるヴォールトが架けられてはいた。さて、相当高いスキルを備えた工学技術が、巨大な石の数々を配置する際に、この「アトレウスの宝庫」では要求されたのである。というのも、石の重みに抗うことと、この宝庫を覆いつくしていた金、銀、銅の装飾のための滑らかな内部表面を用意することの双方が求められていたからである。

ヘレニック文化

　以上のような建造物を可能にした繁栄は、およそ紀元前1300年までに衰退し始めた。その理由は完全に明らかになってはいない。やがてドリス人として知られることになる、ヘラドス文化圏の北端からの侵入者たちが、紀元前12世紀にミュケナイ文明の礎の数々を破壊したとしばしば言われる。紀元前1100年頃までに、青銅器時代の文化は崩壊し、その宮殿の数々は焼き払われ、その幾多の財宝は略奪され、職人たちはバラバラに各地に去った。すなわち、大規模な人口移動が起こって、貧困と野蛮に象徴される無教養で粗暴な暗黒時代が4世紀ものあいだ続いたのである。紀元前9世紀には、鉄の使用に力点が置かれるようになった。これは紀元前11世紀以降に知られるようになった技術である。青銅よりも耐力のある金属の鉄は、剣と鋤に基づいた生活様式にとりわけ適していた。おそらくは紀元前8世紀に、ホメロスは、失われし青銅器文明の栄光の数々を謳い上げ、われわれは、ヘレニック文化の始まりを紀元前800年より少しあとと特定することが可能である。この時代にフェニキア人のアルファベットからいくつかの文字を表現したギリシャの碑文が、ミュケナイ時代のギリシャで用いられた線文字B〔およそ紀元前15-12世紀にクレタやギリシャ本土で使われた文字〕として知られた碑文から発展したものである。線文字Bはいまだに解読されていない書記体系の線文字A〔紀元前18-15世紀頃のクレタで用いられた文字〕とは何の関連もない。線文字Aは、ミノア人たちが自分たちの商業取り引きを記録するのに用いたものであった。先例としての青銅器時代から始まった他のものとしては、神殿の造営に、新たな関心を抱いたことが挙げられる。神殿はミノス人たちにとっては未知の種類の建造物であった。

　エジプトおよび古代の近東の文明とはちがい、ヘレニック文化は明確に限定された境界をもっていたわけではなかった。しかし、ギリシャ本土からエーゲ海の島々や現代トルコの海

岸や黒海へ、またシチリア島や南イタリアや南フランスへ、さらにはスペインの地中海沿岸にまでも拡がっていった。ギリシャおよびエーゲ海の海岸地方の住民は、より近い時期に北方から下ってきたイオニア人とドリス人に大きく分けられる。主要なイオニアの都市を挙げると、かつてはミュケナイの町でもあったアテネ、カルキス〔ギリシャ中部エウボイア島西部の都市〕、エレトリア、小アジアの西海岸沿いの12のイオニア都市（トルコ）、そしてマッサリア（マルセーユ）であった。ドリス人たちの主要都市は、スパルタ、アルゴス、アイギナ、コリント、そしてテーベであり、シチリアやコルクやロードス、そしてクレタの島々にも建設された。古典期のギリシャ人たちは引き続いて、自分たちの芸術がもつ特徴的な性質を、ドリス人に備わっていると思われた男らしさや力強さと、イオニア人の女らしさや優美さとの混合の成果と見なした。

　紀元前179年になって初めて、これらの一群の人々がようやく、その主要な敵であったペルシャ人やフェニキア人たちからの抵抗を鎮圧することとなった。この新しいヘレニック世界の秩序には共通した組織統治のシステムが存在しなかった。この秩序は、個々の王や、小さなグループや、男性の自由市民（これらの3つのシステムに対応したギリシャ語は、それぞれ、僭主政治、少数独裁の寡頭政治、民主政治である）によって多様なかたちで統治された小さな自己組織による国政を特徴としていた。これらの都市国家はしばしば互いに争ったものの、自分たちに共通した文化的アイデンティティを誇りにしていたのである。自分たち自身の議論の余地のない文化的優越感への信頼は相当に強く、彼らの直接の後継者であるローマ人たちによってのみならず、われわれ自身も含めたそのあとに続く世代世代によっても、この信頼はずっと受け継がれてきたのである。

　ホメロスによって伝承された、第2千年紀の青銅器時代の世界には、君主たちの宮殿に特徴づけられた要塞があったが、紀元前800年以降のヘレニック世界には、神殿に神々の像を安置する都市が現われた。内部の部屋もしくは神室〔神像安置所〕へと続く2本の円柱が建つポーチをとおってアプローチする、これら初期の祠堂は、ミュケナイの宮殿のメガロンとそっくり同じようなものなのであった。木材の支持材の付いた、日乾煉瓦でつくられたこれらの祠堂の最初のものは、おそらく、草葺きの屋根であったため、ミノア人やミュケナイ人の平坦な泥の屋根よりもいくらか傾斜していたと考えられる。前面の円柱を建物の周りすべてに巡らせて、外面を周柱式（すなわちプテロン〔翼の意〕）のかたちにまで拡張させるという決断は、神殿建築の未来にとって、とりわけ重要な意味をもっていた。このもっとも初期の例は、北ギリシャ、エッヴォイア（古名エウボイア）島のレフカンディで1981年に、大きな埋葬所で発見されていたように思われる。おそらく紀元前1050年という早い時期につくられた、墓と神殿の折衷と言える、アプス付きのこの細長い建物は、石の台座や内側がプラスターで塗られた日乾煉瓦支柱に支えられたアシの屋根があり、四角な支柱からなる周柱式の柱で囲まれている。もっとのちの例としては、紀元前750年頃に、これより大体50年前に建てられていたサモス島の細長いヘラの神殿（図34）を包み込むようにつくられた木の円柱ない

第2章　古典的基盤：ギリシャ、ヘレニスティック〔ヘレニズム、汎ギリシャ〕、ローマ

しは支柱からなる列柱廊がある。大地の母たるヘラ神は、オリュンポス山の神々のなかでもっとも偉大なるゼウスの妹であり妻であった。サモスにあるヘラの神殿はおそらくは紀元前7世紀の初めに、別のものに取って代わられたと思われる。

　おそらくはコリント地方で紀元前7世紀に考案された、テラコッタの屋根葺き瓦は、より大きな記念碑性と持続性へと向かう傾向において活発な役割を果たした。なぜなら、瓦の重みが木造の円柱よりも石造の円柱を使うことを推し進めることになって、壁体構造そのものに改革をもたらしたからである。テラコッタの瓦屋根はまた、草葺き屋根に求められた傾斜よりもゆるやかな傾斜からなる棟〔分水線〕をもった構造や、堅固な矩形の平面をした建物群の普及に貢献した。ミュケナイ時代から聖所であった、北西ギリシャのテルモンに建つ紀元前630年頃のアポロン神殿は、大々的な瓦葺き建物のもっとも初期の例のひとつであった。この神殿はまた、そのエンタブレチャーに見られるドリス式の原型的〔プロト＝ドリック〕な特徴、すなわち柱頭と樋とのあいだに見られる上部構造にとっても重要であった。この神殿の瓦屋根は、両側の側面に建つ各15本と両端に建つ各5本の木造の円柱によって支えられ、さらには日乾煉瓦造の壁体そのものによっても支えられていた。ヘレニスティック〔汎ギリシャ〕時代においては、これらの円柱は石の円柱に取って代わられたが、円柱が支えるエンタブレチャーはずっと木造のまま残されたように思われる。とはいえ、注目に値すべきテラコッタ製の装飾で生きいきとした状態を保っていた。

　エンタブレチャーの残存している部分は、ほぼ3フィート4方の大きさの大きなテラコッタのメトープであり、トリグリフとトリグリフのあいだの空間にはめ込まれていた。これらのテラコッタもしくは木製のトリグリフはおそらくは、重々しい木造の天井梁のむきだしのざらざらの面を、装飾用と保護用に覆うためのものであったと思われる。日乾煉瓦の裏打ちにぴったりとくっつけられたメトープの数々は、アルカイック期の絵画様式の特徴的な例であった、たけだけしい女たちやほかの神話上の場面の絵を縁取った、赤いフレームやバラ花飾りで明るく彩色されている。上方の樋は、1列をなす彩色テラコッタ製の仮面で飾り立てられており、これは、このあとに続いた古典期の建物すべてのコーニスの天辺に置かれることになった軒鼻飾りの初期の例である。神殿はいまだ、神室の中心にまで連続して立つ円柱列を保持していたものの、やがて旧式のやり方として放棄された。しかしこの円柱列は、のちの神殿に広範囲に採り入れられることになる背面のポーチすなわちオピストドモスを、遂には導入したのであった。

アルカイック（古拙）期の諸神殿　紀元前600年頃-480年

　ギリシャ神殿の配置と、われわれがテルモンにおいて見てきたように、ドリス式オーダーの起源の数々は、紀元前7世紀のあいだに確立された。東正面内では、玄関廊（プロナオス）が、神殿に祭られるべき神の偶像を収めた、神殿の本体すなわち神室に直接通じていた。この立像は東に向いたはるか奥の方に置かれた。その背後には、しばしば、内陣（アデュテュ

ム）があり、これは宝庫や聖所や神託所、さらには背面のポーチ（オピストドモス）として用いられた。プロナオスとオピストドモスには神々への豊かな供物が置かれることが多いため、金属の柵と門で仕切られていた。神々の怒りをなだめる目的で動物が生贄として捧げられる祭壇は一般に、神殿の内側にではなく、主要な入口ファサードの前に置かれた。大半の神殿は、生贄を捧げる儀式のあいだ自ら東の方角に顔を向ける司祭が自らの背中を神殿に向けるよう、東側を正面にしていた。この事実はわれわれにとっては奇妙に思われるけれども、それはまさしく、ローマのサン・ピエトロ大聖堂の前面で執り行なわれる有名な戸外のミサの際に、最近のローマ教皇たちによって採り入れられてきている配置なのである。しかしながら、サン・ピエトロとちがってギリシャ神殿は、ゴシックの大聖堂とは対照的に、信者たちが中に入って動き回ることよりもむしろ、平静に神を称えるための存在であるような礼拝のかたちをとるため、特に考えて設計されていたのであった。ギリシャ神殿に賦与された畏怖と神秘の一部は、祭式の場合を除いて神殿の内部が一般大衆には閉じられていて、神の偶像のみを東側の戸口の外側からのぞき見るようにされていたという事実によって醸しだされたわけである。暑い気候のところでは、内部でよりも外部での生活が好まれる。古代のギリシャ人たちは、われわれほどには建物に対して多くの要求をすることはなかったようである。とはいえ、彼らギリシャ人は、確かに、冷ややかな厚みのある壁で囲まれた内部を求めていた。はっきりとしていることに、彼らは自然に対して強い感受性を抱いており、神々の現前とともに活気づく、木々や水や山々や空を目にするよう導くところの想像的な精神性〔霊性〕を保持していた。

　これらの初期の実験的試みが、われわれによって十分に発展したギリシャ神殿として意識されるものへとしっかりと変貌する事態は、ギリシャ人たちが紀元前7世紀半ばから、建築と彫刻双方用の石材を刻みはじめてようやく生じたのであった。ドリス式オーダーとして確立されることになったものの多様な各部分は本書の図28において明確に示されている。最初の石造神殿において、ギリシャ人たちは、それより前の、テラコッタの豊かな装飾のついた木材と日乾煉瓦で建てた神殿の構法や装飾をまねる傾向があった。これによって結局、〔ギリシャ人の建築術は〕しばしば石化した大工術と呼ばれてきたのであった。この言い廻しは、ムトゥルス〔軒蛇腹下の持送り〕に対応する、木製の杭をまねて石に彫り刻まれたグッタエ〔露玉状の装飾〕といったような細部を巧みに表現している。この理論によると、これらの板状のムトゥルスは、神殿の側面に沿って続く軒〔ひさし〕の下に突きでた垂木の端を表わしているのである。ところが、同じ数だけのグッタエが果たしていた機能については、すべて木でつくられた建物においてさえも、判然としていないのである。というのも、ムトゥルスのようなかたちのものは、棟屋根の建物の両側だけではなく、これは非論理的なのではあるが、垂木のない端の部分をも装飾することが習慣になっていたことを思い起こす必要があるからである。しかし、ドリス式オーダーのかたちが木材に起源をもつという考えは、紀元前1世紀にこのことを記したウィトルウィウスにまで遡るのである。そのため、この考えを全面的

第2章　古典的基盤：ギリシャ、ヘレニスティック〔ヘレニズム、汎ギリシャ〕、ローマ

に否定するわけにはいかない。近代の学者たちは、多様なドリス式の要素を、機能という論点から、意図的に美学的ないしは詩的に注釈することをとりわけ好むようである。これらのドリス式要素は、抽象的幾何学的なやり方でとりまとめられているため、不必要に重々しく、それ自体は機能的な仕組みをもたず、構造と支持体型式を雄弁に語るにすぎない。それゆえ、ドリス式オーダーは木材を原型としてゆるやかに進展した結果というよりもむしろ、石造建築に新たな記念碑的効果をつくりだそうと熱望した、ペロポネソス半島北東部の才気溢れる建造者たちの手によって、紀元前7世紀半ばに、美を意識して考案されたものである可能性が高いといえよう。

26　ハトシェプスートの神殿にある、アヌビスの祀堂の柱廊玄関〔ポルティコ〕（紀元前1470年頃）

　もうひとつの明白な疑問は、突発的なドリス式の様式が、石工術と円柱からなる重々しい建築に影響されたという可能性に関わるものである。こうした重々しい建築は、たとえばカルナックのアモン神殿（紀元前1750年頃-1085年）もしくは、そのアヌビス〔死者の魂をオシリスの審判の広場に導く役割を担った、山犬の頭をもつ神〕の祠堂が明らかにドリス式オーダーの原型をなしている、デル・エル＝バハリのハトシェプスート女王の葬祭殿（紀元前1470年頃）において、エジプト人たちによって展開されたものであった。われわれは、紀元前7世紀に、ギリシャとナイル河のデルタ地帯とのあいだに交流があったことを知っている。しかし、コリントとイストミア近辺にある神殿群のいくつかがいつ建てられたのかをもっと正確に計算するまでは、ギリシャの設計者たちが先例としてのエジプトに多くのことを負っているということを確定するわけにはゆかない。もしこれらの神殿群が紀元前660年頃よりもあとに建てられたのなら、エジプトの影響はかなり可能性が高い。なぜなら、ギリシャとナイル河のデルタ地帯の交流は、自分自身偉大な建造者であったプサンティック1世なるファラオの統治のあいだにとりわけ密接であったからである。記念碑的な石の彫刻物のギリシャ的伝統もまた、際立ったエジプト的性格の硬直した正面像をもって、紀元前7世紀半ば頃に始まった。建築におけるエジプトの影響は、紀元前7世紀後半と6世紀前半に、とりわけ重々しい石を集めて飾り立てるという技術において、もっとも大きなものとなっていたように思われる。紀元前6世紀末までに、ギリシャ人たちは、これらの技術の多くを、自分たち自身の考案物のいくつかに取って代わらせたのであった。もっとも紀元前5世紀になってようやく、偉大な歴史家かつ紀行家のヘロドトスが

35

エジプト建築に深い印象を覚えたのではあったが。

　コルフ島のガリツァにあるアルテミスの大きな神殿は、もっとも初期の石造周柱式ギリシャ神殿のひとつとして、およそ紀元前590年ないし580年に建てられた。それはまた、ペディメントのなかに一群の彫刻を収めた早い例として重要である。そこには荒々しいゴルゴーン〔頭髪に数匹の蛇がからみつき、大きな黄金の翼と、見る人を石に化す力のある目をもった、3人の姉妹のひとり。とりわけメデューサのこと〕像があり、その両脇に、神殿内部の聖化された神秘的なものから、あらゆる悪しき訪問者や霊的なものを驚かせて追い払うような、一対の、ゴルゴーン像に負けず劣らず荒々しいヒョウの像が添えられている。神殿そのものは、消失してしまったが、その彩色された石灰岩の彫刻と建物の断片が、元の場所に(in situ)ではないものの、残存している。このことは残念なことである。というのも、この神殿こそおそらくは、完全なドリス式オーダーが確立された最初の例と考えられるからである。すなわち、石造の土台床（スタイロベート）の上に礎盤がないまま建った、先細の溝彫された円柱に、浅彫りの方円〔四角と丸。アバクスとエキヌスのこと〕柱頭が載っており、この柱頭が、トリグリフとメトープからなるフリーズで飾られ、さらにはムトゥルスとグッタエでアクセントをつけられたエンタブレチャーを支えているからである。細部とプロポーションをさらに洗練した多くの例が、次に続く数世紀のあいだに導入されたものの、実体としてはドリス式オーダーには何も付け加えられることはなかったのである。

　オリュンピアのヘラ神殿も同様な時代のものである。この神殿は、石灰岩による石造術、日乾煉瓦、そして、紀元前6世紀以降から次第に石に取って代わられた木造の円柱を組み合わせて建てられた。紀元前6世紀のもっとも古い残存する円柱列は、およそ紀元前540年に建てられた、コリント地方のアポロン神殿の7本の円柱である。高さがほぼ21フィート（6.3m）あり、元々はストゥッコで覆われていた石灰岩の円柱群は、一部はその完璧な垂直方向の輪郭にもよる、力強く本質的な相貌を訴えかけている。各円柱には、線の微妙さが欠けてはいるが、円柱が載っている石造の床面は、神殿の4辺すべてにわたって、若干傾いた曲線を描いて、中心部分の方に向いて建っている。これは、われわれがパルテノンを論議するときに再び扱うことになる、〔錯視〕矯正のもっとも初期の例である。ドリス式神殿の設計者たちのすべてを悩ませた、コリント地方のもうひとつの〔錯視〕矯正は、隅部のトリグリフの問題であった。ギリシャ人たちは、円柱によって支えられる重みを象徴的に表現するために、それぞれの円柱の上方に1個のトリグリフを置くことを主張した。目に対して力強さを誇示することを旨とし続けたギリシャ人たちはまた、〔トリグリフとメトープが交互に並ぶ〕フリーズの端には、トリグリフに比べて視覚的に弱い作用しかないメトープではなく、トリグリフを置くことを主張した。このことはつまり、隅部のトリグリフを隅部の円柱のまっすぐ上方に置くことができないことを意味した。トリグリフとメトープの配列に不規則さが生ずるのを最小限に抑えるため、端の円柱は、他の円柱よりもいくらか近づけて置かれたのである。さらに、コリントのアポロン神殿では、端のトリグリフの隣に並ぶメトープは、他のメ

第2章　古典的基盤：ギリシャ、ヘレニスティック〔ヘレニズム、汎ギリシャ〕、ローマ

27　コリントスのアポロン神殿（紀元前540年頃）

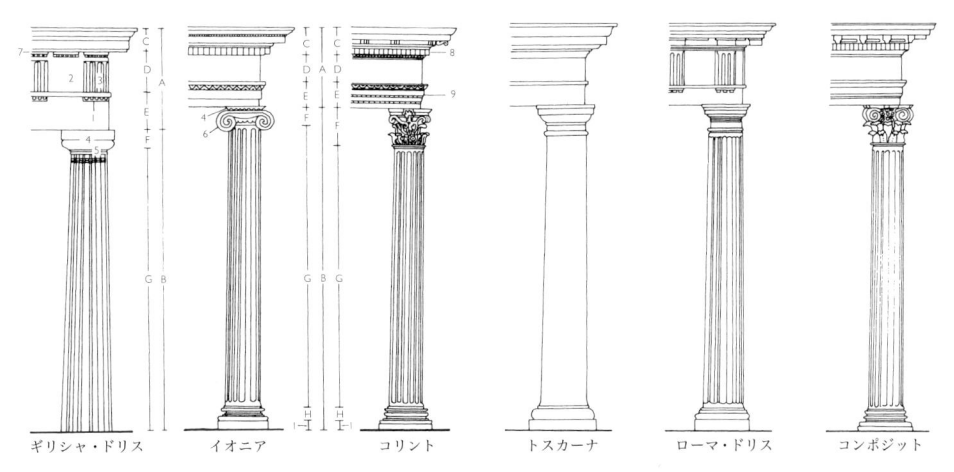

28　古典建築の各種オーダー（Aエンタブレチャー、B円柱、Cコーニス、Dフリーズ、Eアーキトレーヴ、F柱頭、G柱身、H柱礎、I台座；1露玉、2メトープ、3トリグリフ、4アバクス、5エキヌス、6渦巻（ヴォリュート）、7ムトゥルス、8歯飾り（デンティル）、9幕面（フェイシア））

トープよりも2インチ（5cm）幅が広くとられている。コリントはギリシャ本島とペロポネソス半島を繋いでいるコリント地峡〔イストゥムス〕を基点とした海岸近くの裕福な商業中心の地であった。それは南北を結ぶ陸地、そして東西にわたる海という好条件をもった交易にとっては理想的に配置された土地であった。町の上方には山が連なるアクロコリント〔高地コリント〕がひかえ、この地は、今日でもなお、世界でもっとも見事な自然の要塞のひとつとしてここを訪れる者を感動させている。紀元前4000年以上前から人が住んでいたコリントはおそらく、紀元前7世紀の僭主キュプセロス〔在位、紀元前667-25年〕とその息子ペリアンドロスの統治下でもっとも影響力を行使したと考えられる。この時代にコリントは、シラクー

ザ〔シチリア島南東部〕とコルフ〔ギリシャ西岸沖イオニア諸島北端の島〕を植民地化し、古代世界における陶器製造の主導的な造り手かつ卸売り業者であった。紀元前146年にローマ人たちに略奪され破壊されたコリントは、ユリウス・カエサルのもとで紀元前1世紀に、ローマの植民市になったときに再び創建されたのである。その際にコリントは、ローマ化されたギリシャの豪奢な主要都市となり、聖パウロによって異教世界へのその布教の中心地に選ばれたのであった。

多くの訪問者があったコリントのアポロン神殿は、様式上、アテネのさらなる2つの神殿とデルフィ〔古名はデルフォイ〕の神殿に関連づけられる。アテネのアクロポリス丘上にあったアテナ・ポリアスの神殿は、「僭主」ペイシストラトス〔紀元前600-527年〕の統治時代であった紀元前6世紀半ば頃に建てられた。ペイシストラトスは、ディオニュソス祭とパンアテナイア祭を個々に創りあげてその名声を高め、ホメロスの公認された叙事詩を不動のものにしたのである。ペイシストラトス派が、さまざまな島々の同胞の統治者たちと維持していた繋がりは、エーゲ海の島々からもたらされた彼らの大理石の神殿への同化と、もっとのちのイオニア式オーダーの使用とを説明してくれるといえよう。こうした神殿は、ペディメントにある彫刻が大理石に丸彫で彫られた最初の例であった。というのも、これらの彫刻は、石灰岩を彫っていた時代状況とは独立してつくりだされたものだったからである。アテネにあるオリュンピアのゼウス〔ゼウス・オリュンピオス〕大神殿は、紀元前520年頃にペイシストラトス派のもとに着工されたものの、ハドリアヌス皇帝のもとでの紀元後130年頃まで完成はしなかった。アテナ・ポリアスのペイシストラトス派による神殿の、装飾的な上部と屋根瓦に大理石を用いるという優れたやり方によって、追放されたアテネの一族、アルクマエオニドス派は、一番最初に神殿の正面全体を大理石で上〔化粧〕貼りすることを試みたのである。すなわち、紀元前513年のデルフィにあるアポロン神殿である。

マグナ・グラエキア〔南部イタリアの古代ギリシャ植民市群〕や、シチリア島のギリシャ植民市やナポリのイタリア南部海岸に建てられた大きな神殿群の廃墟以上に、紀元前6世紀半ばと5世紀半ばのあいだに見られた注目に値すべきドリス式オーダーの記念建造物はほとんど見当たらない。これらの神殿は、紀元前5世紀のアテネの、のちのより洗練されたドリス式よりも完璧にドリス式の「精神」を人々の心に簡潔に訴えかける、いかめしく粗野な雄々しさを備えている。シチリア島のシラクーザは、ギリシャ世界のなかでもっとも大きなドリス人の植民市であり最大の都市であった。シラクーザの紀元前6世紀初めのアポロン神殿は、その近接して並んだ、壮大な先細りの円柱がある、初期ドリス式のきわめて堂々とした例である。注目に値する一連のドリス式神殿群のうち現存するものは、セリヌスに残っているが、そのなかの4神殿はアクロポリスの上に、また3神殿は近くの高台にある。もうひとつの有名なドリス式神殿群は、ローマ人たちによってパエストゥムと新たに命名されたシュバリテスの一植民市、ポセイドニア都市内の、ナポリの南方50マイル〔80km〕の地に残存している。3つの神殿のうちもっとも初期のものは、紀元前6世紀半ばの、通称「バシリカ」すなわちヘ

第2章　古典的基盤：ギリシャ、ヘレニスティック〔ヘレニズム、汎ギリシャ〕、ローマ

29　ヘラの第2神殿、ポセイドンないしはネプトゥヌスの
神殿とも呼ばれる、パエストゥム（紀元前5世紀半ば）

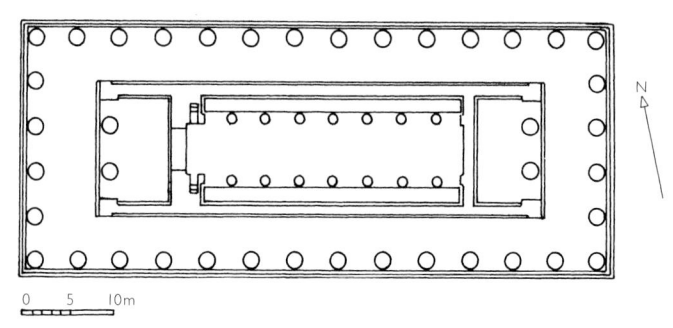

30　ヘラの第2神殿平面図、パエストゥム

ラの第1神殿である。これに隣接して、これより大体1世紀後に建てられた、ヘラの第2神殿（ネプトゥヌスもしくはポセイドンの神殿とも呼ばれる）があり、これは紀元前470年頃-57年のオリュンピアのゼウス神殿によく似ている。印象的な2層からなる内部をもった、パエストゥムにあるこの第2ヘラ神殿は、あらゆる古代の神殿のなかで、もっとも保存状態のよいものである。これよりやや北側の高台には、アテナ（あるいはケレスすなわちデメテル）のずっと小さな、紀元前6世紀後半の神殿がある。

　パエストゥムにある、ヘラの第1神殿とアテナ神殿の円柱のふくらんだ縦断面は、エンタシスとして知られた効果を生みだしているが、古代の神殿群のうちでももっとも誇張されたものである（もっともこうした縦断面は、オリュンピアのヘラ神殿のいくつかの円柱にも見ることができる）。これらの円柱断面すなわち輪郭線は、パエストゥムにおいては、それらが支えているずんぐりとした柱頭に見られる横に拡がった輪郭線とも呼応している。それゆえ、われわれは重々しい石がほとんど耐えがたい荷重を担っているために、うなり声をあげているか

のような幻覚にとらわれることすらありうるのである。この粗野さ、ほぼありのままの状態をさらけだしているというこの感覚は、偶然なのだが、この地方独特の石灰岩（トラヴァーティン）の粗い多孔質の表面によって強調されている。もとはといえばこれらの表面は、明るい色で彩られたストゥッコの滑らかな上塗りの下に隠されていたのである。紀元前5世紀半ば以降ほどなく、パルテノンにほとんど気づかれないまま使われたこのエンタシスという柱のふくらみは、全体がまっすぐに延びた側面の円柱列によって生ずる中央部でのくぼみを修正するために採り入れられたのである。しかしながら、エンタシスがパエストゥムにおいて著しく見いだされるという事実は、エンタシスの継起的な使用の動機がどうであれ、元々それが、錯視を矯正する手段ではなくて、むしろ支持体〔円柱〕に巨大な負荷がかかることの象徴としての偽りない役割を果たすための、芸術上の考案物であったこと、このことをまさしく示唆しているのである。

　その建造者たちが創意豊かな才能の持ち主であったことを示唆するパエストゥムの神殿群の意匠には、数多くの他の特異なものが見受けられる。すなわち、柱頭が装飾的に彫り刻まれていること。イオニア式の諸要素がドリス式と混合しているということ。そして、コーニスやムトゥルスやレグラエ〔グッタエが下に付いた横長の長方体〕やグッタエのようなもろもろの特徴あるものが時々省略されているということである。もっとも注目に値するのは、アテナの神殿の上部に見られる以下のような扱い方である。つまり、水平をなすコーニスが神殿の両正面では省かれ、その代わりに神殿の両側面上のコーニスが、深い陰影のある軒〔ひさし〕を形づくるため、〔正面〕ペディメントの方に上向きに連続して繋がり、これらの軒の下面に格子状の装飾が施されているのである。円柱群はすべて、内側に軽く傾いていて、偉大な女神アテナのこの祠堂(ホーム)がもつ垂直方向の強い推力を高めて強調しているのである。こうした高さと敷地を利用してこの建物は、陸地や海路からパエストゥムにやってくる訪問者たちの目と心を魅了してきたのであろう。

　あらゆるドリス式神殿のなかでももっとも大きく、またある意味でもっとも注目に値するのは、シチリア島のアクラガス（ラテン名はアグリゲントゥム。現在はアグリジェント）なる当時繁栄していた都市にあったオリュンピアのゼウス〔ゼウス・オリュンピオス〕神殿である。それはおそらく、紀元前500年頃に着工されたものの、カルタゴ人たちによるアクラガスの掠奪の結果、紀元前406年に未完のまま放置されたと考えられる。カルタゴ人たちは、この都市の歴史においてもっとも繁栄した時代に終止符を打ったのである。訪れる者たちを圧倒すべく設計された、この巨大な記念碑は、173×361フィート（52×108m）あり、地上高15フィート（4.5m）の5段の階段を登って上がる基壇の上に載っていた。エンタブレチャーの重みに耐えさせるよう、外側の円柱群は、独立して建ってはいなかったが連続した堅固な壁面に半分埋められた付け柱であった。重々しい外観にもかかわらず、エンタブレチャーは実際は、比較的小さな石の塊り(ブロック)で建てられていた。この建物のもっとも異質で神秘的といえる特徴は、「巨人たちの神殿」という俗称を与えることになった、現存する石像の断片である。われわ

第2章　古典的基盤：ギリシャ、ヘレニスティック〔ヘレニズム、汎ギリシャ〕、ローマ

れは、これらのことや中世後期の記録文書から、この神殿が、その上方部分を支えるために頭の上に腕をあげたおよそ25フィート（7.5m）の丈がある巨大な男性像（テラモンもしくはアトラス）を表現していたことを知るのである。神殿内部でこれらの像が正確にどこにあったかは、論争の的となり続けているが、近代の考古学者たちはこれらのいくらか野蛮じみた像が、それ自体が鉄製の棒でより強く補強されているように見えるエンタブレチャーを支えながら、半円の付け柱群のあいだに置かれた、カーテンウォール内の太い横桟の上に立っていたと推測している。このオリュンポスのゼウス神殿はかく

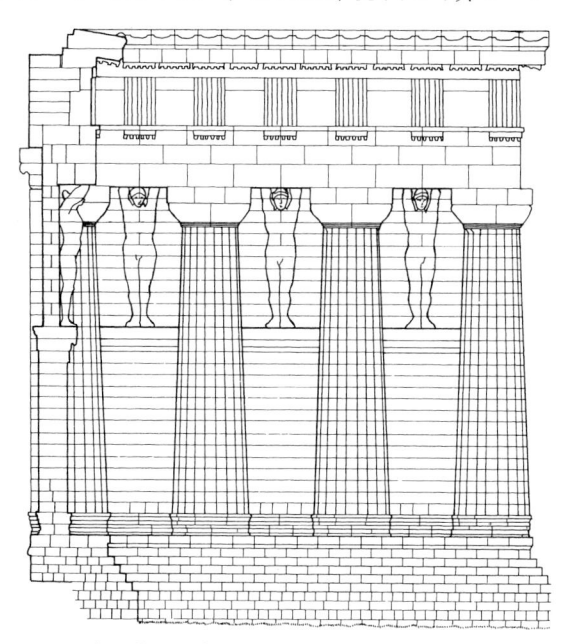

31　アクラガスのゼウス・オリンピウス神殿の復元図（紀元前5世紀）

して、われわれがパエストゥムですでに観察してきた、苦役で呻吟している建物といった文字どおりの表現をより巧みに行なっているのである。これらの像によって導入された粗々しさという特徴は、おそらくは奇抜な考えではあるが、紀元前480年のヒメラにおけるカルタゴ軍の敗北と繋がっているのであろう。この敗北ののち、カルタゴ軍の捕虜たちが、この神殿の建設というたいへんな苦役を強いられる運命にあったと考えられるのである。

　われわれはドリス式神殿群の華やかさや細やかさを記述してきたが、その敷地背景についてはほとんど記述してはこなかった。アクラガスほど印象的な敷地はギリシャにはほとんどない。高い尾根の上の北側に置かれたアクロポリスには、アテナ神殿の遺物が残っているが、南側へは、海岸に平行に、それぞれが半マイル〔約800m〕内に6つもの神殿が詩的な風情を漂わせて建つ、もうひとつの尾根が走っている。われわれは、古代ギリシャ人たちが意図したことについてはきわめてわずかしか確証をえることができないため、近代の学者たちはギリシャの建物相互の繋がりや景色との関わりについて真逆な理論を自由勝手に提示してきたのである。これらの理論は、それが恣意的なものであったという論議から、たとえば、近くの山に関連した神殿の配置がその秩序の全体的処置に影響を与えたという考えに到るまで幅広い。パエストゥムのアテナ神殿において強く推し進められたものが、コリント地方のアクロコリントの下にかがんだように建つアポロン神殿においては制限されていたということである。確かに、山々を背景にした神殿群のイメージや、神殿群が切り出された粗々しい岩を背景に整然と並ぶ円柱群のイメージは、自然に抗う激しい戦いにおいて達成された人間の支配と権威を、圧倒的な力で象徴する。バッサイの神殿に言及する際、新古典主義の建築家

41

32　アイギナのアファイア神殿（紀元前510年頃-490年）

　C.R.コッカレルは19世紀初期に、「秩序ある作品は、砂漠におけるオアシスのごときものである」と書いた。さらには、われわれはおそらく、ドリス式神殿に見られる均衡と引っ張り強さの組み合わせを、対立に立ち向かおうとする熱望の精神的な過程の反映と見なすことができるのであろう。というのも、神々に神殿を奉納することは、人間ひとりでは、自身を取り囲む自然界のさまざまな力に対して無力であるという事実を思い起こさせるからである。

　配置が見事で保存状態も良好なもうひとつの後期アルカイック時代のドリス式神殿は、紀元前510-490年頃に、アテネ近くのアイギナ島に建てられたアファイアの神殿である。アファイアとは大地全体の古い女神で、船乗りや狩人たちの保護者であった。自らの洞穴の上方に位置したこの女神の神殿は、新緑におおわれた松林のなかにある岩の多い丘の頂上という敷地から、双方向に、海の、目もあやな景色を望むことができる。それはクリーム色に塗られた大理石のストゥッコを上塗りしたこの地方特産の石灰岩で建てられ、他方その多くの特徴ある装飾物──ペディメントの彫刻、アクロテリオン〔ペディメント頂上や両端の彫像用台座〕、ライオンの仮面、グリュプス〔鷲の頭と翼、ライオンの胴体をもつ怪獣〕──が明るい色調で豊かに彩られていた。ホメロス調のトロイの戦争の場面を彫ったペディメントの彫刻は、現在も残るこの種のものとしては、もっとも初期の例を形づくっている。これよりも時代が古く、より古拙的なものは、紀元前490年頃の西側のペディメント上にある。ここでは戦士たちがこの神殿のもつ雰囲気に合った、静かな超然とした様子や晴れやかな優雅さをたたえている。とはいえこれら戦士は、いくらかあとにつくられた東側のペディメントにある彫像を特徴づけている、はるかに攻撃的で力強い動きとは、著しい対比をなしてはいる。

　この神殿は数多くのプロポーションの矯正を示してくれる。たとえば、パエストゥムのア

第2章　古典的基盤：ギリシャ、ヘレニスティック〔ヘレニズム、汎ギリシャ〕、ローマ

テナ神殿は別として、円柱のすべてが内側に傾き、隅部の円柱がいくらか太くなっている最初の例なのである。さらに、円柱群にはエンタシスが施され、土台床〔スタイロベート、ステュロバテス〕にはむくり〔凸状のゆがみ〕が見られ、2層からなる円柱列の初期の例が見られる。このような特徴の数々は、パルテノンを予期させるがしかし、われわれはドリス式オーダーの絶頂期を調査しに紀元前5世紀のアテネに向かう前に、ギリシャ的アジア様式といえる、イオニア式オーダーの誕生と隆盛を一瞥しておくべきである。

イオニア式の興隆

　われわれはすでに、ミュケナイ地方出身のギリシャ人たちによる、小アジア地方の海岸沿いにあるイオニア植民市の建設に注目してきた。これらのギリシャ人は、紀元前1100年以降の彼らの文明崩壊から逃れて、紀元前8世紀までに、ミレトスやプリエネやエフェソスやスミルナのような沿岸都市を建設したのであった。ここや、サモス、キオス、ナクソス、パロス、そしてデロスというような数多くのエーゲ海の島々で彼らは、われわれにとっては、その曲線美の優美さや感覚美の暗示を備えたイオニア式オーダーによって象徴化される、洗練された豪奢な文明をつくり上げたのである。イオニア式の起源は、古代世界においてよくあるように、いまだに判然としない。その起源を北西小アジアのアイオリス〔小アジアの北西部の古代の一地方〕で発見された、紀元前7世紀後半ないし6世紀前半のいわゆるアイオリス式の柱頭に見る者もいる。このアイオリス式柱頭は、大変に優美ではあるものの、長い矩形の拡がりがあり、実際のところ、これはドリス式オーダーの正方形の平板〔アバクス〕以上に、長い梁を支えるものとして機能していると考えられる。〔地中海東岸の〕パレスティナやキュプロスで、アイオリス式柱頭の建築的な先例は見られるが、のちの時代のものとの類似性は偶然であるかもしれないし、またイオニア式オーダーは紀元前550年頃に、今は破壊された2つの広大なスケールをもった最初のギリシャ神殿において考案されたといえるかもしれない。その神殿とはすなわち、サモス島のヘラ第3神殿と、リュディア〔小アジア西部の裕福な古王国〕のクロイソス王〔在位、紀元前560-46年〕のためにつくられた、エフェソスのアルテミス（ディアーナ）の神殿である。

　サモス島出身の天才的な建築家兼技師であったテオドロスは、これらの巨大な神殿双方の造営に従事し、今は失われたものの、サモス島の神殿に関する書物を書いていた。これは、われわれが建築論考の書と名付けうるもっとも古い例である。これらのものは、最初の二重列柱式の神殿であった。4つの面すべてにわたって、円柱の二重の列柱廊（ペリスタイルすなわちプテロン）があることを誇っており、これは小アジアにおける神殿に特有なものになり、エジプト神殿群の堂々とした多柱室からおそらくは由来した特色である。西側の入口正面にある円柱の間隔は、中央に向かうほど拡がっていて、このことはまさしく、エジプトによって鼓舞されたもうひとつの特色である。アルテミスの壮麗な神殿は、アルカイック期のドリス式神殿群とはちがって、そのほぼ全体が大理石で建てられていた。この神殿の円柱群は、ド

43

リス式の円柱群と比較してほっそりとしている点、柱頭のデザインという点、水平に溝彫りされた大玉縁〔トルス〕によって特徴的な柱礎の豊かな刳り形〔モールディング〕という点において、のちのイオニア式の建物群に対する範型を確立したのであった。円柱のいくつかに見られる低層部分には、彫像が刻まれており、この異国風の特徴が流行をつくりだすことはなかったものの、卓越した彫刻の表現は、ドリス式神殿に見られる建造の強調よりもむしろ、装飾的に力点を置くというやり方をとるイオニア式神殿に特有なものである。このようにして、イオニア式の様式からは、トリグリフやメトープが構造的迫真性を詩的に解釈するという機能を発揮しているドリス式のフリーズが、完全に省かれている。ドリス式フリーズは、コーニスの下に直接置かれた、1列をなす歯飾りすなわち小さな四角形の塊りのあるアジア風のイオニア式や、しばしば彫像で豊かに装飾される帯状に並んだ石のある西エーゲ海のイオニア式に、代えられている。

33 デルフィの宝庫（紀元前525年頃）

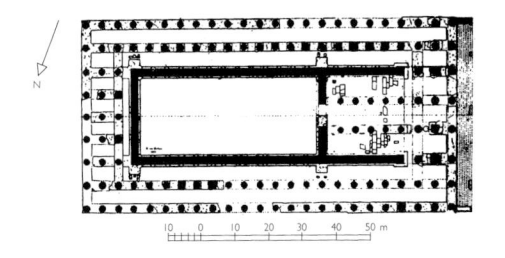

34 サモスのヘラの第3神殿（紀元前550年頃）平面図

初期の西方イオニア式の全盛期を示す、独自の豊かさと魅力を備えた建物は、シフノスという島国家によって、紀元前525年頃にデルフィで建てられた大理石の宝庫である。この宝庫のポーチには、両脇に2つの大きなカリアティッド（独立して建つ女性像柱）が立っている。これはのちにアテネのエレクテイオンの建築家によって繰り返されたものである。これらのカリアティッドは頭の上に、人間やライオンの像が丁寧に彫られた奇妙な柱頭を載せている。フリーズそしてペディメントさえもが高浮き彫りで彫られ、赤や青や緑で華やかに彩色された彫像で満たされている。同時に、神室の玄関口の周りに彫られた建築装飾も、ほとんど等しく洗練されたものである。

古典的様相：紀元前480-400年

アテネのアクロポリスすなわち要塞の上に集められた、パルテノンやプロピュライアやエレクテイオンは、伝統的に、ドリス式とイオニア式のオーダーの発展における重大な時点を表わすものと見なされている。紀元前5世紀のアテネが古代建築の絶頂をしるしづけているという観点は、一部は19世紀の学者たちのせいである。彼らは、興隆、成熟、衰退という不

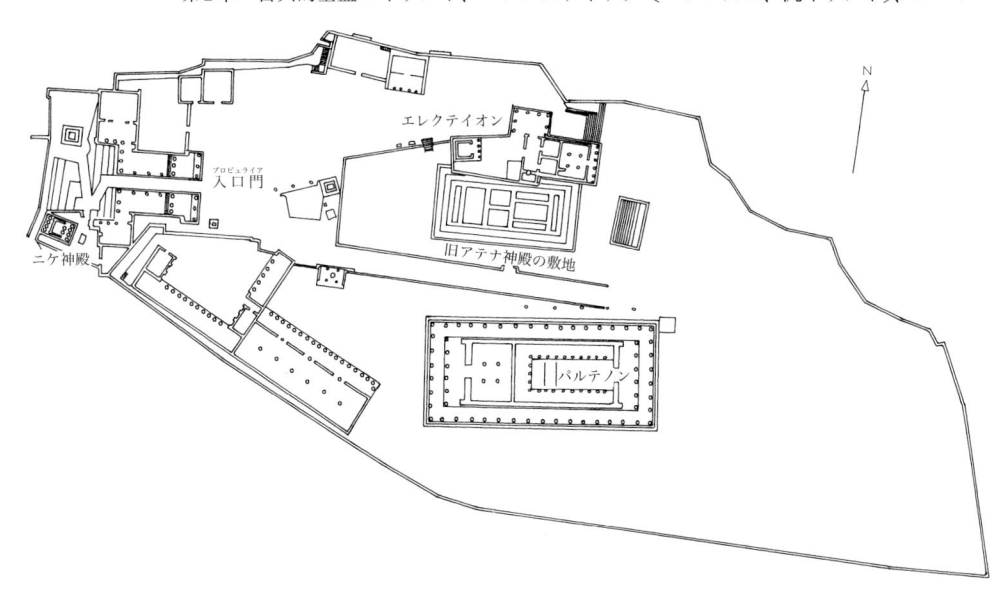

第2章　古典的基盤：ギリシャ、ヘレニスティック〔ヘレニズム、汎ギリシャ〕、ローマ

35　アテネのアクロポリス平面図

可避な過程を前提とした、生物学的発展やときには精神的発展にまで及ぶ特有な表現を用いて、歴史上の時代と様式を解釈してしまう傾向があった。しかしながら、建築における古典言語は、現在に到るまで、壮麗かつ多様な建物の数々を生みだし続けてきたのであり、この伝統を、紀元前5世紀になされた次善の何ものかを気概なく真似ただけのものと見なす正当な理由など、どこにもないのである。

　それでもなお、これらの年月のあいだに、近代人が感情的にも知的にも共鳴することのできる、古代世界の最初の人間文化が確立されていったのである。カリクラテスやイクティノスやムネシクレスやフェイディアスのような建築家や彫刻家の、ポリュグノトゥスやミコンやパナエヌスのような壁画家の、論理学の基盤を据えた哲学者ソクラテスの、アイスキュロスやソフォクレスやエウリピデスといった詩人や劇作家の、それぞれの成果がそれに当たる。とりわけ後者の3人の、人間の情念を劇的に描いた作品は、シェイクスピアの時代まで並ぶものがなかった。この文化の繁栄は、ペルシャ戦争とペロポネソス戦争のあいだの平和な紀元前5世紀の時代に生じたのである。実際のところ、経済的条件が文化的な偉業の性格を創造し決定づけると主張するのが真実ではないにしても、この種の広範に及ぶ芸術上の開花が、経済的な繁栄と平和という土壌に根づいていなかったならば、不可能であったことは明らかである。公けの収益に関して、この時代のアテネは、ギリシャの国家のなかでもっとも潤沢であった。さらには、アテネが近代の民主主義の手続きを予期させる政治システムを発展させていたことも、広く推測されている。しかしながら、これらの年月に見られた華やかなりし建築的偉業の数々は、よく言われるように、民主的な委員会によるものではなく、力強い個人個人の能力によるものなのである。

　アテネの政治的運命は、紀元前450年頃からその死の429年までの、軍事上政治上の指導者

45

ペリクレスの手中にあった。財産を相続し、富を得た貴族のペリクレスには、古代世界の羨望の的となるような新しいアテネをつくり上げるヴィジョンとパワーが備わっていた。アテネの覇権は早くも紀元前490年には確立していた。それはアテネから26マイル（42km）のマラトンでの、ペルシャ軍を意気揚々と破った年であった。紀元前478年には、このマラトンの勝利とサラミスの勝利（紀元前480年）を強化し、侵入する恐れのあるペルシャ人たちを永久にギリシャの領土の外に留めるため、アテネの主導のもとに、デロス同盟が結成された。ペリクレスは、一連の人目を惹く公共建築の建設によって、とりわけアテネという都市を守護する女神アテナに捧げられた神殿であるパルテノンを再建することによって、アテネの政治的支配を強調することを熱望した。宗教と政治はここでは、それらが中世ヨーロッパで経験することになるのと同じく、互いのもつれをほどくことは困難であった。実際のところ、ペリクレスは自らのヴィジョンを実施に移すことを固く決意したため、デロス同盟の構成国やアテネに従属する他の国家が、将来起こりうるペルシャ人の侵攻を抑えるために徴収した財源を、建設という目的に流用したのであった。

　世界でもっとも有名な建物のひとつであるパルテノンは、今は失われてしまったものの、少なくとも一部は存在した当時の研究文献の対象であったし、今ではドリス式オーダーの傑作として遍く認知されている。しかしながら、われわれは、この建物がただひとりの設計者の理想像（ヴィジョン）を表現しているのではなく、むしろ妥協と適応の結果にすぎないという事実以外に、この建物の歴史についてはほとんど何も知らないのである。われわれは、ペリクレスがパルテノンを「再建する」ことをめざしたと述べた。しかし、ペリクレスが建築家イクティノスに、彫刻家フェイディアスがその製作を指名された新しいアテナ像を収めるための、永遠不滅の壮麗なる祠堂を供給するように命令した紀元前447年に、「旧パルテノン」として知られていたものがどんなかたちで建っていたのかは、はっきりとしてはいない。

　アクロポリス上のアテナの最初の神殿は、おそらく紀元前6世紀半ばあたりに建てられた。しかし、もっと野心的な神殿がアクロポリスの南側の堅固な石灰岩でできた広大な人工の高台の上に、紀元前490年頃に着工されたのである。〔古代ギリシャの雄弁家・政治家〕デモステネス〔紀元前384年頃-22年〕の有名になった言葉によれば、この建物は「マラトンの戦利品からつくられた」のであった。しかし、高台と、円柱群のいくつかの底の円筒部分のほかは、紀元前480-79年のペルシャ人たちによる恐ろしい報復の時代までには完成したものはほとんどなかったようである。この年に、クセルクセスの指揮のもとで、ペルシャ人たちはアテネを略奪し、アテネの建物群を破壊したのであった。ある言い伝えによれば、アテネの政治家キモンが、この敗北のおよそ15年後に、建築家カリクラテスに未完に終わった神殿の造営を続けるよう命令したそうである。この建物は、紀元前450年のキモンの死の際には、半分ほどしか完成してはいなかった。キモンのライヴァルであったペリクレスは、そのときカリクラテスを解雇し、紀元前447年にイクティノスにもっと大きな（以前の東西各6本×南北各16本に比して、東西各8本×南北各17本）新しい神殿を建てるよう命令したのである。しかし、同

第2章　古典的基盤：ギリシャ、ヘレニスティック〔ヘレニズム、汎ギリシャ〕、ローマ

36　パルテノンの内部（紀元前438年完成）

37　パルテノンの外観

じ敷地の上に建てられ、円柱群やいくつかの彫り刻まれたメトープといった、カリクラテスが実質的に製作した部分が利用されていたのであった。こうした部分は、たしかに様式的にはフリーズやペディメントの彫刻物よりも早い時期のものなのである。イクティノスによって紀元前447年に着工されたこの神殿は、紀元前438年までに構造的には完成を見ていた。この年に、神殿がパンアテナイア祭に奉納されたのであった。もっとも、ペディメントの彫刻はこの6年後までは間に合わなかった。その後、カトリックの大聖堂や〔イスラームの〕モスクという風にさまざまなかたちで使われたこの建物は、1687年までは保存状態が良好なままであった。ところがこの年〔の9月26日〕、神室〔内陣〕に一時的に貯蔵されていた火薬が爆発して、中央部分全体が大破したのである。その後、この建物は急速に朽ちてゆき、エルギン卿〔1766-1841年〕が1799-1803年にロンドンへ彫刻の大半を移しかえるという時を迎えたのである。

　パルテノンは、フェイディアスの魅力的な彫刻群においてまさしく表現されているように、

47

記念碑的なものと繊細なもの、もしくは抽象的なものと官能的なもののギリシャ的な組み合わせを完璧に具現化している。パルテノンは、通常用いられた石灰岩よりも、「視覚的矯正」として知られているものに容易に適している、この地方特有の切り出されたペンテリコン山の大理石を用いて建設された。われわれは、これらの神秘的な矯正について、また考古学者たちが自らの威信をかけて提示したさまざまな示唆について、本書の前の方で触れていた。パルテノンにおいて、こうした矯正は、土台床やエンタブレチャーのむくりや、円柱のエンタシスと隅部の円柱の厚みや、円柱群と聖なる部屋の壁の外面双方の内側への傾斜、といったかたちで行なわれていた。これらの矯正の特徴のうちで困惑させるもののひとつは、それ自体があまりに細やかであるために、人間の眼にはそれと気づかれない点である。たとえば、円柱が内側に傾斜しているとしても、きわめてわずかな程度ゆえに、両側面に建つ二つの円柱の軸線は、それを上に引きのばしたとしても、神殿の舗石の上方、何と1マイル半〔2.4km〕のところでしか結び合わないのである。もうひとつの困った点は、円柱群の不規則な間隔〔柱間〕である。あるものはよくよく考えて置かれていると思えば、あるものはたまたま偶然に置かれているのである。

　パルテノンをもっと初期の神殿群と区別するものは、その視的矯正ではなくて、質と量ともに豊かなその彫塑性である。このことはメトープには、神々と巨人族の、アマゾンとアテネ人、ケンタウロス族とラピテス族の戦いのそれぞれが、フリーズには、4年に1度開催されるアテネのパンアテナイ祭の行列が、さらにはペディメントには、アテナ神の誕生と、アッティカ本土〔ギリシャ南東部〕をめぐるポセイドンとアテナ神との戦いの様が、それぞれ彫り刻まれていることからも明らかである。パルテノンそのものは、ドリス式要素とイオニア式要素を並々ならぬやり方で混合させている。なぜなら、このようなスケールの彫刻、とりわけ内部の建物全体の周りを破格なまでに走っている連続した像の刻まれたフリーズは、イオニア式の流儀のなかでもかなり特有なものだからである。

　この生きいきとした自然主義的な彫刻の作者はフェイディアスその人であり、彼はおそらく驚くべきことに、ペリクレスが企てた公共事実のすべてにわたってあまねく監督する立場にもあった。この事実こそは、ひとりの成功した彫刻家が到達することのできるステータスについて、そして結果として、その芸術に付与された重要性について、いくらか理解させてくれるのである。実際のところ、パルテノンによって表現されたようなギリシャ建築には、彫刻的な基盤がある。われわれは、神殿全体を、彫り刻まれた物体と解釈することができる。すなわち、その建築もその彫刻も、同じ過程で、同じ道具を用いて、大理石という同じ材料から形づくられたのであった。彫り物の大半は、元の場所〔原位置〕で（イン・シトゥー）なされた。たとえば北側と南側のフリーズ、そして円柱の溝彫りがそうである。その一方、柱頭の高さを越えた突起した建築的彫刻的各箇所は、色付きのろうを用いることによって明るい色彩で強調されていた。そこには、建築家と彫刻家が建物と彫刻に、生命を吹き込むやり方についての一種の大まかな特質が見られる。視覚矯正は、数学的思慮というよりもむしろ

第2章　古典的基盤：ギリシャ、ヘレニスティック〔ヘレニズム、汎ギリシャ〕、ローマ

38　パルテノンのフリーズ細部（紀元前432年完成）、パンアテナイ祭の行列行進する騎馬団を表わしている

視覚的考慮の結果であり、そのいくつかはあらかじめ決められて行なわれたのではなく、施工の過程のなかで実施されたものにちがいない。

　われわれはすでに、ギリシャ神殿がその内部空間に特に注目に値するものをいかにもたなかったかを観察してきた。パルテノンの有名なフリーズは、500フィート（150m）以上の長さをもち、以前のどの浮き彫りよりも丁寧に彫り刻まれているものの、配置が下手なためにただ単に採光が悪いだけではなく、神殿の外側の円柱群とアーキトレーヴによって大部分が曇らされていた。魅力的な近代趣味が、神室への訪問者たちを圧倒させたと思われる、フェイディアスの手になる黄金と象牙で装飾された巨大なアテナ像をどのように感じるかは明らかではない。高さ40フィート（12m）以上あり、木製の芯の周りにつくりだされたこの像は、顔と腕と脚の部分が象牙で、衣服と他の主要な部分が黄金で、それぞれ上塗りされていた。しかしながらイクティノスは、神室の内部を、通常よりも生きいきとした建築的配列で処理した。すなわち、短い4番目の辺に沿っていくつかの円柱を並べるというやり方を復活させ、その結果、従来の単調な壁面よりも興味深い、彫像礼拝のための背景を用意したのであった。彫像を置くための建築的枠組みをつくりだした、この2層からなる円柱列は、150年以上続いたドリス式神殿の内部意匠における最初の発展的試みであった。これより小さな部屋すなわち宝庫の内部にはもっと進んだ改革が行なわれた。すなわち、そこには4本のイオニア式円柱が置かれたと思われるのである。これこそ、イオニア的要素をドリス式の建物に導入した最初の例である。

　アクロポリス上の他の2つの主要な建物であるプロピュライアとエレクテイオンは、パルテノンよりもはるかに大きな巧妙さをもった記念碑である。神殿の聖なる囲い地の出入口として、紀元前437-2年に建設されたプロピュライアは、ペリクレスによって要請された第2の

49

建物であった。パルテノンと同様、それは大理石で建てられ、当時のもっとも費用が嵩んだ建物のひとつであった。驚くべきことにペリクレスは、イクティノスにではなくムネシクレスに頼ったのである。ムネシクレスは、われわれが彼によって設計された建物をこのほかに知らないにしても、おそらくは卓越した建築家であったと思われる。不幸なことに、この建物は、紀元前432年のペロポネソス戦争の勃発のため未完のまま放置されたのであった。

　儀礼用の出入口は、ミュケナイ文化の時代からこの敷地を占有していた。実際のところ、ムネシクレスは、この場所に印象的な対称形の建物を置くという自身の目的を妨害された。それはこの敷地が急勾配の斜面であったという理由だけでなく、支え壁がアクロポリスの絶壁の不規則な輪郭に沿って残存していたからである。この建物は、アプローチを劇的に高めてくれる堂々とした円柱からなる通路に続く6柱式のドリス式の柱廊玄関を通って入る。この通路のイオニア式円柱群は、青い地の上に黄金の星々で飾られた格間からなる、当時の不思議のひとつであった豪勢な大理石の天井を支えている。ちなみに、アーキトレーヴの部分を支えるためにこの建築家が用いた鉄の棒は、構造的には不必要なものである。通路の端で訪問者は、この建物全体の目的に向き合うことになる。すなわち、車輪によって動く物用の中央の出入口が付いた大きな出入口壁面があり、歩行者たち用に両側に2つの出入口がこの壁面に添えられているのである。地面が鋭く隆起しているため、ドリス式のポルティコ〔柱廊玄関〕は、ここを通って人々が、イオニア式の通路の東端で、アクロポリスの聖なる大地へと現われでることになるのだが、別々に屋根の架けられた建物にとっての正面部分であり、西側の入口ポルティコを含んだ建物よりも高くなっているのである。2つの〔高さの異なる〕屋根の接合点は、外壁立面としての出来具合は、いささかぎこちない感じがする。

　入口正面では、低目の円柱列からなる2つの側面翼廊が脇に添えられている。これらの円柱はポルティコの円柱よりも短いため、また双方が同じ土台の上に建っているため、ムネシクレスは、異なった高さの2つのエンタブレチャーを繋ぎ合わせるといった難題に直面したのである。彼はこの問題を、列柱廊のエンタブレチャーが、ポルティコの隅の円柱を越えて〔脇の円柱列まで〕、間断なく連続できるようにして解決した。つまりは、側面翼屋とポルティコのあいだの接合点に、小さな通路のような領域をつくったのである。

　北側の側面翼屋にある部屋は、儀式用の食事〔聖餐〕のために意図されたものであろう。ところが、紀元後2世紀に壁に絵画がいくつも架けられたのに従って、この部屋は以後ずっとピナコテケー（絵画館）として知られてきたのである。とはいえ、入口門という事情を考えてみれば、両方の機能ともちょっとありそうにもないように思われる。南側の翼屋平面は、ムネシクレスが自ら最高の能力を発揮したことを示している。というのも、この南側の部分は、ピナコテケーのファサードと釣り合わせるために視覚上求められたごまかしが一部なされているからである。完全なかたちで建てることは不可能なのであった。なぜなら、アクロポリスに近接した南西の要塞部分を占める、突きでたアテナ・ニケ神殿にアクセスする必要があったからである。つまり、南側翼屋の西端部分に、実体のない〔ハリボテの〕北側正面〔円柱

第2章　古典的基盤：ギリシャ、ヘレニスティック〔ヘレニズム、汎ギリシャ〕、ローマ

39　アクロポリスのプロピュライア〔入口門〕（紀元前437-2年）

40　アクロポリスのエレクテイオン（紀元前421-5年）

列〕が置かれたのは、イン・アンティス型に（壁と一直線になって）並ぶ3本の円柱からなる
〔北側〕列柱廊の、最後の〔四角い〕支柱のうしろに何もないからなのである。

　視覚矯正を用いたことや、白大理石と対比をなす暗いエレウシス産の石の水平帯を組み込
むことなど、プロピュライアの設計には、数多くの他の奇妙さや繊細さが見受けられる。し
かしながら、プロピュライアのもつ特別な重要性は、そのさまざまな部分間に調和がとれた
空間的繋がりをつくり上げるため、複雑な平面をもち、異なった高さの地面の上に建つひ
とつの建物を見事に集団化しえた最初の例という点にある。この事例のもっていた発展性は、
数世紀後まで十分に活用され、古代世界において、ロードス島のリンドスにあるアテナやコ
ス島〔エーゲ海南東部ドデカネス諸島の島〕近くのアスクレピオスといった、ヘレニスティッ

51

ク時代の段丘状の聖所などで開花していったのである。プロピュライアの凡庸ならざる集団化はまた、紀元前421-5年にアテネのアクロポリスの北側に建立されたエレクテイオンの集団化にも繰り返された。2つの高さの異なった地面の上に建てられ、対比をなす4つのポルティコをもち、5箇所もの入口のある、高価な総大理石造りの神殿というこのエレクテイオンは、残存するあらゆるギリシャの建物のなかでも、もっとも奇妙なものである。不幸なことに、この建物をつくった最初の建築家の名は記録されてはいない。

その例外的な多様性と複合性を考えれば、エレクテイオンは明らかに、隣接するパルテノンの重々しい一貫したリズムに対する引き立て役として意図された。しかしながら、その不規則な集団化はまた、それがアテナ・ホリアスやエレクテウスやパントロソスの聖所を初めとしたいくつかの別々の聖所を含み、さらには蛇の巣までも含んでいたという事実に影響されている。エレクテイオンはまた、アテナのオリーヴの木とかケクロプス王の墓とか、アテネの支配をめぐるこの地点でのアテナとポセイドンの戦いを連想させる2つの思い出の品、岩上の三つ叉の印と海水貯水池とかいったような、互いに調和しない多様な現存する聖なる特徴の数々をも組み込んでいた。当の建築家の解決策は、西端に突きでた対比的な大きさの2つのポーチ〔張り出し玄関〕を通常の神殿型式を模倣した主要な部分に提供することであった。これらのポーチのうちの小さい方、すなわちパンテオンを指す南側のものは、有名なカリアティッドのポーチであり、他方最北端のポーチは、これよりずっと大きいため、別の神殿の部分のように見える。敷地は北から南にかけて、東から西にかけてと同様に傾斜しており、2つの西側のポーチが異なった高さから建ち上がっているだけでなく、主要な東側の入口正面は、西側正面よりも10フィート〔3m〕高い位置にある。西側正面のデザインは、このように東側正面のデザインと著しく異なっており、そのポルティコは基壇への入口戸を含んだ無装飾の重々しい壁の上にまで揚げられているのである。

おそらくはこの建物全体の不規則な様子から関心を逸らすためもあって、各部分に見られる彫り刻まれた装飾に力点が置かれたと考えられる。実際のところ、装飾はきわめて入念に施されていて、ギリシャでは他に類を見ることはなかった。北側と東側、西側のポルティコにはみな、像の彫られたフリーズが備わっていて、円柱群やアンタ〔内陣両側の壁端部の角柱部分〕の柱頭と首廻りの帯は、ハスやパルメット〔シュロの葉をかたどった扇形の文様〕をモチーフとした凝った線条細工〔金属の透かし細工のようなもの〕で絶妙に彫り刻まれていた。これと同様な装飾が北側のポルティコの魅力を高めていて、残存するこの種の装飾のなかではとびきり豊かなものになっている。実際のところ、われわれは、このエレクテイオンという建物の記述から、建築装飾の費用が彫像彫刻のそれを上廻ったということを知るのである。紀元前409-7年に大理石に彫られた、この微に入り細に入る記述は、およそ130人の職人たちに賃金を払ったこと、またそのうちの54%が在留外国人であり、24%が自由市民であり、21%が奴隷であったことを明らかにしてくれる。

われわれは、建築と地理学双方からのひとつの高い視点に立つことで、本章での紀元前5

第2章　古典的基盤：ギリシャ、ヘレニスティック〔ヘレニズム、汎ギリシャ〕、ローマ

世紀のギリシャに関する探求を終えることが適切であろう。すなわち、バッサイ（ギリシャ語で峡谷を意味する）の山が連なる峡谷の、3700フィート（130m〔1300mの誤り。正確には1128m〕）の高さに孤立して建つアポロン・エピクリウス（救済者アポロン）の神殿について記述することにしよう。紀元後2世紀に、この遠くて美しい、アルカディア地方〔ペロポネソス半島中部〕を訪ねたパウサニアスは、この神殿を賞嘆する記述のなかで、われわれに次のように語っていた。すなわち、この神殿はイクティノスによって設計され、疫病から解放される誓いを果たすために、近くのフィガリアという小さな町から依頼されたというのである。しかしながら、アポロンが感謝されたその救済はそもそも、健康よりもむしろ軍事的成功と結びついていたと言えるのである。というのもエピクーリとは、アルカディアの傭兵軍隊の一団なのであった。この神殿の建設時期についてもまた、推測の域をまったく出てはいないが、最近の研究成果によれば、紀元前429-7年頃に設計されて、紀元前400年頃に完成したと言われることが多い。

　アポロン・エピクリウスの神殿は、その大半が、灰色のこの地方で採れる石灰岩で建てられ、その外側のドリス式の列柱廊は、ある種のアルカイックもしくは古風な雰囲気を醸しだしている。すなわち、この神殿にもまた、エンタシスはあるもののパルテノンに見られた視覚矯正がなされていないのである。これと対比されるのが内部であり、ここには伝統的にイクティノスに帰せられることを正当化する数多くの驚くべき革新の数々がはっきりと見られるのである。神室は印象的なイオニア式の半円柱群が添えられていて、これらの半円柱は外側のドリス式円柱群よりも丈が高く、奇妙に出っ張った控え壁によって神室の壁面と繋がっているのである。これらの控え壁はおそらく、ここからそれほど遠くはないオリュンピアの、初期のアルカイックなヘラ神殿に見られた同様の形態を想起させるものであろう。半円柱は過度に朝顔形に拡がった柱礎をもち、その曲線美の輪郭は、〔1面が〕2つの傾斜した渦巻きと曲線状の天辺からなる、〔合わせて〕3面方向を向いた驚くべき柱頭に繰り返されているのである〔図42を参照のこと〕。これらの半円柱は、隅（コーナー）の部分にのみひと組の交差する渦巻きが彫られるという、〔従来の〕イオニア式列柱廊の一番端の柱頭の有りようからの驚くべき発展を示したものである。バッサイのイオニア式オーダーの先例はまったくなかったし、また、神室の南端〔（あとで本文で説明されるが）バッサイのアポロン神殿は長軸が南北方向〕に沿ったおそらくは3本あった円柱のうちの〔真ん中の〕1本の上に載ったコリント式円柱の先例も、まったくなかった。これらの注目に値すべき、4面方向を向いた柱頭上の、2段になったアカンサスの葉叢（はむら）が見せるひげが巻き上がったような状態は、ローマ建築の顕著な特徴となる意匠の、もっとも初期の例である。

　神室におけるもうひとつの新奇な点は、神室内部の4面全部をめぐっている連続した像のあるフリーズであった。ここでは、パルテノンのフリーズの場合には見ることのできなかったような、彫刻を連続して鑑賞することができたと思われる。しかしながら、内部は非常に暗かったはずで、フリーズはおそらく人々の喜びのためというより神々の楽しみのために

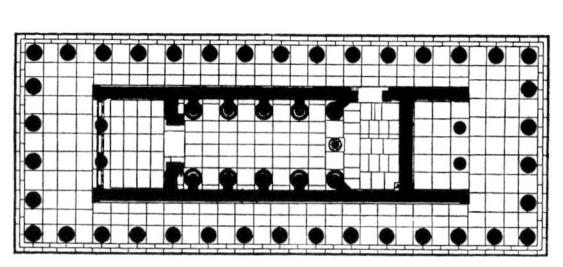

41　バッサイのアポロン神殿平面図（紀元前429年頃-400年） 　　42　バッサイのアポロン神殿内部の復元図

43　バッサイのアポロン神殿

元々考案されたのであろう。様式的にいえば、今は大英博物館で目にすることのできる、ギリシャ人とアマゾン族の、またラピテス族とケンタウロス族の戦いを彫り刻んだ大理石の力強い表現は、パルテノンのより優美なフリーズよりもはるかに力強く生気に溢れている。

　かなり異例なことではあるが、神室には中央背後の部分以外に（神室短辺方向には）端の壁がなく、独立して建つコリント式円柱（今は破壊されている）が、アデュトゥム〔アデュトン〕すなわち内部の至聖所〔禁域〕へと導き、この至聖所もまた異例なことに、その東側の壁面にある出入口をとおして外側の列柱廊に通じている。この神殿は定型的な東向きではなく、北向きの正面であるため、この出入口は東から入る光を、西側壁面を背にした礼拝用のアポロン像を収めた至聖所へと、流れ込ませるためのものであったと考えられる。このことによって、暗い神室内に劇的な採光がつくりだされたのであった。神室では、南端に独立して建つ

第 2 章　古典的基盤：ギリシャ、ヘレニスティック〔ヘレニズム、汎ギリシャ〕、ローマ

コリント式円柱が、巧みなシルエットを描き、それによって神室内を訪れる者が一部隠された彫像の方へと向かうよう誘導したのであった。この彫像が神室において、コリント式円柱の前に立つことも可能ではあったが、そうなると、この彫像は、パルテノンの神室においてイクティノスによって先駆的になされたのと似た空間的繋がりをもって、複数のオーダーからなる建築的枠組みを背景にして置かれていたことになるであろう。

ヘレニスティック〔汎ギリシャ的〕背景

　地上の栄光の持続には必ずや限界がやってくるものではあるが、紀元前5世紀末のアテネ人たちは、とりわけ不幸に見舞われたように思われる。エレクテイオンの石の数々が組み上げられていたときでさえも、アテネ人の帝国はその存命をかけて、スパルタとのあいだでペロポネソス戦争の渦中で戦っていたのだ。スパルタはそのアテネの旧敵ペルシャによって紀元前412年から援護を受けていた。紀元前406年におけるアテネの敗北は、アテネの政治的優越性のみならず、ギリシャ全体の安定をも終焉に導いた。しかしながら、ペルシャの勢力は、見た目以上に落ち込んでいた。というのも、ペルシャ帝国は、アレクサンドロス大王（紀元前356-23年）によって破壊され、この大王は近東に短命ではあったが広大な規模のギリシャ化した帝国をペルシャの代わりに打ち建てたのである。これは実質上、マケドニアとギリシャの差配（マネージメント）のもとにあった旧ペルシャ帝国にほかならなかった。紀元前306年頃から、アレクサンドロス大王の将軍たちと後援者たちが、この帝国をわれわれがヘレニスティック〔汎ギリシャ的〕と呼ぶところの数多くの王国に分割したのである。というのも、ギリシャ本土から遠く離れていたものの、彼ら将軍、後継者たちは、かつてのアテネの記憶に対する文化的忠誠を維持したからである。アジア風の王たちはこうして、アテネの名誉ある市民と見なされることを誇りとし、今度は彼らがアテネを、神殿やストア〔市場〕や奉献記念碑で豊かに盛り立てたのである。

　3つの主要なヘレニスティック王国は、マケドニアのアンティゴノス朝とシリアのセレウコス朝とエジプトのプトレマイオス朝であった。ほかのもっと小さな集団には、北小アジアのペルガモンのアッタリッド王国や、北ギリシャのアイトリア同盟やペロポネソス半島のアカイア同盟〔紀元前280-146年〕、そしてロードス島とデロス島の繁栄した交易中心地が挙げられる。これらのものは、ヘレニスティック建築に対する歴史的な背景を形づくっている。しかし、ギリシャ建築の全体の流れのなかで、われわれが通常ヘレニスティックと呼ぶ、ヘレニズム化する様式の正確な存続期間については、かなりの議論がなされてきたのであった。この様式があまりに様式上限定されているため、それを紀元前306年以降のヘレニスティックな王国の数々の時代には限定しきれないことがしばしば認められる。というのも、ヘレニズム化する様式の過程は、紀元前4世紀の途中に用意されていたからである。たとえば、新しい生活や繁栄は、おそらくは皮肉なことに、小アジアの古いイオニア都市の数々に、紀元

前387年のペルシャとの平和条約によって生じた本土の強力な国家による服従の終焉をもたらしたからである。紀元前4世紀におけるペルシャの統治者たちのもとで、これらイオニア都市は、スケールにおいて記念碑的で装飾的な細部において豊かな、ひとつの様式を発展させたのであった。

紀元前4世紀のギリシャ本土とコリント式オーダーの発展

　デルフィ〔デルフォイ〕のトロス（判然とはしないが儀礼用とおぼしき、円錐形屋根の架かった円形の建物）は、紀元前375年頃に、建築家フォカイアのテオドロスによって、大理石で建てられた。当の建築家は（今は失われたが）このトロスについて1冊の書を書いた。奇抜な様で豊かに装飾された独創的なこの建物の外観は、20本のドリス式の円柱からなる列柱廊すなわちプテロンで飾られた。内部には、バッサイのコリント式円柱によって鼓舞された、10本のコリント式円柱の環があったが、これらの円柱は意外にも、1本のとぎれのない台のような黒色の石灰岩から建ち上げられていた。デルフィに着くとわれわれは、そこで、ぼんやりとたたずむべきである。というのも、デルフィの建物群は建築的にはアテネのアクロポリスのものよりも際立ってはいなかったものの、この地デルフィはアテネ以降のもっとも記念すべきギリシャの土地であったし、今もなおそうなのである。デルフィは、パルナッソス山の麓の丘陵地帯にある天然の円形劇場を上層に頂くといった、その壮観な景観の圧倒的な詩情によって、さらには、古代世界のもっとも有名な神託の中心地としての畏怖の念を起させるさまざまな連想によって、人々に感銘を与える地である。

　デルフィのトロスよりも大きいのは、エピダウロスのトロスであった。これは、紀元前360年頃に建築家兼彫刻家であったポリュクレイトス年若〔ザ・ヤンガー〕〔有名な（大）ポリュクレイトスの息子〕によって設計され、その後30年かけてゆっくりと建てられたものである。その内部を取り囲む14本のコリント式円柱の生きいきとした柱頭は、一部背後の鐘状のものはともかくとして、自然な様で豊かに細部に到るまで繊細に、アカンサスの葉飾りで彫られている。いくつかの柱頭が残されており、そのなかのひとつは、意図的に埋められていたように思われる。これがのちの時代のコピーというより、当の建築家のつくった見本であるとすれば、そのときポリュクレイトス〔年若、もしくは小ポリュクレイトス〕はのちのヘレニスティック〔汎ギリシャ的、ヘレニズムの〕時代とローマ時代の建築において標準的になったコリント式柱頭の形態を考案した人物と特定しえるのである。

　われわれは、バッサイの神殿内陣〔神室〕のコリント式柱頭が仮説とはいえ最初のものだと理解してきた。そこでは、柱頭の装飾上の豊かさが、礼拝用の彫像の周り一帯の聖性を強調しているように思われた。ウィトルウィウスによれば、コリント式の柱頭は、エレクテイオンのためにシュロの木に似せた青銅の煙突をつくったことでも知られる、カリマコスが考案したとされる。コリント式柱頭のための源泉は、金属細工の世界や、内部の造作と装飾の世界にあるように思われる。確かに、ギリシャ人たちはコリント式柱頭を外部に用いること

第2章　古典的基盤：ギリシャ、ヘレニスティック〔ヘレニズム、汎ギリシャ〕、ローマ

44　デルフィのトロス〔円堂神殿〕（紀元前375年頃）

を嫌っていた。しかし、紀元前4世紀には、多くの建物の内部に用いられたのである。数多くの小さな構造物の外面に適用されたことで、コリント式オーダーは、遂にはギリシャ本土のもっとも大きな神殿、すなわちアテネのゼウス・オリュンピオス神殿〔オリュムピエイオン〕の外部に凱歌を奏するまでになった。シリアの王アンティオコス4世は、紀元前174年以降、この紀元前6世紀着工の神殿の造営を、アテネの人々への贈り物として、また自らのギリシャの理想への信頼とゼウス神への信心のあかしとして、続けたのである。その任にあたった建築家は、異例だが、ローマの市民コッスティウスであった。彼は高台を用い、この神殿のために元々あった紀元前6世紀の計画案を採用した。そして意義深いことに、オーダーをドリス式からコリント式へと変更したのである。おそらく、巨大なスケールをもつこのもっとも初期のコリント式神殿は、紀元後132年のハドリアヌス帝の時代になるまで完成することはなかったのであろう。コッスティウスの大胆かつ奇抜な柱頭は、エピダウロスのトロスのそれに近いものであったが、ローマ建築に相当な影響を与えた。というのも、紀元前86年のスッラ〔紀元前138-78年〕によるアテネの略奪のあと、この独裁官〔スッラ〕は、当の神殿の一部をローマに持ち去り、カピトリウムの丘の上の神殿をそれで飾ったからである。

　紀元前4世紀のギリシャ建築におけるコリント式オーダーの装飾的な使用に見られた、構造と機能のあいだの乖離は、建物の類型としてのトロスの装飾的あるいは祝祭的役割によって奨励されてきたといえよう。この乖離には、アテネのリュシクラテス合唱団長の記念碑という、古典古代の残存する小さな建物群のなかでもっとも興味を惹くもののひとつにおいて、優雅で奇抜な表現が与えられたのである。この突飛な記念碑は、アテネの劇場で合唱隊

57

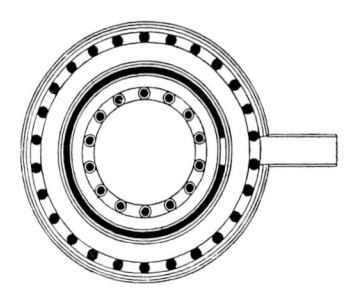

45 エピダウロスのトロス平面図（紀元前360年頃）

46 ゼウス・オリュンピオス神殿、アテネ（紀元前174年着工）：コリント式柱頭群

47 リュシクラテス〔合唱団長〕の記念碑、アテネ（紀元前334年）

のコンテスト用の賞品として、紀元前334年にリュシクラテスによって勝ちとられた青銅の三脚台〔デルフィの巫女が坐して神託を述べた青銅の祭壇の摸造品〕を陳列するために建てられた。この筒形の記念碑は、目もあやな引き延ばされたコリント式柱頭のある6本の壁付き円柱に囲まれていて、アカンサスの装飾の入念につくられた頂華〔頂部装飾〕が天辺に載っている。1762年に刊行されたイギリスの先駆的考古学者ステュアートとレヴェットによる『アテネの古代遺物』のなかに載った実測図面のおかげで、この記念碑はイギリスとアメリカの新古典主義のデザインに多大な影響を与えたのである。

劇場の数々

　劇場は重要な建物の類型であり、その種子は紀元前5世紀末までにまかれた。しかしもっとも美しい開花を見たのは、紀元前4世紀もしくはそれ以降である。ギリシャの劇場の本質は、オルケストラすなわち踊る場所である。これは役者たちと合唱隊員たちが交互に役割を果たした円形の地面である。見物人たちはこの様を見おろす岩だらけの斜面に座っていた。

第2章　古典的基盤：ギリシャ、ヘレニスティック〔ヘレニズム、汎ギリシャ〕、ローマ

48　エピダウロスの劇場（紀元前300年頃）

なぜなら、ギリシャの劇場はローマの劇場とちがって、山腹上に建てられていて、人工のヴォールト構造の上やテラスの上につくられたわけではなかったからである。典型的なギリシャの劇場は、アテネのアクロポリスの斜面にある、ディオニュソスに捧げられたものであった。紀元前5世紀後半頃までに、オルケストラと、これに近接するさまざまな演目が捧げられた当の神ディオニュソスの神殿とのあいだにあった細長いストアの背面に、木製の書き割りを建てることが慣例となった。このストアは、紀元前4世紀以降のものと思われるが、われわれ自身の時代にまで連続して続くすべての劇場のホワイエ〔休憩所、ロビーのようなもの〕の起源となった。こののち、おそらくは紀元前4世紀末には早くも、この木製の書き割りが永久的な石の構造物もしくは背景となる建物に取って代わられ、さらには17,000という多さの見物人を収める半円形をなす石造りの座席が、これより前にあった木製のベンチに取って代わったのであった。

　ギリシャに現存する、もっとも美しくかつもっとも保存の良好な劇場は、エピダウロスの劇場であり、おそらくそれは紀元前300年頃以降のものであろう。その広大な対称形の観客席〔見物席、オーディトリアム〕は、平面は半円形を幾分越えているが〔180度以上の円ということ〕、放射状の階段通路で分けられ、通常とはちがって、上段の方が険しい、2つの際立った斜面からなっている。観客席の下段座席3分の2には、明らかにクッションを備えようとした形跡がある。その一方で、今日でもそこで劇が演じられるのを心待ちにしている者なら誰しもが讃美しうるように、オルケストラをはっきりと目にする〔見おろす〕ことが観客全員に可能となり、そのこと自体が、2千5百年近くのちになっても元々の機能をなおも果たしているという、保存状態のより良いギリシャの劇場の魅力のひとつなのである。しかしながら、わ

59

れわれは、劇場は元々、円形オルケストラの中心をかつて占めていたディオニュソスの祭壇の残存した土台によって、聖なる機能を果たしたことを思い出すことになる。オルケストラの背後には、今はもう失われてしまったものの、後期ヘレニスティック時代には、書き割り用の建物がその前に付け加えられたプロスケニオン〔プロセニウム、演技する場所、舞台〕とともに建っていたのである。オルケストラの両側には、ポリュクレイトスの時代よりものちにこれもまた付け加えられたと思える優雅な石造りの戸口がある。このプロスケニオンは、俳優たちが演技を行なうことのできる平坦な頂き、すなわち舞台を提供する1層の列柱廊であり、紀元前4世紀後半から紀元前3世紀半ば頃まで流行した、ヘレニスティックな新しい喜劇の普及と関連づけられるといえよう。メナンドロス〔紀元前343年頃-291年頃の喜劇作家〕やピレモンのような作者たちの演目は、今や、〔観客席より〕下方のオルケストラでの展開がよりふさわしかった重厚な旧式の合唱隊によりも、〔俳優たちの〕対話や個々人の性格に力点を置いたのである。オルケストラよりも高く揚げられた舞台の登場は、明らかに古代ギリシャの劇場が現在の劇場へと次第に発展してゆく際の、もっとも意義のある瞬間のひとつであった。旧式の劇場の大半に、ヘレニスティック時代には、プロスケニオン〔プロセニウム〕という舞台が備えられた。プリエネの保存状態の良い劇場は、エピダウロスの劇場ほど広くはないものの、ヘレニズム時代のプロスケニオンについての明確な概念を与えてくれる。その一方、オロポス〔アッティカ地方の町〕では、木造の舞台が最近まで再建されてきたのであった。

紀元前4世紀と紀元前3世紀の小アジア

丁寧につくられた墓＝住居はアジア的であって、ギリシャ本土の伝統ではなかった。われわれの知るもっとも印象深い紀元前4世紀の霊廟〔墓廟〕は、ギリシャ人ではない王、すなわち紀元前377年から353年まで統治した、小アジアのカリアのマウソロスのものである。マウソロスは、紀元前353年のその死の少し前、ハリカルナッソスにこの霊廟の建築を始めたように思われる。しかし、それは、紀元前350年頃、個人的な哀悼と王朝の自愛の双方に対する記念碑として、彼の寡婦で妹であった女王アルテミシアの手によって完成したのである。その広大なスケール、豊富な装飾、ピラミッドとイオニア式神殿の驚くべき結び合わせによってこの霊廟は、古代の著述家たちから世界の7不思議のひとつに挙げられた。実際のところ、その名声ゆえに、この霊廟には、建物全体の類型を表わすマウソレイオン〔マウソレウム〕という名が与えられたのである。これをつくった建築家は、天辺の大理石造のクァドリガ〔横4頭立ての二輪戦車〕の彫刻家でもあったピュティオス、そしてサテュロスであった。2人はその傑作を、続々と著わされたものの今は失われてしまった、古代世界の建築論考のなかに記述していた。この記念碑は、アテネ風とアジア風の趣向が織りなした産物である。というのは、ギリシャの指導的な4人の彫刻家——ブリュアクシス、レオカレス、スコパス、そしてティモテウスすなわちプラクシテレス——が彫刻のある3つのフリーズと、人間やライオンや馬の数多くの彫刻を彫るために、ギリシャ本土からエーゲ海を舟で渡って〔ハリカルナッソ

第2章　古典的基盤：ギリシャ、ヘレニスティック〔ヘレニズム、汎ギリシャ〕、ローマ

49　ハリカルナッソスのマウソレイオン〔マウソロスの霊廟〕（紀元前350年頃完成）の復元図面

50　プリエネのアテナ・ポリアス神殿の円柱群（紀元前340年頃着工）

スに〕やって来たからである。マウソレイオンは、何世紀も前に破壊されて、ほかの建物の資材として使われてしまい、結果その正確な形はずっと永いあいだ、強い関心を呼び起こし続けた。とはいえ、1850年代以降は、数多くの彫り刻まれた細部の断片が、大英博物館に保存されてきた。

　ハリカルナッソスのマウソレイオンの建築家であったピュティオスはまた、小アジアにもうひとつの大きなイオニア式の記念碑の建築を請け負った。それはミレトス近くのプリエネの、大理石からなるアテナ・ポリアス神殿であり、紀元前340年頃に着工されて、紀元前334年に奉納〔献堂〕された。この神殿は、ペルシャ人の統治下での繁栄の時代に建設が始められたが、紀元前334年にペルシャ帝国の征服者として登場したアレクサンドロス大王が自分自身の存在を誇示するために存続させることを選んだ建設計画案のひとつであった。前面ポーチのアンタ〔壁面柱〕のひとつに彫られた碑文によると、この神殿はかくして、紀元前334年にアレクサンドロス大王によって奉納されたのである。もっとも、その神殿の造営作業は、紀元前2世紀半ばまで完了することはなかった。ピュティオスが、この費用が嵩み、熟考を重ね、なのにさほど大きくもなかった建物を、イオニア式オーダーの範型と見なし、そのプロポーションに焦点を当てたと思われる、今は失われた書物を書いたと推定されるだけの理由がある。その神殿の平面は、およそ2対1の縦・横長さの比をもった大小の四角形グリッドで構成されていた。こうした平面の規則化の強調が増大したことは、紀元前5世紀の建築に対立するものとしての、ヘレニスティック期建築の特徴である。それにもかかわらず、これよりのちのヘレニスティック建築やローマ建築においてはその使用を罰せられる運命にあっ

61

たしなやかにたわんだ線を描く、〔ここに使われた〕渦巻状の方円〔枕付き〕のイオニア式柱頭は、ギリシャ的優雅さの典型であった。これらの柱頭こそは、英国のグリーク〔ギリシャ〕・リヴァイヴァルの指導的な建築家ロバート・スマーク卿が、大英博物館の外構列柱廊のために1820年代に模倣することを選んだ当の柱頭である。もっともスマークは、そのアジア風の柱の礎盤をアティック風のものに置き換えていて、ピュティオスのやり方を「修正する」ことを回避しえなかったと思われる（本書下巻〔Ⅱ〕の第9章を参照されたい）。

　われわれは、ハルカリナッソスにおいて、古代世界の7不思議のひとつを賞嘆した。小アジアのほかの地域でわれわれは、紀元前356年の大火のあとに再建された、エフェソスのアルテミス神殿に見られた二重周柱式という形式に、これらの7不思議のもうひとつのものを見いだす。エフェソスは、小アジアの海岸地帯にあった12のイオニア都市のなかの主要都市であり、それゆえその神殿はプリエネの場合と同様に、アレクサンドロス大王が文化的か政治的に自らの権威を維持するために選んだ神殿のひとつであった。実際のところ、われわれは、アリアンという、紀元後2世紀のアレクサンドロス大王の伝記作者から、エフェソスでアレクサンドロス大王が民主政を復活させたものの、「エフェソスの住民たちがペルシャ人に対して払っていたような税金を、アルテミスの神殿に貢ぐべきという命令を何度も発した」ことを知っている。この巨大な大理石造の神殿は、ギリシャ世界の宗教上、建築上の保守主義を典型的に表わすものであった。なぜなら、この神殿は、その前身である紀元前6世紀のアルカイック期神殿の平面を再現していたからである。もっとも、そのイオニア式オーダーの細部はもっと洗練されてはいた。前身のアルカイック期のものと同様に、この神殿は円柱の通常とは異なった円筒のゆえに有名であった。すなわち円筒の多くには彫像が力強く彫刻まれていたのである。〔このような〕彫刻された円筒はないものの、同様の神殿がエフェソスの北東、サルディスなる都市に見いだされうる。サルディスは、リュディア人の君主国の主都であり続け、ペルシャ帝国支配下のリュディアの統治者が座す中心地になった。アルテミス＝キュベレー〔フリジアの大地の女神〕に捧げられたこの神殿は、おそらく紀元前300年頃に着工されたが、紀元後2世紀にもまだ未完成のまま放置されていた。その周柱廊のイオニア式円柱群は、高さが58フィート（17.5m）を越え、小アジアで建てられたもののなかでもっとも大きなものであった。一方、プロナオス〔内陣前室〕とオピストドモス〔内陣後室〕の39フィート（11.5m）という高い出入口は、この神殿の両端それぞれにあった平面60×45フィート（18×13.5m）の大きな矩形空間へと導くものであった。印象的な円柱の並ぶ内部は、屋根のない〔ハイピースラル〕（空に向かって開かれた〔＝露天〕）状態であったと思われる。

紀元前2世紀：宗教建築と世俗建築

　これらのアジア風の神殿群をつくった原因であるほとんど傲慢ともいえる野心は、ミレトス近くのディデュマ〔現ディディム〕の巨大なアポロンの神託神殿において一層壮大な表現を現実のものとした。この神殿もまた、おそらくはエフェソスやミレトス出身の建築家たちに

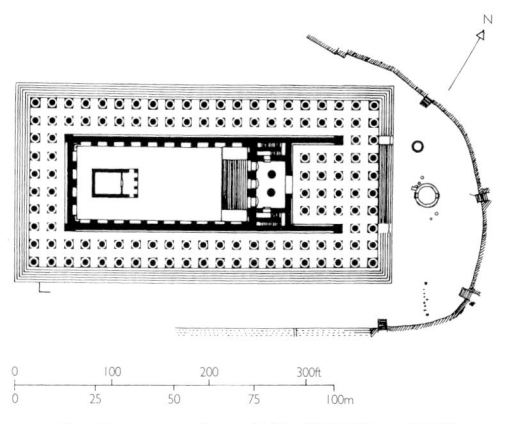

第2章　古典的基盤：ギリシャ、ヘレニスティック〔ヘレニズム、汎ギリシャ〕、ローマ

51　ディデュマのアポロン神殿（紀元前300年頃）の平面図

52　同、外観眺望

よって紀元前300年頃に着工されたのであろう。しかし建設は長引き、3世紀以上の年月が経ってもまだ続けられ、結局は紀元後2世紀に未完成のまま放棄されてしまったのである。ミレトスはイオニア同盟の12都市のうちもっとも南に位置しており、ペルシャ人たちと勇敢に戦ったものの、結局は敗れ去った大きな海洋国家であった。アレクサンドロス大王が紀元前334年にミレトスでペルシャ人たちを打ち負かしたあと、ミレトスの住民たちは、〔これよりずっと前の〕紀元前494年にペルシャのダレイオス大王によって焼失してしまった神殿の代わりに、新しいイオニア式の神殿を建てはじめたのである。

　古代世界においてもっとも大規模な神殿のひとつであった、ディデュマの新しい建物は、64フィート7½インチ（19.4m）の高さの円柱群を誇ったが、これはギリシャ神殿のなかでもっとも高くて華麗なものであった。この神殿は、小さなイオニア式神殿の形式に則った独立して建つ祀堂のある、元々は月桂樹が植えられた、屋根のない中庭が付いた珍しい平面を、そのアルカイック期の前身の建物から借り受けていた。この祀堂にはアルカイック期の青銅のアポロン像が収められていたが、クセルクセスによって持ち去られ、紀元前3世紀末に取り返されたのであった。例外的に奥行きの深いプロナオス〔内陣前室〕は、神託が宣言されてきたと思われる控えの間のところで高くなって、境界を形づくっている。この神託の間と推測される部屋の両脇には、上方に導く2つの小さな石造りの階段がある。その一方、コリント式の半円柱で飾られたこの部屋の西正面からは、幅50フィート（15m）の、24段からなる印象深い階段が続いており、神室の屋根のない大きな中庭へと降りてゆくことになる。中庭の壁面は17½フィート（5.25m）の高さまで無装飾のまま積み上げられ、その上方には、1列の付け柱があり、これらの付け柱の柱頭やフリーズには、葉叢やグリュプスやリラ〔弦の竪琴〕が豊かに彫刻されていた。この祝祭にふさわしい装飾は、時代的にはヘレニスティック期後期のもののようではあるが、神殿前面の円柱群の入念に彫刻された礎石は、これら円柱の、雄牛の頭部や神々の胸像や翼のある怪物で飾り立てられた奇妙な角張った柱頭とともに、ローマ帝国の時代のものにちがいない。

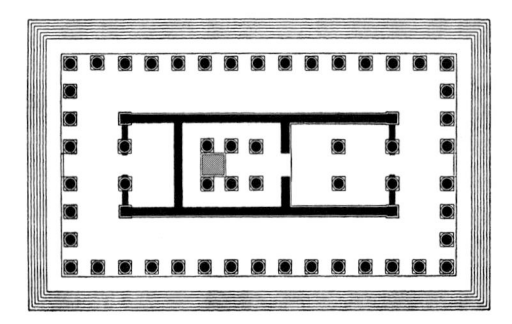

53 マグネシア＝オン＝ザ＝メアンダーの、アルテミス・レフコフリエネ神殿、ヘルモゲネスによる（紀元前150年頃）

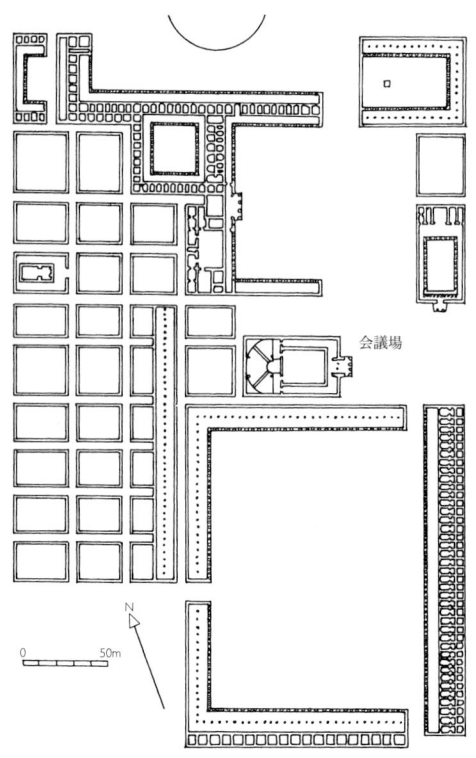

54 ミレトスの都市中心部平面図、紀元前150年頃の状態

　紀元前2世紀後半以降われわれは、ヘルモゲネスと呼ばれた、プリエネ出身のよく知られた建築家の手になる数多くの作品を認めることができる。これらの作品には、テオスのディオニュソス神殿とマグネシア＝オン＝ザ＝メアンダーのアルテミス・レフコフリエネ神殿が含まれ、その後ずっと失われてしまったものの、双方の神殿についての書物をヘルモゲネスは書いていた。彼は、アウグストゥス時代のローマ、特にウィトルウィウスによってかなり賞嘆され、それゆえに、ローマ建築とルネサンス建築の伝統全体に影響を与えた人物と見なされうるのである。彼は、隅部のトリグリフに関わる永遠の問題〔隅部の端にトリグリフを置かねばならぬため、トリグリフの中心とその下の円柱の中心を合わせることが隅部ではできず、隅部の柱間が他より狭くなってしまうということ〕のゆえに、ドリス式を神殿に不向きなものとして斥け、イオニア式オーダー用のひと組の標準的なプロポーションの数々を提案したのである。彼は、マグネシアの神殿を、疑似二重周柱式という、二重周柱式神殿に通常は見られる内部の列柱を取り去った平面形式にした。こうして彼は、外部の列柱と神室の壁面とのあいだに、印象的な広々とした空間をつくり上げたのである。このことは以前にも試みられたが、これほどまでに空間や明確さに対する感覚を備えた例はまれであった。ヘルモゲネスがペディメントに導入した、戸口や窓に似た3つの非凡な開口部もまた、部分と部分を分離するという古典的ギリシャの手法を、障害物としての壁面の伝統的な役割をくずすことによって

第2章　古典的基盤：ギリシャ、ヘレニスティック〔ヘレニズム、汎ギリシャ〕、ローマ

縮小させようと意図したものである。

　われわれは、窓をギリシャの記念碑的建築の特徴と考えることはない。なぜなら、すでに見てきたように、神殿は、まず外部から見て賞嘆されるべき、独立して建つ彫刻的記念碑と見なされたからである。しかしながら、アテネのプロピュライアとエレクテイオンには、すでに窓があった。デロスのアテナイ人の神殿にも。オリュンピアのフィリッペイオンにも。さらには、エピダウロスのトロスにも。紀元前3世紀末あたりから、窓は建築意匠上、重要な役割を果たし始めた。たとえば、紀元前200年頃のプリエネの会議場（エクレシアステリオンもしくはブウレウテリオン〔百人会（boule）会議場のこと〕）がそうである。ここは、建築的にアーチを用いた初期の例でもある巨大な半円形の窓によって採光されていた。あるいはまた、ミレトスのブウレウテリオンがそうである。これは、ギリシャびいきのシリアの王アンティオコス4世（在位、紀元前175-64年）の財力を一部用いて建てられた、ヘレニスティック時代のあらゆる建物のなかでもっとも人目を惹くもののひとつであった。ドリス式の列柱が並んだ中庭へと続くコリント式のプロピュライア〔入口門〕を通って近づくと、ブウレウテリオンそのものの上方の壁面は、数多くの大きな窓が開けられ、ドリス式の半円柱で飾られていたのである。これは、壁付きオーダーを拡大して用いた初期の例である。

都市計画

　壁付き円柱や、壁面もしくは低い内陣仕切りと組み合わされた円柱といったような特徴を取り入れたことは、明らかに、独立して建つ円柱と堅固な壁とを、別々の荷重を担う要素として峻別することを強調した古典的ギリシャの終焉を指し示している。この新しいアプローチは、おそらくは支配的な建物の類型としての神殿の終焉と関連しており、建築家はただひとつの記念碑にオーダーの「正確な」適用を集中させることよりも、建物の数々を幾何学的な区分けで配置することを推し進めることになった。われわれは、このことを、ミレトスにおいて目の当たりにすることができる。ミレトスでは、紀元前2世紀のブウレウテリオンが、町の中心部において公共建築群の気高い複合体の一部を形づくっていたのである。

　計画都市という観念は、とりわけ西方に見られた、植民地化の時代の産物である。しかしながら、早くも紀元前466年頃には、建築家ヒッポダモスが1枚の大きなチェス盤のごとき平面で、自らが生まれたミレトスの都市を設計した。この平面は最大で14フィート（4.2m）の幅員がある街路の数々によって、およそ400のブロックの区割りから構成されていた。これらのブロックは全体が住宅用のものであり、公けの活動はすべて、この都市の中心部に位置する市民の場を形成する、ひと続きの建物と空間のなかで行なわれたのである。しかし、これらの公共建築群は、徐々にではあるがその数を増やしていった。そして、ヘレニスティック期〔ヘレニズム文化時代〕になってやっと、都市に、政府の多様な機能用に分化した建築がごく普通に建てられていったのである。それにもかかわらず、19世紀の後半まで大半の計画都市の発展を促した均一性と矩形性を、つくり上げようとする関心は、まさしくミレトスの

55　ミレトスのブウレウテリオン（〔百人会〕会議場）（紀元前170年頃）復元図面

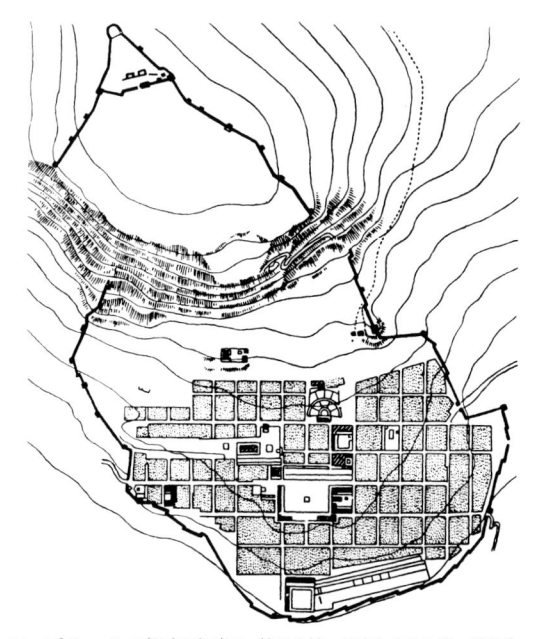

56　プリエネの都市平面図（紀元前4世紀-紀元前3世紀）

人ヒッポダモスのものだとされうるのである。

ギリシャのアゴラ

　これらの公共の行政用の建築が到来するまでは、アゴラ（公共広場ないしは市場）におけるもっとも重要な建物は、ストアであったといえよう。それは、片方の側にシェルター的な壁面が備えられていたようである〔正面に列柱を並べ、後面を壁にした細長い建物〕。

　このストアすなわち列柱をなすポーチ〔開廊〕は、おそらくギリシャ人たちによって発展したもっとも特有な世俗建築の類型であろう。そしてそれは、紀元前4世紀から紀元前2世紀のあいだの、ヘレニスティック都市の本質的特徴になったのである。この類型はアルカイック時代に知られていたが、紀元前5世紀末頃になって、アテネ人のアゴラに取り入れられた。記念碑的建物としての独立して建つポルティコの使用は、古代世界においては、ギリシャ人にしかないものである。広範な活動範囲を供給する屋根の付いた会合所としてストアは

第2章　古典的基盤：ギリシャ、ヘレニスティック〔ヘレニズム、汎ギリシャ〕、ローマ

また、ヘレニスティック期の都市中心部での空間と集団の組織化を援護するものとして、際立った建築的な重要性を有していた。ストアはローマ人たちのもとでは大部分が衰退したものの、ローマ時代の都市計画、とりわけ近東における都市計画に特有な、長い列柱廊の付いた街路に影響を与えたことは間違いない。

　われわれはすでに、アテネのアクロポリスの有名な建物について述べてきた。しかし、アテネ人たちがどのように働いていたかを理解するために、われわれは、このアテネという都市全体の都市地勢学を考察すべきである。アクロポリスから、この都市の主要な通りのひとつである幅の広い道路が延びて、アゴラまで続いており、このアゴラを通り抜け、ディピュロン門に入ると、この道路は斜めに延びてゆく。大きな公共広場であるアゴラは、古代のアテネにおける中心的な生活拠点であった。しかし、アクロポリスとちがって、ここにあった記念碑はほとんど残存してはいない。

　少なくとも紀元前5世紀以降、アゴラはアテネにおける市民行事と政治的論争の中心であり、宗教的行列や運動競技の示威活動といったさまざまな催し物を行なうための場所であった。このアゴラという広々とした空間の近くには議事場（ブウレウテリオン）があり、ここではアテネ議会の500人の議員たちが、参謀本部（ストラテゲイン）、造幣局、裁判所、そしてヘファイストスの神殿（ヘファイステイオン）といった、アゴラのなかのもっとも豪華な建物やもっとも完全に残存しているギリシャ神殿を毎日、眼にしていたのであった。アゴラにはまた、標準的ベースで〔通例的な根拠を基に〕崇拝された祀堂が点在していた。それゆえこれらの祀堂は、アクロポリス上の主要な祀堂よりも頻繁に参詣された。都市計画の歴史におけるアゴラの意義は、それがローマのフォルムや、また実際問題としてのちに続くあらゆる広場〔ピアッツァ〕と四角い広場〔スクエア〕の先駆であったということである。

　紀元前4世紀末頃に、ミレトスやプリエネでアゴラの造営が始まったとき、U字型やL字型のストアが議場や体育場〔学校も兼ねていた〕や市場のための公共建築に対する、また神殿や祀堂に対する、印象深い背景を形づくるために建設された。ギリシャの公共生活と私的生活の双方が、中世ヨーロッパのそれと同様に、宗教で溢れていたことを思い出すことが重要である。ストアや劇場や他の公共建築は、神々に捧げられ、祭壇と彫像が安置されたのである。ミレトスやプリエネに見られるこれらのストアの相互の軸線関係は、一部には、各都市そのものの全体にわたる格子状の平面との微妙な繋がりによって決定された。この点でミレトスやプリエネのストアは、どちらかといえば偶然な、もしくはちぐはぐな様相を元々は呈していたにちがいないと思われる、アテネにあったようなもっと前のアゴラとは著しく異なっていた。

　ギリシャ人たちが、単一の建物群のデザインではなく、都市全体のデザインを必然的に扱う建築家の役割を最初に考察した人々に属すると主張することができよう。およそ4千人の住民からなった小さなプリエネの町は、ギリシャのポリスすなわち都市国家のモデルとして紀元前4世紀後半と紀元前3世紀に再建された。アレクサンドロス大王の家庭教師であった

67

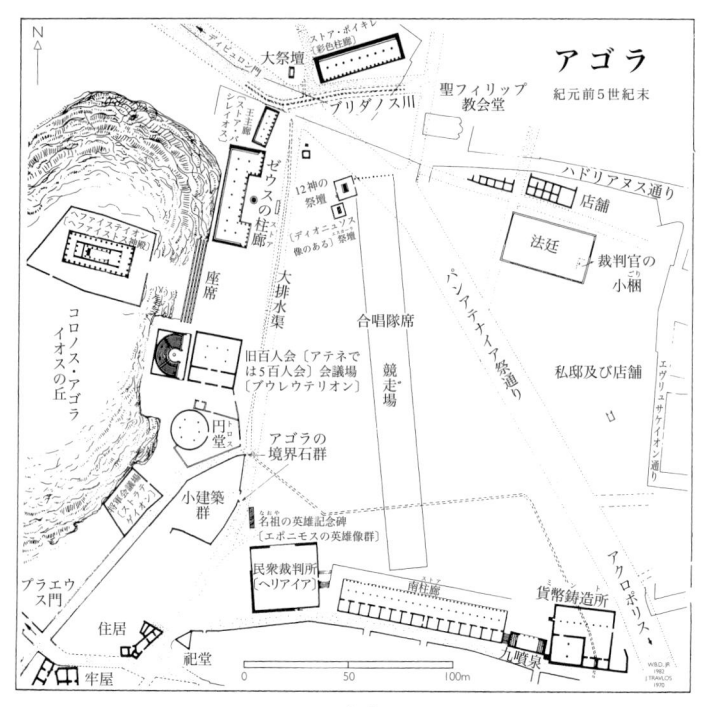

57 アゴラの平面図、アテネ

　哲学者のアリストテレス（紀元前384-22年）は、その著作『政治学』のなかで知的なモデルを提供しており、そこで彼は、理想的な都市国家〔市民国家〕を誉め称えていたのであった。ほとんど近寄り難い高さのアクロポリスの、段になった険しい斜面からなる敷地の南側を占めていたプリエネは、安楽というにはいささか険しすぎる山腹を登ってゆく15本の通りと直角に交差する、平坦な地面の上を東西に走る6本の幹線道路といった、格子状平面で設計された。中心部近辺には、高貴な広々とした空間を形づくっている配置の絶妙な市民建築群が建つアゴラがあり、その一方で、町の南端にあるスタジアムとパレストラ（レスリング道場）が北端にあるアクロポリスの岩山を切り込んだ劇場と巧みなバランスをとっている。卓越したイオニア式神殿のアテナ・ポリアスを祀った境内は、アゴラの北西にある見晴らしのよい高台〔テラス〕上に、注目に値する不均衡な様を堂々とさらけだしている。紀元前2世紀半ばに、このアゴラは改築され、東からの入口を目立たせる優雅な半円形のアーチ道をもった、より閉鎖的な内部空間がつくりだされた。これはおそらく、装飾的なギリシャ・アーチの最初の例であろう。

　重々しい石積みの壁や塔がこの町全体のみならず、アクロポリスを取り囲む、町と同じだけの規模をもったずっと険しくて何も建てられていない地域をも囲い込んでいた。この町そのものの、秩序立てられてはいるものの決して対称的な通りにこだわらない平面と、アクロポリスと峡谷の南側への自然な線の流れに沿う擁壁のごとき城砦によって縁取られた、全体としては不規則な形とのあいだには、感銘を与えるほどの対比が見られた。〔当時の〕プリエ

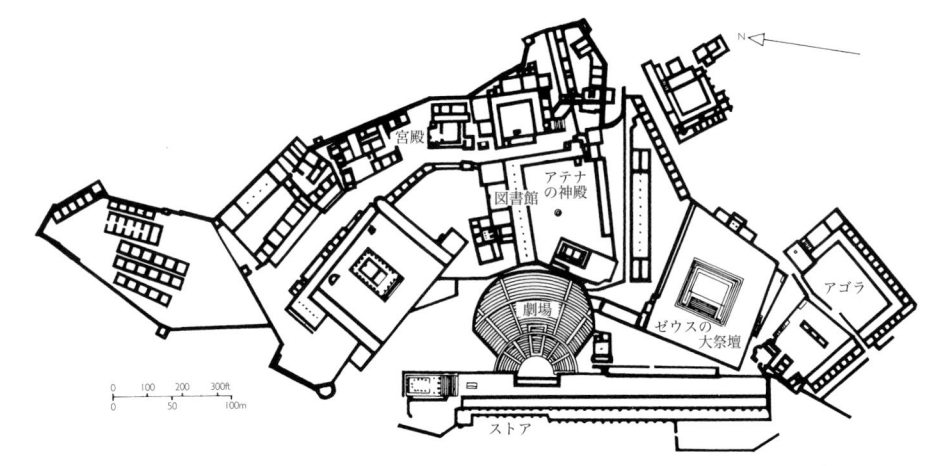

第2章　古典的基盤：ギリシャ、ヘレニスティック〔ヘレニズム、汎ギリシャ〕、ローマ

58　ペルガモンの上市平面図（紀元前3世紀後半半ばから紀元前2世紀半ばまで）

59　同、模型

ネの人口は、今日では村といってよい規模でしかないものの、その大神殿と公共建築群、その噴水、体育館、そして広々としたストアは、きっとわれわれが理想的なものと思うにちがいない文明化した都市生活のための条件が整っていたのである。

　小アジアのさらに北方のペルガモンは、ヘレニスティック期の都市概念とは異なった例を表わしている。なぜなら、ペルガモンの平面は、ヒッポダモス式の格子に縛られてはいなかったからである。実際のところ、プリエネがその傾斜した敷地を無視しているのに対して、ペルガモンはそれを利用しているのである。ペルガモンは、紀元前3世紀半ばと紀元前2世紀半ばのあいだに、ペルガモン朝の2代目の王アッタロス1世とその息子エウメネス2世によって、アッタリッド王国の堂々たる首都として構想された。われわれは実質的には、ヘレニスティック世界の主要な都市については何も知らない。たとえば、プトレマイオス朝のもとで、エジプトのマケドニアの王たちに構想されたアレクサンドリアや、セレウコス朝のもとで、シリアのマケドニアの王たちに構想されたアンティオキアなど。しかしながら、ペルガモンの都市は、政治的にはさほど重要ではなかったものの、現代では発掘が完全になされて、特別な意義をもつものと見なされるようになった。しかし、当の敷地にはほんのわずかのも

69

のしか残ってはいない。ゼウスの大祭壇の遺構ですら、東ベルリン〔ワトキンは1989年の東西ドイツ統一前の記述を直していない〕のペルガモン博物館に引き渡されており、ここではペルガモンの上方都市全体の華麗な模型も展示されている。

　平面上大ざっぱに三日月形をなす上方都市は、丘陵の頂上に劇的な様で位置しており、その儀礼用の建物群は、土地の形勢に応じたひと続きの不整形な段丘〔テラス〕の上に建てられたため、互いに奇妙な角度をなして置かれている。丘陵の麓には、低い方のアゴラがあり、大きな完全に囲い込まれた中庭になっていた。この北側に隣接して、高い方のアゴラがあり、高い段丘に載ったゼウスの大祭壇が支配していた。その北側にはアテナ神殿があり、旧式のドリス式様式で建てられていた。おそらくはパルテノンに敬意を表してのことであろう。もっとも、単純に考えればすぐ近くのアソスにある神殿を真似たものとも言える。アテナの神殿は、列柱廊群に囲まれた大きな中庭のなかに建っており、この列柱廊のひとつの背後には、アレクサンドリアのものは除いて当時もっとも有名な図書館があった。この大きな図書館は、パルテノンのアテナ彫像を改造したもので飾られ、このことは、これらの小アジアの権力を持ったヘレニスティックな〔ヘレニズム文化の〕王国の数々がどれほどまでにギリシャを文化の母と認識していたのかを再度強調しているのである。一部はローマ時代のものではあるが、1棟の巨大な劇場がアテナの神殿のすぐ西の山腹にぴったりと寄り添うように建っていた。さらにこの劇場の正面には、700フィート（213m）の長いテラス段すなわち、アクロポリスの側から擁壁の上に突きでたストアが延びていた。その北端には、皇帝カラカラによって紀元後3世紀初期に再建されたヘレニスティック期起源の小さなイオニア式神殿があった。というのも、ペルガモンはそのアッタリッド朝が常にローマに好意を抱いており、最後の王の意志を貫いて紀元前133年にローマの支配下に入ったあと、多くのローマ人による美化を受け入れたからである。実際のところ、ペルガモンのもっとも支配的な建築群のひとつは、先に述べた劇場の北側に加えられた巨大なテラスからペルガモンの町に高くそびえ建つ、帝国ローマ風のトラヤヌス神殿なのであった。アクロポリスの東端は、北に向かって拡がる兵舎や貯蔵庫を備えた、つつましいヘレニスティック時代風の宮殿群が占めていた。

　あらゆるギリシャの都市と同様に、ペルガモンはもちろん、男性の世界であった。女性たちは町の下方のつつましい日乾煉瓦の住宅に閉じ込められ、男性たちがアゴラの涼しい列柱廊で談話や散歩をし、体育館でトレーニングするハンサムな青年たちに見とれていたりしたのである。建築的には、ペルガモンのもっとも際立った建物は、ゼウスの大祭壇であり、これは紀元前170年頃にエウメネス2世によって、アクロポリスの第2テラスの上に建てられたのである。紀元前6世紀以降イオニア地方には記念碑的な祭壇の伝統があったものの、ギリシャの祭壇は総じて単純であり、神殿前に置かれた長くて狭い台座か、あるいは単に、かつての生贄たちの灰を盛ってつくった塚にすぎなかったのである。しかし、ヘレニスティック時代に、規模と建築的装飾に大きな力点が置かれることになり、その結果450頭の〔去勢された〕雄牛を毎年生贄にするために、紀元前200年頃に建てられた、シラクーザの、解放者ゼ

第2章　古典的基盤：ギリシャ、ヘレニスティック〔ヘレニズム、汎ギリシャ〕、ローマ

60　ゼウスの大祭壇、ペルガモン（ベルリン博物館所蔵）

61　アテネのアゴラにある、アッタロスのストア（紀元前2世紀半ば）の復元

ウスの祭壇は、ほぼ650フィート（198m）もの長さがあった。われわれは、自分たちがギリシャ的精神性とぴったり息が合っているなどという考えに陥ることのないよう、少しの間でも、息が詰まるほどの暑さのなかでどす黒くなった血の上に何匹ものハエが止まっているといったような場面が放つ、悪臭や汚さや騒音のことを考えてみるべきである。

リュコスラとサモトラケには他の大規模な祭壇もあったが、ペルガモンの祭壇ほどは華麗なものではなかった。古代世界において、またそのスケールと機能上ももっとも大きな彫刻記念碑であったこの祭壇は、キリスト教徒たちによって身震いするようなものと見なされ、「サタンの座」として聖書のなかに記述されている（『ヨハネ黙示録』第2章13節）。正面からは

62 風神たちの塔、アテネ（紀元前1世紀半ば）

　この建物は、巨大な彫刻を施されたレリーフで覆われた高い基壇に載ったU字形のイオニア式列柱廊に見える。基壇の両側の翼部分のあいだは全体にわたって、祭壇そのものへと到る広大な数段からなるひと続きの階段で埋められている。祭壇は列柱廊の背後にある円柱が並ぶ中庭の中心にありながらも、比較的地味なものである。関心を呼ぶのは、内部ではなく7½フィート（2.25m）の高い基壇上の彫刻された像が見せる比類なきダイナミズムである。この基壇には、オリュンポスの神々と巨人族の戦いが、驚くべきほど感情に訴えるリアリズムをもって描かれている。これは、紀元前278年に小アジアに侵攻してきた野蛮な古代ガリア人たちに対する、ペルガモン王の勝利の数々を象徴的に表わしている。ペルガモン流の彫刻様式は、ペルガモンとローマのあいだの密接な文化的かつ政治的繋がりをとおして、後期ローマ芸術に相当な影響を及ぼした。

　紀元前2世紀半ばに、アテネのアゴラの行き当たりばったりの計画が新しい軸線をもとに置かれたストアをいくつか加えることによって整えられたとき、それらのなかでもっとも華麗な、アッタロスのストアの建設が、建築心を備えたペルガモンのアッタロス2世によって命ぜられた。彼は、ヘレニスティック期の都市計画の理想をアテネの真っ只中に導入することを大そう誇らしく思っていたにちがいない。この並々ならぬほどに豪華なストアは、1950年に博物館として全体が再建されたが、大理石で建てられ、背後に1列をなす店舗が並ぶ2層からなる列柱廊が自慢であった。驚くべきごとに、この列柱廊には、4つもの異なったオーダーが組み合わされていた。ドリス式の列柱廊がひとつ、イオニア式の列柱廊が2つ、そして意識的にアルカイック期の特徴を表わした豊かな葉飾りのある柱頭の列柱廊がひとつとい

第2章　古典的基盤：ギリシャ、ヘレニスティック〔ヘレニズム、汎ギリシャ〕、ローマ

った具合に〔上下2層で1層分には2つの列柱廊が平行に並び、2列目の列柱の奥に商店が並んでいる〕。これらのものは、紀元前600年頃にペルガモンの近くで用いられた柱頭を真似たもののように思われる。それゆえわれわれは、おそらくは、ここでのこれらの柱頭の導入を、もっとも新しいペルガモン様式に対して歴史的権威を要求するといった手の込んだやり方と見なすことができるであろう。

　アテネを去る前にわれわれは、ローマ時代のものではあるが、性格上本質的にヘレニスティックである一風変わった建物を一瞥しておくべきである。おそらくは紀元前1世紀半ばにつくられた、風神たちの塔は、大理石でできた端麗な八角形の構造物であり、側面には、4つの基本方位〔東西南北〕と4つの2次的な方位が1列に並んでおり、それぞれの方位に、8体の風神たちが風を吹いているよう想定されていた。各〔方位を表わす〕面は、異なった風を擬人化している彫刻レリーフで彫り刻まれていた。外側にはまた、日時計があり、内部には水時計、そして屋根には風見〔風向計〕をもったトリトン〔半人半神の海神。ポセイドンの息子〕の青銅製の像があった。ポーチの円柱群の柱頭は、古典主義建築や新古典主義建築に広く模倣された、ハスやアカンサスの葉叢が優雅に彫られていた。ユーフラテス河のはるか向こうのキュロスからアンドロニクス〔なる人物〕によって代金が支払われたこの風神たちの塔は、ギリシャの建築とヘレニスティックの科学を建築的かつ彫刻的に完璧に組み合わせたものである。

住居建築

　ヘレニスティック期の都市としての、プリエネやペルガモンやアテネとはまったくちがっているのが、その形式張らない記念碑的ではない性格をもったデロス島である。キュクラデス諸島のなかでももっとも小さな島ではあるが、デロス島はアポロンとアルテミスの誕生の地と主張することで、ギリシャの数ある至聖所のなかでも主導的な役割を果たしたもののひとつになりえた。アポロンに敬意を表するあまり、誰もこの地で生まれたり死んだりすることを許されなかった。しかし、この不便さにもかかわらず、この地は、ペルシャ戦争後のアテネ主導の同盟の中心地たる繁栄した共同体であった。紀元前2世紀にローマによって自由港とされたあと、デロス島はロードス島からエーゲ海の指導的な交易の中心地としての立場を受け継ぎ、それ自体が主要なローマの奴隷市場となったのである。小さいが美しい島の不整形な岩だらけの表面というこの地においては、建物の配置は以前に考えだされたどの平面にも適合することは叶わず、その結果、ギリシャ〔ヘレニック〕的であろうがヘレニスティック的であろうが、建物は縦横に散らばり、ごちゃごちゃした様相を呈しているのである。

　ミュケナイ時代以降、デロス島の礼拝の中心地は、この島の北西の端にある聖なる港のそばにあった。ここでは、聖なるものと商業的なるものの並外れた取り合わせを形づくるために、3つの互いに隣接するアポロン神殿、数多くの紀元前3世紀および紀元前2世紀のストア、アゴラ、住居、倉庫、イタリア人たちのアゴラとして知られた大きな商人たちのクラブ、そしてハイポスタイル・ホール〔多柱室〕すなわち、44本のドリス式とイオニア式の円柱によ

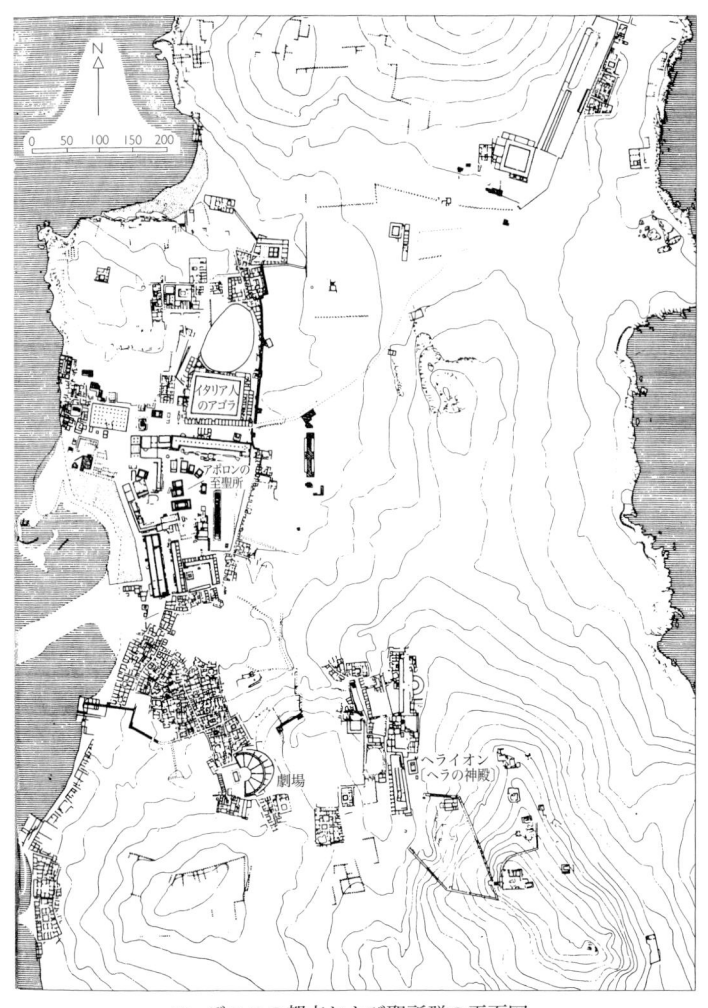

63　デロスの都市および聖所群の平面図

って5つの通路に分けられた優雅でありつつも機能的な建物であった商品取引所が一緒に群がっていた。イタリア人たちのアゴラのすぐ北には、ナクソス〔エーゲ海南部のキュクラデス諸島最大の島〕のライオン像のある高台があり、その大理石の厳格なアルカイック的形態は、何世紀にも及ぶ海の風によって表面が平らになったものの、疑いもなく多くの古代人が来訪したように、現代でも多くの人々が来訪することで、この島から遠く離れた各地にまで運ばれた、主要な思い出のひとつとなっているのである。これらの〔体の動きの〕しなやかなつくり物は、今では水のない「聖なる湖」へのアプローチを守護し、この湖の西は、えりすぐりの住居地域であった。ずっと立派な住居が聖なる商業港の南に横たわる劇場の近隣に、見いだされうる。ヘルメスの家と仮面の家といったような、紀元前2世紀の後期ヘレニスティック期の建物群の重要な遺構や再建された断片が、その生きいきとしたモザイクの床や、彩色されたストゥッコ塗りの壁や、2層からなる列柱廊の中庭で広く知られている。造りの良い方の住居は、一般に南に向いており、一方ないしもっと多くの方向に列柱廊を構え、時折装

第2章　古典的基盤：ギリシャ、ヘレニスティック〔ヘレニズム、汎ギリシャ〕、ローマ

64　デロスのナクソスのライオン群像がある高台（紀元前7世紀後半頃）

飾りづけされた内部の中庭の周りに、日乾煉瓦で組み上げられた四角い塊りであった。平面は形式張らず非対称形で、軸線からなる眺望をつくろうとする意図はまったくなかった。めいめいの住居は、それらが都市の区割りで編成されていた場合でさえ、隣の住居とは間取りがちがっていることがしばしばあった。その柔軟さと単純さによって、この種の住居は、デロスの劇場がある南側の区割地帯においても、宿泊所や工場や学校、あるいはホテルを含む広範な機能に適用されたのである。

3つの主要な類型のギリシャ住居を分類することが可能である。まずは、パスタスという、住居の幅全体に普通は相当する、東西に走る長い部屋によって特徴づけられる、オリュントス〔ギリシャ北部の古代都市〕に紀元前5世紀末頃に現われた住居からはじめよう。パスタスの南壁は支柱群を抜けて中庭へ通じていた。〔次に〕のちになって、石がもっと用いられるようになると、われわれは、プリエネにおいて、プロスタスすなわち〔片側が吹抜けになった〕開廊に中心を置いた住居を見いだすことになる。これは、古代のメガロンの復活ないしは残存と解釈されてきた。さて最後には、元々はデロス島と特別な関わりをもった列柱廊のある住居がある。

紀元前3世紀から、ローマ人たちの生活と思考は、ギリシャ人たちやギリシャの生活様式と無数のやり方で接触することによって、文明化されたのである。イタリアの教育を受けた階層は、次第にしかも完璧にギリシャ化していった。この例のひとつとしてわれわれは、ポンペイなる小さな南イタリアの町へ目を向けてもよかろう。この町はローマ共和国から始まるものの、建築的性格はヘレニスティックなものである。もっとも古い家々は、紀元前300年頃から始まるが、真ん中の広い空間、すなわちアトリウムが全体を統べている。このアトリウムは軸線上すなわち対称的に周囲の部屋と繋がっている。その好例が、外科医の家であり、ここでは、一対のサービス・ルーム〔配膳室〕が両脇に置かれた小さな入口ホールがアトリウムへと続き、アトリウムの両側から寝室へと到るのである。アトリウムのずっと端には、向こう側の庭を見やる窓の付いた主立った居間がある。このタイプの住居は次第に、アトリウムの円柱群のようなヘレニスティックな特徴で飾り立てられてゆき、紀元前2世紀の終わりまでには、おそらくは庭の付いた住居の背後を、ペリスタイルすなわち列柱廊の付い

75

65 ヴェッティの家、ポンペイ（紀元前1世紀初期）：主要な部屋すべてと通じている列柱のある中庭

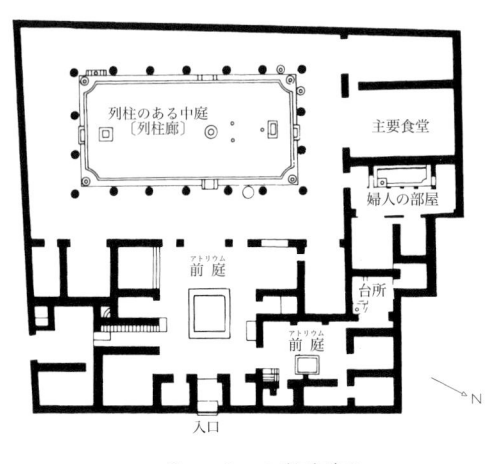

66 ヴェッティの家平面図

67 ポンペイの壁画群

第2章　古典的基盤：ギリシャ、ヘレニスティック〔ヘレニズム、汎ギリシャ〕、ローマ

た中庭によって飾り立てられることになったと考えられる。ヴェッティの家は、アトリウムと立派な列柱廊の付いたこのタイプの豪華な後期の例である。このような住居において個々の市民たちは、ヘレニスティック世界における東方の王たちの宮殿の縮小版ともいえるものをつくりだしたのであった。紀元前3世紀後半と紀元前2世紀前半のデロスでは、内部装飾の職人たちは、建築的モチーフや多色大理石の化粧貼りを絵で描いて装飾したのである。この技法は、いわゆる第1ポンペイ様式（紀元前200年頃-90年）と命名され、たとえばケンタウロスの家では、壁面が3つの水平層に分割されて、建築的にはストゥッコ〔化粧漆喰〕と壁画（ペイント）で表わされたのである。

　第2ポンペイ様式（紀元前80年頃-15年）は、アトリウムと列柱廊での円柱群の使用の増加を伴ったが、田園地帯の幻想的な景色を枠づけする絵に描いた円柱を組み入れたものである。このタイプの美しい例は、おそらくはヘレニスティック時代の舞台の書割り用絵画によって鼓舞されたのであろうが、ポンペイ近郊のボスコレアーレの別荘から発見された、紀元前40年頃の彩色を施された寝室〔クビクルム〕である。ニューヨークのメトロポリタン美術館に今ある絵画の数々は、新ヘレニスティック的ローマ人文主義の産物であり、そこでは哲学の利点の数々が良き統治者への指針として引き合いに出されている。デロスの仮面の家で用いられた、装飾用のモザイクを敷いた床は、紀元前1世紀にイタリアに届いた、もうひとつの人気のあったヘレニスティック期の流行であった。有名なギリシャおよびヘレニスティック期の絵画は、ポンペイのファウヌス〔ヤギの角と下半身をもつ半人半獣の牧神〕の家にある、イッスス〔小アジア南部〕でのアレクサンドロス大王のペルシャ人に対する勝利〔ガウガメラの戦い〕の描写〔戦闘画。紀元前333年〕に見ることができるように、モザイクで模倣されたのである。この絵は、明らかに、古典期後期の絵画から模写され、今はナポリの国立美術館に収められている。

ローマの興隆

　紀元前2世紀末の前に、ヘレニスティック時代の建築活動の最盛期は終焉を迎えていた。実際のところ、指導的な芸術家や思想家たちは紀元前200年以前に活躍の真っ只中にいたのであった。アリストテレスやゼノンやエピクロスのような哲学者、ユークリッドやアルキメデスのような科学者、数学者、そしてプラクシテレスやリュシッポスのような彫刻家の偉業の数々が、われわれが住んでいる世界のかたちを決定するのに役立ったのであった。彼らはそれぞれ、われわれがストア主義とかエピクロス主義とかキュニコス主義とかの名で知っている生の哲学を決定づけた最初の人物であり、文法や静力学や静水力学〔流体静力学〕の書物を生みだし、地球の円周を計測し、血液の循環を発見することに迫った最初の人物であった。その一方、この時期の彫刻家たちこそが、ローマ人やその後継者たちに模倣されて、18世紀におけるアルカイック期と紀元前5世紀のギリシャ芸術の再発見に繋がっているのであ

る。科学と数学に広く行き渡った冒険好きな精神といえども、文化的芸術的諸問題においては保守的な態度を伴っていたのであった。ちりぢりになってしまったヘレニスティック期の王国の数々は、自分たちに独自性を与えたものがギリシャで確立されたような公共芸術や具象芸術の模倣であったと信じて疑わなかった。このように、紀元前4世紀後半までに、芸術様式は、ヘレニスティック期の統治者たちに対し、アレクサンドロス大王の何がしかの権威を与えるように見えることによって、政治的な意義を獲得したということができよう。

芸術の役割への、この自意識の強い接近の仕方は、アレクサンドリアにおいて紀元前300年頃、もっとも初期に書かれた芸術の歴史を生みだすよう促したのであった。アリストテレスは、もう少しで文化的相対主義に賛成する議論を推し進めるところまで行った。人間の生みだすものは神的な現実、すなわち天上の「イデア」の弱々しい真似事でしかないという、プラトンの信念に従うどころか、アリストテレスは、神殿や彫刻や絵画が、作品の創り手や庇護者たちの個々の趣向を反映していることに注目したのであった。これによって、人間の生みだす作品が儀礼上のもしくは政治的なイメージよりもむしろ、「芸術作品」と見なされるという道が開かれたのである。実際のところ、芸術収集の誕生を見たのは、まさしくヘレニスティック期であったのだ。

紀元前2世紀および紀元前1世紀におけるヘレニスティック期の偉業の分散は、ローマの増大しつつある権力という観点から見なければならない。紀元前3世紀および紀元前2世紀のポエニ戦争において、高度に軍備を備えたローマという国家が、カルタゴに対して長引いたものの勝利を収めた戦いこそは、カルタゴではなくローマが西方世界を支配することを、紀元前201年までに確実にしたのである。ローマはより迅速に、ギリシャとヘレニスティックの王国の数々と取り引きし、紀元前168年にはマケドニアを征服し、その20年後にはギリシャを、また紀元前151年にはカルタゴの北アフリカの領土をわがものとした。コリント地方は紀元前146年に、アテネそのものが紀元前86年に、それぞれ略奪された。その一方で、ペルガモン王国は紀元前133年に、シリアは紀元前64年に、エジプトは紀元前30年に、それぞれローマの属州となった。ギリシャの東方全土にわたったローマからの文化的衝撃は、とりわけ奪い取られた戦利品や強要された税金に関して、破壊的なものであったのに対して、ローマにもたらされた (on) 文化的衝撃の方は、全体としてまた永久的に利益をもたらすものであった。

組織化と計画立案に対するローマの天分は、レックス・ロマーナ〔ローマの法律〕なる法律システムのかたちで、ローマ帝国において披瀝された。このシステムからのちに続く、西洋世界の法律上の規約〔法典〕が生みだされたのである。パックス・ロマーナという、1世紀半ものあいだ隆盛をきわめた平和は、実に賢明な行政管理の賜物であった。このことはとりわけ、ローマの大都市における建築や都市計画についていえる。これらのローマの都市の数々は、記念碑的な広場すなわちフォルムの数々に形式張って置かれた公共建築やバシリカや神殿とか、共同住宅の建ち並ぶ街区や店舗や事務所が並んだ幅の広い街路とか、倉庫と入念に

第2章　古典的基盤：ギリシャ、ヘレニスティック〔ヘレニズム、汎ギリシャ〕、ローマ

68　ニームのメゾン・カレ（紀元1世紀初め）

配備された排水システムとかを以って、都市建築におけるまったく新しい始まりを印づけたのである。建設工業のシステム化と新しい建築技術の導入によって、橋や導水渠のみならず、都市の数々を結ぶ新しい道路を含んだ、これらの大いなる発展と再開発のプログラムが容易に遂行されたのである。

　こうした建築の新しい類型の拡がりによって、ギリシャ文化やヘレニスティック文化に存在していた建築よりも、もっと大きな多様性や柔軟性をもった建築が要求された。構造的要素として円柱群に依存していたギリシャやヘレニスティック期の建築は、本質的に垂直線と水平線とが対比をなしていた楣式構造の〔トレイビエイティッド〕システムであった。内部空間の創造は、指導的関心事ではなかった。ローマの建築家たちは、これと対照的に、壁体を復活させ、アーチの使用を発展させ、さらには、内部の意匠の名工であり、特にドームやアプスやヴォールトが内部に置かれる場合にとりわけ卓越した手腕を示したのである。ローマ人たちの円形のドーム建築の極めつけの御祖は、古代世界の宗教建築や墓にあるものの、これらのものはそのほとんどが一般公衆の出入りを想定して設計されてはいなかったことが強調されるべきである。浴場や宮殿や別荘の意匠や、とりわけパンテオンにおいて、ドームが架けられた公共の空間の可能性の拡がりを利用することで、ローマ人たちは、ヴォールト用に鋳型に流し込むコンクリートの使用を発展させたのである。

　コンクリートは、ローマ人たちによって採用されたモルタルで固めた割栗石の構造物をもとに紀元前3世紀から紀元前1世紀にかけて発展していった。ローマ人たちは、ギリシャ人たちとはちがって都合よい場所に大理石の採石場を持っていなかったのである。ローマ人たちが、建物が一種の鋳型のシェルとなった新しい空間建築をつくり上げることができたのはまさしく、ローマ帝国の建築家たちによる、とりわけヴォールト構造のためにコンクリートを用いた際の、その大胆不敵さの増大のゆえであった。ローマのコンクリート（オプス・カエメンティキウム　*opus caementicium*）〔モルタルに石塊や砂利や煉瓦くずなどを詰め込んだ硬化コンクリート〕は、小さめの石の集塊〔骨材〕（カエメンタ　*caementa*）で補強されたモルタルであり、

79

普通は水平の層をなすように粗っぽく積まれた。ローマのコンクリートは、現代のコンクリートとはちがって混ぜ合わされたり注ぎ込まれたりすることはできなかったけれど、煉瓦壁のあいだの割栗石の充塡剤から発して、壁面やアーチやヴォールトを建設することのできる独自の申し分ない建築資材にまで発展していったのである。ローマのコンクリートは、モルタルの構成によって強度の大半が決定され、そのモルタルは、ローマ近郊で見つけられた火山砂（ポゾラン）〔114頁を参照のこと〕を、石灰と組み合わせたものであった。
　あらゆる時期のローマの建築家たちが、コンクリートの表面をそのままさらけだすという現代の建築家たちの間違いを決して犯さなかったことを覚えておくことは重要である。コンクリートがその最初の見た目の粗雑さに加えて、雨仕舞をきれいに処理することよりも、見るみるうちに不快な汚れがたまってゆくことの方の不利さを抱えていたことを十分に分かっていたため、ローマ人たちは常に、内部ではプラスターや大理石やモザイクによって、外部では煉瓦ないし石の表面仕上げによって、コンクリートを隠すことに気を配ってきたのである。とりわけこの外部の化粧仕上げは3つの主要なタイプが年代順に知られている。まずはオプス・インケルトゥム（*opus incertum*）〔継ぎはぎ積み壁〕（紀元前2世紀および紀元前1世紀前半）。これは小さな石からなる乱れ積みともいえる表面仕上げである。次に、オプス・レティクラトゥム（*opus reticulatum*）〔網目積み壁〕（紀元前1世紀および紀元後1世紀）。これは四角い小石を斜め方向に置いてゆくものである。そして最後に、オプス・テスタケウム（*opus testaceum*）〔煉瓦積み壁〕（紀元後1世紀半ば以降）。これは、平たい煉瓦もしくは瓦による表面仕上げである。コンクリートはもっぱら、基礎部分が壁体やヴォールト用に使われる一方、石や大理石は、ほかの構造物や装飾部分用に、多様な範囲で利用された。紀元前2世紀以降、ティヴォリ近郊で切り出されたトラヴァーティンは、クリーム色っぽい灰色でいくらか孔のあいた材質の、魅力的で堅固な石灰岩である。北イタリアのカッラーラの石切り場は、ペンテリコン産大理石のあまりの砕けやすさを免れた、真っ白な大理石を供給した。ローマ帝国末期（レイター）においては、赤色と灰色の花崗岩や赤色の斑岩がエジプトから輸入された。
　コンクリートのような近代的に見える材料を用いたことでローマ人たちは、ヴォールト架構の分野は別として、根本的ともいえる、技術的革新をなしたのである。ギリシャ人たちと同様に、ローマ人たちは、自分たちが熟知しているさまざまな技術をはるかに越えてまで、自分たちの知識を推し進めることに関心を抱かなかった。その結果、ローマ人たちは慣例的に、支持体としての壁面を、構造上必要とされる以上に、はるかに重々しいものとしたのである。実際のところ、ローマ世界はそれより2千年ないし3千年紀前の青銅文化以上に、技術的に大きく進歩したわけではなかったといわれることさえある。
　ローマの生活と建築には、政治が浸透していた。帝国ローマの大きな神殿や広場の場合ほど、建築が政治に仕えるよう完璧に利用された事態はまれであった。これらの建物のあからさまな政治的象徴主義は、それらのもつこれまたあからさまな対称的なレイアウトと並行している。ギリシャ人たちとはちがって、ローマ人たちは、建物群が目立った正面をもつこと

第2章　古典的基盤：ギリシャ、ヘレニスティック〔ヘレニズム、汎ギリシャ〕、ローマ

を好んだ。建物の正面は軸の方向に近づいてゆくものであったといえよう。この〔ギリシャとローマの〕異なった建築的アプローチは、ローマの神殿の特徴それ自体もまた、ギリシャ神殿の特徴と、微妙に異なっていることを意味した。あらゆるローマ神殿のなかでもっとも保存状態のよい典型的な例をひとつ取り上げてみよう。それは、紀元後1世紀が始まる頃のアウグストゥス帝時代に建てられた、南フランスのニームに現存する、いわゆるメゾン・カレ〔「四角い家」の意〕である。それは、丈の低い頬壁が両脇に付いたひと続きの幅広い階段から入る正面といった、変則的な高い基壇の上に、非ギリシャ的な格好で建っている。そのため、これらの階段を軸の方向に登ってゆく以外には、どうやっても神殿そのものに近づくことは実際のところ不可能なのである。そのうえ、円柱群が入口ポルティコ〔柱廊玄関〕で華麗な様相を呈してはいるものの、これらの円柱は、周柱廊のかたちで神殿全体をぐるりと廻っているわけではない。代わりに、この建物の背面と両側面で、円柱群が神室の壁に溶け込んでいて、そのために、この神殿は、擬似二重周柱式として知られたタイプの典型となっている。換言するならば、円柱群は付け柱になっていて、その全体が装飾されているのである。ローマ流の壁面は、付随的な装飾によって分節化されて、神殿のなかに侵入しており、それゆえギリシャ流の独立して建つ荷重を負った円柱群に取って代わっているのである。

共和政の建築

　ニームにおける場合のように、両端の一方のみにポルティコが付き、基壇に載るといった神殿の観念を、ローマ人たちはエトルスク人たちから継承した。これに対して、神殿を列柱廊のある中庭に結び付けることは、ヘレニスティックな発想であった。中央イタリアのエトルリア出身のエトルスクの王たちは、紀元前7世紀半ばにローマを征服し、およそ150年間ローマを統治した。彼らが導入した文明、その記念碑群は興味をそそるのだが、ほとんど残存しておらず、それは同時代のギリシャに影響を受けていた。エトルスクの王たちは、ローマに記念碑の数々をつくり上げた最初の人々であった。たとえば、〔ローマの〕カピトリウムの丘に建つ、紀元前6世紀後半の、ユピテルやユノーやミネルウァの神殿がそうである。一方で、彼らの工学的偉業の数々には、フォルム〔皇帝の広場〕が次々に建てられていった陸地の排水も加わった。紀元前509年に、エトルスク人たちは、追い払われて、ローマの貴族たちの指導下で共和政体の都市国家が建設された。そのあと、著しい文化的凋落が紀元前2世紀の半ば頃まで続いた。この長い時期に、ローマ人たちは絶え間なく続く戦争にとりつかれ、そうすることで彼らはイタリア全土を最初に支配するに到ったのである。そして、紀元前202年のカルタゴ人たちとの第2次ポエニ戦争の終結までには、地中海全体をも支配したのである。紀元前146年のコリントの略奪によって、ギリシャそのものが、ローマの統治下に入った。その結果イタリアには、好都合なことに、ギリシャの芸術作品と難民となった職人や建築家がどっと流れ込んだのである。

　ギリシャの建築家サラミスのヘルモドロスは、コリントが崩壊した年に、ローマに最初の

69 ローマのフォルム・ボアリウム：中央ウェスタの神殿あるいはヘルクレス・ウィクトールの神殿、右側にフォルトゥーナ・ウィリリス（それぞれ、紀元前2世紀後半と紀元前1世紀初め）

　総大理石の神殿を設計した。ユピテル・スタトールに捧げられたこの神殿は、マケドニア人たちの降伏を早めたクウィントゥス・カエキリウス・メテッルスによって建設が命じられた。それはもはや残存しないものの、テーヴェレ河近くのフォルム・ボアリウム（畜牛市場〔牛広場〕）にあるフォルトゥーナ・ウィリリス（ポルトゥヌス）の神殿が、末期ローマ共和政時代のイオニア式神殿の保存状態が良い例である。紀元前2世紀後半につくられたこの神殿は、もっとも初期の擬似二重周柱式神殿の可能性があり、おそらくはニームのメゾン・カレに影響を与えたであろう。細部はギリシャ的であるものの、平面はイタリア的で、構造はローマ的である。すなわち、基壇〔ポディウム〕はトラヴァーティンで化粧貼りされたコンクリートであり、円柱群はトラヴァーティンそのままであり、神室の壁はストゥッコで表面仕上げされた、トゥーファ〔凝灰岩、多孔質の石灰華〕すなわち、固まった火山塵や泥土なのである。

　わずかの数しかない魅力的な円形の建物のひとつに、同じフォルム・ボアリウムに建つ、いわゆるウェスタ〔国家のかまどの神〕（ヘルクレス・ウィクトールといった方が多分よかろう）の神殿がある。おそらく紀元前1世紀前半に建てられ、ローマ帝国のもとで修復されたこの神殿は、アテネから運んだペンテリコン産の大理石でできている。その建築家もまた、アテネから連れてこられたのであろう。この神殿の円い形状は、ギリシャのトロスのそれを真似ている。そのコリント式柱頭は、アテネのオリュンピエイオンのそれに似ている。さらに、神殿を取り巻く階段もまた、ギリシャ風である。のちのローマの著述家たちは、このような神殿の形態がイタリアにおける初期の鉄器時代に見られた丸い掘っ立て小屋を模倣したと信じ

第2章　古典的基盤：ギリシャ、ヘレニスティック〔ヘレニズム、汎ギリシャ〕、ローマ

70　ティヴォリの、ウェスタの神殿（紀元前1世紀初め）

ていた。ウェスタの神殿の場合には、エンタブレチャーの欠損ゆえに偶然にも、この類似がずっと強調されてきたのである。

　同様の時期に建てられた、もうひとつのよく知られた半円形の神殿は、ウェスタの神殿とかシビュル〔巫女〕の神殿とかきちんとした典拠もなくいろいろな風に記述されているが、ティヴォリの山あいの高い場所に絵のような素晴らしい姿で建っているのを目にすることができる。この神殿には、トラヴァーティンの舗床で化粧貼りされたコンクリート製の基壇や、トゥーファの基礎部分があり、円柱群や戸口や窓枠をも含めて、神殿本体そのものはトラヴァーティンの切石積みでできている。その人目を惹くコリント式の柱頭は、鐘状のものの上部に巧みに置かれた大きな中心をなす花で、とりわけ華麗なものとなっている。これらの柱頭は、雄牛の頭の彫刻があるイオニア式のエンタブレチャーを支えており、この雄牛たちの頭は、フリーズに彫り刻まれた豊かな花綱飾りで繋がれている。これは、アウグストゥス帝時代から次第に流行するようになった、ヘレニスティック期の装飾モチーフである。一部にはその敷地の美しさゆえに、この魅力的な神殿はずっと、古代のもっとも人気のある建物のひとつであり続けた。ルネサンス以降、数多くの芸術家によって図面に書かれたり、絵画に描かれたりしたこの神殿は、パラーディオによってその『建築四書』（1570年）のなかで有名な図面として復元されたり、ウィリアム・ケント（1685-1748年）やジョン・ソーン（1753-1837年）〔下巻〔II〕第8章を参照されたい〕といったイギリスの建築家たちによって模倣されたりしたのである。

　ローマのおよそ30マイル（48km）東に位置するプラエネステ〔現在のパレストリーナ〕のフォルトゥーナ・プリミゲニアの聖所は、われわれが今まで目にしたどの聖所とも異なってい

83

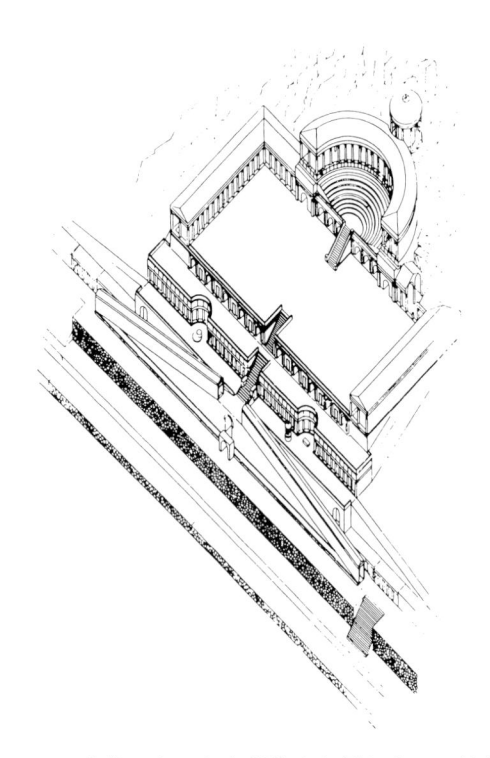

71 フォルトゥーナ・プリミゲニアの聖域(おそらく紀元前2世紀後半):軸測投象図法(アクソノメトリック)での復元

72 同、外観

る。古代のもっとも想像力を掻き立てる建物のひとつであるこの聖所は、のちの帝国〔時代〕の建築家たちによる劇的な効果やコンクリート造のヴォールト架構を予感させる、共和政時代の驚くべき非凡さを有していた。この建物は紀元前2世紀後半以降のものであると思われるが、紀元前80年頃にこの地に自らの遊撃兵たちを定住させた独裁官スッラとの関連が伝統的に言い伝えられてきた。この聖所は、少なくとも紀元前3世紀以降にこの地点において神託の言葉を伝え続けてきた、フォルトゥーナすなわち運命の女神を祀っていた。一番最初に建てられた神殿と広場(フォルム)から丘の上に登ってゆくと、ひと続きになった7つの高台〔テラス〕がある。これらの高台は、階段と斜路によって繋がっていて、そこを登りつめると、まず半円形をなす、2列の円柱群からなるポルティコが載り、次にはその上に小さな円柱状の神殿がひとつ載った劇場がある。大きな2方向の斜路をなす段は、古代ジグラットを思い起こさせるように見えるため、確かに東方の起源をもつが、この階段の両脇には斜路の傾きに合わせて傾斜した風変わりな柱頭のある円柱群が並んでいる。4番目の高台の背後には、円柱のある店舗が1列に並んでいて、この高台は、イオニア式の円柱がつくるスクリーン〔仕切り壁・障壁〕を伴い、コンクリート造の格間で飾られた半円筒形ヴォールトが付いた、2つの半円形の窪みで強調されている。カンパーニャ〔ローマ市周辺の平原〕を越えて海を見渡す素晴らしい景色が臨める、本当とは思えない〔ありそうもない〕ような敷地にあり、古典的な対称形を保ちつつ、コンクリートやトゥーファやトラヴァーティンやストゥッコを集結させた、この爽快な気分にしてくれる建築複合体(アセンブリー)の遺構は、まさしくそれが建築と景観がきわめて見事なやり方で混ざりあった、後にも先にもめったに存在しないものであることをわれわれに確信

第2章　古典的基盤：ギリシャ、ヘレニスティック〔ヘレニズム、汎ギリシャ〕、ローマ

させるに足るものである。

　ローマの浴場とともに、ローマの円形競技場は、ローマ人の生活様式を直接表現する言葉そのものと言ってよい用語である。ローマの皇帝たちの宮殿群は大半が消失しているが、彼らの帝国の西方ではいまだに、広大な楕円形の競技場が点在している。これらの競技場での皇帝たちの関心事は、現代の趣向からいえば下劣極まりなく思われるような、しばしば残忍すぎる光景を楽しむことであった。円形競技場は建築的には、ローマ人たちによって翻案されたギリシャ人たちの劇場から発展したものである。イタリアにおけるもっとも初期の石造劇場のひとつは、紀元前2世紀に、ポンペイで建てられたものであった。しかし、共和政ローマでは堅固な保守的感情によって、恒久的な構造物として公けの娯楽を享受する場所の建設は遅れたのである。こうして、ローマ最初の劇場は、今はほとんど残存してはいないが、紀元前55年に建てられた、ポンペイウスの劇場であった。ポンペイウス〔紀元前106-48年〕は、紀元前60年に、カエサル〔紀元前100-44年〕およびクラッスス〔紀元前115年頃-53年〕とともに、ローマの有力な三頭政治を始めたが、それより少し前にギリシャから戻り、自らの名をとった劇場を、レスボス島のミティリニの劇場を手本としてつくり上げたと推測される。カエサルによって計画されたものの、アウグストゥス帝によってカエサルの孫のマルケッルス〔アウグストゥスの甥にあたる〕の思い出に捧げるため、紀元前13年ないし11年に建てられたマルケッルスの劇場は、幸運なことに、共和政ローマ後期の主要な記念碑のひとつとして残存している。

73　マルケッルスの劇場、ローマ（紀元前13/1年）

　マルケッルスの劇場は山腹にではなく、コンクリート造の半円筒ヴォールトのある手の込んだアーチ状の構造物の上に建てられたという点で、ギリシャとローマの劇場のあいだにある差異をいくつか示す典型的なものであり、円形ではなく半円形のオルケストラなのだが、これは合唱隊のためよりもむしろ、元老院議員たち用の座席を確保するための場所として設計されていた。ローマの劇場では、ギリシャの劇場とちがって、観客たちはオルケストラの向こう側に田園地帯を目にすることはなかった。なぜなら、スカエナ・フロンス（*scaena froms* 舞台もしくは背景）は、マルケッルスの劇場ではつつましいものではあったものの、増大しつつある建築的規模と重要性を担った対象になっていたからである。劇場設計の将来にとってとりわけ重要だったのは、上に重ねられたオーダーで枠組みされた、アーチ型の開口部が層

85

をなしている、マルケッルスの劇場の半円形のファサードであった。すなわち、1階部分にはドリス式が、次の階にはより軽快なイオニア式が、そして、今は失われた最上階には、おそらくコリント式が、それぞれ使われていたのであろう。プラエネステとティヴォリの聖所やローマのタブラリウム〔公文書保管所〕のような要をなした共和政時代の建物群から発展してきた、この分節化のシステムは、構造上のアーチと装飾上の円柱を独特に組み合わせるというローマ的手法をもっとも早く完璧に示しているのである。このシステムは、マルケッルスの劇場によって鼓舞されたがゆえに、ここで論議することの妥当な、ある有名な建物において、そのもっとも記念碑的な表現を見いだした。すなわち、コロッセウム〔コロッセオ〕である。

イタリアに残存しているもっとも初期の恒久的な石造の円形劇場は、紀元前80年頃にポンペイで比較的つつましい規模で建てられた劇場である。アウグストゥスは紀元前29年にローマのカンプス・マルティウス〔軍神マルスの野〕に劇場を建てたが、それは、紀元前64年の火災で破壊された。コロッセウムは、紀元後75-80年にウェスパシアヌス帝によって建てられたが、それゆえ、ローマに残存している円形競技場のなかでもっとも初期かつ、もっとも堂々としたものである。ウェスパシアヌス帝の姓にちなんでフラウィウスの円形劇場として初めは知られていたこの建物は、紀元後8世紀以降はコロッセウムとして知れ渡った。この名は近くにあったネロ帝の巨像〔コロッサス〕に由来していたと思われる。しかしながら、ネロの黄金宮殿の私的な庭園にあった人工池という敷地にこのコロッセウムを建てることによって、ウェスパシアヌス帝は自分自身の肝の太さを、ネロ帝自身の放縦さと対比させることができたのだ。確かに、コロッセウムは、大衆の趣向の数々を満足させるように建てられたが、その規模たるや、何と5万人もの群衆を収容することのできるものであった。

ティヴォリから切り出されたトラヴァーティンで建てられたコロッセウムの外面ファサードは、両脇に付け柱がある、80もの半円アーチの開口部が3つの層をなし、さらにその上には、コリント式の付け柱で分節化された、下の3層よりも丈が高いものの簡素な造りの4層目が載った、見ただけで思わず釣り込まれそうな複合体である。下から順に、ドリス式、イオニア式、コリント式と積み重ねられたオーダーがつくりだす、この間断なきリズムが奏でる静穏沈着な様は、アルベルティやジュリアーノ・ダ・サンガッロといったような建築家に対し、ルネサンス期に力強い影響を及ぼした（本書第6章を参照されたい）。マルケッルスの劇場から由来する、コロッセウムのファサードは、建築的には保守的なものであったと言えるかもしれないが、工学技術による建造物の偉業として、また、組織化というローマ人の天分の卓越した例として、この建物は最高レヴェルの業績に到達したのである。大半が大理石でできた段状の座席は、煉瓦で表面仕上げされたコンクリートで出来たアーチ状下部構造の、次第に高くなってゆくヴォールト架構に支えられていた。いわば広大なハチの巣状の全体を、放射状におかれた斜路や、側面の通路と遊歩廊や、さらには水平方向の座席間の通路が貫いており、これによって76を数える入口からの安全で便利な人の流れが可能になっていたので

第2章　古典的基盤：ギリシャ、ヘレニスティック〔ヘレニズム、汎ギリシャ〕、ローマ

74　セゴービアの水道橋（紀元1世紀ないし2世紀初め）

75　コロッセウム〔コロッセオ〕、ローマ（紀元75-80年）：上空からの眺望〔俯瞰〕

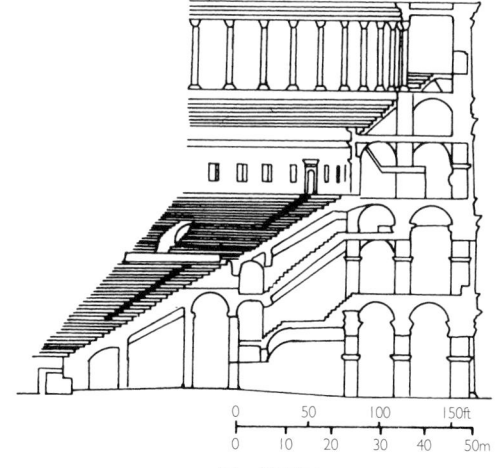

76　同：断面図

ある。同様の工夫がアリーナ〔闘技場〕の床下にある迷路のような地下室の数々の意匠と構造に振り向けられていた。この地下室では、荒々しい野獣がアリーナの高さにまで引き揚げることができたと思われる檻に監禁されていた。

　コロッセウムの衝撃は広く行き渡り、イタリアではヴェローナやプーラ〔イストリア半島南端の港市。現在ユーゴスラヴィア領〕に、また南フランスではニームとアルルに、コロッセウムよりも小規模だが今もなお印象深い同種の競技場が残存している。ニームではわれわれはまた、これよりずっと堂々としたアーチ状の記念碑、ポン・デュ・ガールを目にすることができる。これは紀元前1世紀後半にアグリッパによって、ガルドン河の小峡谷を越えて、ニームの導水渠に水を運ぶために建てられた。160フィート（49m）の高さに、隅から隅まで切石を用いて建てられたこの水道橋は、大半のローマの橋や水道橋と同様に、流れの急な水に橋台を置くのを避けようとして、ひとつのアーチが一番大きな河床をまたぐようになっていた。

87

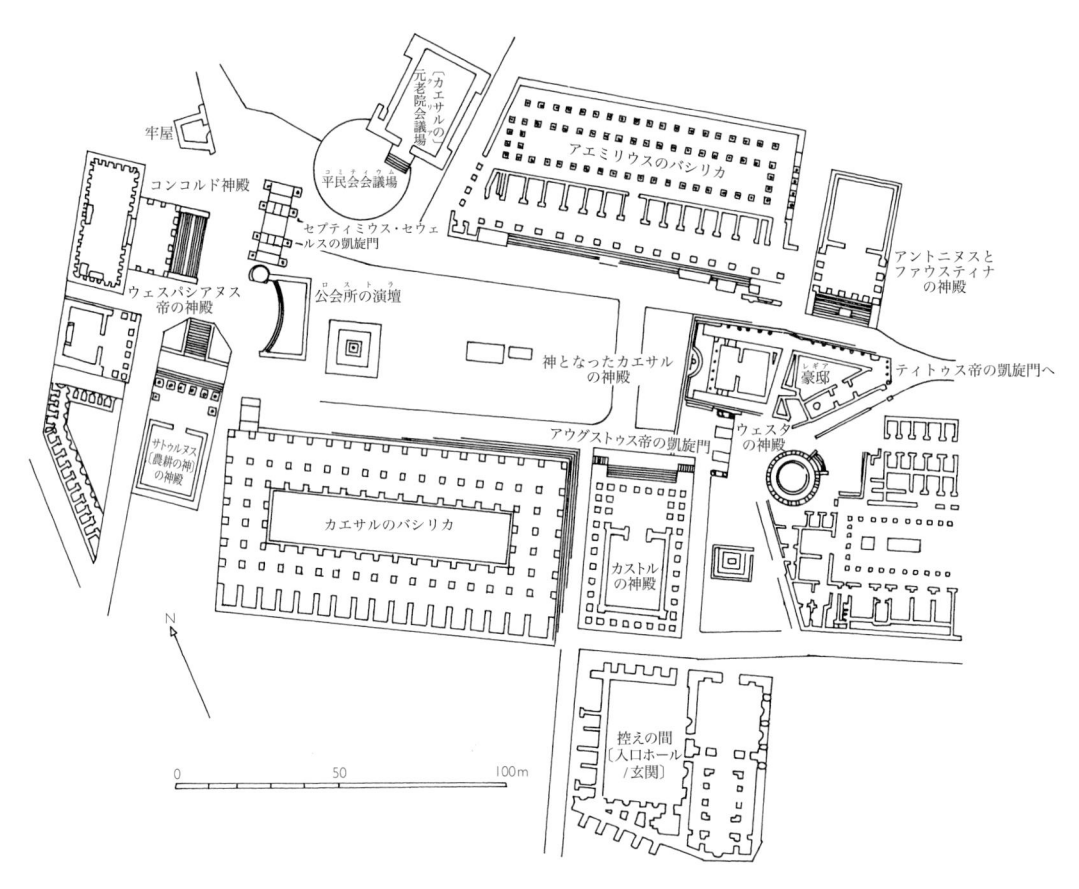

77 フォルム・ロマーヌムの平面図。アウグストゥスによって付け加えられた主要な部分とそれ以降の建物群を示している

　これよりもずっと注目に値するのが、スペインのセゴービアの水道橋である。これは、現在の町の中心近くにある家々の屋根をはるかに越えた、劇的といってもよいくらいの100フィート（30m）近くの高さでそびえ建っているのである。紀元後1世紀ないしは2世紀の初めのある時期に建てられた、この人を捉えて離さない記念碑の石造建築物は意図的に無造作につくられた。おそらくは、力強さの印象を高めるためにであろう。この水道橋は今もなお現役で、2層をなす128基のアーチで、この町に水を供給しているのである。

フォルム〔広場〕、バシリカ、神殿：ローマの統合

　多くのローマの町々の平面は、要塞の平面を真似たものだが、中央で直交する2直線の道路によって決定されることが多かった。交差地点の近くには、大体列柱廊からなるフォルム〔広場〕が置かれ、その周りに、主要な公共建築群が集まっていた。こうした配置形態は、ポンペイからダマスクスまでの無数の都市に見いだすことになる。ローマのフォルムは、都市生活および都市計画の主要な焦点として、ギリシャとヘレニスティック期のアゴラに取って

第2章　古典的基盤：ギリシャ、ヘレニスティック〔ヘレニズム、汎ギリシャ〕、ローマ

代わった。ローマそのものにおいては、数々のフォルム〔複数形はフォーラ〕のなかでもっとも有名で古いものは、まったく異なった起源をもっていた。これが、フォルム・ロマーヌムであり、カピトリウムの丘の下に建ち、市場の役割も果たしていた。もっとも、この広場の北西の隅には、クリアすなわち支配的寡頭政治のための元老院議場が建っていた。紀元前2世紀に、この広場には、バシリカ、すなわち法廷や取引所や市場として使われた大きな屋根の架かったホールが備えられた。

　ローマ帝国が始まるまでに、フォルム・ロマーヌムは、混雑を極め、次の1世紀半のあいだ、歴代の皇帝たちの手で荘厳な風に拡張されていった。皇帝たちの建物は、彼ら自身の政治的軍事的偉業を公けに示すためのものであった。こうした例の先駆けとなったのは、ユリウス・カエサルの手で整備されたカエサルのフォルム（すなわちフォルム・ユリウム）であり、紀元前54年頃に、フォルム・ロマーヌムの北西側のごく近くに出来した。それは、ほかならぬユリウス族の祖を見つけだしたイウールス（アスカニウス）を息子にもつ、かのアエーネアスの母親である、ウェヌス・ゲネトリックス（母なるウェヌス）に捧げられた神殿が中心をなす、列柱廊の矩形からなっていた。このフォルム〔・ロマーヌム〕の平面は、末期ローマ時代のフォルムの数々に大きな影響を及ぼすことになるのだが、コス島〔エーゲ海南東ドデカネス諸島の島〕にあるアスクレピオスの至聖所のようなヘレニスティック期の範例によって鼓舞されたものである。

　たとえ由緒があるにしても無計画につくられたフォルム〔・ロマーヌム〕に秩序をもたらそうという自らの計画の一環として、カエサルは古い共和政時代のバシリカのひとつ、バシリカ・センプロニアを完全な姿で再建した。これは今はバシリカ・ユリア〔カエサルのバシリカ〕となっているが、カエサルはさらに、フォルム〔・ロマーヌム〕の北側に、このバシリカと向かい合って建つバシリカ・アエミリア〔アエミリウスのバシリカ〕を修復した。バシリカ・アエミリアは、もっとも初期のバシリカのひとつであるが、紀元前179年以降のものであり、ヘレニスティック期のストアのように、2層をなす、16の柱間からなる列柱のファサードをもっていたようである。ストアとは異なり、このバシリカには閉ざされたホールがあり、これは高いクリアストーリーによって採光されていて、中ではひとりの行政官が自分の仕事を快適にこなしていたようである。ユリウス・カエサルによる修復に続いて、このバシリカは、紀元前14年にアウグストゥス帝によって全面的に再建された。それは、外面を半柱の付け柱からなるオーダーで豊かに表現された建物として現われた。より広くされたバシリカ・ユリアは、アウグストゥス帝によって再建され、紀元後3世紀後半にはディオクレティアヌス帝によって再び再建されたが、中央にホールがひとつあり、このホールのなかには、支柱の列の上に載ったアーチ列によって4つに分割された通路〔側廊〕が並んでいた。

　ローマを再計画しようというカエサルの目論見は、アウグストゥスとアグリッパによって達成された。アウグストゥス（紀元前63年-紀元後14年）は、最後の共和政の独裁官、ユリウス・カエサルの甥の息子で、その養子となったが、紀元前31年のアクティウムの海戦で、ア

78 フォルム・ロマーヌム、(左側に) セプティミウス・セウェルス帝の凱旋門、〔中央〕遠くにティトゥス帝の凱旋門、そして（右側に）カストルとポッルクスの神殿の3本残った円柱が見える

ントニウスとクレオパトラを破って、最初のローマ皇帝となった。スッラ、カエサル、そしてアウグストゥス自身の功績の数々は、ここで要約するにしてはあまりに複雑で広範囲にわたるが、ローマをして、広大な帝国の主人〔支配者〕としたことは間違いない。この帝国はトラヤヌス帝（在位、紀元98-117年）のときまでに、はるか北方のスコットランドまでも含めたヨーロッパの大半のみならず、北アフリカ沿岸や近東の大半を含んだ地中海世界全体をも、わがものとしたのである。ローマの法律によって150年ものあいだ続いた平和のうちに一体化していたこの帝国は、決して再び繰り返されることのなかった現象そのものなのであった。

アウグストゥスの最初に抱いた野望のひとつは、イタリアにおける道路体系を現代化することであった。と同時に彼はローマにおいて、早い時期から自らの友人であり同僚であったアグリッパに、新しい水道橋の建設と排水システムの改善という課題を任せていた。〔伝記作家〕スエトニウス〔69年頃-140年頃〕によれば、アウグストゥスは、自らが「煉瓦の都市ローマを見いだし、そのローマを大理石の都市として残した」と、わが帝国の中枢ローマを誇らしく語ったのであった。大理石に対する強調は、プラエネステの経験をもとにつくり上げた煉瓦やコンクリートの建築よりもむしろ壮大な新古典主義の方を好むといった、アウグストゥスの伝統主義者としての立場を典型的に表わしていた。彼は軍のリーダーとして力強い人物である一方、建築の庇護者としては様式に対して保守的な立場にあった。というのも、そ

第2章　古典的基盤：ギリシャ、ヘレニスティック〔ヘレニズム、汎ギリシャ〕、ローマ

79　フォルム・アウグストゥムの一部を伴った、マルス・ウルトル〔復讐神マルス〕神殿（紀元2年）の復元図面

の建物群によって、古い共和国と新しい帝国のあいだにある政治的な連続性を強調するという自らの課題を推し進めることができたからである。かくして彼は、新しい公共建築を建てただけではなく、既存の神殿の多くを再建ないし修復したのであった。実際のところ、自らの自叙伝体の遺言たる『レース・ゲスタエ・ディウィ・アウグスティ』（『神〔となった〕アウグストゥスの業績録』）のなかでアウグストゥスは、紀元前28年の1年間に、82棟という多数の神殿を再建したと公言していたのである。

　ユリウス・カエサルによって始められた事業の継続である、フォルム・ロマーヌムの改築と拡張といった自らの課題の一部として、アウグストゥスは2つの神殿を大理石で完璧に再建したのであった。すなわち、カストルとポッルクスの神殿とコンコルディア神殿である。フォルム・ロマーヌムの東端に彼はまた、第3の神殿ディウゥス・ユリウス（神となったカエサル）の神殿を付け加えた。これは、彼の宗教的政治的理想の数々を妥協せずに陳述するものとして、紀元前29年に自らの養父〔カエサル〕に捧げられたものであった。カストルとポッルクスの神殿およびコンコルディア神殿の双方は、アウグストゥスの継子でありそれゆえ後継者となった皇帝、ティベリウス（在位、紀元14-37年）の指揮のもとに完成を見た。カストルとポッルクスの神殿（紀元6年に奉献された）は、ローマのコリント式オーダーの歴史を語るうえで要となる建物である。なぜならこの神殿は、一番最初に標準的なコリント式のエンタブレチャーを確立したからである。すなわち、〔エンタブレチャーの下から順に〕豊かに割り形を施されたアーキトレーヴ、簡素なフリーズ、卵鏃模様の縁取りに支えられた精緻な造りの歯飾り、そして下側にアカンサスの葉模様が彫られた入念な渦巻き状のモディリオン〔コーニスの下に設けられた装飾用持送り〕に載った、最上部のコロナといった具合に。現存する〔ポッルクス神殿の〕3本の円柱は、中世以降フォルム・ロマーヌムの有名な目印であり続けたが、興趣に富んだ様を呈する巻き上げられた柱頭が載った、それぞれの円柱は、カッラーラの大理石の2つの石塊から彫りだされたのであった。修復された大理石のコーニスの塊

91

りがひとつだけ残存している、コンコルド神殿とともに、ポッルクス神殿は、ギリシャ風の歯切れの良さで仕切られた新しい豊かな細部が導入された、後期アウグストゥス様式の完璧な範例なのである。

　アウグストゥスのローマに対する貢献の、建築上のまた図像学上の頂点は、紀元2年に、フォルム・アウグストゥムおよびそこに建つマルス・ウルトルの壮大な神殿とともにやって来た。カエサルのフォルム・ユリウムの北側に、これと直角に建つ周柱式の矩形の空間であった。このフォルムは、片方の端に位置した神殿に、〔カエサルのフォルムと〕同様に支配されていた。フォルム・ロマーヌムのすぐ北側に位置する、このフォルム・アウグストゥムは、アウグストゥスが買い取った土地に建てられ、彼のローマに対する個人的な贈り物なのであった。このフォルムに建つ神殿は、カエサルを殺害したブルートゥスとカッシウスが復讐のために殺された、紀元前42年のフィリッピの戦いを前にしてアウグストゥスが立てた誓いに合わせるように、マルス・ウルトル（復讐神マルス）に捧げられた。この政治的図像学は、神殿とフォルムの双方を飾りつけていた彫刻において誉め称えられている。共和政の避けがたい結末としてのアウグストゥスの帝国の歴史的かつ政治的正当性を模索しようとして、この神殿はアイネイアース〔『アイネーイス』の主人公〕とロムルスによる2つのローマ建国〔の物語〕を思い起こさせ、さらに、マルス神および、アウグストゥスがその継承者であるユリウス家の、女創立者と想定されたウェヌス女神という神々と彼ら2人との繋がりをも思い起させたのである。かくして、内部の最奥であるアプスには、マルス、ウェヌス、そして神となったカエサルの彫像があったわけである。

　この神殿もこのフォルムもともに、白大理石や彩色大理石を存分に混ぜ合わせてつくられたが、これらの大理石の多くは疑いもなく、移住してきたギリシャの職人たちによって用いられたものであった。3本のコリント式円柱のほかにほとんどこの神殿の遺物がないのは不幸なことである。豊かな彫刻が施された内部の両側には、外側の壁の付け柱に対応した、2列からなる独立して立つ円柱群があった。ずっと向こうの反対側では、入口部分がアプスになっていた。高い基壇の上に揚げられたこの神殿は、列柱廊のある遠くのフォルムにまでその影を投げかけ、イタリアの伝統の一部である、あの強力な正面の強調をつくり上げていたのである。フォルムの両側の列柱廊は、アテネのエレクテイオンもしくはエレウシスの内部〔小〕プロピュライアのものを真似たカリアティッド〔女性像〕で豪華に飾り立てられた屋階〔アティック〕を、上に載せていた。それぞれの列柱廊は、その背後にある半円形をなす〔アプスのある〕中庭へと劇的に拡がってゆき、トラヤヌスのフォルムではもっと効果的に展開されることになった〔神殿の縦軸方向とそれに直交するアプスのある入口方向の両軸がなす〕交差軸を導入していたのである。

　ヘレニスティック期の先例に由来する、この神殿とフォルムの連合は、ウェスパシアヌス帝（在位、紀元70-9年）の2つの大きな建物の企てのひとつが、平和の神殿とか平和のフォルムとかウェスパシアヌスのフォルムとかいった、さまざまな名で知られているという事実に

第2章　古典的基盤：ギリシャ、ヘレニスティック〔ヘレニズム、汎ギリシャ〕、ローマ

よって強調される。紀元71-9年に建てられた、この大きな〔ウェスパシアヌスという〕名家の記念碑は、ウェスパシアヌスがユダヤ人たちを征服し、エルサレムを攻略したことを祝うものであった。それは、アウグストゥスのフォルム近くの以前は肉市場であった敷地に建っていた。この肉市場からおそらくは、その大きな正方形の平面が由来しているのであろう。このフォルムは、幾何学式の庭園として計画され、フォルムの3方を取り囲む列柱廊がつくりだす線と同じ高さの神殿のポルティコ〔柱廊玄関〕に続くことになる、木々が植えられていた。表現が控えめな神殿の正面は、フォルムを統べているわけではないが、その左右側面には、1棟の図書館といくつかの細長い部屋〔ギャラリー〕があり、これらの部屋には「契約の箱」〔モーセの十戒を刻んだ2つの平たい石板を納めた櫃〕や「7つの枝に分かれた燭台」のような、ユダヤ戦役から得た名高い戦利品の数々と、ギリシャの絵画や彫刻が収められていた。プリニウスにとって、「平和の神殿」は、アウグストゥスのフォルムやバシリカ・アエミリアとともに、「世界が今までに目にしたなかでもっとも美しい3つの建物」のひとつなのであった。

　皇帝ドミティアヌス（在位、紀元81-96年）は、アウグストゥスのフォルムとウェスパシアヌスのフォルムのあいだにある細長い空間を、フォルム・トランシトリウム（もしくはネルウァ帝のフォルム）で埋めたが、このフォルムは、それを紀元97年に奉納した皇帝ネルウァによって完成を見た。フォルム・トランシトリウムの2つの長い側面は、独立して建つ円柱群が驚くほど生きいきとしていた。というのも、円柱のそれぞれが、背後の壁から前面へ突きでた独自のエンタブレチャーを載せていたからである〔図80を参照のこと〕。一部が付け柱のオーダーは、内部ではすでに使われてはいたが、このフォルムの建築家は、この〔付け柱という〕技術を建築外部に適用するに十分なまでの大胆さを備えた最初の人物であったように思われる。建築外部では、この技術の装飾的強度が全面に押しだされて、内部の場合よりもずっと人目を惹くことになるのであった。豊かに彫り刻まれたフリーズとアティック〔屋階〕のある、この列柱廊の残存する部分は、皇帝のフォルムの数々のうちでもっとも魅力的な遺構のひとつである。そのさざなみのような砂紋の軽快な動きは、アテネのハドリアヌス帝の図書館のような、のちの建物に繰り返されたのであった。

　アウグストゥスのフォルムに近接した北西の方角に位置する、ローマの数あるフォルムにとっての最後の建増しとも言えるのは、トラヤヌス帝のフォルムと市場である（紀元100年頃-12年）。あらゆるフォルムのなかでも、もっとも贅沢なこれらのものは、他のすべてのものを併せたものと同じだけの大きさを有していた。ダマスクスのアポロドロスによって設計されたトラヤヌスのフォルムは、カンプス・マルティウスと交わるために、北西の方向へとフォルムの領域を拡張したのである。このフォルムの東側は、フォルム・アウグストゥムから続く、中央に凱旋アーチを伴った広大な穏やかにカーヴを描く列柱廊であった。これと釣り合いをとるように西側では、フォルム内で注目に値すべき交差軸を形づくっている、巨大なウルピウスのバシリカが場所を占めていた。トラヤヌスはこのバシリカを、紀元113年に、ローマ最大のバシリカとしてダキア戦争の戦利品をもとに建てたのである。これは、ウルピウ

80 ネルウァ帝のフォルム（紀元97年完成） 　　82 トラヤヌス帝の円柱、ローマ（紀元113年）

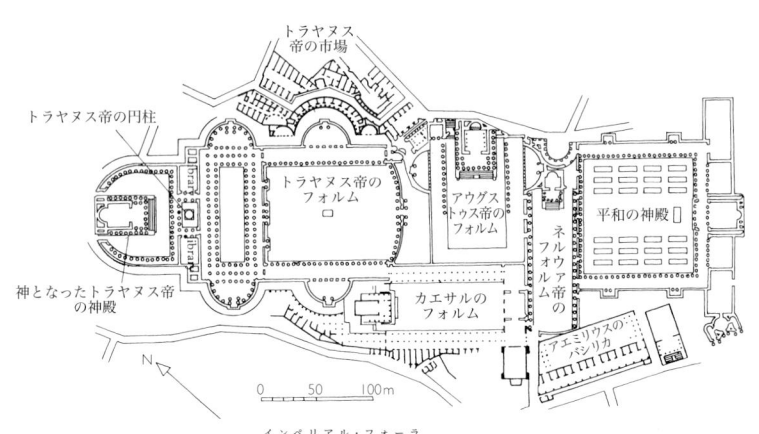

81 皇帝のフォルム群の平面図、ローマ〔インペリアル・フォーラ〕

スという彼の家名にちなんで呼ばれた、トラヤヌス朝〔名家〕特有の記念碑であった。かつてのフォルムの数々は、さまざまな神殿によって支配されていたが、ここでは全体を統べるほどに引き立つものは、バシリカ・ウルピアであり、それは、このフォルムの側面のひとつの長さ400フィート（122m）いっぱいに拡がっていたのである。バシリカの中央にある長方形の身廊は、回廊をなす2列の列柱廊で囲まれており、これらの列柱廊は、2つの短軸の奥で、幅の広い半円形の空間〔アプス〕へと開け放たれるのであった。内部は多色の大理石と金めっきされた青銅で豪華に飾り立てられていた。ローマのバシリカは、ローマの属州に住む建

第2章　古典的基盤：ギリシャ、ヘレニスティック〔ヘレニズム、汎ギリシャ〕、ローマ

造者たちに対する影響という点で、また、もっと重要なことには、トリーアやレプティス・マグナで見いだされた縦長の〔長方形の〕バシリカが、キリスト教教会堂のための建築上のモデルとして、紀元4世紀に皇帝コンスタンティヌスによって採択されたという事実に関して、測り知れないほどの意義を有していたのである（本書125-6頁を参照されたい）。

　バシリカ・ウルピアの西面に接して、2つの図書館が建てられた。そのひとつはギリシャ風、もうひとつはローマ風であり、両者のあいだには、トラヤヌスの記念円柱を収めた、列柱からなる囲いがあった。この驚異的なオブジェは125フィート（38m）の高さがあり、カッラーラの大理石の巨大な塊りから組み立てられ、両脇に建つ図書館の書物に合致すべく、一種の挿絵入りの石の本を形づくっている。このように、この記念柱は、およそ600フィート（180m以上）の長さのある、ひと続きの影像が螺旋状に並ぶフリーズ〔装飾帯〕が刻み込まれており、上部に行くほど急速に読み取りにくくなるが、トラヤヌスのダキア戦争の物語を描いている。この円柱は、構想と様式上の細部との双方において、きわめて独創的な記念碑である。連続した出来事が、生きいきとした物語の彫刻によって、間断ない背景に接して描写されているのだ。この彫刻は、国家によって委託されたレリーフ彫刻の形式的擬古典的な伝統からは離れており、古代後期の彫刻に大きな影響を及ぼしたのである。この自己崇拝の巨大な記念碑は、その基壇にトラヤヌスの墓が納められているが、トラヤヌスの死後およそ2年後の紀元119年頃にハドリアヌスによって建てられた、神となったトラヤヌスに捧げられた神殿によって補完された。この神殿は、それを取り囲むポルティコの付いた中庭をもって、トラヤヌスのフォルムを完成へと導き、これによって、ローマの数々のフォルムの複合体全体も、その北西側が完成したのである。

凱旋門

　われわれがこれまで記述してこなかった、フォルム・ロマーヌムの特徴は、その東西両端が、独立して建つ記念アーチによってはっきりと示されているということである。凱旋門は時には無益な、またしばしば傲慢な様相を呈するのだが、それでも高貴さを欠くことはまれであり、おそらくはあらゆるローマの建築考案物のなかで、もっとも特徴的なものであろう。これほど即座にそれと分かる象徴物、あるいはこれほど広く用いられた象徴物を考案することは今まではほとんどどの帝国においても不可能であった。凱旋門の形態の起源はよく知られていないが、リウィウス〔紀元前59年-紀元後17年〕によれば、いくつかの記念用アーチが、早くも紀元前2世紀にはローマに建てられたとされる。一方、われわれが本書68頁で見たように、装飾的なアーチ道〔アーチの下を通る路〕はプリエネのようなヘレニスティック期の都市の数々に時折見いだされた。ローマ帝国中に凱旋門の建設を流行させたのはまさしくアウグストゥスであり、彼の統治以降残存しているもっとも初期の例は、紀元前9-8年にイタリアの〔トリーノの西〕スーザにアウグストゥスを称えて建てられた、簡素であるものの大胆なアーチであり、これは特徴的な範例である。とりわけ豪勢な初期のアーチは、紀元26年頃

に南フランスのオランジュに建てられた、華麗な彫刻を施されたティベリウスの凱旋門である。これは、とある反乱の鎮圧を祝して建てられた。最初の三路式のアーチとして、この凱旋門は、末期ローマ帝国の大きな凱旋門の異例な初期の先駆けと見なされている。

フォルム・ロマーヌムへの東からのアプローチ上の、聖なる道〔ウィラ・サクラ〕にあるティトゥス帝〔39-81年、在位79-81年〕の凱旋門は、ティトゥスを称え、そのエルサレム征服を祝すために建てられた。これは、紀元81年のティトゥスの死後ほどなくして、ドミティアヌス帝によって完成した。ペンテリコン産の大理石で上貼りされたコンクリートによって建てられたこの門は、単路式の最高の記念碑のひとつであり、同時にまた、アウグストゥス帝時代以降知られていた柱頭型式、すなわちコンポジット式を採用した最初の意義深い公共建築のひとつでもあった。コンポジット式柱頭の際立った性格は、コリント式柱頭のアカンサスの葉叢の頂きに、イオニア式の渦巻装飾が対角をなして〔対角線上に斜めをなして〕載っている点である。ローマ人たちは一般に、自らの凱旋門のすべてのデザインに、同じ規則を適用することを好んだ。すなわち、標準的なアーチの脇には、台座の上に建つコリント式ないしはコンポジット式円柱と枠づけされた彫刻パネルとが添えられている。初期の凱旋門では、これらの円柱は壁付きであったが、紀元2世紀以降は、離れて独立して建つことが普通となっていた。すなわち、これらの円柱の上方に、壁付きのエンタブレチャーがあり、さらにその上には、大文字のローマ文字で献辞の碑銘が刻印された丈の高い屋階〔アティック〕が載っていた。これは常に、凱旋門のもっとも優雅な特徴のひとつと考えられる。次には凱旋門は、一群の彫刻が頂きに載っていて、通常はクァドリガすなわち〔横4頭立ての〕馬に引かれた二輪戦車が置かれていた。

三路式アーチのきわめて豪華な後期の例は、セプティミウス・セウェルス〔146-211年、在位193-211年〕の凱旋門である。これは紀元203年に、フォルム・ロマーヌムの西端のほかの建物がぎっしりと並んだ敷地に建てられた。これは、独立して建つ円柱と壁付き円柱との対比の見られる最初の例であり、この門の装飾的役割は、元々この門へと続く階段によってもまた、強調されている。凱旋門はローマ帝国の東方や北アフリカの属州で、とりわけ熱狂的に迎え入れられた。現在のリビアにあるレプティス・マグナやアルジェリアにあるティムガ

83　オランジュのティベリウス帝の凱旋門（紀元26年頃）

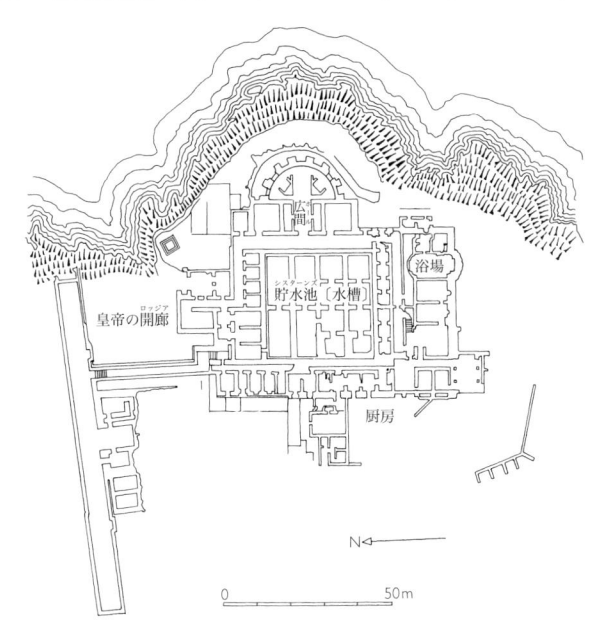

第2章　古典的基盤：ギリシャ、ヘレニスティック〔ヘレニズム、汎ギリシャ〕、ローマ

84　カプリ島の、ウィッラ・ヨウィス〔ゼウス別邸〕平面図（紀元14-37年）

ドのような都市において、平坦な砂だらけの荒野にそびえ建つ凱旋門は、ローマ帝国の統治と秩序を直接理解させてくれる象徴なのであった。

宮殿、別荘、そしてコンクリートによる新しい建築

　われわれは、以前にヘレニスティック期の住宅を記述するに際して、ローマの共和政時代の住宅は、たとえば、ポンペイに見るように、1個の中心をなすアトリウムすなわち広間（ホール）の周りに編み上げられた点に注目した。一般に、アトリウムの屋根は開いており、屋根の下には床へ浸み込む雨水だめ（インプルウィウム）があった。アトリウムはいくらか薄暗い感じではあったが、紀元前2世紀までには、住宅の後ろには、しばしば庭の付いた、以前より心地好い列柱廊を付けることが一般的となった。これらの列柱廊で囲んだ中庭のある住宅のなかでもっとも大きいのは、ポンペイの町はずれに建つ秘儀荘〔「ディオニュソスの秘儀（秘密の供儀）」をテーマとした壁画があるため、こういわれる〕である。これは紀元前2世紀に着工され、紀元1世紀半ばに増築されたが、この際に、海を見渡す大きく突きでた半円形のヴェランダがつくられ、さらには両脇に優雅な夏の別荘が建てられた。このように、帝政初期までにローマ人たちは、周囲の景観が見せる景色を堪能するために、内にこもったヘレニスティック期の住宅から逃げだそうとしたように思われる。この新しい、自然の鑑賞は、ローマ文化のもっとも人目を惹く特徴のひとつなのだが、皇帝アウグストゥスの妻、リウィア〔紀元前58年-紀元後29年〕の、プリマ・ポルタの別荘にあった、画家ストゥディウスの手になる風景や庭園の情景を描いた魅力的な壁画に、よく示されている。紀元前1世紀後半以降に描かれたこれらの壁画は今は、ローマの国立博物館にある。トスカーナ地方の自分の別荘について記

97

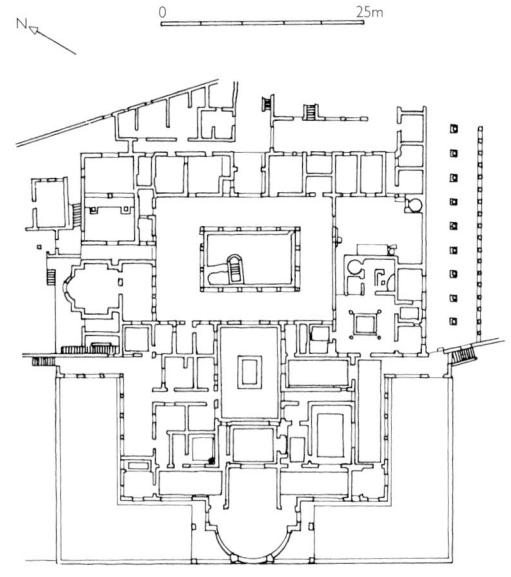

85　秘儀のウィッラ〔秘儀荘〕の平面図、ポンペイ（紀元前2世紀から）

述した、小プリニウス（紀元61/2年-113年頃）による手紙からも、別荘の所有者たちが自分の幾何学的庭園そのものを見るのと同じくらいに楽しく、これらの庭園の近くにある自然の牧草地を眺めることができたであろうことが明らかである。

　古代ローマ人たちによる自然の鑑賞のひとつの建築的効果は、ウィッラ・ヨウィスで際立っている。この別荘は、紀元14-37年に、カプリ島の絶壁の頂上というとてもありそうには思えない絵画のような敷地に、皇帝ティベリウスによって建てられたものである。ナポリ湾を臨む息をのむような景色が見られるこの異国風の隠居所については何も残されてはいないものの、その平面は再構成されており、われわれは、そのテラスや斜路や見晴らし台や浴場や数多くの離れ屋からなる散漫なる複合体を十分に鑑賞することができる。これは、自然と建築の融合の輝くばかりの瞬間を初めて表わしたものなのだ。

　おそらくこれよりはるかに注目に値するものは、ウィッラ・ヨウィスの精神が帝政ローマの真っ只中へと一度ならず組み込まれたということである。このような試みの、最初の建築上のもっとも際立った例は、ネロ帝〔37-68年、在位54-68年〕の黄金宮であった。これは、少なくともローマの3分の1が破壊されたという、紀元64年の大火のあとの、紀元64-68年にネロ自身の手で建てられた。ネロのお抱えの工学技士兼建築家であった、セウェルスとケレルの助けによって、ネロは300エーカー以上に拡がった驚くべきほどの大邸宅周りの庭園をつくり上げた。ここへは、120フィート（36m）の高さがあるネロ自身をかたどった巨大なブロンズの彫像がある列柱式の玄関廊を通って、フォルムから近づくことができた。庭園の中心には、18世紀イギリスのケイピビリティ・ブラウンを今でも連想させる、意図的に不整形な輪郭で全体をつくり上げた、人造湖があった（本書下巻〔II〕第8章を参照されたい）。庭園中に、神殿や噴水や浴場やポルティコやパヴィリオン〔小館〕が散りばめられており、そのなかで

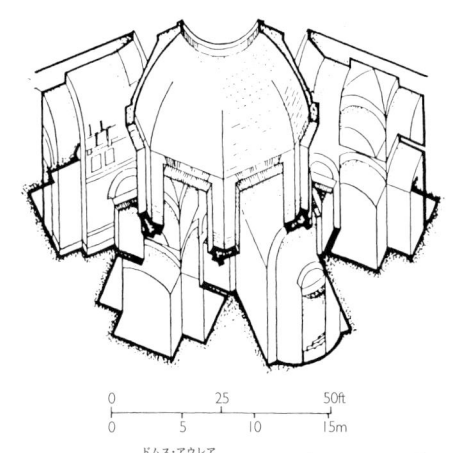

第2章　古典的基盤：ギリシャ、ヘレニスティック〔ヘレニズム、汎ギリシャ〕、ローマ

86　ネロ帝の黄金宮、ローマ（紀元64-8年）：
　　八角形広間の軸測投象図

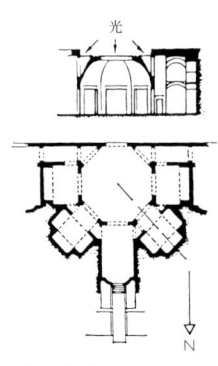

87　ネロ帝の黄金宮、ローマ：八角形
　　広間の平面図と断面図

88　ネロ帝の黄金宮の八角形広間内部、ローマ

　主要なのは、ネロの長く拡がった宮殿、すなわちドムス・アウレア（黄金宮〔殿〕）であった。
　黄金宮は、おそらくは日だまりという機械仕掛けのおもちゃとして設計されたであろう、その奇妙な八角形の入口の広間のゆえに、また、とりわけその創意に富んだ上から採光された内部のゆえに、記憶すべきものであった。ネロが皇帝としていかに不満足な存在であったとしても、庇護者としての彼は、ローマ建築の歴史において、もっとも有意義な存在のひとりであった。それにもかかわらず、紀元68年のその自殺によって、その不思議の国の庭園にあった装飾っぽい建物群はほとんどみな、一掃されてしまった。実際のところ、その跡地には、次の半世紀の主要なローマの記念碑の数々が建てられたのである。以前は人造湖が占めていた場所に建つコロッセウムを含め、ウェヌスとローマの神殿や平和の神殿。フラウィウスの宮殿。そしてティトゥス帝の浴場やトラヤヌス帝の浴場。特にトラヤヌス帝の浴場の下部構造は、ドムス・アウレアの居住用翼屋の一部を組み入れたものであった。ルネサンス時代には、ネロのために、奇抜な渦巻きやアラベスク模様を採り入れた漆喰仕上げと絵画で飾り立てられていた、ヴォールトの架かった部屋の数々は、地下で、すなわち「岩屋〔グロッ

99

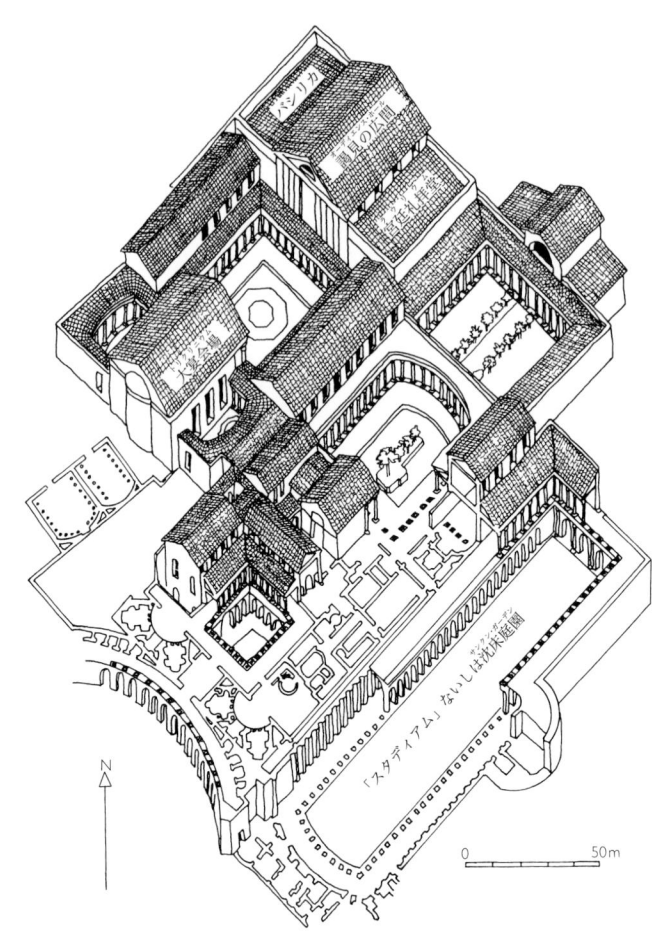

89　フラウィウス帝宮殿、ローマ（紀元92年開始）の復元図面

タ〕」で発見されたのであった。ルネサンス時代に、ラファエッロ（本書318〔360〕頁を参照されたい）やジョヴァンニ・ダ・ウーディネやヴァザーリのような芸術家たちによって、また、18世紀に、アダムやワイアット（本書下巻〔II〕第8章を参照されたい）のような建築家たちによって、それぞれ模倣された、この装飾様式は、このために、「グロテスク〔グロッタ風〕」として知られるようになったのである。

　この紀元1世紀半ばの装飾様式は、今日よりも16世紀においての方がもちろん、残存部分が多いのではあるが、近代の考古学者たちは、黄金宮全体の東側区域の中心に位置したドーム状の八角形の部屋の驚くべき独創性を高く評価するのに、ラファエッロよりも良い位置にわれわれを置いてくれたのであった。思うにネロ帝以後の時代のものであろうこの部屋は、その全体を形づくっていた、煉瓦で表面仕上げをされたコンクリートの発展において、重要な基点を印づけていた。他の建築材料とちがって、一枚石のように堅固さを保つコンクリートの使用によって、八角形のヴォールト天井は、それと気づかずに、当たり前に建っている普通のドームへと変貌することができたのである。パンテオンと同様に、この部屋はドーム

100

第2章　古典的基盤：ギリシャ、ヘレニスティック〔ヘレニズム、汎ギリシャ〕、ローマ

にあけられた広いオクルス〔眼〕をとおして天辺から採光されていて、その他に窓はない。しかしながら、この部屋は〔八角形の8辺のうち〕5辺から、それぞれ、ドームの外べりの周りに隠された光井(こうせい)によって上から採光された、長方形のヴォールトが架かった5つの部屋へと通じている。堅牢さよりもむしろ空隙の方を強調する、光と影の豊かで曖昧な戯れを現出させて壁面を解体させるというこの手法は、空間に関わる想像力の注目に値すべき離れ技であった。そのうえ、天井のあいたドームの上は、スエトニウスによって「天空のように昼と夜を交代させたロトンダ〔円堂〕」と記述された構造物が載っていたようである。その一方、ほかの場合同様この場合も、壁は大理石の付け柱やストゥッコ細工で飾られ、あるいは「黄金がはめ込まれたり、宝石と真珠母(マザー・オヴ・パール)で彩られたり」さえしたのであった。

　派手で放縦な黄金宮は、きわめて急速に建てられた。というのも、コンクリートは急速な建設に適した材料だからである。黄金宮のもっとも意義のある特徴の数々は、しかしながら、これよりもはるかに際立った建築、すなわちパラティヌスの丘の上に、皇帝ドミティアヌス〔51-96年、在位81-96年〕のために建てられ、紀元92年に竣工した、フラウィウス宮殿にまもなく取り上げられた。ドムス・アウグスタナとして、あるいはもっと大衆的には、パラティウムとして知られたこの宮殿は、3世紀ものあいだ皇帝たちの公式の住まい〔官邸〕であり続け、さらにはわれわれに、「宮殿〔パレス〕」なる言葉をも与えたのであった。ドミティアヌスの建築家ラビリウスは、広大かつ複合的な建物を設計した。すなわち、威厳と秩序の双方を含んだ、既存の歴史的な建物群に取り囲まれた不整形な敷地の上に、それこそ威厳と秩序をいかに与えるかの手本となる建物を、である。単一をなす対称的な建築群をつくりだすためには、この地域全体をブルドーザーで均らすようなことをするよりもむしろ、その全体的な集まりとしては非対称ではあるものの、目によって認識されるのに十分なほど小さなすべての副次的な部分が、対称的に配置された1棟の宮殿をこそ、ラビリウスは提供したのであった。低層の部分でもまた、共和政後期の「グリュプスの家」のような興味深いさまざまな以前からあった建物を組み入れて、保存したのであった。

　国家の公けの部屋の数々が含まれる公式の翼屋は、北西の隅を占めていた。中央に噴水のある列柱廊からなる中庭の片側には玉座の間やバシリカや「礼拝堂」(ララリウム　Lararium)が、その反対側には巨大なトリクリニウム（大宴会場）が、それぞれ置かれた。大きな部屋の数々の壁に沿って並ぶ豪華な大理石の円柱群は、全体に装飾が施され、円柱群にではなくコンクリートの支柱や壁体に主要部分の重みを支持させるといったローマの慣例に合致したものであった。私的な住戸の数々は、南西の隅の、キルクス・マクシムスへと降りてゆく急傾斜の地面の上に位置したが、壮麗な列柱廊のある2つの中庭を通って、北東の方から近づくのであった。1階のさまざまな形状をした高さの異なる、精巧なハチの巣状をなす小さな部屋から階段を降りてゆくと、宮殿の低い部分に行くことになる。建物全体の非常な高さは、コンクリートの使用による当然の結果であったが、その一方で、内部の間取りは、極端に複雑である。というのも、1年の季節毎の使用目的に合わせるため、異なった階に置かれたひ

101

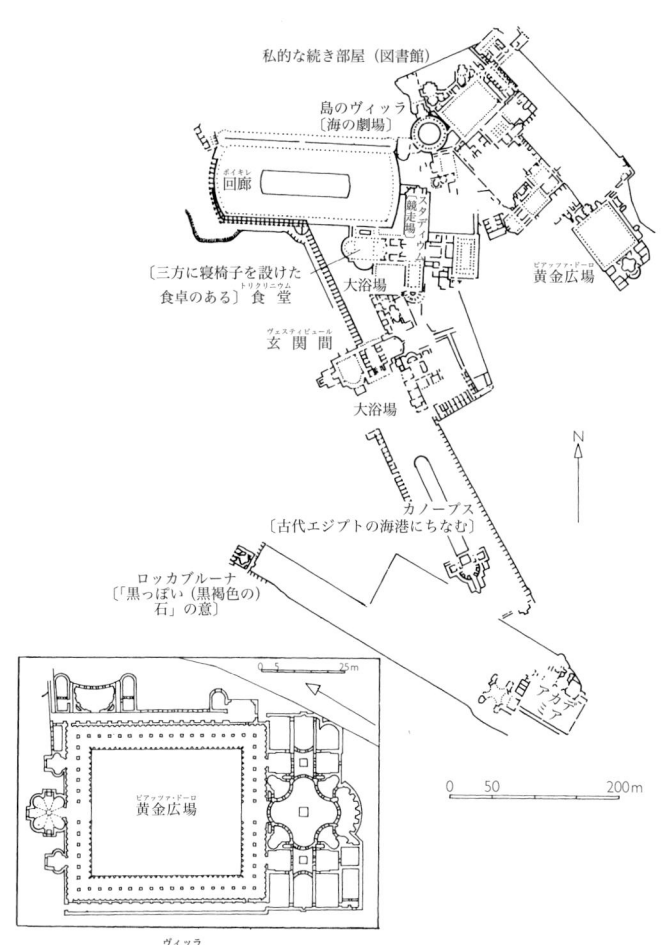

90 ティヴォリの、ハドリアヌスの別荘〔都市〕（紀元118-34年）平面図と（挿入図）ピアッツァ・ドーロ〔黄金広場〕とその列柱のある中庭とパヴィリオン群

と続きの部屋という2種類の間取りがあったからである。

　宮殿の低層部分には、奇妙に曲がりくねった平面の、入念につくられた噴水が重要な要素になっている中庭の周りに、注目に値すべき一群の上部から採光された部屋が置かれていた。この中庭の北東には、丘陵の斜面の岩山に食い込んだ、一対の、ドームが架かった多角形の部屋があった。この宮殿によく見られるように、これらの部屋は、ネロの黄金宮殿のさまざまな特徴を基にした、手の込んだヴァリエーションであった。中庭の反対側からは、ラビリウスが弓形の列柱廊を前面に押しだした、意表をつくような宮殿のカーヴした南西ファサードへアクセスすることができた。もうひとつの驚きは、長く延びた壁で囲まれた庭園であり、これも中庭から近づくのだが、庭園は宮殿の南東に沿って置かれていた。ここを散歩していることを想像すると、この周りの地面より低い列柱で囲まれた庭園の狭くて長い形状は、その南端の弓形をした形状とともに、ヒッポドロム〔競技場〕ないしはスタディウムの形態を模倣したものであった。実際のところ、南端の構造物には、下方のキルクス・マクシムスで

102

第2章　古典的基盤：ギリシャ、ヘレニスティック〔ヘレニズム、汎ギリシャ〕、ローマ

91　ティヴォリのハドリアヌス帝の別荘〔ヴィッラ〕：島のヴィッラ〔海の劇場〕

92　ハドリアヌス帝の別荘〔ヴィッラ〕のカノープス、ティヴォリ

の催し物の数々を皇帝一行が眺めるためのボックス席があったのである。

　この宮殿の大半は現存しているとはいえ、観賞に耐えうる建築の部分や装飾用の表面仕上げを剥ぎ取られ、頭部を欠いた大きな塊りは、現代の訪問者にはうら寂しく戸惑いを起こさせるもののように見える恐れがある。さて、もっと分かりやすい魅力をもった同じような建物を求めてわれわれは、ローマからおよそ15マイル（24km）の、ティヴォリ近くのカンパーニャ地方にある、ハドリアヌス〔76-138年〕の有名なヴィッラへと目を転じなければならない。

　かつて建てられたもののうち最大規模のローマのヴィッラ〔別荘（都市）〕であるものの、このヴィッラは形態上も平面上も他に類するものがない。すでに存在していた共和政時代のヴィッラを基にして、紀元118年から134年のあいだに、次第に大きくなっていったこのヴィッラは、半マイルほどの長さの台地に沿ってランダムに拡がった、見事な建築的妙技からなる、互いにほとんど関連のない構造物の集合体である。アイランド・ヴィッラ〔島のヴィッラとは、海の劇場（テアトロ・マリッティモ）のこと〕、ピアッツァ・ドーロ（黄金の広場）の両脇に建つ2つのパヴィリオン、アカデミー、そして小浴場といったような建物が、ほとんど一直線にならずに配列されている。これらの建物は、4つの壁とひとつの天井からなる四角い部屋という因襲を、是が非でも破壊しようと心に決めたひとりの設計者の過度に空想的な主張を表わしたものである。ピアッツァ・ドーロの北西の端に位置する、ドームの架かった八角形のパヴィリオンは、われわれが今まで目にしたどの建物よりも、この方針に沿って、平面をはるかに推し進めたものである。この平面には、矩形とアプシス状の半円形の柱間〔ベイ〕が交互に示されており、これによって外形の波打つような形状がくっきりと現われでていたのである。

　凹凸の形状の生きいきとしたぶつかり合いや、円を描く列柱廊や、ガラスのモザイクでゆ

103

らめく、コンクリート造りのヴォールトとドームによって独自の曲線をなす、ティヴォリの建築は、到る所で、池や噴水や滝や運河〔の水〕のきらめきで活気を添えられ、さらにはまた、ハドリアヌス帝の収集した人物彫刻でその魅力が高められていた。それというのも、このヴィッラは一種の屋外の古代遺物博物館であり、目利きのハドリアヌスはここに、エジプトや新エジプトや古典時代や当代の芸術作品の数々からなる自らの収集品を集めて整理していたからである。そのうえ、郷愁を帯びたもの思いに対するその鋭い歴史的な鑑賞と受容力によって、ハドリアヌスは、まさしく建物群そのものを、復興主義の博物館にふさわしいものへと変え、その結果、ハドリアヌス自らが旅の途上で目にした古代の有名な記念碑の数々を思い起こさせる名称が、それらのものに与えられたのである。たとえば、アテネのそれにちなんで名づけられたストア・ポイキレ。カノープス〔古代エジプトの海港〕とアレクサンドリア〔エジプト北部の海港都市〕を結ぶ2マイルにおよぶ長い運河にちなんでカノープスと呼ばれた〔実用ではなく〕観賞を目的とした運河——ここでは、エレクテイオンのカリアティッドを含んだギリシャ彫刻の模像が1列に並び、一方の端には、カノープスにあったセラピス〔牛神。オシリスとアピスの合成神〕の至聖所を想起させるセラパエウムが置かれていた——。そして、円形のギリシャ・ドリス式オーダーのウェヌスの神殿である——これは、小アジアのクニドス〔カリア地方にあった古代ギリシャの植民市〕のそれを模したものであり、テッサリア〔ギリシャ中東部〕の有名な渓谷を思い起こさせるテンペ谷〔オリュンポス山とオッサ山のあいだの渓谷〕を模した谷を見おろすように置かれていた——。

ハドリアヌス帝によって製作を依頼された他の建物群

　ティヴォリのそのヴィッラを見たあと、われわれはハドリアヌス帝に依頼されたもっとも重要な建物に目を転じるべきである。すなわち、ローマにあるパンテオンである。紀元117年から138年まで統治したハドリアヌスは、あらゆる時代をとおして、もっとも偉大なる建築庇護者のひとりであった。そしてパンテオンは、紀元118年頃-28年頃に建てられたが、当時の建築における以下の3つの主要な傾向を創造的に統合したものなのである。すなわち、内部空間の創造。次にコンクリート構造の付随的な発展。そして、伝統的な古典的形態の残存である。パンテオンは、西方世界のもっとも有名な建築記念碑として、パルテノンと優劣を競い合い、確かにもっとも模倣されたもののひとつなのである。それはまたあらゆる古代の建物群のなかでもっとも保存状態がよいという幸運にも恵まれた。とはいえ、アウグストゥスのフォルムの場合と同様に、元々は、眺望の最奥に位置するポルティコ〔柱廊玄関〕に目を向けさせていた列柱からなる前庭が失われてしまったのである。このポルティコへと続く階段がのちに失われてしまい、地上の高さから次第に上がっていくという効果もまた、次第に外部の衝撃をいくらか弱めてしまった。しかしながら、巨大なポルティコは、唯一、神殿なるものがどう見えるべきかということの伝統に則った期待を満足させるかのように、保守的な物腰を維持してきたように思われる。ハドリアヌス帝とその正体が知られていない、彼のお

第2章　古典的基盤：ギリシャ、ヘレニスティック〔ヘレニズム、汎ギリシャ〕、ローマ

付きの建築家の関心は、明らかに〔このポルティコの〕背後に建つ革命的なロトンダ〔円堂〕にあった。この建物のポルティコと本体とのあいだの不均衡は、その互いの結びつきの粗々しさのため、ほとんどうんざりとさせるほどに際立たせられてしまっている。このポルティコの伝統的性格は、アグリッパ〔紀元前63-12年〕によって建てられた、〔今のものとは〕まったく異なる前身の建物にあった碑銘のコピーをこの建物に取って代わった今の建物のポルティコのフリーズに刻みつけて飾るという、ハドリアヌス帝の奇妙にも人を惑わせる決断によって強調されている。その碑銘とはすなわち、M・AGRIPPA・L・F・COS・TERTIUM・FECIT（3度執政官を務めし、ルキウスの息子たるマルクス・アグリッパが、これを建てたり）であった。

93　パンテオンの外観、ローマ（紀元118年頃-28年）

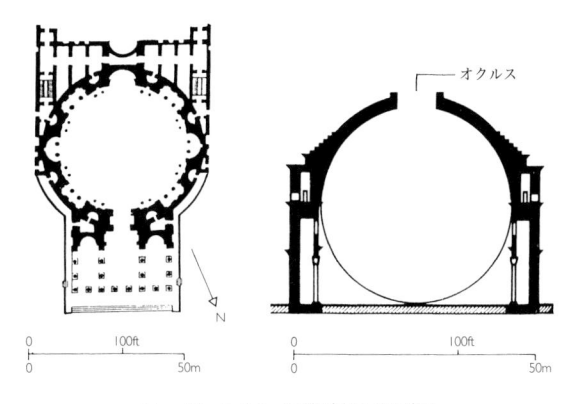

94　パンテオンの平面図と断面図

　すでに見てきたように、ギリシャ人とローマ人は数多くの円形の建物を建ててきたが、パンテオンにもっとも近いものは、おそらくはアルシノエイオンであろう。これは北エーゲ海のサモトラケ島に、紀元前270年頃に建てられた、大いなる神々に捧げられたトロス〔円堂〕である。しかし、これらの数多い建物のどれも、パンテオンのはっと息をのむような大きさや劇的効果や荘厳さを与えてくれはしない。パンテオンのドームの直径（142フィート、43.2m）は先例のないものであり、これより1400年以上のちの、ローマのサン・ピエトロ大聖堂のドーム直径も、139フィート（42.5m）なのである。内部の完璧に均衡のとれたプロポーションは、ドームの内径が正確に、床から一番上のオクルス〔天窓・目〕までの高さと同じであるという事実による。ロトンダの壁体の側面に建つエクセドラ〔半円形の張り出し〕を人目から遮っている、コリント式の円柱群は、スケール感を与えるための素晴らしい考案物である。すなわち、これらの円柱が神殿の円柱のように丈の高いものであることを知ることでわれわれは、この建物そのものがこれらの円柱の上部からまさしく建ち上がっていると思い、驚嘆するのである。エクセドラもまた、ドームの魔術を際立たせている。というのも、エクセドラは壁の空間全体を溶解させ、その結果ドームが、中身の詰まった個体と中身のない空洞からなる神秘的な影のようなカーテンの

105

95　パンテオンの内部：G.P.パンニーニによる絵画
（ワシントンDC、国立美術館〔ナショナル・ギャラリー・オヴ・アート〕所蔵）

上に、ほのかに浮かぶからである。

　この建物の実際の構造は、才気縦横で複合的で独創的なものではあるが、内部ではそのことが分からない。ドラム〔円胴〕全体とドームの大半が、背後の建物と矛盾した、もしくは構造的に無関係な観賞用の飾りの建築で覆われているからである。実際のところ、ドームの内側表面に付けられた格間は、偽りの遠近感〔パースペクティヴ〕をつくりだすために、巧妙に設計されている。この建物の大半を形づくっているコンクリートをつくる際には、さまざまな詰め物の材料が用いられた。たとえば、トラヴァーティン、トゥーファ、煉瓦、そしてふんわりとした火山性の軽石である。建物の重さを上にゆくにつれて減らすために、これらの材料はさまざまに組み合わされて使用され、その結果、基礎部分用にもっとも重いものから始まり、ドームの上方部分にもっとも軽いもの、すなわち軽石で終わるといった、ひと続きをなす6つの層からなる構造がつくりだされたのである。ある意味では、空気だけからなる7つ目の層があるとも言える。なぜなら、ドームの天辺には直径28フィート（8.5m）のオクルス〔目＝穴〕があけられており、これによってドームが空に通じているからである。

　ドームの頂点にある、この魅惑的な光の目は、ここを訪れる者がみな注視してしまう、抗いがたい絶頂点にほかならない。周りの世界の雑音や視界からまったく遮断されたわれわれは、この光り輝く斜間〔朝顔口〕をとおして、上方の天空と、そしてそこに住まう神々と、奇跡的とも思える交流を行なうのである。実際のところ、われわれは、いかに太陽が、その日中の進路に合わせて、この広大なパンテオンの、今は床面を、今は壁面を、そして今はドームを、それぞれ照らしだすか観察することによって、神の宇宙における内在を感じることができる。まさしくパンテオンとは、八百万の神に捧げられているのである。その形態は円形で、栄華の絶頂にあったときにパンテオンを構想したローマ帝国のように、終わりがなく、継ぎ目もないものであった。この円形ドームが架かった内部のほぼ完璧な様は、これ以前に地球上に見られたどの建物ともまったく異なり、神々と自然と人間と国家のあいだの不易なる結びつきの象徴かつ成果のように思われた。パンテオンは、人間のもっとも高潔な宗教的政治的野心の、パルテノンの場合さえよりももっと力強い、象徴にただちになり、何世紀も

106

第2章　古典的基盤：ギリシャ、ヘレニスティック〔ヘレニズム、汎ギリシャ〕、ローマ

のあいだずっとそうであり続けたのである。その結果、パンテオンのロトンダとポルティコの組み合わせは、ルネサンス期のイタリアのパラーディオから、1900年頃のニューヨークにおけるマッキム・ミード・ホワイトに到るまで模倣されたのみならず、ニューデリーのラッチェンスの手になる総督邸（1912-31年）におけるダーバー・ホールに及ぶまで、ありとあらゆるドーム空間の原型(ファーザー)であると主張することもできるであろう（本書345頁、および下巻〔II〕第9章、第11章を参照されたい）。

もちろんパンテオンがハドリアヌス帝とその不詳の建築家に対して有

96　アッピア街道にある、チェチーリア・メテッラの霊廟(マウソレウム)、ローマ（紀元前20年頃）

していたであろう意味に関するわれわれの示唆は、主として推測でしかない。われわれは、高貴なものと見なしている建物が同様に高貴な人物と呼ぶであろう人々によってつくられたものであったはずだとか、あるいは醜い建物が下劣な輩によって生みだされたものにちがいないとか仮定することを、厳に戒めるべきである。それゆえ、紀元200年頃の〔ローマの〕歴史家ディオ・カッシウス〔153年頃-230年〕の言うように、卓越した建築家ダマスクスのアポロドロスが、ウェヌスとローマの神殿に対するハドリアヌス自らの設計を批判した──現代の判断からみてもこれは正しい批判であったが──というこれ以上ない無礼のかどでハドリアヌスによって即刻処刑されてしまったことを思い起こすことは、われわれに身を引き締めさせる格好の機会を与えるであろう。建築史家がパンテオンについて、推測からというよりも自信をもって堂々ということは、それが、今まで以上に内部空間の創造に力点が集中するという、建築の新しい様相の幕を切って落とすのに貢献したということなのである。

パンテオンの建造のときまでに、地中海世界の古い神々に対する献身は、東方からの新しい神秘的な礼拝という呼び物によって取って代わられつつあった。パンテオンは、個々の礼拝の本元として機能するためよりもむしろ、神霊なる観念を表現するために設計されたように思われるのだが、それが保全されてきたのは、教皇ボニファティウス4世〔550年頃-615年、在位608-15年〕によって紀元609年頃に、新しい東方の宗教のなかでもっとも永く続くものを崇拝する場所へと切り換えられたためなのである。パンテオンは今日に到るまで、ローマ・カトリックの教会堂であり、パンテオンとしてではなく、サンタ・マリア・ロトンダとしてローマ人たちに知られているのである。

107

97　ウェヌスとローマの神殿、ローマ（紀元135年頃に完成）

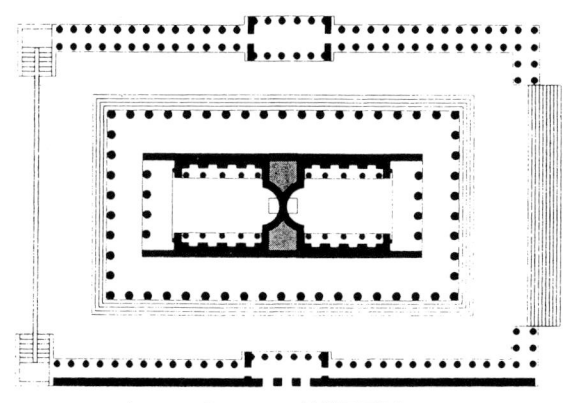

98　ウェヌスとローマの神殿平面図、ローマ

　今はカステル・サンタンジェロとして改築されたけれども、ハドリアヌス自身の霊廟〔墓廟〕（紀元135年頃）は、われわれが彼の命令によるものと考えている、ローマのもうひとつの記念碑的な円形の建物である。それは、結局はエトルスクの墳墓や古墳に由来するものではあるが、土を円錐状に盛った塚で覆われた円形の石でできた円胴（ドラム）からなっている。これの初期のよく知られた例が、ローマのアッピア街道に建つ、紀元前20年頃のチェチーリア・メテッラの霊廟である。ローマのテーヴェレ河そばのカンプス・マルティウスに建つアウグストゥスの霊廟は、これとだいたい同じ時期のものである。十分に往時の姿を残しているので、このアウグストゥスの霊廟は直径290フィート（88m）の背の高いトラヴァーティン表面仕上げのコンクリート造円胴で、放射状のコンクリート壁面によって仕切られた墓用の部屋が

第2章　古典的基盤：ギリシャ、ヘレスティック〔ヘレニズム、汎ギリシャ〕、ローマ

99　ハドリアヌス帝の霊廟(マウソレウム)（現在のカステル・サンタンジェロ〔サンタンジェロ城〕）、ローマ（紀元135年頃）

いくつも含まれていたことが分かっている。それは、常緑の木々が植えられた土の墳丘を頂き、アウグストゥスの彫刻が見おろしていたのであった。これに対し、ハドリアヌスの霊廟は、同じ主題(テーマ)のより洗練された翻案であり、もっと完全な形で残存している。とはいえ、そこでは頂部の木々の環が欠けている。

　われわれが目にすべき、ローマに対するハドリアヌス帝の多くの貢献の最後は、ウェヌスとローマの神殿である。ローマ人民の伝説上の先祖神と、ローマの化身に捧げられたこの神殿は、「平和の神殿」と、かつてはネロの黄金宮の一部が占めていた土地に建つコロッセウムのあいだに建てられた。着工の日付けについては確かなことは分からないが、紀元135年に献堂されたこの神殿は、アテネに対するハドリアヌスの賞嘆を表わす、注目に値すべき記念碑なのである。なぜなら、それはおそらくはペルガモン出身の職人たちによって、青い筋のあるギリシャの大理石で建てられた、オリュンピエイオンの翻案物として解釈されうるからである。しかしながら、ローマ人たちの堂々とした基壇上に置くことをせず、ギリシャ人たちの低い階段付きの台座の上に巨大なコリント式の神殿を置くという試みが、見た目にどれほど成功していたかははっきりとしないのである。半ドームの菱形の格間張りがある、神室の残存するアプスは、紀元307-12年に、マクセンティウス〔278年頃-312年、在位306-12年〕によって改築されたものであるかもしれない。

　ハドリアヌスは、ローマにそのもっとも記憶すべき建築群のいくつかを提供したが、彼自身はアテネで暮らすことの方に幸福を感じていた。アテネで彼は、ヘレスティック期の王たちの範例に鼓舞されて、紀元前5世紀に到達した偉業の絶頂期におけるアテネの記憶に対して郷愁的な熱狂を抱かせる、多くの非ギリシャ人たちのなかで、もっとも影響力をもった人物になったのである。われわれはすでに、紀元131-2年にハドリアヌスがいかにして、オリュンピア・ゼウス〔ゼウス・オリュンピオス〕の巨大な神殿を完成させたかを見てきた。この神殿は、紀元前6世紀にアテネで着工されたあと、シリアのアンティオコス4世〔在位、紀元前175-63年〕によって、紀元前2世紀〔原文には前7世紀とあるが誤り〕に工事が続けられた。

109

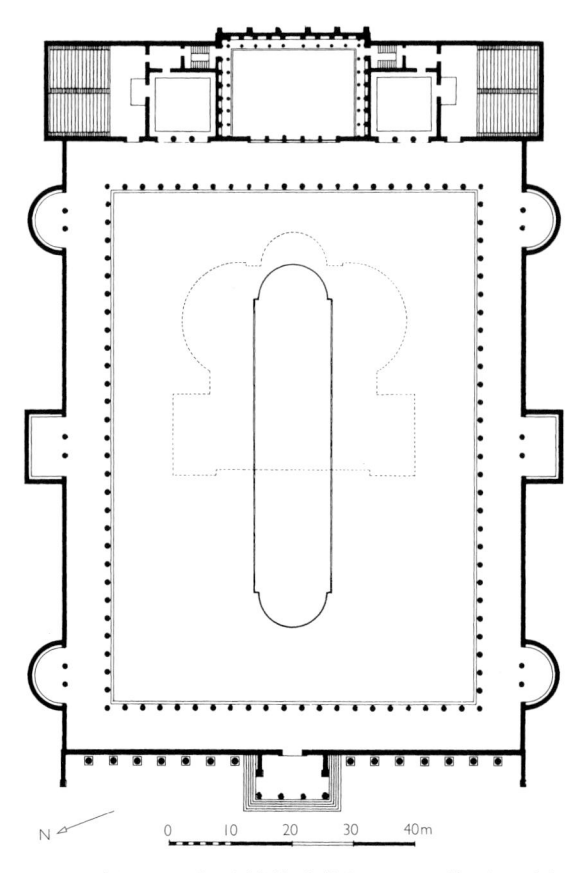

100　ハドリアヌス帝の図書館平面図、アテネ（紀元131年）

およそ同じ時期に〔紀元2世紀初め〕、ハドリアヌスはこの大神殿の近くに、ハドリアヌスのアーチ門を建てた。これはプリエネのアゴラのものと似た市門であるが、意外なことに、奇抜な3部分に分けられた仕切り壁が一番上に載っており、元々その中央の円柱形の祀堂には、ハドリアヌスとテセウスの彫像が置かれていた。旧市街と新市街とのあいだを分かつ目印として建てられたこのアーチでは、奇妙なことに、「これは、テセウスの古代都市、アテネである」と大神殿に向かい合うその西正面に刻印され、アクロポリスに向いた他の面には、「これは、ハドリアヌスの都市であって、テセウスの都市ではない」と刻印されている。

　この門の生きいきとしたリズムは、アテネのアゴラ近くの、カエサルとアウグストゥスの市場に隣り合う、紀元131年頃にハドリアヌスによって建てられた長方形のストア近くの図書館に繰り返された。図書館そのものへと続く中庭の残存する入口壁面は、ひと続きをなす突きでたエンタブレチャーという、紀元97年のローマのフォルム・トランシトリウムによって鼓舞された装飾上の考案物を支持する、独立して建つコリント式の円柱群によって活気づけられている。建物自体はこざっぱりとした感じがするものの壮麗である。それは小アジアが起源の、粗面仕上げ〔ルスティカ仕上げ〕の一形態である、装飾的な図柄をなす石積みによって活気を帯びた壁面を背にして並ぶ、エウボイア〔エーゲ海の島〕地方産の緑色のチポッリ

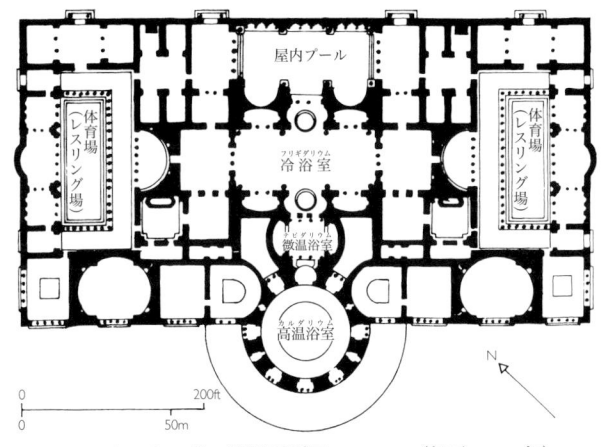

第2章　古典的基盤：ギリシャ、ヘレニスティック〔ヘレニズム、汎ギリシャ〕、ローマ

101　カラカラ帝の浴場平面図、ローマ（紀元212-6年）

102　ディオクレティアヌス帝の浴場内部、ローマ（紀元298-306年）

ーノ〔シポリン〕大理石の円柱群の際立った様のゆえである。これ以上に素晴らしいものはみな失われてしまったが、たとえば、彫像が1列に並んだ屋階やフリギア産の石で出来た百もの円柱群からなる内部周柱廊があったのである。

浴場

　帝国の大きな浴場の平面計画に特有となったものの大半は、帝国の初期、ティトゥス帝の浴場（紀元80年頃）に確立されていた。ローマ人たちにとって浴場は生活様式そのものであった。浴場には単に、互いに関連した着替え部屋〔脱衣室〕のある、ひと続きをなす冷浴室や熱浴室や汗を流す部屋〔蒸し風呂〕があっただけではなく、中庭と庭園が散在した、図書館や食堂や美術館やラウンジ〔社交室、談話室〕も備えられ、全体が、身体的、社会的、知的、そして性的な諸活動のための気晴らし用施設を形づくっていた。ティトゥスの浴場は、二重の動線平面を一般的に拡めた。すなわち、ここでは各隅に冷水プールのある、1個の大きな交差ヴォールトの架かった長方形のフリギダリウム（冷浴室）が中心をなしていて、その周りにひと続きをなすもっと小さな部屋の数々が対称的に、配置されていた。これは、〔施設の

111

要素たる部屋の数を2倍にして〕建物の両側で同じような利便さを楽しめるようにするためのものであった。すなわち、カルダリウム（高温浴室）、アポデュテリア（更衣室〔脱衣場〕）、そしてパレストラ（体育場〔レスリング場〕）といった部屋である。

ティトゥスの浴場——これは今はもっぱらパラーディオによって描かれた平面図から知られているが——も、われわれがすでに賞嘆したウルピア・バシリカの建築家ダマスクスのアポドロスによって前者の浴場のおよそ25年後に設計された、トラヤヌスの浴場も、ほとんど残存してはいない。紀元109年に竣工したトラヤヌスの浴場は、ティトゥスの浴場の2倍の大きさがあっただけではなく、美的にはもっと想像的かつ堂々としたやり方で配置されてもいた。フリギダリウムは今は、この複合体全体の中心近くに置かれ、この複合体ではフリギダリウムが、北側の入口から南側のカルダリウムへと浴場を貫く軸と、西側のパレストラからこれとバランスをとるために置かれた東側のパレストラまで浴場を貫く軸の、2つの交差する軸の視覚的な中心点として機能することができたと考えられる。トラヤヌスの浴場は、当の建築家がこの大きな連なりをもった互いに関連し直結した空間の数々をとおした眺望を活用するという、まさにそのやり方ゆえに、記念碑的な内部計画の歴史において、かなり大きな意義を有している。これらの内部の建設は、ティトゥスの浴場の場合と同様に、高くて幅のあるヴォールト用にコンクリートを使うことによって可能になったのである。

カラカラ帝の浴場（紀元212-6年）とディオクレティアヌス帝の浴場（紀元298-306年）とは、ローマ古代のもっとも印象深い残存する記念碑に数えられる。もっとも、これらの浴場をつくった建築家たちは、トラヤヌスの浴場で成就されてしまったものに、ほとんど何も加えることはなかった。50エーカー近くの敷地を占め、1600人もの入浴者を収容することのできたカラカラ浴場は、その広大な円形のカルダリウムのゆえにとりわけ記憶に留めるべきものである。このカルダリウムは、太陽から最大限の熱を引きだすため、南西面から突きでており、パンテオンのドームよりも高く、直径もほぼ引けをとらない大きさの、コンクリート造のドームが架けられていた。微妙に交差する眺望、円柱群の劇的な間仕切り、光と影のそして高い所にある部屋と低い所にある部屋のコントラスト、豊かな多色からなる大理石の化粧貼り、モザイクやストゥッコの細工、すべてのものが合わさってうっとりさせるような美的経験へと導くのである。正直に告白しなければならないが、この経験こそは、厳然たる様相のいささか近寄りがたいこの建築の外部とはほとんど釣り合っていないのだ。

ディオクレティアヌスの浴場は、カラカラの浴場より若干大きいのだが、もっと厳格な平面をなしていて、カラカラの浴場を非常に刺激的なものにしていたにちがいない、アプスの付いた曲線のある部屋の数々をつくるといった工夫がまったくといっていいほど見られなかった。しかしながら、フリギダリウムに沿った眺望は、初期の浴場の場合よりも長く、多様な円柱群が余計にぎっしりと詰まっていた。われわれは、こうした構想(コンセプション)のもつ劇的効果と規模の大きさをいくらか味わうことはできる。なぜなら、フリギダリウムの主要な3スパンからなる区割分が、1560年代にミケランジェロによってこの浴場の廃墟から切り開かれた、サ

112

第2章　古典的基盤：ギリシャ、ヘレニスティック〔ヘレニズム、汎ギリシャ〕、ローマ

103　マクセンティウスのバシリカ、ローマ：外観（紀元307-12年以後）

104　同、内部復元図

ンタ・マリア・デッリ・アンジェリ教会堂の一部として残存しているからである。しかしながら、床面の高さが何世紀か経つにつれて上昇し、その結果赤い花崗岩でできた巨大なローマ時代の円柱群の下の部分が埋まっているのである。さらに、冷水プールの一帯や他の隣接する部屋の数々が、ミケランジェロの手になる教会堂には組み入れられなかったのである。また、天井ヴォールトも色ガラスでできたモザイクの化粧仕上げを失ってしまっていた。しばしば忘れられてしまうのだが、ディオクレティアヌス帝の浴場をもっともよく表現する残存部分のひとつが、今日サン・ベルナルド・アッレ・テルメとして知られている教会堂へと1598-1600年に転用された、外部の円形の部屋である。その元々の格間状のドームは、パンテオンのそれと同様に、そっくりそのまま残っている。

　ローマの浴場という施設の、帝国一帯に拡まった人気の高さによって、北アフリカのレプ

113

ティス・マグナやティムガドからドイツのトリーアに到るまで、数多くの模倣物が生まれた。このことは、ローマの習慣の流布のみならず、ローマの記念碑的建築のさまざまな技術の流布をも確実なものとした。そうはいっても、ポゾラン（pozzolana）〔セメントの原料となる多孔質の凝灰岩または火山灰の総称〕に比肩しうる砂を欠いていたために、属州においてローマでの実践的行為を十全に成し遂げることは不可能であった。浴場の豪華な内部は、その機能のために著しく豪壮な〔宮殿内部のような〕造りであったが、〔それだからこそ〕現実に宮殿の内部を目にしたことのなさそうな、平凡なローマの被支配者たち（サブジェクト）からなる大衆に対しては、とりわけ訴えかけること大であったにちがいない。

　浴場の衝撃はまた、ローマ最大の残存物かつ最後のバシリカである、マクセンティウスのバシリカにおいても感じられる。このバシリカは、フォルム・ロマーヌムとコロッセウム〔コロッセオ〕のあいだにある聖なる道〔ウィア・サクラ〕近くの大きな敷地を占めている。古典古代の主要な記念建造物のひとつであるこのバシリカは、紀元307-12年に皇帝マクセンティウスによって着工され、312年以降にコンスタンティヌス大帝によって完成した。近くにあるもっと以前のバシリカの円柱状のホールは、ここでは、少し前に完成したディオクレティアヌスの浴場のように、浴場の広大な交差ヴォールトによってできる空間の方を好んだために放棄されていた。中央の260×80フィート（80×25m）の大きさの、高い身廊は、床面から115フィート（35m）の高さのコンクリート造の交差ヴォールトの屋根まで、3つのスパンをなして建ち上がっていた。8本のコリント式円柱によって支持されたこの身廊の長い両側にはそれぞれ、高さはかなり低く、〔身廊の〕高い方のヴォールトの推力を伝えるための、3つの半円筒ヴォールトの架かった側廊が建っていた。この建物を仕上げるのに、コンスタンティヌスは長軸方向の真ん中に、聖なる道に建つ南からの新しい入口をつくることによって、この建物の軸線を移動させた。このため、内部の空間がもたらす衝撃はいくらか減少することになった。彼はまた、この新しい入口と釣り合いをとらせるために、北側〔側廊〕の中央にアプスを付け加えた。今日残存しているものはみな、北の側廊のみであるが、そうとはいえ、全体のこの断片でさえもが、圧倒的な規模と壮大なる様相とを有しているのである。

都市計画

　われわれはすでに、ヴィッラのデザインという文脈において、ポンペイを見てきた。しかし、紀元79年〔8月24日〕のヴェズヴィオス火山の噴火によってポンペイが破壊する前の数年間に、商業化に加速がかかり、そのためこの都市に多くの変化がもたらされたのであった。見事な出来映えの絵画を飾った広々とした町の住宅の数々は、下宿屋ないしは商店に分かたれた。一方、秘儀荘ですらも、産業生産の用途にあてられたのである。これに対応するローマでの変化が紀元64年の悲惨な大火とともにやってきた。この大火は狭くて曲がりくねった通りの数々や今にも倒れそうな部屋の数々で充満した古い都市の大半を焼き尽くした。代わりに、ネロ帝の指揮のもと、構造的に互いに独立することの可能な新しい共同住宅の区割〔街（アパートメント　ブロック）

第2章　古典的基盤：ギリシャ、ヘレニスティック〔ヘレニズム、汎ギリシャ〕、ローマ

105　トラヤヌス帝の市場内部、ローマ（紀元100年頃-12年）：外観

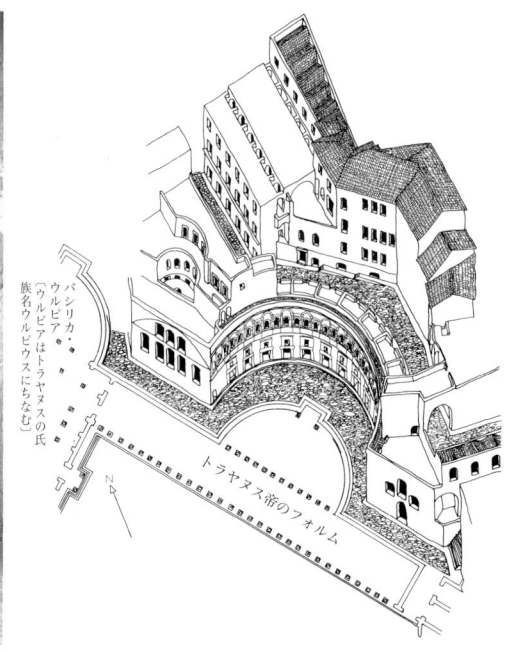

106　同、軸測投象図法復元図

区〕がつくられた。これらの共同住宅の正面は、火に立ち向かうことができるように、平坦な屋根のあるポルティコを1列に並べて建つことになった。無論、床や天井はコンクリートでつくられた。また、各共同住宅の中庭には、火災を事前に防ぐのに役立つ水槽が置かれることになった。木造梁の天井よりも半円筒ヴォールトを架け、煉瓦で表面を仕上げたコンクリートのような耐火材料で共同住宅を建てることによって、これらの堂々とした区割では、大火災後の都市の幅広い新しい通りの数々が1列に並んでいたのである。

　この成果はほとんど残存してはいないが、幸運なことに、これと関連したローマの都市計画案がきわめて良好な状態で保存されている。これは、トラヤヌス帝の記念碑的なフォルムの北東側に、紀元98年頃-117年トラヤヌス帝自身の指揮のもとで計画された新しい商業地区である。トラヤヌスの市場として知られたこの地区は、150軒の店舗や事務所や一棟の大きな屋内のマーケット・ホールからなる、商業が大きく発展したところであった。その主要な特徴は、フォルムのエクセドラの形態を真似た、大きな半円形をなすアーチの架かった店舗であった。複合体全体は、半円形の背後にジグザグに並んだひとつの通りの周りに、3つの異なった高さで設計されている。ここにある建物は、トラヤヌスがそのフォルムのために削り取ったクイリナリスの丘の傷のある面を隠すと同時に、この面そのものによって形づくられているのである。トラヴァーティンからなる細部と気の利いた窓の開口部がある、煉瓦で表面仕上げされたコンクリートの、大きくて簡素ではあるが巧妙にまとめられた商業用の建物群は、奇妙にも、1980年代のポスト・モダニズム建築といくらか似た様相を呈している

115

107　オスティアの集合住宅(アパートメント・ハウジング)の模型、ローマ近郊（紀元1世紀後半と2世紀）

のだ。これらの建物は、もっとも現代的な作品よりも大きな柔軟性を有しており、ペディメントやトスカーナ式の片蓋柱〔ピラスター〕のような古典的なモチーフを半円形に適用することによって、隣接して建っていたトラヤヌスのフォルムのずっと大きな建築的豊饒さに巧みなやり方で徐々に順応してゆくのである。商業的かつ社会的目的のための、ヴォールトが架けられた空間からなる革命的な複合体として、構造体としての円柱群が除去された、充満と空隙からなる建築を形づくっていることで、このトラヤヌスの市場は、都市デザインのための、まったく新しいイメージを提供したのであった。

　トラヤヌスの市場は、ローマからおよそ15マイル（24km）の帝国の港オスティアの町の同様の大ていの建物よりも保存状態がよく、時代的にも早い頃のものである。本質的には、紀元1世紀後半および2世紀の町であるオスティアは、それにもかかわらず、ポンペイとヘラクラネウム以後の、もっともよく保存されたローマの都市のひとつである。ポンペイはその豪奢なヴィッラや古代イタリアやヘレニスティックの時代を感じさせる個人邸宅のゆえに有名である一方、オスティアは、このより旧式の、そして多くの点でより優美な古代イタリアの文化に取って代わったローマ都市の典型という特徴を有している。都市人口の増大は広々とした1階建てのヴィッラや住宅の終焉を招き、その結果、オスティアのような町の通りの数々は、多層の共同住宅の区割がぎっしりと詰まった状態になった。この区割〔街区〕には、1階建ての店舗、事務所、公共用倉庫、そしてお決まりの浴場の数々が含まれることが多かった。アパートメント・ブロック（インスラ〔共同住宅〕）は、高さでいえば5階建てまでになり、一般的に、住民それぞれの住戸〔アパートメント〕に出入りするための階段がある中央の中庭の周りに配置された。通りの正面の多くには、1階建てのひと部屋からなる伝統的な店舗が並んでいた。それぞれの店舗には、貯蔵や眠るための木造の中2階があり、そこに付けられた小さな窓から採光していた。ストゥッコで化粧されることもなく、あらわになった煉瓦で表面仕上げされたコンクリートからなる、これらの質素ではあるがいかめしい塊りのな

第2章　古典的基盤：ギリシャ、ヘレニスティック〔ヘレニズム、汎ギリシャ〕、ローマ

108　ティムガド、アルジェリア（紀元100年創建）：上空からの眺望〔俯瞰〕、中央〔付近〕にトラヤヌス帝の凱旋門（アーチ）を見る

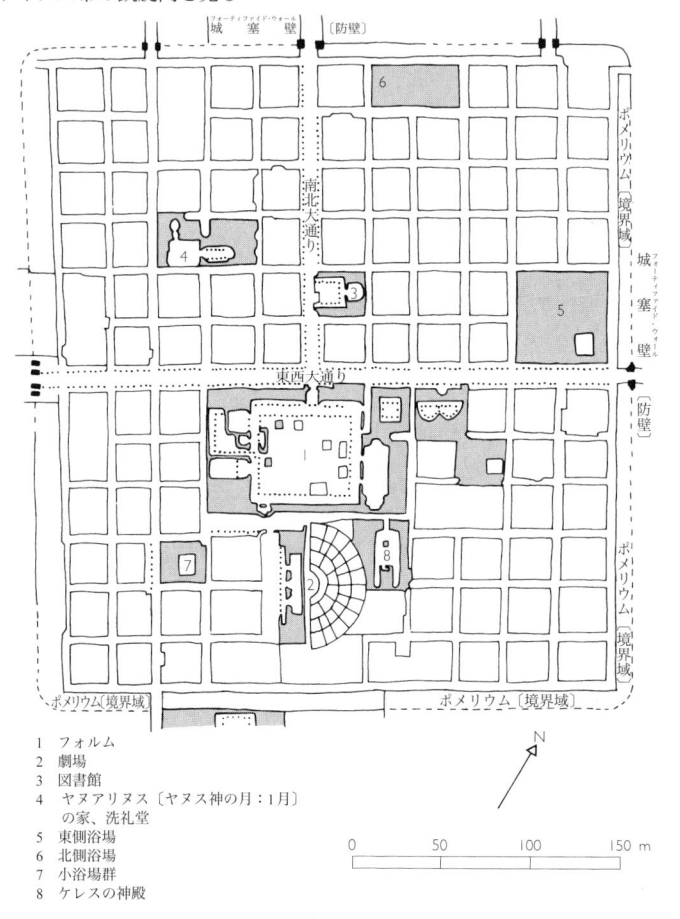

1　フォルム
2　劇場
3　図書館
4　ヤヌアリヌス〔ヤヌス神の月：1月〕の家、洗礼堂
5　東側浴場
6　北側浴場
7　小浴場群
8　ケレスの神殿

109　ティムガドの平面図、アルジェリア

す形は、オスティアの、数多くの〔民間〕倉庫や穀物倉庫、ウィギレスの兵舎（消防団本部）、そして商人団体（ギルド）の事務所といったような他の種類の建物にも繰り返されていた。

　オスティアの中心部の道路平面は、「カストルム」すなわち、紀元前4世紀後半にローマ帝国によって建てられた城砦軍事植民地の平面に由来したものであった。「カストルム」の平面は、直角に交差する2つの道路を含んだ、壁で囲まれた広場という慣例的な形をしていた。そして、フォルムが設計されるのは、これらの〔直交する〕道路が交わる地点であった。フォルムは、両端に神殿を置いた、細長い矩形であった。長い時を経て発展していったオスティアは、アルジェリア〔北東部〕のティムガドと好対照をなしている。ティムガドは元々は、紀元100年にここを発見したトラヤヌス帝のもとで、退役軍人たちの植民市として構想されたものである。ティムガドは、チェッカー盤状平面に基づいたローマ都市の類型の、古典的な範例である。完璧な正方形をなし、街路の整然とした区割（グリッド）へは、トラヤヌス帝のアーチ〔凱旋門〕として知られる記念碑的な三路式アーチ道を通って入ってゆく。もっとも、このアーチ道はおそらくは、紀元2世紀末期（レイター）のものであろう〔トラヤヌス帝は2世紀初めに殁した〕。

　リビアのレプティス〔レプキス〕・マグナは、いくつかの神殿が建ち並び、ひと続きの列柱廊によって3方を囲まれた、紀元前1世紀後半と紀元2世紀のあいだの古いフォルムがある、カルタゴ人の貿易統合施設であった。紀元2世紀末までに、皇帝セプティミウス・セウェルス（在位、紀元193-211年）の生誕地であったレプティス・マグナは、ローマ世界全体のなかでもっとも裕福な都市のひとつとなった。今やセプティミウス・セウェルスは、この町に、壮麗な新しいフォルムとバシリカのある新しい区域を供給したのである。フォルムに隣接して、ハドリアヌス帝の浴場の広場から、これもセプティミウス・セウェルスが再建した港まで続く、端麗な列柱からなる道路がつくられた。これに感謝して、レプティス・マグナの市民たちは、紀元205年頃に、この皇帝を称える四路式の凱旋門を建造したのである。ティムガドの中心近くの交差路に建っているのに、この凱旋門は、交通の整理などまったく意に介さない、存在を誇示するだけの非機能的なものであった。

　パルミュラ、すなわちシリア砂漠の中心に位置する大きな隊商都市では、およそ4分の3マイル（1km）の長さの列柱道路が、ひと続きの新しい公共建築群と繋げられて、紀元2世紀半ばに建設された。この道路は、2つの地点で方向を変えていて、そのひとつの地点は、装飾的な円柱からなるパヴィリオン（テトラキオニオン〔四柱門群〕）によって、もうひとつの地点は、紀元220年に建てられた三路式のアーチ道〔凱旋門〕によって、それぞれはっきりと示されている。平面ではこのアーチは、主要な幹線道路の方向と、「ベル神〔豊饒の神バール〕の至聖所」へと導くために考案された「聖なる道」の方向のあいだに見られる軸線のずれ（シフト）に合わせるために、引き延ばされたV字形になっている〔幹線道路の末端に建つアーチと、「聖なる道」の始点に建つアーチとがなす（アーチの一端を接して）隣り合う両アーチの横断面の線を引き延ばすとV字になる〕。列柱道路と、パルミュラおよびバールベックの両神殿は、西方のローマ建築に遍く拡がっていたコンクリート造のヴォールトを欠いてはいるものの、ギリシャお

118

第2章　古典的基盤：ギリシャ、ヘレニスティック〔ヘレニズム、汎ギリシャ〕、ローマ

110　バールベックのユピテル神殿（紀元1世紀初めから紀元3世紀半ばまで）：中庭の北側にある半円形エクセドラ〔一方の側が列柱廊に開放された室〕のひとつ

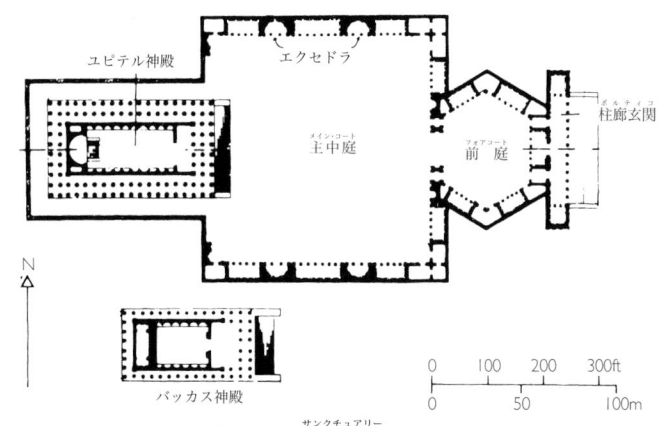

111　ユピテル神殿における聖域（サンクチュアリー）の平面図、バールベック

よびヘレニスティック世界の本質的な円柱からなる建築の力強い再来である。西方での、ローマ建築の創意工夫の才は、神殿を中心にしては展開されなかったものの、ギリシャとヘレニスティック期の周柱式神殿の伝統は、〔ティムガドとパルミュラという〕これら2つの都市にみることができるように、東方でも残存したのであった。

　バールベックのユピテル・ヘリオポリタヌスの尋常ならぬ神域は、紀元1世紀初めに着工され、3世紀半ばに竣工したが、六角形の前庭へと劇的に誘うまさしく記念碑としか言い様のない、塔が両脇に建つ記念門から入ることになる。この六角形の前庭を進むと次には、これよりも大きな列柱廊のある中庭に到る。そして、そのずっと向こうの奥には広大なユピテル神殿が全体を統べるかのごとく建っている〔今は6本の円柱が残る〕。ユピテル神殿と平行に建つものの、神域の外に、バッカスの神殿がある。これは、ユピテル神殿よりも相当小さなものだが、それでも、パルテノンよりはかなり大きい。その保存状態のよい神室は、ギリシャの円柱とローマの壁体の組み合わせを雄弁に物語る、半身のコリント式円柱と、下方にアーチ上方にペディメントのあるニッチとが、交互に並んだ様のゆえに、記憶すべきものとな

119

112　ミレトスの市場への入口門、小アジア（紀元2世紀半ば）、ベルリンのペルガモン博物館で復元された

113　スパラトのディオクレティアヌス帝の宮殿（紀元300-6年）：巨大な中庭

っている。ローマの建築家たちは、空間と量塊〔空隙と充満〕からなる新しい古典建築をつくりだすために、より進んだ工学技術やヴォールト架構技術を発展させることに忙しかったが、東方の建築家たちは、古典様式のオーダーを洗練させ続け、円柱からなる建築の設計の手助けをするため、ローマに招喚されたのである。

　小アジアのミレトスでは、紀元2世紀半ばに、南側のアゴラが改造され、北東の隅に壮麗な出入口門を備えた整然と並ぶ周柱廊になった。景観を考えた建物の配置や、光と影の織りなす様相や、この記念碑的な門の中央が破断したペディメントは、ローマの劇場の洗練された・ス・カ・エ・ナ・・・フ・ロ・ン・ス、すなわち舞台建築に由来するものである。今は、ベルリンのペルガモン博物館において再建されているこの出入口門は元々は、ブウレウテリオン（議事堂）前の広場の印象的な劇的効果をつくりだすために、正面は外側を向いていた。この広場の東側

第2章　古典的基盤：ギリシャ、ヘレニスティック〔ヘレニズム、汎ギリシャ〕、ローマ

では、ニュンファエウムすなわち記念碑的な噴泉建築が辺りを支配していた。今はそのほとんどが残っていないものの、それは、小アジアで人気のあったタイプのもっとも贅沢な範例のひとつであった。ニュンファエウムは、様式上は、エフェソスの壮麗なケルススの図書館（紀元117年頃-20年）に近い。もっとも、景観を考えた配置の仕方や、円柱状の祀堂の3層をなす複雑な対位法のリズムによって、このニュンファエウムは、ローマ帝国の近東の原型バロック建築として記述されてきた近接する出入口門よりも、ずっと注目に値すべき範例になっているのである。

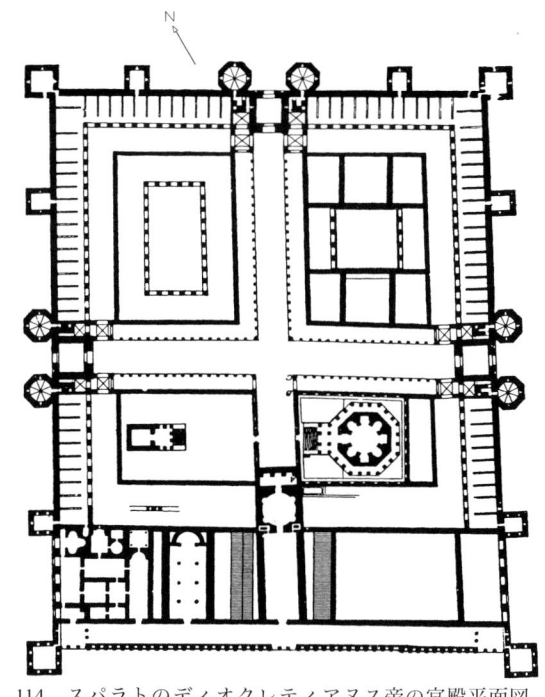

114　スパラトのディオクレティアヌス帝の宮殿平面図（紀元300-6年）

　ローマのカストルム〔城砦軍事植民地〕は、多くのローマ都市の平面と同じ形をとっていたが、軍事建築と公共建築のあいだの差異が少なくなってゆく不安定な時期であった、紀元4世紀の初めには帝国の宮殿のデザインに影響を与えることさえもあった。〔ローマ〕帝国の絶頂期に建てられた、ティヴォリにあるハドリアヌス帝の暢気でまったく無防備なヴィッラと、異教徒の帝国の最後の大宮殿として紀元300-6年頃に建てられた、ダルマティアのスパラト（現在のクロアティアのスプリト）にあるディオクレティアヌス帝の堂々とした構えの城砦のような宮殿とのあいだに、もはや大きな対比など到底ありえないであろうというのが、常識的な判断であろう。ローマにあるディオクレティアヌス帝の浴場は、1個の大きな境界壁によって取り囲まれていた。しかし、ディオクレティアヌス帝がダルマティアの海岸での隠居生活のために計画した宮殿では、重々しい外壁と塔の数々が、蛮族の反乱の恐れに対する、瀕死の帝国の抵抗の一部として、新たな陰気な目的を有しているのである。実際のところ、この広大な宮殿の全体平面は、大ざっぱに言うと、595×710フィート（180×216m）あるが、駐留地の中央にある、プラエトリウムすなわち古代ローマ軍団司令官の公邸の前で直角に交わる2つの通りによって組み合わされた伝統的なローマの城砦の平面を繰り返している。スパラトでは、閉ざされた領域の南側半分の全体が、皇帝の宮殿や霊廟や付随する神殿に奉献されていて、その一方、北側半分はおそらくは、その大方が兵舎からなっていたと思われる。

　ディオクレティアヌスの八角形の霊廟は、内外ともに装飾的な円柱群に取り囲まれている。内部の円柱群は、半円形内部の煉瓦で出来たドームを支持しているようには見えない。なぜ

121

なら、これらの円柱のエンタブレチャーが壁から前面に突きでているからである。また、八角形のピラミッドのなかへと建ち上がっている、軽量コンクリートでできた装飾的な外部のドームがある。このそびえ建つ霊廟とその西側のこれより小さな神殿のあいだには、宮殿の主要な残存部分の特徴をなす、非凡な列柱道路ないしは周柱廊が拡がっている。これは、主要な入口へと続く、一方の端に階段のある儀礼用の前庭を形づくっている。〔この前庭の〕両側に並ぶ開放的な列柱廊〔図113参照〕は、円柱の柱頭から直接アーチが現われるといった、もっとも初期の例のひとつを誇らし気に示している。この生きいきとした配置は、ビザンティンおよびロマネスクの手順を予期させるが、小アジアや、レプティス・マグナに紀元216年のセウェルス帝のフォルムのような建物のある北アフリカで、その徴候が示されていたのである。さらに言えば、たとえば早くも紀元前1世紀に、ポンペイの秘儀荘に見られた壁画にも予示されていたのである。スパラトにおいてこのような特徴の数々が現われているのは、疑いもなく、小アジア出身の職人たちの雇用によるものである。これに関連した特徴として、持送りの上に支持された付け柱によって宮殿海側正面を装飾することや、アーチをつくるためにアーキトレーヴを無頓着に曲げることが挙げられる。この大胆な工夫は、すでにシリアのバールベックで採用されていたが、主要な入口と海側正面の両方を飾りつけるためという、スパラトのディオクレティアヌスの宮殿での使用は、おそらく、西方においてもっとも早く現われたものであろう。

コンスタンティヌス帝とキリスト教の採択

　キリスト教は、ローマの神々の覇権を脅かした多くの東方の秘教宗派のひとつとしての存在から起こったものである。そして遂には、紀元313年に、ローマ帝国においてキリスト教が公認されることになったのである。皇帝コンスタンティヌス（紀元272年生、在位306-37年）は、ローマ在住の資産のある異教の貴族たちから恨まれ、324年に皇帝の居住地をヨーロッパとアジアの交流点であるギリシャの都市へと移したのである。この都市は皇帝の名を採ったコンスタンティノープル、すなわち現在のイスタンブールである。この6年後に、彼はローマ帝国の首都を、自らが今や公式に「新しきローマ」として奉献したコンスタンティノープルへと移す、きわめて重大な行動を起こしたのである。われわれは、このことの結果のいくつかを、次の章で精査することになろう。しかし、とかくするうち、コンスタンティヌスが古いローマに対して果たした貢献のなかから2つのものを見てみることにしよう。

　コンスタンティヌスのアーチ〔凱旋門〕は、あらゆる凱旋門のなかでもっとも大きなものであり、紀元313-5年に、ローマのコロッセウム〔コロッセオ〕近くの見晴らしの良い敷地に、元老院の手によって建てられた。それは、紀元312年のミルウィウス橋の戦いでの、皇帝としての政敵マクセンティウスに対するコンスタンティヌスの勝利を記念するためのものであった。この、異教のローマのさまざまな栄光を取り戻そうとする郷愁を帯びた試みが、コンスタンティヌスが「この十字架によって征服すること」という伝説の刻まれた、空に架かった

第2章　古典的基盤：ギリシャ、ヘレニスティック〔ヘレニズム、汎ギリシャ〕、ローマ

光り輝く十字架を目の当たりにして、キリスト教に転向したと喧伝する作戦行動(キャンペーン)を、祝い記念するべきものであるということは、まさに異例である。このアーチは、歴史的な復興主義(リヴァイヴァリズム)における奇妙な試みである。というのも、当代の彫刻家たちが質において、それ以前の彫刻家に敵わないと感じた、アーチの建造者たちが、紀元1世紀と2世紀の彫刻パネルを組み入れたからである。これらのパネルは、コンスタンティヌスが自身と同一視しようと願ったと思われる、トラヤヌスやハドリアヌスやマルクス・アウレリウスのような、さほど悪名の高くはない皇帝たちと結びついた記念碑から取ってきたものである。この初期の作品のもつきびきびとした優雅でもある自然主義は、奇妙なことに、表面上はもっと原始的な様式であるコンスタンティヌス帝時代のものである、物語を刻んだ長いフリーズ〔帯状装飾帯〕と対比をなしている。コンスタンティヌスの彫刻家たちは、ヘレニスティック期の芸術家たちにとって大きな意味をもっていた写実的な表示ではなく、歴史的なものや、要はキリスト教の真理の数々の、ある種象徴的な表現に関心を抱いていたのであった。

115　コンスタンティヌス帝の凱旋門、ローマ（紀元313-5年）

116　サンタ・コスタンツァの内部、ローマ（紀元340年頃）

　われわれは、コンスタンティヌスの娘、聖コンスタンティーナのためにローマで建てられた霊廟をもってこの章を終えることにしよう。この霊廟は、初期キリスト教建築のとば口へと、そしてさらにその向こうへとわれわれを連れていってくれる建物である。もっともそれはわれわれに、コンスタンティヌス時代のキリスト教建築をも、後期古代の建築の最終段階

123

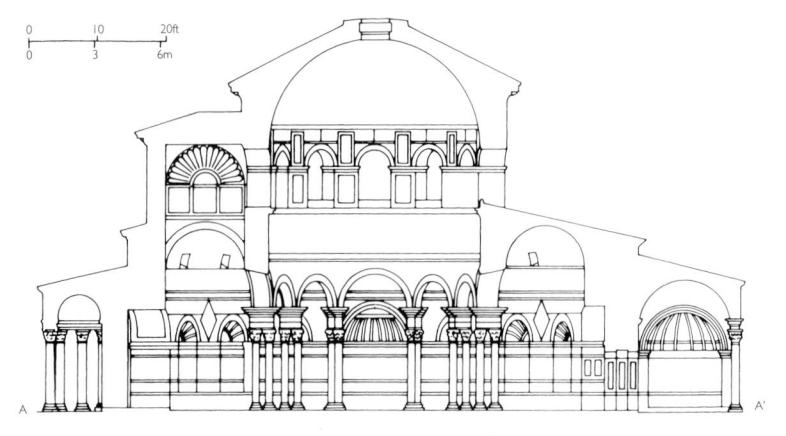

117　サンタ・コスタンツァの断面図、ローマ

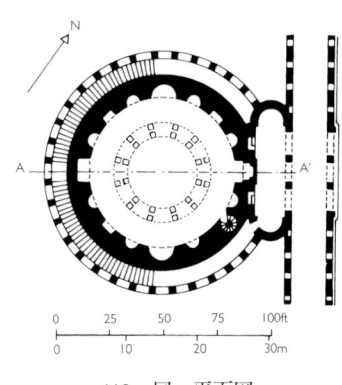

118　同、平面図

として見ることが可能であることを思い起こさせてくれるであろう。紀元340年頃に建てられ、今はサンタ・コスタンツァ教会堂として知られているこの霊廟は、同筒(ドラム)の周りにクリアストーリー〔明かり窓〕を形づくっている16個の頭部が丸い窓のある、ドームの架かった円形の構造物である。それは、集中式平面の建築群というローマの伝統の重要な範例たる、「ミネルウァ・メディカの神殿」として知られた、ローマに残存する4世紀初めのパヴィリオンに鼓舞されたものだとも言えよう。この建物〔ミネルウァ・メディカ〕のニッチ〔壁龕・壁の窪み〕の代わりに、サンタ・コスタンツァでは、1階に、12組の一対をなすコンポジット式円柱の連続した円形アーケードがあり、このアーケードは、中央の円堂を控え壁で支持している、半円筒ヴォールトの架かった、1個の薄暗い周歩廊に取り囲まれている。異教世界とキリスト教世界をまたいで建つ建物において、ドームの架かった空間と、アーケードになった円形の歩廊とを、このように合体させることは、結局のところ、ビザンティン建築の間際にまで、われわれを運んでいってくれたことになるのである。

124

第3章　初期キリスト教とビザンティン

　コンスタンティヌス大帝は、その死の床につくまで洗礼を受けなかったものの、自分自身を13番目の使徒だとずっとみなしてきた。すなわち衰退しつつある帝国を地上の「神の国」に似せることによって、帝国に新しい生命を吹き込む使命を、神の力で任された「神の副王〔総督〕」と見なしてきたのである。彼は、これらの突飛と思われる信念の数々に具体的な表現を与えることができた。なぜなら彼は、実践的な人間であり才気を持った兵士でもあったからである。注目に値することだが、彼の後継者たちは、彼の構想〔夢〕を共有しており、その結果、4世紀末までに皇帝は、コンスタンティノープル〔コンスタンティノポリス〕と新たに名づけられた都市の神聖なる宮殿に安置され、念入りに準備された典礼のセレモニーに包まれ、自らの臣民を独裁的に支配する、「聖なる皇帝」となったのである。313年にコンスタンティヌスが改宗した時には、その臣民のせいぜい7分の1程しかいなかったものの、今や彼らの大部分がキリスト教徒なのであった。

　コンスタンティヌスによる、330年の、ビザンティウム〔コンスタンティノープルの前の名〕における新しい行政上宗教上の主都の創立は、彼が意図したわけではないものの、帝国が東西2つの国に分割される事態を早めることになってしまった。東側はギリシャ語を話し、西側ではラテン語が話された。ついでに言えば、この分割は、11世紀には、教皇庁に集中していたカトリック教会からの、東〔ローマ〕帝国におけるキリスト教徒たちの分離（正教会）によって、決定的に定まったのである。コンスタンティヌスの逝去の後30年も経ぬうちに、皇帝ウァレンティニアヌス〔321-75年〕が、帝国を護ることはひとりの人間の手に負えないという問題に気づき、364年にその弟のウァレンス〔328年頃-78年〕を東ローマ帝国での共同皇帝に祀り上げたのだが、この措置そのものは、ローマ帝国の崩壊まで続くことになった。ゲルマン人の侵攻や内政の経済的社会的諸問題の結果として、紀元5世紀を通じて起こったこの惨禍によって、東側の帝国の方が政治的文化的に大きな力をもっていることが注目されることになった。

　　　　ローマ

　もっとも初期のキリスト教徒たちは、とりわけ迫害されていた時代には、芸術にほとんど関心を示さなかった。しかし、コンスタンティヌスの時代までに、彼らの集会所やカタコンベ〔地下墓室〕の壁面はしばしば、彩色された装飾で飾られたのである。コンスタンティヌス

125

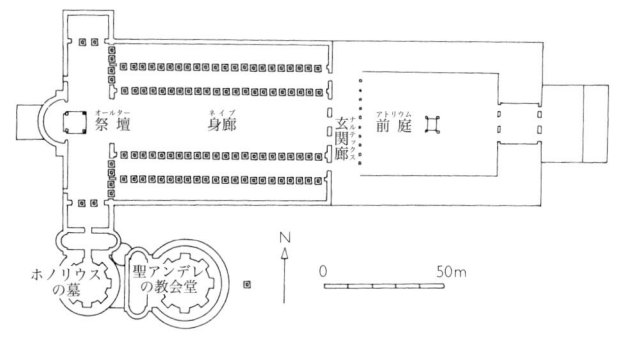

119　旧サン・ピエトロ大聖堂の平面図、ローマ（332年頃着工）

帝のキリスト教という新しい公共のイメージは、それに見合った公共の建築的表現を要求した。このイメージは、明らかに異教的な連想を抱かせるローマの神殿建築にではなく、ローマや数限りないローマ化した都市公共建築のもっとも卓越した形態である、側廊の付いたバシリカに、その発想源を求めたのである。4世紀初めから、キリスト教の集会場は、次に示すようなバシリカのさまざまな特徴の多様な組み合わせからなっていた。すなわち、長方形の平面。露天もしくは平坦な天井で隠された、トラスで支えた木材の屋根。しばしば列柱からなった両側の側廊〔アイル〕。高いクリアストーリー〔明かり窓〕。そして常に付けられた裁判所〔法廷〕である。これは、〔バシリカの〕一番奥にたびたびアプス状につくられたが、以前は、裁判官の座席があったが、今や祭壇を前にした司教の座席になったのである。このタイプの華麗な初期の例は、コンスタンティヌス帝のバシリカ、すなわちローマの大聖堂であった。これは今は、ラテラーノのバシリカもしくはサン・ジョヴァンニ・イン・ラテラーノとして知られており、コンスタンティヌスが313年頃に建て始めたものである。化粧煉瓦を施したコンクリートで大部分が建てられたこのバシリカは、随分と改築され、拡張させられた。しかし、われわれは、元々その内部が7つの黄金の祭壇や、100個を越えた数のシャンデリアと60個の金もしくは銀の燭台の明かりでキラキラと輝くモザイク装飾で飾り立てられていたことを知っているのである。

　コンスタンティヌスのバシリカ最大のもの、すなわちローマのサン・ピエトロ大聖堂は、16世紀にその全体が現在の大きな建物〔エディフィス〕に取って代えられた。サン・ピエトロは333年頃、殉教した使徒聖ペテロの墓の上に、巡礼者祀堂〔霊廟〕あるいは殉教者記念堂〔マルティリウム（殉教者の遺物を祀る記念堂）〕として始まった。この機能は、通常とは異なって、バシリカにアプスと身廊〔ネイヴ〕のあいだに幅広い横向きの袖廊〔トランセプト〕が付けられたことを意味した。これ〔袖廊〕は、螺旋状の溝彫りされた円柱からなるバルダッキーノ〔天蓋〕の下の、〔半円形の〕アプスの弦に当たる部分の上に位置した祀堂を崇拝するために、都市や帝国からやってくる何千人もの巡礼者のための、周回用の空間として考えられたものであった。列柱を備えた身廊〔ネイヴ〕と側廊〔アイル〕は、屋根付きの墓地と葬礼用の集会場〔バンケッティング・ホール〕として使われた。その一方、バシリカの前面には、列柱を備えたアトリウム、すなわち前庭があり、2世紀の青銅製の松ぼっくりのかたちをした、儀

第3章　初期キリスト教とビザンティン

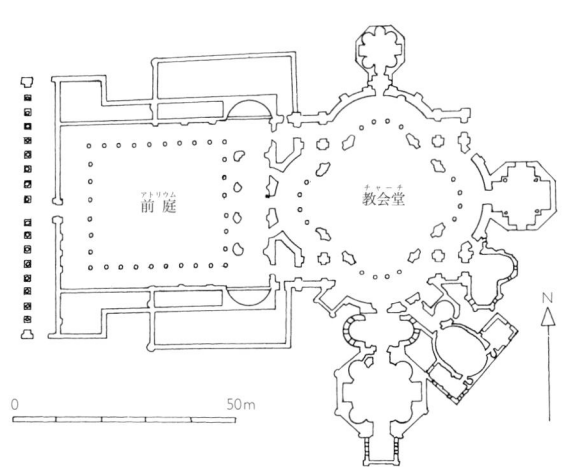

120　サン・ロレンツォの内部、ミラノ　　121　サン・ロレンツォの平面図、ミラノ（おそらく5世紀）

礼の際の洗浄用の噴水(ピーニャ)がその中央に置かれていた。この見事な〔松ぼっくりの〕オブジェは今日、ヴァティカン宮殿のブラマンテによるベルヴェデーレの上方中庭の名高い特徴となっている（本書315頁を参照されたい）。

　330年におけるコンスタンティヌスの〔コンスタンティノープルへの〕出立後半世紀のあいだ、ローマは建築の沈滞期ごときものに陥ってしまい、建築的な関心は、東方のコンスタンティノープルやアンティオキアやエルサレムや西方のミラノやトリーアやケルンといった、帝国の居住地に移っていった。ミラノのサン・ロレンツォ（おそらくは5世紀のものであろう）は、驚くべき独創性をもった教会堂である。平面を見ると、それは両側に突きでたアプスのある正方形をしており、四つ葉形を生みだしている。この形は、中央の空間とそれを取り巻く周歩廊とを分けている2層からなる列柱廊によって、内部で繰り返されている。それは、ティヴォリのハドリアヌスのヴィッラにあったピアッツァ・ドーロに見られる、4世紀初めのパヴィリオン（本書102頁を参照されたい）のような集中式平面のローマの建物群を、教会組織の目的のために適応させた初期の例なのである。

　12世紀のローマのサン・クレメンテ教会堂は、その地下に、380年頃につくられ始めた元のバシリカを一部組み込んでいる。実際のところ、のちの、上に乗った教会堂は非常に保守的な様式をしているため、1857-61年の発掘まで何世紀ものあいだ、それが4世紀の教会堂であると問題なく推測されていた。そのうえ、上方の12世紀の教会堂には、大理石でつくられた低い丈の壁（「カンチェッリ」〔柵壁、障柵、格子の門〕）に囲まれた872年の現存する内陣が残されていて、この内陣には、両側に説教壇（使徒書簡の抜粋や福音文を読んだりするための台）が含まれていた。修道士たちや参事会員たちが代わるがわるに勤行(ごんぎょう)を行なって歌う、この精巧につくられた囲い全体が、身廊の空間に侵入しており、これはこの囲いと小さなアプスに置

127

122　サン・クレメンテの内部、ローマ（主として12世紀；内陣(クワイア)872年）

かれた祭壇双方にとって、十分な場所がなかったためである。このあとに続く数世紀をとおして、西ヨーロッパの教会堂建築の歴史は、このようにある程度までは、〔教会堂内部の〕東端すなわち高い祭壇のある端が次第に拡張されてゆくことの歴史なのである。サン・クレメンテは、建築学的にも典礼学的にも、コンスタンティヌスのキリスト教を呼び起こす配置を維持している点で、注目に値するものである。

　列柱廊を備えたアトリウムよりも前に出来た、サン・クレメンテの4世紀の下方の教会堂は、およそ13フィート（4m）だけ上方の教会堂より下にあるが、先行する3世紀のあいだのさまざまな建物からとった実際の断片を組み入れており、一時はキリスト教と張り合うほどに流行した東方の宗派のひとつであるミトラ教の神殿を含んでいる。そのつつましい身廊は、幅広く、短く、大変に丈が低い。それは、両側に、アーチを支える8本の、柱間が広くとられた円柱が並んでいて、これらの円柱は、その大きさや材料が互いに異なっている。

　サン・パウロ・フォリ・レ・ムーラ（城壁外のサン・パウロ）教会堂は、聖ペテロのためにすでに供給された祀堂と同じくらい見事な祀堂を使徒聖パウロ〔パウロは初めの12人の使徒には含まれなかった〕のために設置する目的で、385年ローマで着工された。身廊に沿って並ぶ円柱群は、サン・ピエトロの〔場合のように〕、水平のエンタブレチャー〔を支える〕代わりに、アーチ群を支えており、これは、身廊を、祀堂を含んだ袖廊から分かつ巨大な凱旋アーチによって一層のこと強調されたテーマであった。この教会堂の現在の姿については、1823年の

128

123　サンタ・マリア・マッジョーレの内部、ローマ（432-40年）

124　サント・ステーファノ・ロトンドの内部、ローマ（468-83年）

火災の後、一部のみが元の教会堂を正確に再建している。初期のキリスト教ローマの他の主要なバシリカ、サンタ・マリア・マッジョーレ（432-40年）は、サン・パウロほどは再建された部分はなく、なおもわれわれに、5世紀の古典を模した力強い様式を、なるほどと思わせる迫力をもって示してくれる。これは、教皇シクストゥス3世（在位432-40年）のもとで建てられたが、この時期キリスト教は、392年のローマでの皇帝テオドシウスによる最終的な異教徒の制圧以降ずっとのびのびと繁栄を謳歌し続けていた。ローマが北方および中央ヨーロッパからの侵入者たちによって、5世紀のあいだずっと、一度ならず劫略されていたという事実ですら、この時期が、ローマの教会堂建設の歴史において、もっとも偉大な時期のひとつであるということを何ら妨げることはなかった。

　422-32年に建てられた、ローマのアヴェンティーノの丘に建つサンタ・サビーナは、とりわけシクストゥス3世の庇護と結びついた古典様式復興の範例であり、洗練された保存状態の良好なものである。この教会堂の身廊は、高く、奥行があり、幅が狭いが、サン・クレメンテのもっと低い教会堂の身廊よりもずっと優雅な様相を呈している。また、その再利用さ

れた古代の円柱群は、同様にずっと細心の注意を払って選び抜かれたものであった。ラテラーノのバシリカに付属する洗礼堂もまた、シクストゥス3世の力によるものである。これは集中式平面のドームが架かった構造物であり、斑岩や他の貴重な材料の数々だけでなく、モザイクや大理石の見事な装飾である、オプス・セクティレ（opus sectile）〔色大理石の板石を組み合わせた壁や床の仕上げ〕をも贅沢に使っている。洗礼堂は改築されたが、同様に5世紀のローマの作品である、サント・ステーファノ・ロトンド教会堂（468-83年）にはもっと残存している部分が多い。ここでは、二重の環になった同心円の円柱群が、中心部分とこれを取り囲む側廊すなわち周歩廊とを明快に際立たせている。内側の方の列柱は、イオニア式で水平なエンタブレチャーを備えている一方、外側の方のコリント式の列柱は、アーチを支持しており、とりわけ、コリント式の、2本の角柱と2本の円柱に支えられた3つのアーチは、驚くべきことに、中央の円形空間〔の直径上〕を横切って跳び越えているのである。異教のローマの集中式平面の霊廟は、キリスト教の殉教者記念堂として採択するのにとりわけ適した建物の類型（タイプ）であった。われわれは、このサント・ステーファノ・ロトンドが、最初の殉教者ステファヌスの聖骨を収めるため建てられた、このような殉教者記念堂であったと仮定してもよいであろう。

コンスタンティノープル、サロニカ、そしてラヴェンナ

　古典的な半円形のアプスと列柱を備えたギャラリー〔細長い部屋〕状の身廊からなる、アギオス・ヨアンニス・ストゥディオス修道院教会堂（463年着工）の廃墟を除いて、コンスタンティノープルにおける5世紀の教会建築については実質的に何も残存してはいない。北ギリシャのサロニカ（現代のテッサロニーキ）は、東方の属州の数々——エフェソス、アンティオキア、エルサレムそしてアレクサンドリアを含む——を失って以後、最終的に帝国の第2の都市となったが、5世紀の教会堂においては、コンスタンティノープルよりも恵まれていた。ここには、おそらくは5世紀後半の、アギオス・デメトリオスの入念につくられた影響力のある教会堂があり、1917年の火災のあとこれは忠実に再建されている。身廊のアーケード〔列柱廊〕は、〔支柱である〕角柱によって隔てられた〔3つの柱間にそれぞれ〕4本・5本・4本の円柱群が置かれて、複雑なリズムを形づくっている。聖デメトリオス（アギオス）の墓は、クリュプタ〔内陣下の聖遺物安置室〕にあり、全体として、注目に値する教会堂の建築外形をどうこうするものではない。これよりずっと実り多い5世紀のギリシャの教会堂は、コリントの港町であるレカイオンのアギオス・レオニダス教会堂である。その遺物はほとんど残っていないが、〔入口〕前庭、アトリウム、そしてバシリカの長さの合計は、610フィート（186m）だったことは明らかである。床の高さや円柱群の配置や深く彫り刻まれた柱頭やパターン化した大理石の舗床が見せる多様さは、この教会堂を、エーゲ海沿岸地帯のもっとも華麗な初期キリスト教の記念碑のひとつにしたのであった。

　西方の初期キリスト教建築のなかのもっとも見事な例のひとつは、北イタリアのラヴェン

第3章　初期キリスト教とビザンティン

125　ガッラ・プラキディア霊廟(マウソレウム)の内部、ラヴェンナ（425年頃）

ナに見いだすことができる。ラヴェンナは、402年から455年までの西ローマ皇帝たちの首都であり、そのあとは、北方から来た東ゴート族の征服者たちの首都であったところである。この征服者のなかの主要人物は、高度にローマ化した王、テオドリック〔東ゴート王〕（〔454-526年〕在位490〔493〕-526年）であった。最終的にラヴェンナは、ユスティニアヌス帝の短命なイタリア再統治に続く540年に創設されたビザンティンの総督の管区となった。ここでは、〔ローマ〕皇帝テオドシウス〔347-95年、在位379-95年〕の娘で、〔西ローマ皇帝〕ウァレンティニアヌス3世〔419-55年、在位425-55年〕の母であった皇后ガッラ・プラキディア〔390年頃-450年〕が、425年頃にサンタ・クローチェ教会堂を建て、そのナルテックス〔教会堂の入口前の広間〕の一方の端に、十字形の建物を付属させた。これは、サン・ロレンツォへの殉教記念堂として、さらには、彼女自身、彼女の夫、そして彼女の異母兄ホノリウス帝〔384-423年、在

131

位395-423年〕のための帝国の霊廟〔墓廟〕として使うためのものであった。このガッラ・プラキディアの霊廟のモザイク装飾は、気持ちの良い青空のもとで、羊に餌をやっている青二才の若き羊飼いの姿をしたキリストを描いており、もっとも自然主義的かつヘレニスティック的な、帝国の宮廷芸術を表現している。しかし、このくつろいだ快活な雰囲気は、490年にテオドリック大王によって建てられたラヴェンナのサンタポリナーレ・ヌオーヴォの教会堂用に、モザイクがつくり直された6世紀にはすでに、消え去っていた。サンタポリナーレの高くて広い身廊の上方には、男女の聖職者たちの厳粛な列がいくつも、本道をはずれないこの世のものとは思われない行進をしながら、祭壇の方へと向かっている様が描かれている。内部全体は、通常はありえないほどに、モザイクで包まれており、その結果内部は、たとえばサンタ・サビーナの場合とはちがって、このときまでにクリアストーリーの窓と同じ大きさになった、側廊の窓から入る光によって高められた神々しい輝きを放ちながら、ゆらめいているのである。

　ラヴェンナの記念建造物の数々はわれわれを、ビザンティンとして知られた様式へと連れていってくれる。ビザンティンとは、何らかの意味で、初期キリスト教建築の絶頂期と見なされてよいかもしれない。ビザンティン建築の起源は、527年から565年まで東ローマ帝国を統治した宗教的独裁君主ユスティニアヌス帝の文化的政治的野望と親密に結びついているのである。多くの別の偉大な統治者のように、ユスティニアヌスは、広大なスケールの建物群を、慈善心に富む支配力の表現として、また、自らの世界の秩序像との視覚的な同一化の方法として、推し進めたのである。ユスティニアヌス付きの宮廷歴史家カエサレアのプロコピウス〔プロコピオス〕(500-60年頃)が『建築について〔建設誌〕』(〔On〕 Buildings〔De aedificiis〕)なる1巻の書物全体を、ユスティニアヌスの建築事業に捧げたのは、たぶんユスティニアヌスにそうするよう強いられたからからであろう。要塞を猛烈に強調する、何百ものユスティニアヌスの建築群についてのプロコピウスの記述から、皇帝の主要な課題には、コンスタンティノープルの、2つの大きな教会堂の建て替えと聖なる宮殿の拡張や、イタリアの奪還された属州に見合った首都としてのラヴェンナの発展や、エルサレムとシナイ山にある祀堂の修復や、帝国の隅々に要塞とほかの公共の建物を設営することが含まれていたことが分かる。

　西方では教会堂は中世を通じて、またそのあとも、結局のところ初期キリスト教時代のローマのバシリカによって鼓舞されたシステムに従って建てられたのだが、東方ではユスティニアヌスの時代以降、特徴的な教会堂は、ネロの黄金宮とハドリアヌスのヴィッラのパヴィリオンのような、ローマ人たちの実験的建築を真似た、ドームやヴォールトが架かった集中式平面の建物群なのである。われわれがこれから見てゆくように、ユスティニアヌスのドームが架かった教会堂は、東方に広大な思いがけないほどの影響力を行使し、それはロシアやバルカン半島にのちに見られるビザンティン建築においてのみならず、イスラーム化したペルシャや、北インドやトルコのモスクにも及んでいるのである。

第3章　初期キリスト教とビザンティン

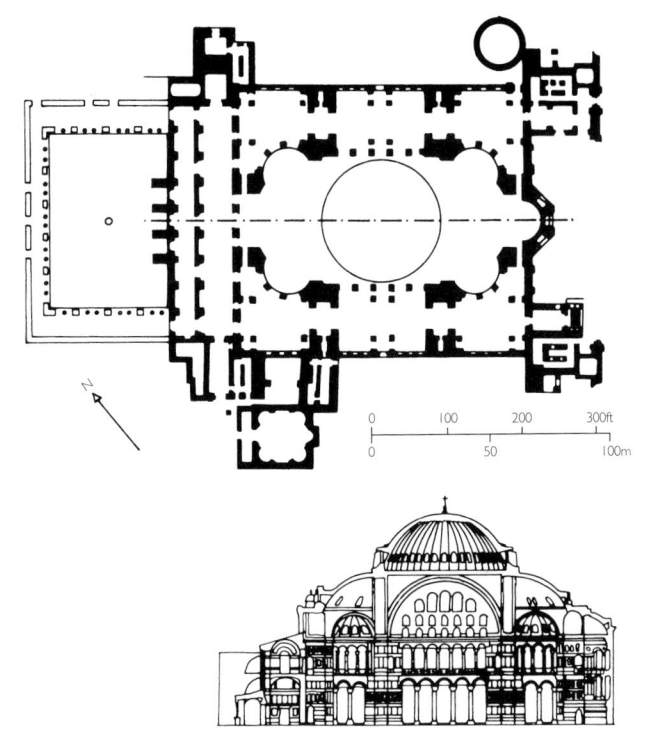

126　ハギア〔アギア〕・ソフィアの平面図と断面図、コンスタンティノープル（532-7年）

ハギア〔アギア〕・ソフィア

　ユスティニアヌスによる教会堂のなかで最大のものである、コンスタンティノープルのハギア・ソフィア（神の聖なる叡智の教会堂）〔ハギア・ソフィア（ソプアー）は古典ギリシャ語読み。アギア・ソフィアは現代ギリシャ語読み。トルコ語ではアヤ・ソフィア〕は、建築的には、それまでの文脈で概説されていた伝統からいささか逸脱している。現在のものに建て替えられる前の教会堂は、コンスタンティヌスとコンスタンティウスによって創建されたが、532年〔1月〕のニカの暴動〔ニカは「勝利」の意。民衆がこれを合言葉に反乱を起こした〕の際に、徹底的に炎上した。ユスティニアヌスはこの反乱を鎮圧し、532-7年に、新しいハギア・ソフィアを建設することによって自らの勝利を刻印する機会を得た。これは、今まで最大かつもっとも贅沢な、もっとも費用の嵩んだ建物であった。その建築家は、小アジア出身の2人の熟練した科学者兼数学者の、トラレスのアンテミオスとミレトスのイシドロスであった。彼らが本来、建築家ないし建造者としての修業をしていなかったという事実は、彼らが前例のないドーム状の構造物を設計することを可能にした斬新な取り組みを、ある程度説明してくれるかもしれない。

　平面は230×250フィート（71×77m）の規模の巨大な長方形であり、非常に広大なために内部全体の上にそびえるドームを支持する4本の支柱によって限られた、中央の四角な空間がこの長方形に取り囲まれている。もっとも、〔6世紀半ばの地震で558年に崩壊した〕元々のド

133

127 ハギア・ソフィアの外観、コンスタンティノープル、ミナレット群は、のちに付け加えられた

128 ハギア・ソフィアの内部、コンスタンティノープル

ームは、現在のものに較べて20フィート(6m)ばかり低いドームであった。特大のイグルー〔エスキモーの氷雪塊の家〕に倣って、空洞になった円胴(ドラム)の20フィート厚の壁の上に、構造的には想像力のないやり方で支持されている、パンテオンのドーム（本書105頁を参照されたい）とはちがって、ハギア・ソフィアのドーム（高さ180フィート；55m）は、円形空間でなく四角い空間の上にあり、支柱から建ち上がるペンデンティヴ（球面三角形）の上に支持されていた。ペルシャが起源だといえるらしいものの、これほどの規模で用いられた例は以前にはなかった、ドームを建設するこの方法は、ドーム下方の支持体としての壁なしで済ますことが可能であることを意味した。ドーム下方の四角い空間は、こうして、ハギア・ソフィアに見られるように、4方全体からドームを取り囲むさらなる空間のなかへと拡がってゆくことができたと思われる。ここでは、中央の空間は、アーチを載せた大理石の円柱群がなす劇的な2層の仕切りによって、北側と南側にある2階廊(ギャラリー)になった側廊から隔てられている。一方、東側と西側では、補助的な支持物はまったくなく、それゆえこの空間は、中央ドームの東西の端とそれぞれ境を接する、2つの巨大な半円ドーム下方の領域へと、間断なく流れてゆくのである。主要ドームと同じ直径（107フィート；32.5m）のこれらの半円ドームは、主要ドームの推力を支持する助けとなっているのだが、それ自体が下方の半円形のアプスすなわち半円形の屋根の部分へと拡がってゆくのである。

　その結果、合理的かつ対称的に組織化されたとはいえ、構造物全体は神秘的なものに見えることになった。というのも、われわれの目はひとつの空間から別の空間へと連続して導かれ、われわれはこの空間の正確な量も形も、確かめることができないからである。この明滅する光と影の対比が醸しだす詩的な曖昧さは、ビザンティンの円柱に載った特徴的な柱頭において、小規模ながら表わされている。ローマのコリント式柱頭では、アカンサスの葉叢は

堅い鐘状冠(ベル)から、明確に生えでているが、ビザンティンの柱頭の鐘状冠(ベル)は、複雑に先端の尖った葉叢の彫刻によって全体が覆われており、無数の穴が開いたその様によって一種の硬直したレース状のヴェールのようなものになっていたのである。

　内部の設計にとって重要な聖餐式と内部とを関連付けたり、内部を聖餐式の必然的な結果ないし表現として見ようとさえする試みは魅惑的である。しかしながら、建築史家は、6世紀のコンスタンティノープルにおける教会堂の奉仕と儀式については確かなことがほとんど知られていないために、この問題では難しい立場に立たされている。ずっとのちのビザンティンの慣例を基に判断するなら、神秘性と隠蔽性とは、初期の聖餐式にとっては本質的なものであったと主張されることも時々あった。この見解に従うならば、身廊すなわち中央の空間は聖職者たちのために取っておかれ、一方普通の信徒たちは、側廊や2階廊(ギャラリー)から華やかな儀式をちらりと見る程度であったことになる。このことは、それゆえ、集中式平面の教会堂が東方の聖餐式のために採択されたことのひとつの理由になるであろう。なぜならば、バシリカ〔長堂〕式平面において聖職者たちに対して十分な空間を供給しようとする試みが、内陣が身廊のなかへ侵食するという事態を引き起こしたからである。こうすれば、サン・クレメンテの場合のように、この〔内陣という〕邪魔物がなくなり、〔儀〕式の様子がもっとよく見えることになったと考えられるのである。このことはまた、側廊と聖所(サンクチュアリ)〔内陣〕を分かつ仕切り(カーテン)が、平信徒からなる会衆からあの「ミサの生贄の式」までを隠してしまったということも示唆してきた。しかし、このことは同じだけ強く否定されてもきたものである。われわれが確信をもって知ることは、ハギア・ソフィアのミサの開始時には、自らの聖職者を従えた大主教(ペイトリアーク)〔総主教〕と、国家の祭典の折には、自らの廷臣を従えた皇帝とが、身廊のなかへと行列をなして進んでいったであろうということである。大主教(ペイトリアーク)は、皇帝とのあいだで「親和〔平和〕の接吻(キス・オヴ・ピース)」を交わすために、ミサのもっとも厳粛な瞬間たる、聖変化(コンセクレーション)〔ミサ（聖祭）でパンと葡萄酒を聖体化すること〕のあと、聖所(サンクチュアリ)〔内陣〕から登場することになっていたと思われる。こうした、神と教会と国家のあいだの聖なる契約の神聖な調印式は、それ自体が「天上のドーム」のはっきりと理解できる象徴である、大きな中央ドームの東端の下で、公衆が見守るなか執り行なわれたのである。

　天軍九体(セレシャル・ハイアラーキー)〔聖秩〕を表わしたこの地上のイメージ〔すなわちハギア・ソフィア〕は、ローマ帝国の建築の重々しい煉瓦仕上げのコンクリートではなく、8本の主要な支柱を構成する切り石積みは除いて、薄い煉瓦で全体が建てられたのである。これらの軽い煉瓦は、ひと続きをなす透き通った泡のようなドームをつくりだすために用いられた。その効果たるや、プロコピウスをして、この建物を上方部分が「宙ぶらりんの状態でぶらさがっている」と記述せしめたほどのものであった。しかしこの実験的な試みは、あまりに危険すぎたことが判明した。というのも、ゆるやかな傾きの煉瓦造りのドームが558年に崩落したため、前よりも傾斜が急なリブ〔肋骨〕付きのドームが取って代わり、広範囲に修理が施された結果、今日まで残存しているのである。内部の壁面は、帝国に大そう潤沢に存在していた色大理石や斑岩

135

や玄武岩の、ゆらめく光を放つ「皮膚〔スキン〕」で覆われる一方、ヴォールトとドームは、太陽の光と、とりわけ数多くの黄金のランプや燭台やシャンデリアの光を受けてかすかに輝くガラスや半宝石からなるモザイクに包まれていた。

　パルテノン（本書47頁）、パンテオン（本書105頁）、そしてハギア・ソフィアはそれぞれ、西洋建築の歴史において、3つのもっとも偉大な建物のひとつである。パンテオンは、年代的にいっても様式的にいっても、パルテノンのように実質的にすべてが外部である建物と、外部が内部の裏返しにすぎないハギア・ソフィアのような建物とのなかほどに位置している。ハギア・ソフィアの外部は、鈍い灰色の鉛のドームが載ったプラスター仕上げの煉瓦からなる、特徴のない崖のような量塊でできている。重々しい控え壁〔バットレス〕が次第に多く付けられてゆき、1453年にモスクとして翻案されてミナレット〔尖塔〕を付けられたことで、〔ハギア・ソフィアの〕建築的一貫性は何ら向上しなかった。なぜなら、第1章で嘆いたように、われわれは、当時の人々によって書かれた、古典期のギリシャ建築についての専門的研究の一切を失ってしまっているため、ユスティニアヌス帝付きの歴史家プロコピウスによって書かれた、ハギア・ソフィアについての魅力的で美しい記述をここに引用することが、何らかの埋め合わせになるかもしれないのである。プロコピウスの詩的な解釈は、われわれが〔ハギア・ソフィアの〕内部をビザンティンに特有な空間美学の高度な範例と見なすことに関して、空想に耽っても耽りすぎることなどないということを確認してくれるのである。

　　それ〔ハギア・ソフィア〕は、日光と大理石からの太陽光線の反射に並々ならぬほど富んでいる。実際のところ、内部は太陽によって外から照明されているのではなく、このような溢れんばかりの光がこの祀堂を万遍なく覆っているように、光の輝きがこの祀堂の内部にあるといった状態になっていると言えるかもしれない。……［ドームは］その優美さにおいて驚くべきものであるが、その構成が不安定に見えるという理由によって、全体としては恐れを抱かせるものである。というのも、ドームが堅い基盤の上に載らずに何とか空中を漂っている風に見え、なかにいる人々を危険にさらしてその頭上に浮いているように思われてしまうからである……こちら側では円柱群が舗床の上に並べられている。これらの円柱もまた、一直線に建ってはおらず、あたかも合唱隊の踊るような動きで互いにもたれかかっているかのように、半円形をなして内側に引っ込んで〔傾斜して〕いるのだ……［ドームは］堅牢な石積み軀体の上に載っているようには見えず、天界から吊るされたその黄金のドームが内部の空間を覆っているかのように見える。これらの細部はすべて、信じがたい巧みさをもって、一緒くたに宙吊りにされて、互いに離ればなれに漂ったり、隣の部分にのみ載っかったりして、この作品に単一のもっとも並外れた調和を生みだしている。またすべての細部はそれを見る者が目に入るどれかひとつでもじっくりと眺めて吟味することを許さず、めいめいの細部に目が魅了され、目は否応なく細部そのものへと引きつけられてしまうのである。このように、視界が常に、突

然変わるのである。というのも、見る者はほかのどの細部よりも賞嘆すべき、これと決めた特定の細部を選びだすことなどできないからである……

　天井全体が純金で塗られ、美に栄光を付け加えている。さらに、石から反射した光が広く行き渡り、黄金と競い合って輝きでている……この教会堂を飾り立てている円柱や石の美しさを詳しく述べることのできる者などいようか？　人々は、自分たちが、いろいろな花々が満開に咲き誇った牧草地にやってきたかのように思うであろう。というのも、まずは〔この牧草地のなかの〕花々の紫色や、別の花々の青(グリーン)の色合いに、次には、えんじ色の光を放つ花々や、白がピカッと光る花々に驚嘆し、さらには、自然が、どこかの画家のように、もっとも目立った色を操って変化させる花々にも、驚嘆することが確実だからである。そして、誰であれ、祈りのためにこの教会堂に足を踏み入れるときにはいつでも、この作品がこれほどまでに見事に仕上げられたのは、何らかの人間の技の力によるのではなく、神の威光によることを、ただちに理解するのである。

コンスタンティノープルとラヴェンナにおける他の6世紀の教会堂

　ハギア・ソフィアは時々、マクセンティウスの縦長のバシリカとパンテオンのドームを併せたものと解釈されてきた。ドームの架かったバシリカという主題(テーマ)は、ハギア・ソフィアのあとの、コンスタンティノープルで2番目の大きさの教会堂、アギア〔ハギア〕・イリニ（聖なる平和）教会堂にも繰り返された。これは、532年にユスティニアヌスによって建てられ、564年に再建、740年にもう一度再建された。この8世紀の改築は、身廊の最初の柱間(ベイ)の上に架けられた付加的なドームのゆえに意義のあるものであり、これによって、ドーム教会堂における新しい縦方向の強調がつくりだされたのである。興味をそそる6世紀の遺構は、段のあるシントロノン（ビザンティン教会堂と東キリスト教会堂における、聖職者用の長椅子）であり、これはアプスの曲線に合わせた小型の石の階段式座席のようなものであった。

　525年頃にユスティニアヌスは、コンスタンティノープルに、アギイ・セルギオス・ケ・バッコス教会堂を創設した。これより若干日付けの早いハギア・ソフィアと同様に、この教会堂は空間上複雑な内部を有していた。すなわち、ドームの架かった中央部分は、直線をなしたり、アプスとなったりした円柱群による仕切り壁に取り囲まれており、これらの仕切り壁をとおしてわれわれは、外側のギャラリー化した〔細長い部屋のようになった〕側廊を目にすることができる。ハギア・ソフィアよりも小さく、建築的にはもっと集中化の進んだこの教会堂は、平面が正方形で、高さ約70フィート（21m）の、カボチャ型の八角形ドームが架けられている。このドームは、傘のように肋骨〔リブ〕が入れられており、それゆえペンデンティヴを不要にすることが可能なのである。さまざまな部分のプロポーションや装飾全般において、この教会堂は、その驚異的なレース状の柱頭とエンタブレチャーを除けば、ハギア・ソフィアほど洗練されてはいない。これは、近くの、マルマラ海のプロコネソス島にあった、政府の経営による大理石採掘場の工房に発注したレディーメイドの柱頭とエンタブレ

137

129 アギイ・セルギオス・ケ・バッコスの
2階廊(ギャラリー)の柱頭、コンスタンティノープル
（525年頃着工）

130 サン・ヴィターレの外観、ラヴェンナ
（532年頃-48年）

チャーであった。
　コンスタンティノープルの外では、アギイ・セルギオス・ケ・バッコスの類型(タイプ)にきわめて似た教会堂はひとつしかない。それは、ラヴェンナにある、愛らしいサン・ヴィターレの教会堂である。これは、532年頃に着工されて、546-8年に、西方におけるこの世紀でもっとも見事な建物として完成した。東ゴート族の支配下、ラヴェンナ司教のエクレシウスによって始められ、地元の銀行家(バンカー)ユリアヌス・アルゲンタリウス〔これも「銀行家」という意味〕によって資金調達されたこの教会堂は、ユスティニアヌスによって、彼のイタリア再征服ののちに完成を見た。その帝国の宮廷教会堂としての新しい役割は、皇后のテオドラを伴って祭壇に贈り物を差し出す、光輪をなすユスティニアヌス帝を描いた、内陣のモザイクによって強調された。アギイ・セルギオス・ケ・バッコスと同様に、この教会堂は、連続するギャラリー化した周歩廊すなわち外側の側廊へと通ずる、中央のヴォールトの架かった八角形〔柱〕からなっている。しかしながら、外側の形は〔アギイ・セルギオス・ケ・バッコスとちがって〕、ここでは正方形ではなく八角形であり、これによって、ひと続きの絶えず移動する畦(あぜ)〔切子面。ここでは八角形〔柱〕の各面のこと〕が生みだされて、教会堂の内部と外部双方が、〔アギイ・セルギオス・ケ・バッコス〕よりも生きいきとした、人を動かさずにおかない躍動感をつくりだしている。この教会堂の空間的な脈動(パルス)とその流れは、内陣に続く側面は除いて内側の八角堂〔八角柱〕の各側面にアプスが設けられているという事実によって一層強められている。アギイ・セルギオス・ケ・バッコスの場合は、こうしたアプスは4つだけであった。
　サン・ヴィターレは、コンスタンティノープルで用いられたものを真似た細長くて薄い煉

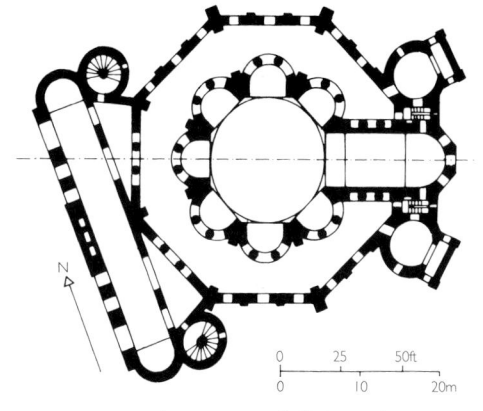

131　サン・ヴィターレの平面図、ラヴェンナ
132　同、断面図 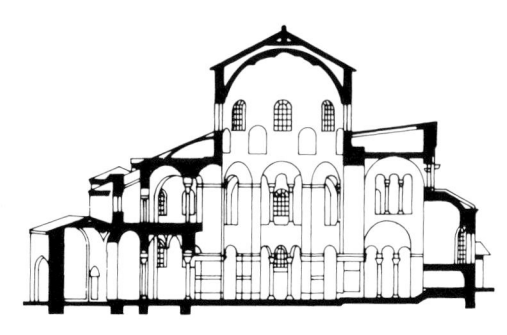
133　アギイ・セルギオス・ケ・バッコスの平面図 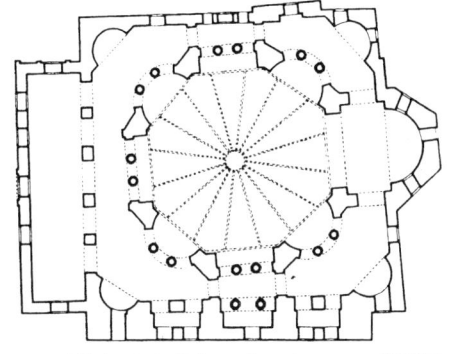
134　サンタポリナーレ・イン・クラッセの外観、ラヴェンナ（532年頃-49年） 

瓦から建てられており、大理石の円柱や柱頭は、疑いもなく、プロコネソス島の工房から運ばれてきたものであった。しかしながら、ドーム、あるいはむしろ、スクィンチ〔扇形穹隅〕の上に載った八角形のヴォールトといった方がよいが、それが空洞の粘土の素焼き壺を互いに挿入する〔陶製中空管の水平層状積み上げ〕といった西方の技術に従って建設されている。このドームの重さは、コンスタンティノープルの煉瓦ドームのそれよりもずっと軽く、その結果、建築家は控え壁なしで済ますことができたと思われる。この建物の下半分の対比的な光と影の織りなす空間の数々は、主として緑や白や青や黄金のキラキラ輝くモザイクで表面が飾られている。これらの空間によって、われわれの視線は、これらの空間の前で優しくわれわれを見つめてくれている聖人たちや司教たちの像を越え、内陣のヴォールトの頂きに描かれた「神の仔羊〔キリスト〕」のところで止まるまで連れてゆかれるのである。

　似たようなモザイクがラヴェンナの港町クラッセのサンタポリナーレの教会堂を飾っている。これは東ゴート族のもとで532年頃に着工され、549年ビザンティンの統治のもとで完成した。天国の楽園で象徴的な羊に囲まれている、ラヴェンナの最初の司教聖アポリナリスの魅力的ではあるものの幻想性のまったくない肖像画が、バシリカのアプスを飾っているが、

139

このアプスは初期キリスト教の形式をそのまま採択したもので、ユスティニアヌス帝のコンスタンティノープルの新しい建築には影響されてはいない。東ゴート族のテオドリック大王によってラヴェンナに建てられた、サンタポリナーレ・ヌオーヴォにおいては、モザイクで埋め尽くされたもうひとつの美しい内部が見られる（図165）。

　おそらく、コンスタンティノープルにおけるユスティニアヌス帝の教会のなかでもっとも影響力があったものは、アギイ・アポストリ〔聖使徒教会堂〕（536-50年頃）の、5つのドームが架かった教会堂であったが、これは1469年にトルコ人たちによって破壊されてしまった。平面上、この教会堂は、ギリシャ十字形であり、十字の各腕の上方にそれぞれドームが載り、一段と高いドームは十字形の交差部分の上方に架かっていた。これこそ、西方のビザンティン教会堂のなかでもっとも有名なもののひとつ、すなわちヴェネツィアのサン・マルコに影響を与えた配置法なのであった。

末期ビザンティン建築

　11世紀のビザンティン教会堂にとってひとつの特徴的な形態は、五つ目型すなわちクロス＝イン＝スクエア〔正方形のなかの十字形。正方形にギリシャ十字形を重ねたもの〕型平面である。これは、ひとつの大きなドームの架かった〔内部の、真ん中の〕正方形を中心の単位とする9つの単位に分割された、〔全体が〕矩形すなわち正方形の建物からなっている。これ〔大きな正方形の中の中央の大きなドームが架かった正方形〕の周りに4本の半円筒形ヴォールトが架かった長方形の単位が置かれ、〔中央の単位〕より小さな4つの単位

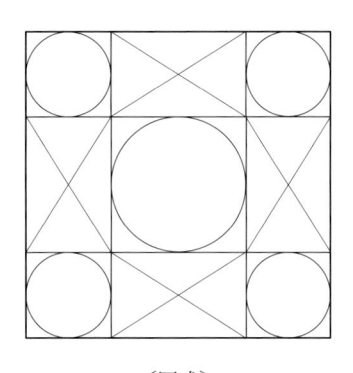

〔図式〕

が〔全体の正方形の〕4隅に置かれて〔小さな〕正方形をなし、〔中央と〕同じようにそれぞれにドームが架かっているのである〔分かりやすく図式するなら、○印がドームの架かったところ。×印がヴォールト（右上の図式参照）〕。サロニカ（テッサロニーキ）のパナギア・ハルケオンの教会堂（1028年）は、これの典型的な初期の例であり、小さなパンタイル〔先細の半円筒形瓦〕で出来たドームの数々で覆われた背の高い多角形の〔角〕胴がいくつも集まって、生きいきとした様相を呈している。壁付き円柱や付け柱やニッチ〔壁龕〕で組み立てられていた、コンスタンティノープルとサロニカの純粋な煉瓦のファサードの数々は、壁面がクロワゾネ表面仕上げ〔煉瓦で4周を縁取られた石材を整層に配列する装飾的な組積法〕として知られた石と煉瓦の配列型式で装飾された11世紀以降は、ギリシャでは繰り返されることはなかった。この〔クロワゾネ仕上げの〕多様な例は、1020年頃の2つの魅力的な教会堂、ステイリ〔ボイオティア地方の村〕のオシオス・ルカス（聖ルカ）のカトリコン〔中央教会堂〕や、アテネのアゴラにある、小さな聖使徒教会堂〔アギイ・アポストリ〕に見ることができる。光と影、充満体と空洞体、滑らかな大理石の被覆と小面〔切子面〕のあるモザイク、といった対比をもって、カ

第3章　初期キリスト教とビザンティン

135　カトリコン〔中央教会堂〕の外観、オシオス・ルカス

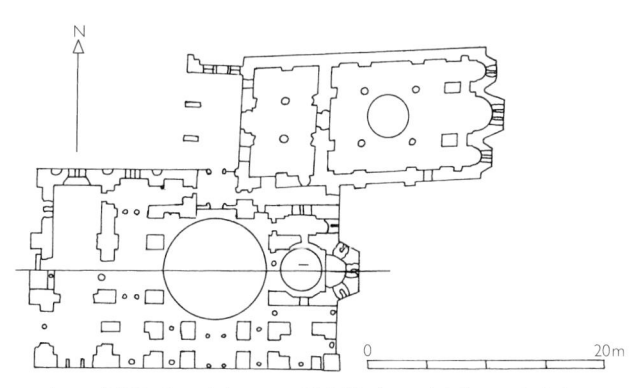

136　カトリコン（1020年頃）とテオトコスの教会堂（1040年頃）の平面図、オシオス・ルカス

トリコンの内部は、6世紀のユスティニアヌス帝の建築がもっていた光による神秘性を、直接継承するものなのである。この様式の他の見事な例としては、オシオス・ルカスのカトリコンに、1040年頃付け加えられたもっと小さな教会、テオトコス〔神の母〕教会堂や、双方とも1060年代につくられた、アテネのアギイ・テオドロイ〔テオドリ〕とカプニカレアの各教会堂や、1080年頃の、アテネ近郊のダフニの、ドルミシオン〔聖母の眠り（聖母マリアの被昇天を祝う）〕の修道院付属教会堂が挙げられる。とりわけ、ダフニのものは、古典的威厳をもった建物であり、オシオス・ルカスのカトリコンのピクチャレスクな複合体を回避したものである。ダフニは、おそらくはコンスタンティノープル出身の芸術家たちの作品と思われる、卓越したモザイクでよく知られている。キリスト・パントクラトール（万物の統治者）の

141

139　ビザンティンの町ミストラ、山腹の教会群、ギリシャ

137　ドルミシオン〔聖母の眠り〕教会堂ドームのキリスト・パントクラトール〔万能の統治者キリスト〕のモザイク、ダフニ〔修道院〕（1080年頃）

138　アギイ・アポストリ〔聖使徒教会堂〕、サロニカ〔テッサロニーキ〕

　いかめしいユダヤ的顔つきは、ビザンティン的来世観のより冷酷な側面を典型的に表わしているのではあるが、ひとつの新しい精神が、動きや人間的感情さえも示そうとするキリストの生涯からの、物語的場面のいくつかを人々に知らせようとしているように思われる。
　ビザンティン帝国のパレオロゴス朝（1261-1453年）のもとでの、11世紀における外壁の装飾的な扱い方は、矢筈積みを新たに用いるという特徴を有していた。教会堂のファサードの煉瓦積みをチェッカー盤のような、またダイヤモンドの形状のようなかたちで組み合わせるというやり方であり、その例としてたとえば、マケドニアのオフリドにあるスヴェティ・クリメント教会堂（1294年）や、ギリシャでは、〔北西部の〕アルタのパリゴリティッサ〔パレ

142

ゴレーティッサ〕の教会堂（1282-9年）、同様に、スパルタ近くのミストラ〔スパルタの6km東〕という魅力的なビザンティンの町にある2つの教会堂、アギア〔アギイ〕・テオドロイ〔テオドリ〕（1290年頃）とブロントシオン〔修道院〕（1300年頃）が挙げられる。このまさしく魅力的な〔ビザンティン〕後期の様式をもっとも洗練させた例のひとつが、サロニカ〔テッサロニーキ〕のアギイ・アポストリ〔聖使徒〕教会堂である。この教会堂のナルテックスのファサードでは、赤い煉瓦が白い石と対比をなし、14世紀をとおして、著しい発展を遂げた、ひとつの色図式（カラー・スキーム）なるものをつくり上げたのである。

　3層にわたる、多色のアーチ迫石の数々からなるアーチ状の開口部で構成された、壮麗な主要ファサードをもったテクフル・サライは、コンスタンティノープルにおいて唯一残存する皇帝宮殿の建物である。1390年までに、すなわち、このテクフル・サライが建てられた60年後あたりに、ビザンティン帝国の遺構は、実際のところ、トルコ人たちの手に渡ってしまっていた。イスラームの勝利は1453年にとうとう確実なものとなった。このとき、ムハンマド皇帝（スルタン）のコンスタンティノープルへの勝ち誇った入城（エントランス）があり、かくして聖なる帝国――それは、ギリシャとローマの文献・学識を後世のために維持し、久しいあいだトルコ人たちの侵攻に抗ってヨーロッパ文明を護り続けてきたのである――の命脈が絶たれてしまったのである。

ロシア

　〔ビザンティン〕帝国の崩壊は、ビザンティン建築の歴史の終焉を印づけるものではない。というのも、ビザンティン建築は、ロシアやイタリアやフランスにおいて、豊かでしばしば驚くべきやり方で発展していったからである。ロシアとコンスタンティノープルのあいだの、文化的かつ商業的繋がりによって、988年に、キエフの大公ヴラディーミル〔956年頃-1015年〕は、キリスト教に改宗したのである。1015年頃-37年にキエフの、多数のドームが架かったハギア〔スヴァターヤ〕・ソフィアなるビザンティン様式の大聖堂建設のため、コンスタンティノープルからやって来た建築家と石工の棟梁は、以後ほぼ900年間も続くことになったひとつの様式上の伝統を開始した。ノヴゴロドのハギア〔スヴァターヤ〕・ソフィア大聖堂（1045-52年）は、キエフ大聖堂の、キリストと12人の使徒を表わした13基のドームに対抗して、わずか5基のドームしか備えていなかった。しかしながら、12世紀に、この中央のドームが膨れた輪郭をもった外面に改築され、以後この形がロシアの教会堂の非常に際立った特徴となったのである。15世紀と16世紀に遍く拡がった、最終的な玉ネギの形をしたドームは、ノヴゴロドの大聖堂の改築された副ドームや、ノヴゴロド近郊のネレディツァの救世主〔プレオブラジェンスカヤ（キリストの山上における変容）〕教会堂（1199年）に見ることができる。その魅力的な美的特質のゆえに、イスラーム建築としてロシアで採択されたことが疑い様のない、この玉ネギ型ドームは、雪をかなぐり捨てるという北方の気候においては、付加的ながらも利するところ大であった。それはまた、ロシアの兵士たちが当時かぶっていたヘルメットの

143

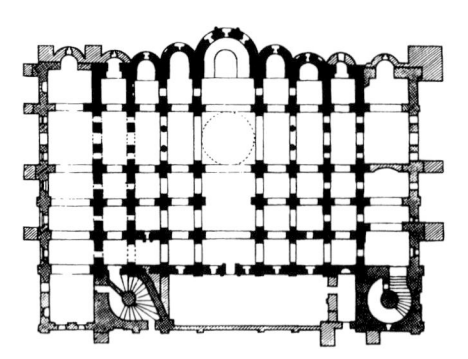

140 ハギア〔スヴァターヤ〕・ソフィア大聖堂の平面図、キエフ（1015年頃-37年）

141 ハギア・ソフィア大聖堂の外観、キエフ

142 プレオブラジェンスカヤ〔「キリストの変容」の意〕教会堂の外観、キジ島（1714年）

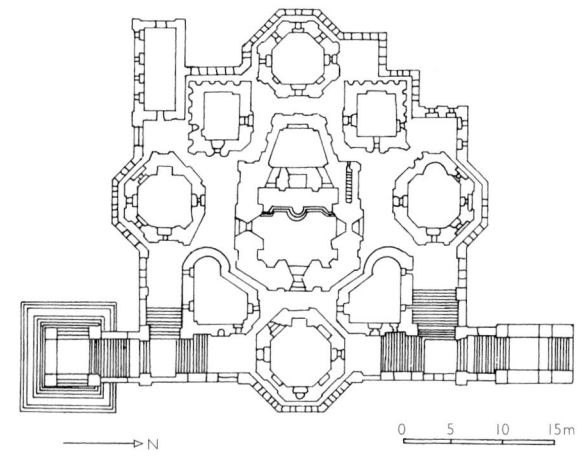

143 ヴァシーリー・ブラジェンヌイ〔「祝福された」の意で、聖者の位のひとつ「福者」のこと〕〔聖（スヴャターヤ）ヴァシーリー〕大聖堂の平面図、モスクワ（1555-60年）

形状にも似ていたのである。

　われわれは、北ロシアのキジ島にある「〔キリストの山上における〕変容」〔プレオブラジェンスカヤ〕教会堂（1714年）というような注目に値すべき建築群を生んだ、土着のロシア木造建築の伝統を見過ごすべきではない。これは、この種の木材による構造物としてはきわめて遅い時期の例である。こうした伝統は、モスクワのクレムリン宮殿の救世主塔〔スパスカヤ塔（74m）〕の門近くにある、イワン〔イヴァン〕4世（雷帝）〔1530-84年。初代ロシア皇帝（在位1547-84年）〕によって建てられた祝福されし聖ヴァシーリー〔スヴャターヤ・ヴァシーリー・ブラジェンヌイ〕大聖堂の到来とともに絶頂に達した（図169）。これは、ドームの架かったビザンティン教会堂と木造のテントの形状をしたロシアの教会堂の要素の数々を、いつまでも記憶に残るスカイラインへと引き込んでいるのである。その奇妙な平面は、おのおのが軍事的勝利を祝い、おのおのが別々にドームを架けられた、8棟の独立した礼拝堂に周りを囲まれ

144

た1棟の小さな中央の教会堂からなっている。そこには、当時の皇帝(ツァー)がこの教会堂のあまりの独創性に狂喜し、これをつくった建築家たちがこれに匹敵するどんな建物も決して建てることができぬように、彼らの目をつぶすよう命令を下したという伝説が伝わっているのである。

サン・マルコ、ヴェネツィア
　ビザンティンの影響を表わす他の最先端の建物は、ヴェネツィアやシチリアやアキテーヌ地方〔フランス南西部〕で見いだされることになる。ヴェネツィアは、東から西へという古代世界の交易ルートの合流点であるコンスタンティノープルの理想的な位置をこれより小さなスケールで繰り返した。5世紀に創建されたヴェネツィアはまもなく、ビザンティン帝国の一属州となったものの、10世紀には実質的に独立した共和国へと自ら変貌した。このビザンティウムの豊かな娘はまもなく母親よりも大きくなり、ヴェネツィア人たちがまさしく1204年の恥ずべきコンスタンティノープルの略奪へと十字軍戦士たちを誘導したのであった。その後ヴェネツィアは、半世紀のあいだに、東ローマ帝国の女王となり、コンスタンティノープルからの戦利品で自らの祀堂や宝庫や広場を飾り立てたのである。
　ヴェネツィアのサン・マルコの最初の教会堂は、830年に、ユスティニアヌス帝による、コンスタンティノープルのアギイ・アポストリ教会堂の十字形平面を基に建てられた。もっとも、この教会堂がアギイ・アポストリの5つのドームを再現したかどうかは分かっていない。10世紀後半にアギイ・アポストリの〔中央を除く〕4つのドームは、より後期(レイター)〔末期〕のビザンティン建築に特有なドームに取って代わられた。すなわち、窓に取り囲まれた背の高い円胴(ドラム)〔円鼓〕の上の高いドームである。確かに、それはサン・マルコの現在の教会堂に採択されたもっと背の高い窓のついたドームであり、1063年頃にギリシャのとある建築家のデザインから始まったものであった。976年の火災によって、830年の元の教会堂は再建されたが、おそらくはレプリカ〔まったく同じもの〕として造られたのであろう。それゆえ、1063年の教会堂は、この敷地に建つ第3番目のものである。もっとも、それは最初の教会堂とほぼ同じ大きさであった。その十字形平面は、身廊の中心に載ったドームと、〔十字形の〕4つの腕のそれぞれに載ったドームからなる、ビザンティンの五つ目型平面の翻案物(ヴァージョン)である〔本文にあったように、元々の五つ目型は正方形の4隅に（副）ドームが架けられていた〕。内部は、潤沢な大理石とモザイクの覆いが次第に散りばめられていった。これによって窓もいくつか塞がれてゆき、結果、東方の神秘性がもつまぎれなき精気を放つものとして幾世紀にもわたってそこを訪れる者たちの心を虜にしてきた、あのぼんやりとした官能的な雰囲気がつくりだされたわけである（図170）。
　5つのアーチが並ぶ西正面の簡素なビザンティンの煉瓦積みは、何か凱旋門を感じさせるかのような味わいを辺りに充満させてゆき、13世紀以降は、目も覚めるような色とりどりの、大理石板や円柱群や柱頭や彫刻物やモザイクの下に、すっぽり包まれたのである。これらの

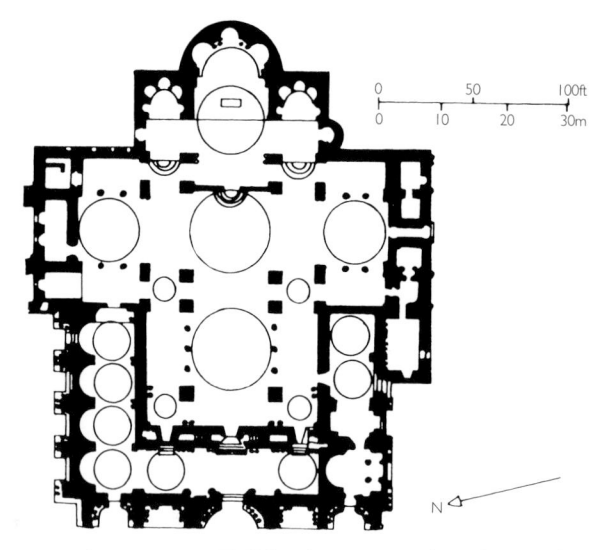

144　サン・マルコの平面図、ヴェネツィア（1063年頃着工）

　なかには、以前の建物からもってきたものもあるが、もっとも有名なものは、1204年にコンスタンティノープルから運ばれた、中央の入口門〔扉口〕の上方に置かれた4頭のローマ時代につくられた青銅の馬である。12世紀ないしは13世紀に、煉瓦造のビザンティンのドームには、われわれがロシアのビザンティン建築で注目した、あの球根状の輪郭をもった幻想的な外側の胴(シェル)が与えられたのであった。その一方で15世紀には、西正面の上方の部分で、オジー・アーチ〔ねぎぼうず形アーチ〕を付け加えることで大きく泡立てられたような形が登場した。これらのアーチは、背の高い天蓋で覆われた葉形や蕾の飾りが付いた壁龕(ニッチ)によって分けられていた。
　サン・マルコは、ヴェネツィア共和国の選挙で選ばれた指揮者たる総督(ドージェ)の宮殿〔パラッツォ・ドゥカーレ〕に隣接する、記念碑的な礼拝堂および殉教者記念堂として建てられた。そのためサン・マルコは、コンスタンティノープルのハギア・ソフィアが果たした王朝的役割をいくばくか担っていた。サン・マルコは〔現在では〕もはやこうした機能を留めてはいないものの、歴史的なキリスト教崇拝がもつ力と神秘という感覚で、訪問者たちを感動させること、そして、西正面のまさに入口にもたらされた東方の豪華な富を喚起させるよう彼らの想像力を刺激させること、この2つのことを決してやめはしなかったのである。影響力のあった、19世紀イギリスの批評家ジョン・ラスキン〔1819-1900年〕ほど、この魔法の建物が放つ宗教的、歴史的、文化的響きに突き動かされた人物は皆無であろう。『ヴェネツィアの石』（ロンドン、1851-3年）のなかで、そのサン・マルコの西正面についての大そうロマンチックな記述は、このヴェネツィアの教会堂が放つ輝きを、イギリスの中世大聖堂のまったく異なった性格と比較対照するという、修辞的技巧の一部をなしているのだ。ラスキンは、これらのイギリスの大聖堂を、以下の引用文のすぐ前のページで、「メランコリー」で「気味悪い(グリム)」とい

第3章　初期キリスト教とビザンティン

145　サン・マルコの西正面、ヴェネツィア（1063年頃着工）

って非難しているのである。サン・マルコについて彼はこう書く。

　……そこでは夢のように美しいひとつの光景が大地を突き破って立ち現われ、〔サン・マルコの〕大きな広場全体が、この光景からある種の畏怖感を抱かせて拡がってゆくかのように思える。それゆえわれわれは、この光景を遠くの方でぼんやりと見ているような感覚に陥る。すなわち、数多くの支柱と白いドームの数々が群れをなして、長く低いピラミッド状の色とりどりの光に変わるのだ。それはあたかも、山盛りの財宝が、下方をえぐられて5つの大きなヴォールトの架かった張り出し玄関〔ポーチ〕になったかのようである。これらの柱廊玄関は、見事なモザイクの貼られた天井をもち、琥珀のように透き通り象牙のように繊細な、アラバスターの彫刻がそこここに散りばめられている。この彫刻は幻想的で入り組んでいるヤシの葉や百合の花、ブドウやザクロ、枝々にとまったり枝々の間を飛び回ったりする鳥たちからなっているのだ。そして、これらのものがみな撚り合わさって、蕾と羽根の織りなす果てしない網模様を形づくっている……さらに、これらの飾り迫縁の上には、深紅の花模様で縁取られた白いアーチの数々が添えられた、きらびやかな小尖頭がさらなる群れをなしてそびえ建っている。それは乱れ飛ぶかのごとき歓喜なのだ。そしてこの歓喜の只中では、ギリシャの馬たちが胸躍らせて、この上ないほどに力強く輝く姿や、星々を散りばめた青地の上に載ったライオンの姿を目にするのだ。最後にはとうとう、歓喜の絶頂に達したかのように、アーチの棟飾り

147

146 宮廷礼拝堂(パラティン・チャペル)の内部、パレルモ（1132-43年）

　が突然大理石の泡の固まりとなって青い空の彼方へと飛んでゆき、閃光を放って輪をなすしぶきをかたどった彫り物となる。それはあたかも、リドの海岸に打ち寄せる白波が、崩れ落ちる前に凍ってしまったかのようでもあり、また、海の妖精たちが白波に、サンゴや紫水晶をはめ込んだかのようでもある。

シチリアとフランス
　シチリアの建築は、東洋および西洋の影響のもうひとつの、そしてかなり異質な同化を表わしている。535年以降、シチリアはビザンティン帝国の一部であったが、827年にアラブ人たちの手に落ちた。1061-91年に、シチリアを征服したノルマン人たちが、ビザンティンの宮廷との文化的な繋がりを回復させたものの、同時に、尖頭アーチやリブ工法やハチの巣ないしは鍾乳石のような天井といったイスラーム教徒〔ムスリム〕的特徴の数々を保持したのである。魅力的なまでに異国風な効果は、パレルモの宮廷礼拝堂の内部に代表される内部空間に見ることができる。この礼拝堂は、ラテン〔ローマ〕のバシリカとギリシャのドームを架けられた身廊の組み合わせとして、1132-43年に、ノルマン王ロジャー2世〔1093-1154年。シチリア王1130-54年。イタリア語ではルッジェーロ2世〕によって建てられたものである。身廊のビザ

148

第3章　初期キリスト教とビザンティン

147　大聖堂の東端部外観、モンレアーレ（1174年着工）

148　サン＝フロン大聖堂の内部、ペリグー（1125年頃-50年）

ンティンの円柱群および柱頭群は、イスラームの尖頭アーチからなるアーケードと彩色されたハチの巣状の天井を支えている。1140年代にギリシャ人の芸術家たちがコンスタンティノープルから招喚されて、大天使や天使や預言者や福音書記者たちを従えた万能の統治者キリストという、確立されたビザンティン式の配置に忠実に、ドームおよびドラム〔円胴・円鼓〕をモザイクで飾り立てたのである。また、1140年代以降に、ロジャー2世の〔海軍〕提督アンティオキアのジョージ〔ジョルジョ（ゲオルギオス）1100年頃-49/50年〕のために建てられた、ラ・マルトラーナとして通常知られている、サンタ・マリア・デッランミラーリョという小さな教会堂がつくられた。これは、のちに随分と改築の手が加えられてきたものの、いまだに、この教会堂を、半円筒ヴォールトが架かった腕木の付いた周歩廊に囲まれた、4本の円柱に載った中央ドームを戴き、東端部に3つの部分からなるアプスが付いた、典型的なビザンティン様式の正方形平面と解釈することが可能なのである。ドーム内の尖頭アーチとスクィンチは、イスラーム教徒起源のものではあるが、この教会堂の主たる栄誉は、われわれがダフニで注目した人間的な温か味が何かしら感じられる、その入念につくられた生きいきしたモザイクの装飾なのである。

　ロジャー2世によって1131年に着工されたチェファルーの大聖堂、1172年に着工されたパ

149

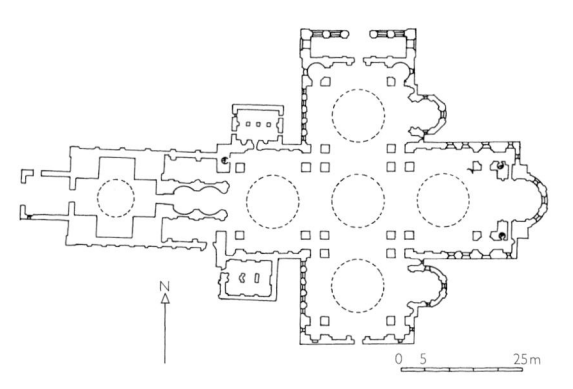

149　サン＝フロン大聖堂の平面図、ペリグー

　レルモの大聖堂、そして1174年に着工されたモンレアーレの大聖堂、これらはみな、建築学的にはビザンティンというよりもシチリア・ロマネスクというべきものである。しかしながら、チェファルーの内部、またとりわけモンレアーレの内部は一層、その壮麗なビザンティンのモザイクのゆえに名を知られているのであり、これらの大半は、コンスタンティノープルから引き入れた職人の仕事なのであった。
　シチリアの大聖堂群が、ロマネスクの時代にロマネスク様式で建立された建築群を表わしてはいるものの、ビザンティン様式の内部装飾が施されている一方で、フランスの中心部の理解に苦しむ一群のドーム状の教会堂が、同じロマネスクの時代に、装飾の一切ないビザンティン様式で建立されたのであった。そのもっとも早い例はおそらく、身廊へと降りてくる4つの石造のドームの印象的な描線（ライン）がある、アングレーム大聖堂（1105-28年）であろう。これらのドームが載ったペンデンティヴは、発想源はビザンティンではあるものの、フランス流の尖頭アーチに支えられているのである。同じことが、カオールの大聖堂（1100年頃-19年）と、これに影響を受けたスィヤックの大聖堂（1130年頃）に見られる、2つの巨大なドームにも当てはまる。この意外な一群のなかのもっとも見事な例は、ペリグーのサン＝フロンの大聖堂（1125年頃-50年）であり、これは、フランスのロマネスクの伝統に、それほど容易には結びつかないのである。なぜなら、5つのドームがあるギリシャ十字という形は、ヴェネツィアのサン・マルコに近いものであり、それゆえ、コンスタンティノープルのアギイ・アポストリにもまた近いのである。この高貴なる内部に見られる無装飾の石積みは、ヴェネツィアの場合よりももっと容易に、ドームと支柱（ピア）の重々しい表現（アーティキュレイション）を味わうことを可能にしてくれる。しかしながら、その荒々しい現代的な様相〔ブルータリズムとの関連か〕は、一部には建築家ポール・アバディ（1812-84年）による、1850年代の思い切った修復と再建によるものである。アバディは、これによって、サクレ＝クールの教会堂（1874-1919年）を設計するのに必要な技（スキル）を手に入れたのであった。サクレ＝クールこそは、モンマルトルの丘からパリの屋根屋根を越えて、金切り声をあげて叫ぶ、乱暴者ではあるが大いに愛されし、ビザンティウムの孫のような存在なのである。

第4章　カロリング朝とロマネスク

修道院制度の興隆

　西ヨーロッパは、526年のテオドリックの死と800年のシャルルマーニュの戴冠式のあいだ、建築的に不毛であったわけではない。主要な文明の推進力のひとつは、修道院制度であり、これは、シリアとエジプトの砂漠で、洞窟や掘立て小屋で暮らしたキリスト教の隠遁者たちによって実践された修行形態が、4世紀および5世紀に、初めてヨーロッパに伝わったものである。個々人の掘立て小屋を残したまま、これらの隠遁者たちはまもなく、最初の原始的修道院を形成する集団へと自ら群れていった。これらの施設から、男たち女たちが修道士や修道女になることで自らの人生を神の崇拝に捧げることのできる、修道院というシステムが成長していったのである。清貧、貞節、そして従順を誓うことで彼らは、そのほとんどが讃美歌からなっている連続した祈りという、聖務日課をともに復誦することに昼夜の大半を費やしたのであった。そのうえ、多くの修道士たちは、学者や教育者であり、その能力をもって彼らは、中世の文化全体の型式を決定するのに役立ったのである。

　大ブリテン島とガリア地方〔今のフランス、北イタリア〕からアイルランドに到るまで拡大した、初期の修道院運動は、やがて北ブリテンで、また大陸でさえも活動するために往来を繰り返す宣教師たちを生みだした。しかしながら、カトリックの修道院制度のケルト＝東方的な翻案は、ローマ的翻案との失敗に終わる戦いへと突入したのであった。後者は、597年にアングロ＝サクソン族の住むイングランド南部にまで渡った聖アウグスティヌス〔604年歿。イングランドに布教したローマの宣教師で、初代カンタベリー大司教のアウグスティヌスのこと。初期キリスト教最大の教父、ヒッポの司教アウグスティヌス（354-430年）ではない〕のような宣教師たちによって促進された。ローマの修道院制度は、530年頃南イタリアのモンテ・カッシーノに聖ベネディクトゥス〔480年頃-543年頃〕が創設した修道院において、彼らが確立させた戒律〔宗規〕に基づいていた。隠遁者もしくは世捨て人といった修道士の捉え方は、次第に、ローマ古代から呼び起こされた教団のみが考えられうる唯一の教団であったときの、教団の保護者としての教育を受けた修道士という、聖ベネディクトゥス〔ベネディクト会〕の考えに道を譲っていった。ベネディクト会修道士は、自らの修道会の施設のどこにおいても均一な戒律に従って、礼儀正しく粛々と聖務日課〔祈り〕を詠唱したことであろう。大ブリテン島においては、664年のウィットビー宗教会議が、ケルトの儀式にローマのそれが勝利

151

したことを決定的にした。ガリア地方では、ピピン3世〔小ピピン。768年歿。シャルマーニュの父、フランク王国の王、カロリング朝の創始者〕が、754-68年にかけてガリアの典礼式(リタージイ)をローマのそれに取って代えた。その一方で、シャルマーニュは789年に、ベネディクト会の戒律を、すべての修道士に課したのであった。

カロリング朝ルネサンス

　西洋文明は、古代ローマ人たちの業績に肩を並べようとする試みによって、絶えず彩られてきた。西ローマ帝国は5世紀に、ヨーロッパ全域で勢力を拡張した、北方出身の野蛮なゲルマン民族の手に落ちた。すなわち、イタリアではロンゴバルド族が、ガリア地方ではフランク族とブルグント族が、大ブリテンではアングロ＝サクソン族が、そしてスペインでは西ゴート族が、というように。とりわけ711年にはアラブ人たちが、この西ゴート族に取って代わったのである。しかしながら、732年のポワティエ〔フランス中南部の都市〕で、フランク族の王シャルル・マルテル〔668年頃-741年〕がアラブの軍隊を破ったのである。彼らは、シチリアや南イタリアの一部、そしてスペインの大半をすでに取り込んだ西洋のイスラーム帝国に、ガリアを加えようという目的でピレネー山脈を越えてきたのであった。マルテルの息子のピピン〔3世〕は、751年に自分自身がフランク族の王になっており、カロリング王朝を確立したのであった。この王朝は、その名をシャルル・マルテルに負うている。ピピン〔3世〕の息子シャルマーニュ〔カール大帝〕（742年頃-814年）が、800年のクリスマスの日、ローマのサン・ピエトロ大聖堂において最初の神聖ローマ皇帝の王位についた〔正確には、神聖ローマ皇帝は962年に戴冠されたオットー大帝が最初とされる〕。

　西〔ローマ〕帝国に残されていたものを法律上支配していた、ビザンティンの皇帝たちに対する、この注目に値すべき挑戦のもつ豪放大胆さは、今日の、ドイツ、ネーデルランド、ベルギー、スイス、フランス、そしてイタリアの大半を含んだ、シャルマーニュの領土の急速な拡大によって正当なものと理由づけられた。この帝国は9世紀末までに消滅してしまったけれども、シャルマーニュは、自らのあとに、中世および近代のヨーロッパの創造において絶えず意義深いものであり続けた、西洋ヨーロッパの像(ヴィジョン)を残したのである。カロリング朝帝国は、ビザンティン帝国が享受した、安定した行政機構や陸軍や海軍といった類のものを発展させる機会をまったくもたなかった。その代わりに、シャルマーニュは安定した勢力として、ベネディクト会という修道院制度に頼るようになり、そうすることで、中世という時期全体にとっての重要な先例をつくり上げたのである。

　シャルマーニュは、本来、軍隊の先導者であったが、母国語がドイツ語にもかかわらず、流暢にラテン語を話す技術を身につけた。彼はまた、帝国全体にわたって、公務のみならず宗教上の目的のためにもラテン語を使うことを推し進めた。このローマ・ルネサンスの一部として、彼は北ヨーロッパでは先例のなかったほどに強く諸芸術を庇護し、自らの宮廷に、ヨーロッパの学者たちを呼び寄せて、修道士や司教たちが、新たな行政機構に参画するよう

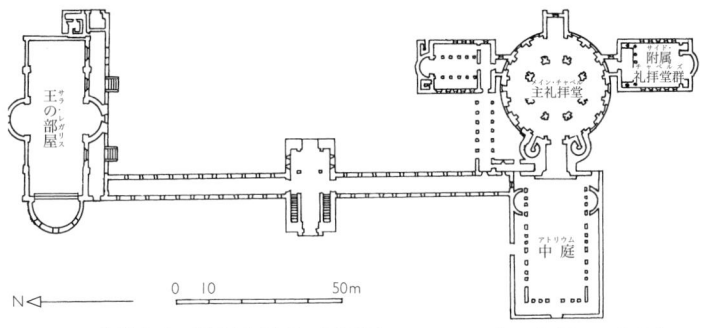

第4章　カロリング朝とロマネスク

150　宮殿および宮廷礼拝堂の平面図、アーヘン（790年頃-800年頃）

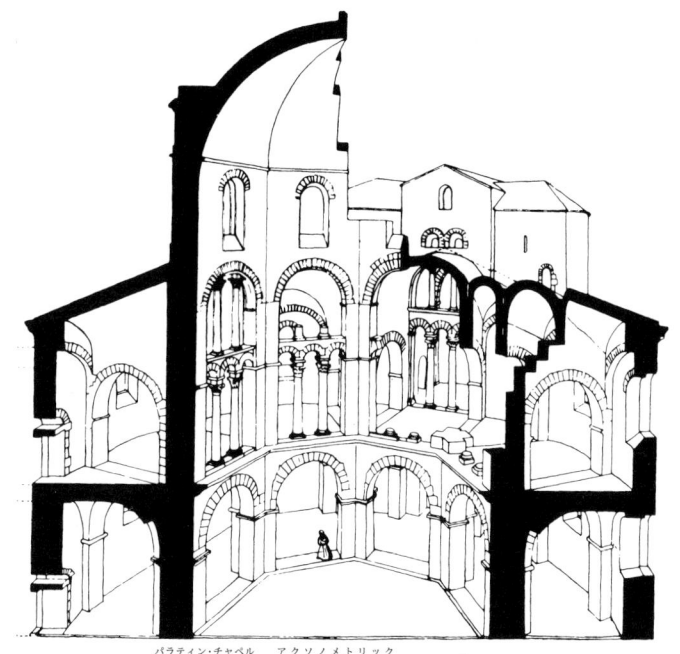

151　宮廷礼拝堂の軸測投象図法による復元、アーヘン

に教育する手助けをさせた。これらの学識のある人々は研鑽を重ねて、結果、ラテン語の古典文献を保存するのに協力し、これら文献を書き写す際に、今日ではカロリング朝風の小文字書体として知られた新しい書記法を考案した。これは、初期ルネサンスの学者たちによって再発見されたのである。彼らは、この文字を正真正銘古代のものと考え、それが印刷された書物に使う小文字として採択されるようにしたのである。古代ローマのアルファベット文字は、実際のところ小文字が欠けており、大文字のみから成り立っていたのである。

　小文字が近代世界へのシャルルマーニュの主要な遺産のひとつであったのに対し、カロリング朝の建築はほとんど残存してはいない。おそらくその唯一のもっとも重要な記念碑であるもの、それは今もそっくりそのまま完全に残存している。すなわち、アーヘンにある有名な宮廷礼拝堂すなわち修道院付属会堂である。これは、メッスのオドの設計によって、790年頃にシャルルマーニュが創建し、おそらくは800年に聖母マリアに敬意を表して献堂された

152 祈禱堂内部、ジェルミー=デ=プレ(806年)

ものであろう。それが一部をなしていた宮殿そのものは、しかしながら、ほとんどその全体が失われてしまっている。帝国ローマを想起させるように設計されたこの宮殿は、最初のキリスト教徒皇帝であったコンスタンティヌス帝のカトリック教会への伝統に基づいた贈り物である、ローマにある同じ名前の宮殿にちなんで、ラテラーノ宮殿と呼ばれた。シャルルマーニュの宮殿の列柱を備えた前庭にあったブロンズ製の騎馬像は、おそらくテオドリック〔大王〕であろうが、これは現在ローマのカピトリウム〔カンピドリオ〕の丘にあり〔厳密には今あるのはレプリカで、本物はすぐ近くの美術館にある〕、コンスタンティヌス帝を表わした像だと信じられていたがゆえに、中世には〔ローマの〕ラテラーノ宮殿で陳列されていた、マルクス・アウレリウス帝の像を真似たものであった。これと同様に、アーヘンの礼拝堂の玄関廊には、かつてはラテラーノ宮殿にあったが今はカピトリウムの丘にある狼の像から模写した、ブロンズの雌の狼像が置かれていた。宮殿の配置は、長軸方向の一方の端にある礼拝堂と釣り合ったかたちで〔もう片方の端に〕置かれた広大なアプスのある玉座の間すなわちサラ・レガリス (Sala Regalis)〔王の部屋〕に見られるように、北ヨーロッパのもっとも堂々としたローマ帝国の記念建造物のひとつである、4世紀初めの、トリーアのバシリカすなわちアウラ・パラティナ (Aula Palatina)〔皇帝宮殿〕を思い起こさせるものであった。

　ローマのフォルムを見渡す神殿のように、シャルルマーニュの礼拝堂は、7千人を収容できる列柱を備えた前庭の一方の端に建っていた。礼拝堂の西構え〔塔のある、教会堂の西端部〕には、皇帝が自らの玉座から群衆に呼びかけることの可能な司教座のある後陣が含まれていた。周歩廊に取り囲まれた、背が高く、ヴォールトの架かった、中央の八角形〔八角堂〕(図164)を備えた〔外側が〕16辺からなるこの礼拝堂は、明らかにラヴェンナのサン・ヴィターレを真似たものである（本書138頁を参照されたい）。もっとも、この礼拝堂はまた、570年頃にコンスタンティノープルの皇帝宮殿に建てられた八角形のクリソトリクリニオン (Chrysotriclinion)〔黄金広間〕すなわち儀式用広間とも比較対照されてきた。ラヴェンナの繊細な曲線と空間的曖昧さは、アーヘンにはまったく見られない。というのも、サン・ヴィターレでの中央の八角形〔八角堂〕を取り囲むカーヴを描いた円柱状の壁龕は、省かれてしまって

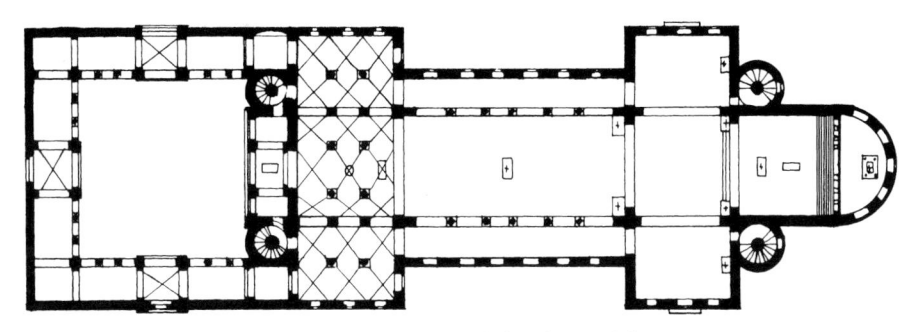

第4章 カロリング朝とロマネスク

153 サン゠リキエの平面図（790-99年）

おり、1階部分の円柱群は、丈夫な支柱に取って代わられていたからである。このようにして、メッスのオドは、ビザンティン的類型を取ったものの、それを末期のロマネスク建築に典型的に見られることになる虚飾を好まぬ実際的な大胆なやり方で表現したのであった。彼はまた、軽量の煉瓦とか、ヴォールト用の、中が空洞になった陶器の壺とかいった、ビザンティン建築群の軽い建造方法を一切採択することはなかった。その代わりに、ローマの廃墟群が、壁のための石や重々しい半円筒形ヴォールトや交差ヴォールトのための石を手に入れようとして、取り壊されたのである。その一方で、大理石の円柱群やブロンズ製の手摺り壁のような豪華な調度品は、イタリアから運ばれることになり、なかには、ラヴェンナ自体から運び込まれたものもあったのである。

　性格上、よりビザンティン的かつ東方的なものは、オルレアンの司教でシャルルマーニュの取り巻きのひとりでもあった、テオデュルフ〔テオドルフス、750年頃-821年〕のために、806年に建てられた、北フランスのサン゠ブノワ゠シュール゠ロワール近郊、ジェルミニィ゠デ゠プレにある宮殿群である。これは、1867-76年に大々的に改修されて、今も残存している祈禱堂からなっており、元々これが付属していたヴィッラ〔別荘〕や宮殿はその全体がほぼ消失してしまっている。この魅力的な小さい祈禱堂は、ビザンティンの五つ目型平面である。すなわち、中央に4本の円柱があって〔主ドームが載り〕、四隅の区割り部分にはスクィンチ〔・アーチ〕で支えられた〔4つの副〕ドームが載っている。この型の平面は、10世紀および11世紀まで東ローマ帝国では普及しなかった。それゆえこの平面の存在は、蹄鉄形〔U字形〕のアーチやアプスの存在と同様に、西ゴート族のスペインでの7、8世紀のキリスト教建築からの影響によって説明されてよいかもしれない。テオデュルフが、スペイン国境近くの、現在のナルボンヌ司教区であるセプティマニア出身のゴート族であったことは、指摘しておくべきであろう。

　アーヘンとは別の、シャルルマーニュの宮廷の主要な建築的貢献は、北フランスのアミアン近郊、現在のサン゠リキエである、ケントゥーラの修道院であったといえるかもしれない。790-9年に創建され、ゴシック期に完璧に再建されたこの修道院は、ローマから特別にもたらされた、円柱群、基部群そして割り形といった細部を巧みに組み入れていた。仮にわれわれ

155

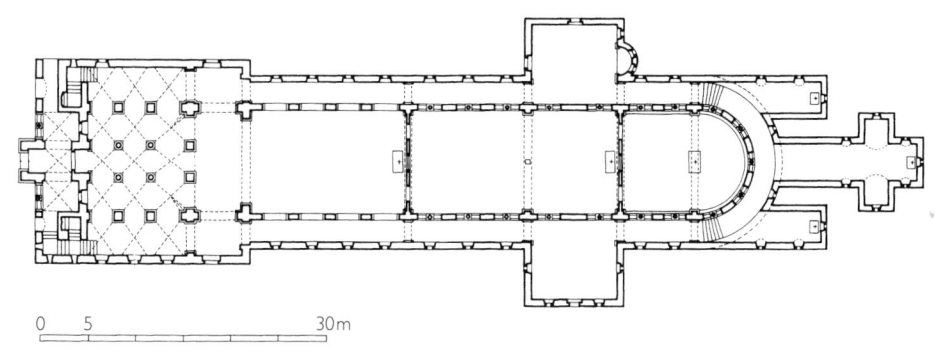

154　ヴェーザー河畔のコルヴァイの平面図（873-85年）

155　ヴェーザー河畔のコルヴァイの教会堂内部、西構えが見える

がこの建物の11世紀の図面を信用することができるのであれば、それは、〔シャルルマーニュの〕宮殿のなかでもっとも生彩のあった個性派のひとり、この修道院の大修道院長アンジルベール〔アンギルベルト〕の何処とはなしの活力・覇気を反映していたと思われる。この図面によれば、元の修道院は、交差部の上方と、丁寧につくられた西構えの上方にそびえ建つ高い塔群を組み入れた、複合的で多様な構成をしていた。2つの円形階段塔が脇に建つ、突きでたアプスのある東端、そして階廊が重ね合わさった礼拝堂群のある、仕切り壁で区割りされた身廊部分がそれである。このなかのどれほどの部分が、8世紀に実際に存在したのかは、はっきりとしてはいない。そのため、われわれは、残存している、西構えの例として、ドイツの〔ウェストファーレン地方の〕ヴェーザー河畔に建つコルヴァイの〔ザンクト・ヴィートゥス旧大修道院〕教会堂に目を転じるべきである。

　まず第一に、われわれは「西構え」なる用語を説明すべきであろう。われわれはすでに、アーヘンとの関わりのなかで、この用語に出くわしている。それは、上方に礼拝堂のある入口の玄関廊を含んだ教会堂の、塔のようにそびえ建った西端部分を意味している。おそらく初めはそれは、外の世界の敵対勢力に対抗する戦闘的な要塞化した教会堂の象徴として見られていたのであろう。ケントゥーラやランスでは、西構えは、洗礼盤〔聖水盤〕を備えた実質

156

第4章　カロリング朝とロマネスク

的に独立した教区教会堂を形づくっていた。それは、カロリング朝がついえたあとも永く続き、とりわけドイツではそうであった。西構えは、9世紀に、ランスとコルビ〔フランス北部の町〕で採択され、そこから、ドイツに伝わり、コルビ出身の修道士たちによって創建された、ヴェーザー河畔のコルヴァイに及んだのである。873-85年に建てられた、コルヴァイの西構えは、低目のヴォールトが架かったホールから成り、このホールは〔四角い〕支柱(ピア)と円柱群に分かたれ、ホールの上には、2層からなる上階の教会堂が置かれていた。ここでは、身廊を側廊から隔てると同時に、西正面の外壁からも隔てる、開放的なアーケードによってつく

156　ロルシュ大修道院の楼門(ゲイトウェイ)（800年頃）

りだされた光と影の遊動が生きいきと強調されているのである。

　もうひとつの新奇なカロリング朝の教会堂は、東フランスのオーセールにある、サン＝ジェルマンである。ここでは6世紀から8世紀後半ないし9世紀初めと、いろいろと創建の日付けの揺れ動いてきたヴォールトの架かったクリュプタ〔聖遺物を祀る部屋〕が841-59年に改築されて、聖ジェルマンの遺骨に近づくことが随分と楽になった。この際に、傾いた側廊も付加されたが、これはロマネスクおよびゴシックの東端部の梯形アプス(てい)に対する先例を提供するものであった（本書174頁を参照されたい）。これらの側廊は、軸線の一番東の端に例外的に置かれた円堂(ロトンダ)へと通じている。ボーデン湖〔スイス、オーストリア、ドイツの国境にある、ドイツ最大の湖。英語ではボーデン湖に臨むコンスタンツにちなんでコンスタンス湖と呼ばれる〕のドイツ側の岸からの沖にあるライヒェナウ島は、以下の3つの教会堂をもって8世紀に始まったカロリング朝の修道院制度を雄弁に語る残存物である。すなわち、ニーダーツェルのザンクト・ペーター〔・ウント・パウル大修道院教会堂〕、ミッテルツェルの〔ザンクト・マリア・ウント・ザンクト・マルクス〕大聖堂(ミンスター)、そしてオーバーツェルのザンクト・ゲオルク〔大修道院教会堂〕である。とりわけ最後に挙げた教会堂は、10世紀および11世紀の物語風壁画で飾り立てられた身廊壁面があり、これは、ライヒェナウ島が有名になったきっかけをつくった、オットー朝の絵画一派の作品である。

　おそらくもっともよく知られたカロリング朝の記念碑的建造物は、ラインラント〔ライン地方、ライン河西岸地方〕にある8世紀のロルシュ大修道院付属の、800年頃に建てられたと考えられる楼門(ゲイトウェイ)であろう。アーヘンの宮廷一派の一員たる大修道院長リヒボッドに帰せられた

157

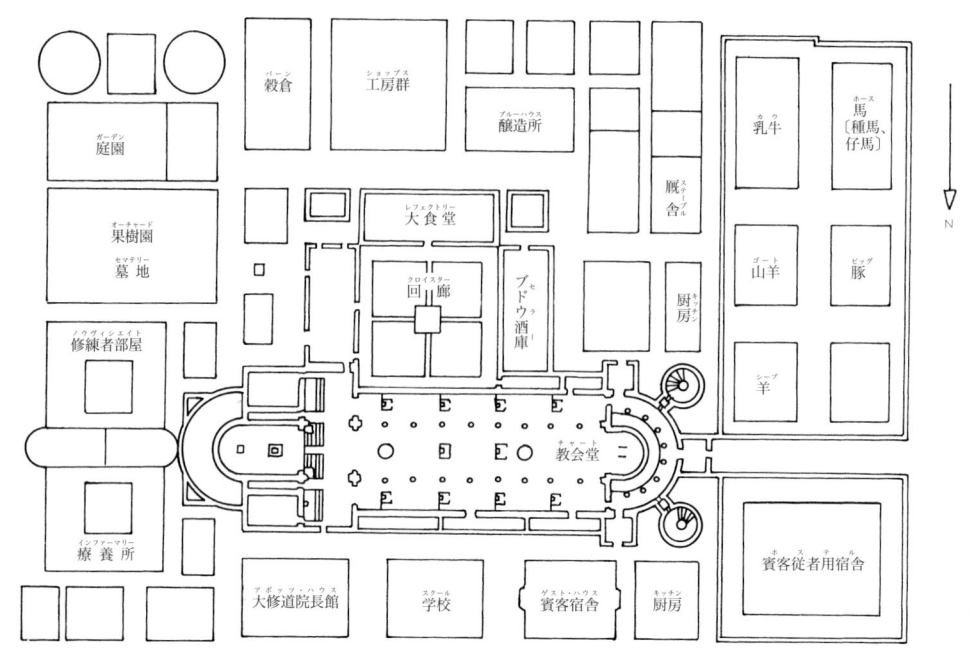

157　ザンクト・ガレン大修道院〔教会堂〕のための平面図（820年頃）

　この楼門は、修道院入口庭園前の孤立した位置を占めた、独立して建つ3本のアーチが架かった門である。そのためこの門は、フォルムに建つローマの凱旋門や、それと同様に、ローマの旧サン・ピエトロの前庭にあったプロピュライア〔入口門〕を思い起こさせる（本書126頁を参照されたい）。想像上デザインされたコンポジット式の柱頭を戴いた、付け柱の半円柱や溝彫りされた〔四角い〕片蓋柱が、茶色っぽい赤色の石とクリーム色の石が交互に並んだ石板といった多色を背景にして目立っている。このガリア＝ローマの石工術は、古典的なローマのオプス・レティクラトゥム〔網目積み〕の地方版である（本書80頁を参照されたい）。

　キリスト教ローマの中心的記念建造物であった、旧サン・ピエトロ〔大聖堂〕のカロリング的世界に対するはっきりとした力強い魅力は、ラインラントの他の場所においても感じ取ることができる。それは、フルダ〔ヘッセン州カッセル県〕の大修道院教会堂である。サン＝リキエを真似て、790年以降に再建されたこの大修道院教会堂は、聖ボニファティウス〔680年頃-755年頃〕の遺骨を受け容れるために、802-19年に、広大な袖廊と、身廊の西端のアプスが用意された。この印象的な付加は、聖ペテロの祀堂を含んだ旧サン・ピエトロの西側袖廊に厳密に似せて改築されたのであった。

　教会堂、学校、商店、製粉所、〔ビール〕醸造所、農場建築のある、ある種のモデルタウンとしてのカロリング朝修道院制度を完璧なまでに表現するために、われわれは、残存している建物群にではなく、スイスのボーデン湖近くの、ザンクト・ガレンで820年頃描かれた、修道院のための有名な平面図に目を向けなければならない。この組織化の驚くべき勝利は、近隣地域全体に対して、精神的な中心としてのみならず、行政上、文化上、農業上の中心とし

第4章　カロリング朝とロマネスク

ての機能をも果たした、中世の大いなる修道院の数々にとっての規範として役立ったのである。

9世紀から11世紀初めまでの、大ブリテン島とスペイン

　暗黒時代という背景に逆らって、非常に魅力的にそして非常に思いがけなく燃え盛った、カロリング朝帝国の文化的かつ知的な明かりは、9世紀後半から10世紀初期にかけて、その光輝が奪われてしまった。カロリング朝の人々の後継者は、オットー朝の人々であった。だが、彼らの建築は初期ロマネスクの文脈での方がより適切に論議されるであろうから、ここではわれわれは、われわれがこれまで踏査してはこなかったヨーロッパの2つの地域、すなわち大ブリテン島とスペインの、前ロマネスク建築に目を向けなければならない。

大ブリテン島

　大ざっぱにいって北西ドイツに相応する地域から、5世紀と6世紀に大ブリテン島を侵略した異教のアングロ族とサクソン族の元々あった粗暴さにもかかわらず、アングロ＝サクソン文化は700年までに確立され、大ブリテン島をヨーロッパでもっとも文明化した国にした。アングロ＝サクソン族の世俗建築はおおかたが木材でつくられたが、ローマからの宣教師たちは、地中海やガリア地方から、新しいタイプの煉瓦と石の建築を導入した。これは、カントリー〔州〕・ダーラム〔ダラム〕のエスコウムにある、質素で小さなセイント・ジョンのような教会堂で用いられた。この教会堂はおそらくは、7世紀後半のものであり、明らかに、再生されたローマの石積み工法を組み入れていた。そこには、細長い身廊と小さな内陣があり、両者ともに平面上は厳格な矩形である。これより印象的なのは、ノーサンプトンシャーのブリックスワースの教区教会堂であり、これはピーターバラ出身のベネディクト会修道士たちによって創設された7世紀後半の修道院施設である。おそらくは8世紀以降の建立であろうが、これは4つの柱間の側廊からなるバシリカである。もっとも、側廊群は今は失われていて、東端部にクリアストーリー〔高窓〕と多角形のアプスがひとつずつ残存している。アーケードとクリアストーリーのアーチ群は、ローマ煉瓦からなる2本の幅の広い迫石の並びを基にしてつくられていて、〔アーチ群は〕合わさって、140フィート（42.5m）という堂々とした長さを誇り、結果この教会堂にどことなくイタリア風の趣きを与えている。彫刻における当時の最高水準の作品は、7世紀のリズルの十字架〔スコットランドのリズルにある十字架。古英語詩『十字架の夢』をルーン文字で刻んである。ヘンリー・ダンカン牧師（1774-1846年）が発見した、石で出来た十字架〕のような感動的な記念碑に見ることができる。これには、彫琢された象牙のパネルや彩飾福音書抜粋からおそらくは引き出されたと思われる人物像がレリーフとして彫られている。

　当時のガリアのバシリカ教会堂や礼拝堂はほとんど残ってはいない。しかし、7世紀および8世紀の北イングランドとアイルランドのアングロ＝アイルランド派の金属細工、石の彫

159

158 セイント・ローレンスの外観、ブラッドフォード＝オン＝エイヴォン（1000年頃）
159 オール・セインツの鐘塔外観、アールズ・バートン（10世紀後半ないしは11世紀初め）

刻そして絵画は、十分な量残存しており、それゆえわれわれは、アングロ＝アイルランド派が、ヨーロッパ中のもっとも輝かしい功績のひとつであることを理解しうるのである。この一派は、リンディスファーンの福音書〔8世紀の初めに成立したラテン語福音書の装飾写本〕やニグの石の十字架〔ブリテン北部に住んだ古代人、ピクト人による8世紀末の石碑〕のような記念碑を、土着の野蛮な技がもつ植物の生長力のごとき活力に基づいた、堂々とした抽象的な様式で、つくりだしたのであった。この見事な職人の技能は、これに見合った質の建築作品を生みだすことはなかったものの、おそらくは8世紀後期の、建築的な彫刻の活用の非凡かつ大規模な例を、レスターシャーのブリードン＝オン＝ザ＝ヒルにある、セイント・メアリー教会堂に見いだすことができる。この教会堂の彫刻には、おそらくはカロリング朝の象牙によって鼓舞されたと思われる、人物像が彫られた石板や、高さが7ないし9インチ（18cmないし23cm）で全体の長さが約60フィート（18m）ある帯状装飾(フリーズ)が含まれる。これらの彫刻物に彫られた装飾には、ギリシャ様式を基調とした、ブドウのつるや、つたの渦巻、幻想的な動物や鳥たちが絡み合う様が描かれている。

　ウィルトシャー〔州〕の、ブラッドフォード＝オン＝エイヴォンの小さなセイント・ローレンス教会堂の下層部分は、700年頃のもので、上層部分は975年頃のものだと時々仮定されてきたが、今では、上下層とも同じ1000年頃につくられたと考えられている。この教会堂は、

第4章　カロリング朝とロマネスク

良好なプロポーションをもち、注意深く建てられた石造の教会堂であり、外壁は盲アーチの列で魅力的に飾り立てられている。北側と南側には、突きでたポーチがあり、南側のそれは、今は失われた。そして、狭い身廊は高さと奥行がいずれも25フィート（7.5m）である。これらの急峻で狭いプロポーションは、3フィート6インチ（107cm）しか幅がない、内陣のアーチの小ささによって一層強調されている。

　いくつかのゲルマン風のカロリング朝の特徴が、とりわけ、イングランドでの10世紀の修道院復活のあいだに採択された。たとえば、カンタベリーやダーラムやイーリー〔イーリ〕やウィンチェスターの教会堂がそうであった。ここでわれわれは、真の西構えの以前の姿に注目すべきである。西構えはみな今はない。そして、簡素ではあるが、ブラッドフォード＝オン＝エイヴォンの教会堂がおそらくは、1000年頃のケント州ドーヴァーのセイント・メアリー＝イン＝カストロの後期サクソン様式の教会堂は除いて、他のどの残存するサクソン様式の建物よりも、建築的に成熟していると言えるであろう。この教会堂の平面は十字形であり、身廊、内陣、袖廊、低い中央の塔があるものの、内陣と袖廊が身廊よりも狭くて低いという事実によって、建築的なインパクトが減少している。これよりも趣きのあるのが、10世紀初期の、ノーサンプトンシャーのバールナック、そしてともに10世紀後期もしくは11世紀初期の、ハンバーサイドのバートン＝アポン＝ハンバーとノーサンプトンシャーのアールズ・バートン〔オール・セインツ。図159参照〕にある、都合3つの教会堂の鐘塔である。これらの鐘塔は、ブラッドフォード＝オン＝エイヴォンの装飾的なアーチ列ではなく、いくつものパターンを形づくっている垂直方向と水平方向の壁の張り出し〔片蓋柱〕といった細長い一片〔ごく細い竪筋の片蓋柱や小さな樽型の手摺り子、ジグザク線のペディメントなど（H.クーバッハによる）〕で飾り立てられている。バートン＝アポン＝ハンバーの場合は除いて、これらのパターンは、いささか子供じみたものに見える。石造建築には不向きであったこの装飾は、ひょっとしたら、サクソン様式のイングランドの木造建築を思い起こさせるかもしれない。すでにわれわれが見てきたように、7世紀および8世紀の、北イングランドとアイルランドのアングロ＝アイルランド派の金属細工や絵画は、芸術的にはこれよりもずっと進んでいたのであった。

スペイン

　当時のスペインにおける建築の展開は、8世紀初めのイスラーム教徒アラブ人たちによって国家の大半が争奪されていたため、複雑なものとなっていた。スペインの北西の隅は、このムーア人たちの侵入に陥落することがなく、ここでは、アストゥーリアス王国が8世紀から10世紀のあいだ、洗練された様式を発展させていた。オビエード〔オヴィエード〕近くの自らの宮殿で、国王アルフォンソ2世（在位791-842年）は、830年頃に、ティオダと呼ばれた建築家による設計を基にして、サン・フリアン・デ・ロス・プラードス教会堂を建てた。その外観は区画割りしたような仕切りの多いゲルマン的なやり方で取りまとめられているけれども、内部ではポンペイの秘儀荘（本書98頁）の伝統上にある源泉に鼓舞された古典的な装

161

160 サンタ・マリア・デ・ナランコの東端部外観　161　コルドバの大モスク〔礼拝堂〕の内部（961-76年）
　　（840年頃-8年）

飾図式の名残りが認められる。840年代の初めに、アルフォンソの後継者ラミロ1世は、オビエード近郊のナランコの自らの宮殿と浴場に隣接させて、現在サンタ・マリア・デ・ナランコと呼ばれている教会堂を建てた。これは、広間（ホール）として建てられたものの、教会堂に転用され、848年に奉献されたのであった。全般的な配置としては、この教会堂はイングランドのブラッドフォード＝オン＝エイヴォンにある、セイント・ローレンスのサクソン様式の教会堂と似ているところがいくつかある。サンタ・マリア・デ・ナランコは、一部が宮殿広間、一部が教会堂、さらに一部が見晴らし台といった、いくらかわれわれを戸惑わせるような王家の記念建造物であるとしても、注目に値すべきほどに良好な保存状態にある。ヴォールトの架かったクリュプタ〔地下祭室〕の上に揚げられた建物の本体（ボディ）は、長辺側の一方の真ん中にあるポーチに続く石の階段から中に入る、長方形の広間（ホール）である。この建物の両端では、ホールすなわち身廊が、〔内部の〕アーケードを抜けてガラスのない外側のロッジア〔開廊〕の方へと通じている。もっとも今は片方のロッジアは塞がれている。解放的なロッジアを形づくっているアーチの数々は、豊かに装飾されたコリント式の柱頭の上に載っているが、礼拝堂の内部の壁面に沿って並んだ対になった円柱群は、螺旋状の模様（パターン）で荒々しく彫り刻まれ、同じ様に荒々しい塊りの柱頭を戴いている。礼拝堂とクリュプタ〔地下祭室〕は、切石積みの横断アーチで補強された、石造トンネル・ヴォールト〔半円筒ヴォールトのこと〕で覆われている。これらのものは、西洋における中世教会堂の建物群において、この種のものとしてはもっとも早い例に数えられる。

　710-11年の、イスラーム教徒アラブ人たちによるスペインの大半の征服によって、ヨーロッパでは比肩しうるもののない建築が生まれた。アラブ人たちは、暗黒時代におけるヨーロッパのほかの侵入者たちとはちがって、高度な文明を自らもたらしたのであった。彼らの宗

第4章 カロリング朝とロマネスク

教や科学や都市的生活様式は、イスラーム化したスペインの主要都市で以前はローマの都市であった、コルドバ〔コルドヴァ〕において申し分なく表現されていた。イスラーム教徒〔ムスリム〕のもとで50万の人口に到達したこの都市は、西ヨーロッパのもっとも大きくもっとも繁栄した都市となった。ここでの支配的な建物は、大モスク〔礼拝堂〕（786-988年）であり、それは、通りを横切った橋によって、カリフ〔ハリーファ。イスラーム世界の最高権威者の称号〕の宮殿と繋がっていた。こうした配列は、キリスト教世界の主要な宮廷教会堂、コンスタンティノープルのハギア・ソフィアとアーヘンの宮廷礼拝堂の配列を思い起こさせる。そ

162　アルハンブラ、グラナダ（1354-91年）

れぞれが12の柱間分の長さのある、11の側廊から構成された広大な建物である大モスクは、円柱群の森と組み合わさった古代ローマのバシリカを引き延ばした翻案（ヴァージョン）のようである。そのもっとも有意義な建築的特徴は、その3つの小さなドームであり、おのおのは八芒星〔八つの光芒がある星形〕を形づくるために交差する8つのアーチからつくられていた。ドーム下にある矩形の部屋の各隅では、アーチが〔入隅に対して〕斜めに架け渡されており、各アーチはその技術上、スクィンチ〔交差する壁体の入隅の上部に斜めにかける部材のこと。ここでは、方形の隅に設けるアーチで、隅迫持ちという〕と呼ばれている。これは、この当時の、矩形基部の上に石積みドームを建設する他のやり方であった、ハギア・ソフィアで採択された球面三角形すなわちペンデンティヴと好対照をなすものである。コルドバのイスラーム式ドームでは、スクィンチは、自分たちのコンクリート造ドームを補強するために古代ローマ人たちによって使われたリブによる枠組み工法と結びつけられている。幾何学に対する愛のゆえに、コルドバのイスラーム教徒〔ムスリム〕たちは、自らの構造システムを覆い隠したローマ人たちやビザンティン人たちとちがって、この構造システムを顕示し、飾り立てたのであった。しかしながら、イスラーム教徒の建築家たちは、われわれがあとで目にするように、ゴシックやバロックの建築家たちによって、のちに利用された、このシステムのもつ可能性〔潜勢力〕を発展させることはなかった。

　9世紀後半と11世紀初期のスペインのキリスト教徒たちのあいだでは、モサラベ〔ムーア人が征服した後のスペインにおいてムーア王への服従を条件に信仰を許されたキリスト教徒〕風として知られた様式が発展した。これは、キリスト教とイスラーム教の主題（テーマ）を組み合わせたものである。その大胆な範例が、ムーア人のスペインで大そう人気を博した馬蹄形のアーチ列

163

のある、レオン近郊のサン・ミゲル・デ・エスカラーダの教会堂（913年）である。スペインにおける、ムーア人による建築のもっとも見事な残存する記念建造物といえば、カトリックの君主、フェルディナンド〔5世〕とイサベラ〔1世〕による、1492年のムーア人たちの国からの最終的な放逐のわずか1世紀前につくられた、グラナダのアルハンブラ宮殿（1354-91年）である。これは、城砦のような外観を背後にした、噴水や緑樹や、複雑に彫琢された装飾で活気を添えられた、回廊式の中庭群の魅力的な取り合わせを目の当たりにする、豪奢な宮殿である。

オットー朝の建築とその影響

　カロリング朝の功績は、ヴァイキングやイスラーム教徒やアラブ人やマジャール人〔ハンガリーの主要民族〕からの侵攻に直面して、9世紀には崩壊し、無秩序な状態となった。しかしながら、帝国という概念は、遂にはオットー1世、大帝（936-73年）によって復活した。彼は、962年に、最初のサクソン族の皇帝として、ローマで戴冠されたのである。偉大なりしオットー朝帝国は、1056年まで存続したが、その版図は、カロリング朝よりも広大ではなかった。なぜなら、オットー朝は、現在のフランスの領域を排除していて、主として、ドイツおよび北イタリアの一部からなっていたからである。フランスとドイツは今や別々の道を歩み、それぞれの個々の文化を発展させ始めた。成長しつつある封建システムを背景にして、オットー朝帝国の王侯司教たちは、城郭や教会堂を建て、兵隊を集め、教義を教え、そうすることで、「戦いの教会」〔現世で悪と戦う地上の教会（信者たち）〕のイメージをつくり上げることを推し進めたのである。ロマネスク・ヨーロッパの建築こそは、こうした「戦いの教会」に対して、それ相応の力強い表現を与えることになったわけである。

　多くのオットー朝の教会堂は、破壊されたり改造されたりしてきた。しかし、959年創建の、ゲルンローデ地方のザンクト・ツィリーアクス大修道院教会堂は、サン＝リキエを回顧することもありうる類型の、保存状態の良い範例である。それはまた、ローマの初期キリスト教バシリカのひとつの類型、たとえばサン・ロレンツォ（579-90年）やサンタニェーゼ（625-38年）のような教会堂にその成果を負っている。つまり、これらの教会堂から、その内部の2階廊（ギャラリー）のような細部を引き出しているのである。さらには、身廊に見られる——支柱（ピラスタ）と円柱（コラム）が——交互に支持体となっているというシステムは、教会堂の将来にとって大きな意義を有していたのである。ケルンの、ザンクト・パンターレオンのベネディクト会修道院教会堂は、966年頃-80年に、側廊のないローマ型教会堂がゲルマン的リヴァイヴァルとして、オットー1世および2世によって建てられた。塔のある西構えが残存しており、身廊もまた残存している。とはいえ、身廊には、のちに付けられた側廊があるのだが。この教会堂の際立った外観の特徴は、壁の張り出し〔片蓋柱〕といった細長い一片〔の装飾〕（ストリップ）や、アーチ状の〔アーチをなす〕コーベル・テーブル〔石壁で、ひと続きをなす持送り（コーベル）で支えられた突出面〕、そして盲アーチ列である。これらの例はみな、中部イタリア北のロンバルディア地方で800年頃につくり

第4章 カロリング朝とロマネスク

163 ザンクト・ミヒャエルの外観、ヒルデスハイム（1001-33年）

だされた初期のロマネスク様式に採択されていたものであった。

　978年に創建され、後に再建された、マインツ〔ラインラント〕の大聖堂と、1009年に創建されたパーダーボーン〔ウェストファーレン地方、デトモルト〕のそれは、われわれが特徴的なゲルマン的なものとして認めようとすることのできる重々しいやり方で、カロリング朝とローマの初期キリスト教という両形態を組み合わせた。最近、1001-33年当時の元の状態で再建がなった、ヒルデスハイムのザンクト・ミヒャエルのダイナミックに組み上げられた教会堂は、ザンクト・ガレンと同様に、東西両端に半円形アプスがあり、さらには東西に袖廊が置かれて、おのおのの袖廊には、サン゠リキエのように、中央の塔と、両脇の円形状の階段塔がある。この教会堂は、多くの重要なやり方で、これらの〔元の教会堂の〕源泉を越えている。こうして、西端のアプスは、半地下の階段室によって近づくことのできる、クリュプタすなわち地下礼拝堂の上方に置かれ、その一方、教会堂全体は、通常のやり方とはちがって、結果的に一種の内部のナルテックスとなっている南側の側廊の入口から入ることになっている。身廊と〔2つの〕袖廊のあいだの交差部分は、〔交差部分の〕4方すべてに建つ、凱旋アーチにそっくりな内陣のアーチによって強調されている。また、身廊は、1本の支柱に2本の円柱が続く支柱体が交互に〔3回〕続く、ひと続きの四角い柱間によって〔3つに〕分割されている。この種の三重のリズムは、おそらくはザクセン地方のカロリング朝のものに起源があると思われるが、中央ヨーロッパのロマネスク教会堂に共通のものとなったのである。しかしながら、西ヨーロッパでは、とりわけイングランドでは、柱間2つという、厚さの大小ある支持体が交互にもっと簡単に並ぶリズムが採択された〔支柱－円柱－支柱、という

165

164　アーヘン：宮廷礼拝堂のドーム（790年頃-800年頃）

165　サンタポリナーレ・ヌオーヴォのバシリカ、ラヴェンナ（490年、テオドリック大王により着工され、549年に献堂）

第4章　カロリング朝とロマネスク

2つの柱間が1単位になっていること。先のヒルデスハイムの例は、支柱－円柱－円柱－支柱、という3つの柱間が1単位になっていた〕。

　ヒルデスハイムでのより大きな空間の複合性へ向けた顕著なずれは、この教会堂の庇護者であった、ヒルデスハイムの大司教〔993-1022年〕であり、宮廷礼拝堂付き司祭かつオットー1世の孫のオットー3世の教育係であった、聖ベルンヴァルト（960年頃-1022年。1193年に聖者の列に加えられた）によるものかもしれない。1001年にベルンヴァルトは、それまでにも何度かローマを訪れてはいたのだが、当時20歳のオットー3世をローマに連れてゆき、しばらくのあいだ、アヴェンティーノ〔アヴェンティヌス〕の丘にあった皇帝宮殿で暮らした。ここで彼は、初期の

166　大聖堂内部、シュパイヤー（1030-1106年）

キリスト教のバシリカ群を目の当たりにしたのであろう。だが彼は、そのいくらか単調な内部配置を、強い決意のもとにヒルデスハイムで再現することを拒んだのであった。1020年頃に〔ヒルデスハイム〕教会堂用にベルンヴァルトが注文した、キリストの生涯からのいくつかの場面で彫刻された、高さ12フィート（3.6m）のブロンズ製の復活祭を祝う円柱から判断するに、彼が、トラヤヌス帝の円柱の賞嘆者だったことは明らかである。ベルンヴァルトの円柱は、顕著なまでにこのトラヤヌス帝の円柱のキリスト教徒的模倣物なのである。1015年に彼のために制作されたブロンズ製の彫刻を施された入口扉は、ローマ帝国以降の西洋における、一体物としてつくられたこの種の鋳造物における最初の例であるがゆえに、技術上重要なものである。

　ストラスブール大聖堂と、皇帝コンラート2世〔990年頃-1039年。オットー1世の玄孫。神聖ローマ皇帝（1024-39年）。ザーリア朝の創始者〕によって1025年に創建された、リンブルク・アン・デア・ラーンの大修道院教会堂は、双方とも、11世紀の前半に、対をなす2つの塔を誇る西正面が備えられた。これらの塔は、サン＝リキエにかつて存在していたと想定されたもっと複雑なタイプの塔の代わりに、大きな教会堂にとっての規範となった。ストラスブールの大聖堂は再建され、リンブルクは廃墟になっているので、われわれはシュパイヤーやマリア・ラーハやトリーアに目を向けて、初期のドイツ・ロマネスクが持っていた力の概念に辿

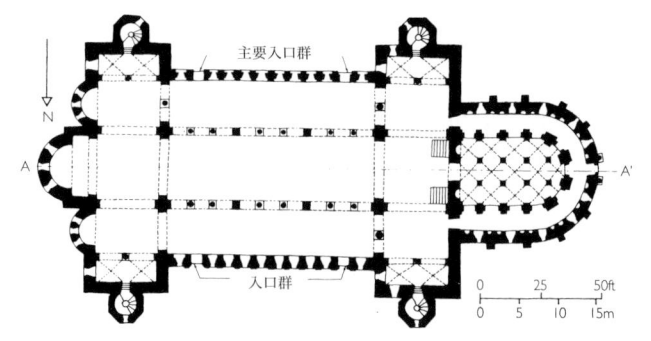

167　ザンクト・ミヒャエルの平面図、ヒルデスハイム

168　大聖堂外観、トリーア（主に11世紀および12世紀）

り着かなければならない。235フィート（72m）の長さの身廊をもつシュパイヤーの巨大な大聖堂は、1030年にコンラート2世のもとで、帝国を統治する家系の王朝用万神殿(ハウス)(パンテオン)として、着工された。この時期以降に、堂々とした交差ヴォールトの架かったクリュプタがつくられたのだが、元々の身廊の尾根は、おそらく1060年頃に施工されたのだろうが、平坦な木材でつくられていた。しかしながら、1082-1106年に、現在目にする石造の交差ヴォールト——おそらく初めからこのようにするつもりであったと考えられる——を支えるために、付加的な細円柱や副柱頭(ドセレット)〔ビザンティン式の柱に見られた厚い柱頂板〕で、交互に並んだ身廊の支柱(ピア)を補強するという新しい動きが展開されたのであった。トリーアのバシリカのようなローマ風建築

169　ヴァシーリー・ブラジェンヌイ〔聖ヴァシーリー〕大聖堂、モスクワ（1555-60年）、建築家バルマとポスニクによる

群から、またロンバルディア地方のロマネスク建築からも、スケールと同様に細部においてインスピレーションを受けたシュパイヤーは、われわれがロマネスク〔なる言葉〕によって意味するものの古典的な範例なのである。それは、果てしなく繰り返される、アーケードの丸いアーチ列やコーベル・テーブルや窓やアプス、そしてヴォールトによって特色づけられたひとつの全体のシステムへと、あらゆる建築の部分をまとめ上げる、激しく変動するリズムを有しているからである。

　トリーアでは、コンスタンティヌス帝の時代までに着工されたローマ風の大聖堂が11世紀に改築されて、中央にアプスのある西正面が完成した。このアプスと4つの塔は、カロリング朝の主題（テーマ）の力強い新たな陳述である。その一方、ヴォルムスの多数の塔がある大聖堂は、11

170 サン・マルコ、ヴェネツィア（1063年着工）：交差部と中央のドーム

171　マリア・ラーハ大修道院教会堂の外観（1093-1156年）

世紀初期に着工されたが、12世紀および13世紀にその大半が入念につくり上げられた。この大聖堂は、ロマネスク・ドイツの理にかなった〔誇張のない〕壮麗さの至高の範例である。これらの重々しい、石の建築群が大々的に拡がっていったのは、ホーエンシュタウフェン朝の偉業にふさわしい付随的事象のように思われる。1138年から1268年までの、その統治のもとで、神聖ローマ帝国の領土と影響力は、空前絶後の大きさを誇ったのである。

　1040年頃に着工された、ケルンの、ザンクト・マリーエン・イム・カピトール教会堂は、ベツレヘム〔パレスティナの古都〕のキリスト降誕記念堂を真似たとされる、三葉形平面の東端部をもつ。この三葉形平面は、同じケルンで、1190年頃に着工された、ザンクト・アポステルン教会堂に再び現われる。その遅い日付けにもかかわらず、ここのアプスはなおも、庇のように突きでた縁の下にある分厚い壁のなかにつくられた小型ギャラリーを戴く〔2層の〕盲アーチの列といったような、ロンバルディア風ロマネスクの細部で豊かに装飾されている。もうひとつの特記すべきほど保存状態の良い建物は、マリア・ラーハの大修道院教会堂（1093-1156年）である。ヒルデスハイムのザンクト・ミヒャエルの影響を受けた後期の典型例である、この教会堂は、アトリウムを通って中に入る西側のアプスがあり、力強い構成力を見せつける外部は、6つもの塔が冠せられていて、ロンバルディア風の装飾で飾り立てられ

171

ている。湖の近くに建っているという、その愛らしい田園風景のなかで、この教会堂は今日でもなお、ベネディクト会修道院の中心として、また人気のある巡礼地として、重要な役割を果たしている。さてずっと遠くまで目をやると、われわれは、1110年に着工され、1165年頃以降も続けられてきた、現在のベルギー〔のエイノー州〕にあるトゥールネの多くの塔がある大聖堂において、さらには、デンマークの、12世紀半ばのルンド大聖堂〔現在はスウェーデン、スコネ地方〕において、同じ様な形態をした他の模倣の例を賞嘆することができる。

10世紀と11世紀初期のフランス

フランスは、ドイツ以上に、カロリング朝帝国の崩壊と、それに伴う、ヴァイキング族やハンガリー人やイスラーム教徒たちの侵入で損害を蒙った。10世紀と11世紀のあいだに、フランスでは、オットー朝帝国の君主や司教たちによってドイツにおいて用意されたような、文化的影響と政治的影響がまとまった姿を目にすることはなかった。その代わりに、フランスの歴史は、イル＝ド＝フランス地方を支配したカペー朝の王たちに不承不承ながら忠誠を誓ったひと続きの小さな敵対し合う属州が、互いに領地をめぐって戦ったことで特徴づけられたのである。これらの相闘う公国のなかでもっとも成功を収めたのが、ノルマンディー諸公の国であった。ヴァイキング族という侵入者たちの、こうしたキリスト教化した継承者たちは、1066年の彼らによるイングランド征服のあと、その権力を増大させていった。フランスの支配的な勢力は、疑いもなく、教会組織であり、とりわけベネディクト会とシトー会という2つの指導的な修道会教団であった。これらの修道会すなわちクリュニー派およびシトー派という大きな組織がそれぞれ、西洋のキリスト教世界全体に、力強い、宗教的かつ建築的かつ芸術的影響を行使したのであった。

カロリング王朝以降、ドイツよりも建築的には生産的ではなかったものの、フランスは、ロマネスク建築の発展に対してまさしく重要な貢献をなしたのである。主として、教会堂の東端すなわち祭壇が置かれるところの、空間上の組織化と平面化において、そう言えるのである。こうした問題は、巡礼や聖者崇拝の人気が高まってゆくといったような展開と同一歩調をとって進行していった。建築史家たちは、アプスの付いた礼拝堂を、司祭や修道士たちの毎日ミサを読むという習慣が増大したせいにすることを好むが、11世紀と12世紀における聖職者たちのあいだでのこの日々の勤行が確立したということの証拠は、あまりにも断片的であるために、建築上の発展における決定因子としてそれほど強調するわけにはいかないのである。重要な初期教会堂は、〔現存しないが〕トゥールのサン＝マルタンの教会堂であり、ここでは、巡礼者たちがたくさん訪れた聖人の墓が、司教座聖堂参事会員たちの内陣(クワイア)の東側のアプス近くにあった。巡礼者たちが司教座聖堂参事会員たちの邪魔をせずにアプスを訪れることができるように、周歩廊がアプスの外縁(へり)の周りに増築され、その一方で、司教座聖堂参事会員たちのミサのための祭壇がある副次的な礼拝堂の数々が、端が丸くなった小アプスのかたちをして、この周歩廊から放射状に拡がっていたのである。周歩廊と放射状礼拝堂〔祭

室〕をもった、このアプス式の東端の形態は、一般にそのフランス語の名をとって、シュヴェ〔chevet：内陣の奥廊〕と呼ばれたが、フランスの、ロマネスク建築とゴシック建築に広く行き渡ったのである。トゥールの放射状平面は、発掘から論理的に推測することができるだけであり、その年代に関しては論争されている。もっとも、考古学的な証拠は確かに、11世紀後半の周歩廊を指し示しており、さらには1000年頃のもののひとつであると見込む可能性もある。

放射状周歩廊のもっとも初期の残存する例のひとつは、ブルゴーニュ地方のトゥールニュにある、サン゠フィリベールのベネディクト会大修道院教会堂のものである。これは1008年頃から、11世紀半ばまでに建てられたものであり、1120年頃に、増築された。ここにおいてわれわれは、西構えやナルテックスや〔地下の〕クリュプタと1階部分の双方にある放射線状祭室を誇る、アプス式の東端部を見いだす。洗練された装飾物や割り形を欠いているものの、サン゠フィリベールは、もっとも初期のフランス・ロマネスクのほとんど垢抜けしない質素さを、感動的に伝えてくれる。サン゠フィリベールを、不安定と暴力という社会背景に抗して、ゆっくりとしかもかろうじて到達しえた永遠性の象徴と解釈することは、容易であるし、正しいとさえ言えるかもしれない。同時期に、この建物のさまざまな部分に、異なった新奇なやり方で、石造のヴォールトが架けられている。このことはわれわれに、ブルゴーニュ地方が、10世紀の前半にこの地方の町や建物を燃やし略奪した、群をなして侵入してきたマジャール人〔ハンガリーの主要民族〕たちに苦しめられていたものの、耐火のヴォールト架構構造の発達における先駆者的立場にあったことを思い起こさせる。サン゠フィリベールにおいて、身廊と、ナルテックス上方の礼拝堂は、11世紀の前半には、並行に並んだ横断アーチ付きのトンネル・ヴォールトで、奇妙にもヴォールト架構されていたのである。その一方で、内部の両側の側廊は、交差ヴォールトが架けられているのである。

クリュニーの巨大なベネディクト会修道院は、単にブルゴーニュ地方のもっとも重要なロマネスクの建物であるだけでなく、中世ヨーロッパのもっとも影響力のあった施設のひとつ

172　サン゠フィリベールの周歩廊、トゥールニュ（1008年頃から11世紀半ばまで）

でもあった。この建物は、教会からであろうと俗界からであろうと、外部からの干渉を受けないという特権をもって、アキテーヌ〔フランス南西部〕公ギヨームによって910年に創建された。次に続く3世紀のあいだ、この建物は理想の修道院を求めた、820年頃のザンクト・ガレンの壮大なる野望の数々を要求以上に実現したのである。おのおのの修道院が自治の拠り所としたベネディクト会のしきたりとの関係を断つことで、クリュニーの大修道院長は、1450もの多くのクリュニー派修道院を直接支配下に置くようになった。クリュニーの連続して建てられた修道院教会堂は、今日ではクリュニー第1、第2、そして第3教会堂として知られている。927年に献堂されたクリュニー第1教会堂は、955-81年頃に、クリュニー第2教会堂に取って代えられたが、この教会堂は1010年頃までトンネル・ヴォールトが架かってはいなかっ

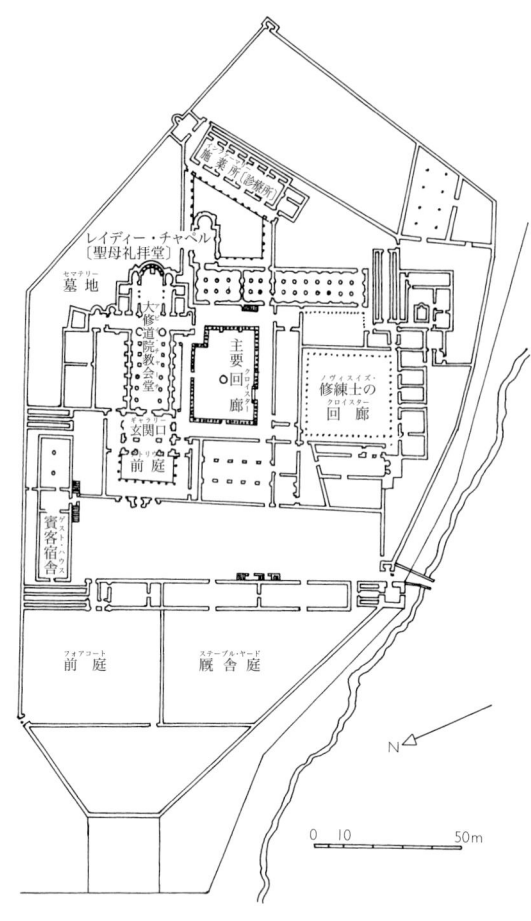

173 クリュニー大修道院教会堂の平面図：クリュニー第2教会堂（955年頃-81年）

た。これは次に、1088-1130年頃に、キリスト教世界最大の教会堂として建てられた、クリュニー第3教会堂に取って代えられた。石造のトンネル・ヴォールトは、〔ベネディクト派から分かれた〕クリュニー派の教団が有名になったきっかけをつくった、ラテン語による祈禱の厳粛な交唱〔代わるがわる歌う〕聖歌のための理想的な「音の鳴り響く箱」を供給したのであった。今日、クリュニーを訪れることは、悲しい経験である。というのも、クリュニー修道院は、フランス大革命の実利主義者〔ペリシテ人〕たちが行き着いた果てのひとつであった、いわゆる「理性の人々」によって、1810年にその大半が破壊されてしまったからである。

クリュニー第2教会堂には、ジグザグ型の東端部、すなわち梯形のアプスがあり、ここでは祭壇のある小さなアプスの数々が袖廊の東側に取り付けられていた。これに加えて、側廊は、袖廊を越えて東側に続き、この教会堂の東端の主要なアプスの両脇の〔これより小さな〕アプスで終わっていたのであった。デアスのサン＝フィリベール＝ド＝グランリウやオーセールのサン＝ジェルマンのような9世紀のカロリング朝の教会堂から由来する、このような配置法は、広く影響を与えた。西端の対をなす鐘楼と交差部に建つより高い塔を備えたクリ

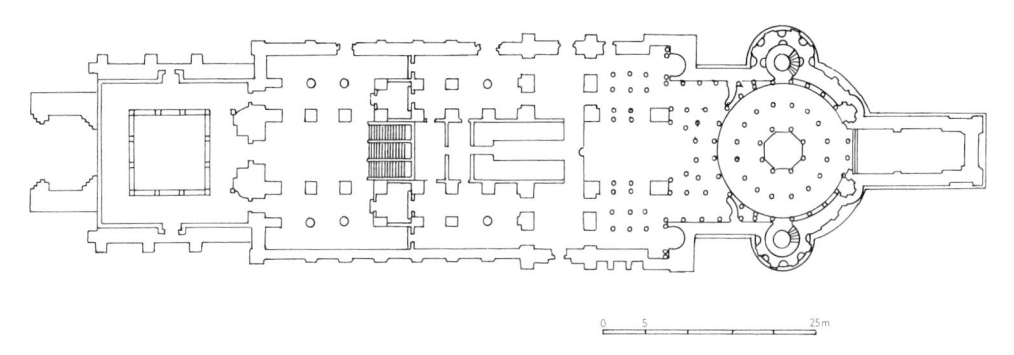

第4章　カロリング朝とロマネスク

174　サン゠ベニーニュの平面図、ディジョン（1001-18年）

175　サン・ミニアート・アル・モンテの西正面、フィレンツェ（11世紀から12世紀まで）

ュニー第2教会堂の外観配置もまた、大きな影響を及ぼした。

　ディジョンのサン゠ベニーニュの注目に値すべき独創的な教会堂は、もうひとつのブルゴーニュ地方のクリュニー派の記念建造物であるが、今はその大半が失われている。この教会堂は、1001-18年に聖グリエルモ・ディ・ヴォルピアーノ〔ウィリアム・オヴ・ヴォルピアーノ、962-1031年。ヴォルピアーノはトリーノの町〕によって建てられた。グリエルモ〔フランス語ではギヨーム、英語ではウィリアム〕は、教養があり広く旅をした大修道院長であり、11世紀にはブルゴーニュ公国が属していたとされる、ドイツの帝国一家と数多くの繋がりをもっていた。彼は、母国のイタリアからと同様にブルゴーニュ地方からも、職工人たちを雇い入れ、過去のあがめられた建築の記念碑と、10世紀の建築の功績とを、想像力をもって統合した教会堂をつくろうとしたのであった。

　この教会堂に対するわれわれのイメージは、その大部分を〔建築史家〕コナント教授による紙上の復元に負うている。——もっともこれは非常に推論的なものであることを白状しなければならない——。コナント教授は、西構えや絵のごとき9つの塔の描くスカイライン（ピクチャレスク）というような、カロリング朝とゲルマン風の特徴と、ローマの初期キリスト教のバシリカに見られるような、ブルゴーニュ地方の石造によるトンネル・ヴォールトおよび両側に側廊をもった身廊、そしてロンバルディア地方のロマネスク様式の建築的細部とを組み合わせた教会堂を提案したのである。もっとも興味深い特徴は、この教会堂の東端部分にある大きな円形状のロトンダであり、これはパンテオンの模倣と、コンスタンティヌス帝によるエルサレムの聖墳墓教会なる殉教者記念堂バシリカの背後の中庭に、4世紀半ばに建てられた集中式平面からなるアナスタシス（復活）のロトンダの模倣とを、組み合わせたものであった。ヴォールト架構のクリュプタから建ち上がる、サン゠ベニーニュの円形空間は、2層をなす円柱のアーケードからなる3重もの同心円で構成されていた。これらの同心円のなかで一番内側のものは、中央のオクルス〔眼＝穴〕をとおして天空へと開いた、クーポラのような第3層の階を形づくるように、〔他の同心円よりも〕一段と高くつくられていた。これは、1050年頃の、カンタベリーのセイント・オーガスティン〔聖アウグスティヌス〕大修道院にある、大修道院長ウルフリックの円形広間（ロトンダ）に鼓舞されたことが従来から示唆されてきた。このこととは別に、ローマの水道橋に似せた、身廊に見られるアーチの積み重ねは、1130年頃のサウスウェル大聖堂（ミンスター）のようなイングランドのロマネスク教会堂において今日ゆっくりと味わうことができる効果を生みだしていた。英仏海峡を越えたこれらの繋がりによってわれわれは、11世紀のイングランドへと目を向けさせられる。というのも、ここにこそ、1066年のノルマン人のイングランド征服に続いて起こった、もっとも見事なノルマン人の教会堂を見いだすことができるからである。

11世紀および12世紀のノルマンディーとイングランド

　われわれはすでに911年以降のフランスにおいて、英仏海峡の両側で力強く組織化された

第4章　カロリング朝とロマネスク

国家を発展させたノルマン人として知られた、キリスト教化したヴァイキング族のダイナミズムに注目してきた。ノルマン人たちの属州を固く結びつける石の連鎖を形づくっていた、力に溢れた大聖堂や修道院や城郭が、ノルマン人たちの妥協を許さない政治的手腕を直接的に目に訴える手立てであるとする、従来からの観点については、これをことさらに論議する理由などないように思われる。1002年に、ノルマンディーのリチャード2世公は、ディジョンのサン゠ベニーニュ大修道院長、聖グリエルモ・ディ・ヴォルピアーノ〔ウィリアム・オヴ・ヴォルピアーノ〕を招聘して、クリュニー会の方針に則ってノルマン地方の修道院を改革しようとした。この使命を帯びた建築的成果のひとつが、ベルネー大修道院教会堂（1017年-55年頃）であった。これこそが、ノルマンディーとイングランドにおける、修道院と教区教会堂の長い系譜の祖〔ファーザー〕と言

176　ノートル゠ダム大修道院教会堂の西正面、ジュミエージュ（1037-67年）

えるものなのである。ベルネーでとりわけ影響力のあった改革の数々と言えば、身廊の支柱〔ピア〕に付けた壁付き円柱〔片蓋柱〕と、トリフォリウムおよびクリアストーリーのある、3層構成の立面という試みであった。ベルネーは、われわれがブルゴーニュ地方式の東端部のジグザグな〔少しずつずれて並んだ〕平面と呼んでよいものを、備えていたが、他のノルマンディー地方の教会堂群は、ロワール河沿岸地方に特徴的な放射状祭室〔礼拝堂〕をもった周歩廊平面を採択したのである。その重要な範例が、1037年頃-63年にルーアンに建てられた大聖堂である。

　1037年に起工し、イングランドを制圧した凱旋帰国に際して、ウィリアム征服王〔1027-87年、イングランド王在位1066-87年〕によってその30年後に奉献されたジュミエージュのノートル゠ダム修道院教会堂は、ノルマン〔ディー〕・ロマネスクの標準型を確立した。その力強い西正面は11世紀初期のドイツの双塔型式を採択しているものの、双塔の頂には、印象的な独創性を見せつけるかのような八角形の上階〔アッパー・ステージズ〕がいくつか付けられていた。高い身廊は、二重柱間〔ベイ〕システムによって特色づけられいる。これは、円筒形の支柱〔ピア〕と、壁面に埋め込まれたような細円柱によって区切りをつけられた複合的な支柱〔ピリエ・カントネ〕とが、交互に並ぶ

177

システムである。のちに、ロマネスクとゴシックの教会堂は、このタイプの壁面柱身〔ウォール・シャフト〕〔細円柱〕上に載った石造ヴォールトで天井がつくられることになったのである。しかし、高い石造ヴォールト架構の問題は、この時代にはまだ解決されてはいなかった。ジュミエージュの屋根組は、このように、大半が木造であった。袖廊にわれわれは、典型的なノルマン流の分厚い外枠の壁面、すなわち〔あいだに割栗石が入った〕二重殻〔ダブル・シェル〕の壁面という技術の始まりを見いだす。ここでは、壁面が非常に重々しくなり、そのため壁面がそれ自体、奥行のある内部の2階廊〔ギャラリー〕すなわちトリビューンを支えるアーチ列〔大アーケード〕からなる1階をもった、ひとつの建物になってしまうのである。その一方で、さらなる通路が時々、クリアストーリーの前に置かれるのである〔クリアストーリーの壁体が窓のある堂外側の薄い壁と、堂内側の列柱アーケードに分けられ、その間が通路になっているということ〕。

ジュミエージュは今日では廃墟になっており、そのため、元々が木造の屋根を架けていた当時の教会堂の稀に残存している例として、われわれは、劇的な場所に建つモン＝サン＝ミシェルの修道院（1024-84年）を訪れなければならない。これよりややのちに建てられ、より表現がはっきりとしているのが、ウィリアム征服王が、ローマ教皇庁の特免状なく近親者のマティルダと結婚したことをあがなうために、カーンに建てた、2つの修道院教会堂である。すなわち、サント＝トリニテ、別称アベイ＝オ＝ダム〔女性のための修道院〕（1062年起工）と、これより壮麗なサンテティエンヌ、別称アベイ＝オ＝ゾム〔男性のための修道院〕である。これは同様に、1060年代初期に起工されたものであろう。双方の教会堂とも身廊は、元々、平坦な木造天井で覆われていたが、1105年頃-15年に石造の交差ヴォールトに取って代わられた。その一方、マティルダのアベイ＝オ＝ダムの至聖所は、おそらく1080年代に、2つの大きな柱間をもつ交差ヴォールトが屋根〔のよう〕に架構されたと考えられる。これは、非常に幅広いスパンを覆うために交差ヴォールトを用いた、ヨーロッパ最古の例のひとつである。それは、木材の身廊天井が1082年頃-1106年に交差ヴォールトによって取って代わられたシュパイヤー大聖堂の場合と並行して生じたものと言いうる。もっとも、このヴォールトの重みを支えるには、なおも、各柱間のあいだに横断アーチ、すなわち〔隔壁状の〕ダイアフラグム・アーチ〔ベイ〕を建てることが必要とされた〔図166のシュパイヤー大聖堂内部を参照〕。このダイアフラグム・アーチの介在なしで、2つのトンネル・ヴォールトを交差させることで出来上がる真の交差ヴォールトは、単なるトンネル・ヴォールトよりも構造上利便の良いものであった。なぜなら、それは、自らの重みを、4つの外部の点により広く配分したからである。このヴォールトを支えるのに必要な壁面は、こうして、重さが軽減され、連続性が確保されたわけである。さらにはまた、より多くの光を採り入れるように、開口部を増やすこともできたのである。

　11世紀末には、ヴォールト架構の先導役は、いくらか意外な気もするが、イングランドへと移ったように思われる。イングランドではノルマン様式が、ノルマン人のイングランド征服よりも前に、ウェストミンスター・アビイ（1050年頃-65年）で証聖王エドワード〔1002-66

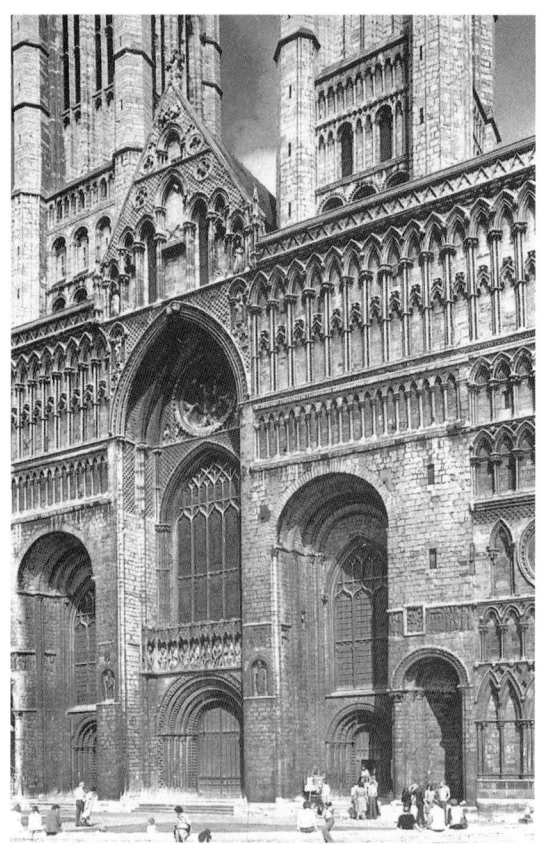

177　リンカーン大聖堂の西正面（1072年頃-92年）

178　袖廊北側の西側面、ウィンチェスター大聖堂（1079年-90年頃）

年、在位1042-66年〕によって採り入れられていた。事実、半分はノルマン人であったエドワードは、13歳から40歳のあいだ、ノルマンディーで暮らしていた。1066年以降に征服者たるノルマン人たちが採択した、破壊よりも建設を、という政策は、確かにその規模においてもその実効性においても、前例のないものである。新しい文化的かつ政治的な統一を象徴するためにノルマン人たちによって選ばれた2つの建物のタイプは、教会堂、とりわけベネディクト派修道会の教会堂と、城郭であった。

　エドワード証聖王のウェストミンスター・アビイには、三葉形アプス〔3つのアプス〕の東端部、対をなす西正面の塔、そして交差部に建つ塔があるが、このことから、ノルマン様式はたとえノルマン人の征服が起こらなかったとしても、イングランドにおいて採択されていたであろうことは明らかである。しかしながら、この採択の過程は、ノルマン人の征服後に続いたイングランドの建築において、先例のない規模でもって拡がった建設活動によって、測り知れないほどのスピードで進んでいったのである。1070年代の記念碑的な新しい建築群のリストだけでも、カンタベリー、リンカーン、オールド・サラム、ロチェスター、ウィンチェスターの各大聖堂と、ベリー・セイント・エドマンズ、カンタベリー、セイント・オールバンズの各修道院が含まれる。この建設の勢いは、1087年の征服王の死後も衰えることなく続

いた。すなわち、ノリッジ、イーリー、ダーラムの各修道院付属の大聖堂。旧セイント・ポール、グロスター、チェスター、チチェスターの各世俗大聖堂。そして、テュークスベリー、ブライス、ヨークのセイント・メアリーの各修道院教会堂である。これらの教会堂は、一部は、中世の最後期に再建されたが、大きな階廊(ギャラリー)付きのトリビューンやクリアストーリーのある、ウィンチェスターやイーリーの残存している側廊の付いた袖廊から、われわれはこの11世紀後期の作品がもつ規模と力を十分に味わうことができる。これらのものは、ノルマンディー地方のジュミエージュとカーンから、あるいはトゥールのサン゠マルタンから由来した、分厚い壁面の技術がもつ力強さを明示している。

　1081年にイーリーの大修道院長に指名されたシメオンと、彼の兄弟であるウィンチェスターの司教ウォーカリン〔1098年歿〕は、ウィリアム征服王の親族であった。ウィリアムはイングランドの第2の都市ウィンチェスターと、ロンドンで王位に即いた。そして、ウィンチェスターとイーリーにおける彼の親族の男たちの仕事の飾りのない力強さが、初期のノルマン人たちの政治力と建築様式を、もっとも率直に表現しているのである。イーリーとウィンチェスターの袖廊は、穏健な規範を代表しているが、リンカーンの壮麗なる西正面（1072年頃-92年）は、英仏海峡の一方の側におけるノルマン建築に固有なものである。その庇護者レミギウス司教は、ノルマンディー地方のフェカン出身であったが、〔西構えの〕元々の形はほとんど留めてはいないものの、著しく目立った西構えをつくる要となったと言える実力者であった。リンカーン大聖堂の西正面の3つの大きなアーチ状の凹所〔壁龕〕は、ローマ人たちの凱旋門を真似たものだと時々ロマンティックに解釈されてきた。すなわち、11世紀の聖職者たちから与えられた、彼らが優秀なる文明と見なしたものに対する雄弁な証拠(あかし)なのである。しかしながら、ピーターバラの大聖堂の魅力的な13世紀初期の西正面を除いて、〔このローマの凱旋門の〕直接の模倣は一切見いだされてはいない。おそらく1120年代起工の、テュークスベリー〔ベネディクト会大修道院教会堂〕の西正面を形づくっている傲然としたアーチは、アーヘンにあるシャルルマーニュの礼拝堂に見られるのと同じ特徴を繰り返したものであると言えよう。

　リンカーンとテュークスベリーの記念碑性は、ロンドン塔のホワイト・タワー（1077年頃-97年）やエセックスのコルチェスターの〔ホワイト・ホールよりも〕ずっと大きな城郭のような、威圧的な要塞〔要砦〕によって、11世紀の世俗建築の領野と絶妙のバランスをとっている。ちなみにこれらの要塞建築は、おそらく同じ設計者の手になるものであろう。ノルマン人たちは、このような精巧につくり上げられた要塞や城郭を建てたヨーロッパでの最初の者であった。また、ホワイト・タワーは、巨大な石造の天主塔(キープ)の先駆的範例であり、この天主塔は、ノルマン人たちの領土全体を通じて次第によく知られるようになったのである。ウィリアムは、107×118フィート（32.5×36m）の長方形平面をもつ、その大きなタワーを、ロンドンという都市に現存していたローマ帝国の壁のまさしく内部を流れるテームズ河のそばに置いた。そうすることでウィリアムは、河から、また隣接する田舎から、この都市ロンドンに

第4章　カロリング朝とロマネスク

179　ホワイト・タワーの外観、ロンドン塔（1077年頃-97年）

180　セイント・ジョーンズ・チャペルの内部、ホワイト・タワー、ロンドン塔

入るよう命令することができたと言えよう。ロンドン塔は、ほとんど現在に到るまで連続して、監獄として使われてきた。とはいえ、ホワイト・タワーは、当初こうした目的のために建てられたわけではなく、王家の規模に合った、住居用の施設として準備されたものであった。この建物がサクソン族のイングランドに与えた衝撃は、征服時に、おそらくはこの地方に石造の住居がほとんどなかったという事実によって判断することができる。実際のところ、基礎部分が約12フィート（3.6m）の厚みをもった壁面からなる、この3階建てのタワーは、ローマ人による占拠以降のイングランドにおいて建てられたもっとも印象的な建物であったにちがいない。イングランドにある他の多くのノルマン人の建物と同様に、このタワーは、ノルマンディー地方のカーンから輸入された石灰岩で建てられた。それは、イングランドの情景に侵入してきたよそ者といった特徴をあたかも強調するために建てられたかのようである。1070年にカーンからイングランドにやってきた、ロチェスターのガンダルフ司教〔1024年頃-1108年〕の指示のもとに建てられたこのタワーには、3階部分に野心的な礼拝堂がある。これは、タワーの東正面全体を仕切っている。というのも、その突きでている半円形状のアプスが、この建物の天辺まで延び切っているからである。この礼拝堂の淡白で無装飾な内部では、トンネル・ヴォールトの架かった身廊が重々しい円形の支柱（ピア）と1列に並んでおり、支柱のいくつかは、割り形のないアーチの2層分を支える原始的なホタテガイ状〔扇形〕の柱頭を戴いている。ホワイト・タワーは、当時のあらゆる軍事的奸計に対して難攻不落を貫いた優れものであった。そして、ここへは、危険時には引き揚げることのできるような木造の階段を登って、2階にある入口から入るのであった。

181

大陸からドーヴァーを経由してロンドンへと到る道路であるウォトリング街道を防護するために、ガンダルフ司教はまた、1080年代に、ケントのロチェスターのメドウェイ川の岸に、石造の城郭を建てた。カンタベリーの大司教、コルブイユのウィリアムは、この城を1127-39年に、カーン産の石でつくった卓越した天主塔(キープ)に取って代えた。この天主塔は、ドーヴァー（ケント）、ヘディンガム（エセックス）、リッチモンド（ヨークシャー）、そしてニューカースル゠アポン゠タイン（ノーサンバーランド）の12世紀の天主塔の数々と同様に、ロンドンのホワイト・タワーの影響力の大きさを雄弁に物語っている。

ダーラムにおける、城郭と修道院と大聖堂の組み合わせは、これらのものを取り囲む川の上方の切り立った岩という高い場所

181　ダーラム大聖堂（1093年着工）：身廊内部

に位置しているが、それゆえにこそ、宗教上も軍事上も、イングランドないしはノルマンディーにおいて、ノルマン人の天才のもっとも壮観なるイメージを提供してくれているのだ。ダーラムという地方(カントリー)は、征服される際に、ウィリアム征服王を前にして血まみれになって陥落してしまったイングランドの最後の場所のひとつであった。そして、ウィリアム征服王の偉業の大きさは、その建築の英雄的スケールに反映されているように思われる。ダーラムの大聖堂は、以前は修道院外の施設であったが、ノルマン人たちによって修道院の参事会会議場に転用されたのである。修道士たちが司教のもとで生活をし、大聖堂でもある修道院教会堂で〔日課祈禱書による勤行たる〕祈禱を詠唱するというこのシステムは、大陸では知られていなかったのである。しかしながら、イングランドでは、16世紀の宗教改革に到るまで存在した他の修道院大聖堂として、カンタベリー〔キャンタベリー〕、ロチェスター、ウィンチェスター、バース、ウースター、コヴェントリー、イーリー、そしてノリッジがあった。イングランド人が抱いた大聖堂のイメージとは、このように、補助的な建物や住居用の建物をもった、典型的なベネディクト会修道院教会堂の登場によって、部分的にではあるが決定づけられたのである。こうした、大聖堂が社会的な文脈のなかで機能しているという理解は、歴史的なイングランドの大聖堂である都市の数々の唯一無二の美しい性格を形成するのに役立った。同様にして、オックスフォードとケンブリッジの学寮(カレッジ)やもっと古いパブリック・スクールの数々は、修道院の施設ではないけれども、その広い芝地や回廊を備えた、より優雅な

第4章 カロリング朝とロマネスク

182 北面から見たダーラム大聖堂

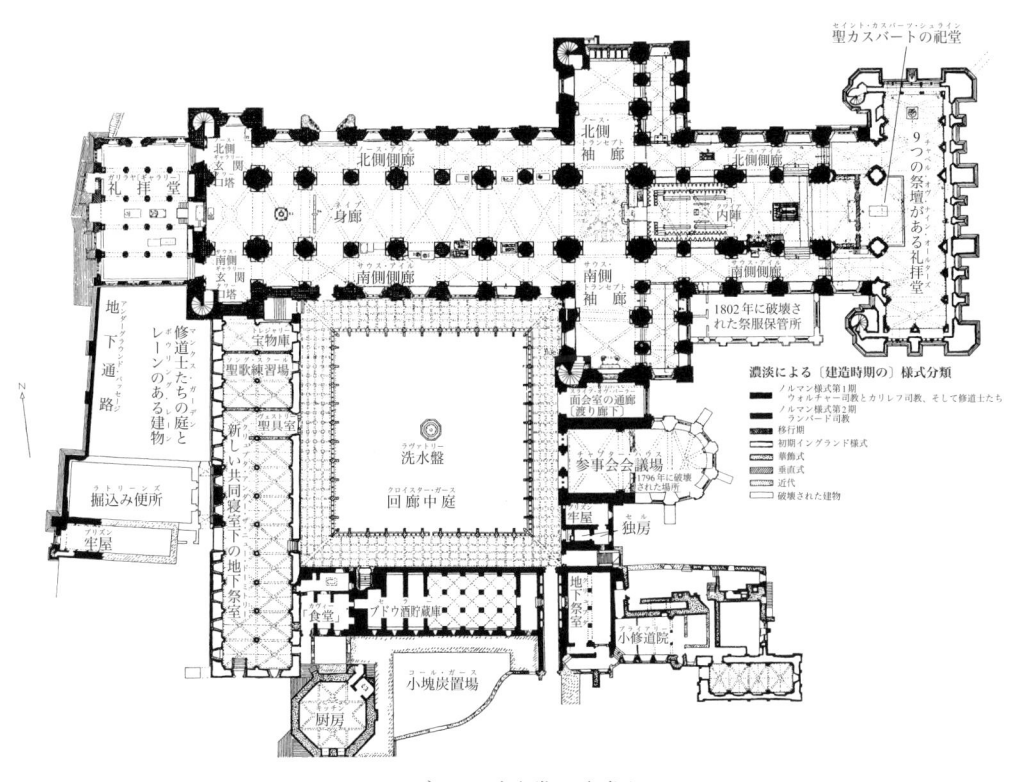

183 ダーラム大聖堂の平面図

修道院に見た目そっくりなものに映り、結果イングランドにおいては、ヨーロッパでただひとり、これらの施設で、教育と学問が修得され、さらには今もなお、不可避的に伴う社会的な意味付けが保持され続けているのである。

　1093年に、フランス人の司教、ギヨーム・ド・サン゠カレあるいはサン゠カリレフ〔1096年歿〕によって起工されたダーラムの新しい大聖堂は、英国風にされた名前を与えられた。それは、11世紀に一時代を画した大聖堂のなかで掉尾を飾るもののひとつであったため、その設計者たちは、美的にも技術的にもすでに完成されていたものを基にして、図面を引くことができたのである。こうして、身廊の大アーケードの高さと、その上にある2階廊の高さのあいだの関係は、イーリーやグロースターの場合よりも調和がとれたものになっていて、なおかつ、交互に並ぶ、円形の支柱と複合した支柱のあいだには絶妙なバランスが見られるのである。もっとも、石による描線と埋め込まれたパネルがなす囲い込むような網状組織に、内部がいっしょくたに取り込まれてしまっているのではあるが。ダーラムより前の教会堂では、身廊の壁面は、その天辺に載る平坦な木造の屋根とは別の、無関係な存在と見なされがちであったが、ダーラムの高いヴォールトの設計者は、彼自らは知ることなくわれわれが知るような、ゴシック・ヨーロッパという石とガラスの籠において絶頂を極めた、まとまりのとれた石造りの内部を、あっという間に可能なものにしたのであった。

　ダーラムは、1093年に最初から、交差ヴォールト全体を石造にした教会堂として構想されており、そのこと自体が、ヨーロッパにおける最初の試みであったように思われる。工事は東端部から開始され、東端部の側廊の上方に架かるヴォールトは、1096年までに、内陣の上方に架かるヴォールトは、1107年までに、それぞれ完成を見た。北側の袖廊のヴォールトは、1110年頃のものであり、尖頭アーチとともに用いられた、南側の袖廊と身廊の上方に架かるヴォールトは、1130年頃から始まったものである。身廊のヴォールトに見られる横断アーチは、半円形のにべもない〔ありきたりな〕曲線よりも効果的に推力を支える、より切り立った〔急勾配の〕曲線を生みだそうとして、その先端が尖ったものとなっているのである。ヴォールトがひとつのまとまった印象を目に与えるように教会堂を丸ごと描くやり方の結果として、クリアストーリーはひとつの独立した水平層として存在する代わりに、その大半がヴォールトのなかへ溶け込んでいるのである。われわれが気づいていたように、注目に値すべきものは、教会堂全体にわたる石造ヴォールトの現前だけではなく、石造ヴォールトがリブとパネル〔壁板〕で建造されているという事実もまた、そうなのである。実際のところ、パネルは漆喰仕上げされた割栗石〔荒石〕からつくられていて、かなり重い。そのため、内陣のパネルは、1235年までにひどいひびが入ってしまい、取り換えなければならなかったのである。こうした実験は、12世紀後半になって漸くイングランドにおいて続けられたのである。そして、リブ・ヴォールトの次の発展段階は、ノルマンディー地方のカーンに表われ、結局のところ、パネル〔石板〕群によって、切り石からつくられた薄い〔リブとリブのあいだの〕曲面部が形成されたイル゠ド゠フランス地方において、大きく花開いたのであった。

第4章　カロリング朝とロマネスク

184　イーリー大聖堂の西正面（1080年から13世紀半ばまで）

186　参事会会議場内部、ブリストル（1150年頃）

185　参事会会議場の階段、ベヴァリー（1230年頃）

185

12世紀初期はまた、再びダーラムの大聖堂に顕著なのであるが、山形紋すなわちジグザグ模様の装飾の活用があった時代なのである。究極的には有史前の起源をもつこの装飾は、後期ノルマン建築の顕著な特徴のひとつになった。もっとも愛らしい例のひとつは、〔ダーラムの司教〕ユーグ・ド・ピュイゼ（あるいは〔ヒュー・〕パズィ）〔1125-95年〕によって、1170年頃-5年に、ダーラムの〔教会堂〕西端に付け加えられた、礼拝堂すなわちレイディー・チャペル〔聖母礼拝堂〕である。処女マリア〔聖母マリア〕に捧げられたレイディー・チャペルは、常に、教会堂の東端近くに置かれる。しかし、ダーラムの場合には、唯一西に置かれたのである。これは、女性たちが、厳密に必要とされる以上に教会堂という身体（ボディ）のなかを貫通することを妨げようという司教パズィの思いに帰せられてきた、という長い伝統のゆえであるとされる。しかしながら、〔レイディー・チャペルの〕元々の敷地は、東端の聖カスバート〔イングランドの修道士。635年頃-87年〕の祀堂近くにあり、そこは、もうひとつの伝統によれば、聖カスバート自身の女性に対する敵意によって、重大な構造上の誤りが引き起こされ、この敷地での建設が打ち棄てられねばならなかったということが明らかなのである。パズィによる広々とした5つの側廊からなるレイディー・チャペルは、初期ロマネスクの重々しさは失われ、その軽快なアーケード群は、容赦なく進みでているように思われる。というのも、これらのアーケード〔の円柱〕には巨大なはめ歯歯車〔歯の付いた別の装置に連結する歯車〕の歯のような攻撃的なジグザグ模様が彫り刻まれているからである。ダーラムの城郭内にあるパズィの住居内部もまた、同様に豊かなものであることに注目しておかなければなるまい。

　イングランドではしばしばノルマン様式として知られていたような、ロマネスク〔様式〕は1170年代に、ゴシック様式に道を譲りはじめるまでは、装飾的な豊饒さを増大させて発展していったのである。ゴシックは、われわれが見てきたように、早くも1100年頃のダーラムのリブ・ヴォールト構造において予見されていたのであった。この過程は、イーリーの大聖堂でも十分に認識される。イーリーにおいて、1080年代に始められた工事は、13世紀半ばまで続けられたのであった。12世紀後期にまで達する、イーリーの注目に値すべき西正面は、ドイツ・ロマネスクの大きな塔と袖廊を誇っている。もっとも、正確にドイツのものとの並行関係を見つけだすことは困難である。大陸に対置される、イングランドに特有なものといえば、外部も内部もともに、実際の壁の前にある格子状の装飾に似た、層をなす〔装飾のない〕盲アーチ列で飾り立てられているといった、奇妙なやり方である。この特色は、南西の袖廊の隅部に建つ2つの大きな多角形の塔において強調されている。これらの塔では、細円柱（シャフト）は隅ではなく、〔塔の〕各辺の真ん中に置かれ、その結果、細円柱はアーチと交わるところで、アーチの前で楽し気に走り上がっているのである〔図184のイーリーの袖廊（図の右端）塔に見える中程より上方のアーチを2分して走り上がる細円柱を参照されたい〕。この生きいきとした、しかし非論理的な装飾は、1200年頃から始まるが、同年代の、リンカーンの南袖廊の重ね合わされたアーチ列や、およそ30年後のベヴァリーのトリフォリウムにおいて、繰り返されたのである。アーチを2分する独立して建つ細円柱というイーリーの主題（テーマ）は、ベヴァリーでの、

1230年頃の参事会会議場(チャプター・ハウス)に再び現われる。それは重要な主題(テーマ)である。なぜならば、細円柱と刳り形からなる透かし細工(オープンワーク)の図柄に対するイングランドの激しい好みは、結局のところ、その絶頂を、イングランドに固有な、ゴシックの一局面において見いだすことになるからである。すなわち、14世紀後半から16世紀初期までの垂直式ゴシックである。

　装飾パターンとして果てしなく繰り返された盲アーチ列は、その大半が背景となる構造とは関連がなかったものの、1150年頃のノーフォークのカースル・エイカー・プライアリー〔小修道院〕の西正面や、ノリッジ大聖堂の塔のような建物群に繰り返される一方で、ブリストル大聖堂の参事会会議場の内部は、この盲アーチ列を、表面の図柄付けに対するイングランドのこだわりのもっとも初期の例のひとつである、豊かな菱形模様(パタニング)と結びつけているのである。

フランスとスペインの巡礼教会堂

　1070年頃から1170年頃までノルマンの王たちのもとでイングランドに生みだされた建物群が、ヨーロッパのロマネスク建築のもっとも印象的かつ首尾一貫した区分のひとつを形成していることを、われわれは見てきた。〔イングランドより〕面積としては大きく、政治的なまとまりはそれほどでもなかったフランスは、数多くの地域ごとのロマネスクの分派を発展させたが、そのなかでもっとも重要なものは、北方のノルマンディー地方は別として、この国の中央部および南部にあった。すなわち、東のブルゴーニュ、南西のアキテーヌ、中央のオーヴェルニュ、西のポワトゥー、そして南東のプロヴァンスの各地方であった。これらの地方は、フランスの異なった部分にある町々から導かれる4つの巡礼路の建築によって切り離されていた。すなわち、サン＝ドニあるいはシャルトル、ヴェズレー、ル・ピュイ、そしてアルルである。これらの巡礼路は、プエンテ＝ラ＝レイナの、ピレネー山脈のスペイン側でひとつになり、そこからただひとつの道が、ブルゴスとレオンを経由して、スペインの北西角に位置するサンティアーゴ・デ・コンポステーラへと続いたのである。使徒のひとり聖ヤコブの身体を所有しているといった、かなり不明確な主張が功を奏して、この遠く離れた町は、いくらか驚くべきことに、ローマとエルサレム以降の中世における巡礼の旅のもっとも人気のある場所になったのである。これらのめざましい巡礼の旅は、現代のパッケージされた休暇旅行の場所と似通った状況で、祈禱や悔悛や感謝といった真摯な宗教的行為を課すものであったが、実は、チョーサー〔1343年頃-1400年〕の著作『カンタベリー物語』のなかで不朽の名声を与えられていたのである。これらの巡礼の旅は、中世文化のもっとも幸福な局面のひとつである、国際主義の生きいきとした部分なのであった。金持ちも貧乏人も、聖職者も俗人も、遠く離れた国から異なった背景を負ってやって来たのではあるが、ひとつの共通の宗教的理想によってのみならず、祠堂や救護所が中途に置かれた、暑くて埃っぽい道を歩く巡礼の旅という肉体的な試練によってもまた、一心同体になって目的地をめざしたのであった。

187 サント=フォワの聖遺骨匣、コンク（10世紀半ば頃）

189 サン=セルナンの外観、トゥールーズ（1080年頃着工）

188 サント=フォワの外観、コンク（1050年頃-1130年）

第4章　カロリング朝とロマネスク

　このまとまりは、建築的には、コンポステーラに向かう巡礼路に、11世紀後半に起工された、一連の関連教会堂において表現されている。この巡礼路には、現在は双方とも破壊されてしまった、トゥールのサン＝マルタンとリモージュのサン＝マルシャル、そして〔現存する〕コンクのサント＝フォワと（元々）実質的にこれとまったく同じつくりの教会堂であるトゥールーズのサン＝セルナン、さらにはサンティアーゴ・デ・コンポステーラそのものが建っていた。これらの薄暗い雰囲気をもった教会堂では、ノルマン人の教会堂群の背の高いクリアストーリーと木造の天井が、1層のみの2階廊(ギャラリー)に載っている石造の半円筒形ヴォールト架構に取って代えられた。これらの教会堂は、修道士たちや参事会員たちのための聖歌隊席(クワイア)のみならず、感動的な儀式の数々に参列する巡礼者たちの長い行列にも適応させるために設計された結果、これらの教会堂のうちでもっとも大きなものには、大体、5つの側廊があった。さらには、高い祭壇の付いた祀堂もしくは祭壇下の祀堂、そして大きな袖廊とアプスがひとつ備えられていた。そして、これらの教会堂にはみな、トゥールの〔サン・マルタン〕教会堂に鼓舞され、聖遺物と私的なミサのために意図された、放射状祭室のある周歩廊がひとつ用意されていた。これらの教会堂の大きさや華麗さが、ヨーロッパの巡礼往来の主な焦点であった、ローマの、コンスタンティヌス帝によるサン・ピエトロのバシリカに対抗するための入会勧誘の成果であったということもまた、ほとんど疑いえないのである。

　残存する巡礼路教会堂のなかでもっともわれわれを喚起させるものはおそらく、コンクのサント＝フォワであろう。これはもっとも小さな教会堂のひとつでもあるが、全体としては巡礼路教会堂群の高くて狭いプロポーションをなおも備えてはいる。ラングドック地方の丘陵の斜面にある、害されてはいない村の端に、絵のような姿を見せてたたずむ、この建物もその情景も、この教会堂が建てられた1050年頃-1130年から、その特徴的な性格をほとんど変えてはこなかった。もっとも、西の塔群は、19世紀のものではあるが。この教会堂はまた、その財宝すなわち至宝の美術品を保存してきたことでも注目に値する。それゆえ、現代の訪問者は、12世紀初期の薄暗いが徹底的に委曲を尽くした内部がいかに、宝石やエナメルを散りばめられた貴金属の、見事なまでの祀堂や聖遺骨匣(せいいこつばこ)の数々によって、大きな祝宴の際に〔副産物として〕派生して現われでたかを、一度限りであっても、体感することができるのである。コンクの至宝のなかでもっとも度肝を抜くものは、聖女フォワの黄金の聖遺骨匣(せいいこつばこ)である――これこそアイドル、と言ってしまいたい誘惑に駆られる。この大司教の座についた聖職者階級の人形は、おそらく10世紀半ば以降のものであろうが、中世の文化的共鳴と継続とを生きいきと表現している。というのも、頭部は、5世紀のローマの閲兵用ヘルメットでつくられ、この頭部もそれ以外の人物像もともに、宝石や装飾で飾り立てられたまま何世紀も経て、16世紀の修復の際に絶頂に達したのであった。

　ラングドック地方の中心都市、トゥールーズのさらに南方には、フランスでもっとも大きな半円筒ヴォールトの架かった教会堂、サン＝セルナン（1080年頃以降）がある。これは、この地方の主要な建築材料であった煉瓦で建てられている。そのアプスがいくつもある周歩廊

189

190 「栄誉の柱廊玄関」、サンティアーゴ・デ・コンポステーラ（1168-88年）
グローリア　ポルティコ

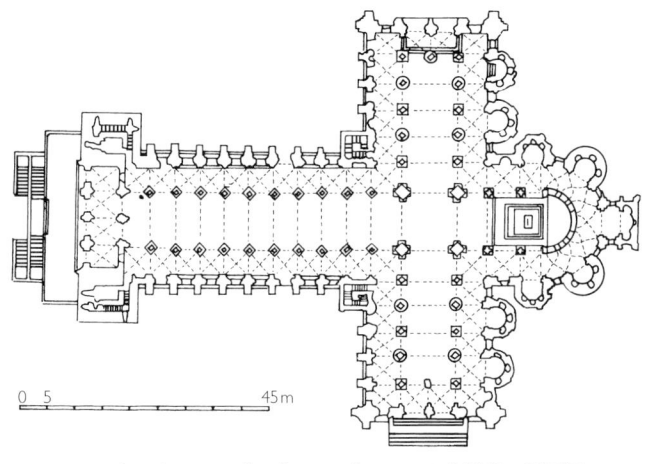

191 サンティアーゴ・デ・コンポステーラ大聖堂の平面図

第4章　カロリング朝とロマネスク

は、外部から見るとはっきりと分節化されているのが分かる。もっとも、この教会堂の外観は、巨大な八角形の塔によって支配されており、この塔はゴシック時代にその大半がつくられたが、〔身廊と袖廊の〕交差部の上方に、何やらキリスト教化したパゴダのように建ち上がっている。巡礼路の最終目的地、サンティアーゴ・デ・コンポステーラの外部（1075年頃-1150年）は、のちの時代、すなわちここではバロック期に、はるかに激しく徹底的に変形された。しかしながら、無から始めるために裸になるよりもむしろ、年月を重ねて富を蓄積してゆくといった、スペインの建築的天分は、1730年代にこの教会堂を改築した建築家たちが、ロマネスクの内部のみならず、自分たちのつくった壮麗な新しいファサードの背後にある西正面の一部さえをも、大切に愛でて保存していたことを意味していたのである。

　サンティアーゴ・デ・コンポステーラの袖廊南側正面（ファサード）にある、1111年頃-16年の残存する彫刻物で飾られた扉口群は、その彫り物の大半が元の場所に（in situ）ないけれども、われわれに、1100年あたりの数年が、ほぼ6世紀に及ぶ空白期間ののちに記念碑的な石の彫刻が復活したことを目の当たりにした、という事態を思い起こさせる。われわれの目的にとって重要なことは、ここ、トゥールーズのサン＝セルナンにある、1115年頃-18年のミエジュヴィル門とにおいて、設計者たちが建築の形態を、その彫刻的装飾でもって統合するために、彫刻を建築的に用い始めたということである。ミエジュヴィル門の重々しい、頭部が半円形をしたアーチのなかの、テュンパヌム〔出入口上部の梁とその上のアーチの間の半円形の部分〕には、12人の使徒たちが彫られて、〔ライオンにまつわる彫刻が〕生きいきと彫琢された2本の持送りに支えられた楣の上に、「キリストの昇天」が描かれている。アーチの両脇のスパンドレル〔小間〕の部分には、聖ペテロと聖ヤコブの彫像が置かれている。誇張的に表現された衣文〔着衣〕の図柄のある、この生気に満ちた様式は、モワサックの回廊（1100年頃）の支柱（ピア）に、そしてとりわけハーカやレオンやサンティアーゴそのものといった、スペインの巡礼路に建つ他の教会堂に、再び登場するのである。

クリュニー第3修道院と、フランス・ロマネスクの地方諸派

　キリスト教世界最大の教会堂である、クリュニーの第3修道院教会堂の、1088年頃-1130年の建設は、ノルマン様式のイングランドにおける建築活動が前例ないまでに盛んであった時代と重なっている。われわれはすでに、力強く中央集権化されたクリュニー教団の、ベネディクト会修道院制度における例外的な立ち位置とクリュニー第2教会堂（955年頃-1000年頃）の重要性について、述べてきた。これは確かに、ジグザグ配列（スタガード）〔波形配列、千鳥形配列〕型平面（本書174頁を参照されたい）として知られたものを普及させるのに役立ったが、われわれは、コナント教授の、この影響力に対する誇張された主張を受け入れる前に、用心を怠ってはならない。クリュニー派の修道士たちは、「全能の神」を荘重に崇拝することで荘厳なる美しさを追い求めようと我が身を捧げた。クリュニー派修道士たちの教会堂の石造トンネル・ヴォールトは、ある特有の堂々とした禁域（エンクロージャー）を形成し、このなかでは、特色あるクリュニー派

191

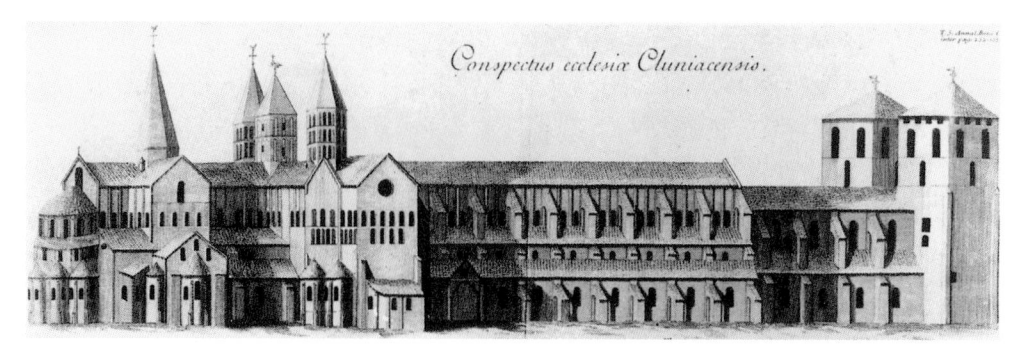

192　クリュニー大修道院教会堂の版画：クリュニー第3教会堂（1088年頃-1130年）

193　ラ・マドレーヌ大修道院教会堂の西側扉口、ヴェズレー（1125年頃）

第4章　カロリング朝とロマネスク

の聖歌詠唱がリズミカルな荘重さをもって、絶え間なく増減を繰り返して、〔堂内に〕響き渡り、また繰り返し反響しえたと考えられる。そのもっとも有名な人物が聖ユーグ（1049-1109年）であった、力強い大修道院長たちに統治されたクリュニー第3教会堂は、明らかに、シュパイヤー〔大聖堂〕の皇帝の壮麗さに対する拮抗勢力として意図されたものであった。それはこうして、皇帝の権力に対置されたローマ・カトリック教会の中心となったわけである。もっとも、教皇たちと皇帝たちとのあいだの軋轢は、イタリアにおいて、もっとも深刻なものであったが。

　クリュニー第3教会堂は、ガンゾー〔ギュンゾー〕という、クリュニー派の修道士にして、数学に関心を抱いた音楽家であった人物によって設計された。実施にあたった建築家は、エズロンと呼ばれた人物で、彼はまた数学者でもあった。結果として、長さ600フィート、身廊のヴォールト最頂部までの高さ100フィート（183m×30.5m）という、この広大な教会堂のさまざまな部分の大きさは、5、8½、25そして31フィート（1.52、2.6、7.6、そして9.4m）という、ひと組の基本モジュールを含んだ、複雑な数学的プロセスによって、互いに関連づけられていた。この比例体系は、美的な理由に基づいて採択されたわけではなく、むしろ、実践的な利便として、また、プラトンからアウグスティヌスに到る哲学者たちの著作に見られる数字のもつさまざまな局面を強調するという考えから、採択されたのであった。

　クリュニー第3教会堂の圧倒的なスケール、その前例のない長さと高さ、その数限りない塔と放射状祭室、その二組の袖廊とその300人の修道士を収容する内陣、そのフレスコ画や彫刻、これらすべてのものが、19世紀初めのあの悲劇的な破壊まで、ここを訪う者たちをびっくりさせてきたのである。東側の部分は、結局のところシュパイヤーから派生したその複雑な量塊の組み合わせを見せつけているが、1100年までに完成しており、教会堂は1130年に、教皇インノケンティウス2世〔1143年歿、在位1130-43年〕によって奉納されたのである。巡礼路教会堂の周歩廊平面を採択しつつも、クリュニー第2教会堂のジグザグ配列型平面を採択しなかった東側の部分は、集中式平面の建物の構成を真似ていた。一方、5廊式の身廊〔身廊ひとつに側廊が4つで計5廊〕は、バシリカ型に従っていた。生涯をクリュニーの研究に費やしたコナント教授は、このことを、古代ローマの壮大さとカロリング朝の活気と原=ゴシック・ダイナミズムの学識ある組み合わせと見なしていた。このように、この教会堂のプロポーションの数々がすでにしてゴシックであっただけではなく、アーケードのアーチが尖頭形でもあったわけである。

　高さが64フィート（19.5m）ある、大きな西の扉口の1113年頃のテュンパヌムは、聖職者階級然としたビザンティンの姿勢をとる、栄光の座についた崇められしキリストの非凡なる寓意的な図像が彫り刻まれていた。このテュンパヌムは、そのほぼ全体が破壊されてしまったけれども、残存する断片から、古代世界の大方の彫刻と同様に、それに彩色が施されていたことが明らかである。実際のところ、ローマ以降かつ前ロマネスクの、初期中世の大部分ではおそらく、彫刻は彩色されていたと思われる。このクリュニーの扉口は、モワサック

193

194　大聖堂の西正面、アングレーム（1130年頃）

（1125年頃）、スィヤック（1125年頃）、そしてコンク（1130年頃-35年）といった、すべてラングドック地方にある修道院〔教会堂〕群と、ヴェズレーの修道院（1125年頃）、オータンの大聖堂（1130年頃）、そしてシャルリウ・プリオリー（1140年頃-50年）といった、すべてブルゴーニュ地方にある教会堂群の、大きなひと続きをなすロマネスクの扉口の嚆矢であった。「黙示録」、「最後の審判」、そして「栄光の座のキリスト」といった、元々彩色されていた、これらの〔彫刻による〕描写の数々が織りなすドラマは、それらを取り囲む建築のさまざまな形姿（シェイプ）のうちに、力強く圧縮・要約されることで高度なものへと昇華してゆくのである。オータンの、「最後の審判」を描いたテュンパヌムは、この時期のものとしてはもっとも非凡なものであり、その作者の彫刻家、ギスレベルトゥス自身の〔「ギスレベルトゥス、コレヲ造レリ」という〕署名〔銘文〕が彫り刻まれている。その一方で、あらゆる彫刻のなかでもっとも贅沢なものは、使徒たちの使命を描いた、ヴェズレーの扉口〔の彫刻〕である。そのダイナミックな描線は、西洋の彫刻において比類のないやり方で、超自然的な力の数々が作用していることを示唆しているのである。

　モワサック、オータン、そしてヴェズレーの彫刻の建築的な用い方に関する注目に値すべき別のやり方（ヴァリアント）は、アングレーム大聖堂の西正面（1130年頃）に見ることができる。これは、ひとつの教会堂のファサード全体を占有している彫刻的課題（プログラム）という事例の最初のものである。ここに見られる驚くべき表示をなした設計者は、自身がローマの劇場に見られるスカエナ・フロンス〔三次元的な舞台背景〕によって鼓舞されてきたことをほのめかすようなやり方で、このファサードを1個の仕切り壁（スクリーン）として扱ったのである。この途方もない（パズリング）ファサードは、建築史家たちによって、幾分か無視され続けてきた。彼らにとって、この建物の意義とは、アキテーヌ地方ロマネスクの、ドームが架かった教会堂の地方一派の範例というものであった（本書150頁を参照されたい）。

　オータンの大聖堂（1120年頃-30年）は、クリュニーの数多い建築的模倣物のなかで、もっとも魅力的なもののひとつである。尖頭アーチからなる半円筒形ヴォールトや、おそらくはこの町のローマ時代の門に鼓舞された、新しい古代風の様式といった、溝彫りされたコリント式の付け柱がその要因である。もっとも、これらのものは、ローマの遺構のなかったクリ

194

第4章　カロリング朝とロマネスク

195　オータンの大聖堂（1120年頃-30年）：付け柱群を示す身廊の細部

196　ノートル゠ダム゠ラ゠グランドの西正面、ポワティエ（1130年頃-45年）

197　サン゠ジル゠デュ゠ガールの西正面、プロヴァンス（1170年頃）

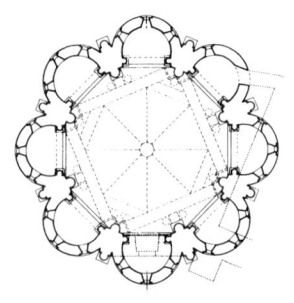

198　フォントヴロー大修道院の厨房平面図、アンジェー近郊（12世紀初期）

199　フォントヴロー大修道院の厨房外観、アンジェー

第4章　カロリング朝とロマネスク

ュニーにも見られたものではあった。プロヴァンス地方の、サン＝ジル＝デュ＝ガールのクリュニー派の小修道院巡礼路教会堂は、われわれに、〔クリュニーという〕御祖の範型からさらに向こうの方まで案内してくれる。1170年頃に、この教会堂には、豊かな彫刻を施されたアーチ群のある西正面が与えられた。この西正面は、アルルやニームといった、近くのローマ時代の町々に残る遺構において証明されたような古代ローマの精神を、力強く新たに陳述したものなのである。同様なアーチ付きの扉口(ポータル)は、アルルとアヴィニヨンの各大聖堂にも残存している。

　その始まりがクリュニー第3教会堂よりも早い、中央フランスのサン＝ブノワ＝シュール＝ロワール修道院教会堂（1080年頃-1130年）は、放射状祭室と大胆な量塊の東端部をもった、残存しているクリュニー・タイプの教会堂の、高貴な範例である。この教会堂には元々、塔が付いた張り出し玄関(ポーチ)があったが、これの印象深い範例は、今もエヴルィユに残存している。ポワティエでは、ノートル＝ダム＝ラ＝グランド（1130年頃-45年）の教会堂が、豊かな彫刻装飾で完璧なまでに表面を覆われて、ビザンティンの象牙の棺にも似たような効果をつくりだしている、その奇妙な西面ファサードのゆえに、とりわけ記憶すべきものである。その明瞭な東洋的な豊かさ(プロフュージョン)は、十字軍の衝撃もしくは東方との交易に、何らかのものを負っている。その円錐形の帽子をかぶったような塔の数々は、装飾的な魚のうろこの図柄からなる石瓦で屋根が葺かれている。ノートル＝ダム＝ラ＝グランドの豊かな彫刻装飾は、ポワトゥーのオネー＝ド＝サントンジュの高貴なる巡礼路教会堂にも繰り返されている。その一方で、魚のうろこのモチーフは、ロワール地方のアンジェー近郊にある、フォントヴローのベネディクト会修道院の注目すべきピラミッド状の厨房棟に、激しいかたちで取り上げられている。この修道院では、暖炉のある数多くのアプスに、煙突塔が取り付けられている。フォントヴローの修道院教会堂は、アンジュー伯および12世紀半ば以降はイングランド国王となったプランタジネット朝の万神殿(パンテオン)として、1119年に献堂された。この教会堂の側廊を欠いた、4つの柱間(ベイ)からなる身廊は、ひと続きのドームによって屋根のように覆われているが、これらのドームは、南アキテーヌ地方のペリゴールの特異なドームの架かった教会堂群と関連づけられるにちがいない。すなわち、ペリグーのサン＝フロン、カオール〔ケルシー地方〕、スィヤック、そしてアングレームの大聖堂である。これらのものは、ヴェネツィアのサン・マルコのビザンティン様式教会堂からのインスピレーションという文脈のなかで、すでに述べられていた。しかし、明らかにヴェネツィア風なサン＝フロンを除いて、これらの教会堂はフランス・ロマネスクにおける固有な発展〔の成果〕として見てゆかなければならない。

　さて、そうこうするうちに、クリュニー派の修道士たちの豪華な建築や聖餐式〔典礼〕に対する反動が、シトー派修道会のなかで増大しつつあった。この修道会は1098年に、ロベール・ド・モレームによって創設されていた。シトー（1125-50年）、フォントネー（1139-47年）、そしてクレルヴォー（1153-74年）のようなシトー会修道院は、その全体の形態が、ザンクト・ガレン／クリュニーという範型によって影響を受けたものの、塔やステンド・グラスといっ

197

200　ロアーレの教会堂と修道院（11世紀後半）

201　サント・ドミンゴ・デ・シロスの回廊(クロイスター)（1085年頃-1100年）

第4章　カロリング朝とロマネスク

202　アービラの要砦化された城壁（11世紀後半）

た贅沢な品々はつつしんだ。シトー会の修道士たちが、その質素に徹した瞑想的な生活を送った修道院の数々は、イングランドでは、ティンターンやファウンティンズのような、人里離れた美しい渓谷の流水の近くに位置していた。

11世紀と12世紀のスペイン

　スペインの北半分を占めたキリスト教王国の数々は、11世紀と12世紀に、ムーア人たちとの戦いのさなかに、自らの領土を2倍以上に増やした。これらの王国は、ムーア人たちを南へ南へと追いやったのである。われわれはすでに、フランスから始まる巡礼路の数々がもつ建築的な衝撃に注目してきた。その一方で、1000年頃のクリュニー教団の到来は、〔スペインにおける〕フランスの影響を強めたのである。その初期の例が、〔アラゴン地方の〕ハーカの大聖堂（1060年頃）以降のものに見ることができる。クリュニー教団の影響のかなり異なった例として、カタルーニャ地方の〔ヘローナ州の〕サンタ・マリア・デ・リポイの修道院（1020年頃-32年）に見いだされる。その建造者兼大修道院長オリバは、クリュニーの聖ユーグの友人であった。のちの巡礼路教会堂群のように、それは明らかに、ローマの旧サン・ピエトロ〔大聖堂〕に対抗して建てられたものであった。というのもこの修道院は、何と、巨大な7つものアプスの付いた袖廊で東端部を限っているからである。

　スペインのカトリック主義がもつ好戦的な精神は——そう、ムーア人たちがその最後の拠点であったグラナダから、1492年になって初めて駆逐されてしまったことを思い起こすべきなのである——、11世紀後期の〔アラゴン州〕ロアーレの堂々とした要塞化した教会堂と修道院において、そしてまた〔カスティーリャ地方の〕アービラという当時の城壁で防備した都市において、何処にもまして適切に表現されている。スペイン人たちの強硬な天分、そして彼らの壮大さと敬虔さの結びつきは、〔アービラのサン・サルバドルという〕ロマネスクの大聖堂の要塞化したアプスを元々は組み入れていた、アービラの華麗なる城壁に要約されているのである。この大聖堂は〔アプスを除いて〕取って代わられたものの、1109年頃起工された〔ブ

199

ルゴス州の〕サン・ビンセンテの巡礼路教会堂は、ブルゴーニュ地方からインスピレーションを得た、壮麗な彫刻の西扉口を誇っている。

　モサラベ建築からの影響が残存していることと、イスラーム教徒〔ムスリム〕の工芸職人たちを使用したことによって、スペイン・ロマネスクは研究にとってとりわけ興味をそそる題材となっている。このことの例は、ナバーラ地方の北東地域のトーレス・デル・リーオにある、サント・セプールクロ教会堂に見ることができる。ここには、コルドバのモスクにあるドームによって鼓舞されているのが明らかな、交差フライイング・リブからなる八角形のドームがある。イスラーム教徒〔ムスリム〕の影響は、スペインからフランスへと到るといった通常の巡礼路を逆に辿って伝わっていった。こうした例は、オーヴェルニュ地方のル・ピュイの、注目すべきムーア式外観をもった、12世紀の大聖堂に見ることができ

203　カテドラル・ビエハ〔古大聖堂〕、サラマンカ（12世紀後半）

る。ここでは、その木製の扉に、クーファ体〔コーランの書かれたアラビア文字の書体〕の碑文さえある。スペインにおけるもっとも有名な建築的彫刻のいくつかがある、サント・ドミンゴ・デ・シロス（1085年頃-1100年）の回廊では、アラベスク模様の柱頭がイスラーム教を着想源としており、一方隅部の支柱は、ロマネスクの象牙とモサラベの彩色写本に基づいた繊細に彫り刻まれたさまざまな像があるパネルで飾り立てられている。

　旧カスティーリヤ王国の、サラマンカの12世紀後期の「古大聖堂〔カテドラル・ビエハ〕」は、スペイン・ロマネスクの最高傑作と見なすことができよう。とはいえ、ほかのスペインの建築群と同様に、この建物は、標準的な、西洋建築史からは省略されることが時々ある。おそらく、この建物が様式上何処のものとも繋がりがないという、表面上の理由から、そのようになっていると思われる。〔この建物を目にして〕まず驚くのは、それが、遅れてやって来た後期ゴシック様式で1512年に起工された、巨大な「新しい大聖堂」の間近に隣接して建っていることである。以前の記念建造物を好意的に保存することは、確かに、ヨーロッパの何処の国でも起こらなかったし、スペインでもこのときだけのことなのであった。力強い保守的傾向の一例として、この新しい大聖堂をおそらくは、古大聖堂そのものの意匠〔デザイン〕と対等なものと

200

して見ることができよう。古大聖堂に見られる、交差部上方の奇妙なリブ付きドームは、ムーア式建築の意図的な真似である。2層からなるアーチの架かった明かり採りの上に載った、この記念碑的なドームは、外面が生きいきと表現されている。すなわち、このドームは8面からなり、輪郭線は凸状をなし、さらに、われわれがポワティエですでに見たところの、魚のうろこ状の石板〔粘版岩状スレート〕で覆われているのである。その副次的な切妻の数々と、円錐状の帽子をかぶったような塔の数々は、全体構成の奏でる複雑な多声音楽と、陽気な華やかさとを増大させている。この時代のものとしては異例なのだが、この大傑作を生みだした建築家の名前が記録されている。その名は、ペードロ・ペトリスである。彼が、〔この古大聖堂と〕同じ〔レオン〕地方にあるサモラの大聖堂に触発されていたことは疑い様がない。このサモラの大聖堂は、1174年頃のドームが架かった、交差部分に建つ塔をもっている。この折衷的な特徴は、エルサレムの聖墳墓教会にある「十字軍戦士たち」の袖廊の上方に、1140年代に建てられた塔を真似たものである。もっとも、このサモラ大聖堂の塔では、フランス的特徴とイスラーム教徒〔ムスリム〕的な特徴の双方が繋がっている。

イタリア

イタリアのさまざまな地域は、フランスの場合と同様に、ロマネスクの時代においてははなはだしい相異を見せる建築的性格をそれぞれ有していた。多様な国家群のあいだの、そして教皇と皇帝のあいだの、権力闘争は、ノルマン人支配下のイングランドがそうであったように、まとまった様式などありえようもなかったことを意味した。主要な軋轢は、その精神的至高性と、北イタリアの教皇領に及ぶ俗事上の権威とを有した教皇庁と、イタリアとドイツ双方における俗事上の権力の、歴史的に有名な要求を行なった神聖ローマ帝国とのあいだのものであった。最初のロマネスクとして知られることの多い様式の要素群は、早くも9世紀にロンバルディア地方において展開された。この遺構は今日ほとんど残っていないものの、ミラノのサン・ヴィンチェンツォ・イン・プラートの教会堂は、明らかに、11世紀に、9世紀初期の様式で再建された。この教会堂には、軒（のき）の下の小さなアーチ列で限られる柱形の細長い一片の数々が見られる〔壁から柱形の長方形が縦方向に突きでている〕。古代ローマ装飾モチーフの復活である、この装飾は、初期ロマネスク様式の特色であった。ラインラント〔地方〕に引き継がれて発展していったこの様式は、11世紀の北イタリアで復活を見た。そこでは、われわれが目の当たりにするように、それは、入念に仕上げられて著しい成功を収めたのであった。

ポー河の北、ロンバルディアやピエモンテやエミーリアやヴェネツィアの一部といった、ミラノとパヴィアを中心とした、北方の各地方は、11世紀後期と12世紀初期に、ひどく重々しい様式を発展させた。すなわち、煉瓦を大量に用い、これとドイツの帝国様式とフランスのロマネスク様式からのそれぞれの影響を結びつけたのであった。トスカーナ地方では、フィレンツェやピサやルッカの各都市が、それぞれ独自のはっきりと見分けのつく活発な様式

204 サンタンブロージョのファサードと前庭(アトリウム)、ミラノ（1080年頃着工）

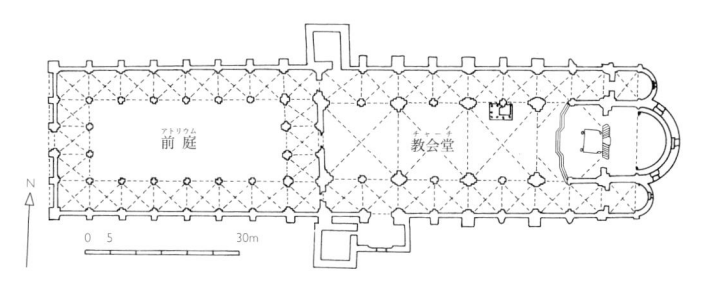

205 サンタンブロージョの平面図、ミラノ

を有していた。一方、ローマや南方では、おのおのの異なった理由から、ロマネスクの各中心地ほど重要な役割を果たしてはいない。われわれはすでに前章で、ローマの目立った保守主義に注目してきた。それは、初期キリスト教の手法を非常な確信をもって継続させてきたため、サン・クレメンテの12世紀の教会堂は、19世紀半ばに到るまで、4世紀に起工されたものと信じられてきたのである。ロマネスク時代におけるこの伝統主義的アプローチの、ほかによく知られた範例としては、サンタ・マリア・イン・コスメディン、サンタ・マリア・イン・トラステーヴェレ、サンティ・ジョヴァンニ・エ・パオロの各教会堂、そしてサン・ジョヴァンニ・イン・ラテラーノとサン・パオロ・フォーリ・レ・ムーラの各回廊(キオーストリ)が挙げられる。ヴェネツィアのサン・マルコやシチリアの例外的な実例は、ビザンティン、ロマネスク、そしてムスリム〔イスラーム教徒〕の影響が驚くべきほどに混ざり合っており、これについては同じ〔第3〕章の結論部分で、すでに論じた。

ロンバルディア地方

　北イタリアの富裕な農業地帯である、ロンバルディア地方のロマネスク建築に対する宗教的かつ政治的背景は、ベネディクト会修道院制度の拡がりによって、またロンバルディアの各都市の、増大してゆく皇帝に対する抵抗によって、彩られている。ロンバルディア地

第4章　カロリング朝とロマネスク

方の首都であるミラノは、蛮族たちの侵入に対する恐怖のゆえ、安全を求めた最後の〔西ローマ〕皇帝たちがラヴェンナの沼沢地(マーシュイズ)のなかへと送られる前に、一時、西ローマ帝国の首都であった〔3世紀末、ディオクレティアヌス帝がミラノを西の首都に定めた〕。帝国の貴族たちは、最初744年にシャルルマーニュによって、次には961年に、ドイツの皇帝オットー1世によって、攻略されていた。しかし、その後の数世紀、土着の王侯一族は、皇帝からの任官を求めて、自分たちの権力の正当性を是認させようとした。とはいえ彼らは、皇帝の政治的権威には抵抗した。ドイツ人の皇帝たちがイタリアの国王として王冠を戴いたのはまさしく、ベネディクト会修道士たちと司教座聖堂参事会会員たちの双方によって奉仕された、ミラノのサンタンブロージョの教会堂においてであった。

206　鐘楼(カンパニーレ)と洗礼堂(バッティステーロ)、パルマ大聖堂（1196年着工）

　ロンバルディア地方の建築家たちは、サクソン族やライン河地方のロマネスクから広範囲にさまざまなものを借り受けた。彼らは、12世紀のあいだに、これらのロマネスクと質的に同等のものをつくり上げた。ミラノのサンタンブロージョは、1080年頃に帝国様式で着工されたが、おそらく1117年に起きた地震のために、この年に初めて、ヴォールト架構されたと思われる。ヴォールト架構の時期については、いろいろと不確定な部分があるが、重要な問題である。なぜなら、身廊に架かる高いリブ・ヴォールトは、ヨーロッパでのこのタイプのもっとも初期の範例のひとつだからである。しかしながら、平面はなおもバシリカ的である。なぜなら、これは4世紀の教会堂を再建したものであり、西正面の前にある、1098年頃につくられた、広々とした列柱廊のアトリウム〔前庭〕といった、初期キリスト教の特徴を組み入れてさえもいるからである。この教会堂の両脇には、2つの四角い鐘塔があり、そのうちのひとつは10世紀のものである。リブ・ヴォールトと同様に、これらの塔は、ロンバルディア地方のロマネスクの特徴となった。

　サンタンブロージョに鼓舞された、パヴィアのサン・ミケーレ（1100年頃-1160年）、そしてピアチェンツァ（1122-58年）、パルマ（1117年以降）、モデナ（建築家ランフランコによって1099年に起工）の各大聖堂は、ヴェローナのサン・ゼーノ・マッジョーレ（1123年頃以降）

203

のような教会堂とともに、北イタリア様式の威厳ある範例であり、単一の幅広い切妻が載った巨大な仕切りのようなファサードをもち、ロンバルディア＝ライン河地方の様式の顕著な特徴となった、軒下の小さなアーチの連続した様と、それぞれが動物の彫刻の背中に載った、2本の離れて建つ円柱に支えられた張り出し玄関が付いていることが多い。ラスキンによる『ヴェネツィアの石』(1851-3年)は、英語圏の人々のあいだに、この種の建築を普及させるのに大いに役立った。「格調高い雰囲気をもった空間のなかへ降りてゆく荒々しい北風のように、ビザンティンの安らぎ〔サン・マルコのこと〕の上にロンバルディア風のさまざまな精力がこうして吹き込んでいるのだ」という、説得力ある書き方をすることでラスキンは、以下のように示唆したのであった。

　　　初期の時代のロンバルディア人とは、もし彼に、ジョークへの愛、生きいきとした想像力、強い正義感、地獄への恐れ、北方の神話の知識、石の洞穴、そして槌と鑿が与えられるならば、一頭の虎〔ひとりの猛者〕がなったであろうものにまさしくなっていたと思われるような人種だ。彼がディナーを消化するために、上述の洞穴のなかを上がったり下がったりしてゆっくりと歩き、壁に衝突してはその度に自分の頭のなかに新たな空想を浮かばせてゆく姿を想像してごらんなさい。そうすればあなたは、ロンバルディア人の彫刻家なるものを手に入れることになるのだ。

　パルマ大聖堂はシュパイヤーのクリュプタに間違いなく鼓舞された巨大なクリュプタをもち、内陣のアプスとほぼ同じ大きさのアプスが〔2つ〕ある袖廊ももっている。これはケルンの、ザンクト・マリーエン・イン・カピトール〔の三葉形平面の袖廊・後陣〕を真似た特徴である。パルマでとりわけ記憶すべきものは、大聖堂そのものと同様に、石と赤煉瓦を組み合わせてつくられた、1196年起工の、塔のような八角形の洗礼堂である。4層からなる開放的な列柱が巡るギャラリーというその著しく目立った装飾は、ピサ大聖堂に鼓舞されたものといえよう。この大聖堂、およびトスカーナ地方のロマネスク全般について、今やわれわれの注意を向けるべきときである。

トスカーナ地方
　フィレンツェのロマネスク建築の3つの主要な記念碑は、フィレンツェの洗礼堂と、フィレンツェを見渡す丘の上に目もあやに建つサン・ミニアート・アル・モンテおよび近くのフィエーゾレのバディアの〔2つの〕ベネディクト会修道院教会堂である。これらの建物は、ヨーロッパにおける当時のどんな他の建物と関わりなく、ただちにこれらをひとくくりにする、繊細な美しさと古典的節度とを有しているのである。トスカーナ地方の商業都市は、ロンバルディア地方の商業都市よりも平和で繁栄しており、マティルダ伯爵夫人(1046-1115年)の恵み深く教養に裏づけされた統治のもとで隆盛を極めていた。石や大理石は〔ロンバルディア

地方よりも〕大量に使うことができ、そのことは、フィレンツェの記念碑的な八角形の洗礼堂を見るとただちにはっきりと理解される。元々は5世紀に着工されたこの洗礼堂は、11世紀と12世紀のあいだに、現在の形を与えられた。もっとも、外側のアーチ列のいくつかと内部のモザイクや舗床は、13世紀のものである。多色の大理石で化粧貼りされた、この建物の外側と内側の図柄模様(パタニング)は、古代のローマとビザンティンの建築の豊かな装飾的様相に対する、典型的なフィレンツェ的な反応である。それは、北方のロマネスクの量塊、重さ、そして彫刻が見せる活気とは、鋭い差異をなしている。15世紀前半に、ギベルティによって付け加えられた有名なブロンズ製の扉の数々は、ヨーロッパのルネサンスのもっとも初期のもっとも見事な記念碑のひとつである。これらの扉は、かくして、同じく豪華に装飾されたサン・ミニアート・アル・モンテ（1062年；外部（図175）は12世紀に完成した）のバシリカとともに、トスカーナ地方の「原=ルネサンス(プロト)」を構成し

207　洗礼堂(バッティステーロ)の外観、フィレンツェ（主として11世紀と12世紀）

208　洗礼堂(バッティステーロ)の内部、フィレンツェ

ていると今日ではしばしば見なされる〔この洗礼堂という〕歴史的な建物に対する〔名声の〕反響を一層とどろかせているのである。すなわち、これらのものは、アルベルティやブルネッレスキのような建築家たちによる、15世紀のフィレンツェにおける古典様式の復活を予期しているのである。

　幾層かの開け放しの円柱列(コロネード)と組み合わされた、同じような大理石の覆いは、ピサの巨大な大聖堂に、支配的なアクセントを供給している。パレルモ近海でのサラセン人たちとの戦いで、ピサの艦隊が勝利を収めたあとの1063年に着工されたこの大聖堂は、1118年に献堂された。もっとも、身廊は1260年代に同じ様式で西側に拡張された。通常とはちがって、広範囲にさまざまな源泉をもっていたこの建物は、結局のところ、そのアーチのある図柄模様(パタニング)が優っているがゆえに、ひとつの視点からの一貫性が功を奏しているのである。その十字形平面は、アプスが付き2階廊のあるバシリカが3つ結合した形に似ている〔身廊と南北袖廊、計3つ

209 サン・ミニアート・アル・モンテの内部、フィレンツェ（1062年着工）

210 大聖堂の内部、ピサ

211 洗礼堂(バッティステーロ)（1153-1265年）、大聖堂（1063年着工）、そして斜塔（1174-1271年）、ピサ

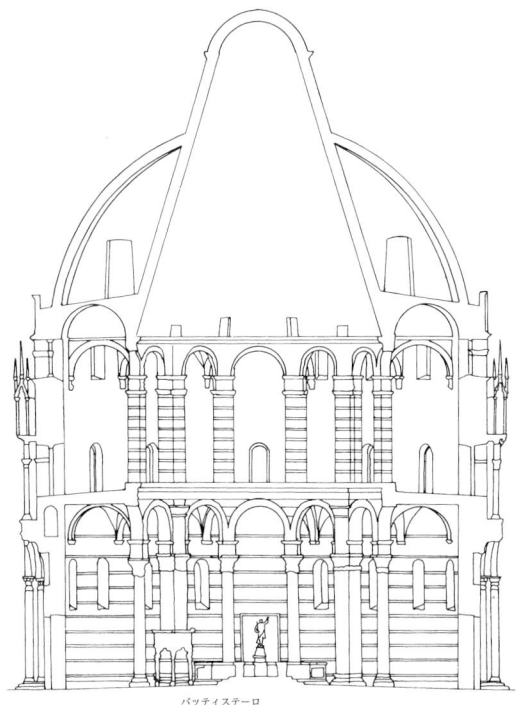

第4章　カロリング朝とロマネスク

212　洗礼堂(バッティステーロ)の断面図、ピサ　　　213　大聖堂の外観、ルッカ（1204年頃）

の長方形軀体がバシリカ〕。そして、これらのバシリカには、エルバ島から運んできた古代ローマの花崗岩の円柱からなる途切れなく続くアーチ列〔アーケード〕がある。柱頭は帝国ローマ時代のものからビザンティンのものまで多様である。その一方で、壁面はローマの彫刻や碑文で、ビザンティン風に覆われている。アプスのモザイクもまた、様式上はビザンティンである。こうした繋がりから、16世紀の美術史家のヴァザーリによればこの建物の建築家は、ブスケット〔ブスケトス〕と呼ばれたギリシャ人であったということに注目するのは興味深い。もっとも、建築そのものは総じて、帝国下のロンバルディア地方の類型に属してはいる。他方、〔ドーム下方を巡る〕高さはあるものの幅の狭い尖頭形アーチ〔列〕から建ち上がるスクィンチや浅いペンデンティヴの付いた、交差部上方の楕円形ドームは、イスラームから着想を得たもののように見える。

　大聖堂は、12世紀の洗礼堂や有名な鐘楼すなわち「斜塔」や13世紀の「カンポ・サント」すなわち〔列柱が巡る〕墓地といった、一群の人を惹きつける視覚的な効果(インパクト)を形づくっている。この驚くほど素晴らしい、円形のドームが架かった洗礼堂（1153-1265年）は、ディオティサルヴィと呼ばれた建築家の傑作である。もっとも、この洗礼堂のアーチ列からなる低層部分だけは、ロマネスクである。上方の部分と外側のドームは、1260-5年にニコラ・ピサーノによってゴシック風に改装されている。その結果、その奇妙な輪郭(プロフィール)を、ひときわ強烈な建築的性格と結びつけていることで、1842-63年にレオ・フォン・クレンツェによって、ケルハイム近くに、ベフライウングスハレ〔解放の記念堂〕（下巻〔II〕第9章を参照されたい）がつくられ

207

るまでは、これに比肩しうるものはほとんどなかったと言える建物になったのである。コナント教授は、この建物がエルサレムにある復活の円堂に似ていることを指摘している。このことは、当時は相当大きな海港であったピサが、東方と接触していたことと関係しているのかもしれない。東方へは、ピサの海軍が巡礼者たちや十字軍兵士たちを運んでいたのであった。

　ピサのロマネスクのような目もくらむほどに見事な様式が、トスカーナ地方やそのはるか向こう、すなわちプーリア、ジェノヴァ、サルデーニャ、そして現ユーゴスラヴィアのザダルにまで、広くかつ急速に拡がっていったにちがいないということは、しかしほとんど驚くにはあたらない。その影響を受けた、よく知られた成果(プロダクト)のひとつが、ピサから13マイル（22km）離れた、ルッカの壮麗な教会堂群である。そのうちのひとつ、1143年に着工されたサン・ミケーレ〔・イン・フォロ〕では、西側ファサードの上方2層全体が、東洋風の織物に基づく大理石模様(デコレイション)で覆われた装飾用のアーチ列といった、偽りの〔飾りだけの〕仕切り壁(フォールス・スクリーン)だけでできている。〔もうひとつの教会堂である、サン・マルティーノ〕大聖堂の1204年頃のファサードも同様に人目を惹くものである。この大聖堂は、「ヴォルト・サント」（聖顔）という、伝承ではニコデモスによって彫られたとされる木製の磔刑(たっけい)のキリスト像を所有しているため、巡礼の地になっていた。このときまでに、古典的伝統がほかのヨーロッパの地域に比べてはるかに深くは根付いていなかった北方ヨーロッパでは、ロマネスクがゴシックによって取って代わられていた。ゴシックとは、表面上ロマネスクとはほとんど共通するものをもっていない様式であり、われわれの次章の対象となるはずのものである。

第5章　ゴシックの試み

　世界の建築の歴史においては、ゴシックほどきわめて多くの様式上の説明や解釈を生みだしてきた様相(フェイズ)はほとんど見当たらない。ゴシックが絶ち切ったロマネスクの伝統の擬古典的要素とかなり矛盾しているかのように見える、ゴシックのこの、詩的かつ構造的な天分の奇妙な開花は、カトリックという宗教、国民的性格、構造的な誠実さ(オネスティ)、スコラ哲学、等々の、必然的な表現であるという具合に、さまざまな説明を加えられてきた。これらの個々の解釈に、いかに多くの有用な洞察が含まれていようとも、これらの解釈をみんな合わせたところで、いずれにせよそれらは必然的に互いが互いを打ち消し合って結局みな相殺されてしまうのである。今日ではしごく真っ当だと思われている考えとして、たとえば、1962年にパウル・フランクルによって公刊された、標準的なゴシックの歴史は、中世の文化のさまざまな局面(アスペクト)に「共通する根は、イエスという特異な存在(パーソナリティ)のなかにあった」〔『ゴシック建築大成』〕という主張で言葉を結んでいる。その一方、イギリス〔イングランド：234頁以降はほぼイングランドで統一表記。英国とした場合も若干ある〕やフランスやドイツで1800年あたりになされた、それぞれの国が国民的な創造的才能の表現としての様式を生みだしたという民族主義的な主張のように、拒否されてしまった考えもあった。

　今では、ゴシック様式とはパリを中心とした地域——イル＝ド＝フランス地方——で、1130年代に生まれたということ、またリブ・ヴォールトと尖頭アーチのような秀逸な特徴(キャラクトリスティック)は、イスラーム建築とロマネスク建築双方に現われたとはいえ、まさしくゴシック〔のみ〕が、過去との断絶を表現しえたということが、広く認められている。この断絶の決定的重要性は、以下のような美的な見方で特徴づけられている。すなわち、対角線やはすかい方向への視線を強調し、より軽くより透けて見える〔ディアファーン(ダイアファナス)な：側廊という膜やステンド・グラスの光の壁のような、ヴェールをとおして現われる半透明な壁、ほのかに透きとおった壁、という視覚的現象を指す（H.ヤンツェン／前川道郎による）〕構造をめざすことで、ロマネスク建築の重々しい壁式構造や正面性を取り除くという考えである。この空間の新しい感覚は、しかしながら、リブの付いた各区画〔空間小間、構成単位〕の連続へと、内部を分割してゆくことに結びついていた。結果、ゴシックの建物群は、それらが大きかろうと小さかろうと、聖職者用であろうと平信者用であろうと、1個の〔骨組がはっきりと分かる〕軀体のごときものに見えるようなやり方で、明確に分節化されて表現されたのである。こうした分節（表現）の方法は、古代建築や初期の中世建築では、重要な役割を演じてはいなかった。さらにもうひと

つ新しいことは、著しく目立ったその垂直性である。この垂直性においては、水平線はみな曖昧になり、ありとあらゆる線が、まるで重力に逆らっているかのように、天へと飛翔しているのである。神々しき来世観といったこの感覚こそは、光によって高められており、この光は鈍い光を放つステンド・グラスの窓からの豊かな彩色に満ち溢れて、何か自然を超えた^{ノン=ナチュラル}源泉から発せられているかのように見えるのである。

中世に建てられたすべてのゴシックの建物群は、少なくともこれらの特徴のいくつかを分有していたが、年代記的にいえば、ゴシック様式は、12世紀の初期フランス様式から、これをより洗練させた、レヨナン様式として知られた13世紀の翻案〔ヴァージョン〕へと発展していった。これは、フランスでは、フランボワヤン〔フランボワイヤン、火炎式〕として知られた、もっと派手な変種によって受け継がれて、ヨーロッパの多くの国へと拡がっていった。しかしイギリスへは伝わらなかった。イギリスでは〔独自に〕、12世紀の簡素なランセット〔鋭尖〕様式から、華飾式〔文飾式〕（デコレイティッド）として知られたより洗練された様式へと発展し、最終的には垂直式様式（パーペンディキュラー）に到ったのである。この様式は、16世紀まで続いており、これと正確に比肩しうるものはヨーロッパでは見いだせない。

この新しい〔ゴシックという〕建築は、ヨーロッパそのものが、たとえば、イスラームから「聖地〔パレスティナ〕」を取り戻すために数多くの「十字軍」に表現された信任〔コンフィデンス〕といった、安定と繁栄の新しい局面に、1100年以降突入するのに応じて成長していった。ロマネスク世界の、人里離れた所にあった修道院や城郭や村々は、次第に、人口と文化の中心としてのさまざまな都市や町々に取って代わられていった。キリスト教世界の国際的な概念〔コンセプト〕によってなおも統一されていたものの、ヨーロッパは、この時代に、イギリス、フランス、そしてスペインにおいて、国民国家なる観念〔アイデア〕の誕生を見たのである。12世紀および13世紀における知的生活の増大は、聖トマス・アクィナス〔1225-74年〕のスコラ哲学において絶頂を極めたが、これに伴って、宗教上の神秘性と霊性についての数多くの著作が生みだされた。この実り多い、精神と物質の拮抗は、石でつくられそのうえ天を希求する荘厳なる大聖堂において、圧倒的な表現を与えられたのである。この新しいキリスト教建築とともに、新しい物語の主題〔テーマ〕や信心を巡るイメージを取り入れたひとつの芸術が興隆した。古代後期の時代以降初めて再登場した実物大の人間像の彫刻をとおして、宗教上の主題群〔テーマ〕は人間の言葉で表現された。この新しい人間性〔ヒューマニティ〕は、聖母マリア〔ヴァージン〕と幼な児キリスト〔チャイルド〕の数限りない立像に要約されている。これらの立像では、「神の母」は若々しい姿で示され、愛らしく微笑んでいるのである。

フランス

「新しい光」：大修道院長シュジェールとゴシックの紀元

パリ近郊のサン゠ドニ〔ドゥニ〕のベネディクト会大修道院教会堂の、1140-4年の後陣〔アプス〕〔シュヴェ〕と玄関廊〔前廊〕〔ナルテックス〕は、この新しい動きのもっとも初期の、もっとも重要といえる壮快な

第5章　ゴシックの試み

成果である。この新しい作品の庇護者たる、大修道院長シュジェール〔シュジェ、スュジェール、スュジェ、スゲリウス〕(1081-151年〔修道院長は1122-51年〕)は、フランス文明の歴史において、もっとも意義深い人物のひとりである。彼は、ルイ6世ならびにルイ7世にとっての最初の大臣〔最高顧問〕であり、ある意味では、ルイ14世の統治において最高潮に達することになる、中央集権化した君主政の創設者であった。サン＝ドニはカペー朝（10世紀後期から14世紀初期まで統治した王朝）の国王たちの埋葬地であり、そのため華麗さを増大させることにかけて、シュジェールは、国家的な意義の身振りをすることを避けるわけにはゆかなかった。彼の精力的な人格は、サン＝ドニの修道院について彼がわれわれに残した2つの魅力

214　サン＝ドニ〔ドゥニ〕の周歩廊（1140-4年）

的な文書〔『献堂記（サン・ドニ教会堂献堂に関する覚え書）』(1145年頃)と『統治記（サン・ドニ修道院長シュジェールの統治においてなしたることども）』のことと思われる〕と彼がサン＝ドニを改築するのになしたことのすべてにおいて、はっきりと伝わっている。シュジェールによれば、カロリング朝の教会堂は、廃墟に近い状況にあって、さらにはあまりにも小さくて、フランスの守護聖人である聖ドニとその仲間たちのものも含めた、〔サン＝ドニの〕聖遺物を崇拝しにやってくる巡礼者からなる群集を収容することができなかったのであった。シュジェールは、サン＝ドニの西端部に、ファサードの中央にバラ窓を付けた、一対の塔状の玄関廊〔ナルテックス〕を建てた。この、一対の塔のあるファサードとバラ窓の組み合わせは、おそらくは、この種のもので最初の試みであろう。しかし、全体としては、カーンのサンテティエンヌのノルマン様式のロマネスク教会堂を真似た西端部〔西正面〕を形づくってはいる。シュジェールと、われわれがその名を知らない彼の建築家とが、新しい建築をめざして、彼らのもっとも決定的な段階へと踏み込んだのは、まさしく、この教会堂の内陣を取り囲む周歩廊においてなのであった。

周歩廊に用いられた諸形態——尖頭アーチ、リブ〔付き〕・ヴォールト、アプスをめぐる放射状祭室〔チャペル〕——は、前章で見てきたように、以前にも使われてきた。新しいのは、重々しい区分的な壁面の代わりに、細い円柱を用いたことであり、その結果、空間は光と影の図柄〔パターン〕としてよどみなく流れてゆくことができ、ロマネスク建築に対置されたゴシックの真髄である、垂直方向の緊張感をつくりだしたのであった。われわれは、これがただ単に、現代の美術史家

211

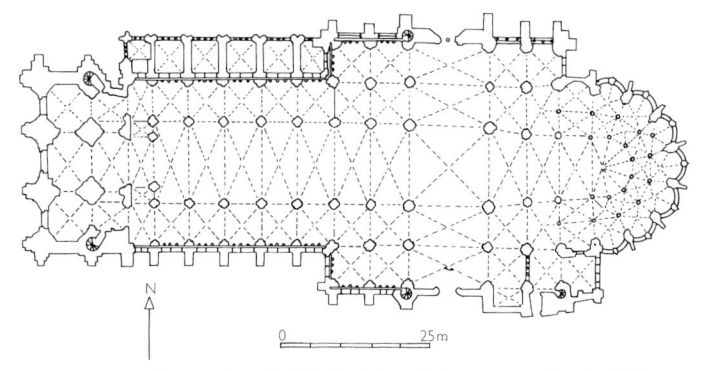

215　サン=ドニ〔ドゥニ〕大修道院教会堂の平面図、パリ近郊（西端部および東端部1140-4年；身廊、袖廊〔交差廊〕、そして内陣　1231-81年）

の反応にすぎないわけではないことを分かっている。というのも、シュジェール自身が、同じ様な言葉で、彼の手になる「円形状に連なった祭室の数々」について、次のように書いていたからである。すなわち、「〔これらの祭室によって〕この教会堂全体が、もっとも光り輝く窓〔から〕の、驚くべき、途切れのない光とともに輝くであろうし、また、堂内には美が浸透してゆくであろう」と〔『献堂記』第7章〕。シュジェールはまた、新しい後陣〔アプス〕が、「美しき長さと美しき幅によって気高きものとなる〔縦も横も美しさによって高貴なものとなる（森洋による）〕」〔『献堂記』第7章〕ことを、そして、「この建物の真ん中が〔12人の使徒を表わす（あとの本文を参照されたい）〕12本の円柱によって、……そしてこれに従うように、脇の側廊〔祭室周歩廊〕にある〔小預言者を表わす〕同じ12本の円柱によっても、上方に高く、突然に引き上げられた」〔『献堂記』第9章〕ことを、説明しているのである〔元々12本あった、内陣と周歩廊を隔てる円柱も、二重周歩廊を分けている（脇の側廊にある）円柱も、ともに13世紀の改築で現在の10本になってしまい、その象徴性が失われた〕。

　シュジェールの文書における光の強調は、ゴシックの美学にとっては基本的なものである。彼は自らがカロリング朝の身廊に付け加えたところの、玄関廊〔前廊〕（ナルテックス）と後陣〔アプス〕（シュヴェ）について次のように書いていた。

　　いったん新しい後部〔内陣〕が正面の部分に繋がれば、
　　　この教会堂は、その輝きを増した中央の部分とともに
　　光り輝く（シャインズ）。
　　　なぜならば、光り輝くもの（ザ・ブライト）と輝きながら繋がる（ブライトリー）
　　ものこそは、まさしく光り輝いているのだから。
　　　そして、新しい光〔Lux nova〕が堂内に満ち溢れた
　　高貴なる建物こそは、光り輝いている（ブライト）のであるから。

〔『統治記』第2部第5章〕

212

第5章　ゴシックの試み

　シュジェールは「すべてを超越した根本の光」としての神という自らの理解を、ヨハンネス・スコトゥス・エリウゲナ〔ジョン・ザ・スコット。アイルランドの哲学者〕(810年頃-77年)の著作から、そして、のちに偽アレオパギテース〔アレオパギタ。5世紀頃のシリアの神学者〕として知られた「ディオニュシオス」──彼は、(誤って)ガリアの使徒、サン＝ドニ自身と同一視されてきた──のものとされる著作から、引き出した。このディオニュシオス〔偽ディオニュシオス・アレオパギテース（アレオパギタ）〕は、キリスト教の教えを、3世紀の著述家プロティノス〔205年頃-70年。エジプト生まれのローマで活躍した哲学者〕の新プラトン主義哲学と合体させた。プロティノスは、美も含めたありとあらゆる存在様態は、「一者〔神〕」と「善」からの流出であると信じていた。ディオニュシオスは「この石もしくはこの木の断片は、わたしにとっては光である」と書いた。なぜなら、目に見えるすべてのものは、神御自身の限りない光を表わした「物質的な光」なのだから。このことによってシュジェールは、聖遺骨匣や祀堂や金属細工やステンド・グラスやモザイクのような、豊かに飾り立てられ光り輝く事物を自らが愛でることの正当性を、認めることができたのである。というのも、これらの事物こそは、恍惚となって他のことを忘れるほどそれらの放つ輝きに夢中になることによって、シュジェール自らの思考を、物質的な世界から精神的な世界へと昇華させる手立てだったからである。

　サン＝ドニの後陣〔アプス〕は、ゴシックの内部のステンド・グラス、とりわけ図像が描かれたものにとっては、重要な先例をなすものであった。このようなガラスは、シュジェールのゴシック世界において、瞑想そのものの対象として、また宗教的な内省や美的な経験にとっての適切な背景であるような、強烈で神秘的で来世観漂う光を供給するものとして、明白な役割を果たしたのであった。──というのも、疑いもないことに、カトリックの礼拝式の際の、色彩と華麗さに対するシュジェールの反応は、詩的かつ情動的であったからである。

　シュジェールの意義を分かっている芸術と建築の庇護者にとっては、シュジェールが自らの目的と業績の記録を書いておいたことは、実にかけがえのないことである。われわれは、それゆえ、シュジェール自身の重要性のゆえだけではなく、数限りない、中世を通じての教会堂の礼拝者たちと設計者たちが、同じ観点で建物群とその内容物とを見ていたと思われるがゆえに、シュジェールのことをやや詳しく扱ってきたのであった。中世のカトリック教徒は、生涯において出会ったもの万事につけて、己れの宗教の真理の数々を思い起こすよう望んだのであった。こうして、われわれがその新しい後陣についてシュジェールから引用した文章のなかで、シュジェールは、12本の円柱が12人の使徒を意味している点を強調し続け、さらには、脇の側廊〔祭室周歩廊〕の同じ数の円柱に向かい合って、これらの円柱が小預言者〔オセアからマラキまでの12人の預言者〕の数を象徴していることを説明しているのである。

イル＝ド＝フランス地方における他の大聖堂：サンス、ノワイヨン、ラン、そしてパリ

　シュジェールによる、サン＝ドニの内陣は、1230年代のレヨナン・ゴシック様式に見られ

213

る、軽快で飛翔する構造に取って代わった。しかし、1140年頃のサンス大聖堂の内陣は、イル゠ド゠フランス地方におけるもっとも初期のゴシック様式の範例として残存している。1150年頃に着工されたノワイヨン大聖堂は、奥行の深い2階廊を取り入れている、堂々としたノルマンディー地方のロマネスク教会堂の、先端が丸くなった袖廊の両腕と、3層からなる立面とを、なおも保持している。しかし、壁面の分節化は、2階廊とクリアストーリーのあいだに置かれた、付加的な第4番目の層すなわちトリフォリウムという低い壁のあいだの通り路の導入によって、生きいきとした様相を呈することになった。このことは、身廊に見られる、6分ヴォールト〔後述の太い支柱4本で支えられる1区画が太い柱のあいだにある細い円柱によって分かたれ、都合6つになった部分に対応するヴォールト。これはのちに強

216　ノワイヨン大聖堂の身廊（1150年頃着工）

弱交互システムがなくなるとともに4分ヴォールトになる〕を支える——量塊化した複合的支柱と丸い円柱が〔交互に並ぶ〕——〔太い支柱（強）と細い円柱（弱）が交互に並び、太い支柱による区画があいだに細い円柱をはさんで、6分される。これに対応する天井ヴォールトが6分ヴォールトである〕強弱交互支持システム〔ダブル・ベイ・システム〕と結びつけられている。ノワイヨンは、尖頭アーチの垂直性と多層構成の水平的効果とのあいだの、初期ゴシック的バランスを表現している。われわれがシャルトルやその他のところで目にすることになるように、13世紀の「高期ゴシック」の、ひとまとまりになる〔一体化する〕という精神は、ノワイヨンやランや、パリのノートル゠ダムのような教会堂群の、区画割り〔仕切り〕的な面がより強い性格を取り除くことにほかならなかったのである。

　1160年頃以降の同じ時期に建てられた、ランおよびパリの各大聖堂は、初期ゴシックに関する著しく異なった解釈を表わす。すなわち、ランには溢れんばかりの、そして絵にかいたような派手さがあるのに対し、〔パリの〕ノートル゠ダムには、静朗なる重々しさがあるのである。ランの記念碑的な身廊は、ノワイヨンの4層構成を真似ているが、アーケードの〔強弱〕交互支持システムの代わりに、同じ大きさと形をした円形の支柱が一様に並んでいるのである。このモチーフは高期ゴシック建築において広範に用いられた。なぜならば、〔強弱〕交互支持システムは〔大柱と細い円柱が交互に並ぶため〕、身廊に沿った動きがゆるくなる印象を与えることが分かったからである。ランとノートル゠ダムのような教会堂の丸い支柱すな

214

第5章　ゴシックの試み

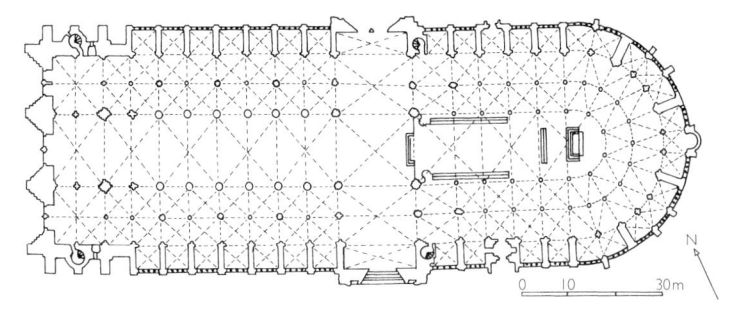

217　ノートル＝ダム大聖堂の平面図、パリ（1163年着工）

わち円柱は、われわれも知るように、当時の人々によって評価されていた古代ローマの壮大さを有している。シュジェールは、サン＝ドニで自らが採択した円柱群が、ディオクレティアヌス帝の浴場やその他のものといった、自らがローマで〔目の当たりにして〕賞嘆したものを真似たものだと主張していた。かくして、初期ゴシック時代の庇護者や設計者たちは、自分たちの仕事が古典の伝統に敵対しているなどとは露ほども思ってはいなかったことを肝に銘じておくべきである。

　ランはとりわけ、堂々と並んで建つ5つの塔、すなわち西正面の一対をなす塔と南北袖廊にそれぞれ建つ塔、そして〔身廊と袖廊の〕交差部に建つ塔のゆえに、記憶すべきものとなっている。これらの塔による効果は、フランスにある大多数の教会堂にしては異例な、丘の頂上に建つというこの大聖堂の劇的な立

218　ランス大聖堂の西正面（1190年頃着工）、塔上の彫刻された雄牛群像が見える

地条件によって高められている。トゥールネの大聖堂によって鼓舞され、それゆえに、ロマネスクの伝統がもつ永続的な活力を示しているこれらの塔群は、最初からきちんと考えられたものだといえよう。とはいえ、これらのものは、1190年頃に遅ればせながらの建設運動（キャンペーン）が始まってようやく建つことが叶ったのであった。これらの塔のもつ、ダイナミズム〔力動感〕や開放性〔のびのびとした様〕、そして数限りない対角〔斜め〕方向の交錯は、ひとりの学者をして、「『重層的なイメージ』に対するゴシックの欲求」のなせる技と定義せしめたほどのひとかどの空間的複合性をつくり上げているのである。塔の頂点近くにある、6頭の巨大な彫刻された雄牛の思いもかけない存在——それは何年ものあいだ、下の平地から石を背負って丘へと骨折りながら進んでいった動物のことを思い起こすための魅力的な贈り物なので

215

ある——によって、これらの塔には、生気が分け与えられてもいるのである。塔群は、13世紀の唯一残存する建築家の画帖〔スケッチブック〕の作者である、当時活躍していた建築家ヴィラール・ド・オヌクールによって賞讃された。もっとも、彼の手になるランの図面で、オヌクールは、高期ゴシックの細い描線を好むがゆえに、重々しさを低減してはいる。

1190年頃に着工された、ランの力強い西面ファサードは、彫りの深い立体感がある。これは、必ずしもすべての高期ゴシック建築にとってあてはまる典型的なものとはいえないものの、ロマネスクの構成がもつ平たい平面的造形から決定的に退いているのである。4つの積み重なった層をなすアーチ群からなる、半円形状のアプスをもった、

219　ソワソン大聖堂の袖廊南側の内部（1180年頃）

ソワソン大聖堂の1180年頃のうっとりするような〔デイライト〕袖廊南側もまた、同様に、活気に富んでいる。ノワイヨンとランにおいては、この4層構成の立面は、身を引き締めたようなアーチ群からなる、緊張感溢れるものの輝いていた骨組を残そうとして、ロマネスクの壁面の贅肉〔フレッシュ〕をそぎ落としているのである。この絵のような思いもよらぬ効果を生んだ力業（tour de force）〔トゥール・ド・フォルス〕は、13世紀の初めに建てられた、ソワソンの身廊に見られる高期ゴシックの、より厳格な形態と劇的なまでの対比をなしている。大半の高期ゴシックの意匠に特徴的な統一と節度への移行は、1163年に着工されたパリのノートル＝ダム大聖堂の1階平面を一瞥しただけで、すぐに感じ取ることができる。ノートル＝ダムは、ロマネスク建築を特徴づけていた、平面の区分化やグループ分けなど一切目にすることのない、単一の入れ物〔容器〕である。着工されたときには、ノートル＝ダムはキリスト教界の教会堂のなかで一番の高さになるはずであり、その結果、崩壊の危険に備えた保険として、1180年頃に、フライイング・バットレス〔飛び梁、アルク・ブータン〕が付け加えられた。この種のもののもっとも早い例として、フライイング・バットレスは、高い所に位置するヴォールトが及ぼす横圧力を伝えるべく、身廊の大アーケードの上の2階廊〔ギャラリー〕を支えたのである。ノートル＝ダムの内部立面は、1230年以降に改築された。そのときに、4つの層をなした構成〔下から順に、大アーケード、トリビューン、トリフォリウム、クリアストーリー〕は、シャルトルに導入された、より当世風の3層構成へと1層分〔トリビューン〕が削られたのであった。

第5章　ゴシックの試み

シャルトル

　1194年の火災のあと再建された、シャルトルの大聖堂は、高期ゴシック様式の展開において鍵となる建物として、また同時に、中世のカトリック主義の力強さと詩情とをもっとも有無を言わさずに表現するもののひとつとして、ずっと了解され続けてきた。壁体構造を軽減化し、明確化することは、シャルトルの場合、トリビューンという2階廊（ギャラリー）を劇的に撤廃することによって成し遂げられた。すなわち、内部の立面構成が、〔下から順に〕大アーケード、低いトリフォリウムなる通路、そして大アーケードと同じ高さにまで〔上方に〕拡げられたクリアストーリーなる高窓層といった、3層のみに低減されたのである。シャルトルの工匠は、明らかに、フライイング・バット

220　シャルトル大聖堂（1194年以降）：立面の3層構成を示す身廊内部

レスがトリビューンなる2階廊（ギャラリー）からの余計な支持など一切なしに、高いヴォールト架構を安定させるに足るよう、論理的に考えをこらしたのである。ひとつのものにまとめあげ、垂直をめざすという精神が、ほっそりとした付け細円柱（アタッチト・シャフト）が、身廊の支柱の前面に現われることで強調されており、この細円柱は、地面からヴォールトの起拱点まですっくと上昇し、起拱点でリブに合流するのである。シャルトルの建築家は、大規模なゴシックの教会堂において初めて、ロマネスク教会堂の二重式柱間（ダブル・ベイ）〔身廊の1ベイに側廊の2ベイが対応する〕に対置される単一式柱間（シングル・ベイ）〔身廊の1ベイに側廊の1ベイが対応する〕を、身廊の基本的な設計単位にしたのであった。これは、直接的に、東側〔祭壇側〕へと流れる歩調を倍加することになる。

　富裕な司教職の所在地たるシャルトルの町は、その繁栄を、司教と〔司教座聖堂〕参事会に負っていた。彼らは、聖母マリアの祝祭に際して年に4回催される見本市を制定した。まさしく、聖母マリアに対して、この大聖堂は献堂されたのであった。この4回とはすなわち、聖母マリアの、誕生祭〔9月8日〕、み告げの祭り〔3月25日〕、清めの祝日〔2月2日〕、被昇天の祝日〔8月15日〕である。これらの選択は、1194年の大火災のときに奇跡的に保護された、聖母マリアがキリストを産んだとき着ていたチュニック〔婦人用上着〕を、大聖堂が所持するべきと主張したことに影響されている。大聖堂の窓の数々は、絵が描かれたステンド・グラスで埋め尽くされており、それらの大半は、聖母マリアへの礼拝に捧げられていた。これらのステンド・グラスは、大聖堂を、充実したゴシック的経験の本質的部分をなす、あの宝石

217

221　シャルトル大聖堂の西正面（主要部分は1194年以後、低層部分は1134年-50年頃、左の尖頂は1507年）

222　シャルトル大聖堂：袖廊南側の外観（13世紀初期）

223　イーペルの織物会館（1200-1304年）

で飾られた来世の〔超俗的な〕光で万遍なく覆っているのである。このガラスや大聖堂の彫刻装飾のための寄進は、イル＝ド＝フランス地方の貴族や紳士階級からと同時に、シャルトルの町に住む、商人や貿易商、さらには職人たちからもなされたのであった。

　シャルトル大聖堂のような、主要な巡礼路教会堂は、『ヨハネ黙示録』に書かれた〔第21章、2節と10節〕、「天の都〔エルサレム〕」の地上における具現を表わしただけではなく、町の住民たちの宗教上の信仰と商業上の繁栄の象徴でもあった。それは同時に、法律から商業にまで及ぶ多くの世俗的な活動に対する背景なのであった。実際のところ、都市文明が以前よりずっと大きな重要性を担った中世末期頃の時代においては、シャルトルのような大聖堂に匹敵しうる建築物といえば、イーペル〔イプル。ベルギー北西部の都市〕やブリュージュ〔ブルッヘ。同じベルギー北西部の都市。ハンザ同盟の中心地〕の織物会館のような、大きな市民建築であった。

　中世のステンド・グラスのほとんどすべてと同時に、6つの13世紀の彫刻豊かな扉口（ポータル）を保持している傑作であるにもかかわらず、シャルトルは実際には、多くの異なった時代のものが複合した混合物（アマルガム）なのである。1134年-50年頃の西正面の低い方の部分は、火災前の大聖堂からの残存物であり、その一方、袖廊の南北両側のファサードは、ともに13世紀初期のも

218

第5章　ゴシックの試み

のである。9つもの塔群が計画されたのだが、わずか2つしか建てられなかった。すなわち、1140年頃の北西の塔は何処のものよりも早いもっとも初期のゴシックの塔である。もっとも、この塔の天辺には、1507年にフランボワヤン様式の尖頂(スパイア)が置かれた。シャルトルの対比的で不規則な様相は、ゴシック様式の創造者たちの変化に富んだ気質やダイナミックな活動力をよく表現している。1195年あたりのシャルトルの工匠が抱いた理想の数々の、論理的な美的絶頂を見るためには、われわれは、みな同じく北フランスにある、ランスやアミアンやボーヴェやブールジュのような、13世紀初期の大聖堂に目を向けなければならない。

高期ゴシック：ランス、アミアン、ボーヴェ、そしてブールジュ

　われわれは、富裕な都市的および農業的社会の象徴的中心としてのシャルトルの意義を強調してきた。ランス大聖堂のずっと大きな建築的華麗さは、同様に、イル＝ド＝フランス地方のカペー朝君主政の荘厳な戴冠式の場所としての、ランスの固有の立ち位置と繋がっている。この王朝がノルマンディーやブルゴーニュやブルターニュのような領土を次第に強奪して統治してゆくというゆるりとした進展によって、近代のフランス国家に似通った何かがつくりだされ明確になるのに役立ったということを、ここでもう一度話すことは差し控えたい。それにもかかわらず、13世紀をとおして、イル＝ド＝フランス地方が自らをカトリック的フランスの文化的および物質的優越性をとりわけ代表していると見なしていたという事実を理解することは重要である。ランスの豪華な壮麗さは、こうした背景のもとに解釈しなければならない。さらには、まさしくイル＝ド＝フランス地方からこそ、ゴシック様式がヨーロッパのあらゆる文化的に進んだ首都群へと拡がっていったのであった。

　おそらくはジャン・ドルベー〔1175年頃-1231年〕と思われるランス大聖堂の設計者は、1210年頃に、シャルトルの、新しい3層構成の内部立面、4分ヴォールト、細円柱の付いた支柱(シャフティッド・ピア)〔束ね柱（ピリエ・カントネ）〕、そしてフライイング・バットレスを採択した。しかしながら彼は、彫刻による豊かな装飾を新たに強調することで、これらの〔シャルトル経由の〕構造的特徴の数々に生命を吹き込んだのである。すなわち、外構の小尖塔(ピナクル)に見られる天使像をはじめとして、クロケット〔ピナクルや天蓋につける葉形やつぼみの飾り〕、ガーゴイル〔怪物の形につくられた屋根の排水おとし口。ガルグイユ。樋嘴(ひばし)〕、そして扉口群(ポータル)や支柱の柱頭(ピア)や水平装飾帯(フリーズ)〔帯状装飾〕に見られる草木の彫刻である。ランス大聖堂にはまた、もっとも初期のバー・トレーサリー〔棒状のはざま飾り。ゴシックの窓上方の装飾的骨組〕の例がいくつもある。シャルトルの場合に見るように、プレート・トレーサリー〔板石状のはざま飾り〕では、開口部は、壁の表面がなおも支配的であるように、堅い石から切り抜かれてつくられる。しかし、ランスのバー・トレーサリーの場合には、2つの明かり採りの窓が〔二連窓となって〕、六葉飾り(セックスフォイル)のトレーサリーを添えた円窓(サーキュラー・オクルス)が上に載る、ひとまとまりのガラスの開口部を形づくっているのである。ここでは、線条的な図柄(パターン)が堅い量塊(マス)のほとんど全体に取って代わっている。トレーサリーは、ゴシックのもっとも重要な発明品である。なぜならば、結局のところ、建物の

219

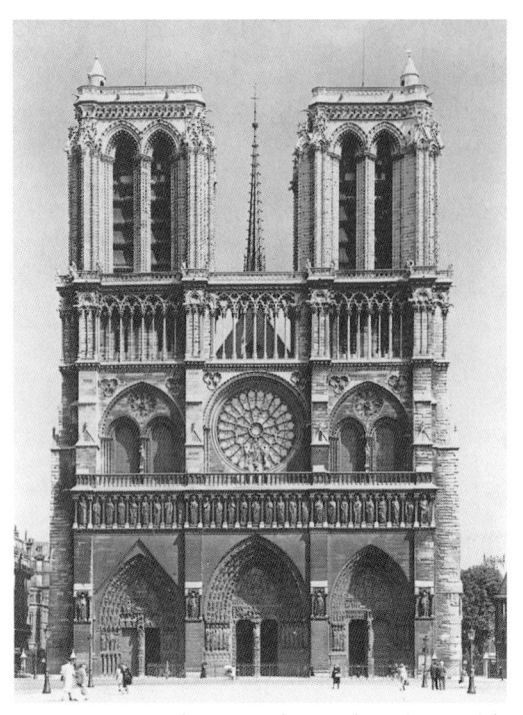

224　ノートル゠ダムの西正面、パリ（1200年頃-50年）　　225　サント゠シャペルの外観、パリ、南西から見る（1243-8年）

全体は、サント゠シャペルのように、そこに含まれるトレーサリーとガラスから輪郭がくっきりと示されて組み立てられることになると言っても過言ではないからである。

　ランスは、6つの塔、もしくは交差部上の頂尖塔(flèche)〔ピナクルの上部を飾る鋭い屋根形〕を入れて7つの塔を戴くはずであったが、実際には、西正面の2つの塔のみが実施された。これらはともに15世紀につくられた。尖頂が載った塔の数々が、ゴシックの発明品であったこと、そして自明の理であるとはいえ、これらの塔が常に、天をさす指と見なされてきたことを、忘れるべきではない。ランスの華やかな西正面は、おそらく、1230年代半ば頃に、ジャン・ル・ルーによって設計されたと思われる。工事は、13世紀の遅い時期までゆっくりと進められたが、その一方、この建物の王室にふさわしい意義を強調する、王たちの彫像が並ぶ上方の階廊——これはイル゠ド゠フランス地方の大聖堂群に共通する特徴である——は、15世紀になってようやく完成したのであった。三幅対をなす、突きでた切妻のある玄関は、必然的に、身廊と側廊への入口を示しているのが、1190年代にラン大聖堂の西正面を設計した天才が最初に述べていたようなやり方で、圧倒的に印象深い凱旋門モチーフを形づくっている。しかし、ランがなおも根本的には、いくつもの窓で穿たれ、付け張り出し玄関で飾り立てられた壁面のままであったのに対し、ランスの西正面は、〔まとまった〕1個の風にそよぐような彫刻的構成なのであり、クロケットや彫像群で豊かに飾り立てられた、切妻のある張り出し玄関が、完全にこの構成のなかへ融合しているのである。記念碑性を繊細さに、論理を幻想に結びつけ、フランスの宗教史と政治史におけるその中心的役割の高度な

220

226　ランス大聖堂の西正面（1235年頃着工）

重大さと繋がった、1個の芸術作品としてのランス大聖堂の特質の数々は、このランス大聖堂こそが、あのパルテノンに比肩しうるゴシックであることを、多くの人々に得心させたのである。

〔しかし、パルテノンとの〕この比較対照は、水平線と垂直線のあやなす、見事なまでに行き届いた直交軸(グリッド)を見せつけてくれる、パリのノートル＝ダムの西正面（1200年頃-50年）の方がもっと説得力ある示唆を与えてくれると言う人々もいる。しかしながら、通常はアミアンこそが、「高期ゴシック」の古典期(モーメント)を代表していると見なされているのである。〔前身の〕ロマネスク教会堂の2年前の火災による破壊のあとを受けて、1220年にロベール・ド・リュザルシュ〔1236年頃歿〕によって設計された、アミアンの身廊は、ランスの身廊にきわめて近いかたちでつくられた。アミアンのヴォールト架構は、ランスのそれよりもずっと高くそびえ建っている。すなわち、ランスの125フィート（38m）やシャルトルの120フィート（36.5m）と比較しても、140フィート（42.5m）近くもある。トレーサリーもまた、ランスからの発展を示している。すなわち、アミアンでは、3つの円状トレーサリーが上に載った、4つの明かり採りの窓〔四連窓〕があり、これによって壁面が葉っぱの葉脈のように石の膜(ストーン・メンブレイン)に織り込まれたガラスのなかへ、溶け込んでいるのである。このトレーサリーの図柄(パターン)は、今ではトリフォリウム〔側廊上部〕へと拡張され、トリフォリウムはかくして、上方のクリアストーリーを真似た、1列をなす、ガラスをはめていない窓のようなものになっている。トリフォリウムが、クリアストーリーのなかへ溶け込んだ現実の窓へと最終的に変化することは、われわれがあとで目にするように、「高期ゴシック」を継承した、いわゆるレヨナン様式に見られる、ひとつにまとめ上げようとする線条的精神の、顕著な特徴の

227　アミアン大聖堂の内部（1220-50年代）

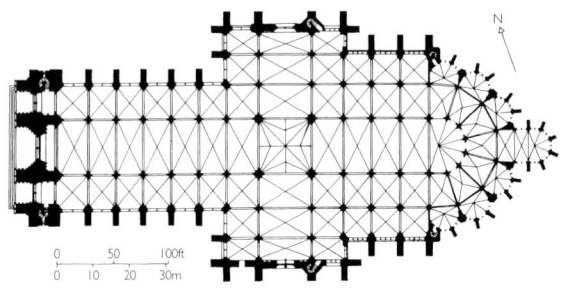

228　アミアン大聖堂の平面図

ひとつなのである。この配置のきらめく光を放つ効果は、〔アミアン〕大聖堂の第3の建築家ルニョー・ド・コルモン〔1288年歿〕のもとで1250年代に現われた、アミアンの内陣(クワイア)において見ることができる。

同じ特徴を表わすもうひとつの初期の例は、ボーヴェの大聖堂において印象的に生じる。この大聖堂は、巨大なイル=ド=フランス地方の大聖堂群の掉尾を飾るものとして、1225年に着工された。これは、いままで知られていたどのゴシックの建物よりも高い、150フィート(46m)を越えるヴォールト架構を完遂するという、じっくりと考え抜かれた野望をもって建てられたものであった。つつしみ恐れてラスキンは、その『建築の七燈』のなかで、「ボーヴェの内陣(クワイア)と同じ高さの明瞭な垂直降下を見せる岩山は、アルプス山脈においてさえも、ほとんど見当たらない」と書いた。このスケールでの垂直に切り立った様(ツアリング)は、1284年の内陣のヴォールトの崩壊という後退〔状況〕を経験したのであった。とはいえ、この崩壊は、ヴォールトの高さのせいというよりもむしろ、不十分な、基礎工事と支持体のせいであったといえよう。費用が嵩むため、ボーヴェの大聖堂は、決して

229 ボーヴェ大聖堂の内陣(クワイア)(1284年以降)

230 ブールジュ大聖堂：東側外観、フライング・バットレスを見る(1195年頃着工)

完成することはなかった。そのため、今日でも残存している強く心に訴える3つの断片を挙げると、独創的な多角形のアプス、1284年以降形を変えて再建された内陣、そして豪華なフランボワヤン〔火炎〕式の袖廊である。

ボーヴェの断固とした垂直方向への熱望は、その意匠(デザイン)に続く数年間のフランスの建築において、広く考察されることはなかった。その代わりに、レヨナン様式の建築家たちは、高さや記念碑性や新しい空間的効果の数々によりも、堅いがもろい、ほとんど金属的な優雅さと線条的図柄(パターン)の精妙さとに関心を抱いたのであった。さて、こうした伝統を精査する前にわれわれは、1195年頃着工された、ブールジュの大聖堂が、シャルトルからボーヴェまで続いた、

223

単一化に対する情熱よりもむしろ、内部空間における視覚の重層性の方を強調していることに注目すべきである。〔ブールジュでは、〕身廊の、大アーケード、トリフォリウム、クリアストーリーが、丈の高い方の〔内側の〕側廊で、より小さな規模で繰り返されている。このことは必然的に、教会堂を横切る視線を込み入らせることになる。この教会堂〔内部〕は、内側と外側の〔2つの〕側廊を数に入れると、みんなで5つの水平方向の分割、すなわち5層構成の立面なのである〔内側の側廊の3層構成（これは身廊の大アーケード1層分に相当）＋身廊のトリフォリウムとクリアストーリーの2層分＝5層構成となる〕。この拡張システムの波及的影響は、フランスではル・マンとクータンスの各大聖堂の13世紀につくられた内陣に、そしてスペインではトレードとブルゴスの各大聖堂に、見いだすことができる。

宮廷様式とレヨナン・ゴシック

アミアンを継承したフランス・ゴシックにおけるレヨナン様式のもっとも初期の様相は、しばしば、宮廷様式として知られている。これは、1297年に聖ルイとして列聖された、ルイ9世（1227-70年）の統治時代との密接な連想から来ている。キリスト教徒の統治者および騎士道の軍人としての彼は、当時のいかなるヨーロッパの指導者よりも気高い威光を有していた。彼に対する崇敬の念、とりわけ1254年の第7回十字軍からの帰還以降のそれは、その王国の繁栄と王国の文化の輝きによって、強められた。「宮廷様式」装飾の無駄のない線条性は、1230年代の以下に挙げる3つの傑作において簡潔に表わされており、おそらくこれらはみな、レヨナン・ゴシックを生みだした、同じ人物の手になるものであろう。すなわち、トロワの大聖堂、サン＝ドニの再建された大修道院教会堂、そしてサン＝ジェルマン＝アン＝レーのルイ9世の〔城館〕礼拝堂である。トロワの内陣においては、クリアストーリーとトリフォリウムが、以前よりも完璧なかたちで結び合わされている。これこそ、ジャン・ル・ルーが小円柱でこれら2つの層を繋いだランスのアプスにおいて1220年に始まった過程の、絶頂を示すものである。

サン＝ドニは、それがゴシックそのものの起源においてなしたのと同じ様に、宮廷様式の発展においても、重要な役割を果たしている。1231年と1281年のあいだに、シュジェールの内陣の上方部分が再建されて、端麗な新しい身廊と袖廊を介して、西側の前廊と繋がったのであった。1240年代から、ピエール・ド・モントルイユ〔1200年頃-67年〕が、この入念な作業過程における指導的建築家であった。トリフォリウムとクリアストーリーの窓群との意匠が、アミアンの場合と密接に連合しているため、トリフォリウムそのものを窓に変えるという発想が生まれた。このことが、トリフォリウムの通路の外壁側を開口してガラスをはめることによって、また、アミアンの場合と同様に、〔トリフォリウムの〕身廊側〔内壁側〕のガラスをはめていないトレーサリーを保持することによって、サン＝ドニにおいてなされたのであった。トリフォリウムは以前には、側廊の上の暗い屋根空間を覗き込むか、あるいは分厚い壁のなかの真っ暗な通路を覗き込むかするものであった。しかしながら、教会堂群が高さを増

してゆくことは、サン゠ドニの場合のように、トリフォリウムが側廊の屋根の上方に、これとは独立して存在しうることを意味したのである。アーケード上方の壁の部分全体が、トリフォリウムとクリアストーリーのあいだに小さな水平区分を備えた、光り輝くフォイル〔花弁形の切れ込み模様〕のなかへと消えてゆくことによって、将来にとってのさまざまな成果を伴うことになった。目一杯にガラスをはめられた壁は、その最大の効果として、サン゠ドニの袖廊〔の南北各面〕において驚くばかりのものとなっている。ここでは、北側および南側の壁面上の巨大なバラ窓がそれぞれ、ガラスをはめられたトリフォリウム上方の空間全体を埋め尽くしているのである。さて、もうひとつの重要な革新(イノヴェーション)は、支柱(ピア)の意匠において行なわれた。すなわち、〔サン゠ドニの身廊支柱(ピア)は、〕ヴォールトのリブに対応し、さらには大アーケードのアーチの並び(オーダー)にも対応する、小円柱(コロネット)で全体を覆われた菱形の支持柱の方を選んで、付け細円柱(アタッチト・シャフト)のある円柱〔状の支柱(ピア)〕という〔従来の〕伝統を打ち棄ててしまったのである〔要するに、支柱(ピア)の横断面が円形から菱形に変わったということ〕。

231 サンテュルバン教会堂の東端部、トロワ（1262年着工）

　宮廷様式の宝石〔と言えるもの〕は、パリの王宮付属のサント゠シャペル（図225）である。これは、「聖十字架」〔キリストはりつけの十字架〕の断片を収めるための国家の祀堂として、1243-8年に聖ルイのために建てられたが、聖ルイはこの「十字架」をビザンティウムの皇帝から買い取ったのであった。また、もうひとつの聖遺物は、「茨の冠」であると信じられた。この聖遺物の存在こそは、ローマ皇帝インノケンティウス4世〔在位1243-54年〕をして、キリストが自らの王冠をルイに冠したことを意味するものと宣言せしめたものなのである。この礼拝堂はかくして、フランスが自らの王室とローマ・カトリック教会双方において、最大の功績をなしえたことの象徴なのであった。それは、疑いもなく意図的に、その大半が今では失われてしまったところの、中世の高価な、銀細工の祀堂や聖遺骨匣(せいいこつばこ)や〔聖体〕顕示台を呼び起こさせる、金属的特質を備えた、巨大な聖遺骨匣(せいいこつばこ)なのである〔ちなみに、これら聖遺物の購入費は、サント゠シャペルの建設費を上廻ったと言われている〕。ガラスと針金状のトレーサリーの図柄(パターン)とを好んで壁面を消滅させた、この無駄のない堅いがもろい宮廷様式は、この種の記念碑にまさに理想的なまでにふさわしいものであった。袖廊や他のどんな突出物にも中断されることのない、この大きなガラス箱の壁は、ヴォールトの天辺から、低い台座(ディドー)〔室内

225

壁面下部の装飾用腰壁〕を除いた床面まで、連続したステンド・グラスの窓で満ちているのである（図225、236）。

パリから拡がったこの様式は、〔シャンパーニュ地方の〕トロワのサントュルバンの祀堂のような形をした参事会教会堂を生みだした。この教会堂は、フランス人のローマ教皇ウルバヌス4世〔1195-1264年、在位1261-4年〕によって、自らの守護聖人を称えて、また自分自身の出生地を言祝ぐために、1262年に着工された。外構では、先端の尖った切妻とピナクルが、神経質とも言えるような細やかさをつくりだしている一方、内部では、トリフォリウムが遂に取り払われてしまった。そして、教会堂はもろいトレーサリーによって区分けされたガラスでそのほとんど全体が覆われた、2層構成の壁面を形づ

232　セー大聖堂の内陣内部（1270年頃）

くっている。これはまたノルマンディー地方のセー大聖堂の、1270年頃につくられた一風変わった気紛れな感じを抱かせる内陣において、美しく表現されている。ここでは、大アーケードのアーチ群に、突起した三角形の切妻が備え付けられている。これは機能的には、内部にはふさわしいものではない。なぜならば、切妻とはそもそも、屋根を限るためのものなのだから。1250年代のアミアンにおける内陣のトリフォリウムから借り受けたこの考案物は、外部と内部のあいだの区別をぼんやりとさせている。結果、セーの大アーケードはほとんど、外部の柱廊玄関（ポルティコ）と言ってよいものとなっているのである。

この新しい、光の建築において、われわれはもはや初期および高期ゴシック時代の薄暗いステンド・グラスを見いだすことはない。これらのステンド・グラスには、豊かな赤色や青色のガラスも用いられたが、それ以上に、より冷たくより明るい効果をつくりだす白色や灰色のガラスが用いられていたのである。建築は、堅いがもろい細円柱〔小円柱〕（シャフト）とトレーサリーからなる巨大な網状組織（レティキュレイティッド・ウェブ）と見られているのである。このことは、シャルトルの13世紀初期の〔袖廊〕南側扉口（ポータル）のような高期ゴシックの意匠に、すでに予期されていた。この扉口は、天界の足場というべきシステムからそれてしまったように見える、恐ろしいほどに細く引き延ばされた細円柱〔小円柱、柱身〕（シャフト）で覆われているのである。仮に、これに、サントュルバンで見いだされた2層構成の窓のトレーサリーと、無装飾の壁に生気を与える垂直な先の尖った羽目板（パネリング）を加えてみると、自律的なトレーサリーからなる線条的建築に近づくこと

226

になる。これは、われわれがストラスブール大聖堂の驚異的な西正面で見いだすものである。この大聖堂は、1275/7年に、おそらくは、工匠アーウィン〔・フォン・シュタインバッハ　1244-1318年〕による設計図面(デザイン)から起工された。アーウィンは明らかに、サンテュルバンと同時に、ノートル゠ダムの袖廊の南北両側〔面〕を賞嘆していた。袖廊北側は、1240年代にジャン・ド・シェルによって着工され、袖廊南側は、ピエール・ド・モントルイユの手になる設計図面(デザイン)を基にして、1258年に、同じジャン・ド・シェルによって着工された。しかしながら、これらの建物〔サンテュルバンと（パリの）ノートル゠ダム〕は、奇抜な発明品という点で、ストラスブールによって敗北を喫していると言えよう。ストラスブールでは、石の細い小円柱(シャフト)が、〔何と〕トレーサリーの窓の2フィート前に建ち並んでいるのである。

233　ルーアン大聖堂の書籍商の扉口あるいは袖廊北側(ポルタイユ・デ・リブレール)
（1281年着工）

　ルーアン大聖堂の袖廊北側のファサード、書籍商の扉口(ポルタイユ・デ・リブレール)は、1281年に着工されたが、ストラスブールや〔パリの〕ノートル゠ダムの袖廊と同じ系列(ファミリー)に属している。これは、脇に建っている住居(ハウス)のファサードにまで、明かり採りのない〔開口部のない〕建築装飾を拡げることによって、新たな生きいきとした様を導入している。大聖堂はかくして、絶えずモチーフを掲げた生きた枠組みとして現われ、このルーアンという町の物質的かつ精神的生活を統べているのである。後期レヨナン様式建築の無駄のない当世風な様は、石の膜(ストーン・メンブレーン)によって明確になった光から壁面をつくりだそうとするその関心のゆえに、ブルゴーニュ地方のサン゠ティボー゠アン゠オソワや〔オルレアネ地方の〕ヴァンドームのラ・トリニテ大修道院教会堂の各内陣において、そして、みな13世紀の最後の10年間、もしくは14世紀の最初の10年間に着工された、バヨンヌ、ヌヴェール、そしてオセールの各大聖堂の身廊において、その真価を認めることができるのである。おそらく、この透けて見える〔ディアファーンな〕(ダイアファナス)線条性(リニアリティ)のもっとも精妙な範例は、1318年に着工された、ルーアンのサントゥーアンのベネディクト修道会大修道院教会堂である。

ホール式〔広間型〕教会堂〔ハルレンキルヒェ〕

　13世紀後期もかなり進んだ頃から、レヨナン様式の大聖堂群は、王権力の増大の結果と

227

して、南部および西部で建てられた。もっとも、西部のポワトゥーやアンジューといったプランタジネット王家の属州〔アングロ＝ノルマン王国に統一された地域〕のようなところでは、ホール式教会堂という伝統的な教会堂が建てられ続けていた。これは、身廊と同じ高さ〔また、同じ幅〕の側廊をもった教会堂のことである。初期の例はポワティエの大聖堂で、これはランやノートル＝ダムと同時代のものである。ホール式教会堂群は、13世紀初期に創設されたフランシスコ〔フランチェスコ〕会派とドミニコ〔ドメニコ〕会派の両教団（オーダー）にとりわけ好まれたものであった。これらの托鉢もしくは物乞い教団の修道士たちは、人目につかない田舎を背景にしたベネディクト会やシトー会の修道院に背を向けて、町のなかの教会堂に自分たちの説教壇を建て上げた。これらの教会堂で彼らは、都会に住む貧民たちを支援するという使命に基づいた運動を推し進めたのである。

234 アルビ大聖堂（1282年着工）、フランボワヤン様式の南側、張り出し玄関（ポーチ）（1519年）を見る

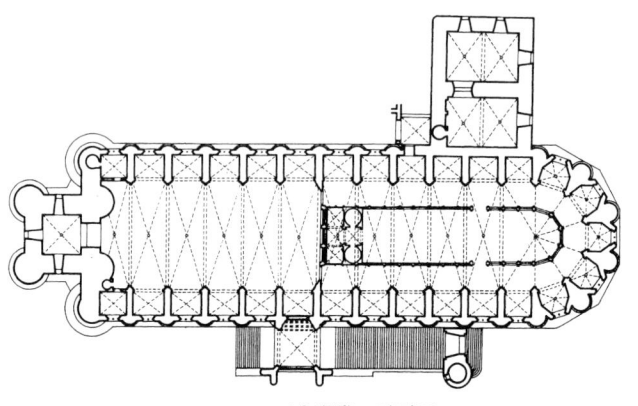

235 アルビ大聖堂の平面図

これに関連した流儀として、高期ゴシックの規範からは再び逸脱してはいるが、側廊を側面の礼拝堂に取って代えることが挙げられる。ゴシック教会堂におけるこのことのもっとも早い例のひとつが、1270年頃の、バルセローナにあるサンタ・カタリーナのドミニコ修道会教会堂の身廊である。このシステムはカタルーニャ地方の教会堂群にとって規範となり、このカタルーニャ地方から、このシステムは南フランスのアルビにある〔一目見て〕びっくりするほどに要砦化した〔サント＝セシル〕大聖堂（1282-1390年）に影響を与えたのかもしれない。この建物は、ベルナール・ド・カスタネ司教によって建てられたが、彼は、すべての物質は悪であると信じた否定的かつ反社会的党派の、異端アルビ派〔マニ教的二元論を唱えるキリスト教分派〕の追随者たちを迫害した、ドミニコ修道会の強健なる人物であった。アルビの大聖堂の煉瓦で建てられた量塊（マス）は、地上からまっ

228

第5章　ゴシックの試み

236　サント＝シャペルの内部、パリ（1243-8年）

すぐに建ち上がり、その様は20世紀の無装飾性を表わしており、袖廊や東端部の礼拝堂〔祭室〕やフライイング・バットレスで〔内部の空間構成を〕妨げられていないのである。バットレス〔控え壁〕は、内部に見いだすことができ、巨大な間断なく続く身廊のなかへ突きでている。礼拝堂群は、これらのバットレスのあいだに配置されている。しかし、これらの礼拝堂はのちに、上層階を供給するために、水平方向に再分されてしまった。

229

フランボワヤン〔フランボワイヤン〕様式

　1340年以降、主要な教会堂の建築活動は、相当に衰えたが、これは一部には、イングランドとのあいだの悲惨をきわめた百年戦争（1337-1444〔1453〕年）の結果であった。しかしながら、この期間に、フランス・ゴシックの最後の局面である、フランボワヤンとして知られた様式の種がまかれたのである。この様式は、上方へ跳びおどる炎に似た、二重に曲線を描くトレーサリーの図柄群（パターン）にその特徴がある。この様式は北フランスにおいてとりわけ華々しく隆盛を極めた。ルーアンのサン＝マクルーの幻想的な五角形の西正面は、堅固な量塊を、尖塔状になった装飾が奏でる斜方向の多声音楽のなかへ溶かしてゆくという野心の成果であり、この西正面は、ゆらめく暑熱のもやのように、空中に気づかれぬうちに消え入ってしまうのである。塔群や尖塔群は、こうした扱い方に対して、ファサードよりもずっと向いている。そのことは、ルーアン大聖堂のブールの塔（1485-1500年）あるいは1507年のシャルトルの〔正面〕北側の塔のレース状の豊かな表現（プロフュージョン）に見ることができる。フランボワヤンの美学を、内部空間の創造に適用することは難しい。それゆえ、フランボワヤン様式の教会堂の異国風のポーチ群や外壁の背後にあるのは、永いあいだ定着してきたレヨナン様式を繰り返したものにすぎない場合がしばしばなのである。フランボワヤン様式において展開された形態のヴォキャブラリーは、すでに、イングランド〔イギリス〕の後期の華飾式（デコレイティッド）もしくは曲線式（カーヴィリニア）といった様式に予期されていた。実際のところ、イングランドの影響は、本質的には彫像列を掛けたひとつの仕切り壁（スクリーン）でしかないルーアンの西正面のような建物の原因としてあるといってよいであろう。このような主題（テーマ）は、明らかに非フランス的と思われるのではあるが、この主題は、アングレーム大聖堂において、12世紀に採択されていたことを思い起こしておくべきである（本書150頁を参照されたい）。

中世フランスの世俗建築

　12世紀から14世紀に到る、フランスの世俗建築において、傑出した記念建造物は、要砦化した城郭（カースル）や都市であり、これらのものは、全国津々浦々に建てられた。百年戦争〔1337-1453年〕の終盤時期には、とりわけ顕著であった。城壁で防備された堂々とした構えの都市群は、カルカッソンヌやエーグ＝モルトといった南フランスにとりわけ多く残存している。城郭は天主を中心にしてつくられたが、シャトーダン〔フランス中部〕の場合のように円形状もしくはジゾールやプロヴァンの場合のように多角形状につくられることがしばしばあったものの、13世紀の、ヴィヤンドロー城は、城壁のある長方形状の囲い地で、対称形をきちんと重んじて置かれた円形の塔群で側面がかためられていた。これらの塔群や、ピナクル群のある城郭の、封建時代の豪壮華麗な様は、かの『ベリー公のいとも豪華な時禱書（_Très Riches Heures du Duc de Berry_）』（1413-6年）の図版に、詩情豊かに記録されている。これは、「時禱書」として知られた、平信徒用に一般に流布した祈禱用書物のなかでもっとも有名なものである。この

第5章　ゴシックの試み

237　サン゠マクルー教会堂の西正面（1500年頃-14年）、ルーアン（1434-70年）

239　ブールジュのジャック・クールの邸館（ハウス）（1445-53年）：中庭

238　教皇宮殿、アヴィニヨン（1336-52年）

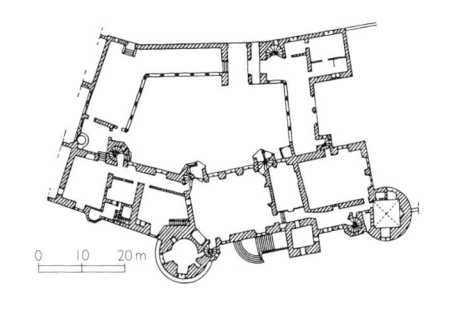

240　ブールジュのジャック・クールの邸館（ハウス）平面図

『いとも豪華な時禱書（*Très Riches Heures*）』のなかの図版のひとつは、13世紀および14世紀の初期に、聖ルイとその孫のフィリップ端麗王〔4世。1268-1314年、在位1285-1314年〕によって建てられた、パリのシテ島に建つ王宮の壁面を示している。この王宮は今日では、4つの円柱列に載ったリブ・ヴォールトが架かった大きな部屋と、各隅部に4つの炉床のついた隣接する厨房のほかは、ほとんど何も残ってはいない。

　多くの城郭は、封建時代を象徴するような要砦〔要塞〕（フォートレス）は解体すべきであるという、リシュリュー枢機卿（本書〔362および〕447頁を参照されたい）の命令の結果、17世紀に破壊された。そのなかのもっとも見事な残存物のひとつは、アヴィニヨンにある教皇宮殿（パレ・デ・パプ）であり、これはいくつもの塔や高い壁面に取り囲まれた、広大な要砦化した複合体である。この建物は、2つの宮殿からなっており、ひとつは、要砦と修道院を組み合わせたものとして、1336-42年に

231

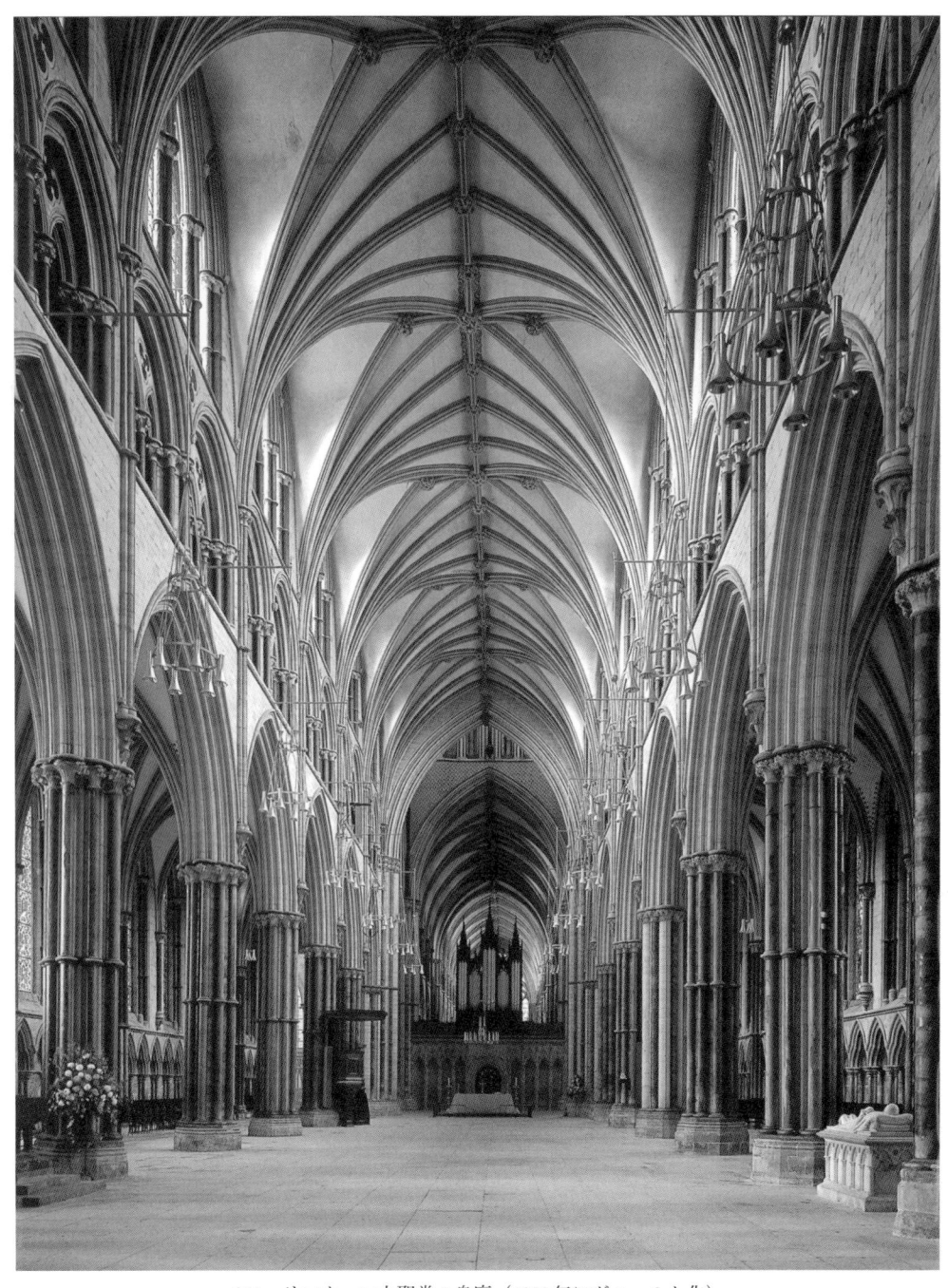

241　リンカーン大聖堂：身廊（1233年にヴォールト化）

242　ブリストル大聖堂：内陣と南側側廊のヴォールト架構（1298年-1330年頃）
クワイア　アイル

教皇ベネディクトゥス12世〔1285-1342年、在位1334-42年〕によって建てられ、もうひとつは、建築家ジャン・ド・ルビネール〔ルビエール〕の設計図面(デザイン)を基に、1342-52年に教皇クレメンス6世〔1291-1352年、在位1342-52年〕によって建てられた。この後者の建物〔新宮殿〕は、前者の建物〔旧宮殿〕よりも贅を尽くしたつくりになっていて、壁画と彫刻で優美かつにぎやかに飾り立てられている。その増大しつつあった自由な様は、15世紀に絶頂に達した。その証は、クリュニー大修道院長のパリの邸館(レジデンス)であった、ホテル・ド・クリュニー、またとりわけ、国王会計方を務めた富裕なジャック・クール〔1395-1456

243 ルーアンの裁判所(パレ・ド・ジュスティス)の中庭(1499年)

年〕の、ブールジュにある館(ハウス)のような豪華な個人用の建物である。ジャック・クールの館は、1445-53年に、一方の側に銀行業務用の事務所群、他方の側に個人用の住居をそれぞれまとめた、非対称形でありながらも機能的に配列された平面をもって、中庭の周りに建てられた。豊富な窓群から採光された、これらの事務棟と住居棟は、広々とした石の階段や廊下や張り出し玄関(ポーチ)が連なり、切妻や小塔や煙突のなすスカイラインが頂きを飾る生きいきとした構成を見せつけている。フランボワヤン様式は、市民建築という系譜(コンテクスト)においても同様に成功を収めたのであった。そのことの証はフランスの中世後期のもっとも壮麗な公共建築のひとつ、1499年に建てられた、ルーアンの裁判所(パレ・ド・ジュスティス)において目にすることができる。

イングランド〔イギリス〕

カンタベリー〔キャンタベリー〕とその衝撃

　1174年のカンタベリー大聖堂では、ある指導的なイングランドの教会庇護者がイル゠ド゠フランス地方で新しく起こった建築に見られるはやりの型に従うことを決定した。その結果生まれた、カンタベリーの内陣は、この地方〔イングランド〕のもっとも初期の主要なゴシック建築群のひとつである。われわれが、1140年代のフランスにおける最初のゴシック建築の建造を記述した大修道院長シュジェールによる、魅力的な資料を有しているのとちょうど同じ様に、驚くべき偶然の一致によって、われわれは、ロマネスク様式の内陣の大方を破壊した1174年9月の大火の後に続く、10年にも及ぶ建設活動に関しての、ジャーヴァスなるカ

第5章　ゴシックの試み

ンタベリーの修道士のひとりが残した当時の記述を有しているのである。この災害の後、イングランドとフランス双方から指導的な熟練した石工〔棟梁〕たちが、イングランドの主座司教座があり、隆盛するベネディクト会修道院の所在地でもあるこの名声ある（カトリック教）総本山の大聖堂をいかに再建すべきかについての助言を乞われて、招聘されたのだが、この大聖堂はまた、1170年にこの堂内において謀殺された、〔カンタベリー大司教の〕聖トマス・ア・ベケット〔1118年頃-70年〕への高まる献身的崇拝の中心地でもあったのである。結局、ギヨーム・ド・サンス〔ウィリアム・オヴ・サンス〕というフランス人が選ばれ、再建が依頼されることになったが、彼は、ノルマン式内陣の全体を一掃することを修道士たちに説得し切れず、ノルマン式内陣の古いクリュプタの上に、そして残存していた外側の側廊壁面内に、ランとパリのノートル＝ダムによって鼓舞された、自らのゴシック構造物を建てることを強要されたのであった。それにもかかわらず、彼の手になる高い3層構成のゴシック立面は、その石造の6分リヴ・ヴォールト、添え細円柱〔縦石目方式の細円柱〕、彫刻されたアカンサスの柱頭、尖頭アーチ、そして半円形の周歩廊とともに、ひときわ目立った衝撃を与えたのである。

244　カンタベリー大聖堂の内陣（クワイア）と東端部（1174-84年）

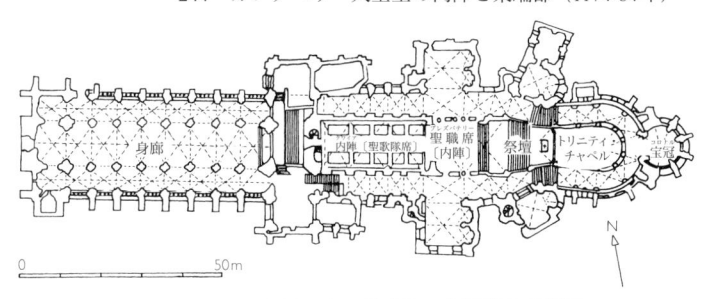

245　カンタベリー大聖堂の平面図

ジャーヴァスは、これらすべてのものについて、ロマネスクの建物（ワーク）と様式上の比較対照を行なった。すなわち、

　　新旧両建物の支柱群（ワーク・ピラーズ）は、形態と厚み〔幅〕は似てはいるが、長さがまったく異なる。というのも、新しい支柱は、ほぼ12フィートも引き延ばされているからである。旧来の柱頭では、出来栄え（ワーク）は簡素であり、新しい柱頭では、彫刻が絶妙であった。以前には、内

235

陣の周囲には22本の支柱があったが、現在では28本ある。さらに以前ではアーチ群もその他のものも簡素であり、鑿ではなく斧で彫り刻まれていた。しかし今は、適切な彫刻がほぼ全体に行き渡っている。かつては大理石の細円柱(シャフト)はまったくなかったが、今ではここに無数のそれがある。以前は内陣の周囲にあったヴォールトは簡素なものだったが、今ではヴォールトは、リヴ付きのアーチとなり、〔アーチ頂上の〕要石も付いている。

　色彩(カラー)と肌理(テクスチャー)の点で、カーンから運んだより青白い地色の石と際立った対照をなす、黒光りするパーベック大理石〔上質のパーベック石灰岩。磨くと褐色の大理石のように見える〕でつくられた添え細円柱(アプライド・シャフト)を強調する際に、ジャーヴァスは、内陣の主要な、そしてもっとも影響力のある特徴のひとつに注目したのであった。すなわち、フランスではほとんど知られてはいない、この種の遊び心に溢れた装飾用図柄(パタニング)は、大半のアングロ＝サクソン様式〔の建物〕やのちの写本の色彩模様においてそうだったように、生粋のイングランド・ゴシックの永続的な特徴になる運命にあった。その上、アングロ＝ノルマン式の分厚い壁面をつくる技術（本書178頁を参照されたい）と強い類似性をもった、カンタベリーの構造システムはまた、初期のフランス・ゴシックにおけるさまざまな発展段階とは相容れなかったのである。なぜならば、カンタベリーでは、クリアストーリーの窓の前に、内部の壁内通路を組み入れているからである。

　ギヨーム・ド・サンスは、1178年に足場から落下して、重傷を負った。そのため彼の仕事は、イングランド人のウィリアムと呼ばれた熟練した石工(マスター・メイソン)に引き継がれた。ウィリアムは、堂内の東側へと工事を続け、アプスにはトリニティ・チャペルを、そして東端部には円形状の「コロナ」〔「ベケットの冠」の意。図245ではコロナル（宝冠）〕を増築した。これら双方ともに、聖トマス〔・ア・ベケット〕のための祀堂として設計されたのである。ウィリアムの仕事は、その前任者〔ギヨーム〕の仕事を結びつけて、典型的なイングランドの付加的な線条を基に計画された東端部を、この大聖堂に供給することであった。ここで言う、付加的な線条とはすなわち、フランスの大聖堂のより結合力があり一致団結したような組織化と対照をなす、ゆっくりとしたひと続きの、繋がりつつも別々の空間群からなる様態のことである。修道士たちの内陣は、円形と八角形の支柱(ピア)が交互に並び、支柱に添え細円柱(アプライド・シャフト)のある、「主祭壇(ハイ・オールター)」を含んだ隣接する聖職席とは異なった扱い方がなされている。サンスとかアラスの失われた大聖堂とかにおける、フランス北東部の一対をなす円柱群に鼓舞された円柱のあるトリニティ・チャペルもまた、〔フランスのものとは〕異なった扱い方がなされている。結局のところ、カンタベリーのコロナにおいては、支柱群はパーバック大理石からなるウォール＝シャフト〔添え細円柱のこと〕に置き換えられているのである。多様性や転位性(ディスロケーション)に向かうこうした傾向は、トリニティ・チャペルの床面を、内陣の床面よりも16段上方に上げるといったピクチャレスクな〔興趣溢れる〕手法によって、さらには、予期せぬ円形状のコロナの醸しだす空間の詩情によって、高揚されているのである。もうひとつの、フランス的規範からの離反は、1096-1130年に長さをすでに2倍にしていた大聖堂の、極端な長さそのものである。その一方

で、クリュニー第3教会によって鼓舞され
た、ギヨーム・ド・サンスの、2つの一対の
袖廊の保持は、この大聖堂の構成が性格上
付加的であったことを、言い換えれば、そ
れがゴシックよりむしろロマネスクであっ
たことを、一層強調していたのであった。
　これらの色彩(カラフル)に溢れ、興趣に富んだ(ピクチャレスク)特色
の数々が、イングランドのゴシック建築に
おいて広く追随されることになったひとつ
の型(パターン)を仕掛けたことは、驚くべき事実であ
る。たとえば、リンカーン、ソールズベリ
ー、サウスウェル、そしてウスターに見ら
れる二重袖廊。東西方向の誇張された長さ。
区画割り〔仕切り〕によるグループ化。華飾
式に見られるような、空間的遊動。そして
とりわけ、フランスにおいては少なくとも
論理的に見えるやり方で通常は取り扱われ
るようなさまざまの特徴の、装飾を重視し

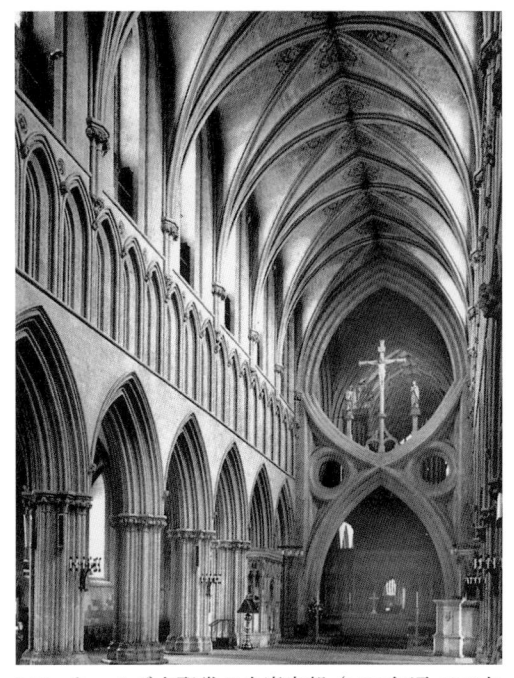

246　ウェルズ大聖堂の身廊内部（1185年頃-1240年頃）、1330年代に付け加えられたねじれたアーチ(ストレイナー)を見る

た用い方である。長さと複合性は、ベネディクト会修道院と大聖堂という異なった機能をひ
とつの建物のなかに結びつけるという、変わったイングランド的手法のせいも一部あると言
えよう。こうした例(パターン)は、バース、カンタベリー、コヴェントリー、ダーラム、イーリー、ノ
リッジ、ロチェスター、ウィンチェスター、そしてウースターにおいて生じたのであった。
　カンタベリーの直接の影響は、チチェスター、ロチェスター、そしてウィンチェスターの
各大聖堂東部の部分に見ることができる。これらの大聖堂では、パーベック大理石の自由な
装飾的用法がなされているのである。イングランド北方では、ゴシックはカンタベリーと同
じ時期に到来した。しかし、シトー修道会の影響をとおしてのものであった。われわれは、
先の第4章で、クリュニー派のベネディクト会修道士たちの、建築と典礼(リタージィ)において増大して
ゆく富裕さに対する反抗(オビュランス)として、1098年にシトー会教団が創設されたことに注目した。厳格
さと機能的革新に対するシトー会修道士たちの建築的情熱は、彼らをして、ともにヨークシ
ャーにある、カークストール大修道院（1152年頃）とローチ大修道院（1172年頃）の初期ゴシ
ック様式を採択せしめたのであった。南西イングランドもまた、1185年頃と1200年のあい
だに設計され、1240年頃までに改築が行なわれた、ウェルズ大聖堂を中心とした、もうひ
とつの一派を形成している。ウェルズの独創的な身廊の立面は、ローチのそれに似ているも
のの、これもまた、フランスがその当時に熱望していた線的垂直性と対比される、規模の大
きさと精巧さが拡がってゆく状況を示しているのである。かくして、トリフォリウムは、自ら

247　グアダラハラのパラシオ・デル・インファンタード〔親王・王子の宮殿〕(1480-3年)、フアン・グアスによる

とその下の大アーケードを繋ぐためのウォール゠シャフトを欠いた立面構成のなかで、水平方向の要素を強調した要素となっているのである。そのうえ、支柱群(ピア)は、それぞれ24本もの付け細円柱(アタッチト・シャフト)を有し、これらの付け細円柱は、身廊の下まで延びて、豪華な波打ち効果をつくりだしている。こうした、アングロ゠ノルマン式の装飾的豊饒さの復活をほのめかす徴候は、1210年頃-5年の精巧につくられた北側の張り出し玄関(ポーチ)において、また、1220年頃-40年の有名な西正面において、繰り返されているのである。とりわけ後者の西正面は、400体にも及ばんとする、彩色された石の彫像が掛けられた、興趣に富んだ非論理的な仕切り壁(スクリーン)なのである。教会堂本体の外に建つ両脇の塔によって拡げられたこの建物は、ソールズベリーからエクセターにまで到る、イングランドの大聖堂の特徴である、装飾的な仕切り壁(スクリーン)のファサードの最初の例である。

238

リンカーンとその衝撃

　熟練した石工ジョフレー〔ジェフリー〕・ド・ノワエールによって1192年以降再建されたリンカーン大聖堂は、フランスにおいては並ぶもののないやり方で革新的な、もうひとつの傑作である。ジョフレー・ド・ノワエールの庇護者、フランス生まれのカルトゥジオ会の修道士、リンカーンの聖ヒューにちなんだ名で知られた、「セイント・ヒューの内陣（クワイア）」は、リンカーンの「狂気じみたヴォールト（クレイジー）」として知られているもので屋根のように覆われている。これはおそらく、リブの、機能的な役割と対置された装飾的役割を意図的に強調した、ゴシック世界のヨーロッパにおけるもっとも初期の例であろう。ヴォールトはかくして、柱間（ベイ）の区割りとはほとんど関係のない連続した線条網（ネット）となり、初めてティエルスロン〔柱間の4隅から棟リブに繋がるリブ〕を特色としたものに代わるのである。ティエルスロンとは、ヴォールトの中心点には到らずに、ヴォールトの頂冠（クラウン）に沿って走る棟〔峰〕リブ（リッジ）づたいの場所へと到る、装飾的なリブのことである。ほとんど故意ともいえる陽気さに溢れた、これと同じ精神によって、聖ヒューの内陣（クワイア）内の壁面を飾り立てる、開口部のない装飾アーケードの意匠（デザイン）が表現されていた。ここでは、互いに交差する〔相交わる、相重なる〕頭が丸くなった装飾アーケード〔アーチ列〕というノルマン流の伝統が、2つの面にシンコペーション的なリズム〔一種のずれたリズムのこと。切分法、移勢法といわれる、強拍と弱拍の通常の位置関係を変えて、リズムに緊張感を生みだす手法のこと。ジャズ的演奏を思い浮かべると良い〕を生みだすために、ひとつの〔三弁形の〕尖頭アーチ列をもうひとつの〔縦目石方式（アン・デリの）〕尖頭アーチ列の上に重ね合せるという、三次元的なやり方で展開されていたのである。すなわち、これら2つの〔前後の〕面は、〔小円柱の〕低い方では石灰岩を、高い方では、カンタベリーによ

248　リンカーン大聖堂のセイント・ヒューの内陣（クワイア）ヴォールト群（1192年着工）、袖廊の北東側から見たところ

249　リンカーン大聖堂、セイント・ヒュー内陣（クワイア）の、明かり採りのない、壁面装飾アーチ列

239

250 イーリー大聖堂の聖職者席〔プレズバテリー〕（1234-52年）

251 北東側から見たソールズベリー大聖堂（1220年-60年頃）

って鼓舞された、光沢のある黒のパーベック大理石を用いるといったような、小円柱〔コロネット〕の対称的な素材の違いによって、アクセントがつけられている〔図249を参照のこと〕。

リンカーンはまた、ジュミエージュの袖廊に11世紀半ば最初に現われ、カーンやセント・オールバンズやダーラムやウィンチェスターで採択された、アングロ＝ノルマン式の分厚い壁、すなわち二重シェル〔外枠〕式の壁を継続して用いていたことで注目に値する。ゴシック建築において、この技術は、ヴォールト群がフライイング・バットレスによってよりむしろ、側廊上方の2階廊〔ギャラリー〕の壁によって支持される事態を可能にしたのであった。リンカーンの場合、身廊のアーケードとアーケードのあいだの距離〔スパン〕が非常に大きいため、目は、側廊をも同時に認めることができる（図241）。水平的な装飾は、1230年頃に完成に到った西正面においてはるかに目立っている。以前には、3つの大きなノルマン式アーチが統べ〔す〕ていたこのファサードは、今は、背後の壁面の構造とは無関係な明かり採りのない装飾アーケード〔アーチ列〕が重層的に並んだ両側にまで拡張している。

驚くにはあたらないが、リンカーンはとりわけイーリーに対して直接的に大きな影響力をもった衝撃を及ぼした。イーリーでは、1234-52年の聖職者席〔プレズバテリー〕が、リンカーンの身廊を愛らしく飾り立てたものになっている。ソールズベリー大聖堂（1220年-60年頃）もまた、リンカーンとウェルズからの影響の跡をいくつも帯びている。もっともソールズベリーの設計者は、ジョフレー・ド・ノワエールのピクチャレスクな強引さ〔ウェイワードネス〕

を真似ることはしなかった。ソールズベリーには静けさと厳格さがあり、これがソールズベリーを、初期のイングランド様式からなる他の3つの主要な大聖堂、カンタベリー、ウェルズ、リンカーンとは別のものにしているのである。また、処女地に一気に建てられ、その後は壮麗な14世紀の交差部分の塔と尖塔を除いて、一切何も付加されなかったことは、イングランド〔イギリス〕の大聖堂にとって、通常はありえないことであった。元々の設計者が目論んでいたわけではなかったものの、この大聖堂の数多くの別々に屋根を葺かれた部分を視覚的に統一しているのは、まさしく、この塔と尖塔なのである。実際のところ、2組の袖廊、突きでた北側の玄関廊（ポーチ）、そして長方形の東端部は、ソールズベリーを、イングランド〔イギリス〕・ゴシックにおける区画化主義（コンパートメンタリズム）の古典的範例にしているのである。これは、同じ年に着工され半円状の東端部と最小限の袖廊をもつアミアン大聖堂に反映される、フランス・ゴシックのひとつにまとまる精神とは著しい対照をなしている。簡素な初期イングランド様式の鋭尖（ランセット）、バットレス、そしてピナクルの冒険的ではない繰り返しと、低い身廊の立面は、堂内を訪う（おとな）者たちに、東端部のレイディー・チャペル〔聖母礼拝堂〕がもつ空間的な面白さを期待〔教えて準備〕させてはくれない。このチャペルは、内陣の長方形の周歩廊のヴォールトと巧妙に合体するヴォールトをもった小規模なホール式教会堂である。ここでは、ヴォールトを支持するパーベック産の大理石からなる支柱（ピラー）の極端な細さによって高まる、ディアファーンな〔透けて見える〕特質が、つくりだされることによって、華飾式の様式を予期させるようなかたちで、空間が自由闊達に流れているのである。

ウェストミンスター・アビイ

ソールズベリーで恒常的に繰り返されたような、初期イングランドの建築モチーフの小さな目録は、おそらくは不毛性にこそ言及するであろう。1245年に、ヘンリー3世〔1207-72年、在位1216-72年〕のために起工されたウェストミンスター・アビイは、この初期イングランド様式をただちに流行遅れのものとした。それはイングランド〔イギリス〕の諸伝統と、もっとも最新のフランスの諸展開との混交を、もっとも名声ある国家という文脈のなかで呈示することによってなされたのである。ヘンリー3世の義理の弟であったルイ9世に関わる3つの建物がもつ機能の数々を〔イングランドの建物に〕結びつけることが意図された。ここで言われる3つの建物とはすなわち、ランスの戴冠式用教会堂、サン＝ドニの王家の墓廟、そしてパリのサント＝シャペルである。ウェストミンスターに見られるさまざまなフランスの特徴として、以下のものが挙げられる。後陣（シュヴェ）と周歩廊。イングランドにこれまで建てられたどんなものよりも高い、身廊の高くて狭いプロポーション。フライイング・バットレスをもち、クリアストーリーに通路を置かない、薄い上方の壁面技術。単一のアーチ起点台（タ＝ド＝シャルジュ）（*tas-de-charges* 起点台石（スプリンギング・ストーン）〔アーチを受ける垂直材の最上部の石。放射状に積まれる迫石でなく、水平に積まれる石もしくは石積みのこと〕）からのヴォールトの起点。ヴォールトから支柱（ピア）基部までの途切れない降下。そしてとりわけ、ランス生まれのバー・トレーサリー、サント＝シャペル生まれ

252 ウェストミンスター・アビイ（1245年着工）：内陣内部とヴォールト群

の球面三角形の窓、そしてノートル゠ダムの袖廊北側生まれのバラ窓を含んだ、窓のトレーサリー。この〔さまざまな特徴を表わす〕フランス語がイングランド訛りで発音されていること、1245年から1253年まで棟梁（マスター・メイソン）を務めた、ヘンリー〔アンリ〕・ダ〔ド〕・レインス〔レインスのヘンリー、1254年歿〕は、ランス出身というよりもエセックスのレインス〔レインス(Reynes)はフランス語でランスとも発音されうる（正確にはレーヌ）〕出身であったかもしれないということ、これらのことはきちんと言っておかねばなるまい。かくして、イングランドの伝統は、以下に挙げるさまざまな点において、自らの権利を主張することになる。すなわち、袖廊が相当に突きでていること。壁面のリブからのクリアストーリーの窓の後退によって引き起こされるダイナミックな効果。奥行のあるトリフォリウム（ディープ）の2階廊（ギャラリー）〔階上廊（ダイバー）〕。そして、パーベック大理石の潤沢な使用や、菱形とか葉叢とか人像の彫刻で飾り立てられた明かり採りのない装飾アーケード（ブラインド）〔アーチ列〕の多用に見られるような、表面の肌理（テクスチャー）へのこだわり（プレオキュペーション）、である。

　1253年に完成した、八角形の参事会会議場〔参事会堂〕は、1240年代にノートル゠ダムの身廊に付加された側面祭室（サイド・チャペル）に設置されたような、もっとも最新型のレヨナン様式の大きなトレーサリー付きの窓で採光されている。フランスでは実質的には知られていなかった種類の集中式平面の建物においては、ガラスによってほぼ全体が取り囲まれた驚くべき空間が明確に現われている。この建物の内部空間のもたらす衝撃と、巨大な複合したトレーサリー付きの窓に対する設計者の情熱とは、イングランド・ゴシックの将来の様式の前兆なのであった。

ウェストミンスターの衝撃と華飾式（デコレイティッド・スタイル）の起源

　リッチフィールド、ヘレフォード、リンカーン、そしてソールズベリーの各大聖堂はみな、ウェストミンスターに見られたように、イングランドへ導入されたかたちのフランスの宮廷様式からの影響を受け、活気に満ちた成果（ワーク）を取り入れている。1258年頃に着工された、リッチフィールドの身廊は、新しいトレーサリー・パターンのもたらした、自由で優美な衝撃を示している。その一方、1280年頃に完成した西正面は、フランスの双塔型式を真似ようと試

第5章　ゴシックの試み

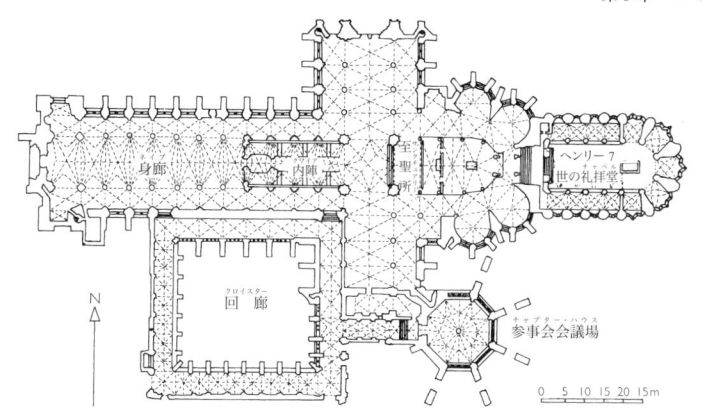

253　ウェストミンスター・アビイの平面図

みている。1320年頃-35年のレイディー・チャペルは、サント＝シャペルの様式を翻案したものである。このチャペルは、〔サント＝シャペルと〕同様に一風変わったものであり、それ自体豪華な金属細工の祀堂にたとえられてきた、チャペルの範であるサント＝シャペルよりも、金属的な特質を有しているのである。これらの無駄のないほっそりとしたプロポーションはすでに、サヴォワ地方出身の廷臣かつ司教のエーグブランシュのピーター〔1268年歿〕によって1260年頃に建てられた、ヘレフォード大聖堂の袖廊北側において重要な役割を演じていた。この人物は、ヘンリー3世の妻である、プロヴァンスのエレアノール王妃〔1223年頃-91年〕とともにイングランドに渡ってきたのであった。リンカーンにおいて

254　エクセター大聖堂の身廊（1310年頃着工）

は、1256-80年に聖ヒューのための華麗な祀堂として付け加えられた、豪華な「天使の内陣」〔長方形の東端部。トリフォリウムの三角小間が高浮き彫りで彫られた天使で飾られているため、この名がある〕が、トレーサリーの付いた窓を、半透明な豊饒さという新しい段階へと引き上げている。クリアストーリーの窓は、内陣を覗くクリアストーリーの通路の内側〔堂内側〕に建つ自由な仕切り壁のごとき窓もつくられて、二重になっている。「天使の内陣」の絶頂は、東側の壁一杯に拡がった広大なトレーサリー付きの窓である。これは、記録に残っている限りもっとも初期の八連の明かり採り窓であり、とりわけ北イングランドに見られた多くの同例の窓の生みの親である。それほど創意工夫に富んでいるわけではないが、1270年頃に着工された、ソールズベリーの参事会議場と回廊は、ウェストミンスターのものを繰り返して

243

いる。

　成熟した華飾式は、1290年あたりから始まる。これは特に、オジーすなわち二重の曲線〔曲線をS字型に組み合わせたもの。左側のS字の反転曲線、右側のS字曲線をくっつけたものの天辺を引き延ばしたような形をしている。葱花形〕の使用と結びついている。このオジー曲線は、エドワード1世〔1239-1307年、在位1272-1307年〕が自らの王妃〔カスティーリャのエレアノール。1241-90年〕の、リンカーンシャー〔王妃はリンカーンの町から8km離れたハービーで亡くなった〕からウェストミンスター・アビイに到る葬列をしるしづけるため、1291-4年に建てた、「エレアノールの十字架」〔12の宿場町に建てられた記念碑。現在3つが残る〕に最初に現われた。この様式は、最良のものが、エクセターおよびヨークの大聖堂に見られる。また、ウェルズとブリストルの各内陣、イーリーの塔と内陣とレイディー・チャペル、そして、ブリストルのセイント・メアリー・レドクリフの張り出し玄関にも見られる。1310年頃に着工されたエクセターの身廊は、その重々しいヴォールトによってつくりだされたずっしりとした豊かさのゆえに記憶すべきものである。このヴォールトは、柱間区画の論理的な屋根〔天井〕架構というよりむしろ、装飾が目的そのものとなっているように見える。ここでヴォールトは、シュロの葉のように存分に拡がっている。なぜならそれは、極端に目立ったリブ群——以前のどの建物よりも多い11本ものリブが同じひとつの源泉から湧きでているのである——に覆い尽くされているからである。

ウェルズ、ブリストル、そしてイーリーにおける華飾式

　1285年頃に着工され、1330年代まで続いた、ウェルズでの工事は、エクセターの場合よりも精巧で想像力に富んだものであった。八角形の参事会議場は、圧倒的なまでに見た目に派手に、エクセターのシュロの葉状という主題を発展している。すなわち、真ん中の大きな支柱から上に高く出る32本のリブが、部屋の縁を巡る8本の付け細円柱から放射状に延びてゆくリブの数々と合体しているのである。これと同じ効果がいくらか、〔東端の〕レイディー・チャペル〔軸上祭室。1306年完成〕において獲得されている。すなわち、このチャペルは、高さがかなり低い奥内陣と曖昧な相互浸透効果を生みだす西側の2本の支柱をもつ、変則的な八角形平面をしているのである。横断眺望に重点を置くこの空間上の遊動は、このレイディー・チャペルの、他の2つの重要な革新的行為において繰り返されている。すなわち、司祭席に見られる、〔いくらか前方に〕傾いた、すなわち立体感を与えるオジー・アーチ群と、リエルヌ〔枝リブ。枝状になった補助用リブ〕のついたヴォールトとである。このヴォールトはすなわち、ボス〔辻飾り。交差リブの交点を飾る石、もしくはアーチ頂点の要石。仏語はクレ〕からも主要な〔アーチの〕起拱石からも発せずに、このウェルズに見るように、星形である場合が多い装飾的な図柄をつくりだすために導入された、リブ付きヴォールトのことである。この主題は、ウェルズの、1330年頃につくられた内陣に見られる息をのむようなヴォールトで絶頂に達した。ここでは、対角線リブや棟〔峰〕リブの欠如が、大きな尖った先端

第5章　ゴシックの試み

〔突起。棘状突起〕のある、さまざまなサイズの菱形を連続した装飾として誇示することを優先したため、各柱間のあいだの区分がぼんやりとしているのである。この内部の壁の処理法はまた、驚くべき独創性を放っている。というのも、大アーケードとクリアストーリーの窓とのあいだの重要な部分が、大アーケードのアーチ群の上に直接載った背の高い中方立ての開放的な石の格子で満ちみちているからである。これは、サン゠ドニとトゥールとセーの内陣や、ノートル゠ダムとアミアンの袖廊や、サンテュルバンとトロワのアプスに見られるような、13世紀フランスの宮廷様式におけるより穏やかな規模でわれわれが目にしていたトレーサリーからの極端な発展を表わしている。われわれは、垂直式の起源の数々を論議する際に、この話題に再び目を向けることになろう。

　ウェルズにおいて注目すべき最後の新奇さは、塔の重さを支持する助けとなるよう、1330年代に交差部に挿入された、風変わりなかたちの補強アーチ〔ねじれたアーチ〕である。2つの交差するオジー・アーチの曲線、もしくは通常のアーチの上に載ったさかさまにしたアーチに似たこの組み合わされたアーチは、人目を惹くやり方で華飾式

255　ウェルズ大聖堂内陣のヴォールト（1330年頃）

256　セイント・メアリー・レドクリフ教会堂の北側張り出し玄関の外観、ブリストル（1325年頃）

の斜方向強調を反映している。実際のところ、この〔補強〕アーチは、ブリストルにおける司祭席と飛びアーチでこれとは異なったやり方ですでに試みられていたものを、もっと大きな規模で繰り返しているのである。ブリストルの、今日ではセイント・オーガスティン大聖堂となった、当時のアウグスティノ会大修道院教会堂に対して、新しい内陣とレイディー・チャペルが1298年-1330年頃に付け加えられたのであった（図242）。内陣とその側廊はホール式教会堂を形づくっており、そこでは、内陣のヴォールトの重みが、側廊にまたがる奇妙な、アーチに支えられた石の橋を用いて、外側の側廊の壁にある控え壁まで運ばれているのである。これは結果的には、ウェルズの〔例の〕補強アーチに似ていないわけではない。正

245

確にこれと同じ種類の梁については、その先例は、おそらくサント゠シャペルの地下階の側廊〔アーチ〕の場合を除いて、まったく見当たらない。

生きいきとした描写の見られる、構造的にも創意に富んだ工夫の才は、1325年頃に、ブリストルのセイント・メアリー・レドクリフの教区教会堂に付け加えられた六角形の北側張り出し玄関に見いだされる。ここでは出入口に、ひと続きをなす6個の窪んだ〔凹状の〕曲線から構成された、東洋風の輪郭が見られる〔図256の入口の上方部分を参照〕。ブリストルは東方と相当の交易を行なった大きな商業港であり、こうした事実が、この異国風の出入口のおびただしい彫刻と同時に、オジー・アーチの使用や、星形の、リブで飾り立てられたヴォールトの使用をも説明していると言ってよいであろう。

257 イーリー大聖堂の八角形光り塔内部（1322-42年）

華飾式の絶頂は、空間的問題からいえばいずれにしても、イーリー大聖堂に見いだされる。ここでは、1322年に起きた、ノルマン様式の交差部の塔の崩壊によって生じた荒廃部分が、八角形の塔が載った、直径65フィート（20m）を越える集中式平面の空間の創造を促したように思われる。われわれがウェルズとブリストルにおいて見てきたように、斜め方向の眺望は、華飾式の設計者たちには愛着のあるものであった。イーリーの長いノルマン様式の身廊がもつ安定した反復リズムを、あっという間に断ち切るこの大きな八角形の塔以上に、あの空間上のこだわりに詩的でダイナミックな表現を与えるところはほかの何処にもない。光は、八角形の塔の下の、対角線方向〔縦方向は身廊、横方向は袖廊〕に置かれた4つの大きな窓から流れ込み、さらには、生きいきとした星形を形づくっているリブ・ヴォールト架構で支えられた、上方の光り塔〔＝八角形の塔〕そのものからも降り注ぐのである。それはまるで、ウェルズの例の参事会会議場〔参事会堂〕が奇跡でも起きたかのようにその中心の支柱を失い、さらにはヴォールトの頂冠部分が、その上を浮いて漂う光り塔へとわれわれの視線を上方へ向けさせるために切り払われてしまったもののようである。

イーリーは、修道院付属の大聖堂であり、修道士たちが、固有な素晴らしい魅力の場である、彼らの内陣を据え置いたのは、まさしく、この塔の下であった。大きな光り塔の設計を手助けしてくれる人材として、イーリーの石工たちは、ロンドン在住の国王付きの大工棟梁、ウィリアム・ハーリを招き入れた。なぜなら、このような建造物には、木材のみが可能な素材

だったからである。疑いもなく修道士たちは、ヨークにおいて1300年頃に建てられた、八角形の参事会会議場に据え置かれたばかりの先例のことを知っていた。ヨークでは、ヴォールト用木材の採択は、中心をなす支持円柱の使用の手間を省いたのであった。イングランドは、石切場がとりわけ豊富にあるわけではない。しかし、潤沢な木材と造船の伝統の強さとが、大工たちの技の数々を磨きあげていた。彼らは、石造を模倣した、13世紀と14世紀の、一連の木材によるヴォールトを生みだしたのであった。とりわけ、1340年代における、イーリーでの八角塔において。彫刻された辻飾りで次第に飾り立てられるようになった、これらの木造天井は、フランスのより重々しい石造ヴォールトよりも手軽な感じがして、実際の装飾付けには向いていたのである。ゴシック建築は、19世紀には、ピュージンやヴィオ゠ル゠デュクのような著述家たちによって、建物を建てる真実の方法であると信じられていた。しかしながら、イーリーの八角塔ほど真実っぽく見えないものは他にありえないであろう。ここでは、光り塔は、見た目とはちがって、下のヴォールトの上に載ってはおらず、8本の力強い木材の柱を支持する、木材の腕木からなるひとつの片持ち梁の枠組の上に載っているのである。枠組みも柱もともに、光り塔を見る者の目から意図的に隠されている。実際のところ、板張りの木造リブは、石造のヴォールトという幻想を与えるために、腕木の下側に、巧みに組み込まれているのである。

　イーリーの内陣のもっとも西側の3つの柱間は、塔の崩壊によって引き起こされた損害のゆえに、1328年頃-35年に再建された。これらの柱間は、星形のリエルヌ〔枝リブ〕・ヴォールトや階上廊開口部の金銀線細工のトレーサリーで見られるように、新たな華麗さを漂わせる、隣接する奥内陣という主題を発展させている。1321年に着工され、1335年頃-49年に完成した、レイディー・チャペルは、イングランドでもっとも愛らしい華飾式の堂内のひとつである。というのも、ここでは、リエルヌ・ヴォールトの大きく拡大した星形が〔天井に〕見られ、窓は溢れんばかりのトレーサリーで飾り立てられ、そして、とりわけ、いくらか前に傾いたオジー・アーチ群がなす、小さく波打つ立体感溢れる装飾アーケードが、4周の壁面全体を巡っているからである。ニッチ〔壁龕〕、切妻、ヴォールト、クロケットそしてピナクルといった、魅力的なミニチュア建築は、彫り込まれた葉叢や人物の彫刻で豊かに飾られているが、実のところ、17世紀に気紛れな改装が行なわれて、元々あった光り輝く彩色が失われてしまったのである。ヨーク大会堂〔大聖堂〕の堂々とした西正面は、その中央の大きな窓の炎のようなトレーサリーによって統べられているが、これは、華飾式においてもまた、最大限のスケールでさまざまな効果が生みだされうることを示しているのである。

セイント・スティーヴンズ・チャペルと垂直式の諸起源

　13世紀半ばにウェストミンスター・アビイに導入されたレヨナン様式は、この地方〔イングランド〕のいくつかの地域において、14世紀に入ってからも永く続いた。たとえば、1292年に着工された、イングランド北部の、ヨーク大会堂の身廊がそうである。しかしながら、

レヨナン様式の衝撃はまた、華飾式(デコレイティッド)と垂直式(パーペンディキュラー)という、2つの対照をなすものの実質的には同時代の様式の展開を生みだした。後者の様式には、それが尖った先端〔いばら〕の頭部(スカブト)からなる垂直なパネル組みの繰り返しに基づいた、デザインと装飾の直線的なシステムであるがゆえに、垂直式と呼ばれている。この様式の発端(ストーリー)は、意図的にサント゠シャペルと対抗して、エドワード1世のために建てられた、ウェストミンスター・ホールのセイント・スティーヴンズ・チャペル〔王室礼拝堂〕に始まる。

258 セイント・スティーヴンズ・チャペルの断面図、ウェストミンスター（1292-1348年）、古物収集家協会のために描かれた

その長い建設過程は、1292-7年、1320-6年、そして1330-48年という、3つの建設運動(キャンペーン)からなっており、最後の時期には、ヴォールトとクリアストーリーが付け加えられた。かなりの部分が修復された地下祭室(クリュプタ)〔礼拝堂〕だけが、今日でも残存している。

このチャペルは本来、豪華に彩色され、尖った先端(スカブス)〔いばら〕のあるオジー(ビング)と地下祭室(クリュプタ)のリエルヌ・ヴォールトのおそらくはもっとも初期の例とで飾り立てられた、華飾式のモニュメントであったが、何やら鏡板(パネルド)をはめられた鳥カゴのような雰囲気がしたと思われる。というのも、壁の表面が明かり採り(ブラインド)のないトレーサリーでにぎやかに飾られており、内部では窓の三角小間(スパンドレル)の垂直な無装飾のパネル組みが、そして外部では、窓の下まで降りてゆく中方立(マリオン)〔縦仕切り材〕が見られたからであった。このチャペルの最初の建築家、マイケル・オヴ・カンタベリーは、1323年にその息子のトマスに引き継がれたが、フランスの「宮廷様式」に見られたいくつかの傾向を、初期の垂直式のやり方で発展させたのである。これは、すでにセイント・スティーヴンズ・チャペルで働いていたことがあった建築家ウィリアム・ラムズィによって、ロンドンの旧セイント・ポール大聖堂の、破壊されて現在はない、参事会堂(チャプター・ハウス)と回廊(クロイスター)において、1332-49年にさらなる発展段階を迎えた。旧セイント・ポールでの仕事には、壁の表面下方に向かって拡がっている窓内の中方立て、もっとも初期の直線的な垂直式のトレーサリー〔飾り格子〕、そして垂直式の顕著な特徴(ホールマーク)のひとつとなった、4つの中心点のあるアーチ〔四中心アーチ。テューダー・アーチ〕の、実質的に最初の例が含まれていた。4つの中心点のあるアーチの〔頭部の〕平たくなった輪郭は、華飾式の可動性に対置される、硬直な様式として、垂直式を定義づけるのに役立つ。この輪郭は、フランドル地方などの辺境地帯を除いて、大陸では採用されることの決してなかった形態である。実際のところ、イングランド〔イギリス〕の華飾式はヨーロッパに衝撃を与え、ボヘミア地方からポルトガルに到るまでの広範囲な地域の建物群に影響を与えたのに対し、垂直式は決して大陸へ輸出されることはな

かった。華飾式は14世紀半ばにおいても終焉を迎えることはなかったが、1330年頃以降の2世紀のあいだの支配的な様式は、垂直式であった。

グロスターの垂直式

　旧セイント・ポールの垂直式の特徴の数々は、グロスターの、ベネディクト会修道院教会堂、今は大聖堂の袖廊南側と内陣が、1331-7年と、1337年頃-50年頃にそれぞれ改築されたときに、初めて大きな教会堂に適用された。この内陣は、1327年に殺害された国王エドワード2世〔1284-1327年、在位1307-27年。実際は、1329年まで生きていたとされる〕の遺物を収める祀堂として構想されていたといわれている。この国王は、証聖者〔迫害にも屈することなく信仰を守った信者のこと〕エドワード〔イングランド王、本書178-9頁参照〕のように国王にして聖人となることを期待され、それゆえ巡礼者を引き寄せることになると思われていた。工事はおそらく、ロンドン出身の国王付き建築家たちによって監督されたのであろう。これらの建築家の名は多分、ウィリアム・ラムズィもしくはトマス・オヴ・カンタベリーであろう。後者は、グロスターの袖廊南側が着工されたとき、国王付きの主任建築家であった。しかし、グロスターの大きな窓は、旧セイント・ポールの参事会堂〔チャプター・ハウス〕でのラムズィによる窓と似ている。
　グロスターのもっとも驚くべき局面は、11世紀の内陣の壁面が、下降する中方立て〔マリオン〕と尖った先端の〔いばらの〕パネル組み〔カスプト〕からなる化粧貼り〔ヴェニア〕すなわち網状組織〔グリッド〕の下に、その大半がそっくりそのまま残ってるということである。これは、石を用いた指物師の技術のなせる力業（tour de force）である。言い換えれば、それは、セイント・スティーヴンズ・チャペルでその初期の表現が与えられたところのひとつの主題〔テーマ〕、すなわち、大工術に始まるさまざまな技術を、想像力を駆使して石造で再創造することの極致〔カルミネーション〕なのである。このことは、セイント・スティーヴンズ・チャペルにとっての範例のひとつ、サント＝シャペルからの重要な変化〔シフト〕を印づけている。セイント・スティーヴンズ・チャペルでは、金属細工から派生したさまざまな形態が、決定的な美的役割を果たしていたように思われる。グロスターの内陣の東端部は、ガラスの壁面であり、石の壁面を飾り立てているのと同じ尖った先端〔カスプト〕のあるパネル組みからなるトレーサリーで、きちんと仕切られている〔組織化されている、明確に表現されている〕のである。

後期垂直式とファン〔扇状〕・ヴォールト

　グロスターでの内陣のヴォールトは、辻飾り〔ボス〕によって強調された無数の小さな区割りからなる、複合したリエルヌ・リブによって多様な様相を呈している。ほどなく、壁面のパネル組みとよりよく調和したヴォールト架構形式〔タイプ〕が考案された。これが、ファン〔扇状・扇形〕ヴォールトであり、その本質は、装飾的な尖った先端〔カスプト〕のあるパネル組みを、堅い半円錐に適用させることである。これらのパネル組みは、垂直式の窓のトレーサリー〔飾り格子〕に見られるパネル組みによって鼓舞され、リブとは似て非なる割り形〔モールディング〕によって区分けされている。フ

249

ァン・ヴォールトは、装飾的なヴォールト架構形式に対するイングランド〔イギリス〕のこだわりの最後の局面を表わしている。この種の重々しい装飾用ヴォールト群は、十分な堅牢性をもった支持用量塊(マス)を供給した厚い壁〔二重シェル方法〕の技術が、イングランドでは保持されていたがゆえに、構造上容易に推し進められたのである。ファン・ヴォールトの最初の使用例は、知られてはいない。もっとも、グロスターの回廊(クロイスター)の東側遊歩道に、1331年と1357年のあいだにヴォールトが架けられたことは、しばしば引用されている。

グロスターの様式は、ヨークに衝撃を与えた。ヨークでは、聖職者席と内陣が1360年代から1400年まで、レヨナン様式の身廊に似た様式で建てられたけれ

259 グロスター大聖堂の内陣〔聖歌隊席/聖職者席(クワイア)〕内部の北側壁面（1337年頃-50年頃）

ども、これらのものは、明かり採りのない装飾アーケードで飾られ、グロスターによって明らかに鼓舞された広大な東側の窓で最高潮に達したのであった。独立して建つ中方立ての仕切り壁(スクリーン)が、ストラスブールやウルムの場合のように（本書264頁）、ヨークの堂内の東部周辺で、内外双方のいくつかの窓の前にすっくと延び切っているのである。おそらくはヘンリー・イーヴリー〔1320年頃-1400年〕によって、1379-1405年に建てられたカンタベリーの身廊と、ウィリアム・ウィンフォードによって、1394-1450年に建てられたウィンチェスターの身廊は――彼らはともに王室付きの熟練した石工(マスター・メイソン)であった――、新しい垂直式の、決定的かつ自信に満ちた言明に他ならない。もっとも、双方ともにいまだにリエルヌ・ヴォールトのままではある。過渡的な段階は、ドーセットのシャーボン大修道院〔教会堂〕での、1430年頃-59年の内陣(チャンセル)のヴォールトとともに到来した。ここでは、技術的にはリエルヌ・ヴォールトであるけれども、見た目は紛れもなくファン・ヴォールトになっている。これまでに建てられたこの種のヴォールトのなかで最大の、このファン・ヴォールトは、バースの大修道院〔教会堂〕の背の高いヴォールトの設計者であった、ロバート〔1506年歿〕およびウィリアム・ヴァーテュー〔1527年歿〕の兄弟の想像力を掻き立てたと考えられる。実際のところ、この兄弟はまた、〔これから登場する〕ケンブリッジのキングズ・カレッジの王室礼拝堂のヴォールトとウェストミンスター・アビイの〔ヘンリー7世礼拝堂の〕ヴォールトの設計者でもあった。

キングズ・カレッジとその礼拝堂(チャペル)は、1441年にヘンリー6世〔1421-71年、在位1422-61年、

250

1470-71年〕によって、ウィンザーのセイント・ジョージズ・チャペルは、1475年にエドワード4世〔1442-83年、在位1461-70年、1471-83年〕によってそれぞれ創設されたが、双方ともに完成は、「バラ戦争」〔1455-85年〕とそれに伴う、ヨーク家とランカスター家のあいだの王朝の交代(シフト)によって、遅れてしまった。華飾式の極端な状態に反対したヘンリー6世は、自らの礼拝堂〔の建設〕が「あまりに奇を衒った造作に伴う［彫刻物(ワーク)］や(インテール)ゴテゴテした刳り形による過剰な様を控えて、明瞭かつしっかりとした、豪放なやり方で進行する」ことを望むと、1447年に書き留めていた。この礼拝堂は、元々、複雑なリエルヌ〔枝リブ〕・ヴォールトで計画されていたが、結果的には、壮麗なファン・ヴォールトが、1508-15年に、ジョン・ウェイステル〔1460-1515年〕によ

260　ウェストミンスター・アビイのヘンリー7世礼拝堂(チャペル)のヴォールト架構（1503-12年）

る設計案(デザイン)を基にして建設された。繊細な図柄(パターン)をつくる石の大きな重さは、実質的に、ガラスの壁面以外の何ものにも支えられていないように見える。というのも、この礼拝堂は、サント＝シャペルへと遡る系譜に属しているからである。実際には、この重さは巨大な外側の控え壁群(バットレス)によって支持されており、これらの控え壁の出っ張りは、控え壁のあいだに挿入された側面の礼拝堂群(チャペル)によって隠されているのである。「王室の聖人〔ヘンリー6世のこと〕よ、無駄な出費のゆえに重税を課してはなりませぬ」と詩人のワーズワス〔1770-1850年〕はこの礼拝堂に関するその有名なソネット〔『教会のソネット』1822年刊所収、第3部43番。この引用文は冒頭部分。このソネットの題名は、「ケンブリッジのキングズ・カレッジ・チャペルの堂内にて」〕のなかで力説した。その語り口は、われわれに、これほどの規模の装飾用ファン・ヴォールトは、王家の富のみが賄いうるであろう、費用のかさむ贅沢なおもちゃだということを思い起こさせてくれるのである。

　これよりもずっと豪華絢爛なのが、ヘンリー7世〔1457-1509年、在位1485-1509年〕のチャペルである。これはウェストミンスター・アビイの東端部にあった1220年の、以前のレイディー・チャペルの敷地に、1503年-12年頃建てられたものである。テューダー朝最初の王、ヘンリー7世は、このチャペルを、死後も自身の魂がずっと平静でいられるためにミサが読まれるような、自分用の特別礼拝堂として、さらには、聖者の列に加わって欲しいと願っていた(リポウズ)

251

ヘンリー6世用の祀堂として、計画したのであった。それはまさしく、ヘンリー7世が、テューダー朝の権力と正統性を、最大限の壮麗さをもって誇示しようと試みた、宗教的かつ政治的な記念建造物なのであった。その設計は、引き続いてヘンリー8世〔1491-1547年、在位1509-47年〕付きの建築家となった、ヴァーテュー兄弟に帰せられることが多いが、もっと確実なのは、王室付きの熟練棟梁〔マスター・メイソン〕のひとり、ロバート・ジャニンズ・ジュニア〔年若〕によるものであろう。ヘンリー7世のチャペルのふんだんに飾り立てられたヴォールトは、懸垂〔ペンダント〕ヴォールトで装飾されているのである。これは、1479年にウィリアム・オーチャード〔1504年歿〕によって設計されたオックスフォードのディヴィニティ・スクールで初めて使われた形である。巨大な懸垂ヴォールト群は、横断アーチ群によって支えられた扇状〔ファン・コーン〕の円錐形をしていて、横断アーチの頂冠〔クラウン〕は、このヴォールトの後ろに隠れて見えなくなってしまっている。これらの横断アーチの襞付き〔フリル〕の尖った先端〔カスプト〕〔いばら〕の縁は、この礼拝堂全体の豪華な装飾物と同様に、フランスとスペインのフランボワヤン・ゴシックを思い起こさせる。〔ヴォールトの〕重さは、また、〔外側に建つ〕八角形の小塔群で支えられている。これらの小塔は、水平のパネル組みで外面が装飾され、三葉形の平面をした張り出し窓群と、連続して小さく波打つ石とガラスの流れのなかで一体化しているのである。この礼拝堂の中央には、ヘンリー7世と彼の妻、エリザベス・オヴ・ヨーク〔1466-1503年〕の豪華な墓が置かれているが、これは、イングランドにおけるもっとも初期のルネサンスの作品のひとつとして、フィレンツェの彫刻家ピエトロ・トッリジャーノ〔1472-1528年〕によって、1512-18年に彫刻されたものである。

教区教会堂と世俗建築

　われわれがこれまでに見てきた建物群は、国王や司教や大修道院長たちによって依頼されたものであった。われわれは最後に、教区教会堂と世俗建築を見てゆかねばならない。これらの建築の多くは、次第に繁栄してゆく商人階級によって依頼されたが、町の教会堂の場合にはとりわけ、14世紀と15世紀のあいだに流行していった平信者たちの宗教的な組合〔ギルド〕によって依頼されたのであった。石造のヴォールト架構は、つつましい教区教会堂群にとっては一般的に高価にすぎるため、こうした教会堂では、伝統的な木材の屋根架構が、イースト・アングリア〔イングランド東部〕のニーダムマーケットやウィモンダムのようなハンマー・ビーム〔壁面から突きでた梁の意。水平はねだし片持ち梁〕の屋根架構をもって、垂直式の時代に絶頂を極めたのである。もっとも初期の記録に残るハンマー・ビームの屋根架構は、それは壁面から突きでた水平な腕木〔持送り〕によって、アーチと支柱〔斜材〕が支持されたものなのであるが、ウィンチェスターの14世紀半ばの「巡礼者の広間〔会館〕〔ホール〕」に見られる。この形態は、ウェストミンスター・ホールという王室の建物における野心的な構造物〔に適用されたが〕ゆえに、敬意を払われ誠実につくられた。ここでは、ハンマー・ビームの屋根架構は、1390年代に、国王付きの大工棟梁〔マスター・カーペンター〕ヒュー・ハーランド〔1330年頃-1411年頃〕によって建設された。それはちょうど、ウェストミンスター・ホールがヘンリー・イーヴリーによって再建

252

第5章　ゴシックの試み

261　キングズ・カレッジ・チャペル、ケンブリッジ、1508-15年の扇状(ファン)ヴォールト架構と、1530年代のオルガンのある仕切り壁を見る

されているときであった。

　大きな塔は、大聖堂もしくは大修道院教会堂の交差部に付け加えられることがしばしばあったが、教区教会堂群にとりわけ影響を与えた。ひとつの初期の例が、1307-11年のリンカーン大聖堂の塔であり、14世紀には、これに続いて、ヘレフォード、リッチフィールド、ノリッジそしてソールズベリーといった大聖堂に塔が建てられた。この伝統は、ベヴァリー、カ

253

262 ウェストミンスター宮殿〔パレス〕のウェストミンスター・ホール（1390年代）、水平はねだし片持ち梁〔ハンマー・ビーム・ルーフ〕の天井を見る

263 グウィネズのハーレフ・カースル〔キャッスル〕（1283-90年）

ンタベリー、ダーラム、ウースター、そしてヨークの壮麗な垂直式の塔群で絶頂を迎えた。サマセット州〔カウンティ〕は、コッツウォルド丘陵とイースト・アングリアのように、羊毛をとおして繁栄していたが、驚くべき数の教区教会堂の塔群を誇ることができ、そのなかのウェルズの、大聖堂の近くにあるセイント・カスバート教会堂の塔は、もっとも傑出したもののひとつである。

われわれは、ウェールズ〔大ブリテン島南西部の地方〕の征服を確実にするために、エドワード1世〔1239-1307年、在位1272-1307年〕によって13世紀後期に建てられた、ウェールズ地方の城郭群とともに、ゴシック時代の世俗建築の歴史を始めようと思う。対称形に対する強い美的欲求が、ハーレフのような城郭〔カースル〕の形態を決定した。ここでは、フランスとイタリアの先例（本書230頁と279頁を参照されたい）によって鼓舞された同心円状の形態が、イングランドにおける天守楼の特徴の中心をなしている。対称形は、サセックスのニュー・ウィンチェルシーという、完成することが決してなかった格子状平面の町でも基調をなしている。この町はその一部が、ガスコーニュ地方〔フランス南西部〕とのワイン商取引用の居留地として、1283年にエドワード1世のもとで計画された。これと同じ年に、エドワードの大法官、バーネル・オヴ・ウェルズ司教が、シュロップシャーのアクトン・バーネルに大きなカントリー・ハウス〔田舎の広壮な本邸〕を自ら建て始めた。

きちんと並んだ窓割りと各コーナーに建つ四角い塔をもつ、威厳ある長方形の塊り、アクトン・バーネルは、視覚的な調和を達成するという美的な意図で構成された、地方に建つもっとも初期の残存する住居建築群のひとつである。それは、このほんの数年前に着工した、シュロップシャーのストークセイ・カースル〔キャッスル〕に見られる、不揃いな集塊性をもった配置〔グルーピング〕と好対照をなしている。ストークセイのような建物に見られるさまざまな部分の異なった機能の数々が、その非対称形な外観で表現されるそのやり方は、中世をとおし

第5章 ゴシックの試み

264 シュロップシャーのストークセイ・カースル：塔、外側の階段が付いたソーラー〔中世の大邸室、城の上の階にある家族用の部屋〕、そしてホール（1270年頃-91年）

て、もっと小さなマナー・ハウス〔領主の邸宅〕にとって規範であり続けた。似たような建築の配置は、われわれがブールジュのジャック・クールの家において目にしたように、フランスで採択された。ハーレフの対称形の方へと大方が回帰したのは、まさしく、ルネサンスの衝撃が感じられてからのことなのであった。

アクトン・バーネルのような住居の主要な部屋（アパートメント）は、あらゆる城郭（カースル）や宮殿（パレス）や学寮（カレッジ）の場合と同様に、広間（ホール）であった。ここでは、一家そろっての食事が普通に取られたのである。もっとも保存状態のよい住居のひとつは、ロンドン市長（ロード・メイヤー）ジョン・ポウルトニー〔1280-1349年〕によって、1341年頃に建

265 ペンスハースト・プレイスの大広間（グレイト・ホール）、ケント（1341年頃）

てられた、ケント州ペンスハーストにあるもので、もっとも大きな住居のひとつは、大きさは90×45フィート（27×14m）であるが今は廃墟になっており、ヘンリー4世の父親、ジョン・オヴ・ゴーント〔1340-99年〕によって、1390年代にケニルワース・カースルに付け加えられたものである。15世紀をとおしてずっと、高い食卓は、快適さとプライバシーとに関心が寄せられたため、しばしば広間（ホール）から大きな部屋すなわちソーラーとして知られた部屋（ルーム）へと移されていった。ソーラーとは、広間（ホール）の台座〔演壇〕端の2階部分に位置することの多かった部屋〔中世の大邸宅、城郭の上の階にある家族用の部屋〕のことである。

255

塔に対する情熱は、元々は軍事的な機能からきたものだが、塔の評価が大いに美的なものとなり始めた15世紀の大半の建築に影響を与えた。たとえば、煉瓦で建てられた最初の塔である、ノーフォークのカイスター・カースルのもの、ヘンリー6世の大蔵卿のために建てられた、リンカーンシャーのタターシャル・カースルのもの、そして、リンカーン司教座のハンティングドンシャーのバックデン・パレスのもの、といった煉瓦造りで一部分のみが防衛用である塔の数々が挙げられる。この伝統は、1382年頃の、リンカーンシャーのソーントン大修道院や、これよりもおよそ1世紀あとの、エセックスのセント・オシズズ・プライアリー〔小修道院〕のような修道院によって建てられた巨大な楼門に反映されている。それは、16世紀初期の、貴族にふさわしい小塔の建つ楼門において絶頂を迎えた。これら楼門は、ハンプトン・コート〔ロンドン西郊のテームズ河に臨む旧王宮〕やケンブリッジのセント・ジョン〔聖ヨハネ〕・カレッジとクライスツ〔キリスト〕・カレッジのような、テューダー朝の宮殿やカレッジへの壮大な儀礼用の入口門を形成しているのである。

オックスフォードとケンブリッジのカレッジ群
　オックスフォードとケンブリッジの両カレッジは、イングランドの中世建築の唯一無二の至宝であり、今日に到るまで、中世の修道院とマナー・ハウス〔領主の邸宅〕の組織化から多くのことを真似ることによって、協調的な生活様式を維持し続けている。1世紀のあいだ無計画なやり方で増大してきていた建築の状況(パターン)は、イングランドの大法官ウィリアム・オヴ・ウィッカム〔ウィッカムのウィリアム　1324-1404年〕によって具体的な計画の基に再編されて、その手で1379年に、オックスフォードにおいて新しいカレッジが創設されたのである。大修道院長シュジェールのように、すなわちもうひとりの偉大なる建築の庇護者として、ウィリアムは、依怙地で、きわめて独立独行型の人間であった。彼の建築家ウィリアム・ウィンフォードは、1380年代に大きな中庭を囲む建物を設計したが、そこでは、広間(ホール)、礼拝堂、図書館、学寮長校舎、そして研究員(フェロー)や学生たち用の宿泊施設が、ひとつのすっきりとした建築構成のなかに取りまとめられていた。ケンブリッジでは、計画的な一貫した存在としてのカレッジの概念は、1440年代のクイーンズ・カレッジ〔1448年創設〕において、その洗練された表現が与えられた。このカレッジはおそらくは、キングズ・カレッジ礼拝堂(チャペル)の最初の建築家、レジナルド・イーリー〔1471年歿〕によって設計されたと思われる。これらのカレッジ群の平面は、発想からして修道院的ではない。もっとも、いくつかのカレッジは、修道士たちによって創設されたが、それでもそれらの平面は、14世紀と15世紀のマナー・ハウス〔領主の邸宅〕の平面により近いものであった。たとえば、ダービイシャーのハッドン・ホールは、クイーンズ・カレッジのように、互いに連結し合った、ホール付きの2つの中庭の周りに建てられた。もっとも、そのまとまりのないピクチャレスクな配置(グルーピング)の仕方は、このカレッジ特有の秩序立った節度からはほど遠いものである。われわれは、むしろ、クイーンズ・カレッジを、サセックス〔イングランド南部〕の、当時のハーストモンスー・カースルと比較した方がよか

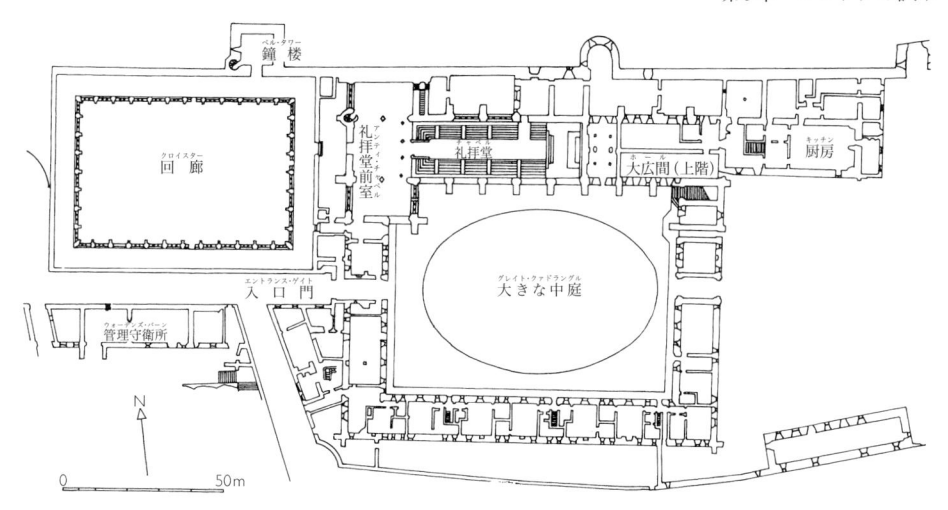

266 ニュー・カレッジの平面図、オックスフォード（1380年代）、ウィリアム・ウィンフォードによる設計

ったかもしれない。このカースルは、対称形がひときわ目立った赤煉瓦の建物で、元々そこにはひと続きの長方形の中庭があり、そのひとつは、クイーンズ・カレッジの第2の中庭の場合と同様に、屋根付きの遊歩道で取り囲まれていた。この形の整った様から多少なりとも感じ取られる壮大さは、もし、レジナルド・イーリーの計画案の建物が、提案された主要な大きな中庭の北側を形づくる礼拝堂だけでなく、もっと多く建てられていたとしたら、このケンブリッジのキングズ・カレッジにおいて実現していたであろうに。われわれは、この礼拝堂については、別の文脈（コンテクスト）で、簡単に触れた。ここでは、1530年代の、この礼拝堂の彫刻を施された、木製のオルガンが載った仕切り壁と、1515-7年と1526-7年のフランドル風のデザインからなるガラスの大半が、すでにしてルネサンスの様式であるということを付け加えるだけで十分である。ウェストミンスター・アビイの自らの礼拝堂内に置かれたヘンリー7世の墓と同様に、これらのルネサンスの傑作群は、ヘンリー8世〔1491-1547年、在位1509-47年〕のために実行された。彼は、イングランドに宗教革命（リフォメーション）をもたらした際に、自国の芸術をローマのカトリック教会からも、また、ローマのカトリック教会の生みだしたヨーロッパ文化からも、切り離すことになったのである。われわれが本書において、次にイングランドに焦点を合わせるとき、この国は、イタリアにおけるルネサンスのデザインの源泉から、不幸にも孤立し続けてしまった国として扱われてしまうのである。

ドイツと中央ヨーロッパ、ベルギー、イタリア、スペイン、ポルトガル

　われわれが今から検証してゆく国々は、フランスとイングランドよりも遅れてゴシックを採択した。その結果、これらの国のもっとも重要な記念建造物は、後期ゴシック様式と呼ば

267 ハインリヒクロイツキルヒェ〔聖十字架教会堂〕の内陣(クワイア)ヴォールト架構、シュヴェービッシュ゠グミュント（1351年）

268 ケルン大聖堂の内陣(クワイア)内部（1248-1322年）

れることになる。後期ゴシックは、初期ゴシックよりもずっと研究量が少ない。それは、後期様式が初期様式よりも退廃傾向が強いにちがいないといった19世紀の信念のせいでもあり、また、後期ゴシックのおびただしい装飾が、20世紀の美的意識を傷つけたからでもあった。しかしながら、後期ゴシックを、西洋建築におけるもっとも偉大な瞬間のひとつとして確立させることは、われわれの当座の目的の一部なのである。それは、ペーター・パルラー、ベネディクト・リート、フアン・グアス、シモン・デ・コローニャ、ディオーゴ・ボイタックそしてディオーゴ・〔デ・〕アルーダのような指導的な建築上の著名な人々の作品を調査することによって行なわれる。

ケルン、プラハ、そしてパルラー一族(ダイナスティ)

　神聖ローマ帝国の領地、とりわけライン河流域の西側の地域は、フランスの発明品と正確に認識していたゴシック様式に、当初は抵抗していた。今日の東ドイツに建つマグデブルク大聖堂〔現在は統一ドイツ中北部〕に見られる、多角形のアプスと周歩廊のある1208年の内陣やドイツのラーン川沿岸のリンブルク〔リンブルク・アン・デア・ラーン〕のザンクト・ゲオルク、カレッジ附属教会堂（1211年-35年頃）——これは、リブ付きヴォールト架構のゴシック内部を、野心的な後期ロマネスクの外観と結びつけている——のような建物は、なおも様式上は「過渡的なもの」〔デヒーオやポラチェックなどの美術史家は、移行様式(トランジション・スタイル)と名付けた〕であ

258

る。ようやく1230年代になって、フランスの形態に対する抵抗がおおよそ克服されたのであった。かくして、ドイツ語を話す領地では、もっとも興味深く、そして、これから見てゆくように、興奮させる教会堂群は、初期ゴシック様式よりむしろ後期ゴシック様式なのであり、フランスで功を奏した立ち位置とはかなり異なった位置にあるものなのである。もっとも早い時期のゴシック様式の基調をなす建物は、ともに1230年代に着工されたのだが、ヘッセン州のラーン川沿岸のマールブルクにあるザンクト・エリーザベト教会堂（1236年着工）と、トリーアの聖母教会堂〔リープフラウエンキルヒェ〕である。前者は、ランスから由来したバー・トレーサリーのあるホール式教会堂であり、三葉形平面の東端部からなり、ここではノワイヨンの東端部によって鼓舞されたゴシック的表現（タームズ）がなされている。トリーアの優美な教会堂は、この集中化した平面化がなお一層推し進められ、かなりの独創性をもった、多数のアプス付きの多角形教会堂を生みだしている。

　もしランスが、これらマールブルクとトリーアの教会堂の多くの細部表現の背景としてあったとすれば、アミアンは、建築家ゲルハルトにとってのインスピレーションの主要な源泉であった。ゲルハルトは、1248年にケルン大聖堂を設計し始めたが、それはこの年の数年前にカロリング朝時代の大聖堂が火災によって破壊したからであった。仕事はゆっくりと進められ、その結果、建築家たちは、アミアンに導入された、次第に洗練さを増した最新式（ストリームライニング）の効果の数々を組み込むことができた。こうした効果こそは、1250年代以降、アミアンの第3の建築家、ルニョー・ド・コルモンによるものであった。その結果、1322年のケルン大聖堂の献堂の時期までに、141フィート（43m）の高さを越えてそびえ建つヴォールトをもつ内陣が、高期〔盛期〕ゴシックの熱望の権化の立場を、ボーヴェと競い合うことになったわけである。ケルンでは、ボーヴェの場合と同様に、ゴシック的野心は、あまりにも大きすぎて、完全には到達しえないことが明らかとなり、内陣のみが中世に建てられたのであった。再発見されたオリジナルの図面を基に、19世紀に成功裡に完成に到ったケルン大聖堂のその姿こそは、まさしく、〔19世紀〕当時のロマン主義的民族意識（ナショナリズム）を表わす非凡な作品（プロダクト）であった。

　13世紀の後半のあいだに建てられた、バイエルン地方のレーゲンブルクのドミニコ会教会堂〔ドミニカーナーキルヒェ〕は、フランスの源泉にそれほど依存してはいなかった。高さと細長さに対する、さらには身廊と内陣をひとつの間断のない容器のなかにまとめることに対する、高期ゴシックの愛着を反映しつつも、この教会堂はまた、気持ちの上では2層構成の内部立面という、簡潔（エコノミカル）な表現をしている。すなわちアーケードとクリアストーリーの窓のあいだの広大な壁面空間が無装飾のままになっているのである。これは、托鉢教団に次第に好まれて拡がっていった型式（タイプ）を表現していた。すなわちこれは、説教を行なう簡素なホールであり、十分に発展しつくしたゴシックに内在する対角線性〔斜方向性〕などまったく見られないものの、非常に背の高い鋭尖〔窓〕（ランセット）から採光された長くて高い内陣から導かれる厳格な精神性〔霊性〕（トート）を備えているのである。

　イタリアとフランスの場合と同様に、托鉢教団はまた、13世紀以降、このタイプの、ホー

ル式教会堂ととりわけ結びつきが強くなった。ドイツでは、この伝統に、1320年に着工された、シュヴァーベン〔バイエルン州〕にある、シュヴェービッシュ＝グミュントのハイリヒクロイツ〔聖十字架〕の教区教会堂において、初期の洗練された表現が与えられた。身廊の簡素な丸い支柱は、大聖堂の華麗さに対置された托鉢教団の単純明快さを表現しているが、1351年にホール式教会堂のタイプとして着工された内陣でも続けて用いられた。これはおそらくは、ハインリヒ・パーラー（1290年頃生）による設計によるものであろう。パーラーは、この内陣の外部と内部双方の、装飾的な分節的表現のうちに、新しい複合性を導入した。これらの複合性のひとつは、大アーケードの上を走る、はっきりとしたコーニス〔水平帯状装飾〕であり、このコーニスは、それが壁面の細円柱と交わるところで、三角形の形をして折れ曲がって横に進んでいる。そしてもうひとつは、イングランドにおいては、「幾何学的」として知られるようになるものを、曲線様式〔盛飾式〕の限界にまでもたらす、奇妙な曲線と半円からなる豊かなトレーサリーである。

ヴェストファーレン州のゾーストには、ともに1330年頃に建設途上であった、2つのホール式教会堂がある。ひとつは、フランツィスカーナーキルヒェ〔フランシスコ修道会教会堂〕、もうひとつは、ヴィーゼンキルヒェ〔牧場の聖母マリア教会堂〕であり、後者は、この種の教会堂のなかでもっとも美しいもののひとつである。その実質的に正方形の平面は、身廊と内陣のあいだに区別〔境目〕を設けておらず、これによって、注目に値すべき釣り合いのとれた空間がつくりだされている。この、全体的統一という感覚は、クリアストーリーとトリフォリウムの撤廃に

269 プラハ大聖堂の東端部、小尖塔の付いた控え壁を見る（1344年設計）

270 プラハ大聖堂：ペーター・パルラーによる懸垂ヴォールト群のある聖具室内部（1356-62年）

第5章　ゴシックの試み

よって強調されており、その結果、いくつかの教会堂においては巨大な高さにまで到達した大アーケードが、途切れることなくヴォールトに向かってそびえ建っている。これに伴った洗練さが、ヴィーゼンキルヒェの大アーケードの細長い支柱群(ピアズ)を、繊細な刳り形を施された細円柱(シャフト)の束に換え、細円柱群はそれ自体が、いかなる種類の柱頭にも邪魔されることのない、ヴォールトのリブ群になっているのである。この流れるような線条の考案物は、1298年のブリストルの内陣にヒントを得て、さらに工夫を重ねたものなのだが、ドイツ人の後期ゴシック建築の顕著な特徴となっている。

　この後者の様式はとりわけ、熟練した棟梁(マスター・メイソンズ)のパルラー一族と結びついている。パルラー一族は、南ドイツでは主としてシュヴァーベン、そしてボヘミア地方では主としてプラハで働き、何世代かにわたって、職業的な〔同業者間の〕結婚を繰り返した。われわれはすでにして、ハインリヒ・パーラーないしはその息子ペーターが、シュヴェービッシュ゠グミュント教会堂での内陣において示したところの、発明の自由さと対角線〔斜方向性〕への関心を目にしてきた。1356年に、〔神聖ローマ〕皇帝カール4世〔1316-78年、在位1355-78年。ボヘミア王、1346-78年〕がペーター・パルラー（1333-99年）をプラハに呼んで、大聖堂の建造(ワーク)を続行させた。カール4世は、フランスの賞嘆者であり、プラハを帝国の首都にし、プラハが北ヨーロッパにおける最大の都市であるべきとの決定を下したのである。彼は、1344年に大司教職および司教座聖堂の設立と建造を取り決め、新しい都市(タウン)の建造に取りかかり、1348年、プラハに大学を創設した。これは、ドイツ語ないしスラヴ語を話す土地において最初のものであった。カール4世は新しい大聖堂のための設計案(デザインズ)を、1344年にアラスのマティアス〔マチュー・ダラス〕に依頼したが、マティアスは、ナルボンヌの大聖堂とアヴィニョンの教皇宮殿の建設に従事していたフランスの建築家であった。マティアスはすでに、たとえばプラハ大聖堂の東端部の控え壁(バットレス)に付けられたピナクルにおいて、機能的な諸要素を装飾的に用いていた。ペーター・パルラーが1356年に、4年前に亡くなったマティアスの後釜としてこの仕事を引き継いだとき、パルラーは、1356-62年に北側に2つ分の柱間をもつ聖具室をつくることによって、フランスに鼓舞された、放射状祭室のある周歩廊がもつ滑らかな律動感(リズム)を断ち切ったのであった。南側にパーラーは、1366-7年に聖ヴェンツェスラスの大きな四角い礼拝堂を付け加えたが、これは準宝石の石で飾り立てられたのである。この礼拝堂は、慣例にとらわれず、袖廊の南側の一部を占めたが、同時に彼はこの袖廊に、入念につくられた突きでた玄関廊(ポーチ)を付け加えた。これらの場所一帯を、ティエルスロンとリエルヌのリブでヴォールト架構し、細円柱(シャフト)の上の柱頭を省いて、パーラーは、およそ半世紀前のちょっとしたイングランドの華飾式の作品とのみ肩を並べることのできるような、想像力に富んだ発明の才を発揮したのである。実際のところ、聖具室および玄関廊の奇妙な飛びリブ〔フライング・リブ〕は、ブリストルのバークリー・チャペルやリンカーン大聖堂のイースター・セパルカー〔聖物置棚（聖木曜日から復活日までの聖物安置所）〕に見られるリブから直接に鼓舞されたものといえよう。

261

271　マリーエンブルク（マルボルク）・カースル、ダンツィヒ〔グダンスク〕

272　アーヘン大聖堂の内陣(クワイア)内部（1355-1414年）

　1374-85年に建てられた、プラハのパルラーによる内陣の上階部分では、斜め方向の奇妙な強調が目論まれているが、それは、各柱間(ベイ)ごとに、ガラスのはめられたトリフォリウム〔2階廊〕の、両端部を斜めに折り曲げて各トリフォリウムを繋げてゆくというやり方で行なわれている。このうねったような律動感(リズム)は、クリアストーリーの窓でも繰り返されており、これらもまた、各柱間(ベイ)ごとに尖った先端のオジー型頭部のある天蓋付壁龕(タバナクル・ニッチ)が斜めに置かれていたのである。こんな風に置かれた壁龕(ニッチ)は、ウェルズやヨークシャーのセルビーの内陣に現われていたが、その一方、クリアストーリーに見られる流れるようなトレーサリーもまた、イングランドの源泉を思い起こさせる。さらにそのうえ、リブが網目のような菱形を形づくっているがゆえの、いわゆる網状ヴォールトもまた、イングランドに特有のものである。これらのヴォールトは、ウィンチェスターの身廊のヴォールトを思い出させる。もっとも、パルラーは棟〔峰〕リブ(リッジ)を使わないことで、そしてドイツ語圏の国では初めて、横断アーチ群を中断することによって、流れるような統一感(ユニティ)を増大させたのであった。これにより、パルラーが多くのイングランドの工房と接触していたこと、もしくは、パルラーがイングランドを訪れたが、あるいはイングランドの建物の図面群を目にしたことが、想定されてしかるべきである。
　イングランドの装飾的なティエルスロン〔棟リブに繋がるリブ〕・ヴォールトは、地中海沿岸の国々ではまれにしか使われなかったものの、北ドイツやバルト海に臨んだ国々では熱狂的に採用された。ダンツィヒ（グダンスク〔ポーランド〕）近くのマリーエンブルク（現在のマルボルク）の要砦宮殿(フォートレス・パレス)は、13世紀に西プロシアの異教徒スラヴ住民を鎮圧した、チュートン騎士団〔第3回十字軍の頃、パレスティナに創設されたドイツ人キリスト教徒の軍団〕の団長の居住地であったが、ここの1335-44年の低所および高所の礼拝堂群には、入念に仕上げられたティエルスロン・ヴォールトがあり、その一方で、1325年頃-50年の団長の大食堂には、ドイツの三放射線のあるリブ(トライレイディエイト)は付いているものの、イングランドの参事会堂群(チャプター・ハウス)のヴォールトを真

第5章 ゴシックの試み

似た、ひと続きの大きくうねったヴォールトが架かっている。1370年に、パルラーはフラッチャニ川沿いの万聖教会堂〔礼拝堂〕を建てたが、この辺りは、プラハ市街を見おろす城郭と大聖堂のある大きな丘であった。万聖教会堂は、パリのサント゠シャペルを意図的に真似たものである。ペーター・パルラーは、また、ニュルンベルクのフラウエンキルヒェ〔聖母教会堂〕を設計した。これは1355年起工〔1358年献堂〕の高貴なホール式教会堂である。そしてパルラーは、プラハのヴルタヴァ〔モルダウ〕川に架かる、印象的な塔門をとおって近づくカレル橋の建造責任者であったことは確かである。

ドイツ皇帝の戴冠式の場所であるアーヘンの大聖堂に、1355年と1414年のあいだに付け加えられた内陣は、神聖ローマ皇帝カール4世がその製作を依頼したもうひとつの傑作である。1349年〔1355年〕にカールの戴冠式が挙行された、9世紀につくられた宮廷礼拝堂の背の低い堅牢な八角形の建物と、この建物の真向いにカールが建てた、

273 ウィーン大聖堂の屋根と塔（塔は1370年頃-1433年）

巨大で高くそびえるガラスの鳥カゴとのあいだの比較対照は、ゴシックのダイナミズムと、キリスト教王政という中世の理想の数々との実り多い組み合わせの、ヨーロッパにおけるもっとも刺激的な表現のひとつである。ここには巡礼者たちが、カール4世の豪華絢爛なゴシックの祀堂にある、シャルルマーニュ〔カール大帝〕の聖遺物を崇拝しにやってきたのである。この祀堂はサント゠シャペルやケルンの大聖堂、そしてゾーストのヴィーゼンキルヒェのような、よりドイツ的な教会堂を参照した成果の数々を組み合わせたものであった。ウィーンの大聖堂もまた、この様式上の文脈で見てみる必要がある。これは、1304-40年のホール式内陣と1359年に着工された身廊および塔群のある教会堂である。もっとも、身廊の網状ヴォールトは、1446年に建てられた。おのおのの塔には、吊り〔懸垂〕辻飾りで終わるフライング・リブ付きヴォールトの礼拝堂が、ひとつずつ収められている。この辻飾り〔ペンダント・ボス〕は、プラハでのペーター・パルラーから借り受けた、生きいきとした考案物である。これらのヴォールトの最初のものは、1370年頃のものとされるが、華麗な南の塔は、1370年頃-1433年以降のものとすることができる。異なった層の数々が、ピナクルや天蓋付壁龕やトレ

263

ーサリーやクロケット〔葉形や蕾の飾り、挙花飾り〕や切妻といった「縫い糸(スレッド)」で織り合わされた、レース状のものへと溶けていく様は、フランスのフランボワヤン・ゴシック様式やドイツの後期ゴシックの、透かし細工の塔群を予知させる注目すべき事態である。

ドイツの後期ゴシック

　後期の様式(時々ゾンダーゴーティク *Sondergotik*〔特異ゴシック〕と呼ばれる)の塔群のなかでもっとも見事なものは、ストラスブールとウルムのものであり、これらの塔は、1390年以降の30年間に活躍した4人の指導的なドイツ人の建築家たちの仲間(サークル)に関連している。これらの4人全員が、パルラー一族が形成した流派の恩恵を受けている。彼らの名は、ウルリヒ・フォン・エン

274　ウルム大聖堂の西正面(14世紀後期に着工、19世紀に完成)

ジンゲン、ヴェンツェル・ロリツァー〔ともに1419年歿〕、ハインリヒ・フォン・ブルンスベルク、そしてハンス・フォン・ブルクハウゼン(時々誤ってシュテートハイマーと呼ばれた)〔1432年歿〕である。ブルンスベルクを除いた全員が南ドイツ人であった。ブルンスベルクは、北西ドイツで活動した。1392年にウルリヒ・フォン・エンジンゲンは、ウルムの建築家としての地位を引き継いだ。ウルムはパーラー一族によって着工されていたのである。1434年に完成した〔ウルムの〕西張り出し玄関(ポーチ)は、後期ゴシックの装飾的複合性を継続している。この三路式(トリプル)の背の高い張り出し玄関(ポーチ)は、大きな塔の根元にあり、この塔そのものは高期〔盛期〕ゴシックの理想群とは矛盾して、西正面の中央に位置しているのである。塔はウルリヒの息子である、マテウス・エンジンゲンによって1419年以降もその建設が続けられ、マテウス・ベブリンガー〔1450-1505年〕によって1478-92年には、次第に装飾過多な状態に陥っていった。しかし、このベブリンガーの設計(デザインド)の実施については、実際のところは、1881-90年になってようやくその全体が完成したのであった。そのときには、この尖頂(スパイア)は、ヨーロッパ随一の高さを誇ったのである。鮮やかな輝きを放つ意匠の東側の〔2つの〕塔群もまた、全体が出来上がったのは19世紀のことである。

　1399年にウルリヒ・フォン・エンジンゲンは、エルムとエスリンゲンの塔と同様に、1275年-1340年頃にフライブルクで建てられた塔に鼓舞された塔のある、ストラスブールの西正面建造の仕事を継いだ〔完成は1410年〕。ウルリヒの建築家としての後継者、ヨハンネス・ヒ

275 ザンクト・ローレンツキルヒェ〔聖ロラン教会堂〕の内部、ニュンベルク（1439年着工）、コンラート・ハインツェルマンによる設計

276 ストラスブール〔シュトラスブルク〕大聖堂の西正面（1277年着工；塔は1399-1419年）

ュルツは、1419年以降の最終的な建造の局面をとおして、フライブルクの塔の幻想性をより高めたのであった。その結果、この塔の天辺の尖頂(スパイア)は、透き通った螺旋状の階段を装着した、一種の透明なゴシックの階段状ピラミッドないしはバベルの塔のようなものになったのである。かくしてこの塔は、外構と内部とのあいだの差異〔境目〕を曖昧にする、あの統一的な後期ゴシック様式の最良の範例を構成しているのである。今や壁面がガラスで満たされた石の枠組みになったのとちょうど同じ様に、フライブルクとストラスブールにおいて、窓にぴったりと当てはまったトレーサリーが、尖頂(スパイア)の建造にも適用され続け、その結果、この尖頂(スパイア)は、石で出来た、透き通った網状(オープン)の金銀線細工(フィリグラン)となったのである。

1390年代に、ハインリヒ・フォン・ブルンスベルクは、ゲルマン民族プロイセンの、シュタルガルトのザンクト・マリーア、およびブランデンブルクのザンクト・カタリーナの両教会堂を着工したとき、パルラー様式を煉瓦建築に適用したのである。ハンス・フォン・ブルクハウゼンは、バイエルン州のランツフートの2つの主要な煉瓦造のホール式教会堂を建てた。すなわち、ザンクト・マルティンの教区教会堂（1387年-1432年頃）と、シュピタルキルヒェ〔施療院教会堂〕（1407-61年）であり、双方ともに、一体化した、ほとんど現実から遊離

したような〔実体のない〕内部空間をつくりだしている。ここでは、途方もなく背の高い、細身の、広い間隔で並んだ支柱群(ピア)が、柱頭に邪魔されることなく、空中に漂うような網状のヴォールト〔網目ヴォールト〕を支えているのである。そして、柱間という区分けの感覚一切が打ち捨てられているのである。高度の緊張感に溢れたこの建築をいささか大仰に抑えつけている様は、煉瓦の使用と最小限の装飾によって強調されている。シュピタルキルヒェの内陣のとりわけ詩情豊かな特徴とは、アプスの中央の支柱が、アプスに架かっているシュロの葉のようなヴォールトのなかへ消え入り、周歩廊の東側の窓を背にした主祭壇の後ろでシルエットを描いているその手法なのである。中央軸を1本の支柱しかもたない教会堂の下へと追い込むというこの仕掛けは、1408年に着工された、ザルツブルクのフランシスコ修道会教会堂〔フランツィスカーナーキルヒェ〕の、ハンス・フォン・ブルクハウゼンの手になる内陣において、ずっと力強いかたちで繰り返されている。ここで再び、有限な東端部を消滅させることによって、内陣には、教会堂を、光と影の、そして充満と空洞の、あわいのなかで次第にぼんやりとさせてゆくという効果が現われるのである。

　ランツフートの教会堂群の優美で調和のとれた様は、一連の同様な傑作の数々を生みだした建築家たちの世代に影響を与えた。そうした建築家として、コンラート・ハインツェルマン（1390年頃-1454年）、ニコラウス・エゼラー（1400年頃-92年）、そしてイェルグ・ガングホファー（1488年歿）がいる。これらの傑作のなかでもっとも見事なものとして、ネルトリンゲンのザンクト・ゲオルク〔ゲオルクスキルヒェ〕（1427年着工）と、ニュルンベルクのザンクト・ローレンツ〔ローレンツキルヒェ〕の内陣（1439年着工）が挙げられ、双方ともにハインツェルマンによって取り組まれた(ワークト・オン)。ディンケルスビュールのザンクト・ゲオルク（1448-92年）は、エゼラーによって、そしてミュンヘンのフラウエンキルヒェ（1468-88年）は、ガングホファーによって、それぞれ取り組まれた(ワークト・オン)。ザンクト・ローレンツは、後期中世の狂信的な信仰心のいつまでも記憶に残る光景(ヴィジョン)である。聖餐用の会館(ハウス)の背が高い石造の尖頂(スパイア)は、1493年にアダム・クラフトによって彫られたが、前に傾いたオジーや、植物をかたどった装飾物や、生きているかのような人物像の彫刻がにぎやかに乱立する、複合した星形ヴォールト群の高さにまでそびえ建っている。同じ喜ばしい精神が、ファイト・シュトース（1450年頃-1533年）によって彫刻された、受胎告知の彫像群において表現されている。これらの彫像は、主祭壇の前に置かれた、お祭り気分で飾り立てられているような楕円形の枠組みのなかに収められて、吊り下げられている。これらの教会堂によって表現された建築的伝統は、大聖堂的規模で、16世紀に入っても続けられた。たとえば、1510-13年のフライブルクの内陣がこれにあたる。ハインツェルマンとガングホファーによるバイエルン地方の教会堂群と同様の、煉瓦造のホール式教会堂群は、等しく、北方ドイツおよび北東ドイツに特有なものであった。たとえば、現在ではすべてポーランドにあるのだが、ダンツィヒ（グダンスク）、ブレスラウ（ヴロツワフ）、トーン（トルン）、そしてシュテッティーン（シュチェチン）〔ポモジェ地方〕の教会堂がそうである。これらの教会堂は、折りたたまれたもしくはダイヤモンド形のヴォールトを導入した

が、こうしたヴォールトはしわの寄った紙のような効果を生みだそうとして、リブ群なしで全体がつくられていたのである。これの典型的な後期の範例は、ボヘミア地方のビーシン（ビーシイン）のフランシスコ修道会教会堂の16世紀初期のヴォールトである。

277　フラッチャニ城内の、ヴラディスラフ・ホール、プラハ（1493-1502年）、リートによる設計

リートとボヘミア

　ホール式教会堂の伝統は、パルラー一族と関連した、空間上および装飾上の、発明の才の展開と結びついており、1490年と1520年のあいだに、最終段階の幻想の花を開いたのであった。ドイツ・ゴシックのこの局面は、今もなおあまりにも知られてはいないままである。中央ヨーロッパにおいて主要な人物といえば、ベネディクト・リート（1454-1534年）であり、彼はボヘミア〔王国〕の国王付き建造物担当長となったドイツ人の石工であった。成長と相互浸透を繰り返す、この複合的な建築は、二重の曲線からなるヴォールト群、フライイング・リブ〔飛びリブ〕群、そして場合によっては、3つの枝の形をした有機的な考案物としてのリブ群によって、特徴づけられている。フライイング・リブ群すなわちスケルトン・ヴォールト〔骨組ヴォールト。アーチの上に載るヴォールトであっても、ヴォールト小間の下がアーチからは離れ、ヴォールトの頂きだけが、ボス（辻飾り）か横断アーチで繋がっているヴォールトのこと。サント＝シャペルの地上階の側廊のアーチを参照のこと。これは、内部にある飛び梁を想起させる（L・グロデッキによる）〕群は、これらの上にある堅固なリブ・ヴォールトを背にしてシルエットが浮かび上がる場合が多々あるが、ある意味では、ゴシック建築の論理的な頂点であり、斜方向の眺望の詩的な拡がりという文脈においては、構造的な諸々の力を美的に表現しているものなのである。1493-1502年にリートは、プラハのフラッチャニ川沿いの王の城郭にある、カール4世の旧宮殿上方部分に、ヴラディスラフ・ホールをつくり上げた。中世後期のもっとも大きな世俗建築であるこのホールは、騎馬戦のための空間を供給するためのものであった。その驚くべきヴォールトは、互いに絡みあっている二重の曲線の、もしくは三次元的な立体感をもった、ほとんど床面にまで届きそうなリエルヌ〔枝〕リブ群を誇っている。ねじれた非対称形の、先端を切り取られたリブ群のある、「騎手の階段」上方のヴォールトは、同様に創意工夫に富んでいる。この建物のもうひとつの新しい局面は、そのゴシック的形態にもかかわらず、この建物の出入口のドアや窓に、驚くほどに早い時期の、クワトロチェント〔1400年代、15世紀〕・ルネサンスの細部の数々が含まれているということである。

　ザクセン州のアンナベルクでは、ザンクト・アンナ〔アンネンキルヒェ、聖女アンナ教会堂〕

278 聖バルバラの教会堂、クッテンベルク〔クトナー・ホラ〕：東端部（1388年着工）

279 聖バルバラの内部、クッテンベルク〔クトナー・ホラ〕、リブ・ヴォールト群を見る；1512年にリートによって着工

の教会堂（1499-1522年）が、網状ヴォールト架構ホール式教会堂の、はっとさせるほどに美しいもうひとつの異型(ヴァリアント)である。八角形の支柱(ピア)は、くり抜かれた凹状の面(サイド)をもち、この面からねじれて交差するリブ群が伸びてゆき、ヴォールトの意匠(デザイン)全体に繰り返される図柄(パターン)を形づくっているのである。〔この〕アンナベルク〔の教区教会堂〕は、壁面、支柱、細円柱(シャフト)、リブ、そしてヴォールト房(セル)といったような別々の要素群を撤廃しようとする願望を雄弁に物語っている。これは、これらの要素のすべての絡みあった断片を、ひとつの複合した装飾的かつ空間的な単一体(ユニティ)にまとめ上げるための撤廃であり、そうすることで生まれるまとまりから得られるもっとも大きな印象とは、広くて深い動き(モビリティ)という印象なのである。このことは、ボヘミアの数多くの教会堂に影響を与えた。とりわけ、ボヘミアのクッテンベルク（クトナー・ホラ）にある、ザンクト・バルバラで1512年に着工されたベネディクト・リートの手になるヴォールトがそうである。

　クッテンベルクという繁栄した銀鉱業の町に建つこの教会堂は、1388年に、ペーター・パルラーによって着工され、その息子ヨハン〔4世〕によって引き継がれた。この建物の身廊においてリートは、ヴォールト上での成長の図柄(パターン)を形づくるために、新鮮な春の植物のしなやかな巻きひげのように、支柱から間断なく一気にそびえ立ち、〔支柱の上方で〕ねじれて波打つリブ群を供給した。この新鮮で自然な風に見える印象は、側廊において激しいまでに強め

られており、これらの側廊では、下降してゆくティエルスロンが窓近くまでいった途中で不意に消えてしまい、庭師が不必要な生長を短く摘み込む際に残しておくことになる切れ端のように、独立して建つ切り取られた端部が残ったままの状態を見せつけている。壁面は、流れるようなトレーサリーによって区分けされたガラスでほぼ全体が埋め尽くされ、外構の壁面は、ヴォールトの重みを支えている、ひと続きの列をなすフライイング・バットレス〔飛び梁〕で縁取られている。驚くべきほどに集中した、先端の尖ったアーチ群と林立する小尖塔群(ピナクル)は、教会堂の3つのテントのような屋根を頂きに載せている。これらの屋根は、ロウニでの同じような屋根のように〔ロウニは、プラハから50kmほどのチェコの町。サン＝ニコラス（聖ミクラーシュ）教会堂の屋根のことを言っている〕、この建物に、幾分か中国風の趣きを、あるいはトルコの野営に似たものを、与えているのである。

280　マリーエンヴェルダー（クフィヅィン）のチュートン騎士団の大聖堂と城郭、ポーランド：トイレ棟

ドイツとボヘミアの世俗建築

城郭(カースル)と町政庁舎(タウン・ホール)〔市庁舎〕は、中世ドイツのさまざまな栄光のなかに数え挙げられる。しかし、これらのものの歴史は、教会堂の歴史に比べればはるかにわずかしか研究されてはこなかった。というのも、これらのものが教会堂よりも頻繁に、改築されたり、破壊されたり、もしくは廃墟となるがままにされたりしてきたという事実を含んだ幅広い理由のゆえである。城郭と町政庁舎については、ゴシック様式の発展との年代的な関わりは、必ずしもはっきりとはしていない。とはいえ、われわれは、新しいヴォールト架構システムが、マリーエンブルク〔マルボルク〕とプラハの城郭群において先駆的役割を果たしたことに注目していた。これらに加えて、われわれは、ザクセン地方のマイセンのアルブレヒツブルクを挙げておかなければならない。これは、1471年に、アルノルト・フォン・ヴェストファーレンによって設計された城郭であり、ねじれた後期ゴシック様式のヴォールト架構に関するありとあらゆる考えられる翻案(ヴァージョン)を備えているのである。

マリーエンブルクの建造者たちは、おそらくは、アヴィニヨンの当時の教皇宮殿以後の、中世のもっとも大きな世俗建築をつくり上げたと考えられる。〔マリーエンブルクの〕「外構の城郭」は、1270年頃-1309年頃の四角形の対称形の「上方の城郭」へと通じていて、後者の傍(かたわ)らには、騎士団長(グランド・マスター)の住戸群(アパルトマン)がある、〔ほぼコの字型の〕3つの側面からなる14世紀の「中央の

269

城郭」が建っている。煉瓦の押しの強い角張った外観は、抒情的とも言えるリブ・ヴォールトを備えた、ゆったりとした採光も十分な内部とは様式上の対比をなしている。これと同じことが、マリーエンヴェルダー（クフィヅィン）にある、チュートン騎士団の援護のもとに、ヴィスワ川沿いのおよそ25マイル内陸に14世紀のあいだに建てられた、大聖堂と城郭が一体化した建物にもあてはまる。その回廊（クロイスター）の西端から、200フィート（61m）の長さの通路が、非常に高い、切妻壁のある「ダンスカー〔ダンツカー〕・タワー」に通じている。この塔は、〔チュートン〕騎士団が衛生に対する自らの関心を公然と示す拠り所となった、非常に贅沢なトイレ棟のひとつなのである。

281　ルーヴェンの市庁舎（タウン・ホール）（1448年）

ブレスラウ（現在のヴロツワフ）は、今日ではポーランドにあり、1335年以降はボヘミア〔王国〕、1526年以降はオーストリア、1741年以降はプロシアに属していたが、13世紀から16世紀までの全期間の、洗練されたゴシックの作品を示している、例外的なまでに仰々しい町政庁舎（タウン・ホール）を誇っている。地元のシレジア地方産の煉瓦が、ここでは、ボヘミア辺境からもたらされた砂岩の上張りとしてふんだんに使われていた。煉瓦は、ときには釉薬（うわぐすり）をかけられたり彩色されたりして、リューベックやシュトラールズントのようなバルト海沿岸の繁栄した商業都市群の堂々とした町政庁舎にとって十分に事足りたものとみなされた。ブレーメンとブランズウィックは、北ドイツにおける外国との通商上の利益を保護するために、13世紀に創設された、ハンザ同盟に属している2つの他の都市である。両都市とも、第2次大戦の際、甚大な被害を受けたものの、大聖堂が1405年に煉瓦造で着工された豪華な町政庁舎（タウン・ホール）と向い合って建つ、ブレーメンの大きな曲線を描いた市場広場は、後期中世の文化的および商業上の豊かさを、ヨーロッパにおいてもっとも雄弁に思い出させるもののひとつとして役立つのに十分なほどに、復元されている。同じような経緯（パターン）が、ブランズウィック（ブラウンシュヴァイク）の旧市場広場にも存在した。ここでは、ザンクト・マルティン教会堂が、これと同等なくらいに壮麗な町政庁舎（タウン・ホール）と向い合っていた。このL字形の建物は、入念につくられたトレーサリー〔飾り格子〕で満ちた、2つの開放的なアーチ列を誇っていた。これらのアーチ列は、市場広場の2つの側面を形づくるため、1393年と1447年にそれぞれが建造されたのである。城郭ないしは回廊からよりもずっと大きな安全と繁栄を提供してくれる、便利な都市的生活は、ここに、時代をさきがけた説得力ある表現

が与えられたのである。

ベルギー

　ベルギーすなわち南ネーデルランド地方は、中世においてはケルンの司教管区の一部であったが、〔さまざまな教会堂が建った〕13世紀から——たとえば、トゥールネ大聖堂の東端部、ブリュッセルの〔サン゠ミシェル・エ・〕サン゠ギュデュール、そしてヘルトーヘンボス〔オランダ南部の都市。聖ヤン(シント)教会がある〕——、アントワープ〔アンヴェール〕のノートル゠ダム、マリーヌのサン゠ロンボー、リエージュのサン゠ジャック、そしてルーヴェンのザンクト・ペーターのような大きなフランボワヤンの教会堂が建った15世紀に到るまで、確かに教会建築に恵まれていた。しかしながら、ベルギーを唯一無二のものにしているのは、世俗建築、すなわちベルギーの裕福な商業都市のギルド・ホール〔ギルド会議所、商人団体会館〕と市庁舎(タウン・ホール)なのである。これらの華麗さは、当時の教会基盤の華麗さを上廻ることがしばしばである。そのうえ、これらの世俗建築に使われた装飾言語は、アントワープの大聖堂のような教会堂に影響を少なからず与えたのであった。

　古典的なタイプは、1225年頃のアールスト〔ベルギー中部〕の町政庁舎において確立された。ここでは4つの隅部にそれぞれ建つ塔と、間断なく続く水平の帯をなす窓がくり抜かれている長いファサードがある。これは、13世紀のブリュージュ〔ブルッヘ〕の織物会館(クロース・ホール)に繰り返されたが、ここでは今は15世紀に付け加えられた巨大な八角形の鐘楼(ベルフリー)が全体を統べている。また、49の柱間(ベイ)からなる440フィート（134m）もの長さのある正面という、ヨーロッパ随一の大きさを誇る、1304年に着工された、イーペルの織物会館(クロース・ホール)（図223）においても繰り返された。14世紀後期から15世紀半ばまでの、ブリュージュとブリュッセルの市庁舎(タウン・ホール)は、豊かな後期ゴシックの装飾でそれぞれのファサードを小気味良く明瞭に表現することによって、〔古典的〕タイプを発展させている。これと同様な華麗さが、モンス(1458年)とヘント(1518年)の両庁舎を支配している。しかし、あらゆる庁舎のなかでもっとも野心的なのは、高くそびえる祀堂のようなルーヴェン〔ルーヴァン〕(1448年)と、豪華絢爛なアウデナールデ〔ベルギーのオースト゠フランデレン州〕(1526-36年)のそれである。これらのものは、南方の新しいルネサンス様式に対抗する、北方の商人たちによる最終的な挑戦的ゴシック様式の表明なのであった。

イタリアにおける初期ゴシック

　ドイツと同様、イタリアは遅れてゴシック様式を採り入れた。しかし、イタリア文化の強い古典的土壌においては、イタリアは、北方でもっと深く根をおろしたような結びつきを〔ゴシック様式とのあいだに〕取り交わす(セット・ダウン)ことはできなかった。その結果、イタリアは、ゴシックの教会建築の歴史においては、ドイツよりもはるかにその重要度が低いのである。そのうえ、ドイツとスペインにおいて、ゴシックにとっては非常に多産であった時期の15世紀は、イタリアでは「ルネサンス」として知られる古典主義への回帰によって支配されていたのであ

271

282 アッシジのサン・フランチェスコ教会堂、上階（1228-39年）、チマブーエによるフレスコ画がのちに描かれた

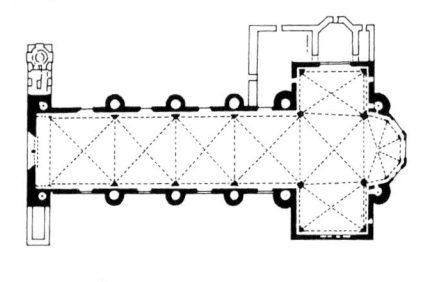

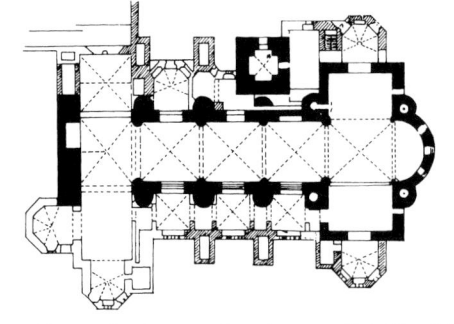

283 アッシジのサン・フランチェスコ教会堂、上階および下階の各平面図

る。しかしながら、13世紀と15世紀のあいだ、イタリアの個々に独立した都市国家群は、ゴシック様式とはいえ、北方の大聖堂群の上昇する垂直性を欠いた世俗建築群でもって、自らのアイデンティティを強調しようと模索していた。

　イタリアの最初の重要なゴシック建築群は、フォッサノーヴァとカーサマーリの、シトー会修道院の初期フランスに鼓舞された試みののちに建てられた、1228-39年のアッシジのサン・フランチェスコと1236-50年のボローニャのサン・フランチェスコの、2つのフランシスコ会教会堂群である。説教者ではあったが司祭ではなかった、アッシジの聖フランチェスコ（1181年頃-1226年）は、新しい宗教教団を創設したが、これはキリスト教的貧困〔清貧〕への回帰によって、信仰を呼び覚まし一新させるためのものであった。彼の模範的行為は、同じ時期に、スペイン人の聖ドミニクス（1170-1221年）によって繰り返された。彼は、異教を鎮圧する目的で、ドミニコ〔ドメニコ〕修道会なる教団を創設した。聖職者の事業とは対比的な、平信徒の道徳的かつ精神的な福祉のために説教を行なう者たちからなる、これら2つの新しい托鉢教団の事業は、修道士であろうと修道会に属さない聖職者であろうと、ヨーロッパの教会区と大学をとおして、絶大な影響を及ぼしたのであった。本書の228頁ですでにみてきたように、彼らは、聖書による説教のために都合の良い場所として、とりわけホール型教会堂と深く結び付いていた。アッシジにおける、彼らの教会堂の簡素な壁面表面の強調は、壁の量塊を重要視する古代ローマとロマネス

クにある程度負っている。しかし、それはまた、非常に多くのイタリアの教会堂の壁面を飾り立てている、聖人たちの生涯を描いたフレスコ画にとってふさわしい表面を供給するために見いだされたものでもあった。アッシジの上階の教会堂は、指導的役割を担ったゴシックの画家チマブーエ（1272-1302年に活動）によって、フレスコ画が描かれた。聖フランチェスコとその信奉者たちの讃美歌や聖書による説教は、イタリア絵画の主題〔サブジェクト・マター〕に影響を与えただけではなく、ダンテ（1251-1321年）の著作において初期の開花期を迎えた、イタリアの土着〔その土地固有のことばによる〕文学を生みだしたとも言われているのである。

　坂になった敷地の上に、下階の教会堂を形づくっている実質的な地下祭室〔クリュプタ〕をもって建てられた、アッシジのサン・フランチェスコは、フランス・ゴシックの、細部の複合性もしくは上昇する垂直性を一切欠いた、単純な、側廊のないラテン十字形〔の平面〕である。ボローニャのサン・フランチェスコは、なおも大きなロマネスクのファサードをもってはいるが、その側廊の付いたバシリカ式平面といい、放射状祭室付きの周歩廊といい、さらにはフライング・バットレスといい、ゴシックをよりよく理解していることを示す内部空間なのである。その簡素さと明瞭さは、その素材である、内部に用いられている、主として漆喰仕上げ〔プラスター〕をされたこの土地固有の赤い煉瓦に関連していると思われるが、およそ2世紀近くものあいだ、ボローニャの教会堂群にとっての模範〔パターン〕を築いたのである。これよりもっと意義深いのは、1279年に着工された、フィレンツェにおいて指導的役割を果たすドミニコ修道会教会堂、サンタ・マリア・ノヴェッラであった。これは、サン・フランチェスコよりももっと軽快で空気のようで、上昇するゴシックを表わしている。もっとも、同時期とはいえ、サンタ・マリア・ノヴェッラは幅広いアーケード〔アーチ列〕をとおして側廊まで、目一杯広々とした内部空間であり、〔ゴシックとは趣きを異にしている〕。フィレンツェにおける〔ドミニコ会と〕対抗したフランシスコ会の教会堂である、サンタ・クローチェは、1294年にアルノルフォ・ディ・カンビオ（1245年頃-1310年頃）によって設計されたが、彼は元々、彫刻家として修業を積んでいた。サンタ・マリア・ノヴェッラと同様に、サンタ・クローチェは、透明な明瞭さを備えたもうひとつの記念碑であり、初期キリスト教とロマネスクのイタリアのあの平坦でトラス組みがむきだしの木造屋根が、なおも架けられているのである。

　シエーナ〔スィエーナ〕、オルヴィエート、そしてフィレンツェのゴシック大聖堂群は、それぞれ異なったやり方で、ゴシック様式を同じようにためらいがちに採り入れているのである。シエーナ大聖堂は、13世紀半ばに着工され、1世紀半のあいだ同じ様式を維持し続けてつくられたが、数多くのゴシック的要素が、いくつかのロマネスク的特徴によって葬り去られている。すなわち、ドームの架かった交差部の塔、そしてとりわけ、多色大理石での際立った水平の帯状〔バンディング〕のものである。後者は、とある美術史家によれば、「あたかも巨大なシマウマの腹のなかにいるように」感じさせるのである。もっともゴシック的な特徴は、西端部の豊かに飾り立てられた仕切り壁〔スクリーン〕のようなファサードであり、その低層部分は、1284年-1320年頃に、彫刻家のジョヴァンニ・ピサーノ〔1250年頃-1315年頃〕によって設計され、一部は彼

273

自身の手で彫られた。このファサードは、シエーナの建築家ロレンツォ・マイターニ〔1275年頃-1330年〕による設計案(デザイン)を基にして、1310年に着工されたオルヴィエート大聖堂の豪華な西正面に影響を与えた。このきちんと分節化して表現されたゴシックのファサードは、浮き彫り細工(スカルプチャード・レリーフ)、大理石とブロンズでできた彫像、そしてモザイクがあやなす、多色的表示のための背景としてある、巨大な飾り壁のごとく扱われている。

フィレンツェとミラノの大聖堂

　フィレンツェの大聖堂は、1296年にアルノルフォ・ディ・カンビオによって設計されたが、サンタ・マリア・ノヴェッラと同じ穏やかで広々とした様を呈しており、身廊と両側廊が、単一をなす広大な一個の容器としてともに読み込まれようとしているかのようである。工事はゆっくりと進行したが、関心は画家のジョットー〔1267年頃生〕によって1334年に設計された、隣接する鐘塔(カンパニーレ)へと移っていた。1337年のジョットーの死後は、アンドレア・ピサーニ〔ピサーノ　1290年頃-1348/9年〕によって続行され、1350年代にフランチェスコ・タレンティ〔1300年頃-70年頃〕による異なった意匠(デザイン)で完成へと到ったこの見事な鐘塔(カンパニーレ)は、平面は正方形で、直線で囲まれたパネル組みの化粧貼り装飾が大理石を用いて行なわれており、ゴシックにはほとんど負っていないフィレンツェのロマネスク的伝統に根差したものである。それは、当時はローマ神殿を転用したものと考えられていた、近くに建つ洗礼堂（1060年頃-1150年）から、様式を取り上げている。

　タレンティは、大聖堂での仕事をさらに続行していったが、〔当初の〕アルノルフォの設計(デザイン)は、1357-68年に、タッデオ・ガッディ〔1300年頃-66年〕とアンドレア・オルカーニャ〔1308年頃-68年〕を含んだ、驚くべき数の、画家や彫刻家や金細工師からなる委員会によって、変更された。この種の論争は、とりわけルネサンスの時代において、芸術家たちの見解に払われ

284　オルヴィエート大聖堂の西正面（1310年着工）、マイターニによる設計

第5章　ゴシックの試み

285　フィレンツェ大聖堂：東端部外観、アルノルフォ・ディ・カンビオによる、1296年の元々の設計(デザイン)が、1366年に修正された；ブルネッレスキによるドーム（本書第6章を参照されたい）

た関心が増大していったことを指し示している。そして、中世ヨーロッパの仕事場(ロッジ)で修業を積んできた専従(フル・タイム)の熟練した石工(マスター・メイソン)たちの意義が減少していったことをも明らかにする。それはまた、フィレンツェの大聖堂が市民のシンボルとして見られていたという重大な局面をも示してもいるのである。フィレンツェの大聖堂は、本質的に、市の財産からの助成金によって、

275

そして男性の住民全員に課された税金によって賄われた、公共の記念碑であった。1339年の条例によって、〔大聖堂の〕周囲の通りの高さが低く抑えられ、建ち上がる新しい建物の高さが、目一杯強い衝撃を与えることができるように配慮された。

1368年に採択された、大聖堂に対する1366年の計画案[スキーム]は、身廊と両側廊〔の合計〕が同じ幅をもって合体化し、3つのアプスに対して開かれた八角形の基部に載る、巨大なドームを想定していた。こうした想定の原案[アイデア]は、アルノルフォにまで遡る。しかし、アルノルフォの時代にも、1360年代にも、古代以降最大のドームとクーポラ〔円蓋。半球状の屋根〕であったと思われるものを建造する方法については、何処の誰も思い描くことはでき

286　ミラノ大聖堂の身廊（1387年着工）

なかったであろう。往々にして、新しい材料と建設技術が、新しい様式の数々の発展へと導いてくれるものと、考えられていたのである。しかしながら、フィレンツェの場合にも、新しい種類の建築に対する美的な衝動はしばしば、必要な技術の数々の先を行っているのである。かくして、15世紀になってようやく、ブルネッレスキという天才のおかげをもって、フィレンツェの大聖堂のドームを建立することができたのであった。

14世紀のヴェネツィアの托鉢教団は、ともに1330年代に着工され、結局のところ、ボローニャのサン・フランチェスコから派生した、2つの大きな赤煉瓦の教会堂を生みだした。すなわち、ドミニコ修道会のサンティ・ジョヴァンニ・エ・パオロと、フランシスコ修道会のサンタ・マリア・グロリオーザ・デイ・フラーリである。双方の教会堂ともに、身廊と両側廊を横切って置かれたつなぎ梁[タイ・ビーム]の卓越した用い方が、フランスのゴシックを可能にしたフライング・バットレスを含んだ迫持台[アバットメント]のシステムに対する、イタリアの関心のなさを指し示している。しかしながら、ミラノにおいては、14世紀の末に、成功はしていないかもしれないが重大なひとつの試みが、フランス的な実践方法に従って、建物を生みだすためになされた。ミラノでは、フィレンツェにおいて盛んであったような論争が繰り返されたが、ここでは国際的な基盤に基づきながらも、1387年に大聖堂のための最初の平面図を受け入れることになったのである。イタリアで好まれたより幅広いプロポーションをもちながらも、ブールジュとル・マンに鼓舞された広大なバシリカ式の二重側廊のある大聖堂の建造に際して協力してもらうため、ミラノの人々は、1387年と1401年のあいだ、カンピオーネとボローニャから、何

276

人かの建築家の援助を乞うた。さらには、パリからニコラ・ド・ボナヴェンテュールとジャン・ミニョーの、ドイツからヨハン・フォン・フライブルクとハンス・パルラーの、そしてピアチェンツァから、数学者のガブリエーレ・ストルナローコの助言をそれぞれ求めたのである。ミラノにおける魅力的な論争は、われわれに、中世においては誰も、フランス人でさえも、自分たちの建物に含まれた構造的な力の数々を十分に理解したり予測したりすることができなかったがゆえに、ひとつの幾何学的システムと別のシステムとのあいだの選択が、美的な選択と伝統的な実践行為のいずれによって指図されたかを思い起こさせるのである。

〔このミラノ大聖堂の〕内部は圧倒的な壮大さを示しており、支柱群(ピア)は、それらの奇妙な、壁龕に収められた彫像を含んだ柱頭をもつことによって、ほとんど古代的な共鳴をこうした壮大さに付与しているのである。なぜならば、これらの支柱は、エフェソスのアルテミスの神殿（本書43頁）の彫像のある円柱群を思い起こさせるからである。この貴重な荘厳さ(リッチ)は、外部にも内部にもともに仕上げ材として使われたピンク色の大理石によって強調されている。工事はほぼ途切れることなく続けられたものの、その完成は1858年のことであった。外構の小尖塔が見せつける華やかさは、イタリアにおいては並ぶもののない後期ゴシックの幻想性を表わしている。

287　シエーナの上空からの眺め。扇状のカンポ広場と市庁舎(パラッツォ・プッブリーコ)（14世紀前半）が見える

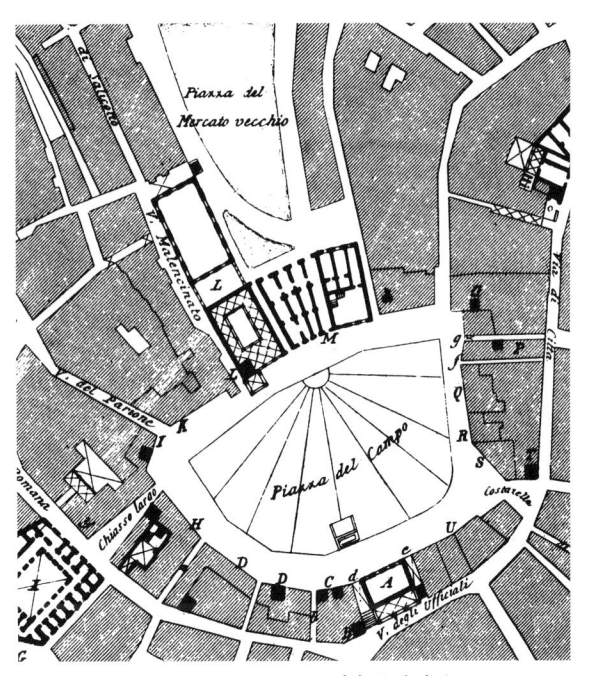

288　シエーナのカンポ広場平面図

イタリアの世俗建築

　イタリアは、都市的文脈における世俗建築においては、中世の時代にはヨーロッパの他の地域よりも豊かであった。シエーナ、フィレンツェ、そしてヴェネツィアのような都市に

289　ヴェネツィア：総督宮殿〔パラッツォ・ドゥカーレ〕（1420年代のファサード）と背景にサン・マルコ教会堂のある小広場(ピアッツェッタ)

290　ヴェネツィアのカ・ドーロ〔黄金の館〕（1421-40年）

おいて、これらの世俗建築は、かなりの程度まで残存している。こうしたはなはだしいまでの建築活動は、ヨーロッパ銀行業の中心としてイタリアが登場したことと関連がある。そして市民としての自覚(アイデンティティ)という増大しつつあった感覚とも関連があり、この感覚は、内外の権力闘争における、党派をめぐる果てしない交戦によって研ぎ澄まされたのであった。気候風土と強まってゆく自信とが、1階部分の開廊群(ロッジア)と大きな上方の窓群、バルコニー群と外部の階段群をとおして、外の世界へと開かれた建物に対する好みを増長させた。2階部分には、しばしば、フレスコ絵画に適した大きなホールが置かれた。13世紀の後半以降われわれは、商人団体(ギルド)〔同業組合〕や市民階級(ブルジョワジー)を代表(ボディ)する組織である、新しくつくられた、〔中世の都市国家の軍事組織である〕市民隊長(カピターノ・デル・ポポロ)

第5章　ゴシックの試み

という官職(オフィス)と連繋した堂々とした造りの市民建築群を目にすることになる。たとえば、オルヴィエートのパラッツォ・デル・カピターノ・デル・ポーポロ〔市民隊長の邸館〕、ピアチェンツァのパラッツォ・コムナーレ〔地方自治体〔市〕庁舎〕、ペルージャのパラッツォ・デイ・プリオリ〔共和国長官の邸館〕、そしてもっと要砦風な、フィレンツェのパラッツォ・デル・カピターノ（バルジェッロ〔司法長官〕）である。トーディ〔ウンブリア州の町〕では、ひとつの広場のなかに、13世紀の大聖堂と、1290年代に着工されたパラッツォ・デル・カピターノとこれに隣接するパラッツォ・デル・ポーポロ〔公民館、市民会議場〕（1213-67年）を含んだ3つの市民建築が建っている。

　シエーナの有名な扇形の広場である、カンポ広場の、14世紀のあいだの建造は、おそらく古代以降まったく初めての、美的方針(ラインズ)に沿った、一貫した都市計画の始まりを印づけている。住居群の大きさと様式を取り決めた、1298年の自治都市条例によってつくりだされたカンポ広場は、パラッツォ・プッブリーコ〔市庁舎〕（1298-1348年）によって統(す)べられており、この建物の上方には、イタリア自治都市のすべての塔群のなかでもっとも背の高い、トッレ・デッラ・マンジャ〔マンジャの塔〕がそびえ建っている。内部にある、この地方統治機構の壮麗な本部は、会議室群、事務室群と居所群が織りなす複合的な網状の組織をなしており、それぞれの場所では、シモーネ・マルティーニ〔1284年頃-1344年〕、アンブロージョ・ロレンツェッティ〔1290年頃-1348年〕、そしてスピネッロ・アレティーノ〔1350-1410年〕など、当時の指導的な芸術家たちによって多くのフレスコ画が描かれていた。これに相当するフィレンツェ自治都市の建物は、記念碑的なパラッツォ・デッラ・シニョリーアすなわちパラッツォ・ヴェッキオ〔旧宮殿の意〕（1299-1310年）であり、これはおそらくは、アルノルフォ・ディ・カンビオによって設計されたものだが、いまだに、要砦から宮殿へとひとつ跳びに前進することはなかった。調和のとれた、ほとんど古典的な節度は、大半の14世紀のフィレンツェの建築の基調をなしている。それは、パラッツォ・ダヴァンツァーティ（1350年頃）のような私的な邸館や、1370年代後半にシモーネ・タレンティ〔1340-81年〕とベンチ・ディ・チョーネ〔1337-1404年〕による設計図(デザイン)から建てられたロッジア・デッラ・シニョリーア〔ロッジア・デイ・ランツィ〕に見ることができる。ピアッツァ・デッラ・シニョリーア〔シニョリーア広場〕のパラッツォ・ヴェッキオに隣接して建つこのロッジアは、その丸いアーチ群と水平なスカイラインの形においても、また公共の広場の快適さ〔便益〕に対して視覚的かつ機能的に寄与している点においても、等しく、ルネサンスの理想の数々に接近しているのである。

　城郭(カースル)建築は、南イタリアにおいては、1230年代と1240年代に、ホーエンシュタウフェン家の神聖ローマ皇帝フリードリヒ2世（〔在位〕1212-50年〔1194年生、シチリア王（1220-50年）〕）の城郭群、たとえば〔プーリアの〕カステル・デル・モンテと、シチリアの〔カターニャの〕カステル・ウルシーノとともに、建築上の洗練さのピークに達した。八角形のカステル・デル・モンテの規則正しさは、フリードリヒ自身の古典的なるものに対する趣向を疑いなく反映した、当時のヨーロッパで唯一無二のやり方で、フランス・ゴシックを古代ローマの細部と組

279

み合わせている。トスカーナ地方では、共和政都市国家は、城郭のさまざまな機能を受け継いだが、イタリアの北部、とりわけロンバルディア地方でわれわれは、14世紀に到っても精巧な城郭群が首尾よく建てられていたのを目にする。スカリジェル家によって1300年前後に建てられた、ガルダ湖畔のシルミオーネの沿岸に配列された城郭は、当時の〔イングランドの〕ウェールズ地方のカーナーヴォン城を思い起こさせる。この城郭はまた、天主によりもむしろ重々しいカーテン・ウォール〔帳壁〕の方に、防護を求めた。五角形の平面をした、アオスタ渓谷に1340年頃建てられたフェニスの城郭は、防御可能な塔群を、必要不可欠な快適な居所と結びつけている。

中世後期の住居建築に対するもっとも魅力的なイタリアの貢献の数々と言えば、ヴェネツィアという栄光に満ちた都市に建つさまざまな建物である。15世紀には、このもっとも平和で静かな共和国は、その繁栄の絶頂にあった。とりわけ1453年のビザンティン帝国の陥落のあとである。そのときヴェネツィアは、東部地中海に対する責務を受け継いだのであった。総督の宮殿〔パラッツォ・ドゥカーレ〕には、総督(大公)の住居のほかに、会議室や法廷や監獄、そしてヴェネツィアの議会の、選挙で選ばれた下院のある、巨大な大会議室〔サーラ・デル・マッジョール・コンシーリョ〕が置かれている。この宮殿は、14世紀半ばに建てられた部分が中心をなしてはいるものの、現在の性格は、〔以下の2つのものによって〕1420年代に与えられた。すなわち、1階と2階を占めている、あの優美な2層のアーチ列と、これと対比的に静かな佇まいを見せる、絹のダマスク織り〔繻子地の紋織物〕のような図柄が、ピンクと白の大理石で描かれた、上層の壁面と、である。格子細工のトレーサリーは、イスラーム的雰囲気を漂わせているものの、アーチ列をとおしたファサードの開口は、永い時をかけて培ってきたヴェネツィア独特の伝統であった。この伝統は、たとえば、ピサーニ＝モレッタ、フォスカーリ、そしてサヌードといった数多くの後期ゴシックの宮殿において、15世紀に絶頂を迎えた。そのなかでもっとも初期のものが、もっとも注目に値する。すなわち、サン・マルコの行政長官であった、マルコ・コンタリーニのために、1421-40年に建てられたカ・ドーロ（黄金の館）である。オジー・トレーサリーと豊かな彫刻による、そのレースのような網目〔装飾〕が元々は、赤と青と金色で、眩いばかりに彩色されていたという事実から、この名が採られたのであった。大運河の絶えず動く水のまだらを描く反射によって、一層のこと活気づけられたこの館は、中世後期の人間が自らの私的な住まいにあてがおうとし、かつあてがうことのできた、キラキラと輝く豪奢さを簡潔に要約していたのである。

13世紀と14世紀におけるスペインのゴシック

スペインは、イタリアよりもゴシックの教会建築においてははるかに豊かであるものの、広範な、文化的かつ政治的理由のゆえに、スペインは、当時の旅行者たちが訪れる頻度は、イタリアに比べてはるかに劣ったままであった。イベリア半島の大半は、1150年までにイスラーム教徒〔ムスリム〕の占拠から解放されていたけれども、次の世紀には主要な都市群が、

第5章　ゴシックの試み

291　パルマ・デ・マリョルカ大聖堂の南側ファサード（1306年着工）、南東から見る

ムーア人たちの手から奪還されたのであった。すなわち、1236年にコルドバが、1241年にムルシアが、そして1248年にセビーリャ〔セイビージャ〕が、という具合に。それゆえ、13世紀のごく早いときから、キリスト教王国、とりわけアラゴンとカスティーリャは、フランスの建造計画に対抗する意図をもった建造計画に乗りだす用意ができていた。

初期フランスの大聖堂ゴシックからのインスピレーションは、躊躇しながらも、1200年あたりに、アービラ、タラゴナ、クエンカ、そしてレリダの各大聖堂の平面と立面にはっきりとした形をとって現出したのであった。しかしながら、スペインのゴシック、いやむしろスペインにおけるフランス・ゴシックは、現実には、1220年代に、

292　セビーリャ大聖堂の内部（1401年着工）

281

ブルゴスおよびトレードの2つの大きな大聖堂とともに始まっているのである。このことは、ブールジュ〔大聖堂の影響〕が広く流布したことを反映している。しかし、レオンの大聖堂は、明らかに1250年代半ばに着工したものの、当時もっとも新しかったレヨナン様式での、まったく異なった試みであった。すなわち、クリアストーリーとトリフォリウムを結びつけ、トリフォリウムの外側の面にガラスをはめ込むといったような特徴を組み入れていたのである。レオンは、その元々の形を何とか残してはいる。〔堂内のガラスの〕大半が初期のガラスで、フランスの赤や青とは異なった、緑を基調にして、黄色や紫を用いているのである。他方、ブルゴスとトレードにおける元来の方針は、礼拝堂や聖具室を付け加えることによって幾世紀にもわたって〔堂内を〕息もつけぬほどに埋め尽くし続けることであり、これはこれまた幾世紀にもわたって堂内を塞ぐかのように置かれた、丁寧なつくりの仕切り壁や他の建具類にも反映された、〔付属品の〕蓄積という手順を踏んで維持された。これはすべて、スペイン建築に、その特徴的な陶酔させるような味わい(フレイヴァー)を与える、豊かな文化的堆積物の一部をなしているのである。

　アラゴン王国に属していた、カタルーニャ州〔スペイン北東部〕と、1262年から、アラゴンに吸収された1393年までは、短命ながら王国であったマリョルカ島は、レヨナン様式に対置された、確固たる建築形態を発展させた。事実、この形態は、広く行きわたった地中海タイプの一部をなしており、とりわけ、迫持台(アバットメント)のあいだに挿入された礼拝堂群が脇に建つ、托鉢教団の単一身廊形式の教会堂群との関連が強い。このタイプは、アルビ〔の大聖堂〕がその古典的な範例であり、1298年着工のバルセローナや、1306年着工のパルマ・デ・マリョルカや、1312年着工のヘローナといった、とびきり上質の大聖堂群によって代表される。パルマ大聖堂の驚異的な規模と、その海に向いた正面という設定の、唯一無二の劇的効果は、パルマをゴシック・ヨーロッパのもっとも記憶に残る建物群のひとつに押し上げている。その側面ファサードを形づくる、支柱群、迫持台群、そしてフライイング・バットレス群の林立は、大胆不敵な内部を支持している工学技術の、妥協を許さない誇示にほかならない。〔この大聖堂は、とにもかくにも〕アミアンよりも高いヴォールトと、イングランドのなかでもっとも幅広い身廊をもつヨークの、その身廊の2倍近い幅の身廊とを有しているのである。バルセローナでは、フランス流の、内陣の奥廊(シュヴェ)〔後陣、アプス〕とトリフォリウムは撤廃されてしまい、結果、光に満ちた空間の流れを遮るものは何もない。光は、ありとあらゆる方向から、とりわけ身廊の東側の壁の高方に置かれた広大なバラ窓から、洪水のようにどっと入ってくる。正三角形が交差するトレーサリーによって形づくられた大きな網目(メッシュ)は、スペインにおけるムーア人建築群の装飾を思い起こさせる。

　パルマ大聖堂の大きさは、1401年にセビーリャで着工された大聖堂によって影が薄くなった。この大聖堂は、ヨーロッパのなかで最大規模の面積(エアリア)を覆うことを目指されていた。内部の控え壁(バットレス)のあいだにある側面祭室群というカタルーニャ的特徴をもった、〔身廊を側廊に見立て、二重の側廊と合わせて合計〕5つの側廊からなる〔5廊式の〕広大な平行四辺形(パラレログラム)をなすこの

282

第5章　ゴシックの試み

大聖堂は、イスラームの四角いモスクを真似ているように見える。実際のところ、それは、12世紀後期の塔以外のすべてが残存することの許されなかったモスクの代わりに建てられたものであった。この塔は、1568年に一層高くなったあと、「ラ・ヒラルダ〔風見〕の塔」として知られている。セビーリャの後期ゴシックの身廊には、完全にトリフォリウムが欠けていて、その結果、はなはだしく高い大アーケードが、クリアストーリーの窓群の基部にあるフランボワヤン様式の手摺り付きの2階廊（ギャラリー）に接するまで高くそびえ建っているのである。簡素な4分ヴォールト架構は、交差部の辺りで、フアン・ヒル・デ・オンタニョン〔1480-1520年〕に

293　サン・フアン・デ・ロス・レイエス内部（1477-96年）、グアスによる

よって設計された装飾的な先端の尖った（カスプト）リブという、フランボワヤンの図柄（パターン）に道を譲っている。このときフアン・ヒル・デ・オンタニョンは、1524-6年に交差部の光り塔（ランターン）を付け加えたのであった。ムーア式かつキリスト教式の、多くのスペインの建物群と同様に、セビーリャは、外部からよりも内部から見た方が賞嘆されるようにつくられている。というのも、南国の太陽のまぶしい輝きは、外面の効果に集中することを必ずしも容易に許すことはないからである。得意のスペイン風トリックは、無装飾の壁を、とりわけ丸い戸口や窓といった、外殻の表面にちりばめられた装飾を唐突に同心円状に表現することと対比させることである。セビーリャ大聖堂の外構に見られる一貫性は、16世紀における、豪華な聖具室群と参事会会議場（チャプター・ハウス）〔参事会堂〕の付加によって、とりわけ危険にさらされた。そのときセビーリャは、アメリカから獲得した富によって異常なまでに豊かになった国の、主要な港湾都市になったのである。

フアン・グアスとイサベラ様式

　アラゴンのフェルディナンド〔5世。1452-1516年、アラゴン王1479-1516年〕とカスティーリャのイサベラ〔1世。1451-1504年、カスティーリャ女王1474-1504年、アラゴンをフェルディナンド5世と共同統治、1479-1504年〕の、1469年の結婚に続く、スペインの統一。ともに1492年の、ムーア人たちの最後の拠点であったグラナダの征服とアメリカの発見。そして、1519年の、スペイン王カルロス1世〔1500-58年、スペイン王1516-56年〕の、カール5世としての神

283

聖ローマ皇帝の玉座への昇進（アセント）。これらはみな、この国に、比肩しうるもののほとんどない権力と富の基盤を与え、その建築的課題（プログラム）がこれを基にしてつくられていったのである。16世紀後期までの、ゴシック様式で建てられた、注目に値すべき一連の主要な大聖堂は、この時代のスペインの、富とカトリック主義と保守主義の力強い象徴である。たとえば、アストルガ（1471-1559年）、パレンシアの袖廊と身廊（1440-1516年）、サラマンカ（1512年-90年頃）、そしてセゴービア（1525-91年）である。後者の2つは、フアン・ヒル・デ・オンタニョンとその息子ロドリーゴ〔1500-77年〕によって設計された。

　ドイツやフランドルやフランス出身の建築家と工芸家は、スペイン人と協働して、特異なスペイン風の後期ゴシック様式をつくりだした。これは時々、女王になったあとのイサベラの名を採って、イサベラ様式として知られる。とはいえ、この様式にはトレード土着のムデーハル（mudéjar）〔キリスト教徒に再征服されたスペインで自らの信仰・法・慣習を保ったまま残留を許されたイスラーム教徒のこと〕様式に由来したいくつかのイスラーム的要素が含まれていた。もっとも意義ある建築家のひとりは、フアン・グアス（1433年頃-96年）であった。彼はトレードのサン・フアン・デ・ロス・レイエス（1477-96年）というフランシスコ修道会の修道院教会堂を設計した。これは、カトリック信徒の君主〔スペイン国王〕、フェルディナンドとイサベラによって依頼されたものであり、1476年のトーロの戦いで、ポルトガル国王に彼らが勝利したことを記念するためのものであった。そして、グラナダの征服までは、王家の墓地として使われることになっていた。フランドルのふさ飾りのついたアーチ群を含む豊富な彫刻装飾、頭を前にかしいだオジー、星形のヴォールト、イスラームの鍾乳石状のコーニス、袖廊両側のけばけばしい紋章図案、隣接する修道院の王家の住戸（アパルトマン）から開かれたバルコニー、そしてキリスト教徒の囚人がフェルディナンドとイサベラによってはずされた、装飾上の吊り下げられた鎖を含んだ外面の、空白の先端が尖ったパネル組み——これらのものすべてが、この教会堂を、フランシスコ会修道院においてはいくらか不調和な、人を動かさずにはおかない奇妙さと目立った表現（ディスプレイ）の場所にしているのである。スペイン・ゴシックに共通するものの、ヨーロッパでは他の国ではめったに見ることのないひとつの特徴は、二重に曲線を描くリブからなる星形ヴォールトによってこの教会堂において支えられた、交差塔上方にある八角形のシンボリオ（cimborio）すなわち光り塔（ランターン）〔頂塔〕である。この建物の装飾的扱いは、ヘンリー8世のもとで、1508-15年、すなわち大規模な紋章の装飾が西端部に付加された、ケンブリッジのキングズ・カレッジ・チャペルの最後の建造期の際の装飾的扱いと比較することができる。紋章図案を建築的に用いることそのものは、スペインにのみ特徴的なわけではない。キングズ・カレッジ・チャペルにおいては、サン・フアン・デ・ロス・レイエスの場合と紛れもなく同様に、まったく同じ〔図柄の〕上着が、互いに隣りあう柱間（ベイ）において繰り返されていたのである。キャサリン・オヴ・アラゴン〔1485-1536年〕が1501年と1509年に、ヘンリー7世の息子たち、すなわちプリンス・アーサーおよびヘンリー8世と連続して結婚したことによって、イングランドの成り上がりのテューダー宮廷を、世界最大の権力をもった国

第5章　ゴシックの試み

と接触させることになったという事実を、忘れ去るべきではない。

　カトリック主義〔カトリック教信仰〕が俗心に染められている、この異国風の宮廷芸術のさらなる範例は、1482年-94年頃に建てられた、ブルゴス大聖堂内の八角形のカピーリャ・デル・コンデスターブル〔元帥の礼拝堂〕である。これは、世襲制の「カスティーリャの元帥」ペードロ・フェルナンデス・デ・ヴェラースコのための礼拝堂である。その建築家シモン・オヴ・コロウン（1440年頃-1511年）すなわちシモン・デ・コローニャ〔ケルンのシモン〕は、フアン・グアス亡きあとのもっとも重要な、イサベラ様式の建築家であった。カピーリャ・デル・コンデスターブルにおいては、入り組んだ様を見せる、尖った先端をしたオジー型頭部の壁面アーチや、フランボワヤン・トレーサリーや、対角線をなして置かれた盾の巨大な紋章群が何とかまとまって、星形ヴォールトで勝利の絶頂を迎える、控え目な装飾のシンフォニーを奏でている。星形ヴォールトでは、中央の星形には、おそらくはイスラーム建築からインスピレーションを受けた、穴のあいた透かし細工が見られる。

　シモン・デ・コローニャはまた、バリャドリード〔スペイン西部〕のサン・パブロの西正面（1495年頃-1505年）の建造も任されていた。この西正面は、オジー・アーチを繰り返し用いており、1512年のサラマンカ大聖堂における、フアン・ヒル・デ・オンタニョンに影響を与えた。われわれはまた、パレンシア大聖堂〔レオン地方〕における1499年頃-1519年の、紋章が彫刻されたトラスコロ (trascoro) すなわち内陣仕切りと、アランダ・デ・ドゥエロにあるサンタ・マリア・ラ・レアルの西正面（1506年頃）を、シモンと彫刻家のヒル・デ・シロエーの手になるものとしても一向に差し支えない。後者の西正面は、巨大な石造のレタブロス (retablos)〔祭壇飾り〕すなわち飾り壁に似ている。同じ様に似ているのが、バリャドリードのサン・グレゴリオのドミニコ修道会のカレッジ〔神学校〕（1494年頃）のファサードである。が、こちらの方が〔サンタ・マリア・ラ・レアルの〕西正面よりもその似具合いがずっと際立っている。このファサードの設計は、ヒル・デ・シロエーとディエーゴ・デ・ラ・クルスに帰せられている。

　〔このカレッジの〕三重になったオジー・アーチの上方にある王家の盾形の紋章を包み込まんばかりの海草装飾がちりばめられた、この誇張された出入口は、ねじれた円柱群がムデーハル様式に鼓舞されたトレーサリーのある柱廊を支えている、贅沢な回廊への序曲を奏でている。これよりも控え目なのは、1506-21年に、フアン・グアスの弟子のエンリーケ・エガス（1534年歿）によって建てられた、グラナダ大聖堂のカピーリャ・レアール（宮廷礼拝堂）である。もっとも、これは必ずしもエガスによって設計されたわけではない。この、カトリック信徒の君主〔スペイン国王〕の墓所礼拝堂は、ブルゴーニュのブルーにある、教会堂とその公爵の墓所群のフランボワヤン様式装飾を真似た、入念につくられた扉口を通って入る。オーストリアのマルガレーテのために、とあるベルギー人の建築家によって建てられたブルーの教会堂は、しばしば、イサベラ様式と比較される。とはいえ、ブルーの建造年である1513-23年は、あまりにも時期が遅いため、スペインに多大な影響を及ぼしたとは考えにくい。

285

294　ベルベルの城と宮殿、パルマ・デ・マリョルカ近郊：円形の中庭（デザイン）（1300-14年；シルバによって設計された）

スペインの世俗建築

　スペインは、イタリアと同様に、大半が乱されてはいない中世の町や村が、驚くほど豊かに残っている。そのなかでも、アービラとトレードがもっともよく知られているものに数えられる。スペインは、おそらくは15世紀のカタルーニャと隣接したバレンシアを除いて、イタリアやフランドルに比べて、中世の市民建築にははるかに恵まれてはいない。カタルーニャやバレンシアではフランボワヤン様式が、バルセローナの議事堂（ヘネラリダード　Generalidad）やパルマとバレンシアの各取引所（ロンハ　Lonja）──双方ともに、ねじれた円柱によって支持された大きなホールを誇っている──のような華麗な作品を生みだしたのであった。しかしながら、ヨーロッパのいかなる国も、城郭の数と卓越した保存状態においてはスペインの敵とはなりえない。これらの城郭のうち、もっとも数多く見応えあるものは、15世紀から始まる。しかし、もっとも初期のもっとも非凡なもののひとつは、ベルベルの王の城郭宮殿であり、パルマ・デ・マリョルカのはずれにある丘の上に建っている。これは、ペレ・シルバによる設計案（デザイン）を基にして、1300-14年にアラゴン王のハイメ〔2世。1267-1327年、在位1291-1327年〕のために建てられた。完璧な円形であり、円形状の露天の中庭の円周に沿って、円筒（ドラム）〔円胴、穹窿胴〕のかたちをして建てられた王の住戸群が備えられている。これは、2層のアーチ列に優美に取り囲まれていて、上方には先端が尖ったアーチが並んでいる。同じ円形であるがこれよりもずっと小さな天主（キープ）が外側に建ち、高い橋によって繋げられている。ここには、衛兵所と天守閣（ドンジョン）〔本丸〕がある。ベルベルの詩的な幾何学は、南イタリア〔プーリア〕のフリードリヒ〔フェデリーコ〕2世による八角形のカステル・デル・モンテを真似ているが、このベルベルの、住居棟と軍事棟とを分かつという問題を解決しようとした注目すべき試みは、模倣されることは決してなかった。

　ナバラ王カルロス高貴王〔3世。1361-1425年〕によって、1400年頃-19年に建てられた、オリテの王の城郭は、アヴィニョンの教皇宮殿と同様の、まとまりのない要砦宮殿である。しかし、内部はムデーハル様式の技芸家によって装飾立てられ、バビロンの空中庭園のような屋上庭園や、池付きの大きな鳥類飼育場や、ライオンの檻を誇示している。しかしながら、15世紀のスペインでの内紛の激しい戦いは、ベルベルあるいはオリテの美的ないしは豪奢な要素を一切考慮しない軍事〔工学〕技術の産物（ワークス）である、一連の要砦を生みだしてしまったのである。暑くてほこりっぽい平原から建ち上がる、モンテアレグレやトレロバトーンあるいはバルコ・デ・アービラのような、15世紀の城郭群の素朴な石の壁は、緑の渓谷に置かれた、そ

295　バターリャのサンタ・マリア・ダ・ヴィトーリア教会堂、ポルトガル（1387年以前）

のイングランド風に似せた廃墟とちがって魅力的ではなく、〔逆に〕その断固として装飾を排除した丸いもしくは四角い塔と、全体のほとんどが窓で貫通されていない、その威圧的な壁で、恐怖感を煽っているのである。

　町なかの住居群は、パティオ、すなわち〔スペイン風の〕中庭のムーア人的配置を維持しており、しばしば、豊かに装飾されたアーチの並ぶ2階廊(ギャラリー)が付いていたが、ファサードはきわめて簡素〔地味〕であった。1500年頃、ファサードそのものが、彫刻されたホタテガイの貝殻でピリッとした風味をかわいらしく添えている、サラマンカのカーサ・デ・ラス・コンチャスの場合のように、装飾的に扱われ始めたのである。というのも、このカーサ・デ・ラス・コンチャスは、自らの標章として貝殻を採択したサンティアーゴ騎士団のとある騎士のために建てられたからである。同じ様な主題(テーマ)は、装飾彫刻家のエガス・クエマン〔1495年歿〕の協力を得て、フアン・グアスによって、第2代のインファンタード公のために、1480-3年に建てられた、グアダラハラ〔スペイン中東部〕の、エル・インファンタード〔親王・王子の意〕の宮殿に現われている（図247）。このファサードは、ダイアモンドの形をした打ち出し突起〔浮き出し飾り〕がちりばめられており、突きでた半円形のミラドレス（miradores）すなわち開廊(ロッジア)が付いた、ガラスをはめていないアーチの並ぶ柱廊(ギャラリー)が上に載る、イスラーム風の鍾乳飾りのコーニスにまで、建ち上がっているのである。この宮殿内部の「獅子(ライオン)の中庭」ほど異国風なものはない。というのも、その襞飾りの付いたアーチ列では、ゴシックとムデーハルのそれぞれのモチーフが、そして紋章のライオンとねじれた円柱が、混ざり合っているのである。

287

ポルトガルのゴシック

　ポルトガルは、国王マヌエル1世（在位1495-1521年）にちなんで名づけられた、マヌエル様式ととりわけ結びつきが強い。この様式は、スペインのより洗練されたイサベラ様式と同時代の、規律のないフランボワヤンの様式といってよい。しかしながら、12世紀の簡素なゴシックがシトー会の修道士たちをとおして、ポルトガルにいち早く到来しており、アルコバッサ〔ポルトガル中西部〕のシトー会の印象的な修道会教会堂が、ブルゴーニュのシトー会様式で、1178-1223年に建てられたのであった。14世紀における主要な記念碑は、サンタ・マリア・ダ・ヴィトーリアのドミニコ修道会教会堂である。これは、カスティーリャのフアン国王に対する〔アルジュバロータの戦いでの〕勝利を記念して、国王ジョアン1世〔1357-1433年、在位1385-1433年〕によって、バターリャの戦場〔バターリャとはポルトガル語で「戦い」の意。バターリャはポルトガル中西部の町。エストレマドゥーラ地方〕に1387年に創設された。この勝利によって、スペインから独立した一国家としてのポルトガルの再建が導かれたのである。そして、このバターリャの教会堂のとてつもない豊かさと折衷主義を、ポルトガルがヨーロッパにおいて最良の建物群を張り合える存在たりうることを主張しようという試みと見なすことができるのである。かくして、因襲的な托鉢修道士たちの教会堂として始まったものが、1402年のとあるひとりの新しい建築家〔D.フュゲット〕の登場により、以下に述べるようなさまざまな要素に鼓舞されたファサードをもつフランボワヤン様式のメドレー〔寄せ集め〕へと展開していったわけである。すなわち、イングランドの垂直式、イングランドのリブ・ヴォールトながらもフランスのフランボワヤンのトレーサリー、シトー会修道院平面に従った東端部の祭室、そしてエスリンゲンもしくはストラスブールのものと同様なドイツの透かし細工の尖塔群(スティープル)に基づいた、ひとつの尖頂(スパイア)である。とりわけ驚くことではないが、この唯一無二の建物は、ポルトガル建築には何の影響も及ぼすことがなかったのである。

　ジョアンおよび彼の後継者の王室墓地、バターリャは、この教会堂と同じ、度を越すほどに入念な様式で15世紀のあいだに、葬祭室群と回廊群を伴って精巧につくり上げられた。国王マヌエル大王〔1469-1521年、在位1495-1521年〕は、1500年頃に、7つの放射状祭室のある東端部に、決して＝完成＝する＝ことのない（never-to-be-completed）葬祭用の八角堂(オクタゴン)〔未完の礼拝堂 Capelas Imperfeitas〕の工事を再開した。ここには、マテウス・フェルナンデス〔1515年歿〕によって設計された贅沢な出入口(ドアウェイ)が備え付けられていた。レース状の豊富な様を呈するほどに複雑に彫り刻まれた、オジーを何層にも重ねた、三葉形の頭部をしたアーチ群が、特徴的な「後期ゴシック」が広く深く継続している状態をつくり上げている。この出入口は、ポルトガルの商業船体と恒常的に接触していた貿易港ブリストルに建つ、セイント・メアリー・レドクリフの張り出し玄関(ポーチ)に見られる、ずっと初期の出入口を思い起こさせる。

　マヌエル大王は、実際上、国際的な貿易商社の長(おさ)となっていた。というのも、1495年に始まったマヌエル大王の統治時代のあいだこそが、ヴァスコ・ダ・ガマ〔1469年頃-1524年〕がイ

第5章　ゴシックの試み

ンドへの航路を開いたのであった。また、カブラル〔1460年頃-1526年頃〕が、ブラジルとの接触を確立し、ゴア〔インド南西岸〕とマラッカ〔マレー半島西岸〕が、攻め落とされたのであった。海路によって異国の場所群からポルトガルへと注入される富のもつ意味が、マヌエル様式の決定的な特徴をなしている。この国王が依頼した記念建造物群は、この様式で設計されたからである。この様式は、マヌエル大王の個人的な趣味を反映しており、それゆえ、1521年のその死去とともにほぼ停止してしまったと思われる。フランスの建築家ディオーゴ・ボイタック〔ボワタ〕〔1460年頃-1527年〕による、バターリャでの作品は別にして、主要な記念建造物を挙げると、セトゥーバルのイエスの教会堂。ヴァスコ・ダ・ガマがポルトガルに帰国した際に上陸した場所であるベレン〔リスボン近郊〕に、マヌエルによって創設された聖ヒエロニモ〔ジェロニモス〕修道院。双方ともにボイタックの手になる、コインブラ〔リスボンの北〕のサンタ・クルスの教会堂およびその回廊。ディオーゴ・デ・アルーダ〔1531年歿〕による、トマール〔サンタレン県、アレンテージョ地方〕のテンプル騎士団の修道院の参事会堂(チャプター・ハウス)と身廊。修道院に向い合うように建てられた、ベレンの〔港湾〕塔。そしてアルコバッサの聖具室の扉(ドア)である。これはオジー・アーチを形づくっている根や節や葉の茂った枝が付いた木の幹の数々によって枠づけられている。ねじれたロープのような円柱群、バナナの木のふさの付いた葉叢のような突起物(カスピング)、到る所にある多肉植物と絢爛さといったマヌエル様式の特徴は、そのもっとも奇怪(ビザール)な表現を、トマールのキリスト教修道院〔前身は既出のテンプル騎士団の修道院〕の内陣の下に、1510-4年に設けられたディオーゴ・デ・アルーダの手になる丸天井造りの地下室の窓に見いだすことになる。ヴァスコ・ダ・ガマへの記念碑として構想された、この長方形の窓の枠組みには、木の根、ロープ、コルクのうき、鎖、貝殻、そしてアストロラーベ〔天体観測儀〕を組み入れている、動乱しつつ生長する海洋植物がかぶさっているのである。窓の上の方は、ロープによって縛られた、旋風のように動く、あるいはふくらんだ帆に似た形が深く彫り刻まれた、まわり枠のある円形である。それは、海洋から、浚渫(しゅんせつ)船のごとく浮き上がる建物に配置されており、その控え壁(バットレス)は、生長する珊瑚、鼻ばさみ、そして石と化した海草で覆われているのである。

296　トマールのキリスト教修道院、ポルトガル：ディオーゴ・デ・アルーダによるマヌエル様式の窓（1510-4年）

297 ブリュージュの眺め、ベルギー

298 織物会館(クロース・ホール)、ブリュージュ

都市計画

市民という個性(アイデンティティ)の興隆(ライズ)

　ローマ帝国の衰亡(フォール)ののち、ヨーロッパのローマ都市群は、その規模が縮少されて、5世紀におけるドイツの諸王国の興隆に伴い、小さな定住地群となっていった。ローマ人たちの典型的な矩形の街路の網状組織(ネットワーク)は次第に打ち棄てられて、とりわけアルプス山脈の北では、町々はしばしば、文化の中心としての修道院群によって支配されるようになった。しかしながら、暗黒時代の末に、12世紀は、ローマ文明の終焉以来無視され続けてきた都市計画の類いの復活を目の当たりにしたのであった。

　結果として、ヨーロッパをとおして、中世都市群の抱いた野望は、自治組織を形成して、市議会の創設を広く流布させることなのであった。司教座のある北イタリアの都市では、11世紀以降、封建制から人民統治への移行を先導した。地方自治体(コミューン)の成長しつつある力は、市庁舎やギルド会議所や倉庫や市場の建物と商店といったかたちで次第にその表現の厚みを増していった。これらの施設は、司祭や宗教教団、平信徒の首長たちの永く続いた権威に対する挑戦を表わしていたのである。

　交易の発展は、この世俗的独立の成長に際しての、生きいきとした道具であった。都市は、北海沿岸の「低地帯諸国」をとおった通商路に沿って並んでおり、ラインラントをとおり、ローヌ河を下って、ピサやジェノヴァやヴェネツィアのような北イタリアの都市群まで続いたのであった。ローマにおいてさえも、教皇庁の権力にもかかわらず、行政府

の家屋〔プレマス〕が、12世紀半ばに、歴史的に有名なカンピドリオ〔カピトリウム〕の丘の上にあるローマ時代の建物群を改築して打ち建てられたのである。トスカーナ地方は、その自由都市群や共和政の共同体群がよく知られているが、都市の改善という課題〔プログラム〕が、1284年のフィレンツェにおいて始められた。ここでは、大聖堂と洗礼堂を、新しい通りによって、穀物市場と市庁舎に繋ぐという試みがなされたのである。

アントワープ〔アンヴェール〕、アラス、ブリュッセル、そしてブリュージュのような、北フランスおよびフランドル地方においては、市場のために開かれた空間が、市庁舎、ギルドの家屋、そしてより富に恵まれた市民たちの住む住居によって取り囲まれていた。織物交易の、国際的な港であり、中心地であったブリュージュは、もっともよく保存されている中世都市のひとつである。ここに残存している建物群は、主として13世紀から15世紀までのものであるが、煉瓦と木材からなる家々を特徴とした、不規則な都市計画に甘んじている。

中世都市の生活と形態が、教会によっていかに大きく支配されていたかを過大視することはできない。〔とはいえ〕休日は、見本市へと発展した宗教的な祝祭に基づくものであった。さらには、ギルドとか弓術協会〔アーチェリー〕とかいった、全住民が参加する活動のあらゆる側面には、宗教的な内容が含まれていたのである。われわれはそれゆえに、司教と世俗的な権力〔アーム〕のあいだの分離が常にあったなどと想定すべきではない。たとえば、ウルムは政治と教会建築とのあいだの繋がりに関しては高い強度をもった範例である。巨大な新しい大聖堂は、1377年の創設の瞬間から、市議会の創造物とみなされて、市民たちによって〔建設〕資金が調達され、市民たちの独立の象徴としての役割を果たしたのである。13世紀にシエーナでは、これと同様の政治的な流れが始まった。そこでは、権力が、貴族社会の一族から、指導的な商人の家族へと移行していったのである。

建築規則

これらの美しい都市の成長は、偶然の賜物ではなかった。フィレンツェでは、最大高さを制限する法律群があり、一方シエーナでは、この都市をつくり上げた3つの地理的に分離した共同体を統一する手立てとなる、並外れてわかりやすい建築上の規約〔コード〕を、住民たちが考案した。市議会は、公共建築、教会堂、住居、通り、そして噴水の建設を差配する規制〔レギュレーション〕を発布するため、毎年会合を開いた。その結果、シエーナは、ヨーロッパのもっとも魅力的な中世都市のひとつとして、今日でも知られているのである。

同じ目的の規制が他の都市でも発布された。もっとも、それは、都市計画という言葉で今われわれが理解していると思われるものよりもむしろ、市民生活の便益に広く関わるものであった。かくして、ロンドンやパリのような大都市においては、1300年までに、家長たちは、自分たちの舗道をきれいにする義務を負っていた。と同時にごみの撤去についても取り締まりを受けることになった。ロンドンでは、火の使用と排水についての規制があり、大多数のイタリア、スペインの町では、通りの幅と屋根の突出について取り締まりが実施された。ヴ

299　セゴービア、スペイン

ェネツィアでは結局のところ、公共の秩序と道徳〔良俗〕という概念に根づいた、35種類にも及ぶ取り締まり項目があったと算定されてきた。これらの概念は、衣裳のごくささいな部分に始まり、饗応やゴンドラの意匠はいうまでもなく、宮殿群の装飾に到るまでの、多くの生活の局面に影響を与えたのである。

ローマの記念建造物と景観とに対する対応

　これらの恒常的な規制の試みにもかかわらず、一貫性のある〔都市〕計画はまれであった。そのうえ、中世の都市はしばしば、自然の景観の状況との関わりから、その個性と魅力の大半を引きだしているのである。ランの場合は、大聖堂と上方の町が650フィート（およそ200m）の高原にある。セゴービアの岩石からなる防御的な、低地を見おろす崖は、同様に、城郭によってではなく、巨大な大聖堂によって支配されていた。エディンバラの旧市街〔オールド・タウン〕は、切り立った岩を走り上がって建っている。ところが、ローゼンブルク＝アン＝デア＝タウバーの一列に並ぶ町は、細長い丘の輪郭に合わせて建っている。Y字形の尾根にあるというシエーナの不規則な状況は、元のローマの広場の敷地に建つ、有名な扇形をしたカンポ広場で絶頂を迎えるといった、何処にもないやり方で、シエーナの町を発展へと導いたのである。

　このことは、ひとつの決定的要因がたびたびローマの都市計画ないしは記念建造物の残有物であったという原則を思い起こしてくれる。ヴェローナでは、ローマ時代の円形競技場がなおもこの都市の最大の建物であり、中世の建物の多くが、ローマ時代の格子状平面に従っており、主要な市場〔商業中心地〕であるピアッツァ・デッレ・エルベ〔エルベ広場〕が、〔ローマ時代の〕広場〔フォルム〕の敷地に建っている。ルッカでは、〔ローマ時代の〕円形競技場の現存が、ピアッツァ・デッアンフィテアートロ〔アンフィテアートロ広場。原文ではAntifeatroになっているが、これはAnfiteatro（円形劇場ないし円形競技場）の誤り〕の楕円形のままに、雄弁にその良好な保存を物語っている。紀元前46年に、ユリウス・カエサルによって軍事都市として再構築されたギリシャ人の定住地だった、南フランスのアルルの場合、ローマ時代の円形競技場は、9世紀に要砦化され、そのあとは、2つの教区教会堂をもった住居用施設として利用されたのであった。

新しい町

　われわれは、基本的に2つのタイプの中世都市があったことに注目すべきである。われわ

第5章　ゴシックの試み

れが「歴史に残る」ものとして記述してきたような、大多数の都市は、永い期間をかけて、大方が無計画に成長してきた。われわれがこれまで目にしてきた都市群は、このカテゴリーに属している。しかしながら、比較対照してみると、ソールズベリーもしくはリューベックのような新しい土地に建てられた都市や、時々「植民」都市群として、もしくはフランスの場合の「城塞都市」として知られた都市など、相当数の計画都市があったのである。これらの都市は、敷地とは無関係に、あらかじめ決められた測量単位に従った、直線で囲まれた小区画群からなる格子状平面で設計された。このシステムはまさしく、ギリシャの建築家で都市計画家であったミレトスのヒッポダモスに帰せられるものであった。

1158年に創建されたリューベックでは、主として煉瓦造りではあ

300　ヴェローナの上空からの眺め

301　エーグ＝モルト（1246年創設）

るものの、13世紀と14世紀からのものの大半が残存している。ウィルトシャーのソールズベリーは、「オールド・サルム〔旧ソールズベリー〕」として知られた近くの不便な丘から、ソールズベリーの司教によって、1218年頃に、下方に移動させられた。その新しい平坦な敷地にあって、ソールズベリーは、中世イングランドの新しい都市群のなかでもっとも成功した例として、その地の司教の庇護のもとで、盛名を馳せたのであった。主として織物業が営まれたこの都市は、司教の収益を増大させつつ、その幅広い通りの数々が、大きな市場〔商業中心地〕の周りに不規則な格子状の平面を形づくっていった。しかしながら、多くの植民都市に共通しているのだが、ソールズベリーは結局のところ、その元々の核となる場所から爆発的に拡がっていったのである。

1246年に、フランス国王聖ルイは、南フランスのローヌ川の河口に、エーグ＝モルトの町を建設した。十字軍を送りだす難攻不落な基地として、また、東方の国々〔東部地中海とその沿岸諸国のこと〕と北フランスのあいだの交易を促進するための商業中心地として、活用するためであった。執拗なまでに徹底した格子状平面からなる城壁都市のこのエーグ＝モルトは、

293

残存する中世の要砦都市のなかでもっとも大きなもののひとつである。1296-7年に、イングランド王およびフランスのアキテーヌ〔フランス南西部〕公爵、さらにフランスの聖王ルイの甥であったエドワード1世は、数々の都市を計画し管理運営する方法を論議すべく、ある共同討議を催した。イングランドには、すでに数多くの計画都市が存在していたが、エドワード1世は、間違いなく、エーグ=モルトを目の当たりにすることによって大きな影響を受けたのだった。彼は1270年に、この町から十字軍を出発させたのである。最初の都市計画会議のひとつであったにちがいないものを召集した結果、エドワード1世は、1296年に、ガスコーニュ〔フランス南西部〕、イングランド、そしてウェールズでの、合計24の新しい都市の造営を命じた。このうちボーマリとカーナヴォンのような要砦都市は、しばしば海岸沿いの港湾都市であったが、軍事上の用途と同様に、商業上の用途をも多く併せもっていた。市場を中心とした格子状平面をもったこれらの都市は、もはや封建制による税を払う必要のない商人たちや自治都市の自由民たちのためにつくられたのであった。

　外部からの助成金なしでは残存することが叶わなかったと思われる、目的がはっきりとして建てられた城塞都市（バスティッド）の多くは、決して発展することはなかった。その要砦化した壁面のなかで、中世ヨーロッパの大きな「歴史に残る（ヒストリック）」都市の数々は、路地より少しだけ広いものの狭く湾曲した通りを抱えたまま、非常に固く凝縮されたやり方で、拡大していったのである。大ブリテン島では、城郭は、リンカーンやロンドンの場合のように、しばしばもっとも重要な要素であった。それに対して、イタリアやフランスの都市では、司教の宮殿とそれに隣接する大聖堂が、支配的な要素であった場合が多い。全体にわたる体系的な計画（プランニング）から何の恩恵も受けることなく、多くの主要な中世都市は、少なくとも産業革命までは残存することになる基本的なその都市構成の枠組みを、12世紀の末までに獲得していたのである。

第6章　ルネサンスの調和

　中世の学者たちは、広く古典の文献を読み耽った。すなわち、司祭や修道士として彼らは、神学的もしくは哲学的なもくろみを抱いて、相当広範囲にわたって文献を読み漁ったのである。イタリアでは都市国家の増大に伴って、専門職としての行政官という新しい階級が登場したのだが、彼らは必ずしも聖職に就いているわけではないものの、ラテン語、文献学、文法、そして修辞学を教えていたのであった。文学上の目的のために古典を読むことで、これらの人文主義者〔古典文学研究家〕たちは、ひとつの知的な環境(クライマット)を用意したのである。こうした環境においては、古典文学の作品(テクスト)そのものが価値あるということだけではなく、それらの作品を生みだした文明が、当代の文化的再生すなわちルネサンスのための雛型として役立つべきであるということも、徐々に幅広く信じられていったのである。ゴシックは、北方を中心としていたために、イタリアでは決して十分に順応することはなかった。イタリアにおいては、古代ローマ世界を絶えず思いださせるものとして残存している土着の古典建築にインスピレーションを求めることが、ごく自然なことに思われていたのである。

　人文主義の学者たちは、「人を高尚にする(ヒューメイン)」諸学問、すなわち人類の尊厳に値する学問を推し進めた。われわれは、人文主義を、キリスト教に敵対するものと解釈するべきではない。というのも、人間は神の似姿(イメージ)でつくられたと、なおも遍く信じられていたからである。人類が世界に合理的な秩序と調和をもたらすことで神に対抗しうるという信念は、15世紀の初めに、同時代人たちによって建築家ブルネッレスキに帰せられた、線遠近法(リニア・パースペクティヴ)の発明をもって、絵画において表現されたのであった。人間の諸々の能力に対する新しい強調によって、同時に学者、兵士、銀行家、そして詩人たりうる多芸な人間の増大が導かれた。建築家のアルベルティは、15世紀における、これら「万能の人々」のなかでももっとも重要であり、彼のあとを、レオナルドやラファエッロ、そしてとりわけミケランジェロが続いたのであった。ミケランジェロは、建築家であり、彫刻家であり、画家であり、詩人であった。その才能のゆえに彼は、その存命中に「神のごとき人(ディヴァイン)」として知られていたのである。

　イタリアの輝かしきルネサンス文化は、ヨーロッパ中に影響を与えた。もっとも、最初の頃はしばしば、装飾的細部に限られていて、生き残っている後期ゴシックの伝統という観点から、ゆっくりと拡がっていっただけであった。たとえば、イングランドにおいては、ルネサンス文化は17世紀の初期まで、純粋な建築形式として開花することはなかった。そのときまでにすでに、イタリアの建築家たちは、われわれがバロックとして知っているところの、

古典主義のもうひとつの局面へと進んでいたのであった。

ルネサンスの誕生
フィレンツェとブルネッレスキ

　フィレンツェは、イタリアの古典的な過去を決して忘れることのなかった都市であった。11世紀および12世紀の、いわゆる原〔元祖〕＝ルネサンスは、サン・ミニアート・アル・モンテ（図209）のような建物をいくつも生みだした。これは、ほぼ3世紀ものあいだ、フィレンツェの建築家たちに影響を及ぼし続けた、人目を惹く優雅な古典様式で設計されていた。1294年のフィレンツェの、アルノルフォ・ディ・カンビオ〔1245年頃-1302/10年頃〕による大聖堂の八角形の交差部さえもが、隣接する八角形の〔サン・ジョヴァンニ〕洗礼堂に鼓舞されたものといってよかろう。この洗礼堂は、われわれが前の章で見てきたように、当時は元々がローマの神殿であると信じられていたのである。140フィート（42m）近くの幅がある、この〔大聖堂の〕交差部の上方にドームを架けるという問題は、1410-3年にいっそう悪化してしまった。というのも、床面からその天辺まで、全体の高さがおよそ180フィート（55m）もある、薄い壁の八角形の〔角〕胴（ドラム）が付け加えられたからである。ヴォールトとアーチの建造の際に用いられた、仮枠として知られる木製の枠組みの上に、ドームを高く掲げるという想定内の解決法は、ここでは、径間（スパン）の幅が大きすぎるため、何の役にも立たなかったと思われる。

　結局のところ、〔この問題の〕解答は、フィリッポ・ブルネッレスキ（1377-1446年）から生みだされた。彼は、繁栄するフィレンツェの公証人兼外交官の息子であり、上質の古典教育を受け、金細工師として業績を積んでいた。彫刻に転じたブルネッレスキは、1401年に開催された、〔サン・ジョヴァンニ〕洗礼堂のための新しい扉口（ドア）を決定する競技に参加した。これはギベルティ〔1378-1455年〕が勝利を収め、〔金細工師を諦めた〕ブルネッレスキは、古代彫刻を学ぶため、彫刻家のドナテッロ〔1386年頃-1466年〕とともに、ローマを訪れた。これは、何度かにわたるローマ訪問の最初であったが、ローマ滞在中にブルネッレスキはまた、ローマの廃墟群と、とりわけそれらの構造原理の数々を調査研究したのであった。われわれは、ほぼ同時代の人物から、ローマがブルネッレスキに与えた衝撃がどんなものであったかを知る。なぜなら、その名声がかなりのものであったため、ブルネッレスキは、アントーニオ・マネッティによって、1480年頃に伝記の対象となったからである。この伝記からわれわれは次のような事実を学ぶことになる。すなわち、

　　彼〔ブルネッレスキ〕は、洞察力のある目と機敏な精神をもって、〔ローマで〕彫刻群を研究しているあいだも、古代の建築方式と〔古代建築の〕釣り合いの諸法則（シンメトリー）を観察したのである。彼には、自分が〔古代建築の〕配列のなかに、〔人間の〕肢体と骨の場合のような、ある秩序を認めることができるように思えたのであった。そして、あたかも神がブ

第6章　ルネサンスの調和

ルネッレスキ本人を啓発したかのように思えたのである……。ブルネッレスキはそのことに、いっそうの感動を覚えた。というのも彼には、〔古代ローマ〕当時には、建築方式が〔今の〕通常のやり方とはまったく異なっていたように思われたからである。

　1418年に、ブルネッレスキとギベルティは、〔大聖堂の〕ドームのために煉瓦の模型をつくった。しかし、最終的に採択され、1420-36年に建造されて世界の不思議にまで名を馳せたのは、ブルネッレスキの提案したものであった。なぜならば、このドームは、ハギア・ソフィア〔大聖堂〕とパルテノン〔神殿〕のみが比肩しうる、人間のつくった〔巨大な〕山のごとき存在だからである。ブルネッレスキの天才は、仮枠の代わりに、ひとつのシステムを用いたことであった。このシステムには、4つのもっとも重要な特徴があった。その第1は、パンテオンのコンクリート・ドームの場合のように、連続した水平帯(コース)でドームを建ち上げること。その第2は、重みをできるだけ軽減するために、二重殻でドームをつくり上げること。これは、ピサとフィレンツェの洗礼堂から借り受けた工夫である。その第3は、ドームの外皮(アウター・スキン)を、〔大きなリブ8本と小さなリブ16本の合計〕24本のリブからなる枠組みの上方に延ばすことで、ゴシックのリブ構造を真似ること。そして最後の第4は、尖頭アーチの方が半円アーチよりも横圧力のかかり具合が少なくて済むために、ドームに、ブルネッレスキのお気に入りだったパンテオン風の半球よりも、むしろ尖った輪郭を与えたこと、である。彼はさらに、ドームのなかに、石と鉄の鎖(アイアン・チェーン)〔締め金具(かすがい)(クランプ)〕とがひとつに繋がったリングをいくつも、水平方向に連続(コンティニュアス)して埋め込んで、ドームを引き締めた。矢筈(やはず)〔杉綾〕模様で積み上げられた煉瓦と石工術の使用も含めた、この建造技術は、ブルネッレスキがパンテオン（本書105頁）のみならず、いわゆるミネルウァ・メディカの神殿のような他のローマ時代の建物のヴォールト架構をも研究していたことを明らかにしてくれる。ローマの建物群の見た目よりもむしろ構造の方に関心があった彼は、アルベルティ以降の多くのルネサンスの建築家たちとは一線を画している。

　ブルネッレスキのその後の建物は、フィレンツェの大聖堂の膨らんだ(スウェリング)半ゴシック様式のドームよりも、形態上は古典的であるけれども、トスカーナ地方の原(プロト)＝ルネサンスおよび古代ローマそのものの双方からほぼ同程度に、その由来をたどることのできるものである。しかしながら、当時ブルネッレスキは、悪口を強烈に浴びせられており、実際のところ、建築家のフィラレーテが言うように、「われらが都市フィレンツェで、今日教会堂と個人の建物とに他の様式が用いられないようなやり方で古代の建築様式を」復元させたかどで、「呪(の)われていた」のである。さてフィレンツェはいかにして、これほどの建築的活動の中心地となりえたのであろうか？　14世紀の最後の4半世紀のあいだ、フィレンツェは、ロンバルディー地方、ヴェネツィア、ローマ教皇領、そしてナポリ＝シチリア王国のような領土に対する覇権を確立しようと戦っていた。フィレンツェの野望は、都市国家よりもむしろ地方国家をつくり上げるためにトスカーナ地方を支配することであった。フィレンツェの大聖堂は、本質的に市

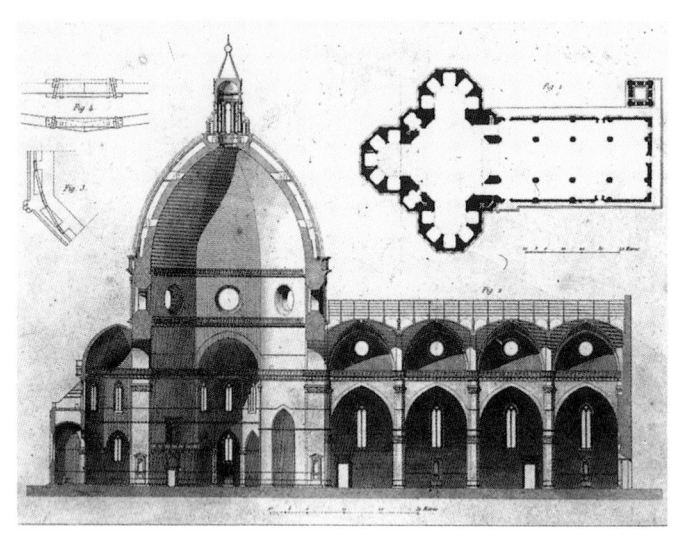

302 大聖堂の平面図と断面図、フィレンツェ、ブルネッレスキ（と A.ディ・カンビオ）による（ドームは1420-36年）

民の事業であり、この野望の力強い象徴であった。その一方、大聖堂のドームは、今日も当時のままに、〔フィレンツェなる〕都市の上方に壮麗な様を見せつけてのしかかっているが（図348）、それは、このドームの建造を推し進める責任を担った、「羊毛商人団体〔ウール・ギルド〕」の富と権力を公けに宣言したのである。15世紀において、フィレンツェの政治的かつ経済的な成功は、フィレンツェをヨーロッパ随一の美しい都市にしようと望んだ——これこそは国際的な銀行家のメディチ家ととりわけ結びついた野望であった——人々に、途切れなく励みを与え続けたのである。1434年から、その30年後の死に到るまでフィレンツェの実質的な統治者であったコジモ年長〔ジ・エルダー〕〔1389-1464年〕によって、またその孫のロレンツォ豪華王（1492年歿）によって与えられた庇護の先導は、ストロッツィ家、ルチェッライ家、そしてピッティ家のような大きな商家によって引き継がれた。しかし、経済が様式を説明するわけがないゆえ、われわれはいまだに、次のような問いを発せざるをえないのである。すなわち、この規模の富が、フランドル地方やイングランドやスペインにおいては、後期ゴシック様式で建物の数々を、助成金を支給して建ちあげるために使われていたのに対して、フィレンツェの芸術家たちは、われわれにルネサンスとして知られている古典様式の方を選び、すでにゴシックを拒否していたのは何故かということである。

　この現象を理解しようとする際に、われわれは、以下のことをもう一度、強調しておくべきである。すなわち、まず、ゴシックがイタリアにとっては、ほかのヨーロッパの場所とはちがって、決して土着のものとはならなかったということ。次に、イタリアにおける古代ローマの廃墟群の残存がイタリアの栄光ある過去を絶えず思い起こさせたということ。最後に、人文主義の学者たちによる古典文学〔文献〕の研究が、古典芸術の復活を促したように思えるということ、である。トスカーナ地方の建築家たちは、11世紀にすでに、古典的理想の数々を復活し始めていたのである。すなわち、ペトラルカ（1304-74年）は、ラテン詩のありとあらゆる様式を模倣し、一方、その『神曲』においてダンテ（1265-1321年）は、古典的世界とキリスト教的世界を、並行した同値のものとして扱った最初の人物であった。そのうえ、フィレンツェ人たちにとっては、ゴシックを、ローマを滅ぼしたゲルマン民族の支配者たち〔チーフ〕の子

第6章　ルネサンスの調和

孫と結びついた、粗雑な北方の様式と見なすことや、これと対比させて、共和政ローマの植民地としての自らの出自を再び主張することで、フィレンツェの商業的共和政という唯一無二の存在を公けにすることは、理に適わぬ行為などではなかったのである。ローマ古代に比較しうる、厳粛かつ明快な古代風(*all'antica*)〔アッランティーカ〕様式をもった、ブルネッレスキ、ミケロッツォ、ギベルティ、ドナテッロ、そしてマザッチオ〔1401-28年〕のような、建築家、彫刻家、画家による創造は、文化上かつ政治上の、フィレンツェ自体の歴史と運命の感覚に、触知可能な〔はっきりと理解できる〕表現を与えたのであった。

　ブルネッレスキの製作依頼の大半は、フィレンツェの商人団体や銀行業界から発注された。絹商人の団体と、ブルネッレスキ自身が所属していた金細工師の団体のために、彼は、1419年に捨て子養育院を設計した。これは、ヨーロッパで初めて、優雅なアーチ列からなる開廊を〔正面側に〕据えていた。1421年に、サン・ロレンツォの聖具室の製作を依頼したのは、メディチ家のジョヴァンニ・ディ・ビッチ〔1360-1429年〕であった。そして、その友人の銀行家アンドレア・デ・パッツィ〔1372-1445年〕が、1429年にサンタ・クローチェの参事会会議堂すなわちパッツィ家礼拝堂の製作を依頼したのであっ

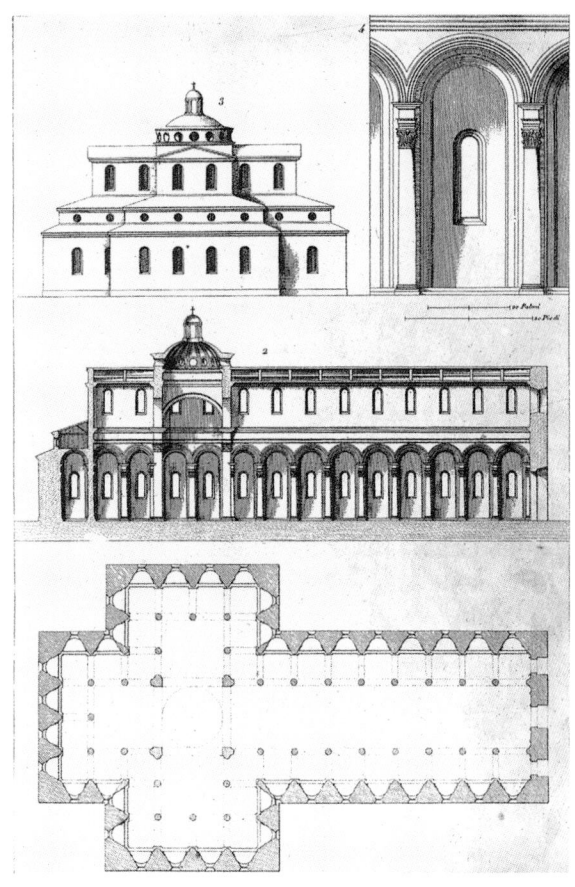

303　サント・スピーリトの立面図、断面図、そして平面図、フィレンツェ、ブルネッレスキによる（1436年着工）

304　パッツィ家礼拝堂の内部、フィレンツェ、ブルネッレスキによる（1430年頃着工）

299

た。ブルネッレスキの2つの大きな、フィレンツェの縦長のバシリカ〔長堂形式〕の教会堂である、サン・ロレンツォ（1421年着工）とサント・スピーリト（1436年着工）は、整った調和のとれた均衡(バランス)をつくり上げようとして設計されたが、この均衡こそは、その当時のフィレンツェの画家たちによる遠近法〔透視画法〕の諸法則の発見に匹敵しうるものである。教会堂群は、釣り合いのとれた平面計画(プロポーショナル)の範例になった。なぜならば、交差部の正方形が、全体の構成にとって、基本的な計測単位(モジュール)だからである。かくして、サント・スピーリトにおいては、この正方形が〔それぞれ〕3度繰り返されて、内陣と袖廊が形づくられ、身廊は4度繰り返され、その高さは幅の2倍になっている。〔身廊立面上方の〕

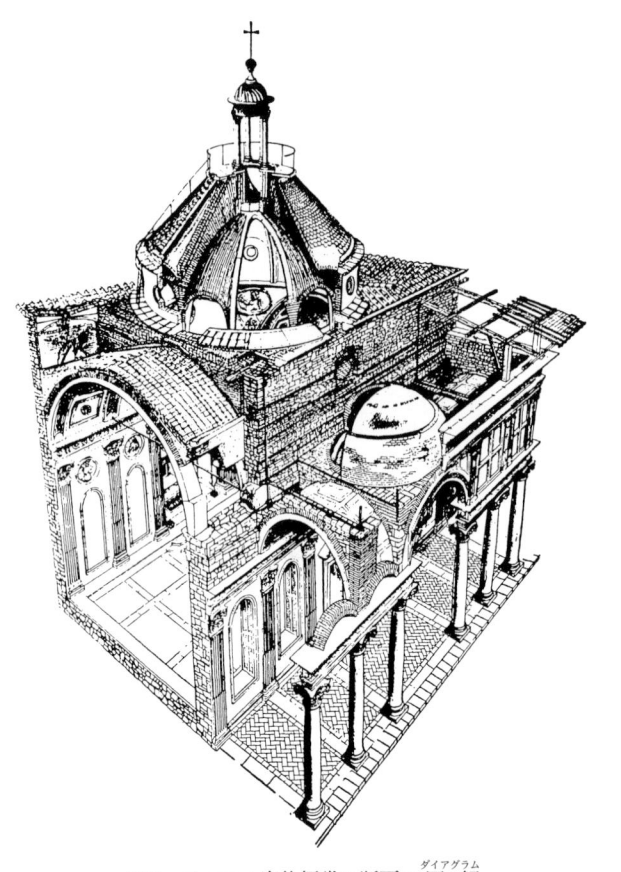

305　パッツィ家礼拝堂の断面の図解(ダイアグラム)

高窓(クリアストーリー)の高さは、〔身廊立面下方の〕アーケードの高さと同じである。そして、各側廊は正方形の柱間(ベイ)からなり、ここでもまた、その高さは幅の2倍になっているのである。あらゆる部分が一連の建築的遠近法で互いに調和されて繋がっており、この遠近法群こそは、堂内の全周をあたかも練り歩いているかのような力強いコリント式の円柱列によって、帝国ローマの壮大さが附与された当のものなのである。

　パッツィ家礼拝堂（1430年頃着工）は、大いなる繊細さと精妙さをもった建物であるが、厳密に言うならば、集中式〔有心式〕の平面ではない。なぜならば、中央のドームが架かった正方形の両脇には、半円筒ヴォールトの両側柱間(サイド・ベイ)があるからである。この礼拝堂には入口用の開廊(ロッジア)があるが、これもまた、中央に台皿のような形(ソーサー)のドームの架かった空間があり、礼拝堂の奥の、〔入口〕反対側にある小さなドームの架かった内陣と一直線上をなし、適切な釣り合いを保っているのである。内部は、構造と装飾の両面に供する部材(メンバー)が生みだす線的な図柄(パターン)で分節化されて〔明確な表現がなされて〕いる。ピエトラ・セレーナ (pietra serena　この地方特産の銀灰色の石)からつくられたこれらの部材(メンバー)は、白いプラスター仕上げの壁面を背に際立った様を呈しており、あたかも、建築の上に引かれた、新たに発見された諸法則の描線群である

第6章　ルネサンスの調和

306　サント・スピーリトの内部、フィレンツェ、ブルネッレスキによる

かのようであった。ブルネッレスキのより後期の作品は、大聖堂の頂塔や、ドームの〔角〕胴にあるエクセドラ〔半円形の張り出し〕に見られるように、また、サンタ・マリア・デッリ・アンジェリの未完の教会堂（1434-7年）に見られるように、より重々しく、より刳り形のようなものとなっていった。これは、15世紀と16世紀の建築家たちすべてを魅了することになった型式である集中式平面のルネサンス建築を、〔未完成ながらも〕十分に実現した最初の例であ

る。この教会堂の中央にドームが架かった八角形は、〔角〕胴(ドラム)を支持している8本の支柱(ピア)に顕著な特徴があり、8つの放射状祭室すなわちアプスからなる区割りをなす壁面を形づくっている。かくして、この建物の全体は、刳り形のごとき壁面の量塊という概念に基づいた彫刻のような単体として扱われているのであり、この壁面の量塊こそは、古代ローマの集中式平面のドームが架かった内部〔空間〕に関する、ブルネッレスキの研究に由来するものにちがいない。

アルベルティ

　建築における15世紀の、他の高くそびえる(タワリング)大いなる存在を示す天才は、レオン・バッティスタ・アルベルティ（1404-72年）であった。とはいえアルベルティは、建築家としても、また何らかの工芸家としても、修業を積んだわけではなかった。事実、アルベルティは、本章の初めに記述した、新しい天才のタイプ、すなわちあらゆる芸術に関する深い知識を備えた、学者、著述家、数学者、そして運動競技者を体現しているのである。ルネサンス期全体をとおして、もっとも輝かしい知性の持ち主のひとりと目されたアルベルティは、当時の文化に自らの刻印をはっきりと残すべく定められていたのであった。このことは、アルベルティの友人のブルネッレスキがなしたように、新しい(モダーン)デザインにとっての確かな基盤を供給するために古代ローマ建築の遺跡群を研究することを意味した。しかしながら、ブルネッレスキは、建造方式に傾注しており、各種オーダーのあいだの区別にはほとんど気を廻すことがなかったのに対して、アルベルティは、デザイン群の想定されうる諸原理の方に、またこれらの原理が各種オーダーの装飾的な扱い方(ハンドリング)のために供給した範型群(モデル)の方に関心を寄せていたのであった。アルベルティは、自ら出した結論の数々を、ルネサンス期に生みだされた多くの建築論考の嚆矢(こうし)である『建築について（*De re aedificatoria*）』のなかで、正式に記述した。この著作の第1版は、1452年に教皇ニコラウス5世〔1397-1455年、在位1447-55年〕に献呈された〔この著作の印刷された初版本は1486年の刊行〕。キケロ風のラテン語で書かれたこの書物は、ローマ時代のウィトルウィウスの論考を基にしており、「神殿」としての教会堂や、「神」や、「神々」としての聖人たちに言及すらしていた。もっとも、アルベルティの全体的な古典的教養の捉え方(ヴィジョン)は、キリスト教の枠組みのなかにすっぽり包まれていた。実際のところ、彼はカトリックの司祭なのであった。

　この著作においてアルベルティは、建築を工芸に根ざしたものではなく、知的な学問分野(ディシプリン)であり社会的芸術であると考えている。その実践に際しては、もっとも必要な技巧群のうちの2つは、絵画と数学である。彼はかくして、建築的知識とはもはや、ゴシックの熟練せし石工(マスター・メイソン)たちが自らの手仕事を学んできた中世ヨーロッパの徒弟修業所(ロージ)で獲得されるものではなく、学問(スタディ)をとおして、教養と趣味を兼ね備えた人々である、すべての学者や庇護者や好事家たちに開かれたものであることを、ほのめかしたのであった。アルベルティは決して実践に弱い人物などではなかったが、彼は建築の建造に関する技術的な知識について

第6章　ルネサンスの調和

は、大したものは何ら持っていなかったようである。彼はただ建物を設計しただけであって、その建設〔施工〕については他の人々に任せていたのである。多くの注釈者が言うように、アルベルティは、ウィトルウィウスの論考が混乱していることを見いだし、自身の書物が、ウィトルウィウスのものよりもずっと秩序立てられていることを確信していたのであった。アルベルティは、自身の書物を、「良き建築とは3つの部分からなる。すなわち、用（*Utilitas*）〔ウティリタス〕と強（*Firmitas*）〔フィルミタス〕と美（*Venus*）〔ウェヌス〕（〔順

307　テンピオ・マラテスティアーノの外観、リーミニ、アルベルティによる（1450年頃着工）

に〕機能と、構造と、意匠もしくは美）である」というウィトルウィウスの言明をめぐってまとめ上げているものの、個々の建物における美は、以下に述べる3つの特質の組み合わせに基づくということを付け加えている。すなわち、まずはヌメロス（*Numeros*　数）。次に、フィニーティオ（*Finitio*　比例・釣り合い。人間の身体のさまざまな部分と全体との関係に関するウィトルウィウスの教義と、音楽のために確立されてきたピュタゴラス的調和比例（ラティオ）の数々を建築へ適用することの双方によって、鼓舞されたもの——あとに出てくる本書340頁を参照されたい）。そして最後に、コッロカーティオ（*Collocatio*　位置（ロケーション）、配置（ディスポジション）、もしくは配列（アレンジメント））である。これらのものはまとまって、コンキンニタス（*Concinnitas*　巧みに調整された全体）を生みだすのである。アルベルティは、美に対する絶対的な規則群など存在しないと信じていたものの、ソクラテスに倣って、美を次のような有名な言い廻しで定義づけた。すなわち、「肢体（メンバー）のすべてが見せる調和は、何ものかを取り去ったり、付け加えたり、取り換えたりすれば、必ずや劣化してしまうことになるのである」。5つのオーダーの正確な使用の説明が、かくして、アルベルティの論考（テクスト）の実質的な部分を占めているわけである。もっとも、多くの当時の学者たちは、円柱が、機能的な役割と対置される装飾的な役割を果たしたのは、まさしく、ローマ建築においてのみなのであり、アルベルティが何も知らないギリシャ建築においてではなかったということを主張していたと思われる。

　15世紀のフィレンツェで生き、仕事をしていた者にとっては少しも驚くべきことではないのだが、アルベルティは、建築を、秩序立った位階をなす社会的かつ宗教的理想の数々が明晰さと威厳とをもって表現されるであろう市民芸術と見なしていた。彼は、都市に建つ建物を、聖と俗の2分野に分け、前者にはバシリカ（法廷）が含まれていた。なぜならば、正

303

308 サンタンドレアの西正面、マントヴァ、アルベルティによる（1470年着工）

義は神から発するからである。もっとも重要な建物は、柱廊玄関(ポルティコ)を備えた正面をもち、高い基壇の上に揚げられた、神殿（教会堂）であるべきなのである。さてアルベルティはどこまで、自らの野心的な理想の数々を実行することができたのであろうか？　彼の主要な作品は数少ない。教会堂が3件に、第4の教会堂のファサードのみ、そしてとあるフィレンツェ人の宮殿(パラッツォ)のファサードである。しかし、これらのものは、その大胆さと想像力において、その登場以来ずっと、建築家たちを鼓舞し続けた先例をつくったのである。1446年と1470年頃とのあいだのいずれかの時期に、銀行家ジョヴァンニ・ルチェッライ〔1403-81年〕のために建てられた、パラッツォ・ルチェッライのファサードにおいて、アルベルティは、初めて、コロッセウムのようなローマの公共建築群の付け柱(ピラスター)のシステムを、住居建築に適用したのであった。リーミニのテンピオ・マラテスティアーノは、シジスモンド・マラテスタ〔1417-68年〕のために、1450年頃、アルベルティによって着工された。シジスモンドは傭兵であり、諸芸術の庇護者であり、14歳の時に、自分の叔父と兄弟から、リーミニの君主の座をもぎ取ったのであった。サン・フランチェスコに献堂された、元々は中世の教会堂であったこの建物は、シジスモンドへの堂々とした新しい古代風の神殿へと、さらには、シジスモンドのみならず、彼の妻であり一時その愛人でもあったイゾッタ、そして彼の廷臣たちのための埋葬所へと、変えられたのである。シジスモンドを破門した教皇ピウス2世〔1405-64年、在位1458-64年〕によって、「異教の臭いがぷんぷんする」と罵られたこの教会堂は、ずっと、サン・フランチェスコとしてではなく、そのもっと古典的な、異教的〔ギリシャ・ローマ的〕な呼び名によって、知られてきたのである。

　この教会堂は、キリスト教の教会堂の入口ファサードに、古典的な凱旋門(アーチ)を適用した初めてのものであり、ここでは、リーミニ自体にあるアウグストゥス帝の凱旋門とローマにあるコンスタンティヌス帝の凱旋門の双方に鼓舞されていた。シジスモンドとイゾッタの墓は、このファサードにある壁龕(ニッチ)のなかに収められるはずであり、そのために、ファサードの形態は、その古代の範例の純粋に軍事的な勝利よりもむしろ、死を克服したキリスト教の勝利の方を象徴するようにつくられていたのであった。ラヴェンナにある、テオドリックの霊廟

第6章　ルネサンスの調和

に由来する構成をもった、テンピオ・マラテスティアーノのファサード上の側面にある、厳格にかたどられた〔2つの〕アーチにはそれぞれ、シジスモンドの宮廷で活躍した人文主義者の詩人たちと哲学者たちから、それぞれひとりの者が選ばれて、その石棺が収められた。古代の諸要素がテンピオにおいて復活された拠り所である、疑いのない荘厳さと独創性にもかかわらず、この教会堂が、通常の教区教会堂の意匠(デザイン)に、古典的諸原理を適用するための範型を提供することはほとんどなかった。アルベルティは、マントヴァにおいてこの問題に対する、輝かしい、影響力のある解決法を提供した。すなわち、ここに彼が建てた2つの教

309　サンタンドレアの内部、マントヴァ、アルベルティによる

会堂のうち2番目のもの、サン・セバスティアーノにおいてである。これは、1460年に着工され、サンタンドレアはそれより10年後に着工された。双方の教会堂ともに、マントヴァ公、ルドヴィーコ・ゴンザーガ〔1412-78年〕によって依頼されたのであった。マントヴァ公の宮廷画家アンドレア・マンテーニャ〔1431-1506年〕は、アルベルティがローマ建築によって影響されたように、ギリシャとローマの彫刻によって強く影響された様式で絵画を制作した。

サン・セバスティアーノは、ギリシャ十字形平面の上に、ドームの架かった教会堂という系譜の嚆矢をなすものであるが、これよりも影響力のあったサンタンドレアは、アルベルティのもっとも見事な作品であり、ゴシックとバシリカ教会堂の伝統的な側廊を、ひと続きの側面祭室〔附属礼拝堂〕に取って代えることで、あっという間に、ひとつの新しいタイプの教会堂をつくり上げたのであった。これによって、教会堂に集まる巡礼者たちのすべてが、ドームの架かった交差部を遮るもののないままに眺めることができるようになったのである。交差部では、礫になったキリストの血が入ったとされる2つの容器が毎年、キリストの昇天日〔復活祭から40日目の木曜日〕に公開展示された。このような平面の建築的な先例は、ディオクレティアヌス帝の公共浴場とコンスタンティヌス帝の〔もしくはマクセンティウス帝の〕バシリカのような、〔古代〕ローマの建築に見いだすことができる。これら双方の建物においては、ヴォールトの重みは巨大な迫持台(アバットメント)〔アーチ受け台〕群によって運ばれ、これらの迫持台は

305

主軸と直角に開口部を形づくるために、くり抜くことができたと考えられる。アルベルティによる巨大な格間で飾られた半円筒形ヴォールトは、その幅が60フィート（18m）近くあり、ローマ時代以降に建てられたヴォールトのなかでもっとも長いものである。このヴォールトは、ドームの架かった小さな四角い祭室のある支柱部分と、これらの支柱部分のあいだの空間を埋めている、大きな半円筒形ヴォールトの架かった祭室とが、交互に並ぶことによって支えられている。この壮麗な内部は、サン・ピエトロからイル・ジェズーにまで到る、16世紀のもっとも見事なイタリア教会堂群のうちの大半にとっての御祖なのである。その西正面は、古代の主題に基づいた同様に力強い翻案物である。とはいえ、驚くべきことに、それはあまり影響力をもたなかったことが分かっている。より小さな開口部が両脇に並んでいる西正面の大きなアーチの架かった開口部は、内部の身廊の立面に見られる大小の祭室群の交互に並ぶリズムを真似たものである。ファサードは、その深い彫りで影を落としている内輪〔内迫〕のある中央のアーチによって、内部と一層有機的に繋がっている。なぜならば、ファサードの形態は、見る者に内部の大きな半円筒形ヴォールトの存在を予感させ、心の準備をさせてくれているのだから。そのうえ、ファサードの全体が凱旋門と神殿正面の双方に対する関わりを結びつけようと試みている。なぜならば、中央のアーチの側面に、1個の〔大きな〕ペディメントが上に載った4本の付け柱が建っているからである。

ピエンツァ、ウルビーノ、そしてフィレンツェにおける宮殿群と都市計画

　アルベルティの影響は、シエーナ近くのピエンツァにおいて感じ取ることができる。ここは、人文主義者の教皇ピウス2世、すなわちアエネアス・シルウィウス〔エネーア・シルヴィオ・バルトロメーオ〕・ピッコローミニ〔1405-64年、在位1458-64年〕の肝入りで、1460年以降に、ルネサンスの最初の理想都市として建てられたのである。この魅力的な町では、今日でも15世紀の姿が何ら手を加えられずに残されているが、大聖堂、司教の宮殿、ピッコローミニの宮殿、そして町政庁舎が含まれた広場がその中心をなしており、これらの建物はすべて、ピウスの監督のもとに、フィレンツェの建築家ベルナルド・ロッセッリーノ（1409-64年）によって建てられたのであった。この広場は、注意深く練られた光学遠近法でつくられているが、要するに、大聖堂を囲んで建つ宮殿群が、舞台の袖のように、斜角をなして配置されているのである。ピッコローミニ宮殿は、アルベルティのルチェッライ宮殿に直接的に鼓舞されているが、新しい3つの層からなる庭園側のファサードを誇示しており、このファサードは、ピウスが田園風景を楽しむことができるように、わざわざ特別につくられた、開放的な3層をなす柱廊からなっている。これは、敷地と〔建物の〕配置が、そこから眺める景色によって決められてきた〔小〕プリニウスの別荘（本書98頁）以降、最初の建物のうちのひとつにちがいない。

　ピエンツァは、理想的な町の広場を示した、1枚の美しい建築絵画のなかで思い起こされる。この絵画はしばしば、ピエロ・デッラ・フランチェスカ〔1420年頃-92年〕に帰される。こ

第6章 ルネサンスの調和

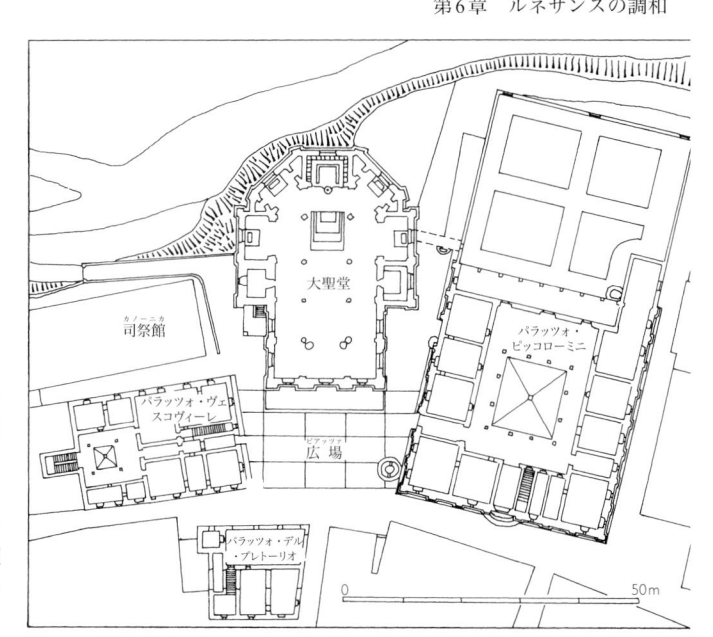

310 広場の平面図、ピエンツァ、ロッセッリーノによる（1460年着工）

311 広場、ピエンツァ、ロッセッリーノによる、大聖堂とパラッツォ・ピッコローミニを見る

れは、ウルビーノの国立美術館に保存されており、ウルビーノ公のフェデリーコ・ダ・モンテフェルトロ〔1422-82年〕のために描かれたにちがいない。彼は、自らの小さな公国の首都を、イタリアにおけるもっとも美しいルネサンスの町々のなかのひとつに、さらにはヨーロッパにおいてもっとも文明化した宮廷のひとつに、変貌させた当の人物である。彼は、1455年と1480年のあいだに行なわれた、パラッツォ・ドゥカーレ〔公国の君主の宮殿〕の建設に専

307

312 ピエトロ・デッラ・フランチェスカの仲間：「理想都市（サークル）」、国立絵画館、ウルビーノ、(15世紀)

313 パラッツォ・ドゥカーレの外観、ウルビーノ、ラウラーナによる (1464年頃)

心したが、この宮殿は、「軍事アカデミーと古典研究機関の奇妙な組み合わせ」として記述されてきたのであった。これは、ピエロ・デッラ・フランチェスカから、ウルビーノで1483年に生まれたラファエッロに到る画家たちの系譜をも見いだすことが可能な、空間構成に対するある感情を明示している。この特質は、パラッツォ・ドゥカーレの広大なアーチ列のある中庭に、もっとも顕著に現われている。これは、ダルマティア〔クロアティアのアドリア海沿岸地方〕人の建築家ルチアーノ・ラウラーナ (1420年頃-79年) によって1464年頃に、確かにそのほとんどが設計されたのであった。ラウラーナは、明らかに、ブルネッレスキの捨て子養育院と、ミケロッツォ・ディ・バルトロンメオ (1396-1472年) によって設計されたメディチ家の宮殿 (1444-59年) のような、フィレンツェの宮殿建築を学んでいた。もっともラウラーナは、L字型の角度をなす支柱群（ピア）を採択することによって、隅部を巡るアーチ列を、ミケロッ

ツォよりも巧妙に廻らすことができたのであった。中庭からは、記念碑的な階段、すなわちこの種のものとしては最初のもののひとつが、公国の君主の住戸(アパートメント)にある部屋群へと通じている。これらの部屋の扉(ドア)や窓のまわり枠、柱頭や暖炉には、繊細な古典的彫刻が見られる。半円筒形ヴォールトの架かった、アプスのある、豊かに装飾された、小さな新たな古代様式のカッペッラ・デル・ペルドーノ(許しの礼拝堂(フォギヴニス))において、さらには、これに隣接するテンピエット・デッレ・ムーゼ(ミューズィズ〔ムーサたち。文芸・音楽・舞踊・哲学・天文といった人間の知的活動を司る9女神のこと〕の神殿)において、モンテフェルトロ公は、キリスト教と教皇の双方の宗教に対して、自らの等しくある敬意を、明らかに何ら矛盾することなく、公けにしたのであった。2階にあるこれらの部屋の向こうには、彼の精妙なつくりのストゥーディオ(書斎)があり、ここには古典の、およびキリスト教徒の哲学者や詩人たちの挿入画が並べて飾られており、ここに彼は自分のもっとも珍しい写本の数々を保管していたのである。このストゥーディオは、魅力的な戸外の開廊(ロッジア)へと通じており、この開廊は周りの田園の最高の景色をもぎ取るべく配置されたのであった。ここでは、古典の学識に対する愛が遂には、新しい自然に対する愛に道を譲ったのであった。

　フィレンツェのミケロッツォの手になるパラッツォ・メディチは、修道院の回廊(クロイスター)の世俗的な焼き直し(ヴァージョン)〔翻案〕である、その優雅な中庭のゆえのみならず、そのファサードと全体

314　パラッツォ・メディチ゠リッカルディの外観、フィレンツェ、ミケロッツォ（1444-59年）

315　カッペッラ・デル・ペルドーノ〔許しの礼拝堂〕内部、パラッツォ・ドゥカーレ、ウルビーノ、ラウラーナによる

の建築配置のゆえにも、影響を及ぼしたのである。1396年にフィレンツェで卑しい身分の子として生まれたミケロッツォは、1444年の記念碑的な新しい〔この〕宮殿に対する名声のある依頼を、コジモ・デ・メディチ〔1389-1464年〕から勝ち取る前は、ギベルティやドナテッロとともに働いていた。この重々しい建物は、〔フィレンツェという〕町の一画を堂々と占め、対称性と均衡を新たに強調した設計がなされ、その重々しいルスティカ仕上げ〔粗々しいつくり〕の塊りをもって、外界に対して力強い外観を呈示したのである。このルスティカ仕上げこそは、〔やがて〕フィレンツェの宮殿群におけるステイタス・シンボル〔特に高い社会的地位を象徴するもの〕になってゆくのであった。この建物全体の頂きにある、巨大な古典様式の、10フィート（3m）の高さはあろうかと思われる水平装飾帯を含む、新しい特徴の数々は、パラッツォ・ピッティ（1548年着工）や、ともに1490年頃にジュリアーノ・ダ・サンガッロ（1443-1516年）によって設計された、パラッツォ・ストロッツィとパラッツォ・ゴンディのような建物に、力強い影響力を発揮したのであった。

フィラレーテとレオナルド

ミラノにおいては、ミケロッツォ、フィラレーテ、レオナルド・ダ・ヴィンチ〔1452-1519年〕、そしてブラマンテ全員が、彼らの偉大なる庇護者、ミラノのスフォルツァ公国の君主たちのために働いた。アントーニオ・アヴェルリーノ（1400年頃-69年）、すなわちギリシャ語で「徳を愛する者」という意味の「フィラレーテ」として知られたフィレンツェの彫刻家は、ミラノのオスペダーレ・マッジョーレ〔「大きな病院」の意〕（1460年頃-5年）を設計したが、ここには、〔2つの〕十字形をなす、病棟によって限られる8つの正方形の中庭と、集中式平面の教会堂のある中央の矩形の〔大きな〕中庭がひとつあった。最初の近代的病院であるこの建物はまた、あらゆる種類の公共建築群に相当の影響を与えることになった、広範なクロス＝イン＝スクエア〔正方形のなかの十字形〕の中庭という平面計画のもっとも早い実例でもあった。この建物はトスカーナ地方の秩序立てられたルネサンス精神をミラノにもたらしたものの、ミラノの、サンテウストルジョのなかのポルティナーリ礼拝堂（1460年頃）のように、典型的な豊潤な装飾と、隅の高い塔群を備えたかたちで設計されたのであった。ちなみに、この礼拝堂は、しばしばミケロッツォに帰せられている。

フィラレーテは1455年頃-60年に、『建築論考（*Trattato d'architettura*）』〔トラッタート・ダルキテットゥーラ〕を記述した。このなかでフィラレーテは、ミラノの公国の君主たちにちなんで、スフォルツィンダと名付けられた理想都市を提案した。フィラレーテの著作には、空想的なおとぎ話のような特質があり、そのため、たとえばスフォルツィンダは、根元には売春宿、頂上には天文台といったような、「悪徳」と「美徳」からなる10階建ての塔を誇示することになるのである。しかしながら、放射線状の通りをもつスフォルツィンダの星型の平面は、スフォルツィンダをして、最初の完璧に左右対称に設計された都市に仕立てたのであった。この力強く〔中心化された〕一点集中の概念は、大きな規模で物事を考えるフィラレーテの能力を

第6章　ルネサンスの調和

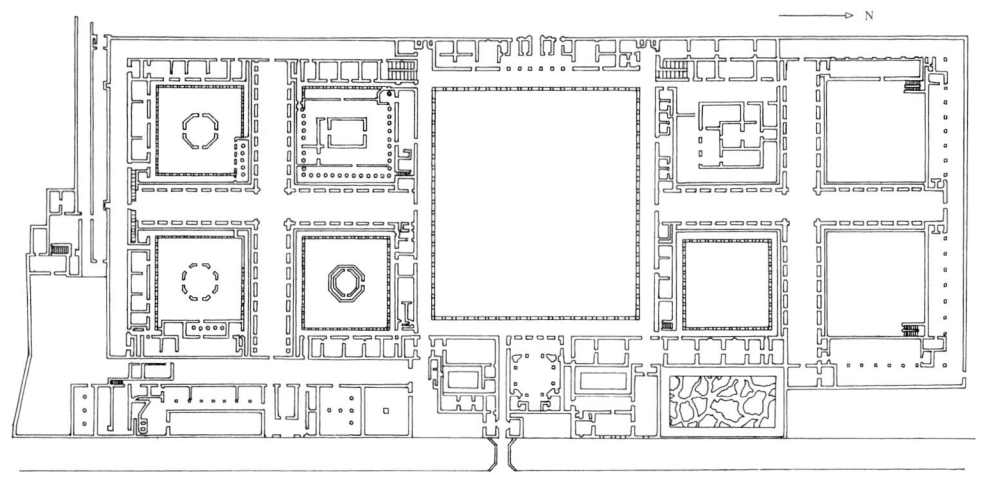

316　オスペダーレ・マッジョーレの平面図、ミラノ、フィラレーテによる（1460年頃-6年〔原文のママ〕）

明らかにしており、さらにまた、ニッコロ・マキアヴェッリ（1469-1527年）にも比肩するものである。マキアヴェッリの著作『君主論』は、国家を、人間の意志を讃美する1個の芸術品とみなしたからである。

　集中式平面計画に対するフィラレーテの関心は、レオナルドとブラマンテの双方を燃え立たせたと思われる。レオナルドの、1490年頃-1519年の数多い建築図面には、都市計画図面のみならず、しばしば数多くのドームの架かった、集中式平面と長堂式双方の教会堂の計画案が含まれている。平面図、透視図、そして立面図に示されたこれらの計画案は、実質的に、この種のものの最初の建築図面であり、おそらくは、レオナルドの決して完成することのなかった『建築論考（Treatise on Architecture）』のために用意されたものであった。アルベルティ、フィラレーテ、そしてフランチェスコ・ディ・ジョルジ

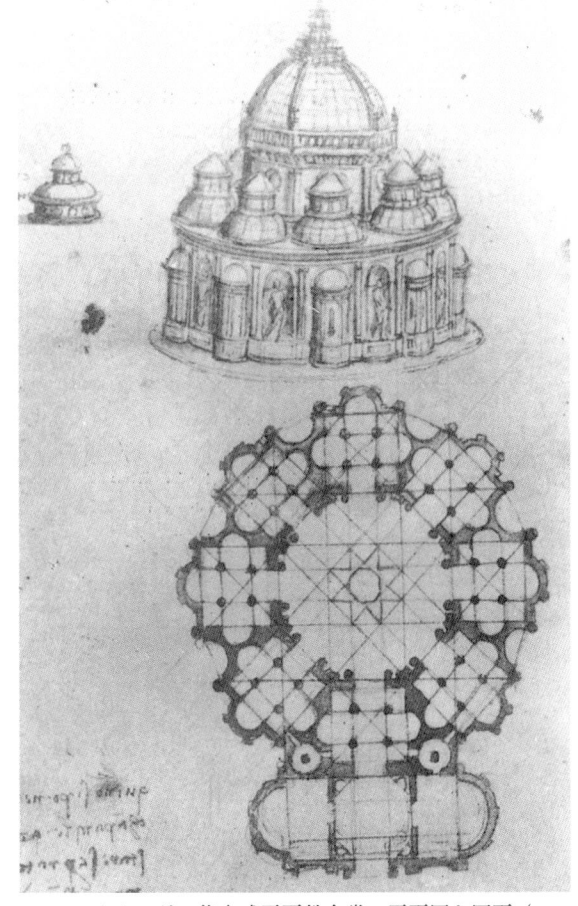

317　レオナルド：集中式平面教会堂の平面図と図面（1490年頃-1519年）。(Ms2037 5v. Codex Ashb.II　フランス学士院)

311

ョ〔・マルティーニ、1439-1501年〕といったような、レオナルドの同時代人たちの初期ルネサンスの理想群を想像上統合してみるならば、この驚くべき図面集成はまた、高期〔盛期〕ルネサンスの実作を予見しているのである。

高期〔盛期〕ルネサンス
ローマ：ブラマンテ

　レオナルドは決して何も建てなかったようである。それゆえ、設計から組み立てられた形への段階を踏みだし、かくして何世紀にもわたって西洋建築の流れに影響を与えたのは、まさしく彼の友人のドナート・ブラマンテ（1444-1514年）であった。ウルビーノの近くに生まれ、おそらくは、ピエロ・デッラ・フランチェスカとマンテーニャによって画家としての修業を積んだと思われるブラマンテは、1480年頃に、ルドヴィーコ・スフォルツァ〔イル・モーロ。1452-1508年〕によってミラノに呼ばれた。ブラマンテのロンバルディア地方における初期の作品群は、ウルビーノでのラウラーナとフランチェスコ・ディ・ジョルジョの、また、ブラマンテがミラノへ赴く途中に訪れたマントヴァでのアルベルティの、さらに、パヴィアにあるチェルトーザのファサードのようなロンバルディア地方でのロマネスク建築群の、そして、ミラノ自体での後期ローマ時代および初期キリスト教の記念碑建造物群の、それぞれの建築言語を、ひとつに統合したものであった。ブラマンテのもっとも初期の建築作品は、サンタ・マリア・プレッソ・サン・サーティロという9世紀の教会堂の、1478年における再建であり、これには、アルベルティの、マントヴァにおけるサンタンドレアの内部を真似た東端部が含まれている。この東端部は、色彩あざやかな遠近法の、幻想的な錯視効果をもった平坦な浮き彫りで建造されたものであり、実に、画家としてのブラマンテの訓練の賜物なのであった。元々の、サン・サーティロの初期キリスト教教会堂は――ブラマンテはこれを破壊したわけではなく、優雅に改築したのであったが――、円に内接する正方形といった、ギリシャ十字形の平面をしていた。かくしてこの教会堂は、ローマのサン・ピエトロに対するブラマンテの設計案の種子を含んでいたのである。元々のサン・サーティロの平面はまた、ブラマンテがサン・サーティロに付加した豊かに装飾された聖具室にもインスピレーションを与えた。ブラマンテのミラノでの次の作品は、スフォルツァ〔家〕の思い出に捧げる礼拝堂として、1493年に着工された、サンタ・マリア・デッレ・グラーツィエの壮麗なるドームの架かった内陣であり、これもまた、集中式平面ではあるが、今度は、マントヴァにあるアルベルティの手になるサン・セバスティアーノを真似ている。

　1499年のブラマンテのローマへの移動は、フランスのミラノ占領とスフォルツァ家の滅亡によるものであったが、ブラマンテの様式に深遠な影響を及ぼした。教皇たちは15世紀の前半にはローマを不在にすることが常態化しており、この都市は政治的な重要性をほとんどもってはいなかった。しかし、フィレンツェのロレンツォ・デ・メディチ〔1449-92年〕の

死、そして1490年代におけるミラノのルドヴィーコ・スフォルツァの没落の後は、ローマは文化的かつ政治的な影響力の中心地となり、ユリウス2世〔1443-1513年〕がローマ教皇として在職し並々ならぬ権勢を誇ったとき（1503-13年）、その影響力は絶頂を迎えたのであった。教皇庁の現世の権力を拡張していった多忙なる一指揮官〔ソルジャー〕としてのユリウス2世はまた、類い稀な眼識をもった庇護者でもあり、ブラマンテ、ミケランジェロ、そしてラファエッロを同時に雇用したのであった。15世紀末頃にはすでに、双方ともに未詳の建築家によって建てられた、パラッツォ・

318　サンタ・マリア・デッレ・グラーツィエ、ミラノ、ブラマンテによる内陣（1493年着工）を見る

ヴェネツィアとパラッツォ・デッラ・カンチェレリーア〔教皇庁尚書院〕という枢機卿たちのための2つの大きな宮殿は、アルベルティの様式をローマへともたらし、それを、際立ったローマ的記念碑性と重みをもって表現したのである。パラッツォ・ヴェネツィアの1460年代に建てられた未完の中庭の高貴な円柱列〔コロネード〕には、近くにあるマルケッルスの劇場もしくはコロッセウムのものに似た半円柱が付け柱となった支柱〔ピア〕が見られる。また、カンチェッレリーア（1485年頃着工）は、円柱列で囲まれた中庭、ルスティカ仕上げの付け柱のファサード、そしてルネサンスのローマではこの種のものとして最初の、ラテン語の碑文がある連続した〔ラニング〕フリーズ〔水平装飾帯〕といったようなアルベルティ的かつウルビーノ的主題〔テーマ〕の豪華な展開を見せつけている。

　ローマに到着したブラマンテは、ローマの古代〔建造物群〕を正確に計測した図面を作成し始めた。これらの図面は、ナポリの枢機卿の目に留まり、彼は1500年にブラマンテに、サンタ・マリア・デッラ・パーチェの新しい回廊の設計を請うた。パラッツォ・ヴェネツィアの中庭以来〔ともいうべき〕、このような綿密で新たな古代的性格をもった、ローマでの最初の仕事である、この回廊は〔しかし〕、重要性と影響力の点で、スペインのフランシスコ会修道院の、サン・ピエトロ・イン・モントーリオにブラマンテが建てたテンピエットによって凌駕された。テンピエットは、1502年に、スペインのフェルディナンドとイサベラに建設を依頼されたのだが、これは聖ペテロが磔にされたという伝説のあった、ローマのこの地点をはっきりと印づけるためのものであった。ブラマンテは——ローマでの日々以降最初に——、ドームの架かった周柱式の円堂を建てた。これは、ティヴォリにあり、さらにはローマのテー

313

319 パラッツォ・デッラ・カンチェッレリーアの中庭、ローマ、ブラマンテの仲間（サークル）による（1485年頃着工）

320 ブラマンテ：サン・ピエトロ・イン・モントーリオにあるテンピエット、ローマ（1502年）

ヴェレ河近くにあるいわゆるウェスタの神殿〔ティヴォリのものはシビュラの神殿と呼ばれることもある〕のやり方を真似た、円柱列（コロネード）によって完全に取り巻かれた、円形の神室（ケツラ）である。

ヴァティカン宮殿にある、異教のギリシャの哲学者たちや当時のカトリックの神学者たちを描いたラファエッロの絵画群（1509-11年）のように、テンピエットはキリスト教の理想と人文主義の理想とを調和させようとする試みである。というのも、テンピエットの小さな集中式平面形態は、教区教会堂として役立つためにではなく、神聖なる連想群をもってさまざまな場所を特徴づけるためにこそ、建立されてきた初期キリスト教の殉教者記念堂群（martyria〔これは、martyriumの複数形〕）を真似たものだからである。かくしてテンピエットは、例外的な芸術上の重大さの記念碑なのであり、一切の実際的な機能をもたないものの、深遠なるキリスト教の意義を担っているのである。このことを強調するために、周柱廊は正真正銘（ジェニュイン）の古代ローマのドリス式円柱群から構成されており、一方これらの円柱が支えているトリグリフの並んだフリーズのなかのメトープ群には、聖ペテロがもつ鍵の数々と、ミサの際の典礼用道具の数々が彫り刻まれているのである。これはまさしく、ウェスパシアヌス帝のテンプルム・パキスのフリーズに比肩しうるものである。ここでは生贄の道具が彫り刻まれており、それが16世紀においても現存していたことが知られている。そのうえ、円形をなす〔16本の〕列柱を備えた中庭（コート）の中心に位置するよう、ブラマンテによって〔当初〕意図されていた円形の建物というこの形態は、中世およびルネサンスの思想家たちにとっては親愛なる概念である、世界（ワールド）と神の実在（ディヴァイン・リアリティ）を表

314

第6章　ルネサンスの調和

現するものと見なされたのであった。パラーディオは、円形のパンテオンが「世界の形」〔イタリア語原語は la figura del mondo〕として有意義なものであると考えたが、それゆえに、テンピエットに対して、自らの『建築四書（*I Quattro Libri dell'Architettura*）』(1570年)の第四書の主題を形成する「古代の神殿群」のなかに、これを加えるという異例の讃辞をおくっていたのである。テンピエットなる建物はかくして、それ自体の世紀において、それ以降ずっとそのまま不変なものとしてある、という存在になったわけである。すなわち、建築における高期ルネサンスの業績全体を評価することができるような規範となったのである。

ブラマンテは、1512年頃に、今は破壊されていないパラッツォ・カプリーニの設計をもって、宮殿建築に対する似たような型式を呈示した。

321　ブラマンテ：ベルヴェデーレの中庭外観、ヴァティカン、ローマ（1505年着工）

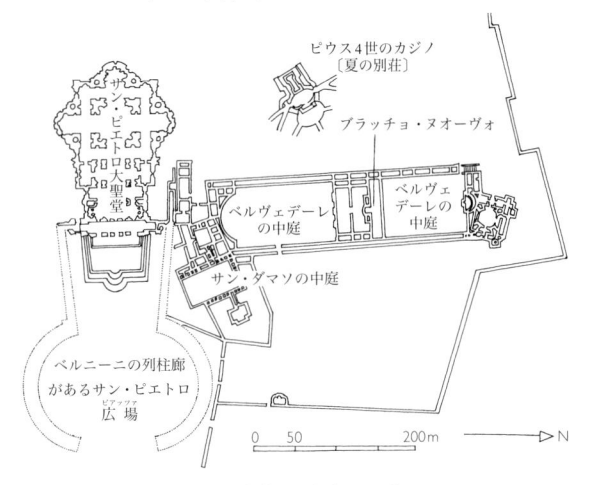

322　ベルヴェデーレの中庭の平面図、ヴァティカン、ローマ

これは、「ラファエッロの家」としてよりよく知られたものである。なぜならば、1517年に当の芸術家〔ラファエッロ〕によって購入されたからである。壁面の分節的表現には、威厳と堅牢さと深みとが、ローマ風の半円柱を上方の階に初めて適用したことによって与えられた。ブラマンテは、1505年に教皇ユリウスのために着工された、ヴァティカン宮殿のベルヴェデーレの中庭の側面をなす各立面に、この主題をずっと力強いかたちで展開した。決して完成することなく、現在はかなり変形してしまったものの、この「中庭」は、ヴァティカン宮殿とサン・ピエトロ自体を、新しいユリウス・カエサルとしての、すなわちインペラトールとポンティフェクス・マクシムス（*imperator* and *pontifex maximus*）〔皇帝と第一の司祭〕としての――彼が自らの戴冠の際にユリウスという名を採択したことには無駄ではないきちんとした理由があった――、自らの役割にふさわしい帝国の宮殿と教会堂を形づくるために再建するというユリウスの意図の本質的な部分であった。その統治のもとで、教皇領は何世紀にもわたる初めてのヨーロッパの権力となった。さらには、ローマは、後期古代以降初めて、ヨーロッパの芸術の中心となったのである。高台、開廊、彫刻の置かれた中庭、野外劇場、オレンジ

315

の木々と噴水のある、ブラマンテの手になるベルヴェデーレの中庭〈コート〉は、ネロの黄金宮、ティヴォリのハドリアヌスの別荘〔都市〕、そしてベルヴェデーレの中庭の形態を鼓舞した〔競馬・戦車競走の〕競技場を備えたパラティヌス〔パラティーノ〕の丘上の宮殿というような、ローマの丘に建っていた古代の皇帝の宮殿群を真似ようとした意識的な試みなのである。

ブラマンテからマデルノまでのサン・ピエトロ

ユリウスが1506年にブラマンテに委ねた旧サン・ピエトロ大聖堂の再建案は、途方もなく大胆不敵なものであった。われわれは、2つの主要な資料から、ブラマンテの計画〈スキーム〉を再現することができる。そのひとつは、1506年に鋳造されたメダルに描かれた絵〈イメージ〉であり、もうひとつは、平面図の一部を示している、彼が手にかざした一枚の図面である。サン・ピエトロは、とりわけハギア・ソフィアが当時すでにモスクになっていたがゆえに、キリスト教世界のなかで最大の教会堂ではあったものの、本質的には、使徒たちの第一人者たる人物〔ペテロ〕の墓のための殉教者記念堂（martyrium）であることに変わりはなかった。かくしてブラマンテは、自ら設計したあのテンピエットのように、集中式平面の建物を用意したのであった。とはいえ、今はこの建物は超人間的な域にまで達した規模に拡大されたのであった。それは基本的にはギリシャ十字形であり、十字の腕のそれぞれはアプスで限られ、十字が交差する部分の上方には、列柱で囲まれた円胴〈ドラム〉に載る巨大なパンテオン級のドームを備えていたのである。交差部の〔4つの〕曲がり角〔隅部、脇〕〈コーナー〉にはこれより小さなドームが載り、主ファサードには高い鐘塔群〈カンパニーリ〉〔計4つ〕が建つものであった。これはすべて、1500年あたりのミラノにおける、レオナルドとフィラレーテの計画案を真似ている。しかしながら、〔そのすぐ後の案では〕平面は、4つの曲がり角〈コーナー〉の礼拝堂が、副次的なギリシャ十字形に変わることによって、一層複雑なものとなり、それゆえに、中央のドームの架かった空間をめぐる四角い周歩廊がつくり上げられたのである。1514年のブラマンテの死去の際には、この計画の実現されていた部分は、巨大な交差部の支柱群〈ピア〉の低層部分と、これらの支柱群〈ピア〉と繋がり、ドームを支える、格間で飾られたアーチ群の設置であった。サン・ピエトロの現在のドームは、ブラマンテによるこの教会堂の他の部分のデザインは拒否されたものの、なおも、これらのブラマンテの支柱群〈ピア〉と交差部アーチ群の上に載っているのである。ブラマンテの作品に見られる重々しい立体感表現法〈モデリング〉は、古代以降比類のないスケールを誇っていた。面〈プレーン〉としての壁面という15世紀の概念を拒否することで彼は、ブルネッレスキがフィレンツェの、未完に終わった自らのサンタ・マリア・デッリ・アンジェリにおいてほのめかしたものへと、意気揚々と立ち返ったのである。すなわち、それは何かと言えば、煉瓦仕上げをされたコンクリートからつくりだされた、ローマの公共浴場の彫りの深い壁面なのである。

ブラマンテによるひたむきな〈シングル・マインデッド〉〔一致団結したような〕ギリシャ十字形平面がつくりだしたと思われる瞠目すべき効果は、彼の設計〈デザイン〉に密接な刺激を受けた〈インスパイアド〉、多くの非常に愛らしい教会堂群において認めることができる。とりわけ、コーラ・ダ・カプラローラ〔1518年歿〕によって

316

1508年に着工された、ウンブリア地方トーディのサンタ・マリア・デッラ・コンソラツィオーネ、そしてアントーニオ・ダ・サンガッロ年長〔イル・ヴェッキオ〕(1455-1534年)による、トスカーナ地方モンテプルチャーノのサン・ビアージョ(1518-45年)が重要である。双方ともに、意義深いことに、実用的な教区教会堂としてではなく、巡礼用の美しい祀堂もしくは場所として、設計されたのであった。これらの教会堂は、その補足物として設計されたことが明らかな、愛らしい田園風景が見渡せる、広々とした丘陵の斜面上に建っているのである。集中式すなわちギリシャ十字形の教会堂が、バシリカ〔長堂〕式すなわちラテン十字形の教会堂に比して、大きな〔礼拝のための〕会衆を受け入れるには不十分であるがゆ

323 サンタ・マリア・デッラ・コンソラツィオーネの外観、トーディ、カプラローラによる(1508年着工)

えに、ブラマンテの死後、身廊を付け加えることで、ブラマンテによるサン・ピエトロの設計案を変更することが建議された。ラファエッロとペルッツィによる提案を含んだ、これらの計画案のうち、もっとも野心的なもののひとつは、アントーニオ・ダ・サンガッロ年若〔イル・ジョーヴァネ〕(1485-1546年)による設計案に基づいて、1540年代につくられた木製の模型に見ることができる。しかしながら、サンガッロの数多い階は、小さなスケールで各種のオーダーをもって繰り返し飾り立てられているため、ロンドンのヴィクトリア・アンド・アルバート美術館に対するジェフリー・スコット〔1883-1929年〕による批評を思い起こさせるのである。すなわち、「われわれはこの建物が大きなものであると認識はするが、それは大きさという感情ではなく、小ささが多数重なったものにすぎないという感情をもたらすのである」と。

　おそらくは、ブラマンテの英雄的スケールで建築を考えることのできた唯一の建築家は、ミケランジェロであっただろう。彼は、1546年に、〔サン・ピエトロ大聖堂造営の〕建築家とし

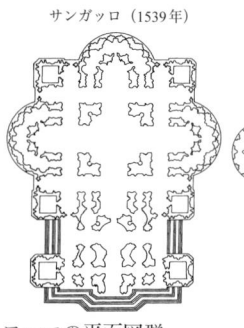

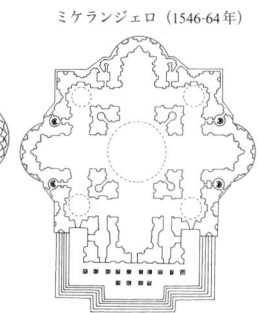

| ブラマンテ（1506年） | ブラマンテとペルッツィ（1513年以前） | サンガッロ（1539年） | ミケランジェロ（1546-64年） |

324　サン・ピエトロ、ローマの平面図群

て、アントーニオ・ダ・サンガッロのあとを継いだ。1564年のその死去のときまでに、ミケランジェロは、ブラマンテの手になる集中式平面を変形した翻案（ヴァージョン）にのっとって、サン・ピエトロの大半を完成へと導いた。彼の仕事には、やがてわれわれはそれを記述することになるのだが、ドームの起拱点までの円胴（ドラム）の建造が含まれるが、ミケランジェロは、ドームを高くそびえる少しだけ先細の輪郭をもったかたちで実施することを提案したのであった。この提案は、1580年代に、ジャーコモ・デッラ・ポルタ〔1537-1602年〕とドメーニコ・フォンターナ〔1543-1607年〕によって実施された。その一方、長い身廊と西正面〔ワトキンはこう書くが、サン・ピエトロの場合は東正面が正しい〕が、結局はラテン十字形の平面の勝利というかたちで、17世紀の前半に、カルロ・マデルナ〔1556-1629年〕によって付け加えられたのである（図354）。

ラファエッロ、ペルッツィ、そしてアントーニオ・ダ・サンガッロ年若（ザ・ヤンガー）

　ミケランジェロが、ブラマンテによるサン・ピエトロのための計画案がもつ、超人間的な特質の継承者であるとすれば、ラファエッロ（ラッファエッロ・サンツィオ、1483-1520年）は、ウンブリア地方で画家として修業を積み、ブラマンテのごく初期の作品がもつ、甘美な古典的調和に対応していた。われわれは、このことを、ヴァティカン宮殿内の署名の間（スタンツェ）にある『アテナイの学堂（*The School of Athens*）』のような絵画群のなかに見ることができる。1518年頃着工された、フィレンツェにあるラファエッロのパラッツォ・パンドルフィーニは、パラッツォ・ストロッツィによって表現されたような、フィレンツェ型（タイプ）の宮殿形式と、ブラマンテの「ラファエッロの家」のローマ型（タイプ）の宮殿形式を優雅に混合したものである。形態上、この建物は、1軒のパラッツォと1軒のヴィッラとを交配したような存在（サムシング）である。というのも建設された際、それは、町の郊外に建っていたからである。1515年にラファエッロは、メディチ家出身の教皇レオ10世〔1475-1521年、在位1513-21年〕によって、ローマの古代遺跡監督官に使命された。ヴィッラ・マダーマは、ラファエッロが将来の教皇クレメンス7世〔1478-1534年、在位1523-34年〕の、ジューリオ・デ・メディチ枢機卿のために、1516年頃、ローマ近郊に建設し始めたものであるが、古代に対する、この新鮮な関心のうねりを反映している。このことは、庭園の開廊（ロッジア）に見られる格別な輝きによって示されている。この開廊は、ラファエッロとその弟子たちが、ネロ帝の黄金宮やいわゆるティトゥス帝の公共浴場の、最近発見されたヴ

第6章　ルネサンスの調和

325　ヴィッラ・マダーマの庭園側開廊(ロッジア)の内部、ローマ、ラファエッロによる（1516年頃着工）

ォールト群を模倣して、豪華な光り輝く様で彩色されたストゥッコ仕上げで飾り立てたものであった。開廊のアプス付きの平面や、中央の円形状の中庭は、半分しか出来上がらなかったものの、浴場の整然とした平面計画に由来している。もっとも、このさまざまに異なった高さという山腹に建つヴィッラの複雑な配置は、ティヴォリのハドリアヌス帝のヴィッラのような、絵のごとき一群のローマのヴィッラに対応しているのではあるが。このヴィッラ・マダーマには、段状をなす庭園(テラスト)、競技場、そして野外劇場といった、いちどきに目の当たりにするができないような、ひと続きの要素群が含まれていたのであった。

　決して非論理的なわけではないものの、オーダーが通常とは違ったかたちで、1階平面に移されている宮殿が、パラッツォ・マッシーミ・アッレ・コロンネである。これは、シエーナ生まれの建築家バルダッサーレ・ペルッツィ（1481-1536年）による設計を基に、1532年にピエトロおよびアンジェロのマッシーミ兄弟のために建てられたものである。実際に、対照的な平面をした2つの隣接する宮殿を不整形な敷地に、器用に工夫して〔一体化させて〕建てたのであった。とりわけ野心的なのは、東側の敷地に建つ、ピエトロ・マッシーミの宮殿(パラッツォ)である。この宮殿のルスティカ仕上げされたファサードは、通りの線のゆるやかな曲線に沿っており、これは驚くべきほどに慣例に従わないやり方(タッチ)であり、イン・アンティス型 (*in antis*)〔古代の神殿平面形式の壁端柱のあいだに2本の円柱を置く〕の、影のように淡い存在感の入口玄関(ポーチ)

319

326 パラッツォ・マッシーミの外観、ローマ、ペルッツィによる（1532年）

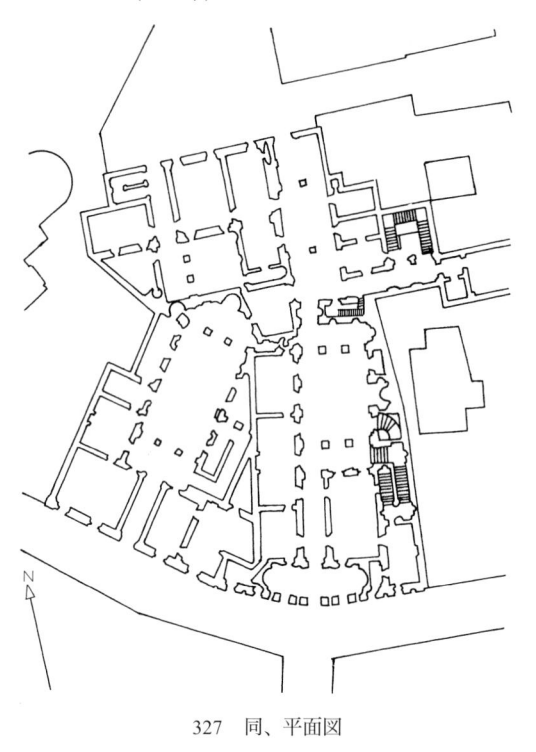

327 同、平面図

が置かれている。この柱廊玄関(ポルティコ)にかかっている石の梁は、こうした古代の実践法のもっとも初期の復活と言えるかもしれない。玄関から、豊かに装飾された2階の開廊をもった列柱をなす中庭(アトリウム)が続いている。それぞれの宮殿の主要な中庭(コートヤード)は、新たな古代様式の中庭(アトリウム)として設計されたが、これはおそらくは、ファビウス・マクシムス〔Quintus Fabius Maximus Verrucosus　紀元前275-3年。ローマの将軍〕の家系を主張するマッシーミ家が、想像上にせよ古代ローマに起源をもつことを暗に指しているのであろう。紀元前3世紀にファビウス・マクシムスは5度執政官(コンスル)を務めたが、これは、共和政ローマにおいてもっとも重要な役割のひとつであった。

きめの細かさ、多様さ、そして巧妙さが、この唯一無二の古典的な傑作の基調をなしている。そのことはペルッツィのローマでの最初の重要な作品である、ヴィッラ・ファルネジーナ（1509-11年）においても同様であった。これは、パラッツォ・マッシーミと同様に、寸分たがわぬ造形をなしたまったくの模倣者を、ただのひとりも生みだすことはなかった。その2つの広々とした1階部分の開廊(ロッジア)のゆえに、また、ペルッツィ自身の、遠近法による幻想的な建築絵画のもっとも見事なルネサンスの例のひとつを含んだこの建物の、ラファエッロおよび彼の弟子たちの手になる、絶妙の技量をもって描かれたフレスコ画のある内部空間のゆえに、このヴィッラ・ファルネジーナは、小プリニウスによって古代に記述されたタイプのヴィッラ・スブルバーナ(villa suburbana)〔「郊外の別荘」の意〕を再びつくりだそうという初期の試みなのである（本書98頁）。

ローマのルネサンス時代の宮殿としてもっとも有名な、パラッツォ・ファルネーゼは、ペルッツィのヴィッラ・ファルネジーナ竣工後ほどない1517年に、アントーニオ・ダ・サンガ

第6章　ルネサンスの調和

328　ヴィッラ・ファルネジーナの外観、ローマ、ペルッツィによる（1509-11年）

329　パラッツォ・ファルネーゼの外観、ローマ、サンガッロによる（1517年着工）

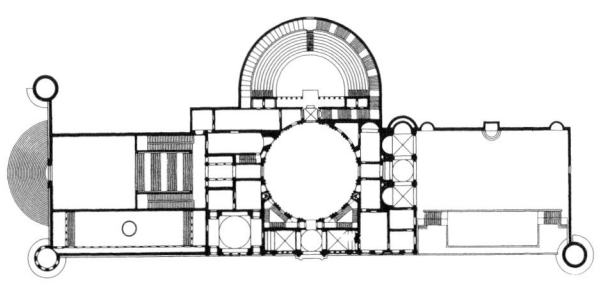

330　ヴィッラ・マダーマの平面図、ローマ

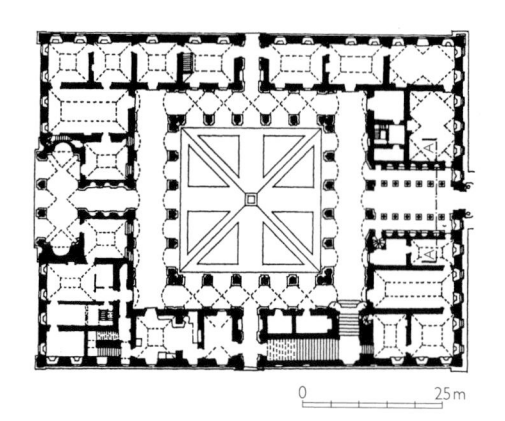

331　パラッツォ・ファルネーゼの平面図、ローマ

ッロ年若〔イル・ジョーヴァネ〕による設計を基にして建てられることになった。ヴィラ・ファルネジーナはシエーナ出身の銀行家兼収集家の、アゴスティーノ・キージ〔1466-1520年〕のために建てられたが、パラッツォ・ファルネーゼは、300人を越える従者に囲まれた、ローマでもっとも権力をもった人々のうちのひとりである、アレッサンドロ・ファルネーゼ枢機卿の地所であった。1534年にパウロ〔パウルス〕3世〔1468-1549年、在位1534-49年。クレメンス7世同様、ヘンリー8世を破門したことで有名〕として教皇に選出された際に彼は、自らの新しい地位の大きさに見合うよう、この宮殿の全体をサンガッロの手によって改築しようという意図をもっていた。その切り立った崖のような立面は、ほぼ100フィート（30m）の高さがあり、その堂々とした半円筒形のヴォールトの架かった列柱形式の入口トンネル、コロッセウムやマルケッルスの劇場に見られるような、上下に重ねられたアーチ列で明確にめりはりを付けた中庭が、この宮殿を設計した当の建築家がこの一度だけは特別に、すでに故人となっていたブラマンテ、そして〔天才〕ミケランジェロならではの古代風の雄々しい壮大さを真似ることができたことを示してくれている。実際のところ、頂上を飾る巨大なコーニスと中庭側の力強く改築された第2層の部分は、1540年代にミケランジェロによって付け加えられたのであった。

マントヴァでの逸脱：ジューリオ・ロマーノ

ラファエッロ、ペルッツィ、そしてアントーニオ・ダ・サンガッロ年若のあと、宮殿と別荘建築を扱った主要な他の建築家と言えば、ジューリオ・ロマーノ（1499年頃-1546年）であった。彼は、その名が暗示しているごとく、生粋のローマ人であり、実際のところ、幾世紀にもわたる、この都会に生まれた芸術家のなかの、最初の主導的な存在であった。その名状しがたい名人技の建築手法は、目利きたちが集う、外界に無関心な小さなサークル内での新たな古代風の学識と洗練とを自意識強く追求する姿勢を映しだしている。ジューリオの主要な庇護者は、第2代マントヴァ公のフェデリーゴ・ゴンザーガ（1500-40年）であった。彼はジューリオを1524年に自らの宮廷に招喚した。そこでジューリオは、ラファエッロの主要な助手としてローマで獲得した地位に見合った、比類なき寛大さをもって遇されたのである。有名な馬の飼育場をもっていた、マントヴァ郊外に、フェデリーゴ・ゴンザーガ公は、居住のためにではなく、気晴らしと元気回復と娯楽のために、古代のウィッラ・スブルバーナ（*villa suburbana*）を再生することを決めたのだった。1525-34年に、ジューリオの設計を基に建てられた、このパラッツォ・デル・テは、ジューリオが雇用されていた際の装飾であった、ヴィ

第6章　ルネサンスの調和

ッラ・マダーマですでに試みられていた古典様式を再現しようという、ひとつの実験的行為であった。古代におけるローマの別荘のように、パラッツォ・デル・テはひとつの〔正方形の〕四角い中庭を取り囲む4つの低層の棟群からなっているが、高期ルネサンスの調和からは離脱(ディパーチャー)しており、西側、東側〔庭園側〕、入口側〔北側〕の各正面の建築的処理はそれぞれ互いに大きく異なっている。さらに、〔東側の〕庭園側正面部分は、入口正面側〔北側〕の軸線と直角の軸線をもち、この入口正面は、対称形ですらない。中庭側では、互いに異なった表現をしたファサード群が隅の部分でぶつかり合い、近接(サイド・バイ・サイド)した、攻撃的

332　パラッツォ・デル・テの中庭、マントヴァ（1525-34年）、ジューリオ・ロマーノによる

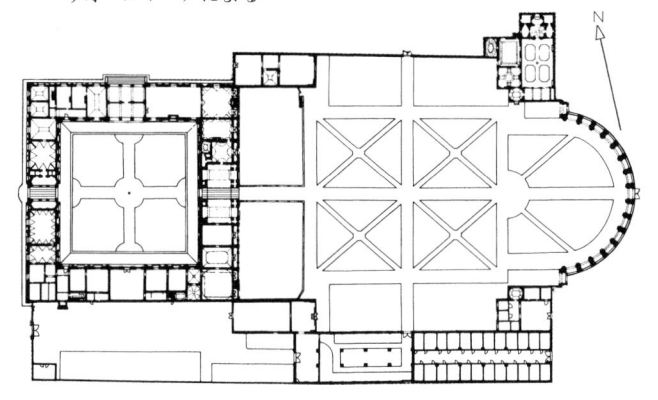

333　パラッツォ・デル・テの平面図、マントヴァ

なルスティカ仕上げの部分と、平坦な切り石積みとのさらなる衝突が見られる。その一方で、有名な、下方にずれたトリグリフと要石(かなめいし)の数々は、この建物がなおも、機能的な、あるいはより適切には美的な理由のために調整の途上にあることを示唆している。これは、唯美主義者の建築であり、この建物を理解し、設計の過程にも加わりさえするほどに生まれつき才能を備えた庇護者たちにおもねり、彼らを楽しませるよう考案されたものなのである。

　同じ生きいきとした芸術的効果が、ストゥッコ仕上げを施されたり、フレスコ画を描かれたりした内部を支配している。これらのものには、エロティックな主題(テーマ)を発展させたものや、あるいはだまし絵 (tromp l'oeil)〔トロンプ・ルイユ〕の装飾を特徴づけたものが見られる。たとえば、マントヴァ公のお気に入りの馬たちが無理な姿勢で立ちながらも、実際に優雅な溝彫りのある付け柱(ピラスター)の前にいるかのごとき様が描かれた「馬の間」〔サーラ・デイ・カヴァッリ〕、あるいはもっと見応えのあるのが、「巨人たちの間」〔サーラ・デイ・ジガンティ〕である。この部屋は、だまし絵で描かれた巨人たちの暴動にとっての背景としては好都合な隅部のある薄暗い部屋なのだが、この絵のなかではオリュンポス山に住む神々に背いた巨人族が、この絵を見る者をも呑み込んでしまうがごとき迫力で描かれた、崩壊する円柱群やころげ落ちてく

323

334　パラッツォ・ドゥカーレの中庭、マントヴァ、ジューリオ・ロマーノによる（1538-9年）

る岩や石の塊りの下敷きとなって今にも圧し潰されんばかりなのである。見る者はこの部屋を出ると、安堵して、庭園側正面の際立った半円筒形ヴォールトの架かった開廊（ロッジア）へと移ることになる。この開廊（ロッジア）は、整形式の庭園の景色を構成している、3つぞろいのアーチを支える、調和のとれた鈴なりのごとき円柱群によって、古典様式の優美さと秩序感を奏でているのである。庭園側正面は、光と影の織りなす先例のない壮観な様（スペクタクル）を形づくっているが、その理由は、庭園側が、いわゆるヴェネチアン・ウィンドウ型にアーチをひと続きに並べた広々とした仕切り壁（スクリーン）で正面を飾り立てているからである。これ〔ヴェネチアン・ウィンドウ〕は、3つの開口部〔窓〕からなり、中央のアーチが架かった開口部は、他の〔2つの〕側の開口部よりも幅が広くなっている。パラーディオによって多用されたが、これはまた、しばしばセルリアーナもしくはセルリオ風モチーフとしても知られている。なぜならば、これは最初、セルリオによってその『建築書』(1537年) のなかで図示されたからである。

　同様の手の込んだ表現は、マントヴァのゴンザーガ家用のパラッツォ・ドゥカーレ〔マントヴァ公（ドゥーカ）の宮殿〕において、1538-9年にジューリオ・ロマーノが建てた中庭部分に見いだされる。ここではスケールを逸脱した諸要素がひと続きをなすファサード群のなかで互いに衝突しあっているのである。これらのファサードは、旧（オールド）サン・ピエトロの主祭壇にあった円柱群に鼓舞されたものの、ここで初めて全面的に建築の外構に用いられた、螺旋状にねじれた付け柱

第6章　ルネサンスの調和

の円柱群によるダイナミックな動きを見せつけているのである。1540年代に、平坦な天井の身廊とコリント式の円柱列をもって、マントヴァの大聖堂を改築した際、ジューリオは、旧サン・ピエトロの古風な初期キリスト教的源泉を思い起こすことを選んだ。しかしながら、そのマントヴァの自邸、すなわちこの町における自らの高い地位を反映する堂々としたパラッツォでは、彼は、パラッツォ・デル・テの気紛れに立ち返って

335　ジューリオ・ロマーノ自邸、マントヴァ（1538-44年）

いる。この自邸は、ブラマンテによる、「ラファエッロの家」の一種のパロディとして解釈されてきた。胴蛇腹のような細部に典型的に表わされている貴重な特質が注目されるのである。すなわち、胴蛇腹のうちのひとつが、1階部分の窓の上の〔角張ったアーチの〕迫石の背後に隠れているかと思えば、別のひとつは、主要な入口の上方にあるペディメントを形づくるために、当意即妙に上方に折り曲げられているのである。この種の自由な発想は、ミケランジェロやヴァザーリやアンマナーティ〔アンマンナーティ、1511-92年〕の作品、さらにはジューリオ・ロマーノの作品にも見いだすことのできる、マニエリスムとして今はしばしば知られるところの様式の一部を形づくっているのである。その複雑な表面の肉付け〔立体感表現法〕、曖昧なリズム感、そして古典モチーフの歪曲〔原文ではディソーションとなっている〕は、精神的な不安の徴候として解釈され続けてきたが、たぶんより正確には、高期ルネサンスの平静さに対する反逆として、内面的な芸術用語で説明すべきものではないだろうか。

ミケランジェロ

　ジューリオ・ロマーノの建築は、その大半が、しゃれた個人ゲームのままに留まった。しかし、ミケランジェロの放った野放図さは、ずっとのちになって、ベルニーニやボッロミーニの手によって、われわれがバロックとして知る新しい、古典建築の様式へと発展した。ミケランジェロ・ブオナッローティ（1475-1564年）は、常に、自らを何よりも彫刻家と見なしていたが、この事実は彼の建築についてもすでにわれわれに、多くのことを語っている。フィレンツェで画家として修業を積んだミケランジェロは、その才能をロレンツォ・デ・メディチ（イル・マニーフィコ〔豪華王〕）に見いだされ、その刺激的な一家のなかで、ミケランジェロは1489年頃から1492年〔イル・マニーフィコの歿年〕までを過ごした。ミケランジェロの最初の大きな仕事の依頼は、1505年に、40もの大理石の人物像を伴った〔教皇〕ユリウス2世のための巨大な墓廟の制作であった。しかし、この教皇は、自らの関心を、ブラマンテの

325

手になるサン・ピエトロの方に移していたために、気の進まないミケランジェロに、墓廟の代わりにシスティーナ礼拝堂の天井画を描くことを強制したのである。ミケランジェロが子供の頃から知っていた、ロレンツォ・デ・メディチの年若の息子レオ10世〔在位〕1513-21年）と、クレメンス7世〔在位〕1523-34年）という、2人のメディチ家出身の教皇の統治のあいだ、ミケランジェロは、フィレンツェのメディチ家の家族教会堂である、ブルネッレスキの手になったサン・ロレンツォで仕事を行なった。彫刻で飾り立てられた、優雅な線条的枠組のかたちをした、この教会堂のファサード用の、1517年のミケランジェロによる計画案は、決して実施されることはなかった。しかし、彼の手になる新しい聖具室すなわちメディチ家礼拝堂は、この同じ教会堂のなかで1519-34年に建てられた。この内部空間の新奇さは、芸術家兼美術史家であったジョルジョ・ヴァザーリによってこの上なく見事に記述されている。ヴァザーリは、1525年に、ひとりの弟子の身分で、この計画案〔の実施〕に際しミケランジェロと協働したのであった。

> すると彼〔ミケランジェロ〕は、フィリッポ・ブルネッレスキが建てた旧聖具室を模倣してそれ〔新聖具室〕をつくろうとしたのだが、〔ブルネッレスキのものとは〕違う種類の装飾を加えることで、彼は、古代であろうが現代であろうが、いかなる時代の他の工匠がかつてなしえた以上の、多様で独創的な手法をもって構成された装飾をつくり上げたのである。というのも、彼は、美しい軒蛇腹や柱頭、基部、戸口、聖龕〔聖像・聖体を収めるための、天蓋付き壁龕〕、そして墓廟を一新し、この聖具室を、他の人々が通常のやり方に則り、ウィトルウィウスや古代のものに従って行なってきた、寸法やオーダーや規範——ミケランジェロはこうしたものには頼るつもりはなかった——によって統制された仕事のやり方とはまったく違った風に、つくり上げたからである。……それゆえ、職人たちはミケランジェロに常に限りなく恩義を感じることになったのである。なぜならば、ミケランジェロこそが、自分たちが絶えず従ってきた慣例という束縛と鎖を絶ち切ってくれたからである。

下方の戸口に重くのしかかった聖龕の特異な意匠、表わされるはずの古典モチーフ群の予想外の省略、そして重ね合わさった面群の線条的な組み立て方、これらすべてが、機能的な円柱群で明確に分節化〔表現〕されるはずの壁がもつ安定感を、1個の線条的な抽象彫刻のなかへ溶かし込もうとしているのである。そのうえ、ヴァザーリ自身が説明しているように、「やがて彼〔ミケランジェロ〕は、サン・ロレンツォの図書館で自らの方法を一層明確に示したのであった。……まさにここで彼は、他の人々の尋常な用法から大いに離脱していったため、みなが驚嘆したのであった」。この図書館の入口玄関は、1524年に着工されたものの、床面スペースの半分を埋めている見慣れぬ階段は、アンマナーティの監督下での1550年代まで、実施されることはなかった。アンマナーティは、1550年にローマからミケランジェロに

よって送られた粘土模型に基づいてこの階段の意匠(デザイン)を行なったのである。ここを訪れる者は、不気味な、何も入っていない窓のあるこの部屋の過度の高さにちぢこまり、さらには、徐々に固まってゆく溶岩のように下方へと流れてゆく、昇ることを促すよりもむしろ妨げているように見える階段に、行く手を阻まれるのである。降りるごとに拡がってゆく、中央の階段の凸面状の踏み面(づら)の数々は、両端で外に向かって反り返って、目に見えない内圧群(ストレイング)によるものと思える小さな球状の塊りを形づくっている。その一方で、この階段の両脇にある2つのまっすぐに延びた階段は、保護用の手摺りがなく、新たな危険を感じさせる。〔階段を取り囲む〕周りの壁面は、その低層では大きな無装飾の部分が残され、スケールを逸脱した渦巻形持送りだけで強調されている。これらの持送りは、支持する部材(メンバー)として機能するのが通常なのだが、ここでは下方に向かってぶら下がり、それ自体の重さのほかには何も支えていないのである。おのおのの持送りの真上には、対になった円柱が壁面のへこんだ場所に異常なかたちで埋め込まれることで、何の荷重も支えていないように見えるといった、とても真っ当と

336　ミケランジェロ：メディチ家礼拝堂の内部、フィレンツェ（1519-34年）

337　ラウレンツィアーナ図書館の玄関（1524年着工）と階段室（1550年代）、フィレンツェ、ミケランジェロによる

はいえぬ造りになっている。おそらくは、こうした事態があまりにも気を衒っているがために、これらの円柱が、このように重苦しい壁龕(ニッチ)のなかに抑え込まれているとしか見えないであろう。それはちょうど、まだ彫られてはいない石から姿を現わそうともがいている、ミケランジェロの彫刻した捕虜たち(キャプティヴズ)の彫像に類似しているのである。ミケランジェロは、自分自身を空想にふける天才(ロマンティック)として見た最初の芸術家たちのひとりであり、たとえば、自らのカトリック教徒としての深い敬虔さと抜き差しならない同性愛のあいだや、絵画と彫刻における

裸体に対する固執と反宗教改革の教会の裸体に対する敵意とのあいだの、痛々しい精神的葛藤で満ちみちた内面的生活をおくっていたのであった。

　彼はその人生の最後の30年をローマで過ごしたが、そこでの彼のもっとも重要な成果群(ワークス)は、カピトリウム宮殿群、奇矯な劇的効果をもったポルタ・ピア〔ピア門〕、サンタ・マリア・デッリ・アンジェリの教会堂、そして一切の報酬(サラリー)を受け取ることを拒否したサン・ピエトロの工事の続行であった。カピトリウムの丘上の、カンピドリオとして知られた台地は、中世をとおして、ローマの政治生活の中心地であり続けた。1538年以降の、教皇パウロ3世のための、カピトリウムの丘の、ミケランジェロによる改造は、あらゆるルネサンスの都市計画構想群(スキームズ)のなかでも、もっとも輝かしいものであった。それは、都市デザインにおける空虚(ヴォイズ)と充満(マッスィズ)の

338　サン・ピエトロ大聖堂、ローマ：ミケランジェロによる典礼用東端部（1549-58年）。ジャーコモ・デッラ・ポルタによるドームと頂塔(ランターン)を見る

空間処理に対して、さらには、宮殿群や別荘群の組織化に対して、以後の数世紀にわたって、広く影響力をもつことになったのである。乱雑に集まった中世の建物を目の当たりにしたミケランジェロは、〔この丘の上に〕5つの入口と3つの宮殿を備えた凝集した広場(ピアッツァ)を残した。東側に建つ中世のパラッツォ・デル・セナトーレ〔行政庁〕と、南側に建つ15世紀のパラッツォ・デイ・コンセルヴァトーリ〔管理局〕は、〔その主軸が〕互いに直角ではなく、〔内角で〕80度の角度をなして建っている。ミケランジェロが、この偶然性の強い方向付けを発案したのは、〔広場の〕中央に1段高い卵形をなす、象眼模様の舗石を敷き詰めた台形の広場をつくりだすためであった。この卵形は、建築のデザインにおいてはなおも新しい形ではあったが、バロックの計画においてきわめて重大な役割を果たすことになったのである。卵形の中心部の、ミケランジェロの設計による、なおも卵形につくられた台座の上には、ローマ皇帝マルクス・アウレリウスの騎馬像が立っている。これは、1538年に、ときの教皇〔パウロ3世〕によってカンピドリオに運ばれたのであった。この像の背後には、注意深く組織化された構成全体の絶頂の場として、改築されたパラッツォ・デル・セナトーレの前に、ミケランジェロの手に

第6章　ルネサンスの調和

339　ミケランジェロ：「巨大オーダー」が見える、カピトリウム丘の北側の宮殿、ローマ、1538年に設計された（1644-54年に、ジェローラモ・ライナルディとカルロ・ライナルディによって実施された）

なる、大きな〔左右で〕二重をなす傾斜路を形づくる階段が置かれている。これは、パラッツォのファサードに用いられた最初のタイプの階段であり、市民の儀式用の劇的な焦点として構想されたものなのである。

　この広場の〔南北〕両側に建つ〔2つの〕宮殿(パラッツォ)のデザインは、〔広場と〕同様に影響力を発揮した。「巨大オーダー(ジャイアント)」として知られるものが普及するように、コリント式の付け柱群(ピラスター)が2層をなす建物の高さいっぱいまでのぼり、これらの付け柱の後ろにある別の面をなす、副次的な1階部分では、〔もうひとつの小さな〕円柱群とエンタブレチャー群が整然と並んでいる。もう一度ミケランジェロは、平坦な壁面を、互いに連結し合ったり重ね合わさったりする面の数々が織りなす、複雑な格子組みのなかへ溶かし込んだのであった。

　われわれはすでに、サン・ピエトロにおけるミケランジェロの仕事について簡単に触れた。サン・ピエトロにおいて、1546年に主任建築家として指名されたあと、ミケランジェロは、ブラマンテの案により近い方を選んで、サンガッロの案を放棄した。しかしながら、彼は、ブラマンテの補足的なドーム群や鐘塔群(カンパニーリ)を復活させることはせず、その代わりに、外構をなす壁面を全体的に同じ高さまで揃え、さらに教会堂内部でドームを支える支柱群(ピア)のためにブラマンテによって考案された、重々しい一対のコリント式の付け柱群(ピラスター)を用いて、これらの壁面にメリハリを付け、明確な表現を試みたのである。ミケランジェロ自身が貢献したのは、これらの対をなすコリント式の付け柱とそれらの背後にある付け柱の細長い片〔すなわち、付け柱の上に重ねられた付け柱ということ〕が、これらの〔合体した〕柱と柱のあいだにある狭い空間に圧力を働かせているように見えるやり方そのものであり、この狭い空間では、奇異な風に置かれた小さな窓と壁龕(ニッチ)が、その存在を廃棄させられてしまう危険に陥っているかのようである。こうした動きのパターンが見せる垂直方向のダイナミクスは、バットレス〔控え壁〕とリブ〔肋骨〕からなる、そのゴシックに近いシステムからなる大きなドームへと、われわれの目を自然に向けさせるのである。

　ブラマンテのサン・ピエトロ〔大聖堂〕は、独断に満ちた自信家のユリウス2世によって、古代ローマの公共浴場よりも光り輝ける記念建造物として、構想されてきた。1561年の教皇ピウス4世〔1499-1565年、在位1559-65年〕からの、ミケランジェロに対する最後の依頼のうちのひとつは、ディオクレティアヌス帝の公共浴場の大ホールすなわち微温浴室(テピダリウム)(本書111頁を参照されたい〔ただし、ここではテピダリウムではなく、フリギダリウム〔冷浴室〕となっており、この方がより正しい〕)をサンタ・マリア・デッリ・アンジェリの教会堂へと改造(コンヴァート)することであった。この浴場に隣接する廃墟は、黙想にふける修道士たちの教団(オーダー)のなかでももっとも厳格な、カルトゥジオ会の修道院になる予定であった。ユリウスとピウスといった2人の教皇のあいだの、半世紀を超えた時の流れのなかで、〔カトリック〕教会は、1517年のヴィッテンベルクの大学附属教会堂の扉に、「免償状」に関する95箇条の提言を貼りつけたルター〔1483-1546年〕によって始まった宗教改革、さらには、この10年後の、神聖ローマ皇帝カール5世〔1500-58年、在位1519-56年〕の傭兵隊による「ローマの劫掠(ごうりゃく)」という、〔2つの大きな〕精神的

第6章　ルネサンスの調和

340　ミケランジェロ：サンタ・マリア・デッリ・アンジェリの内部、ローマ（1561年着工）

かつ物質的脅威に直面していた。ブラマンテ、ユリウス、そして若きミケランジェロが耽った人文主義とネオ・プラトニズム〔新プラトン主義〕は、異教の文化に対する敵意と、もっとも厳格なカトリック教信仰の再主張とに取って代わられた。とりわけ後者については、ミケランジェロの友人であった、聖イグナティウス・デ・ロヨラ〔1491-1556年〕による1540年のイエズス会教団の創設、1542年の「異端審理の宗教裁判」の再導入、そして、1545-63年の「トリエント〔公〕宗教会議」の教令集という具体的なかたちを取って現われた。この「反宗教改革」の期間において、数年のあいだは、教会は、異教的、すなわち古典的な形態に対して永久的に敬意を抱くことになるように思われたのである。

　サンタ・マリア・デッリ・アンジェリの計画案は、しかしながら、勝利主義〔特定の教義が他の教義よりも優るとすること〕の意思表示(ジェスチャー)として教皇が唱えだしたものではなかった。だが、天使が群れ集う幻影を見た、とあるシチリアの司祭によって、ピウス4世にその改築が懇願されたのであった。86歳のミケランジェロが、この浴場を簡素な白い壁面の厳格なカルトゥジオ修道会の教会堂に改造することを引き受けたのは、まさしく、この敬虔の精神からであった。とはいえ、こうした雰囲気は、それほど永く続くことはなかった。古代世界の華やかさが、まもなく、もう一度建築家たちの想像力を魅惑したのであった。その結果、後期バロック時代に、建築家ヴァンヴィテッリが、このミケランジェロの偉業(ワーク)を、1560年代のミケラ

331

ンジェロの手になる単色の内部空間によりも、帝国ローマの雰囲気により近い、色彩豊かな大理石の装飾の下に埋めてしまったのである。

ヴェローナとヴェネツィアにおける高期ルネサンス：サンミケーリとサンソヴィーノ

　ローマの劫掠(ごうりゃく)は、中央イタリアにおいて有効だった数多くの建築事業(コミッション)を減少させてしまったものの、ヴェネツィア共和国(ステイト)は、依然として権力を保持し続けていた。ローマの劫掠のため、彫刻家のサンソヴィーノ（ヤーコポ・タッティ、1486-1570年）は、ローマを去ってヴェネツィアに来た。当時のヴェネツィアは、イタリアのなかでずば抜けて豊かな都市であり、1529年にサンソヴィーノは主任建築家に指名された。ミケーレ・サンミケーリ（1484-1559年）は、ヴェネツィアの領土の一部であったヴェローナに生まれ、おそらくは、ローマで建築家としての修業を積んだ。しかし、1530年までにヴェネツィア共和国に仕えることになり、のちにはその主要な軍事技師になった。サンミケーリのヴェローナにおける市門の、ポルタ・ヌオーヴァ（1533-40年）とそれより20年後のポルタ・パリオは、防御能力の高い建物であり、ここではドリス式オーダーが、力強さの雰囲気を与えるために象徴的に用いられていた。これらの門は、ジューリオ・ロマーノの表現豊かな〔建築造形〕言語を真似ている。ヴェローナのサン・ベルナルディーノ教会堂内の、1527年に着工された、サンミケーリの手になる非常に快いカッペッラ・ペッレグリーニは、パンテオンの縮小された翻案(ヴァージョン)である。その一方、サンミケーリのマドンナ・ディ・カンパーニャ（1559年着工）は、超自然的なイメージを含んだ、ヴェローナ郊外に建つ円形の巡礼路教会堂なのだが、それほど手際よく調和した風にはつくられていない。この教会堂は、独立して建つ丸い「神殿」の形で当代の教会堂をつくることを求めたアルベルティの考えに従おうとする数少ない試みのひとつである。とはいえ、この教会堂の内部は八角形をしており、内陣部分は、ギリシャ十字形平面の上に単独で建つ、集中式平面を構成しているのである。

341　サンミケーリ：カッペッラ・ペッレグリーニ、ヴェローナ（1527年着工）。ベルナルディーノ・インディアの手になる、1579年の祭壇背後の飾り、『聖アンナと天使たちとともにいる聖母マリアと幼な児イエス』を見る

第6章　ルネサンスの調和

342　サンソヴィーノによるサン・マルコ図書館の外観、ヴェネツィア（1536年着工）。鐘楼(カンパニーレ)が見える

　ヴェネツィアでは、国家および個人の庇護者が、教会の庇護者よりも重要であった。その結果、サンソヴィーノのもっとも重要な作品は、公共の建物や宮殿(パラッツォ)からなっている。彼は、ヴェネツィアのサン・マルコの〔マルチャーナ〕図書館でもっともよく知られている。これは、1536年に着工されたL字型の構成をした建物で、輝かしい、都市計画の成功例として、サン・マルコ広場(ピアッツァ)と、これに直交した隣接する小広場(ピアッツェッタ)に対し、現在のような形を与えているのである。各種のオーダーが正確に用いられた、ヴェネツィアで最初の完璧な古典様式の建物であるこの図書館は、1570年のパラーディオにとっては、何といっても「おそらくは古代人の時代以降、建築(ブット・アップ)されてきたなかでもっとも豊かでもっとも凝った飾りを施した建物」なのであった。マルケッルスの劇場の、上下に重ね合わされたオーダー群から由来した、その揺るぎないブラマンテ風の起源にもかかわらず、この図書館は、上方にゆくにつれて、より祝祭にふさわしいものとなっているのである。表面のテクスチャーが徐々に豊かさを増してゆくことで、2階部分では、2組の、対比をなす大きさの壁に埋め込まれた(エンゲージド)イオニア式の円柱群〔大きい組の円柱は前面に建ち、小さい組の円柱はその奥の方でアーチを支えている〕や水平帯(フリーズ)にある潤沢な花綱装飾群、そしていくつもの彫像とオベリスクが織りなす、躍るようなスカイラインを組み入れている。内部では、その華やかさや明暗法や色彩が正確にサンソヴィーノの様式に類似している、ティツィアーノ〔1488年頃-1576年〕、ティントレット〔1518-94年〕、ヴェ

333

ロネーゼ〔1528-88年〕、ヴィットーリア、そしてカッタネーオ〔1509-72年〕といった画家や彫刻家たちの手によって、豪華絢爛に飾り立てられた。

　豊富な装飾付けは、中世の鐘塔(カンパニーレ)の基部に、これと大胆な視覚的対比をなして、その図書館の次に1537年にサンソヴィーノが建てた華やかに装飾(デコレイティッド)を施されたロッジェッタ〔Loggetta「小さな開廊」の意〕の基調をなしている。凱旋門を主題(テーマ)としたこの小さな建物は、国策会議に参列する貴族たちのための集会場として建てられた。これとほぼ同時期に彼は、図書館の〔小広場とは〕逆の端に、ゼッカ、すなわち〔ヴェネツィア〕共和国の金塊が貯えられた、貨幣鋳造所〔造幣局〕兼宝庫を建てた。これは皆に安心感を与えるため、見た目にもしごく頑丈に出来ていなければならず、それゆえサンソヴィーノは、自分の前に、ジューリオ・ロマーノとサンミケーリが権力や、粗々しい力さえをも、強烈なかたちで印象づけるために行なったように、ドリス式オーダーを前面に押し出して(エクスプレッシヴリー)用いたのであった。そうすることで彼は、ヴァザーリの伝えるところによれば、ヴェネツィアにルスティカ仕上げ(ラスティケーション)を導入したのであった。

　ジューリオ・ロマーノが再び、サンソヴィーノの比類なき壮麗かつ影響力のある〔大運河(カナール・グランデ)沿いに建つ〕パラッツォ・コルネール・デッラ・カ・グランデ（図365）のいくつかの細部の背後に姿を現わしているように思える。というのも、このパラッツォは、1533年以降に着工されたが、三路式のアーチが架かった入口の開廊(ロッジア)が、パラッツォ・デル・テの入口正面に由来しているからである。この開廊からは、長い柱廊(ギャラリー)が端麗な中庭まで続いているが、この中庭は、ヴェネツィアにとっては異例な大きさを誇っており、豊かな立体感を醸しだすルスティカ仕上げの立面を見せつけている。

　〔以上の建物とは〕異質な雰囲気をもつのが、パードヴァ近郊のポンテカザーレに建つ、サンソヴィーノの手になるヴィッラ・ガルツォーニである。これは、1540年頃に設計され、高期ルネサンスの建築群のなかでももっとも静朗かつ調和のとれたもののひとつである。入口正面の中央に開廊(ロッジア)を置い

343　サンソヴィーノ：鐘楼(カンパニーレ)の足元のロッジェッタ〔小開廊〕

344　ヴィッラ・ガルツォーニの外観、ポンテカザーレ、サンソヴィーノによる（1540年頃）

第6章　ルネサンスの調和

た、そのU字型の平面は、ペルッツィのヴィラ・ファルネジーナから由来するが、開廊が2階でも繰り返されており、回廊をなす中庭が、建物の背後に開かれているのである。この別荘(ヴィッラ)は、自己充足的な芸術作品であって、それが肉体労働を行なう農場の中心をなすものとは想像しがたい。こうした変容を理解するためにわれわれは、ヴェネト州のもっとも有名な16世紀の建築家、パラーディオの別荘(ヴィッラ)群へと目を転じなければならない。

ヴィニョーラとバロックの諸起源

〔しかし〕そうする前にわれわれは、16世紀の第2半世紀におけるローマおよび北イタリアの、別荘と宮殿のデザインを踏査しておくべきである。もっとも重要なローマの人物といえば、ジャーコモ・バロッツィ・ダ・ヴィニョーラ（1507-73年）であり、彼が最初に依頼された主要な建築は、ヴィッラ・ジュリアであり、これは1551年に、ローマのはずれに、教皇ユリウス3世〔1487-1555年、在位1550-5年〕のための優雅な隠棲の場として起工された。比較的簡素なつくりの入口正面は、中庭の一方の端を形づくる円柱列(コロネード)のある半球状の翼屋が、意外なかたちで背景をなしている。この中庭は、明らかにヴァティカン宮のベルヴェデーレの中庭を真似たもの(リフレクション)であり、そのもう一方の端には、第2の中庭へと続くように見える広々とした開廊(ロッジア)がある。この第2の中庭は、4分円をなす階段が両脇に並び、もうひとつの広々とした見晴らしのよい四阿(あずまや)で限られている、半円形をした彫刻や花の植え込みのある建物〔ニュンファエウム、伊語でニンフェーオ〕を形づくっている。アンマナーティ、ヴァザーリ、ミケランジェロ、そして教皇自身の援助を得て、ヴィニョーラは、建物、庭園、テラス、噴水、階段、そして彫刻を、ひとつの楽園のなかへと混ぜ合わせたのであった。ユリウスは、花で飾られた小舟でテーヴェレ河を経由してヴァティカン宮へと戻る前に、この楽園で、歌手や踊り手たちを伴って戸外で食事をする

345　ヴィッラ・ジュリアの半円形外観、ローマ（1551年着工）、ヴィニョーラによる

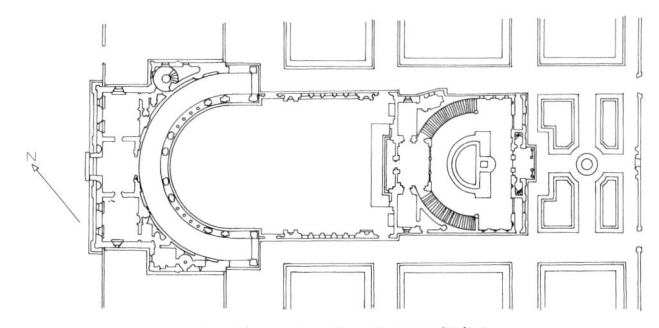

346　ヴィッラ・ジュリアの平面図

335

347 パラッツォ・ファルネーゼの外観、カプラローラ、ヴィニョーラによる（1552-73年）

算段なのであった。

　ヴィニョーラが1552年から1573年まで働いた、カプラローラのパラッツォ・ファルネーゼは、大変異質な物件(アフェア)である。すなわち、1520年代にアントーニオ・ダ・サンガッロ年若とペルッツィによって考えだされた五角形の平面上に、半分が宮殿、残りの半分が城郭の建物が計画されたのである。外構をなす階段と斜路の広大な登り(フライト)の頂きに、歌劇風に大げさに置かれた様は、すべてがフレスコ画で豊かに飾られた主要な部屋の数々に近づく、列柱で取り巻かれた大きな円形の中庭をめぐるその劇的な内部の配置に反映されている。森を抜けて辿り着く奥まった庭園で最高潮に達する、整形庭園の構成(レイアウト)は、実にダイナミックである。この構成はヴィニョーラの手になるヴィッラ〔パラッツォの誤りか〕・ファルネーゼによって統轄されているのであり、ここで、枢機卿アレッサンドロ・ファルネーゼ〔・イル・ジョーヴァネ、1520-89年〕は、教会の君子(プリンス・オヴ・ザ・チャーチ)〔枢機卿の称号〕を取り巻く公けの行事から逃避することができたのであろう。

　同じこの枢機卿は、1568年にヴィニョーラが起工した、イエズス会修道会のローマの本山(マザー・チャーチ)、イル・ジェズーの庇護者兼後援者であった。この教会堂は、影響力を発揮するタイプとなる運命にあった。なぜなら、イエズス会士たちがこのタイプの教会堂を世界中で模倣したからである。ファルネーゼ枢機卿は1568年にヴィニョーラ宛てに、次のように認(したた)めた。「この教会堂は、ひとつの身廊と2つの側廊をもったものではなく、両側の下方部分に、礼拝堂〔祭室〕群を備えただけの、たったひとつの身廊だけからなるはずだ……。この教会堂

第6章　ルネサンスの調和

348　フィレンツェと大聖堂の全体の眺望

は、声がよく通る〔ように〕……全体にヴォールトが架けられることになる」と。イエズス会士たちは、誰もが「主祭壇(ハイ・オールター)」がはっきりと見えもする、説教用ホールを必要としたのであった。ヴィニョーラはアルベルティがマントヴァのサンタンドレアで考案した、広々とした、側廊のない、半円筒形ヴォールト(トンネル)へと立ち戻った。とはいえ、ヴィニョーラの側面の礼拝堂群は、アルベルティのものよりも、はるかに丈が低く、見た目にも重要性が劣るものである。身廊内の対をなす付け柱は、独創的と言えるほどに簡素な灰色であり、ヴォールトは白くストゥッコ仕上げされた。この峻厳さは、「トレント宗教会議」の芸術的理想の数々に合致していた。この公会議は、ローマ・カトリック教会内の規律と宗教的生活を刷新するために召集されたのであった。その後、内部を覆い尽くすことになる、豊かなバロックの幻想的なフレスコ画や彩色された大理石模様は、ヴィニョーラに喜び迎えられることはなかったであろうが、ドームから洪水のようにどっと入ってくる爆発的な光と対比させるために、身廊の最後の柱間(ベイ)を縮小させ暗くしたヴィニョーラの手法は、すでにしてバロック的考案物と言ってもよいはずである。同様にして、1550年代の2つのローマ建築である、フラミニア街道沿いの

337

サンタンドレアと〔ヴァティカン内の〕サンタンナ・デイ・パラフレニエーリにおいて最初に、教会堂の設計に楕円平面を導入したことでヴィニョーラは、大半のバロック建築にとって根幹をなすことになった平面を開拓したのである。イル・ジェズーの2層をなすファサードは、これまた影響力が甚大であったが、1571年に、ジャーコモ・デッラ・ポルタ（1533-1602年）によって着工された。彼は、ヴィニョーラによるデザインを無意味なまでに複雑にすることを選んだのであった。上方の中央部への移行をスムーズに進める大きな渦巻き形（スクロール）を用いる方法は、フィレンツェのサンタ・マリア・ノヴェッラなる、アルベルティのもうひとつの先駆的な作品から引き出したものである。

ヴィニョーラがローマにおいて多大な影響を与えた人々のなかでは、ドメーニコ・フォンターナ（1543-1607年）ほど有名な者はいなかった。彼は、1586年に行なわれたサン・ピエトロ広場へ

349 イル・ジェズーのファサード、ローマ。ヴィニョーラによる設計（デザイン）に基づいたジャーコモ・デッラ・ポルタによる（1571年着工）

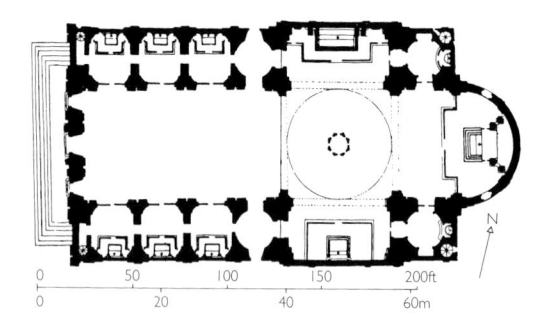

350 イル・ジェズーの平面図、ヴィニョーラによる

のエジプトのオベリスク移築のゆえによく知られている。彼はこの仕事を、教皇シクストゥス5世（在位1585-90年）付きの建築家としての自らの能力をフルに発揮して遂行した。シクストゥス5世は、さも楽し気にローマなる都市を再開発しはじめた人物であり、オベリスクや噴水を交差路につくることで（ウィズ・ガスト）、特徴ある新しい通りの数々を形づくったのである。フォンターナ独自の手になる建物は、1586年に着工されたラテラーノの広大な教皇の宮殿から、そして実際のところ、彼の仕事の大半を占めていたヴァティカン宮殿そのものから見れば分かるように、〔サン・ピエトロ広場の仕事に比べると、〕はるかに生彩を欠いている。

われわれが、ヴェネツィアとローマにおいて、高期ルネサンスの野望を特徴づけるものとして注目した都市計画（タウン・プランニング）は、ジェノヴァ共和国においても等しく華やかな表現をなしえた。ジェノヴァにおいては、自らミケランジェロに影響を受けたかの地ローマで修業したガレアッツォ・アレッシ（1512-72年）は、ストラーダ・ヌオーヴァ〔「新しい通り」の意〕（現在のガリバルディ通り）という、貴族の宮殿群が建ち並ぶ大きな新しい通りの設計に1550年以降携わ

338

っていた。アレッシの手になるもっとも大きな宮殿は、ジェノヴァではなくミラノにある、パラッツォ・マリーノであり、これは1558年に着工され、19世紀半ばに政府の建物として使われるだけの規模をもち、それに相応しい一目置くべき目もあやな装飾を施された、新興富裕階のジェノヴァ商人のための建物である。その一方、彼の手になる、1549年にジェノヴァの丘陵に着工された、サンタ・マリア・ディ・カリニャーノの、ドームが架かった集中式平面の教会堂は、ブラマンテ、ミケランジェロ、そしてサンガッロによる、サン・ピエトロのための初期の設計案(デザインズ)を大胆に真似たものである。

「トレント宗教会議」の教令集に合わせて、1577年に教会堂建造者用の訓令書を著わした、ミラノの大司教（のちに聖者の列に加わった）、カルロ・ボッローメオ〔1538-84年、大司教は1564-84年〕は、アレッシとペッレグリーノ・ペッレグリーニ（もしくはティバルディ、1527-96年）の双方を雇用していた。アーチ列が並ぶ中庭のある、ペッレグリーニの手になる、パヴィアのコッレージョ〔寄宿学校〕・ボッロ

351 ストラーダ・ヌオーヴァ、ジェノヴァ、アレッシによる（1550年着工）

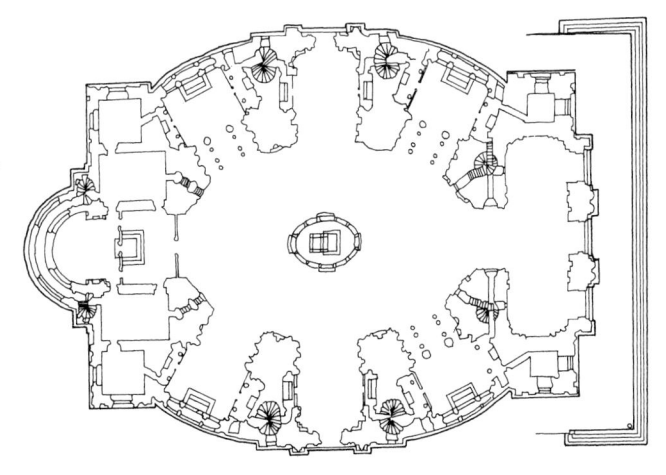

352 ヴィトッツィ：サンタ・マリアの平面図、ヴィーコフォルテ・ディ・モンドーヴィ（1596年着工）

339

ーメオ（1564年）は、アレッシの手になる、パラッツォ・マリーノを真似たものである。ボッローメオによって始められたもうひとつの大きなミラノの計画案は、マルティーノ・バッスィ（1542-91年）による、1573年に崩壊したあとのサン・ロレンツォの初期キリスト教会堂の再建であった。ボッローメオがその保持を強く主張したところの、古代後期の四つ葉型平面から建ち上がる、この・チ・ン・ク・エ・チ・ェ・ン・ト〔1500年代〕の建造物を目の当たりにするのは、驚くべきことである。

　北イタリアにおける、より大きなより後期の集中式平面の建物は、1596年に、アスカーニオ・ヴィトッツィ（1539年頃-1615年）による設計案を基に、サヴォイア公カルロ・エマヌエーレ1世〔1562-1630年〕のために着工された。これは、ピエモンテ地方のヴィーコフォルテ・ディ・モンドーヴィに建つ、サンタ・マリアの巡礼路教会堂もしくは聖所記念堂である。隅部に建つ塔群を伴った、その高いドームの下で、奇跡をもたらすようなイメージを醸しだし、さらには、一族の墓廟用の礼拝堂群を供給している——なぜならば、これはまた、王家の埋葬用教会堂でもあるのだから——このサンタ・マリアは、〔のちの〕ピエモンテ地方のバロックの種子を内包したダイナミックな卵形の平面をしている。引き延ばされた卵形の平面はまさしく、高期ルネサンスの平穏と調和という特徴をもった静的な円形平面と対比される、そのダイナミックな、方向を指図する動きを備えたバロックを象徴しているのである。

パラーディオと高期ルネサンスの調和

　アンドレア・パラーディオ（1508-80年）の作品は、高期ルネサンスの平静と調和の精髄として、幾世紀にもわたって評価されてきた。実際のところ、これほど長い期間、これほど多くの国々において、これほど広く模倣され続けてきた作品をもった建築家は、おそらく皆無であろう。これは、一部には、パラーディオの建築群の大半が残存していて、しかも、彼の理想の数々が、明快な、図解入りの論考『建築四書（*I Quattro Libri dell'architettura*)』〔イ・クワットロ・リーブリ・デッラルキテットゥーラ〕（ヴェネツィア、1570年）のなかで公けになっていたからであろう。この著作には、古典の各種オーダーやローマ古代のもっとも重要な建物群のいくつかが、そして寸法と説明用の文章を伴った平面図・立面図・断面図で表わされたパラーディオ自身の一群の作品が、図解されて載せられているのである。パラーディオ自身の建物群はかくして、古代の建物群と同等に現われているのである。

　パラーディオの設計案群(デザイン)の調和がとれた比例関係(プロポーション)は、神の力によって鼓舞されたものだという信念が、これらのものにより一層の権威を授けたのである。ルネサンスにおける、音楽と空間の比例(ラティオ)の同定性は、推定上は、ピュタゴラスその人を含むギリシャ人たちに遡るものであろう。さまざまな音を生みだすために、さまざまな長さの弦をかき鳴らすことで、ギリシャ人たちは、1本の弦とその半分の長さの弦とが、8度音程(オクターヴ)の音の高低の差を生じさせ、その3分の2の長さの弦とでは、5度音程、その4分の3の弦とでは、4度音程(ピッチ)の音の高低が生じることを観察した。かくして、充満と空洞は、この音程の比と同様に、その比がそれぞれ1:2、

2:3、あるいは3:4となって、音楽の調和と類比した視覚的な調和が獲得されることになると推測されたのである。それゆえ、パラーディオが自らの建物群およびそれらの内部空間の寸法を公刊した際の配慮にはしばしば、18×20単位もしくは12×20単位の寸法をもった部屋の場合に、パラーディオが、ギリシャの音楽上のスケールに加えて、3:5の比を用いたり、あるいは別のところで、4：5と5：6〔これらは振動数比を表わす〕といった、長3度〔2つの音のあいだに半音が4つあること〕と短3度〔2つの音のあいだに半音が3つあること〕の比を用いたりしたことを示しているのである。パラーディオの建物群の精査探究は必ずしも、彼の図面類(プラン)に示された寸法の正確さを保証しているわけではない、というのも疑いもないことに彼は、自らの建物を設計する際には、まず最初、自らの精神のなかにある抽象的な比例(ラティオ)によるよりもむしろ、自らの眼によって導かれたからである。それにもかかわらずわれわれは、パラーディオの手になる作品に見られるありとあらゆる暗示を味わうためには、数学的調和に対する、また、宇宙の神より授けられた秩序にこれらの調和が反映していることに対する、パラーディオ自身の確たる信念をきちんと理解しておかなければならないのである。

353　パラーディオ：ロッジア・デル・カピタニアート〔人民軍隊長の館〕、ヴィチェンツァ（1571年着工）

　パラーディオは、石工および彫刻家として修業を積んだ。しかし、彼の数ある才能は、30歳頃になって、ヴィチェンツァ在住の人文主義の学者、ジャンジョルジョ・トリッシーノ伯〔1478-1550年〕に引き上げてもらうまでは、見いだされることはなかったのである。トリッシーノは、パラーディオをローマに連れてゆき、パラーディオはこの地で古代の記念建造物群を研究したが、これに加えてトリッシーノは、パラーディオに、そのより甘美な家族名、アンドレア・ディ・ピエトロ・デッラ・ゴンドラの代わりに、新たな古代風の名前、パラーディオという、ギリシャの知恵の女神パラス・アテネを示唆する名を授けることまでしたのであった。パラーディオ最初の仕事の依頼は、1549年のヴィチェンツァにおける、中世のバシリカすなわち市庁舎(タウン・ホール)の正面を再建するためのものであった。ここで彼は、ヴェネツィアにおけるサンソヴィーノの図書館のヴェネツィア式の窓〔ヴェネチアン・ウィンドウ〕の開口部を、劇的なやり方で採択した。ヴィチェンツァでは一連の都市宮殿の依頼が続いたものの、そこそこの広さの街路区割りにしか建てられない場合がしばしばであった。とはいえ、パラーディ

354 サン・ピエトロ大聖堂の身廊、ローマ、カルロ・マデルナによる（1607-14年頃）。ベルニーニによるバルダッキーノ（1624-33年）を見る

355 ミケランジェロ：メディチ家礼拝堂もしくは新聖具室（1519-34年）

第6章　ルネサンスの調和

356　ヴィッラ・バールバロの外観、マゼール、パラーディオによる（1560年頃）

オは、『建築四書』における図面では、これらの宮殿に、本格的規模(フル・スケール)の新しい古代風の列柱廊(ペリスタイル)を備え付けて描こうと試みた。ルスティカ仕上げのパラッツォ・ティエーネ（1550年頃）は、ジューリオ・ロマーノゆずりの英雄的な雰囲気のパラーディオの姿を示しているが、パラッツォ・ヴァルマラーナ（1566年）では、ミケランジェロの手になるカピトリウム丘上の宮殿群に由来する巨大オーダーの付け柱(ピラスター)を用いていた。これはすなわち、彫刻を自在に使用し、重ね合せた面(プレーン)の見せる線条的な図柄(パターン)を表現する付け柱であり、これはマニエリスム的なものとしてしばしば解釈するひとつの型式(パターン)を形づくっているのである。

ある種のマニエリスム的奇妙さが、1570年頃の2つの後期作品を潤色している。すなわち、チーズを積み重ねたような形の、ずんぐりとしたルスティカ仕上げの円柱のあるヴィッラ・サレーゴ、そしてヴィチェンツァのシニョーリ広場のパラーディオのバシリカに向かい合って建つロッジア・デル・カピタニアートである。集会場と、布告をなすことのできるバルコニーを収めるためにこの都市のヴェネツィア人のカピターノ（capitano　隊長もしくは長官(ガヴァナー)）用に、1571年に着工されたこのロッジアは、1572年に、未完のまま放置された。この建物は設計案としては完璧ではあったものの、ファサードが2つの柱間(ベイ)をさらに追加させることで拡大されたようである。また、この建物の形は、中世初期以降のイタリア自治都市の大半において、市民の式典のための背景として用いられた、開放的なアーチの架かった開廊(ロッジア)群を真似たものであった。しかしながら、側面の立面は、1571年のレパント〔神聖同盟艦隊がトルコ艦隊に勝利した、ギリシャ西部の港町〕の戦いを称えたレリーフを伴った凱旋門の形をしており、主正面と奇妙に繋がっている。主正面では、巨大な円柱群が、のちの作品がそこに埋め込まれたところの古代の建物から、ずっと残存し続けていたように見える。窓群は、エンタブレチャーのなかに割り込んでいる。すなわち、トリグリフは、存在してはいないドリス式フリーズからはぐれでたような格好で、バルコニー群を支えている持送りとして機能しているのである。壁面は、ストゥッコ仕上げをされた装飾で覆われている。この多色の彫刻のごとき

343

建物は、パラーディオのほかの作品においても似たものがほとんど見当たらないものである。

　ヴェネト地方にあるパラーディオの数多くのヴィッラのなかでも、マゼールのヴィッラ・バールバロ（1560年頃）は、ロッジア・デル・カピタニアートにもっとも近いものである。そのファサードは、神殿にあるようなペディメントが頂きに載っているが、円柱群は壁面に埋め込まれ、エンタブレチャーは、丸い頭部の窓によって唐突に破断させられ、この窓の頭上は、ストゥッコ仕上げの花綱模様で厚く塗られている。このヴィッラは、パラーディオの友人であった、バールバロ兄弟のために建てられたが、兄弟のうちのダニエーレは人文主義の学者であり、パラーディオがその図版を準備したところの、ウィトルウィウスの翻訳・注釈書の著者であった。この書のなかでバールバロは、ピッロ・リゴーリオ（1510年頃-83年）の作品を賞嘆しているが、リゴーリオの手になる小規模な傑作、ヴァティカン宮の「カジーノ・デル・ピーオ・クワルト」〔ピーオ4世（ピウス4世のこと。ピーオはイタリア語）のカジーノ（瀟洒な狩猟小屋もしくは小別荘）〕（1559年着工）は、ストゥッコ仕上げの装飾で厚く塗り込められたマニエリスム的なファサードをもつ。おそらくは、ヴィッラ・バールバロのいくつかの要素が、ダニエーレの、リゴーリオに対する熱狂的な支持のゆえに取り入れられたのであろう。その一方でバールバロはまた、ヴェロネーゼが十字形のホールと庭園の四阿に幻想的なフレスコ画で描いた、ローマの廃墟や景観や人物という主題を選びだしたとも言えよう。

　庭園の四阿は、ヴィッラの背面にある池を囲んだ半円形のニュンファエウム〔ニンフェーオ〕へと続いており、ここには、オリュムポス山の神々を表わした、アレッサンドロ・ヴィットーリア〔1525-1608年〕の手になるストゥッコ彫刻を収めた壁龕群がある。パラーディオはわざわざ『建築四書』のなかでこの庭園を記述し、噴水池からの水が、まずは台所を、次に2つの養魚池を潤し、最後に、菜園に水を引いていることを明確にしている。実際のところ、バールバロ、パラーディオ、ヴェロネーゼ、そしてヴィットーリアによって考案された古典への言及全体が、作業用の農場内に、心地好く配置され、ヴィッラ本体では、動物や鳩小屋や農具を収めたアーチ列が両脇に並んでいる。この型式は、パラーディオのほかのヴィッラ群でも繰り返されている。なぜならば、これらのヴィッラの所有者であるヴェネツィアおよびヴィチェンツァの貴族たちが、ヴェネツィアの海外貿易の衰退に直面して、陸地にある自分たちの保有地を商業的に発展させることや、ときにはこれらの保有地に頼って暮らすことが、収益に繋がると気づいたからであった。

　パラーディオのもっと初期のヴィッラ群は、相当数の多様な形態をしており、ときには、ローマの公共浴場からの主題（テーマ）に基づいたものもあった。しかし、古代のローマの住居群が実際にはどういうものであったかについての情報を欠いていたため、パラーディオは、誤って、これらの住居が神殿のように、柱廊玄関（ポルティコ）をこれ見よがしに誇示していたと決め込んでしまったのである。かくして、ピサーニ（モンタニャーナの）、バドエール、キエリカーティ、エーモ、フォスカリ（マルコンテンタ）、コルナーロ、そしてロトンダといったおのおののヴィッラは、そのすべてが、1550年代と1560年代以降のものであるが、柱廊玄関（ポルティコ）の付いた神殿正面と

第6章　ルネサンスの調和

いう主題（テーマ）や、重ね合せた円柱すなわち開廊（ロッジア）のある2階建てのヴィッラという主題（テーマ）に基づいた、ほれぼれするような一連の変形物（ディライトフル・ヴァリエーション）を形づくっているのである。これらのヴィッラは、ときに4分円の形をしヴィッラ本体と繋がった離れ屋や翼屋を、さまざまなかたちで配置することによって、さらなる多様性を付加している。〔これらのヴィッラのなかで〕もっとも有名なものは、もっとも形の整ったもののひとつである。なぜならおそらくは、それがヴィチェンツァ近郊にあり、それゆえウィッラ・ルスティーカ（*villa rustica*）〔田舎の別荘〕というよりもむしろ、附属する建物を欠いたウィッラ・スブルバーナ（*villa suburbana*）〔郊外の別荘〕だからであろう。このヴィッラとはすなわち、1566年頃-70年に、教皇庁の退役したモンセニョール〔高位聖職者に対する尊称〕兼役員であるパオロ・アルメリーコ

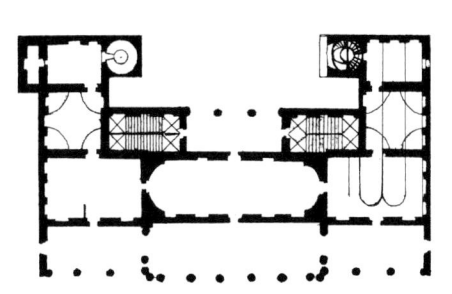

357　パラッツォ・キエリカーティ、ヴィチェンツァ（1550年代/60年代）、パラーディオによる

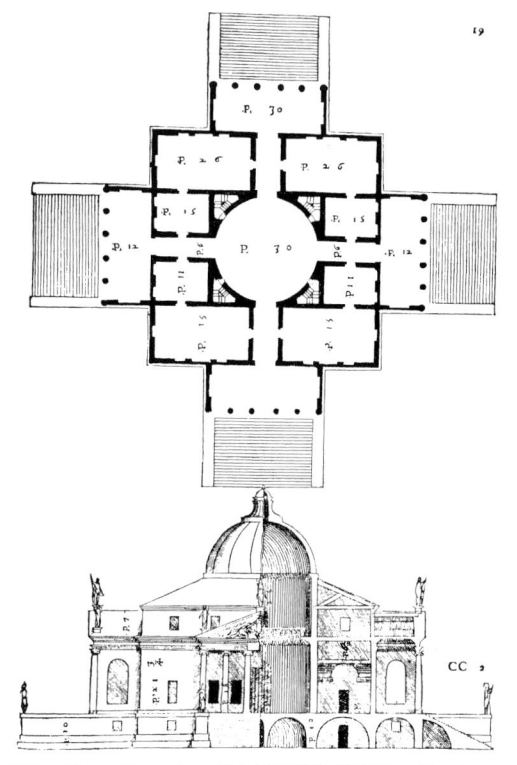

359　ヴィッラ・ロトンダの平面図と断面図、ヴィチェンツァ近郊（1566年頃-70年）、パラーディオによる

358　パラッツォ・キエリカーティの外観、ヴィチェンツァ、パラーディオによる

360　ヴィッラ・ロトンダの外観

345

361　シャンボールの城館、1519年着工、ドメーニコ・ダ・コルトーナによる

第6章 ルネサンスの調和

362 イル・レデントーレの内部、ヴェネツィア、パラーディオによる。東端部の円柱群からなる仕切り壁(スクリーン)を見る（1576-7年）

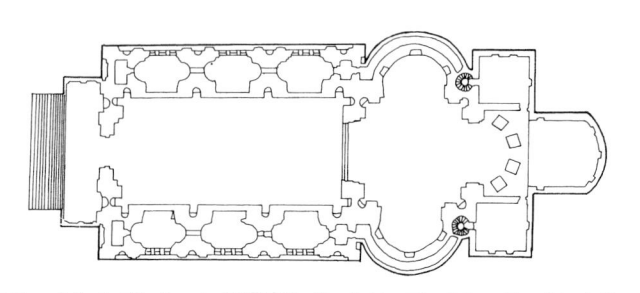

363 イル・レデントーレの平面図、ヴェネツィア、パラーディオによる

〔1514-89年〕のために建てられた、ヴィッラ・ロトンダである。これは、正方形、円、そして長方形で構成された幾何学的平面をもち、4つの対称形をした柱廊玄関(ポルティコ)つきの正面がある、純粋形態の美しさを明証することが意図されている。パラーディオ自身が、この建物を、見晴らし台(ベルヴェデーレ)として使われることを唯一の役割りとする、1個の純粋な芸術作品であると記述している。すなわち、「それはとても登りやすい小さな丘の上にあり……この上なく気持ちの良い(プレザント)丘陵地に取り囲まれて、あたかも非常に大きな劇場のように見える。そして、この丘陵地の全面が耕されており、……それゆえ、ある方向では視界が限られ、またある方向ではもっと遠くまで見え、さらに別の方向では地平線まで見渡せるといった、もっとも美しい眺望(ヴューズ)をありとあらゆる場所から楽しめるように、〔この建物の〕4方の正面すべてに、開廊(ロッジア)がつくられている」と。古典的調和を自然の風景の鑑賞に結びつけるという、このようなやり方は、18世紀イングランドの、ホイッグ党員貴族の土地所有者たちがパラーディオを慕った理由である、さまざまな特質のなかでも、とりわけ高いものであった。彼らのために、4つのヴィッラ・ロトンダの翻案物(ヴァリアント)が、1720年代と1750年代のあいだに建てられたのである（本書下巻〔II〕第8章を参照されたい）。

　田園地帯は、ヴィッラ・ロトンダの柱廊玄関(ポルティコ)群からのみならず、中央の円形ホールすなわち大広間(サルーン)からさえも、目に入る。この豊かにストゥッコ仕上げされて、フレスコ画が描かれ

た部屋は、ドームを戴いているが、おそらくこれは、とりわけ教会堂群と結びつきが強かったひとつの形態を、住居建築に適用した最初の例であろう。これは実際のところ、様式上は、マゼールのヴィッラ・バールバロの敷地に建つ、1579-80年のパラーディオによる小さな礼拝堂に似ている。ヴェネツィアでは、彼の2つの主要な教会堂、

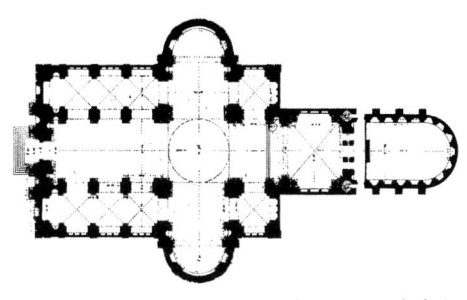

364　サン・ジョルジョ・マッジョーレの平面図、パラーディオによる

サン・ジョルジョ・マッジョーレ（1565年）とイル・レデントーレ（1576-7年）が、双方ともにドームを戴いているものの、両者とも、アルベルティに大そう近しかった集中式平面を拒否している。しかしながら、これらの教会堂は、2つの破断したペディメントのある神殿正面を埋められた円柱群と抱き合わせるという、精妙な方法を考案することによって、キリスト教の教会堂の西正面に対する、適切な古典的解決法を見いだそうとするアルベルティの試みの数々を発展させているのである。2つの教会堂とも通常とは異なった平面をしているが、これは、総督(ドージェ)が参列する特別な典礼儀式用に、2つの聖歌隊席(クワイア)を収めなければならない事情によるものである。どちらの教会堂においても、修道士用の内陣(クワイア)は、——サン・ジョルジョではベネディクト会、イル・レデントーレではカプチン会〔フランシスコ会の一派〕——円柱群がなす仕切り(スクリーン)の背後に置かれている。イル・レデントーレでは、この仕切り(スクリーン)は、大胆な弓形をしているが、おそらくこれは、パラーディオ自らが〔建築家として〕身を立てる際に研究した公共浴場の大ホール群に鼓舞されたからであろう。イル・レデントーレの構造もまた、帝国ローマ的である。それは、壁龕(ニッチ)によって刳り抜かれ、純粋に装飾のための円柱が取り付けられた、壁面の量塊によって、ヴォールトを支えるという方法に帰属する。このような優美と詩情をもって、アルベルティおよびブラマンテの野望の多くを実現している、この晴朗なる白色と灰色の内部において、われわれは、西洋の古典建築のもっとも偉大な様相のひとつに関するわれわれの探究を適切にもここで終えることになるといえよう。

イタリア以外〔外部〕のルネサンス

フランソワ1世統治下のフランス

　われわれは、高期ルネサンス様式の調和がとれた古典主義建築の一貫した伝統を、イタリア以外の、ほかのヨーロッパの国で見いだすことはない。イタリアの外では、ゴシックは15世紀のあいだも持続しており、ルネサンスの知識は、大部分が装飾上の細部というかたちで、1500年以降に現われたのであった。さまざまなヨーロッパの国のなかでも、フランスは、もっとも野心的でもっとも大規模なルネサンス建築を生みだした。これは一部には、15世紀後半と16世紀初期における、フランス国王たちのイタリアでの軍事行動(キャンペーン)によって確立されて

きた、イタリアとの直接の接触によるものであった。シャルル8世〔1470-98年、在位1483-98年〕の1494年におけるナポリとミラノへの侵略と、1500-25年のルイ12世〔1462-1515年、在位1498-1515年〕とフランソワ1世〔1494-1547年、在位1515-47年〕によるミラノとジェノヴァにおけるフランス支配権の再確立が、中世のフランス人たちを無量のルネサンス文化へと導いたのであった。フランスに戻ったフランス人は、建築、絵画、彫刻においてのみならず、衣裳、家具、内装においても、とりわけルネサンスの宮殿と結びついた生活様式全般において、イタリアの宮廷の洗練された古典主義を模倣することを切望するのである。

　主導的な庇護者のひとりは、アンボワーズのジョルジュ枢機卿であった。彼は、ルーアンの大司教、ルイ12世の主任大臣（チーフ・ミニスター）、ミラノの総督（ヴァイスロイ）であり、1502-10年に、トゥール出身の職人たちや、イタリアから呼び返された芸術家たちの協力のもと、ルーアン近郊にガイヨンの城館（シャトー）を建てた。現在残るものといえば1508年頃の出入口門（ゲイトウェイ）のみであるが、これは、形態は中世的であるものの、古典的な付け柱群（ピラスター）と、ロンバルディア地方のルネサンス様式で装飾された水平帯（フリーズ）を誇っている。ビュリー（1511-24年）、シュノンソー（1515-24年）、アゼ゠ル゠リドー（1518-27年）の各城館（シャトー）はみな、裕福な財政家のために建てられたが、この種の装飾を真似ており、また、新しい整形式の平面を導入してもいる。しかしながら、これらの城館は、こうした特徴の数々を、破風造りの屋根窓（ドーマー）や高い屋根、煙突、そして小塔が織りなすスカイラインと結びつけており、意図的に中世風を気取るものとして記述されてしまいそうなロマンティックな効果を生みだしている。

　同じ組み合わせが、ロワール河流域のブロワとシャンボールの王宮に、より大規模なかたちで見いだされる。この流域は、フランソワ1世が人々をあっと言わせるようなやり方で建物を建てるという、自らの情熱を思いのままに満たしたところである。ブロワでは、1515-24年に、彼は、旧式の平面をした中世の基礎部分の上に、新しい翼屋を建てたが、何とその外構のファサードは、3層をなす開放的なアーチ列の開廊（ロッジア）を見せびらかしているのである。ヴァティカン宮の当時の〔ラファエッロによる〕開廊群（ロッジェ）〔logge. loggiaの複数形〕に鼓舞されてはいるものの、この建物の場合はむしろ、要点が分からないものとなっている〔つぼをはずしている〕。なぜならば、一番上の階を除いて、ひとつの柱間（ベイ）と次の柱間（ベイ）とのあいだに、内部の繋がりがまったくないからである。中庭側のファサードでは、有名なむきだし（オープン）の階段が、ルネサンスの精緻な装飾と新しい記念碑性とを、15世紀フランスの数々の伝統的な石造螺旋階段にもたらしている。これと同じ特質の数々が、シャンボールにも現われている。この建物は本質的には、濠をめぐらされた中世の城郭（カースル）であり、円錐状の屋根を戴いた丸い塔が〔4つの〕隅部に配された、四角い天主（フランクト）によって特色づけられている。しかしながら、この天主は、通常とはちがって、ルネサンス起源のギリシャ十字形の平面を基に建てられている。実際のところ、当の建築家は、ドメーニコ・ダ・コルトーナ〔1465年頃-1549年頃〕であり、彼は、フィレンツェ近郊のポッジョ・ア・カイアーノに先駆的なヴィッラ・メディチを建てた（1480年頃）、ジュリアーノ・ダ・サンガッロの弟子であった。このヴィッラ・メディチでは、シャン

第6章　ルネサンスの調和

365　パラッツォ・コルネール・デッラ・カ・グランデ、ヴェネツィア、サンソヴィーノによる（16世紀半ば）

ボールの建物の場合と同様に、部屋部屋の集まりがひと揃いになるように配置されているのである。この種の住戸（*appartements*）〔の並び〕は、フランスの城館建築において規範をなすことになったのである〔いわゆる、ひと続きの各部屋の戸口が1列に並ぶ、「アンフィラード」のこと〕。シャンボールの場合、ギリシャ十字形平面の中央には、レオナルド・ダ・ヴィンチによる設計案に鼓舞されたとおぼしき、有名な二重の螺旋階段が置かれている。ダ・ヴィンチ

351

366 フォンテーヌブローのフランソワ1世のギャラリー。ロッソとプリマティッチョによる、ストゥッコ細工と絵画（1530年代）を見る

はフランソワ1世が1516年にフランスに誘い入れたのであった。シャンボールの幻想的なスカイラインは、驚くほどに純粋な古典様式の細部と結びついた、フランボワヤン様式のゴシックの溢れんばかりの豊かさを表わす、唯一無二とも言える例である（図361）。

　フランソワ1世はまた、イル＝ド＝フランス地方に数多くの宮殿を建てた。特に、マドリードとフォンテーヌブローの城館が重要である。前者は、1528年に、ポッジョ・ア・カイアーノによって鼓舞された平面とジローラモ・デッラ・ロッビア〔1488-1566年〕による精巧につくり上げられたテラコッタの装飾をもって、1528年に着工されたが、もはや残存してはいない。しかし、1528-40年のフォンテーヌブローの増築部分は、フランスにおけるもっとも完璧な初期ルネサンスがもつ全体的調和(アンサンブル)を構成している。建築家ジル・ド・ブルトン（1553年歿）は、意図的に偶然に任せたやり方をもって、中世の建物群を拡張した。その主要な残存

352

部分が、ウルビーノのパラッツォ・ドゥカーレ〔大公宮殿〕のものと似た、重ね合わさった開廊群〔logge〕のある、ポルト・ドレ〔黄金門〕と、もっと簡素な造りの、クール・デュ・シュヴァル・ブラン〔白馬の中庭〕の北側面である。

のちにフランソワ1世の歩廊として知られることになる、フォンテーヌブローの長いギャラリー（図366）は、フランスとイングランドにおいて一般的となった、居室型のもっとも初期の例である。もっとも、その建築上の起源も、その機能すらも、不明瞭なままである。1533年頃-40年の、手の込んだ造りにもかかわらず洗練された優雅さを醸しだしている内部装飾は、ジョヴ

367　ブロワの中庭側ファサード（1515-24年）。屋外の階段室を見る

ァンニ・バッティスタ・ロッソ（1494-1540年）によるものである。彼は、1527年の劫掠〔Sack〕によってローマを去り、1530年にフランソワ1世の宮廷に招喚されたフィレンツェ人の芸術家であった。ロッソは、1532年に、フランチェスコ・プリマティッチョ（1504年頃-70年）と協働したが、プリマティッチョは、1526年以降に、マントヴァのパラッツォ・デル・テの内装工事に関して、ジューリオ・ロマーノの許で働いていた人物であった。このギャラリーを大そう顕著なものにしている、壁の表面を完全に覆い尽くしているストゥッコ仕上げと壁画の組み合わせは、ローマの、ラファエッロの手になるパラッツォ・ブランコーニオ・デッラクィラのファサードの装飾上の処理法（1516-7年）からと同様に、ジューリオ・ロマーノからも引きだされたものである。その一方で、一風変わった〔マニエリスム風の〕長い肢体をした若い男性像群は、あからさまにミケランジェロ風である。漆喰仕上げのとりわけ際立った特徴は、紐状細工〔帯飾り〕の装飾であり、これは、ここで初めてこの規模で用いられたが、もっとのちには、イングランドやドイツやフランドルの装飾において、きわめて重要な役割を果たした。

フランス建築の流れは、1540年の、セバスティアーノ・セールリオ（1475-1554年）の、ヴ

368 セールリオ：アンシー゠ル゠フラン城館の中庭、ブルゴーニュ（1541年頃-50年）

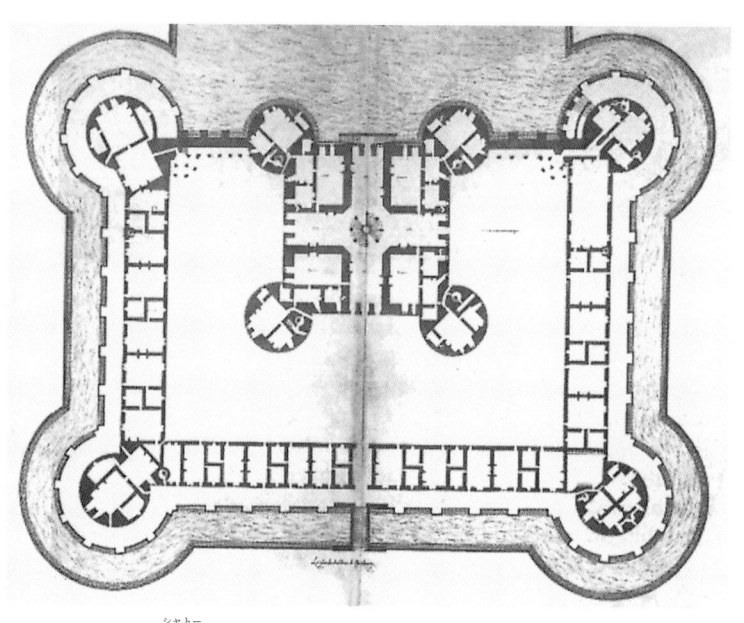

369 シャンボールの城館の平面図（1519年着工）、ドメーニコ・ダ・コルトーナによる。アンドルーエ・デュ・セルソーによる図面から

ェネツィアからフォンテーヌブローへの到着に
よって一層影響を受けることになった。彼は、
1514年からローマの劫掠〔1527年〕まで、ペルッ
ツィの許で働いていた。フォンテーヌブローに
おいて彼は、フェッラーラの枢機卿で、教皇庁
によってフランスに派遣された使節の、イッポ
リート・デステ〔1509-72年〕のために、1541-8年
に、現在は破壊されてしまった「大フェッラー
レ」を建てた。方庭の3方を囲んで建つ都市住宅
すなわち邸館（hôtel）であるこの建物は、1世紀
以上にわたって続く、このような住居に対する
典型的なフランス的平面を確立したのであった。
セールリオの手になる、フランスでの主要な建
物は、ブルゴーニュ地方の、アンシー＝ル＝フ
ランの城館（1541年頃-50年）であり、これは対

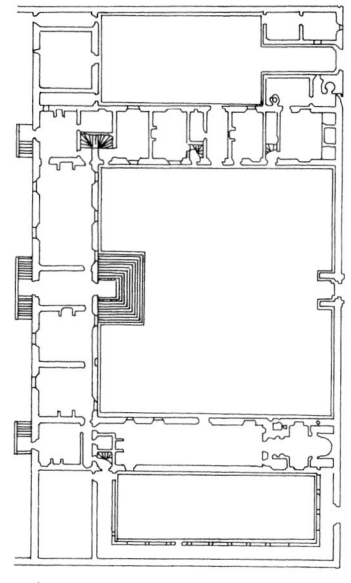

370 「大フェッラーレ」の平面図、フォンテーヌ
ブロー、セールリオによる（1541-8年）

をなす付け柱と壁龕とのリズムが、ブラマンテによる、ヴァティカン宮のベルヴェデーレの
中庭に由来しているところの、方庭の立面を備えている。

　セールリオはベルヴェデーレの中庭を、自著の『建築の一般則集（Regole generali di architettura）』〔レーゴレ・ジェネラーリ・ディ・アルキテットゥーラ〕のなかで図解したが、この著作は、1537-51年に6分冊で刊行され、1575年に死後出版の7分冊目が出来たが、彼の数少ない実際の建物よりも影響力を発揮することになったのである。アルベルティにとっては非常に大切であった理論を避けた、実践的な必携書であるこの著作の人気の高さはおそらく、一部には、その知的もしくは概念的な内容の欠落に依存したのであろう。さらにまた、この著作は、アルベルティの著作とはちがって、ラテン語ではなくイタリアの日常語で書かれ、そこから、フランス語、フランドル語、ドイツ語、スペイン語、オランダ語、そして英語に翻訳されたのである。5種のオーダーを体系化した最初の書でもあったこの著作には、各種オーダーの建て方に関する情報や、ローマの古代およびルネサンスの建物群の図版、そして、しばしばマニエリスム的放縦さによって特色づけられる、豊富な装飾を組み入れた、教会堂、住宅、マントルピース、窓、そして戸口の設計例が含まれていた。この装飾は、根本的にはゴシック的性格をもった建物に、この装飾を重ね合わせようとする建造者や職人たちによってしきりに取り上げられたのであった。

フランス古典主義の確立：レスコー、ド・ロルム、そしてビュラン

　フランスの古典主義を確立させた建物は、セールリオの手になるものではなく、ピエール・レスコー（1510/15-78年）の手によって、フランソワ1世のために1546年に着工された、パリ

371 クイーンズ・ハウス、グリニッジ、イニゴー・ジョーンズによる、1616年着工。1661年にジョン・ウェッブによって増築された

372 ルーヴル宮殿のクール・カレ〔方形の中庭〕、パリ、レスコーによる（1546年着工）

のルーヴル宮殿の方形の中庭〔スクエア・コート〕〔の建物〕であった。この中庭に面して建つ建物のファサード群は、大胆で、なおかつ豊かな陰影を映しだすもの〔モデルド〕であった。というのも、きわめて多様な窓の取り扱いと、各種オーダーのなかでももっとも豊饒なオーダーである、コリント式およびコンポジット式のオーダーからなる、細部まできわめて精密につくり上げた円柱群と付け柱群の配列がなされていたからである。彫刻的な豊かさは、この建物の内外に施された彫像や浮き彫りによって高められているが、これらの彫像や浮き彫りは、彫刻家のジャン・グジョ

373　アネの城館〔シャトー〕の平面図、ドルー近郊（1547-52年）、ド・ロルムによる

ン〔1510年頃-66年頃〕によって彫られたものである。彼の作品はまた、1545年頃に着工された、レスコーの手になるパリのオテル・カルナヴァレ〔現在のカルナヴァレ博物館〕においても目にすることができる。レスコーは、中世フランスの熟練した石工〔マスター・メイソン〕とはまったく異なった人物であり、さらにいえば、ジル・ル・ブルトンのような建築家とも異なっていた。高貴で裕福な法律家一族に生まれたレスコーは、数学や幾何学や絵画のみならず、建築の教育も十分に受けていた。

　レスコーよりは気紛れなところがあるものの、より際立っていたのが、フィリベール・ド・ロルム（1505/10-70年）である。その作品の大半が破壊されてしまったものの、彼は才気縦横の謎めいた建築家であった。熟練した石工の息子として、リヨンに生まれたド・ロルムは、1530年代にローマに赴き、古代遺物を研究し、さらには収集家兼掘出物探究家であるデュ・ベレー枢機卿〔1498年頃-1560年〕とその秘書の、人文主義著述家ラブレー〔1494年頃-1553年〕との友好関係を築いた。1540年頃にド・ロルムは、この枢機卿のために、シャラントン〔パリ近郊。現在のシャラントン＝ル＝ポン〕近くのサン＝モール＝レ＝フォセの城館を設計したが、これは、パラッツォ・デル・テを真似たものであった。1547-52年にド・ロルムは、ノルマンディー地方のドルー近郊のアネに、アンリ2世〔1519-59年、在位1547-59年〕の愛妾、ディアーヌ・ド・ポワティエ〔1499-1566年〕のための城館を建てたが、デュ・ベレーをとおして

374　アネの城館シャトーの入口門

彼は、アンリ2世の知遇を得ていたのであった。

　ド・ロルムの創意に富んだ実験的な様式は、美しくまとめられた入口門のあるアネにおいて十分に味わうことができる。この門は、凱旋門モチーフの新しい変様体ヴァリアントであり、古代の石棺群〔墓石群〕のかたちをした変わった煙突によって強調される抽象的な彫刻的手法で表現されている。この門近くに建つ礼拝堂は、アルベルティによって推奨され、ブラマンテによってテンピエットにおいて採択され、サンミケーレによってヴェローナのサン・ベルナルディーノのカッペッラ・ペッレッグリーニ〔ペッレッグリーニ礼拝堂〕において継続されたところの、円形状の建物の魅力的な翻案ヴァージョンである。とりわけヴェローナの礼拝堂は、ド・ロルムが綿密に研究したと思われる物件であった。アネ〔城〕のドームが見せる巧妙な格間状の飾りは、黒と白の大理石からなる床面のデザインと呼応した、螺旋状の網状組織ネットワークをなすダイヤモンドの形をしたパネル群を生みだしている。格間飾りも床面も、〔その起源を〕ウェヌスとローマの神殿（図97）や、いくつかのローマのモザイクの舗床といった古代の源泉に負っているが、ここでは、生きいきとしたまったく新しいやり方で展開されているのである。この礼拝堂の西正面には、奇妙にも古代風の味わいをもった、背の高いピラミッド状の屋根で覆われた塔群が添えられている。

　不幸なことに、アネの城館は、その大半が取り壊されてしまっている。もっとも、主要な棟ブロックから取り除かれた切妻壁の正面部分フロンテイスピースが、パリのエコール・デ・ボザール〔美術学校〕の方庭コートヤード

〔前庭〕に移築された。ドリス式、イオニア式、そしてコリント式の各種オーダーが3層をなしている塔状のこの切妻壁の正面部分(フロンティスピース)は、ルーヴル宮に見られるレスコーのより豊饒な作品と対比される、峻厳さと記念碑性を有している。

　アンリ2世付きの建造物監督官としての能力を発揮したド・ロルムは、1547年にサン＝ドニで、フランソワ1世の堂々とした墓碑を設計した。これは、ローマのセプティミウス・セウェルス帝の凱旋門に鼓舞されてはいるものの、ローマ起源のより華麗なコリント式オーダーの代わりに、優雅なイオニア式オーダーを用いていた。そして、中央のアーチが架かった柱間(ベイ)もまた、劇的な様で前面に突出していたのである。この墓碑の基部および内部の半円筒形ヴォールトは、彫刻家ピエール・ボンタン〔1507年頃-68年〕の手になる浅浮き彫りで、精妙に飾り立てられている。これらの浮き彫りと色大理石の使用によって、実際の建物がもつ穏健さと効果的な対比をなす表面の潤沢さが、付与されているのである。1567年に、ド・ロルムは『建築書第一巻 (*Le Premier tome de l'Architecture*)』を公刊したが、このなかでは、ド・ロルムの独立心、工夫力、そしてイタリアの範例を隷属的に模倣することを避けるという固い決心によって、ド・ロルムは、5つのイタリアのオーダーに加えて、古典建築のフランス式オーダーを考案するに到ったのである。この著作は、彼の「神聖比例」の理論を開陳したもうひとつの著作を生みだすことになったが、その理論とは、神がユダヤ民族に指図したデザインからなる建築群についての、旧約聖書の記述に基づくものであった。

　フィリベール・ド・ロルムは、18世紀まで残存することになったと言ってもよい、本質的にフランス的な、古典主義の翻案(ヴァージョン)を確立したがゆえに、きわめて重要な人物なのである。彼の真摯さと情熱(ファイア)、同時に多くの特殊な建築的特徴は、ジャン・ビュラン、サロモン・ド・ブロス〔ブロッス〕、そしてとりわけ彼のもっとも際立った弟子のフランソワ・マンサールの作品において繰り返されている。セーヌ＝エ＝ワーズのエクアンの城館において、ジャン・ビュラン（1515/20年頃-78年）は、フィリベール・ド・ロルムのアネ城館に鼓舞された、1555年頃-60年の、今は破壊されてしまってない正面切妻壁をつくりだした。しかし、ビュランの、残存する1560年頃の南面の入口柱廊玄関(ポルティコ)は、フランスにおいて初めて、巨大オーダーを導入している。記念碑性に対するこの嗜好(テイスト)は、ビュランがエクアンでのその庇護者である、アンヌ・ド・モンモランシー元帥〔1493-1567年〕のために、フェール＝アン＝タルドヌワに建てた、注目に値すべきギャラリー〔歩廊〕において繰り返されている。このギャラリーは、要砦化した13世紀の城館を、その付属建築物群と繋げるためのものであった。ここでは、ひと続きをなす巨大なアーチが渓谷を劇的にまたぐかたちでギャラリー(ギャリーズ)を形成しており、この建物の現在の廃墟となった状態によって思いがけずも高められた、ローマの水道橋という印象をつくりだしている。1560年頃にビュランは、再びモンモランシー元帥のために、シャンティイに小さな城館を建てた。これは、対をなす円柱群によって支えられた記念碑的なアーチに特徴があり、たぶん、1490年代のブラマンテの作品に鼓舞されたものであろう。もっとも、入口部分を特徴づけるためにではなく、ただ単に戸口がなく窓だけからなるファサードに活気

359

375 シャンティイのプティット・シャトー〔小さな城館〕の眺望。中央に、1560年頃のビュランの手になる正面部分(フロンティスピース)を見る

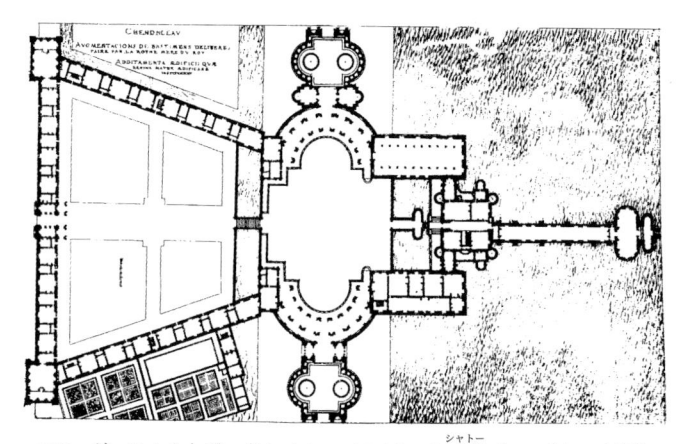

376 ド・ロルムとビュラン：シュノンソーの城館(シャトー)（1556年-76年頃）

を添えるための応用的な装飾上の工夫としてのみ、このシャンティイにおいて、マニエリスム的な自由奔放さが発揮されたのであった。途中を切り詰めたようなマニエリスム的リズム(シンコペーション・ド)が、1570年代に、皇太后のカトリーヌ・ド・メディシス(クイーン・マザー)〔1519-89年〕のためにビュランが建てたギャラリーに繰り返されている。これは、ロワール河流域の城館群のなかでもっとも愛らしい城館のひとつであるシュノンソーの城館の、フィリベール・ド・ロルムの手になる橋の上に建てられたのであった。

ド・ロルムの真摯さからマニエリスムの気紛れへといった、手法の転換によって、ビュランは、フランスの建築家および装飾家の一族の創始者である、ジャック・アンドルーエ・デュ・セルソー年長〔1世〕（1515年頃-85年頃）の様式に近づくこととなった。デュ・セルソー〔1世〕は、その版画集でもっともよく知られているが、この版画集には、イタリアのグロッテスキ (*grotteschi*)（本書318頁〔ただし、この言葉はでてこない。本書99-100頁を参照のこと〕）にしばしば基づいた、多くの過度に飾り立てられた装飾細部が載っていた。その『建築書 (*Livre d'Architecture*)』（1559年）を始めるにあたってデュ・セルソーは、建造者たちの案内本として、都市住宅〔町家〕や城館のために多くの設計案を公刊したのであった。その一方、彼の『フランスのもっとも卓越した建物集 (*Les plus excellents Bastiments de France*)』（2巻本、1576年および1579年）は、フランス古典主義建築のフランス性(フレンチネス)の誇り高き記録である。しかし、そうはいってもデュ・セルソーは、既存の建物群に関する自らの記録に、自分自身の幻想的な考案物のもつ装飾的な特徴の数々を付け加えることに抗(あらが)うことができなかったのであった。

市民階級層(ブルジョワジー・レヴェル)の家庭的安楽(コンフォート)の強調と結びついたフランス的業績を誇らし気に自慢すること

によって、さらには、アンリ4世〔1553-1610年、在位1589-1610年〕が、「宗教戦争」(1560-98年)ののちに荒廃した国の首都〔パリ〕に新たに思いを寄せた際の拠り所となった都市計画案の数々が特徴づけられる。1599-1610年に、アンリ4世は、ポン＝ヌフを完成させ、サン＝ルイ病院を建て、コレージュ・ド・フランスを設立した。そしてもっとも重要なことには、矩形のパレ・ロワイヤル（現在のヴォージュ広場）、三角形のドフィーヌ広場と半円形のプラス・ド・フランス〔マレー地区に計画されたこの広場は、実現することはなかった〕をつくり上げたのである。イタリアの都市の広場(スクエア)は、公共の建物によって威厳を保たれているが、アンリの手になる広場(スクエア)は、背景としてのイタリア・ルネサンスのデザインの規則正しさを、成功した富裕な市民階級の個人住宅〔邸館〕に供給したがゆえに重要なのであった。その、威厳はあるものの飾らない、隅石に洒落た赤い煉瓦を用いた建築のあるヴォージュ広場は、1605年に着工されたが、アンリ4世の都市の理想の数々の魅力的な思い出として、その大半が今も昔のままに残っているのである。この広場はフランスおよびフランスを越えて、影響を及ぼしたことが証明されることになった。その注目に値すべき末裔のひとつが、1630年頃のロンドンの、イニゴー・ジョーンズの手になるコヴェント・ガーデンである。

ド・ブロス、ルメルシエ、そしてマンサールによる古典主義の発展

　バロックの理想の数々が採択される前の17世紀におけるフランス古典主義建築は、以下の3人の建築家によって占められていた。すなわち、サロモン・ド・ブロス（1571年頃-1626年）、ジャック・ルメルシエ〔ルメルスィエ〕(1582年頃-1654年)、そしてフランソワ・マンサール(1598-1666年)である。サロモン・ド・ブロスは、ジャック・アンドルーエ・デュ・セルソー〔1世〕の孫であったが、デュ・セルソーの、装飾や細部に対する強調を拒絶し、自らの建物群を概観的に〔大局的に〕構想したのであった。こうした量塊の彫刻的感覚は、以下の彼の手になる主要な作品のすべてに直接的に明示されている。すなわち、現在は破壊されたものの、ブレランクールの城館（1612-9年）、摂政女王(クイーン・リージェント)、マリー・ド・メディシス〔1575-1642年〕のためのパリのリュクサンブール宮殿（1614年頃）、そしてレンヌのブリタニー高等法院（*parlement*）用の宮殿（1618年）である。ブレランクールは、フィリベール・ド・ロルムの先駆的な作品である、サン＝ジェルマンのシャトー・ヌフ以降フランスで建てられた、最初の独立して建つ対称形をなす城館として意義があった。付属建築である翼館に妨げられることなく、ブレランクールは、1個の純粋な芸術作品として、4周すべてから見て賞嘆されえたであろう城館である。このブレランクールの前庭にある、その残存するヴィニョーラ風の小館群(パヴィリオンズ)に、小規模ながらも明示されている、きびきびとした古典的な細部によって表現された、サロモンの特徴をなす明快な建築的量塊群(マッスィズ)は、彼をして、17世紀フランスのもっとも偉大な建築家のひとりである、フランソワ・マンサールの真の先駆者たらしめているのである。

　1607年頃-14年に、ローマで研究を重ねたジャック・ルメルシエは、ジャーコモ・デッラ・ポルタとヴィニョーラの〔建築〕言語で表現されたような当時のローマのアカデミックな趣向(テイスト)

361

377 ヴォージュ広場、パリ（1605年着工）

378 ソルボンヌ大学の教会堂の外観、パリ、ルメルシエによる（1626年着工）

を、パリへともたらした。われわれはこの証を、彼の手になるソルボンヌ大学のドームが架かった教会堂（1626年着工）に見ることができる。これは、ローマの、ロザート・ロザーティ〔1559-1622年〕の手になるサン・カルロ・アイ・カティナーリ（1612〔-20〕年）の平面に基づいた平面をしているのである。ソルボンヌ〔の教会堂〕は、ルイ13世〔1601-43年。在位1610-43年〕の首席大臣であった、リシュリュー枢機卿〔1585-1642年〕によって依託されたものであったが、ルメルシエは彼のためにまた、1631年以降、アンドル＝エ＝ロワール地方に、城館とこれに隣接する、新しいリシュリューの町を建てた。現在では破壊されてしまった城館は、この町に比べればさほど興味をそそるものではなかったが、このリシュリューの町は、アンリ4世のパリの広場群（places）の衝撃に伍する、素晴らしい範例として、残存している。2つの広場——そのうちの大きい方の広場の側面には、教会堂と市場が建っているが——を含んだ格子状平面をもってリシュリューは、集中〔有心〕式の平面計画に対するフランス人の適性を映しだしているのである。この集中式の計画案こそは、リシュリュー枢機卿の政治家としての成功の礎と見ることもまた可能なのである。

　フランソワ・マンサールの初期作品として、1626年頃に着工された、カルヴァドス地方〔フランスの北部。イギリス海峡に臨む〕のバルロワ城館もまた、アンリ4世の煉瓦と石による住居建築の翻案である。もっともこれもまた、量塊群をあざやかにまとめ上げるというマンサールの手法を示しているのではあるが。さらには、階段群や高台群と繋がったひと続きをなす高低差のある、〔バルロワの〕村落からのアプローチによって、城館を生きいきとしたかたちでこの村落と結びつけている様態もまた、記憶に残るほど見事なものである。マンサールの円熟を示す最初の作品は、ルイ13世の弟の、オルレアン公ガストン〔1608-60年〕のために、1635-8年に建てられた、ブロワ城のオルレアン公の翼館である。このガストンの秘書は、バルロワでのマンサールの庇護者の息子なのであった。マンサールは下層の身分の出ではあ

第6章　ルネサンスの調和

ったが、熟練した大工の息子であり、父親の義理の兄弟のジェルマン・ゴーティエ〔1571-1624年〕の許で修業を積んだ。このゴーティエは、レンヌでサロモン・ド・ブロスとともに働いた人物であった。ブロワ城でのもっとあとの作品は、ブレンクールやリュクサンブール宮殿のような、ド・ブロスによる建物に由来しているものの、細部の研ぎ澄まされた純粋さ（インクリースト・ピュアリティ）が特徴的であり、これは、ピエール・コルネイユ（1606-84年）の悲劇作品や、ニコラ・プッサン（1593/4-1665年）の古典主義絵画、そしてルネ・デカルト（1596-1650年）の哲学に比肩されてきた、

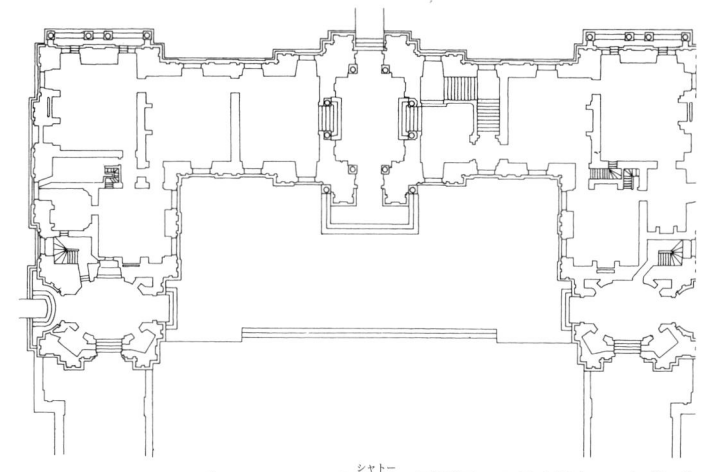

379　マンサール：メゾン゠ラフィット城館（シャトー）の平面図、パリ近郊（1642年着工）

380　同、外観

威厳のある古典的明晰さを生みだしているのである。ブロワにおけるマンサールの精妙な立案（プランニング）は、軸線の違いと、入口正面と庭園正面のあいだの段差を巧みに隠している。

　もっとあとの作品でマンサールは、その傑作の、パリ近郊にあるメゾン城館（シャトー）〔シャトー・ド・メゾン〕（今日のメゾン゠ラフィット〔城館（シャトー）〕）に見られるように、建物の表面により豊かな立体感を与えていた。このメゾンの城館は、1642年に裕福な財政家ルネ・ド・ロングイエ〔1596-1677年〕のために着工されたものであるが、彼はマンサールに自由裁量（フリー・ハンド）を許したのであった。これは、堂々とした、濠をめぐらされた石造の高台の上に、独立して建つひとつの塊り（ブロック）として構想されている。この建物は、〔両端に〕2階建ての翼屋群を従えてはいるものの、最小限の突出部分しかもたない正面入口部分を形づくっている。壁面は、ひと続きをなす、鋭く切り取られた鏡板がはめ込まれた面（パネルド・プレーンズ）──これらの面は、付け柱や独立して建つ円柱、エンタブレチャー、そして窓のまわり枠によってくっきりと輪郭が浮きでている──で出来ているように広く深く彫り刻まれて、直線的な格子状の様態を示している。これはまさしく、各種オ

363

381 マンサール：サン＝ドニのブルボン礼拝堂のための平面図と断面群（1665年）

ーダーを称えた讃歌なのである。多様で精妙な、この本質的に建築装飾的な扱い方は、内部装飾に反映されており、翼屋部分にある卵形〔長円形〕の部屋や、とりわけ入口玄関内部とその隣りにある階段にも表わされている。玄関内部においては、彫り刻まれたドリス式オーダーと寓意的な浮き彫り群とが、彩色もされず金箔も貼られていない質素な石のなかに、ぽつんと残されたままなのである。

　教会建築においてマンサールは、さほど有意義な立場にはなかった。しかし、彼の手になる、1632-3年のパリにあるサント＝マリー＝ド＝ラ＝ヴィジタシオンは、アネにおけるド・ロルムの礼拝堂の場合と同様、3つの側面にそれぞれ置かれた小さな礼拝堂に取り囲まれた、円形状の、ドームが架かった教会堂である。背の高い灯り塔群（ランターン）からどっと入ってくる光を背にして劇的なシルエットを形づくる、卵形の、切り取られたドーム群は、ほとんどバロック的な複合性という特徴（ノート）を、基本的には高期ルネサンス的性格をもった建物のなかへ導入しているのである。これと同じ空間的な関心が、将来のルイ14世〔1638-1715年、在位1643-1715年〕である、王太子（ドーファン）の誕生前に行なわれた願かけ（がん）の成就として、〔母親のルイ13世妃〕アンヌ・ドートリッシュ〔アン・オヴ・アーストリア、1601-66年〕によって、1645年に着工された、パリのヴァル＝ド＝グラースの教会堂を彩っている。マンサールは、ひとりよがりの気難しい男であり、自分の設計案が実施に移されている最中でさえも、いつも頻々とその案を変更してしまう完全主義者であった。ルネ・ド・ロングィユのように融通のきく庇護者ばかりがいたわけではなかった。それゆえ、ヴァル＝ド＝グラースの建物は、1646年にマンサールの手を離れ、ルメルシエに委託された。マンサールの優柔不断さ、あるいは、これと同程度に言われたような、その終わりのない創意の豊かさは、マンサールから、ルーヴル宮の東正面の仕事の依頼を奪い取ってしまったのである。ルーヴル宮のためにマンサールは、ルイ14世の主席顧問のコルベール〔1619-83年〕の招聘を受けて、1664年に数多くの記念碑的な計画案を生みだしていたにもかかわらず。コルベールのためにマンサールはまた、サン＝ドニのブルボン王朝の墓廟のための巨大な礼拝堂用に、1665年にいくつもの設計案を用意していた。レオナルド・ダ・ヴィンチによる設計案を真似たかのように、中央のドームが架かった空間がこれより小さな複数の礼拝堂に取り囲まれており、これらの頂きには、見る者がそれらをとおして外構の殻のドーム（シェル・ドーム）を見ることができるための、切り取られたドーム群が載ることになっ

第6章　ルネサンスの調和

382　シロエー：グラナダ大聖堂東端部のロトンダのドーム（1528年着工）

383　サンティアーゴ・デ・コンポステーラの王立病院（1501-11年）、エガスによる。1518年の扉口(ポータル)を見る

ていた。このバロック的考案物〔仕掛け〕——それをマンサールはブロワ城の階段ですでに匂わせてはいたが——は、1680年代に、マンサールの兄弟の孫(グレイト・ネヴュー)にあたるJ.-H.マンサールによって設計された、アンヴァリッドのドームに影響を与えることになったのである。

スペイン

　スペインにおけるルネサンス形態の到来は、フランスの場合と同様に、この国のイタリアとの政治的繋がりによって促進された。1526年以降のカール5世〔神聖ローマ皇帝。スペイン王としてはカルロス1世、1516-56年〕と1555年以降のフェリペ2世〔1527-98年。スペイン王1556-98年〕のもとでの、ナポリにおけるスペインの統治が密接な芸術的接触を保証する前ですら、われわれは、エンリーケ・エガスによって1501年に設計された、サンティアーゴ・デ・コンポステーラの王立病院〔オスピタル・レアル〕のような初期の建物群において、イタリアの影響を目の当たりにすることができる。この王立病院は、カトリックの2人の君主、フェルディナンドとイサベラのためのものであったが、彼らはこれと同時期に、ローマのテンピエットの設計をブラマンテに委託していた。このコンポステーラの病院は、ミラノのフィラレーテによるオスペダーレ・マッジョーレや、ローマのサンガッロによるサント・スピーリトといった病院を真似た、十字形平面をしている。戸口や窓まわりの、精巧につくり上げられつつも優美な様を見せる装飾は、ゴシックの形態をロンバルディア地方のルネサンスの細部と

365

混ぜ合わせたものであるが、銀細工師の仕事に類似していると思われたがゆえに、プラテレスコ〔銀細工様式〕として知られた様式からなっている。この様式の最後の様相を見せる、もっとも当世風の産物のひとつは、ロドリーゴ・ヒル・デ・オンタニョン（1500/10-77年）〔本書284頁参照〕の手になる、1537-53年のアルカラー・デ・エナーレスのサン・イルデフォンソ大学〔カレッジ〕〔1537-53年〕であり、その一方で、アローンソ・デ・コバルービアス（1488-1570年）の手になる、トレードのエル・アルカーサルの主要な北面ファサード（1537年設計、1546-52年に施工）は、おそらくは、よりイタリア建築に近いものである。とはいえ、ルネサンスの諸形態がなおも本質的に、装飾として用いられている。

384　アルハンブラ内の、カルロス5世のためにマチューカによって建てられた、宮殿の円形状中庭（1527-68年）、グラナダ

　グラナダのアルハンブラ宮殿内にある、皇帝カルロス5世のために1527-68年に建てられた未完の宮殿は、ペードロ・マチューカ（1485年頃-1550年）による設計案〔デザインズ〕とは、著しく異なっている。彼は、イタリアで修業を積んだスペイン人の画家であった。ブラマンテとラファエッロの宮殿の意匠群〔デザインズ〕に鼓舞されたこの宮殿は、〔完成していたならば〕ヨーロッパにおけるもっとも見事な高期ルネサンスの宮殿〔パラッツォ〕になっていたであろう。ドリス式とイオニア式の円柱群からなる、独立して建つ、2層の円柱列〔コロネード〕に取り囲まれた円形の中庭は、ヴィッラ・マダーマに見られるラファエッロの未完の中庭〔コート〕を真似ており、カプラローラにおけるヴィニョーラの中庭を予期している。スペインにおいてはこれ以上のローマ風の建物の模倣物は見当たらない。もっとも、ディエーゴ・デ・シロエー（1495年頃-1563年）は、ブルゴス大聖堂内のふんだんな装飾を施されたエスカレーラ・ドラーダ（黄金の階段）（1519-26年）を設計していた。これはおそらくは、ヴァティカン宮のベルヴェデーレの中庭にある、高台群を繋いだ〔テラス〕、ブラマンテの手になる階段に由来したものであろう。スペインにおける、主導的なプラテレスコ様式の建築家シロエーは、1517年にイタリアに滞在していたことが知られているが、ブルゴスに居を構えていたフランス人彫刻家の息子であった。シロエーの傑作は、以前にモスクがあった敷地に、1528年に着工されたグラナダ大聖堂である。東端部に建つその荘厳なドームが架かった円堂〔ロトンダ〕は、グラナダのムーア人の過去に対する罪のあがないの行為としての「聖餐のパン」〔ブレスト・サクラメント〕を永遠に開陳するためにつくられたものであった。この霊感に導かれた意匠は、エルサレム

366

第6章　ルネサンスの調和

の聖墳墓教会堂にある初期キリスト教のアナスタシス〔復活〕の円堂(ロトンダ)と、さらにはブラマンテによるサン・ピエトロの設計案を思い起こさせるものである。それと同時にこの建物は、猛烈なプラテレスコ的性格を有しており、たとえば、「免償の門」(ポータル・オヴ・パードン)として知られる、袖廊北側の外構をなす釣り合いのとれた凱旋門(ハンサム)の装飾において顕著にそれが現われでている。

スペインにおけるルネサンスのはるかに重要な作品(プロダクト)は、マドリードから30マイル（48km）の山脈のなかに、1563-82年に建てられた、エル・エスコリアルの修道院兼宮殿であった。これは、スペイン帝国の強大な力(マイト)とスペインのカトリックの敬虔さを余すところなく象徴的に表わすようなやり方で、フェリペ2世が、その父親のカルロス5世の霊廟を収めるために建造を委託したものである。この広大な建造物の平面図は、フアン・バウティスタ・デ・トレードなる建築家によって描かれた。彼は、1546-8年から、サン・ピエトロでミケランジェロの助手を務めていたが、1559年に、フェリペ2世によってナポリからマドリードへ招かれたのであった。大きな十字形平面は、フィラレーテによるミラノの病院と同時に、スパラトのディオクレティアヌス帝の宮殿やローマの同帝の公共浴場をも真似ている。立面各図の厳格な様態は、ジャーコモ・デッラ・ポルタとヴィニョー

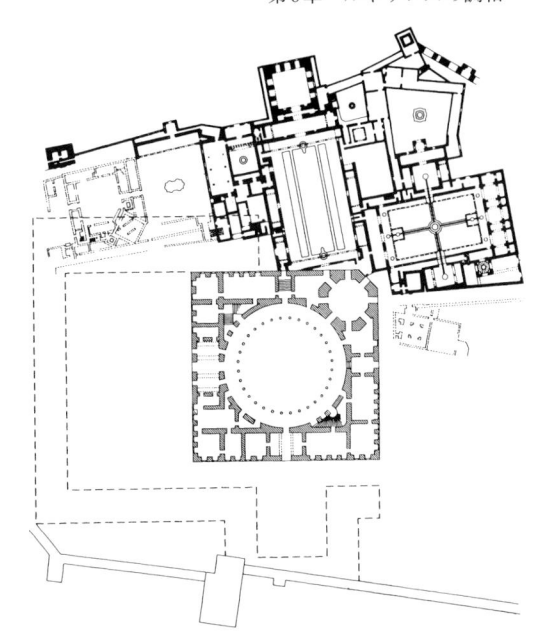

385　マチューカによる円形状中庭のある、アルハンブラの平面図

386　「免償の門」(ポータル)、グラナダ大聖堂、シロエーによる（1536年着工）

ラの様式を縮小した単純な様式からなるが、堅固な素材である、この土地特有の灰色の花崗岩と、さらにはフェリペ2世に大そう強く訴えかけた反宗教改革の精神性(スピリテュアリティ)にも関連している。

367

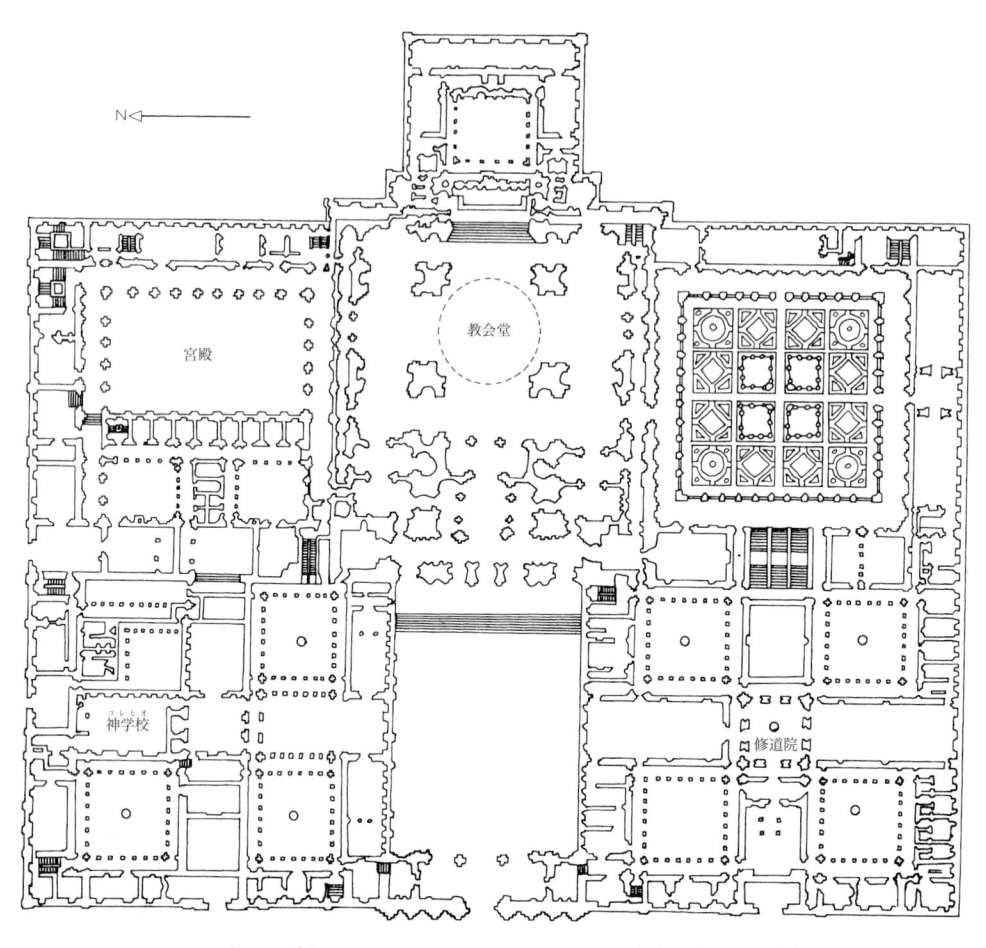

387 トレードとエレーラ：エル・エスコリアルの平面図（1563-82年）

388 同、外観

第6章　ルネサンスの調和

たとえそうであっても、この教会堂に対するトレードの設計案(デザイン)は、国王に感動を与えることに失敗した。国王フェリペ2世は、建築に情熱的なまでに関心を示しており、そのため、彼は、アレッシ、ティバルディ、パラーディオ、ヴィニョーラ、そしてその他の建築家たちから、選択を行なおうとしたのである。結局のところ、1563年以降トレードの助手を務め、1572年にはその後継者となったフアン・デ・エレーラ（1530年頃-97年）が、トレードの設計案に手を加えて補整し、内陣用に特別な東側の柱間を付けた、ドームが架かったギリシャ十字形の教会堂をつくり上げたのである。アルベルティ、アレッシ、そしてティバルディらによる教会堂群のみならず、サン・ピエトロに対するブラマンテの設計案についての知識をも示した、その冷徹な壮大さは、全体を覆っている複合した様態という雰囲気と調和しているのである。聖ヒエロニムス修道院、神学校、病院、王宮、そして王家の霊廟を組み入れている、17個の中庭をもった、この複合的様態は、確かに、近世世界の不思議のひとつなのである。ここにおいて、半身が王で、半身が修道士の、歴史上最大級の帝国のひとつの統治者であったフェリペ2世は、1598年に、「主祭壇」(ハイ・オールター)を見おろすべく設計された、小さながらんとした部屋で死去したのであった。建物群の王付きの視察官として、エレーラは、自らのかなり威圧的な流儀(マナー)が、この世紀〔16世紀〕の残滓のための、そしてそれを超えた時代のための、スペインの官製の建築様式になるとの確信を抱くことができた。その流儀は、この国〔スペイン〕全体の、数多くの宮殿、公共建築群、市庁舎群、そして教会堂群に見ることができるのである。

　　　ドイツ

　イタリアへのアクセスが容易で分かりきっている、フランスとスペインという、カトリックの国々は、イングランドやドイツや低地地方の国々〔ベルギー・オランダ〕とは著しい対比をなす〔イタリアと〕密着したやり方でルネサンスの建築を採択したのであった。これら後者の国々では、宗教改革のより大きな衝撃が、ルネサンスの理想の数々を目一杯に採択することを妨げたのである。ドイツは、そのルネサンスの建築よりもむしろ、そのバロックの建築のゆえに、重要な存在となる運命にあった。ルネサンスの諸形態は、ドイツにおいては、フッガーという銀行家一族によって、1510-2年に、シュヴァーベン地方〔ドイツ南西部〕のアウクスブルクにあるザンクト・アンナ教会堂の西端部に付加された礼拝堂(キルヒェ)に到来した。このフッガー家礼拝堂は、北イタリアすなわちヴェネツィア風のクワトロチェント（*quattrocento*）〔1400年代〕様式(マナー)での試みではあるが、これとの調和を欠いた後期ゴシック様式のドイツ的網状ヴォールトが架かっているのである。16世紀の大半をとおしてドイツでは、ルネサンスは単に、ひとつの装飾体系でしかなく、それも、コモやパヴィアの北イタリアのクワトロチェントの建物群から由来し、後期ゴシックの構造物に適用されただけのものであった。われわれはこの状況を、1530年代において、ドレスデンの城館内のゲオルゲンバウに見ることができる。もっとも、同じザクセン地方のトルガウにある、コンラート・クレプス（1492-1540年）によって設計された、ハルテンフェルス城の同時代のヨハン＝フリードリヒ＝バウは、もっ

369

と野心的な記念碑である。ここでは、巨大な石の籠(ケージ)のなかの、驚くべきほどに開放的な階段が誇らしく建っているが、これは、ブロワ城館のフランソワ1世翼館の階段に比肩しうる、一種のロンバルディア=ドイツ風の階段である。

ひとつの例外が、南部バイエルン地方のランツフートの都市宮殿(シュタットレジデンツ)によって与えられる。これは、バイエルン=ランツフート公のルートヴィヒ10世〔1495-1545年〕のために、1536-43年に建てられたが、その際に、マントヴァから連れてこられた石工やストゥッコ職人たちの協力を得た。マントヴァでルートヴィヒ10世は、1536年に訪問したパラッツォ・デル・テを賞嘆していたのである。ヴォールトが架かった開廊群のある、このランツフートの宮殿(レジデンツ)は、建築的には、パラッツォ・デル・テの印象深くない〔何ら感動を与えない〕写しものでしかないものの、そのフレスコ画が描かれた内部装飾やストゥッコ仕上げの内部装飾が、よりイタリア風であることは間違いなく納得がゆく。これよりずっとはっきりしているのは、フランドル風の装飾とずんぐりとした円柱群に飾られた切妻壁と、重ね合わさったアーチ列が並んだ中庭とが支配的な建物ということである。こうした様式の数多い市庁舎の建物のなかでも典型的なものは、ザクセン地方、ライプツィヒ(1556-64年)、そしてアルテンブルク(1562-4年)の各市庁舎である。アーケード〔アーチ列〕の並ぶ中庭の見事な例は、クリストフ・デア・ヴュルテンベ

389 アルテス城館(シュロス)のアーチ列からなる中庭、シュトゥットガルト、トレッチュによる(1553-62年)

390 ハイデルベルク城館のオットーハインリヒスバウの中庭側ファサード(1556年-60年頃)

ルク公のために、建築家アルベルリン・トレッチュ(1577年頃歿)によって、1553-62年に建てられた、シュトゥットガルトのアルテス・シュロス〔古城館〕の中庭である。フランドルに鼓舞された装飾の溢れんばかりの豊かさという最高の時は、ハイデルベルクの城館の、オットーハインリヒスバウに訪れた。これは、1556-60年頃に、収集家兼庇護者のオットーハイン

370

第6章　ルネサンスの調和

リヒのために建てられた。彼は1556年に選帝侯〔神聖ローマ皇帝の皇帝選定権をもつ〕となった。この建物は、外界に対しては厳格な表情(フェイス)を示しているけれども、現在では荒廃したオットーハインリヒスバウの中庭側のファサードは、彫刻装飾で完全に埋め尽くされた、法外にけばけばしい構成である。この意匠(デザイン)は、セールリオの論考にいくらか負ってはいるが、3次元的に渦巻いたストラップワーク〔革細工文様、紐状細工〕のような細部は、おそらくは、コルネリス・フローリス(1514年頃-75年)から由来していよう。彼は、1556年と1557年に、2冊の影響力ある版画集を公刊していた。

391　ザンクト・ミヒャエルのイエズス会教会堂西正面、ミュンヒェン、ズストリスによる(1583年着工)

　ミュンヒェンは、かなりカトリックが浸透した都市であり、ローマとの密接な繋がりを享受していた。このことは、北方ヨーロッパにおいてイエズス会士たちによって建てられた最初の大きな教会堂として、1583年に着工された、ザンクト・ミヒャエル教会堂において言祝(ことほ)がれている。これは、バイエルン公ヴィルヘルム5世〔1548-1626年〕によって資金が調達された。彼は、すでに、オランダの建築家フリードリヒ・ズストリス〔1540年頃-99年〕によって、国際的な後期ルネサンス様式で設計されたアーチ列の中庭のある、ランツフートのブルク・トラウスニッツ〔トラウスニッツ城〕を1573-8年に改築していた人物である。トラウスニッツ城の内部は、ズストリスがイタリアから連れてきた芸術家集団による、アラベスク模様(ワーク)や人物像が豊かに描かれていた。1569-73年にこの芸術家集団は、ズストリスの協力を得て、アウクスブルクの現在では破壊されてしまったフッガーの邸館で、ハンス・フッガー〔1531-98年〕のために内部装飾を手掛けたが、これは、イタリアのジューリオ・ロマーノやジョルジョ・ヴァザーリ(1511-74年)の作品と張り合う豊饒なマニエリスム様式でなされたのであった。ズストリスは、画家として修練を積んだが、ミュンヒェン教会堂付きの独創的な建築家であったと思われる。そしてミュンヒェン教会堂の塔が崩壊したあとの、1593-7年に、新しい交差部と内陣を供給したのは、確かに彼なのであった。半円筒形ヴォールトと側面の礼拝堂〔祭室〕のあるローマ風の身廊にならったものの、西正面はヴィニョーラのイル・ジェズーを、まさしくはるか遠方で〔少しく拡げたかたちで〕、真似ているのである。というのも、これは北方ルネサンスに特徴的な切妻壁のある都市住宅に合わせるように建てることへと変容しているからである。

371

392　アンティクヴァーリウム〔古代博物館〕、ミュンヒェン・レジデンツ（1586-1600年）

393　ヨハンニスブルク城館の外観、アシャフェンブルク、リディンガーによる（1605-14年）

　そうこうするうち、ヴィルヘルム5世は、ヴィッテルスバッハ公の古い要砦化した田舎の屋敷を、ルネサンスのパラッツォへと変えつつあった。彼のもっとも顕著な貢献は、アンティクヴァーリウム〔古代博物館〕であったが、これは、ズストリスが1586-1600年に彼のために、改築したものである。この建物の前身は、ミラノ人の古物収集家ヤーコポ・ストラーダ〔1507-88年〕の設計図を基に、バイエルン公アルブレヒト5世〔1528-79年〕のために、1569-71年にドイツで最初の博物館として建てられた長くて天井の低い部屋なのであった。天井高を確保するために、ズストリスはストラーダによる半円筒形ヴォールトの架かった地下墓室のような部屋——これはおそらく、古代ローマの半地下の内部に鼓舞されたものであろう——の床面を低くしたのであった。ズストリスは、広いヴォールトの隅から隅までを、ヴァザーリの様式に肉薄した後期マニエリスム様式で描かれた幻想的な人物像や多色のアラベスク模様を含んだ、フレスコ画で埋め尽くしたのである。この装飾を行なった集団には、オランダ人、ドイツ人、そしてイタリア人の芸術家たちが含まれていた。

　もっとずっと典型的なのは、すでにして広大であったヘメルシェンブルク城館に、1590年代後半に付加された大きな南翼館の切妻壁をもった、ドイツ〔ゲルマン〕的な溢れんばかりの豊かさである。16世紀後期ドイツの、もっとも野心的な世俗建築群のひとつであるこの城館は、その巨大さにおいて、ウォラトンやハードウィック（本書384頁）のようなイングランドの「驚異の屋敷群」と張り合っている。もっとも、この城館は、これらの屋敷に見られる調和と対称の強調を欠いている。こうした〔調和や対称といった〕理想の数々は、1605-14年に、ゲオルク・リディンガー（1568-1616年以降）によって一気に建てられた、アシャフェンブルクの巨大な四角形のヨハンニスブルク城館において達成された。これは、マインツの大司教兼選帝侯であったヨハン・シュヴァイクハルト・フォン・クロンベルク〔1553-1626年〕のた

めのものであったが、彼の領地と建築的な野心の数々は、いかなる平信徒の選帝侯のものをも凌駕していた。その規模と権力は、17世紀末頃のドイツの大きな宮殿群を先取りしているといえるが、1590年代にヴェルデル・ディッターリン〔1550年頃-99年〕によって刊行された図版集に由来する、その背の高い切妻壁の幻想的なマニエリスム的装飾を施されたこの城館は、ほかのものよりも適切に、ドイツのルネサンスの頂点をなすものと見なされているのである。もうひとつは、ハイデルベルクの城郭(カースル)において達成されている。これは、ヨハン〔ネス〕・ショッホ〔1550年頃-1631年〕による設計案を基にした、フリードリヒスバウの、1601-7年における建造にほかならない。ショッホは、ぎゅうぎゅう詰めに装飾された隣接するオットーハインリヒスバウの影響を振り払っているとは、明らかに思えなかった。この作品と正確に同価値な宗教建築は、1610-5年の、ビュッケブルクのプロテスタント派の都市教会堂の豪華な西正面である。これはおそらくは、ハンス・ヴルフによって設計されたと思われるが、その内部はいまだに、後期ゴシック様式が支配的であった。

394　ホルによるアウクスブルク市庁舎の外観（1515-20年）

　このような幻想のあとには、平静な状態が確かに戻ってきたのであった。その導入にとりわけ結びついている建築家は、エリアス・ホル（1573-1646年）であり、彼はカトリック教徒のフッガー家〔アウクスブルクの大財閥〕によって雇われていたアウクスブルクの熟練した石工一家を出自とするプロテスタント〔新教徒〕であった。1600-1年のヴェネツィア訪問ののち、ホルは、1602年にアウクスブルクの都市建築家として、自らの父親の跡を継いだ。その厳格な手法は、1609年頃-19年の、バイエルン地方のアイヒシュテット〔原著では、Eichstättが Eichsättになっている。ただし、1986年の初版では正しい綴りになっていた〕にあるヴィリバルツブルク城館(シュロス)に、さらには、2つのアウクスブルクの建物である、屠殺場（1609年）とザンクト・アンナのギムナジウム（1613-5年）に、直接認めることができる。ヴィリバルツブルクに様式上近いのが、1613-5年に、選帝侯フリードリヒ5世〔1596-1632年〕によって建てられた、ハイデルベルク城(カースル)の、エングリッシャー・バウ（イングランド風建築）である。その上品な意匠(デザイン)は時々、イニゴー・ジョーンズの名と結びつけられてきた。ジョーンズは、ほぼ確かなことに、1613年に、フリードリヒ5世と、イングランド王ジェームズ1世〔1566-1625年、在位1603-25

373

年〕の娘であったエリザベス〔・ステュアート。1596-1662年〕王女の結婚に際して、アランデル卿とともにハイデルベルクを訪れていた。

　ホルの傑作は、アウクスブルクのラートハオス（市庁舎）である。これは、6階建てに背の高いペディメント付きの屋階のある中央部分からなる一種の反宗教改革的な高層建築として、1515-20年に建てられた。その細部の簡潔さは、ジャーコモ・デッラ・ポルタとドメーニコ・フォンターナの作品を思い起こさせる。その八角形のドームが架かった塔群は、よりドイツ〔ゲルマン〕的であり、一方、その複合した量塊化と立方体的な明晰さは、ホル自身の手法である。内部は、ホルが携わってはいないものの、1620-3年の広大な豪華に装飾された黄金の間において最高潮に達していた。不幸なことに、これは第2次大戦でその大半が破壊されてしまった。この市庁舎の堂々とした厳格さは、ヤーコプ・ヴォルフ年若（1571-1620年）による、1616-22年のニュルンベルクの市庁舎の新しい翼館に影響を与えた。この翼館の落ち着き払った壮大さと、反復的な窓割りがなすほとんど工業的な水平帯は、エレーラの手になるエスコリアルの、遠方からの共鳴〔谺〕のように思われる（本書368頁）。画家であり素描家のアルブレヒト・デューラー〔1417-1528年〕の作品に対する熱狂的な支持にもかかわらず、ニュルンベルクの住民たちは、切妻壁の正面と、装飾で溢れかえったアーチ列からなる中庭のある、ヤーコプ・ヴォルフ年長による設計案を基にして、遅まきながら1602-5年に建てられた、ペラーハオスから判断することができるように、建築におけるルネサンスの諸形態を、ゆるやかに採択していったのである。ニュルンベルクの市庁舎もペラーハオスもともに、第2次世界大戦で破壊されたものの、その後に、大々的に再建されたのであった。

東ヨーロッパ

　ハンガリー、ロシア、ポーランド、ボヘミア、そしてオーストリアのような東ヨーロッパの国々は、われわれがすでに見てきた国々よりも早く、ルネサンスに馴染んでいた。われわれがこの状況をいまだに考慮してこなかったのは、それが見取り図を描くことが難しい行き当たりばったりの経路を辿っているからにほかならない。モスクワでは、イタリア人建築家のアレヴィスィーオ・ノーヴィがクレムリンに、アルハンゲリスキー〔アルハンゲルスキー、アルハンゲル・ミハイル〕大聖堂を建てたが（1505-9年）、これはルネサンスの細部を組み込まれているものの、伝統的なロシア=ビザンティン的平面を保持したままなのである。ハンガリーは、14世紀以来、イタリア・ルネサンスの人文主義的学識のほかに類のない前哨地としての立場を確立していたのである。すなわち、16世紀に侵攻してきたトルコ人たちによって抑圧されてしまう前の15世紀までずっと続いた文化の開花期を謳歌していたのであった。その鍵となった人物は、マッティーアス・コルヴィヌス（在位1458-90年）であったが、彼は、マンテーニャ〔1431-1506年〕やヴェロッキオ〔1435-88年〕やベネデット・ダ・マイアーノ〔1442-97年〕の庇護者であり、フィレンツェ出身の建築家キメンティ・ディ・レオナルド・カミーチをブダにおいて登用したのであった。今は破壊されてないものの、彼の、当地の城郭の再

第6章　ルネサンスの調和

建は、ウルビーノのパラッツォ・ドゥカーレ〔大公の宮殿〕にほぼ比肩しうるほどのものであった。ハンガリーにおける最初の完璧なルネサンスの記念碑のひとつは、ハンガリーの大司教座がある、エステルゴムの大聖堂の近くに、1507-10年、ドームが架かったギリシャ十字形平面で建てられた、明瞭にフィレンツェ風の礼拝堂である。地元の赤い大理石で建造されたこの礼拝堂は、バコーツのタマーシュ枢機卿兼大司教〔1442-1521年〕が自分自身の霊廟礼拝堂として委託したものであった。しかしながら、マッティーアス・コルヴィヌスはまた、ゴシック様式での建物群を委託することに満足していたが、このことはすなわち、ルネサンス様式がありとあらゆる目的に対していまだに遍く受けいれられてはいなかったことを示唆している。

　1502年、未来のポーランド王ジグムント〔1467-1548年、在位1506-48年〕は、マッティーアス・コルヴィヌスの宮殿で育てられていたのだが、ブダからクラクフ〔ポーランド南部〕へ、フィレンツェ人の建築家フランキスクス〔フランソワ〕・フロレンティヌスを伴って移動した。1506年に王冠を戴いたジグムント〔1世〕のために、フランキスクスは、クラクフのヴァヴェルの城を、ルネサンス風の宮殿〔パラッツォ〕に改修する工事を始めた。この工事は、1516-35年に、もうひとりのフィレンツェ出身の建築家バルトロンメーオ・ベレッチ（〔1480-〕1537年歿）によって継続された。その主要な特徴は、ドイツにおいてのちに流行することになったタイプの、半円形アーチの列が上下に重ね合わさった列柱廊〔コロネード〕のある中庭である。ベレッチは、ハンガリーを経由してポーランドに到着したのだが、明らかにブラマンテの仲間に混じって修業を積んでいた。ベレ

395　ベルヴェデーレのアーチ列の開廊、プラハ、パオロ・デッラ・ステッラによる（1534年着工）

396　ヴァヴェル大聖堂、クラクフ（1519-33年）。ベレッチによるジグムント・チャペルを見る

375

ッチのもっとも際立った業績は、クラクフのヴァヴェル大聖堂内の、ジグムントの礼拝堂(チャペル)である。これは、1517年に、ジグムントによって、彼の最初の妻〔バルバラ・ザーポリャ〕の死後の王立の霊廟として委託されたものである。これは、既存のゴシック様式の側面礼拝堂の代わりに、1519-33年に、この王によってハンガリーから連れてこられたイタリア人の芸術家たちの助けを得て建てられた。白い砂岩と赤いハンガリー産の大理石からつくられたこの礼拝堂は、外面が八角形で表現されたドラム〔角胴〕を支える、背の高い頂塔(ランターン)の載った、ペンデンティヴの屋根の立方体(キューブ)からなっている。建築的にも装飾的にも、これは、イタリアにおいてさえ比肩しうるものが必ずあるとはいいがたく、またフランスやドイツでは確実に何処にも見当たらないタイプの、イタリア初期ルネサンスの理想の数々をもっとも見事に表現したもののひとつである。その内部は、クラクフ大学の人文主義者仲間に影響されてきたといえる設計課題(プログラム)に従った、豪華に彫琢された装飾で覆われている。1518年の、ジグムントと、ミラノを統治する一族出身のボーナ・スフォールツァとの結婚は、この礼拝堂のロンバルディア風の趣きを、おそらくは説明してくれよう。この趣き(フレイヴァー)こそは、ラファエッロやサンガッロ一族によって、きわめて高度な装飾様態と見なされてきたといえるものなのである。この礼拝堂は、ヴァヴェル大聖堂そのものにある礼拝堂を含む、ポーランドのほかの集中式平面の礼拝堂に相当の影響を及ぼしたのであった。もっとも、ほかの礼拝堂はみな、輝きを欠いてはいたが。

　ジグムント〔1世〕の兄の、ボヘミア王ヴラディスラフ〔ウラースロー2世、1456-1516年。ボヘミア王1490-1516年〕は、1493-1502年、プラハ城(カースル)内に、ヴラディスラフ・ホールを建てるため、ベネディクト・リートを雇用した。本書の第5章でわれわれが賞嘆した後期ゴシックのヴォールト群が、コリント式の付け柱や半柱によって枠づけられた窓のような、ルネサンスのさまざまな特徴と、奇妙にも結びついていた。宮殿のこの部分が、1510年に完成するまでに、その徐々に増大していった古典的形態の数々によってこの部分は、アルプス以北のもっとも初期のルネサンス建築のひとつになったのである。フェルディナンド2世〔1世の誤り。1503-64年。神聖ローマ皇帝1558-64年。ボヘミア王1526-64年〕は、神聖ローマ皇帝カール5世の弟であり、ボヘミアを治めた最初のハプスブルク家出身の王であったが、プラハの建築に対して、もうひとつの注目に値すべき初期ルネサンスを付加する責務を負った。それは、1534年に彼の妻のために庭園内のパヴィリオン〔小館〕として着工された、見晴らしのよい四阿(ベルヴェデーレ)(レトージャディック)である。ヴェネツィアのチンクエチェント(*cinquecento*)〔1500年代〕風の性格をもった、このアーケード状の〔アーチ列からなる〕開廊(ロッジア)の建築家は、パオロ・デッラ・ステッラ（1552年歿）であるが、彼は、アンドレア・サンソヴィーノ〔1467-1529年〕の許で修業した彫刻家であった。工事は1541年の火災で中断し、S字形曲線の銅製の屋根は、ウィーンで修業した建築家ボニファツ・ヴォルムート（1579年頃歿）によって1563年になって漸く完成した。同じくヴォルムートの手になる、1567年のテニス・コートがこの近くに建っている。これは、ズグラッフィート(*sgraffito*)〔掻き取り仕上げ法〕装飾で飾られた重々しいアーチ列に囲

第6章　ルネサンスの調和

397　フローリスによる、アントワープ市庁舎の外観（1561-6年）

まれている。このようなイタリア風の記念碑群は例外的である。というのも、総体的にいえば、ボヘミア地方の建築は、切妻のある〔破風造りの〕外構や上下に重ね合わさったアーチ列のある中庭といった、ドイツ的な型式(パターン)に従っているからである。

ネーデルランド〔オランダ〕

　1512年頃に、教皇レオ10世〔1475-1521年、在位1513-21年〕は、ラファエッロに、システィーナ礼拝堂に吊るすための、ひと組のタピストリーの制作を委託した。1517年、これらのタピストリーのための、ラファエッロによる等身大の下絵の数々が、ブリュッセルに到着し、この地でタピストリーが編まれることとなり、かくして、ルネサンスが決定的な流行となってネーデルランド地方にもたらされたのである。この同じ年に、摂政のマーガレット・オヴ・オーストリア〔1480-1530年〕が、メヘレン（マリーヌ）〔ベルギー北部の都市。レース製造で知られた〕の宮殿を新しい様式で増築させたのである。しかし、フランドル地方でのルネサンスが成熟を見るのは、1561-66年のアントワープでの市庁舎の建造をまってのことであった。この市庁舎の建築家コルネリス・フローリス（1514年頃-75年）は、アントワープの生まれで、ジャンボローニャ〔1529-1608年〕の許で彫刻を学び〔ワトキンはこう書くが、フローリスとジャンボローニャとは、年齢的にフローリスがジャンボローニャの弟子であったとは考えにくい。ジャンボローニャの弟子とされるオランダ人はアドリアーン・デ・フリース（1556年頃-1626年）であり、ワトキンはこのフリースとフローリスを混同していると思われる〕、1538年にはローマを訪れた。彼の手になる市庁舎は、威厳のある記念碑的な作品であり、幅は19個の柱間(ベイ)からなり、実際のところ、その背後に何もない1個の展示物にほかならない、高くそびえた切妻のある正面が中央に堂々と構えている建物である。壁龕や渦巻装飾やオベリスクを側面に従えた、

377

398　マーセンのハイス・テン・ボッシュ〔ハウス・テン・ボス〕の外観、ユトレヒト近郊、ファン・カンペンによる（1628年）

399　マウリッツハイスの外観、ハーグ〔デン・ハーフ〕、ファン・カンペンによる（1633-5年）

対になった円柱と付け柱のような、ブラマンテとセールリオに由来した特徴の数々で飾り立てられたこの市庁舎は、1564-5年にとある建築家によって建てられた、ハーグ〔デン・ハーフ〕でのよりつつましい模倣作を皮切りにして、ドイツとネーデルランドの多くの市庁舎に影響を与えたのである。これと同じ程度に影響力を発揮したのが、その溢れんばかりに豊饒なストラップワークの装飾である。この市庁舎においても、トゥールネ大聖堂における、フローリスの手になる1572年の壮麗な大理石で出来た内陣障壁においても、この装飾は決して中心的な役割を果たしたわけではないものの、それは、神聖ローマ皇帝カール5世とその息子の、未来のスペイン王フェリペ2世の、1549年のアントワープへの入城用にフローリスが建てた、さまざまな凱旋門(アーチ)とその他の儀式用の建造物群の、重要な要素なのであった。これらの建物の版画集が1550年に出版されたが、そのあと、1556-7年に、フローリスの『銅版画集(Veelderleij ni[e]uwe inventi[on]en van Antych[tijck]sche)』〔2巻本〕が続き、さらに、ハンス・フレーデマン・デ・フリース〔1527年-1607年頃〕の『建築書(Architectura)』（アントワープ、1563年）と『間仕切り部屋装飾集(Compertimenta)』（1566年）が、そしてヴェンデル・ディッターリン〔1550年頃-99年〕のずっと装飾の多い『建築書(Architectura)』（ニュルンベルク、1594-8年）が出版された。

　この種の装飾で覆われた切妻〔壁〕群は、17世紀に到るまでも、ネーデルランドの、市庁舎やギルド会館や個人住宅の顕著な特徴であり続けた。指導的なハールレム〔オランダ西部〕の建築家リーフェン・デ・ケイ（1560年頃-1627年）の手になる、ハールレムの食肉商組合会館(ミートハル)（1601-5年）ほど見応え(スペクタキュラー)のある建物はない。アムステルダムにおいて、リーフェン・デ・ケイ

378

第6章　ルネサンスの調和

と対等の立場にあるのは、建築家兼彫刻家のヘンドリック・デ・カイザー（1565-1621年）である。カイザーの2つの主要な作品は、アムステルダムのスカイラインを左右している野心的な塔群のある、ゾイデルケルク〔南教会〕（1606-14年）とヴェスタケルク〔西教会：ここの塔は高さ85m〕（1620-38年）である。ゾイデルケルクは、祭壇によりも説教壇に力点を置いて計画された、オランダで最初の大きなプロテスタント教会堂である。双方の教会堂とも、簡素な半円アーチからなる列柱廊を有しているものの、全体としては、ゴシックからの変遷〔移行〕期の様式のままに留まっている。

400　食肉商組合会館、ハールレム、デ・ケイによる（1601-5年）

　華やかなフランドルの装飾と変遷期ゴシックの最後の痕跡は、建築家、画家、地主、そして裕福な独身男であったヤーコプ・ファン・カンペン（1585〔1595〕-1657年）によって、無情にも速やかに撤収された。カンペンは、アムステルダムの皇帝運河(カイザーグラハト)にある、1625年のコイマンス邸のような建物群に見るように、オランダにパラーディオ主義を導入した。そして、この3年後に、ハーグ近郊の森のなかに、愛らしい「森の家（Huis Ten Bosch）〔ハウス（ハイス）・テン・ボス〕」を建てたが、これは、明らかに〔ヴィンチェンツォ・〕スカモッツィ〔1548-1616年〕の『普遍的建築の理念について（Dell' Idea dell'Architettura Universale）』（ヴェネツィア、1615年）に鼓舞された、オランダ建築における、最初のペディメント付きの巨大オーダーを誇る建物である。彼の傑作は、おそらく、1633-5年にハーグに、ヨーハン・マウリッツ・ファン・ナッサウ王子のために建てられた、マウリッツハイス〔Mauritshuis〕であろう。これは、しっかりと据えられた巨大な砂岩のイオニア式付け柱で活気を添えられた質素な赤煉瓦の建物である。フランスのアンリ4世時代の様式に似ていなくもない様式である。品があって威厳も備えてはいるものの、王子の宮殿にしてはつつしみ深いこの建物は、イングランドにおける住居建築の流れに、相当な影響を及ぼした手法でつくられた。ヤーコプ・ファン・カンペンは、アムステルダムの堂々とした石造りの市庁舎（現王宮）の設計に邁進した。この市庁舎では、上下に重ね合わされた巨大なオーダー群が、バロック的壮大さを達成している。1647-65年に建てられた、この市庁舎の比類ない規模は、スペインとのあいだの80年にわたる戦争のあとに、オランダ共和国の独立が公式に認められた際に結ばれた、「ミュンスター講和条約」

379

401 バーリー・ハウスの外観、ノーサンプトンシャー（1550年代-80年代）

〔ミュンスターは、1648年10月にヴェストファーレン（ウェストファリア）条約が締結された地。ミュンスター条約は、オスナブリュック条約とともにヴェストファーレン条約として総称される条約〕によって生みだされた風潮（ムード）を反映しているように思われる。

イングランドと「驚異〔偉観〕の館（プラダジー・ハウス）」の成長

　ヘンリー8世治政下の宗教改革は、その娘のエリザベス女王〔1533-1603年、在位1558-1603年〕の孤立した国家主義的政策が続くことによって、イングランドがイタリアのルネサンス思想やデザインの源泉からほぼ孤立状態にあることを確定的にした。イングランドは、たとえば、いかなるイタリアの建築家も建物の設計に際して呼ばれることのなかった、ヨーロッパでの唯一意義深い国なのであった。1538年に着工し、1680年代には破壊されてしまった、ヘンリー8世のノンサッチの宮殿は、その範型であったといえる、フランソワ1世のシャンボール城と比較すれば、建築的には失敗作であった。フォンテーヌブローでのロッソによるストゥッコ〔スタッコ〕の上塗り装飾を思い起こさせる、同様のストゥッコ塗り装飾は、建物そのものよりは成功したが、それは単に、外国の職人たちが雇用されていたからであった。最初の十分に古典主義的な建物は、今は破壊されてしまった、ロンドンの旧サマセット・ハウスであった。これは、1547-52年に、ロード・プロテクター〔護国卿〕のサマセット公爵〔エドワード・シーモア　1506-52年〕によって起工されたが、彼は、1547年以降のエドワード6世〔1537-53年、在位1547-53年〕率いる少数派支配のあいだの2年間、摂政として活躍した人物であった。1階の、凱旋門モチーフのある正面部分は、フィリベール・ド・ロルムとジャン・ビュランによる、当時のフランスの建物群を思い起こさせた。ロード・プロテクターとし

第6章　ルネサンスの調和

402　キーズとダ・ハーヴ：「名誉の門」、ゴンヴィル・アンド・キーズ・カレッジ〔学寮〕、ケンブリッジ（1572
　　-3年）。右側に、同時代に建てられた「美徳の門」〔「謙遜と美徳の門」〕が見える

403 ロングリートの外観、ウィルトシャー、スミスソンによる（1572-80年）

てのサマセットの後継者、ノーサンバーランド公爵は、1550年にジョン・シュート〔1563年歿〕をイタリアへ送り、古代と現代の双方の建築を研究させた。その成果は、英語で書かれた古典の各種オーダーについての最初の著作『建築の第一原理（The First and Chief Grounds of Architecture）』(1563年) であり、明らかにこれは、セールリオとヴィニョーラの研究に由来したものであった。2つの大きな邸館(ハウス)の起源が、サマセット卿(ロード)をめぐる仲間たちに跡付けられうる。すなわち、彼の秘書のウィリアム・セシルによるバーリー・ハウスと、彼の財産管理者であった、サー・ジョン・スィン〔1515年頃-80年〕によるロングリート・ハウスである。スィンは、旧サマセット・ハウスの建物を預かっていた。

　ノーサンプトンシャーのバーリー・ハウスは、1550年代と1580年代のあいだに、エリザベス女王の最初の大臣、大蔵卿(ロード・ハイ・トレジャラー)ウィリアム・セシル、すなわち初代バーリー卿（1520-98年）によって建てられた。彼は、ほかの誰よりも強く、新しいプロテスタントの王国の権力、平和、そして繁栄を確立する責務を負っていた。彼の国家主義的な威光を反映した広大な邸館(マンション)は、エリザベス女王とその宮廷人たちをそこでもてなすための背景〔場所〕(セッティング)として構想された古典主義的な「驚異の館」である。様式の変遷が見てとれるほどの長い期間にわたって建てられたこの建物は、もっとも当代風(アップ・トゥ・デイト)のフランス古典主義である小塔のある入口玄関とか、凱旋門をテーマとし、ピラミッド風のオベリスクを頂く、1585年につくられた、中庭に見られる、半円筒形ヴォールトの架かった石造の階段や各種オーダーからなる塔とかいった、伝統的な特徴の数々を組み合わせている。われわれは、バーリーがフィリベール・ド・ロルムの著作を含んだ建築書をいくつか、パリから取り寄せたことを知っている。とはいえ、ここに見られる塔はまた、フランドル地方の装飾の影響を示してもいるのである。

　これと同様の源泉が、ケンブリッジのゴンヴィル・アンド・キーズ・カレッジ〔学寮〕にある、魅力的な「ゲイト・オヴ・オナー〔名誉の門〕」(1572-3年) に現われている。これは、パードヴァで研究し教えたルネサンスの学者兼医者のキーズ博士のために建てられた。ここに

第6章　ルネサンスの調和

404　ハードウィック・ホールの外観、ダービイシャー、スミスソンによる（1590-6年）

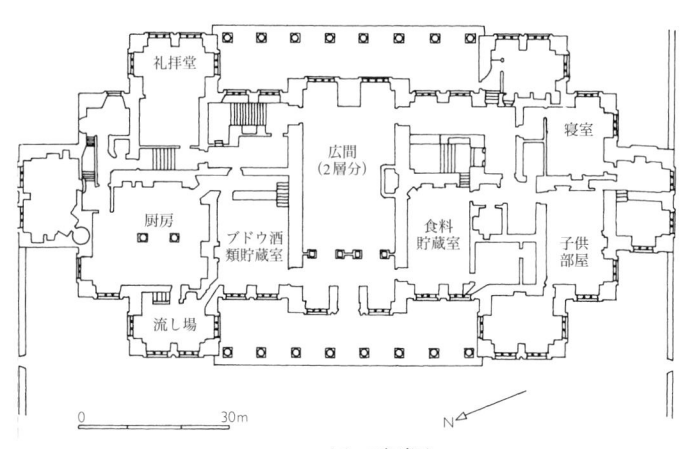

405　同、平面図

見られる、オベリスク群や付け柱〔半柱〕群、そしてドームが架かった六角形の頂部による、この魅力的なおもちゃ（トイ）は、セールリオによって公刊されたとある図案（デザイン）にそれ自体が基づいた、1549年のフェリペ王子〔のちのフェリペ2世〕の入城を記念して、アントワープに建てられた祝祭用の入口門のひとつから、抽きだされたものである。1562年にイングランドに居を定めた、フランドル出身の建築家セオドア・ダ・ハーヴの助力を得て、キーズによって設計されたこの「ゲイト・オヴ・オナー」は、「ゲイツ・オヴ・ヒュミリティ・アンド・オヴ・ヴァーチュー〔謙遜と美徳の門〕」に続いて建てられた。かくして、キーズ博士のカレッジは、エリザベス朝の精神にとって近しく愛（いと）しい、寓意物語のような〔風喩的〕イメージなる手法（カインド）で、〔ケンブリッジの〕学部在学生の向上心（プログレス）を象徴的に表わしているのである。

ウィルトシャーの、ロングリートの巨大な邸館（ハウス）は、もっと初期の頃の仕事も組み入れては

383

いるものの、実質的には、1572-80年の日付けをもつものである。当時もっとも輝いていた建築家のロバート・スミスソン（1536年頃-1614年）が、この建物を担当した熟練の石工であり、疑いもなくその設計者(デザイナー)であった。各ファサードの揺るぎない対称形(アブソリュート)は、巨大な窓群が見せる直線的な格子状の様態や表現が控え目なスカイラインといった、調和のとれた古典〔主義〕的な釣り合いの妙と同じように、新しいものである。スミスソンはこれに続いて、1580-8年に、ノッティンガムシャーに、ウォラトン・ホールを建てたが、これは、サー・フランシス・ウィロビーのためのものである。彼は、〔エリザベス〕女王をもてなすのに相応しい

406　グレイト・ホールの内部、ハットフィールド・ハウス、ハートフォードシャー、〔ロバート・〕リミング〔リミンジ〕ほかによる（1607-12年）

壮麗な場所(セッティング)を所望していたのである。ウォラトン・ホールは、セールリオとデ・フリース〔の著作〕からの装飾的細部でにぎやかに飾り立てられた、より活気ある、ロングリート・ハウスの翻案(ヴァージョン)である。ダービイシャーのハードウィック・ホール（1590-6年）もまた、疑いもなくスミスソンによって設計されたものだが、垂直なガラスの籠というモチーフのダイナミックな絶頂を示している。その平面は、この邸館(ハウス)の主要な部分と直交するように、中央部分にホールを配置した最初の例として、新しいイタリア風の対称形を導入している。その一方で、中世風の趣きがある大きなこのホールは、全体としては非対称形に配置されているのである。実際のところ、このホールはもはや食堂として使われてはいなかったように思われる。というのも、この建物の所有者である、派手好みのシュローズベリー伯爵夫人〔ベス・オヴ・ハードウィック〕の印象的な住戸群(アパートメンツ)が収められた2階に、大きな食堂用の部屋があったからである。これらの住戸群の上方の3階は、儀式用の部屋が並んでおり、そこにある「ロング・ギャラリー」と「ハイ・グレイト・チェインバー」は、壮麗な眺め〔見晴らし〕を見渡せたのであった。のちにきわめて大きな影響を及ぼすことになる、公的な用途と私的な用途を使い分けるための、2つの独立したひと続きの居室空間(スウィーツ・オヴ・リヴィング・クォーターズ)を備える部屋割りは、おそらく、王宮において、国王と王妃のために別々のひと続きの部屋(スウィーツ)を用意するという、中世後期におけるイングランドの慣習に由来するものであろう。

第6章　ルネサンスの調和

　人目を惹く非凡な配置をした、もうひとつの大きなエリザベス1世様式の邸館(ハウス)は、1580年代に、廷臣サー・トマス・ジョージによって建てられた、ウィルトシャーのロングフォード・カースルである。ここには、三位一体を象徴するように意図されたと思われる三角形の平面と、1528年に着工されたフランソワ1世のマドリー〔ド〕の城館におそらくは由来する、2階建ての5つの柱間(ベイ)からなる広々とした開廊(ロッジア)がある。これは、イングランドのルネサンス建築における、唯一の2階建ての開廊(ロッジア)であるが、われわれが見てきたように、この形態は、ドイツと中央ヨーロッパにおいて、とりわけ普及していたものであった。〔イングランドでは〕1600年頃以前には、1階のみの開廊(ロッジア)でさえも一般的ではない。もっとも見事でもっとも初期のもののひとつが、ハートフォードシャーのハットフィールド・ハウス（1607-12年）に見られる開廊(ロッジア)である。ここは、初代のソールズベリー伯爵のロバート・セシル（1563-1612年）の領地(シート)であり、彼は、父親の初代バーリー卿がエリザベス1世治政下で果たしたのと同様に、ジェームズ1世〔1566-1625年。イングランド王1603-25年、ジェームズ6世としてスコットランド王1567-1625年〕のもとで、同じような国家の要職に就いていたのである。父親と同様、彼もまた、設計に多大な関心を示した、熱心な建造者であった。かくして、大工兼建築家のロバート・リミング〔リミンジ〕がハットフィールド・ハウスの大半を設計したものの、ソールズベリー卿はまた、建築家のサイモン・バシルにも意見を求めたのであった。バシルは、このハットフィールド・ハウスの職務の後継者であるイニゴー・ジョーンズと同様に、国王による諸事業の総監督官であった。実際のところ、ジョーンズの手の跡が、9つの柱間(ベイ)からなる開廊(ロッジア)と各種オーダーが並んだ中央の塔がある南正面の設計に、時々垣間見られるのである。これらの特徴を生みだしたジョーンズ流の独創性(オリジン)は、フランドルのストラップワーク装飾の拡がりのゆえに、ありそうにないもののように思えるのではあるが、〔実際には、〕双方ともにジョン・バックによって彫琢された、グレイト・ホール内の記念碑的な仕切り壁(スクリーン)と大階段とに見られるような、粗野な多量の装飾などとは比較にならないほどに、見事なものなのである。

イニゴー・ジョーンズと高期ルネサンスの明快さ

　遅ればせながらも、イングランドに、イタリア・ルネサンスの理想の数々と、さらにはその装飾言語をも初めて経験させることによって、ハットフィールドにおいて大そう支配的であった実用的装飾(アプライド・デコレイション)の類いに終止符を打ったのは、まさしくイニゴー・ジョーンズ（1573-1652年）であった。当代のとある人物が1606年に次のように書いていた。すなわち、まさしくジョーンズ、「彼をとおしてこそ、彫刻、立体感の表現、建築、絵画、舞台劇(アクティング)、そして古代人たちの優雅な諸芸術における褒むべきあらゆるものが、アルプス山脈を越えてわがイングランドへと到る方途が、いつの日か見いだされるやもしれぬという希望をもちうるのだ」と。イニゴー・ジョーンズの役割は、彼が、建築は手工芸(クラフト)であるのみならず、自由芸術であると信じ、建築家は、研究し思考するために、イタリアへ旅立つことが必要と信じた点で、アルベルティの役割と似ていた。実際のところ、ジョーンズは実質的に、イングランドで建築家の

385

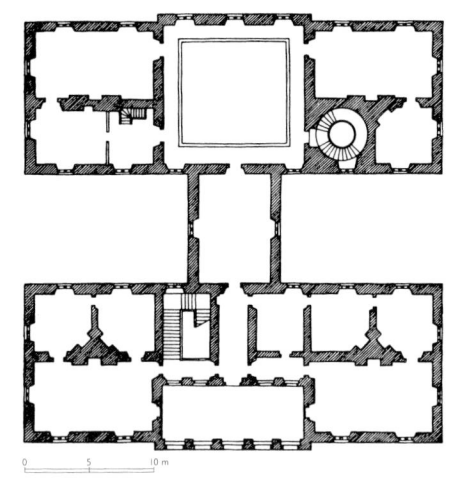

407　クイーンズ・ハウスの平面図、グリニッジ（1616年着工）、ジョーンズによる

事務所を開設していたのであった。イングランドではそれまでは、建物は熟練の石工たちや監督官たちによって設計されていたのであった。

さほど恵まれた家に生まれたわけではないが、ジョーンズは1603年より前に、苦労してイタリアへと旅立った。当地で彼は、フィレンツェのメディチ家の宮廷で、仮面劇用の意匠(デザイン)を学んでいたと思われる。というのは、彼が、1605年以降に、ジェームズ1世の王妃であったアン・オヴ・デンマーク〔1574-1619年〕によって、仮面劇の意匠(デザイナー)担当者として雇われたからである。仮面劇は、政治的もしくは寓意的な対話と洗練された道具立て〔舞台面〕(シーナリー)からなる音楽の余興であり、ルネサンスの宮廷の特徴を本質的に表わすもので、明らかにジョーンズに深い印象を与えたのであった。1613-14年に彼はもう一度イタリアを訪れたが、今度は、第14代アランデル伯爵のトマス・ハワード（1586-1646年）に随行したのであった。ハワードは、ルネサンスの流儀で体系的に収集を行なったイングランド最初の鑑定家〔目利き〕であり、英国芸術の歴史において、もっとも際立った収集家兼庇護者のひとりであった。ジョーンズは、ヴィチェンツァ、ヴェネツィア、パードヴァ、ジェノヴァ、そしてとりわけローマというような中心地にある、16世紀の建築の傑作の数々を賞嘆した。ローマにおいて彼は、自らの手にパラーディオの『建築四書』の第四書を携えて、古代の建築群を研究したのであった。彼は、公共建築と私的な建築用のパラーディオの図面を何とか入手しようとした。これは英国の建築の将来にとって深遠なる成果を生みだす買い物であった。しかしジョーンズはそれだけではなく、スカモッツィ本人とも会見したのであった。スカモッツィ自身の建物群は、パラーディオの様式に見られるマニエリスム的要素を排除したものであった。ジョーンズはここでも他の多くの場所でも同様に、スカモッツィを真似たが、1615年1月20日のそのイタリア旅行のスケッチブックのなかに書かれた、以下のことばにあるように、自らが目指した純粋さ(ピュアリティ)を手短に述べていた。

　また本当のことを言えば、多数の設計者たちから生まれ、ミケランジェロとその追随者たちによって持ち込まれた、これらの複合した装飾物の数々は、私の意見では、堅牢な建築や邸館のファサード群の場合は功を奏さないが、庭園、開廊、マントルピースのストゥッコ上塗りや装飾物の場合、もしくは、使われる必然性をもった構成をなす邸館内部の数々の場合には、うまくゆくのである。というのも、外面上は、どの賢明なる人間も、公けの場では、他に求めるもののないところの厳粛さをもたらすものの、内面的に

第6章　ルネサンスの調和

は、火が付き、しばしば自由気ままに飛びでてくる自らの想像力を有するように、また、自然そのものが、しばしば過度になって、われわれを喜ばせ、驚かせ、ときにはわれわれを笑いへと、またときには瞑想や恐怖へと突き動かすように、建築においては、外面の装飾物は、堅牢で、規則に従って釣り合いがとれ、力強く、また気取らないもの〔であるべき〕なのである。

408　パルマノーヴァの上空からの眺望（1590年代）

まさしくこれらの特質は、1615年にジョーンズが任命された、国王の事業の総監督官として、自らの能力を発揮して設計した最初の大きな作品を特徴づけている。それはすなわち、〔ジェームズ1世の王妃〕アン・オヴ・デンマークのために、1616年に着工された、グリニッジのクイーンズ・ハウス（図371）である。この平面は、ポッジョ・ア・カイアーノにおける1480年代の、ジュリアーノ・ダ・サンガッロの別荘(ヴィッラ)の平面に何ほどかを負っている。しかし、広々とした開廊がある南正面の源泉は、1590年代の、パードヴァ近郊にあるスカモッツィのヴィッラ・モリーニである。クイーンズ・ハウスの純然たる白い立面群は、その効果を装飾にではなく、窓の壁の完璧な比例関係に

409　旧セイント・ポール大聖堂の西正面における、ジョーンズによる柱廊玄関(ポーチコ)を示す図面（1634-40年）

依存しているのだが、ドイツにおけるホルの作品やオランダにおけるファン・カンペンの作品の場合と同様に、衝撃的(ショッキング)であったにちがいない。実際、1618年〔1619年が正しい〕の王妃の死に際してこの建物の建設は中断してしまい、1630年まで再開されず、チャールズ1世〔1600-49年、在位1625-49年〕の妻、ヘンリエッタ・マリア王妃〔1609-69年〕のために完成を見たの

387

は1635年のことであった。このあいだもジョーンズは、ジェームズ1世の新しいバンケッティング・ハウスの仕事についていたが、これは、四方八方に拡がった、テューダー朝のホワイト・ホール宮殿のなかに、1619-22年に建てられた。ホワイト・ホール宮殿に面した、その洗練された古典主義のファサードは、ヴィチェンツァのパラーディオの手になる町屋敷群(タウン・パレス)に鼓舞されたものであり、はっとさせるような対照を見せつけている。内部は、パラーディオを経由したウィトルウィウスから抽きだした、古代ローマのバシリカに似せて計画され、110×55フィート（33.5×16.75m）の寸法をもった、〔2個の立方体を並べた〕ダブル・キューブの完璧な比例からなっている。

　同じ比例関係が、1623-7年に、ジョーンズが赤煉瓦のテューダー朝のセイント・ジェームズ宮殿に付加したカトリック教徒用の礼拝堂に繰り返されている。これは、1625年にチャールズ1世として国王に即位したプリンス・オヴ・ウェールズの、〔最初〕予定されていたスペインの花嫁〔マリア・アンナ　1606-46年〕のためのものであり、クイーンズ・チャペルとして知られているが、それはなぜかと言えば、この礼拝堂がチャールズの〔実際の〕フランス人妻、ヘンリエッタ・マリア王妃によって最初に使われたからであった。この礼拝堂のデザインは、ローマ神殿の神室(ケッラ)とパラーディオの邸宅建築(ハウス)の中間物(クロス)のように見える。確かに、その外観も内部も、この国のいかなる教会建築にも似てはいなかった。コヴェント・ガーデンにある、ジョーンズの手になる、セイント・ポールのプロテスタントの教会堂（1631-3年）は、これと対照的に、ウィトルウィウスのいうトスカーナ式オーダーの厳格な試みであり、純然たる柱廊玄関(ポーチコ)をもち、いくぶんか古風な雰囲気を醸しだしている。これは、18世紀におけるいく人かの新古典主義建築家の雰囲気を予期させるものである。ジョーンズはまた、第4代ベッドフォード伯爵〔1593-1641年〕のために投機用事業の一環として、ピアッツァ〔広場(スクエア)〕として知られる、この教会堂の周囲の広場をも設計した。ジョーンズの手になる邸宅の数々には、ヴォールトが架かった1階の開廊群と、ストゥッコ仕上げの付け柱(ピラスター)で活気を添えられた、赤煉瓦のファサード群があり、ヴォージュ広場のようなパリの広場(スクエア)にある邸宅の数々を真似ている。われわれにとっては悲しいことに、〔ジョーンズの手になる邸宅は〕1棟も残存していないのである。

　ジョーンズのもっとも驚くべき業績のひとつは、1634-40年における旧セイント・ポール大聖堂の西正面の建立であった。これは、アルプス山脈の北においてもっとも大きな柱廊玄関(ポーチコ)をもった大聖堂であった。ジョーンズは、ローマにある、アントニヌスとファウスティーナの神殿のもの〔オーダー〕に基づいて、豪華なコリント式のオーダーをつくり上げた。その一方で彼は、巨大な、ペディメントのない柱廊玄関(ポーチコ)という発想を、ウェヌスとローマの神殿（本書108-9頁）の、パラーディオによる再建案から取り入れて、この大聖堂の半分の高さである柱廊玄関(ポーチコ)を考案したのであった。注意深く選定されたポートランド石〔イングランドのポートランド島産の建築用石灰岩〕を用いて建てられたこの柱廊玄関(ポーチコ)は、当時の人々を驚かすほどの規模で構想された。当時の人々のひとりで、結婚によってジョーンズの甥となった建

築家のジョン・ウェッブ〔1611-72年〕は、以下のように述べていた。すなわち、この建物は「ここ最近の世界の数年間で匹敵するもののない、1個の建築作品であるがゆえに、われらが国家に、全キリスト教世界の嫉妬をもたらした」と。ここに遂に、ヨーロッパでの立ち位置を主張しうるような、宗教改革前からずっと待ち焦がれた、最初の英国独自の建築が登場したのであった。これこそは、古代世界の光輝が、初めて真に再生したことを表わしたものなのであった。

都市計画

理想都市の数々

われわれはすでに、劇場風に設計された広場が、適度なトスカーナの丘陵都市に設置されたピエンツァや、放射状の街路平面のある、フィラレーテによる実現されなかったスフォルツィンダの理想都市において、15世紀半ばにおけるルネサンスの都市計画の起源に注目してきた。ルネサンスの考案物ではあるものの、放射状の平面計画は、風の動きに関連した都市の方位付けについての、ウィトルウィウスの論考(『建築十書』第一書、6章)の誤読によって鼓舞されてきたといえるかもしれない。放射状平面はまた、大ていの計画都市に見られる格子状の配置計画よりも美的に優れていると考えられてきたように思われる。

イタリア・ルネサンスの残存する格子状都市は、北イタリアのポー渓谷にあるサッビオネータである。小さなゴンザーガ公国の首都であるこの都市は、1560年から1584年にかけて、ゴンザーガ公によって建てられたモデル都市であり、軍事的、市民的、文化的、そして個々の家庭用の諸機能を備えた、30個の矩形の区画からなる、釣り合いのよい都市であった。スカモッツィによる注目すべき劇場があるサッビオネータは、1521年刊行の〔チェーザレ・〕チェザ

410 サンティッシマ・アンヌンツィアータ広場、フィレンツェ

411 ブラマンテ:ヴィジェーヴァノ、中心の広場(1492-4年)

リアーノ〔1475-1543年〕による、注釈書のようなウィトルウィウスの翻訳に見られるさまざまな図版を基にして、ウィトルウィウス的都市を再現しようとする試みと見なすことができる。16世紀にイタリアで建てられた放射状都市計画の唯一の完璧な例は、1590年代のパルマノーヴァの都市である。おそらくはスカモッツィによって設計されたこの都市は、本来は、オットー朝の帝国による攻撃から、近隣の田園地帯を保護するために、ヴェネツィアの統治者たちによって建設された要塞なのであった。

広場(スクエア)の創造

　イタリアの都市計画家たちの主要な業績は、多くの場合、パルマノーヴァのような、幾何学的に計画された都市(タウン)よりもむしろ、広場(スクエア)である。中世の計画都市においては、市場用の広場(マーケット・スクエア)は、必ずしも統一のとれた設計をされた建物群に取り囲まれる必要はなかった。重要な一進歩は、1421年にフィレンツェにおいて見られた。ここではブルネッレスキが、矩形のサンティッシマ・アンヌンツィアータ広場(ピアッツァ)を創造するために、一区画を整備したのであった。この広場では〔サンティッシマ・アンヌンツィアータ〕教会堂の柱廊玄関(ポルティコ)と、これに直交する、新しい慈善施設〔有名なブルネッレスキの捨て子養育院のこと〕(ホスピタル)の柱廊玄関(ポルティコ)とが、側面を固めている〔さらに、この慈善施設の真向いには、ロッジャート・デッラ・コンフラテルニタ・デイ・セールヴィ・ディ・マリア（聖母マリアに仕える修道尼信心会館）の柱廊玄関（開廊）があり、この広場の3方がアーチ列の柱廊で囲まれている〕。この教会堂の真向いでは、新しい通りがつくられ、この広場(ピアッツァ)の軸線を延ばしている。

　アルベルティは、自らがウィトルウィウスのフォルム〔広場〕の記述から得たと考えたインスピレーションにほかならない、列柱廊があり凱旋門群を通って入る都市の広場(シティ・スクエア)を力説したがゆえに、意義深い人物であった。フォルムというローマの発想(アイディア)を復活しようという、この人文主義的野心は、明らかにブラマンテに影響を与えた。ブラマンテは、1492-4年にヴィジェーヴァノなる絹糸を織る都市の中心部を改造して、大きな、アーチ列のピアッツァ・ドゥカーレ〔大公の広場〕をつくり上げた。今日でもなお魅惑的ではあるものの、この広場(ピアッツァ)は、スフォルツァ城(カースル)と繋がっていた大きな階段を取り去ったことや、大聖堂に記念碑的な〔大掛かりな〕バロックのファサードを付け加えたことによって、変わってしまった。かくして、この広場(ピアッツァ)は、ブラマンテが、ミラノのスフォルツァ家の君主の権力と、大聖堂のかたちをとった教会堂と、市庁舎(パラッツォ・デル・コムーネ)のかたちで表わされた市民勢力とのあいだにつくり上げた、繊細な釣り合い関係を、さほど明確に示してはいないのである。

　以前の建築群を変化させるものとして、1530年代に構想された、ローマの、ミケランジェロによるカンピドリオ広場(ピアッツァ)は、市民の計画〔都市〕の歴史におけるその影響のゆえに、すでに言及されてきた。都市的背景(アーバン・シーナリー)として、この広場を凌駕しているのは、ヴェネツィアのサン・マルコ広場(ピアッツァ)と小広場(ピアッツェッタ)〔マルチャーナ図書館とパラッツォ・ドゥカーレに挟まれた広場のこと。海からの玄関口に続く部分〕との連結という、サンソヴィーノによる同時代の創造物だけである。

390

第6章　ルネサンスの調和

1　ポルタ・ピア	8　サンタ・クローチェ・イン・ジェルサレンメ
2　ポーポロ広場のオベリスク	9　マルクス・アウレリウスの円柱
3　コルソー通り	
4　クレメンティア/パオリーナ・トリファリーア通り	10　ラテラーノのオベリスク
5　フェリーチェ通り	11　サン・ジョヴァンニ・イン・ラテラーノ通り
6　ピア通り	12　コロッセウム
7　サンタ・マリア・マッジョーレのオベリスク	13　トラヤヌスの円柱
	14　イル・ジェズー

412　シクストゥス5世統治下のローマの縮尺地図〔プラン〕（システィーナ大広間〔サローネ〕のフレスコ画、ヴァティカン宮殿図書館、ローマ）

記念碑的な街路〔ストリート／通り〕

　記念碑的な街路の改善は、建築的には、広場と同じだけ重要である。フィレンツェにおいては、ヴァザーリが、1560年代以降に、自らの手になるウッフィーツィの〔コの字型の〕両翼館のあいだに、街路の眺望〔ストリート・ヴィスタ〕をつくり上げた。この芝居がかった小広場〔シーニック・ピアッツェッタ〕は、ヴィチェンツァのテアトロ・オリンピコのためにスカモッツィがつくった都市の舞台装置に何ほどかを負っていたといえるかもしれない。しかしながら、ルネサンスにおける街路建築の発展については、きわめて重要な役割を果たしたのは、ローマであった。

　ローマにはもちろん、古代からのヴィア・デル・コルソー〔コルソー通り〕やヴィア・ラータ〔ラータ通り〕といった、この歴史的都市の中心を今もなお横切って走る、古典的な規範〔マーチ〕としての街路があった。1585年に教皇として自らが選出されたその日に、シクストゥス5世〔1520-90年、在位1585-90年〕は、ドメーニコ・フォンターナに命じて、アックア・フェリーチェ〔噴水〕を建造させた。これは、古代以来初めて、ローマの丘の数々に水を運んだ道水渠であった。これによってシクストゥス5世は、1585年の、サンタ・マリア・マッジョーレとサンティッシマ・トリニタ・デイ・モンティを結びつける街路であるヴィア・フェリーチェを手始めとして、ローマの居住区画を拡げることが可能になったのである。シクストゥス5世は続いて、「聖なる年」〔ホーリー・イヤー〕を祝うため、1450年以降25年毎にローマにやって来た膨大な数の巡礼者

391

たちのために必要な、さらなる道路群(ロード)をもって、巡礼路教会堂の数々を繋いだのである。彼はこれらの道路の途中に、目に見える接合地点としての、またキリスト教が異教信奉に勝利した力強い象徴としての役割を担ったオベリスク群を置いた。ローマにおける新しい〔都市〕計画の衝撃によって、とりわけナポリのヴィア・トレード（1536-43年）やジェノヴァのストラーダ・ヌォーヴァ（1548-71年）のような、ほかのイタリアの都市における同じような通りがいくつも形づくられたのであった。

スペインとフランスにおける都市計画

われわれはルネサンスの指導力としての古典古代の想像上の再創造を目にしてきた。しかし、これはまた、ほかの探検、すなわちアメリカの探検の時代でもあった。スペイン人たちが、彼らの植民地の数々において実際にいくつもの都市を初めて配置(レイ・アウト)したのであった。かくして、スペイン人たちが1519-21年に、メキシコ・シティを占領したとき、彼らは、大きなアステカ族の神殿であったテンプロ・マヨール〔「大神殿」の意〕を破壊して、その敷地の一画に、大聖堂を建て、さらには、テノチティトランなるアステカ都市の儀式の中心地であった、この神殿の中庭部分を、新しいスペインの植民市の主要な、アーチ列からなる広場(スクエア)に変えたのであった。スペインの都市群の中心に頻繁に見いだされるのは、アーチ列(アーケーディッド)もしくは円柱列(ポーチコド)になった市場の広場群の、より大規模な模倣物である。しばしば、「インド諸国の法律」として知られた、都市における建物の規制は、1573年に、スペインのフェリペ2世によって正式に承認された。おそらくは、フェリペ2世付きの建築家フアン・デ・エレーラ（1530-97年）によって書かれたこれらの規制は、結局のところ、ウィトルウィウスに起源をもつものであった。ヨーロッパの格子状の区割り計画(グリッド・プランニング)を組み入れることで、これらの規制は、ひとつの中央の広場(スクエア)をつくることを求めていた。この広場は、市場として、また、馬上槍試合〔騎馬戦・馬上模擬戦〕を含んだあらゆる種類のお祭り行事を執り行なう場所として、使われたのであった。

1560年代から1580年代まで、フアン・デ・エレーラは、フェリペ2世によって始められた、スペインと植民地群双方における公共事業と都市再開発の、主要な設計課題(プログラム)を預かっていた。これらの課題には、儀式用の機能と交易という目的を意図した、イタリア外部におけるこの種の、最初のルネサンス広場(スクエア)が含まれていた。フェリペ2世が1561年にトレードから自らの宮廷を移すまでは、バリャドリードよりもはるかに重要性の少なかった都市であったマドリードにおいて、エレーラは、「インド諸国の法律」の諸原理を、定期市や祝典、さらには交易のために意図された、アーチ列からなるマヨール広場(プラサ)の配置(レイアウト)に適用した。この広場は結局のところ、フアン・ゴメス・デ・モーラ（1580年頃-1648年）によって、1617-9年に、赤煉瓦と石で建てられた。

マドリードのマヨール広場(プラサ)は、宗教裁判の実施現場(シーン)であった、バリャドリードの同類のマヨール広場に先行されていた。バリャドリードのマヨール広場は、エル・エスコリアルの

第6章　ルネサンスの調和

建築家フアン・バウティスタ・デ・トレード（1515年頃-67年）による設計案(デザインズ)に基づいて、1561年の火災後の都市再建の一環として、この都市の建築家フランシスコ・デ・サラマンカ（1573年歿）によって建てられた。この都市は、諸機能の厳密なゾーニングに応じて配列された、新しい公共建築群と私用建築群をもって現われたのである。

　フランスにおいては、主要な都市計画は、アンリ4世に帰せられる。アンリ4世は、1610年のその暗殺前の5年というぎゅうぎゅう詰めの年月に、戦争と放置(ネグレクト)に苦しんだ中世都市から、近代的な首都へとパリを変貌させたのであった。これは、その妻、メディチ家出身の、トスカーナ大公の娘マリー〔1573-1642年〕が親しんだイタリアの手本に基づいてアンリ4世が素案を

413　メキシコ・シティ（1524年起工）、上空からの眺望

414　マドリード、マヨール広場(プラサ)（1617-19年）

練った、真のルネサンスであった。パリにおける彼の主要な業績の数々は、ルーヴルの大ギャラリー、ポン・ヌフとドーフィーヌ広場、サン＝ルイ病院とロワイヤル広場（今日のヴォージュ広場。図377）であった。彼は大胆にも、イル＝ド＝ラ＝シテ〔シテ島〕と交差する地点のポン・ヌフ上の、高みにある位置に、フィレンツェで鋳造された、自分自身の騎馬像を置いたのである。この彫像はまた、その東側にほどなくつくり上げられた、新しい三角形の広場であるドーフィーヌ広場の方向を見渡している。

　現在も昔のままの姿を残している、ヴォージュ広場のアーチ列からなる広場は、トスカーナ地方のメディチ家専用の港町リヴォルノに1600年頃つくられた、均一なファサードと閉じた隅部のある広場といったイタリアのモデルによって鼓舞されたものである。これらすべての事業における、アンリ4世の目標は、しばしば思われているような「王権の表現」もしくは美的理想群の表現だけではなく、宮廷を商業と結びつけ、パリを新しく統一されたフランス国家の活動の中心として確立しようとする国内の製造業の促進でもあったのである。

393

第7章　バロックの拡がり

イタリア

　とりわけイタリアと南ドイツに見られる、バロック建築の〔溢れんばかりの〕豊饒と〔眩いばかりの〕輝きは、合理主義と国家主義という興隆しつつあった潮流に、ともに沈められてしまう前の、カトリック教会とカトリック教徒君主たちの権力の絶頂を表現している。トレント宗教会議（本書337頁を参照されたい）は、教会に、その伝統的な教義の数々に対する新たな自信を再度もたせることになった。そして、反宗教改革が開始された数年間は強く求められた耐乏の日々がいったん終結するや、教会は、中世以降比類のない活力をもってわが身を、永遠の真理が、できるだけ人を動かさずにはおかないように現世的な形で表現されるという課題のなかへ投じたのであった。建築的にはこれらの形は、イタリアにおけるルネサンスのデザインの先駆者たちによって確立された古典主義のそれであった。しかしながら、これらの形は今や、より立体感を与える力強いやり方で、明確に表現されたのであった。なぜなら、構造を率直に表わすことと、精神的にはゴシックに近いように思われうる、想像力に富んだ、光の統制とを伴う、ダイナミックな空間上の効果の数々をつくりだすために、である。本書の第5章でわれわれは、「重層的イメージ」と、対角的眺望を伴う透けて見える構造(ダイアファナス)とを、ゴシックの建築家たちが繰り返し強調する様を見てきたのであった。これらの効果は、バロックの建築家たちによって同様のものとして示された。もっとも彼らの建物は、余りにも重々しくて、とても透けて見える(ダイアファナス)ものと呼ぶことのできないものであったが、後期バロックの主導的な建築家のベルナルド・ヴィットーネ〔1704-70年〕は、1766年に、自らの手になる教会堂の「穴のあいた開放的な」ヴォールト群は、「光がそれらを通ってクーポラの下方へと拡散し、教会堂をもっとはっきりと見えるように照らすことができるよう、広々とした状態にある」と記述した。これらの言葉は、大修道院長シュジェールの言葉を強く思い起こさせるのである（本書212頁）。

バロックの創造：ベルニーニ

　われわれにバロックとして知られている様式に、目一杯の表現を最初に与えた建築家は、ジャンロレンツォ・ベルニーニ（1598-1680年）であった。彼は、ローマのサン・ピエトロ大聖堂の、1624-33年のバルダッキーノ〔天蓋〕において、まさしく最上の表現をなしたのである。

これは、バロック時代の彼の非常に多くの後継者たちのように、建築と彫刻のあいだの境界を超えた記念碑であった。聖ペテロの墓の遺跡上に建てられたこのバルダッキーノは、ダイナミックにねじれた「ソロモン〔紀元前10世紀のイスラエルの賢王。ダヴィデの子〕の〔神殿の〕」円柱群に支持された青銅の天蓋〔形のひさし〕に保護された、まさに記念碑的な祭壇であり、ローマ・カトリックの信仰の権威と光輝とを高らかに主張するものであった。このきらめく狂態は、95フィート（29m）の高さがあり、異教とユダヤ教に対する〔カトリック〕教会の支配的立場を、象徴的に言祝ぐものであった。なぜなら、円柱群はその一部が異教のパンテオンの柱廊玄関に元々用いられていた青銅からつくられており、そのうえ、これらの螺旋の形態は、エルサレムの神殿に由来したと思われていた、旧サン・ピエトロ大聖堂の主祭壇の円柱を真似ていたからである。

　ベルニーニはナポリで生まれたが、ナポリ人の母親と、後期マニエリスム様式の彫刻家であったフィレンツェ人の父親との息子であった。1605年頃、一家はローマへ移り、当地でベルニーニは、その経験のすべてを費やし、この都市の大部分を変容させることになったのである。ミケランジェロと同様、ベルニーニは、自らをまず第一に彫刻家と見なした。とはいえ、彼はまた、建築家、画家、そして詩人でもあり、さらには、力強くひたむきな仕事人であり、かつカトリックに対する深い敬虔心をもった人間であった。しかし、ミケランジェロとは対照的に、ベルニーニは、不信感や自己反省に苛まれることはなかった。彼は貴人のマナーを備え、気品の高さを匂わせる、幸福に恵まれた家族思いの人間であった。この様式上の快活さと富裕なるゆえの気楽さといった雰囲気が、ヨーロッパ中をとおしてバロック芸術に反映されることになった。ミケランジェロと同様、ベルニーニは、自らのもっとも意義ある仕事の依頼を、教皇たちの庇護に負っていた。1623年から1644年まで、ウルバヌス8世〔1568-1644年〕として君臨したマッフェオ・バルベリーニという親友や、1655年から1667年までアレクサンデル7世として権勢をふるったファビオ・キージ〔1599-1667年〕のなかにベルニーニは、ローマに、祝祭の光輝をふりまく精神を刻印することを決意することになった、熱狂的な庇護者の姿を見いだしたのであった。

　サン・ピエトロ大聖堂の人目を惹くバルダッキーノの建立は、この教会堂の焦点である、（典礼用の）東端部のアプス（図354）の、大きさの釣り合った輝くばかりの祭壇の創造へと導いたのである。この新しい祭壇の構成は、それ自体としても印象的であるが、それはまた、バロックの設計者たちに典型的なものとなる遠近図法的視点の考慮である、バルダッキーノの円柱群によって縁取られた距離からの眺望が可能なように設計されてもいたのである。アレクサンデル7世の統治のもと、1658-65年までは実現することのなかったこの計画案は、「カテドラ・ペトリ〔聖ペテロの椅子〕」にふさわしい設置を具体化したものである。これは永いあいだ、聖ペテロの椅子として崇められてきたのだが、今では877年の日付のある、禿頭王シャルル皇帝〔823-77年。カロリング朝西フランク王国の初代国王シャルル1世（843-77年）。のち、カール2世として西ローマ皇帝（875-7年）〕の戴冠式の際に使われた椅子であると信じられて

いる。ベルニーニは、この椅子を、等身大の2倍以上ある、教会の4人の〔初期キリスト教の〕「教父」を表わす彫像によって支えられ、教皇の不謬性の神聖な源泉たる「精霊の鳩(ダヴ)」を表わした像のある、強烈な黄色のガラスの卵形の窓によって、上方から採光された、豪華な青銅の玉座のなかに安置したのである。〔金箔を被(き)せた〕黄金の光線がこの像からあらゆる方向へ突きでて、プットー〔裸の子供の像〕たちが身を置いている、大きくうねったストゥッコの雲を貫いている。この、幻想と現実の、そして実際の光と隠れた光と贋の仮想した光の、彫刻的な

415　ベルニーニのスカーラ・レジーア（1663-6年）、ヴァティカン宮殿、ローマ

混合物は、ローマのサンタ・マリア・デッラ・ヴィットーリアにおける、1645-52年の劇場的な造りのコルナーロ礼拝堂において、ベルニーニその人によって創案されていたのであった。

　サン・ピエトロ大聖堂の正面にある広大な卵形〔楕円形〕の広場を形づくるために、1656年に着工された、ベルニーニの手になる名高い列柱廊群は、バルダッキーノや「カテドラ・ペトリ」と同様に、この教会堂のすべてを包み込む力の、思(おも)わず釣(つ)り込(こ)まれる(リング)ような象徴であった。大ていのバロック芸術がもつ根本的にカトリック的な性質を要約している言葉を用いて、ベルニーニは自ら、いかに自らの列柱廊群が「カトリック教徒たちの信仰を確かなものとするために、また、異教徒たちを教会に再び結びつけるために、そして不信心者たちに真なる教義を示すために、母たる態度で彼らそれぞれを迎え入れるように」設計されたかを記述していた。列柱廊群は、われわれがバロックによって理解しているものの本質的な部分である、生きいきとしたリズミカルな動きをしてはいるものの、独立して建つ荷重を担った円柱の強調は、壁体を強調していた古代ローマないしはルネサンスの建築よりもむしろ、ギリシャ神殿の精神を思い起こさせる（図500〔図498の誤り〕）。

　1663-6年のスカーラ・レジーアは、列柱廊から教皇の住戸群へと導く儀礼用の階段であるが、ベルニーニのもっとも才気縦横(ブリリアント)な概念のひとつである。階段を内部に差し込まなければならない当の既存の壁面が平行ではないという事実を活用することでベルニーニは、階段の

397

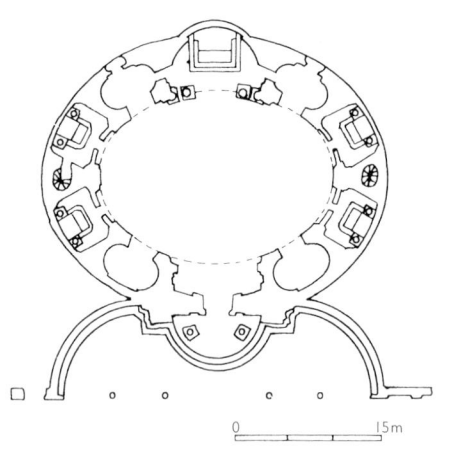

416 ベルニーニ：サンタンドレア・アル・クイリナーレ、ローマ（1658-70年）の平面図

417 同、内部

両脇に並ぶ2つのイオニア式の円柱列を、収束させ、高くなるにつれて次第にその幅を狭くすることによって、遠近法的効果を劇的に表現した。光は踊り場(ハーフ・ランディング)にある隠れた光源から、そして低い方の階段の頂きにある窓から、降り注ぐ。一番下の踊り場(ボトム・ランディング)にベルニーニは、自らの改宗の瞬間にある、コンスタンティヌス帝の騎馬像を置いた。この像は、階段の入口アーチの上方にある黄金の十字架を驚いて見上げている。建築空間を横切る劇的な動きの拡大は、サンタンドレア・アル・クイリナーレの教会堂（1658-70年）に繰り返されている。これは、このサンタンドレアでの楕円形、カステルガンドルフォでのギリシャ十字形、そしてアリッチャでの円形といった、ベルニーニの手になる集中式平面の試みである3つの教会堂のなかで、もっとも見事な出来栄えである。

サンタンドレア・アル・クイリナーレでは、聖アンデレの殉教を描いた祭壇画が、身廊からは見えないドームから採光されている。一方、そこにはまた、祭壇の壁龕への入口を縁取る円柱群上方の凹面状のペディメントから、栄光の雲にのって天界へと昇ってゆく聖者のストゥッコ仕上げの彫像がある。楕円形内部の全体の動きは、この活気に満ちてはいるものの心霊界の人物において、最高潮に達しているように見える。この建物は、イエズス会教団における〔初心者たる〕修練者たちのための礼拝堂として設計された。この教団の司祭たちは、ベルニーニを教育し、彼を、聖イグナティウス・ロヨラの「心霊修業」に則って訓練した。この比較的小さな教会堂の外観は、同じように、活力に溢れている。もっとも内部ほどは影響力を行

第7章　バロックの拡がり

使しなかった。ファサードには、その両側に、背の低い4分円状の壁面が添えられて、小規模な広場をつくりだしている。構成の全体が、新しい空間造形をつくり上げるために曲線状の形態を用いるという、バロックのやり方の至高なる範例のひとつを形づくっている。突きでている玄関(ポーチ)の水平をなす弓形のエンタブレチャーは、背後の入口壁面上のアーチの垂直をなす半円に対抗するリズムを組み立てている。このダイナミックな動きは、巨大なコリント式の付け柱群に支えられたペディメントの架かった正面部分の抑制された力によって、食い止められている。

ベルニーニによる、アリッチャのサンタ・マリア・デッラッスンツィオーネの教会堂（1662-3年）は、対照的に、大きな驚きとして現われる。というのも、この

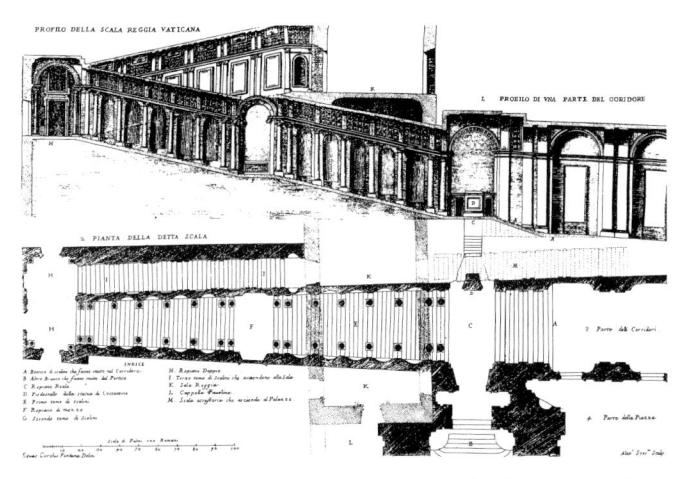

418　ベルニーニのスカーラ・レジーア、ヴァティカン宮殿、ローマ（1663-6年）の平面図〔と断面図〕

419　ベルニーニ：サンタ・マリア・デッラッスンツィオーネ、アリッチャ（1662-3年）

建物の外観は、パンテオンの厳密な再生なのである。これは、もし1世紀のちに建てられていたならば、新古典主義と呼ばれることになるであろう類の、新たな古代風の実験作なのである。これは、バロックとか新古典主義とかいったような現代の様式上のレッテルに対して、過剰なまでの重要性を付与することを思いとどまらせるべきものである。ただそうはいっても、ドームのつけ根の周りに、その実物と見紛うばかりの彫琢された天使たちやプットーたちが置かれた内部は、聖母マリアの被昇天を称えた、花綱飾りと相俟って、われわれがバロックと結びつけて考える、彫刻的な生きいきとした様態に、より近いものなのである。

世俗建築においてベルニーニは、1664年に着工された、〔ローマの〕パラッツォ・キージ＝

399

420　ベルニーニによる、ルーヴル宮殿のための第一次設計案（1664-5年）

オデスカルキにおいて、ルスティカ仕上げの1階部分の上に、〔2、3階を突き抜けた〕巨大オーダー（ジャイアント）の付け柱群で分節化された宮殿ファサードという、記念碑的なタイプを確立したがゆえに重要であった。ベルニーニは、この影響力を発揮した形態を、ルイ14世〔1638-1715年、在位1643-1715年〕のために1664-5年に用意した、パリのルーヴル宮殿の完成用の巨大な計画案において展開させた。王の賓客として1665年にパリへ凱旋訪問したベルニーニではあったが、建物はいつまでたっても決して起工されなかった。とはいえ、ベルニーニの計画案は、マドリードやストックホルムの宮殿を含んだ、数多くの18世紀の王宮群に影響を及ぼしたのである。

ひとつの個性的な声〔もの言う力〕：ボッロミーニ

　ローマ・バロックの他の偉大なる巨匠は、ベルニーニの同時代人であったフランチェスコ・ボッロミーニ（1599-1667年）であった。彼の本当の名字はカステッロであり、ルガーノ湖沿いのビッソーネで生まれ、石工の家族の一員となった。結局のところ自殺してしまった、この気が変わりやすくて神経病みの、陰気で奇矯な独身男のボッロミーニは、その性格がベルニーニとはまったく異なっていた。その建築においてこの〔性格上の〕差異が同じように現われているのかを見ることは興味をそそる。ベルニーニはボッロミーニの建築を、空想的（「妄想的」）と非難し、「彼〔ボッロミーニ〕は、建築を破壊するために送り込まれた」と公言していた。ボッロミーニは、人間の身体の比例関係の反映といった、建築の晴朗な概念を拒否したのであった。これは、〔周知のごとく〕ブルネッレスキからベルニーニに到るすべての古典主義建築家によって受け入れられてきた考えである。その代わりにボッロミーニは、自分の建築が、自然とミケランジェロと古代とに基づいていると述べた。われわれが見てきたように、ミケランジェロは、一風変わった建築的放縦さ（ストレインジ）のひとつの源泉であった。ボッロミーニが用いた古代の源泉群は、コロッセウムとかパンテオンとかいった標準的な範型（モデル）など

第7章　バロックの拡がり

ではなく、ティヴォリのハドリアヌス帝のヴィッラに見られる黄金広場《ピアッツァ・ドーロ》のパヴィリオン（本書102頁を参照されたい）のような、創意に富んだ曲線をなす建築群であった。ボッロミーニはまた、ジョヴァンニ・バッティスタ・モンターノ（1534-1621年）による建物群の奇抜な図面集を知っていたにちがいない。ボッロミーニの自然の観念――それを彼は決して十分に明らかにしなかったが――は、幾何学に対する彼の深い興味に関連しているように思われる。彼はこれを、ミラノ大聖堂の増築に従事していた青年時代に会った、ゴシック後期の石工たちから継承していたといってよいであろう。

　ボッロミーニは、その経歴を、親族の男カルロ・マデルノの許で装飾用石切り工として、1620年頃にサン・ピエトロ大聖堂で始め、また、ベルニーニの指示のもとで、バルダッキーノの建造に従事したのだが、ベルニーニの場合とはちがって、自らの主要な仕事の依頼は、教皇庁からのものではなく、跣足《せんそく》聖三位一体修道会といった貧しいスペインの教団や、オラトーリオ会〔通俗的説教や祈りを目的として、

421　ボッロミーニ：サン・カルロ・アッレ・クワットロ・フォンターネ、ローマ（1637-41年、ファサードは1665年に着工）の外観

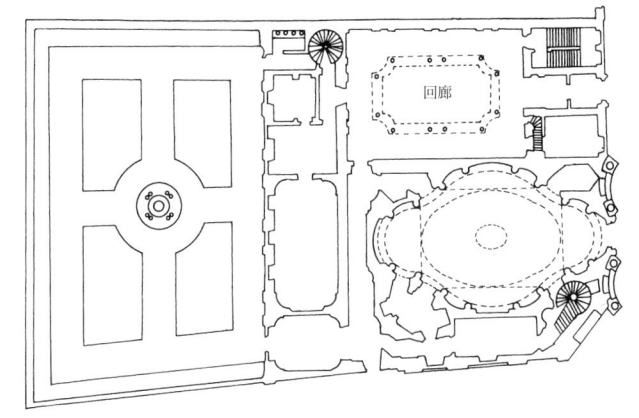

422　同、平面図

1564年にローマで設立されたカトリックの修道会〕の教団、そしてローマ〔教会法〕大学というような、つつましい、もしくはもっと特殊な団体施設からのものであった。1634年の、彼の最初の独立した委託物件は、跣足聖三位一体修道会のための、小さな教会堂と修道院であ

401

423 サン・フィリッポ・ネーリの修道会祈禱堂のファサード、ローマ（1637-40年）、ボッロミーニによる

る、サン・カルロ・アッレ・クワットロ・フォンターネであり、これは、彼の新しい建築の3つの源泉を示している。かくしてボッロミーニは、ミケランジェロによる本質的に形成力のある、建築部材群(メンバー)の扱いを真似たのであった。ボッロミーニが古代の集中式の建築群を研究したことは明らかである。その一方彼は、自らの花開く有機的描線〔線条〕に対する正当性を、自然のなかに見いだしたといってよいであろう。

サン・カルロ・アッレ・クワットロ・フォンターネの注目すべき平面は、菱形を形づくる2つの正三角形に基づいている。ひとつの楕円をつくり上げるため、〔2つの〕円弧(アーク)によって結ばれた2つの円が、この菱形に内接しているのである。その波打つような表面をもつこの平面は、ギリシャ十字形と引き延ばされた菱形を組み合わせたものであり、ドームのコーニス〔水平帯〕の高さになってはじめて楕円形になる（図501〔図499の誤り〕）。彫りの深いハチの巣状の格天井はおそらく、サンタ・コスタンツァの4世紀の霊廟の格天井に鼓舞されていよう。しかしながら、小さな内部にぎゅうぎゅうに詰まった16本の円柱の細くなったプロポーションは、この複合した詩的な建築に対して、ほとんどゴシックの垂直性といってよい雰囲気(ノート)を付加している。ボッロミーニは、灰色が支配的なこの教会堂の内部に彩色を施すことを拒否することで、われわれの注意を新しい形態に集中させている。壮麗な多色装飾は、彼の美学を特徴づけるものではなかった。この教会堂の独創性は、幾人もの同時代人たちを感動させたが、とりわけ跣足聖三位一体修道会の庶務担当修道士長(プロキュレーター・ジェネラル)〔ローマで開かれる定期会議の総代表〕は、ヨーロッパ全土の建築家がこの平面の図面(コピー)を請うており、「万人の意見によれば、芸術的価値、気紛れさ、卓越性、そして特異な様に関して、これと類似したものは、世界の何処にも見いだすことはできない」ことを、誇らし気に語ったのであった。

第7章　バロックの拡がり

　この教会堂は1637-41年に建てられたが、その波打つようなファサードは、1630年代に設計されながらも、1665年まで着工されず、完成したのはボッロミーニの死去の年である1667年よりもあとであった。凹面と凸面の形態の対比が、ファサード全体の構成を、きわめて完璧に決定づけており、それゆえ生きいきとしたリズムをもったこのファサードは、われわれが初期バロックに対置された高期バロックによって理解するものの、至高の範例なのである。各階に同じ高さの巨大オーダーを2つずつ設けることは、ミケランジェロの手になるカピトリウムの宮殿群からの野心的な発展である。その一方、実際にケルビム〔9天使中2位の序列の、知識を司る天使〕の胸像の翼によって形づくられている、聖カルロ・ボッローメオ〔1538-84年〕の立像上方の奇妙な天蓋(キャノピー)は、ボッロミーニがベルニーニからいかに遠く離れてしまったかを示してくれる。ベルニーニにとっては、人物の彫像は、本質的に自己を語るものであって、建築に従属することも建築と混ぜ合わさることもなかったのである。同時にボッロミーニは、ベルニーニよりもずっと、建築形態を信頼しており、隠されて表(おもて)にでないような光源を回避するのが通例であった。

　サン・カルロ〔・アッレ・クワットロ・フォンターネ〕のファサードは、反宗教改革の主導的な教団のひとつである、聖フィリッポ・ネーリ〔1515-95年〕の修道会〔オラトリオ会〕(コングレガツィオーネ)の、祈禱堂(オラトリオ)〔小礼拝堂〕での、1637-40年のボッロミーニによる非凡な曲線を描く正面部分に予知されていた。このファサードの繊細さは、おそらくそれはローマで最初の曲線を描く正面であっただろうが、その建築部材である見事に積まれた煉瓦によって強調されており、元々は帝国ローマの建築に使われたさまざまな技術に従っているのである。このファサードの背景にある小さな祈禱堂は、巨大な付け柱群によって〔分節化されて〕明確に表わされ、これらの付け柱は、クリアストーリーを通って、上部を覆う天井まで続き、ゴシックのヴォールトにおけるリブにきわめてよく似た網状の交差する図柄群(パターン)を形づくっている。こうしたゴシックの趣きがあるにもかかわらず、われわれは、ボッロミーニ自身が古代ローマのコンクリート造のヴォールトを、この種の骨格的構造に対する先駆と主張していたことに注目すべきである。その著作『オプス・アルキテクトニクム（*Opus Architectonicum*）』〔建築作品〕(1647年頃)のなかで彼は次のように書いた。

　　私は、古代人たちの実践にある程度は従いたいと思う。彼らは、あえて、壁の上に直接
　　ヴォールトを置こうとはせず、その代わりに、ヴォールト全体の重さを、彼らが部屋の
　　各隅に据え付けた円柱群や支柱群に載せたのであった。その結果、隣接する壁体は、こ
　　れらの支柱を控え壁で支持するためだけに使われたのである。ハドリアヌスのヴィッラ
　　や、ディオクレティアヌス帝の浴場内のサンタ・マリア・デッリ・アンジェリや、その他
　　で観察することができるように。また、ラテラーノ病院近くの、ブファーロ侯爵の〔ブ
　　ドウ畑の〕ために最近行なわれた発掘で私が観察したように。後者では、隅にある支柱
　　群が、地下にある神殿のヴォールトを支えていることが明らかになった。

403

424　ボッロミーニ：コッレージョ・ディ・プロパガンダ・フィーデの礼拝堂天井、ローマ（1662-4年）

425　サンティーヴォ・デッラ・サピエンツァのドーム内部、ローマ（1642-60年）、ボッロミーニによる

　この祈禱堂〔内部〕の入口壁面は、1階の3つのアーチが架かった開部によって形づくられた、穴をあけられた仕切り壁となっているが、この上の2階には、これと対応した枢機卿の開廊がある。ボッロミーニは、ここで、のちにグァリーニによって展開された、一種の開口部〔空隙〕のある構造物へと向かったのであった。

　ボッロミーニは、この主題を、彼が1662-4年に、〔ローマの〕信仰布教神学校（Collegio di Propaganda Fide）〔これは、ウルバヌス8世が創設した〕内に建てた礼拝堂において、もっとずっと著しいかたちで採択した。ここでは、擬似リブ群が〔弓形〕折上げ天井に限定されることなく、天井全体を対角線状に横切って繋いでいる。そのうえ、付け柱群のあいだにある壁面空間のほとんど全体が消滅してしまい、ゴシックの教会堂のそれと似た骨格的効果をつくりだしているのである。ボッロミーニは、ローマ大学すなわちサピエンツァ（文字どおり「知恵」）に付属する礼拝堂である、サンティーヴォ・デッラ・サピエンツァ（1642-60年）において、自らの創意に富んだ想像力を、人目を惹く別のかたちで示す準備を行なった。この礼拝堂の平面は、六角形の中央の空間をもって、「知恵」の象徴たる、六芒星を形づくるために相互に浸透し合う2つの正三角形からなっている。

第7章　バロックの拡がり

この六角形には、3つの半円状のアプスが添えられ、そのため、平面は3つのアプスのある三角形に似ている。この唯一無二の形態は、内部のコーニス〔水平帯〕の輪郭が、通常用いられるドラムによって中断されることなく、直接コーニスから建ち上がるドームを背にしてシルエットを描くといった、はっとさせるようなやり方で強調されている。細部はすべて古典的であるが、全体の効果はたとえば、イーリーの八角〔灯り〕塔（本書246頁）でのように、ほとんどゴシック的ダイナミズムのひとつである。イーリーと同様に、この教会堂の1階平面に合わせて、ドームの表面には、ルネサンスの建物群には前例がないものの、ボッロミーニが熟知していたように、ティヴォリのハドリアヌス帝のヴィッラにある、黄金広場(ピアッツァ・ドーロ)の宴会場やパヴィリオン(セラパエウム)のような古代後期には見られた、小面〔切子面〕(ファセット)がある。

当時の人々は、サンティーヴォの平面を、ハチの形姿(シェイプ)に似たものと見なしていた。ハチは、1632年にボッロミーニをこの大学付きの建築家に任命した、バルベリーニ家出身の教

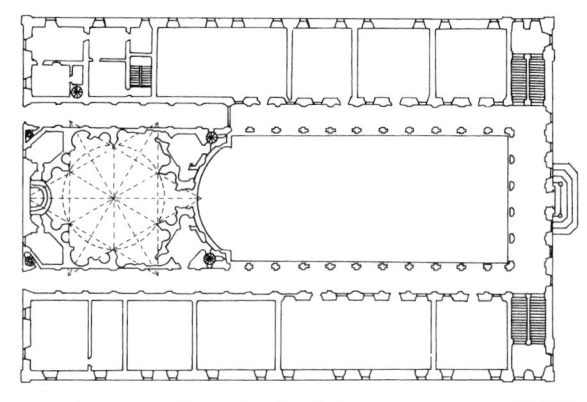

426　サンティーヴォ・デッラ・サピエンツァ、ローマの平面図

427　同、外観

皇、ウルバヌス8世の家系を象徴するものであった。この教会堂にはまた、ソロモンの知恵のゆえによく知られた、彫り刻まれた、智天使(ケルビム)たちやシュロやザクロの実、そして星々といった、「ソロモンの神殿」に関連するいくつかのものがドーム内に含まれている。この建物の外面の、クーポラや頂塔(ランターン)の奇矯な形態に対する象徴的な意味の是非の判断については、もっと推測しがたい。シリアのバールベックにある、後期ローマ時代の「ウェヌスの神殿」の場合とそっくりな、凹面状の柱間(ベイ)の脇に建つ一対の円柱が取り囲んだ円胴(ドラム)の上方に、頂塔(ランターン)が載った階段状のピラミッドがある。この元祖(プロト)バロックと呼べる神殿が、ボッロミーニに知られ

405

428　ベルニーニの「ムーア人の噴水」（1653-5年）が前面に、「四大河の噴水」（1648-51年）が向こうに見えるナヴォーナ広場、ローマ（1652年着工）。左側には、サンタニェーゼが見える

ていた可能性はほとんどないものの、おそらく彼は、ローマ近郊の、今は失われてしまった、同じ形をした古代の葬祭用記念建造物を何か、目にしていたのであろう。この頂塔(ランターン)には、もっとずっと不可解な形態をした、バベルの塔ないしはバビロニアのジグラットのような、螺旋形の斜路(ランプ)がかぶさっている。この頂塔(ランターン)は、十字架と球体の下の、曲がった鉄製のカゴ〔装飾〕を支えるギラギラと光る月桂樹の花輪——真実の炎なのだ——で終わっている。この〔広範な趣きを見せる〕折衷的な 外 形(エクレクティック コンフィギュレーション)のごときものは、以前のどのほかの建築家からも目にすることはなかったのである。

　われわれが検証することになる、ローマにおけるボッロミーニの委託の最後は、ヨーロッパにおいてもっとも見事な広場(スクエア)のひとつの、ナヴォーナ広場(ピアッツァ)に建つ、サンタニェーゼの教会堂である。1644年から1655年まで、教皇インノケンティウス10世として統治した、ジョヴァンニ・バッティスタ・パンフィリ〔1574-1655年〕は、自らの家族の宮殿が建つこの広場を、ローマでもっとも高貴な場所に変えようと望んだ。この広場は、その引き延ばされた形態を、カンプス・マルティウスのドミティアヌスのスタディアムとしての起源に負っていた。そして、パラティヌスの丘上にあったドミティアヌス帝の住まい(レジデンス)、ドムス・アウグスターナと、それを見おろすキルクス・マクシムス〔大円形競技場、チルコ・マッシモ〕のあいだの繋がりを、

キリスト教的用語によって再創造することが、この教皇の意図であったといえるだろう。アウグストゥスはかつて、このキルクスの軸線上に、赤い花崗岩でできたエジプトのオベリスクを置いたが、1647年にボッロミーニは、インノケンティウス10世のために、ナヴォーナ広場において、1本のオベリスクを呼び物とする噴水のための設計案を用意した。だが、この仕事の委託は、平和とローマ教皇の霊感との象徴である鳩を戴いたオベリスクを中心に据えて、1648-51年に、有名な「四大河の噴水」を実施に移したベルニーニに渡ってしまったのである。教皇はまた、この広場が、新しいサンタニェーゼの教会堂によってとりまとめられることを望み、その設計を、1652年、カルロ・ライナルディ（1611-91年）とその父親のジローラモ〔1570-1655年〕に委託した。サン・ピエトロ用の集中式平面の、高期バロック用翻案である、ギリシャ十字形平面を採用した彼ら親子の設計案を基にして、建設作業が1年間は続いた。1653年にボッロミーニは、ライナルディ親子からこの仕事を引き継ぎ、〔正面の〕すぐ後ろにあるドームの円胴（ドラム）に対して意図的に反対方向の曲面をなす、広々とした凹面状の正面をつくりだすため、ライナルディたちのファサードを完全に改築したのであった。〔全体の〕構成として、2つの力強い鐘塔群（カンパニーリ）が〔正面の〕両脇を固めている。こうして、中世の教会堂群の西正面に対して敬意を払っているのである。ボッロミーニ自身は1657年に、建築家たちからなる委員会によって交代させられ、コーニスのなす水平線より上方の部分はすべて、カルロ・ライナルディとベルニーニの仕事なのである。大理石の浮彫り、鍍金したストゥッコ細工、そしてフレスコ画がちりばめられた、内部の豊かな様は、この世紀の残りのあいだに成し遂げられたが、そのやり方は、典型的にバロックではあるものの、ボッロミーニのもっと質実剛健で建築構成的な趣向を反映してはいなかった。

ピエトロ・ダ・コルトーナ

　高期バロック・ローマにおける偉大なる3人組（トリオ）の芸術家たちの3番目は、ピエトロ・ベレッティーニ（1596-1669年）、そのトスカーナ地方の生まれた町にちなんで、ピエトロ・ダ・コルトーナとして知られた人物である。その2人の同時代人、ベルニーニおよびボッロミーニとはちがって、彼はまず第一に画家であった。ローマのバルベリーニ宮殿（パラッツォ）およびフィレンツェのピッティ宮殿（パラッツォ）の、1630年代および1640年代のフレスコ画が描かれた内部は、だまし絵（トロンプ・ルイユ）(trompe l'oeil)の建築や寓意像やストゥッコ細工が豊かに混合しており、ヨーロッパにおけるバロックの幻想（イリュージョン）のもっとも壮麗な範例のひとつに数え挙げられる。ローマで若い頃にコルトーナは、古代の彫像と浮彫り、またミケランジェロの建築とカラヴァッジョ〔1573-1610年〕やラファエッロの絵画を学んだ。コルトーナの建築は、強い新たな古代風の霊感をもった、生きいきとした広範なものになる運命にあった。このことは、彼の最初の大きな仕事である、1630年代半ばに建てられたものの今は破壊された、ローマ近郊の、ヴィッラ・サッケッティ・デル・ピニェートにおいてはっきりと示されていた。丘陵の斜面に位置していたこの別荘（ヴィッラ）は、外構の半円形の張り出し（エクセドラ）へと続く、斜路（ランプ）と高台（テラス）という構え（システム）をとおしてアクセスす

407

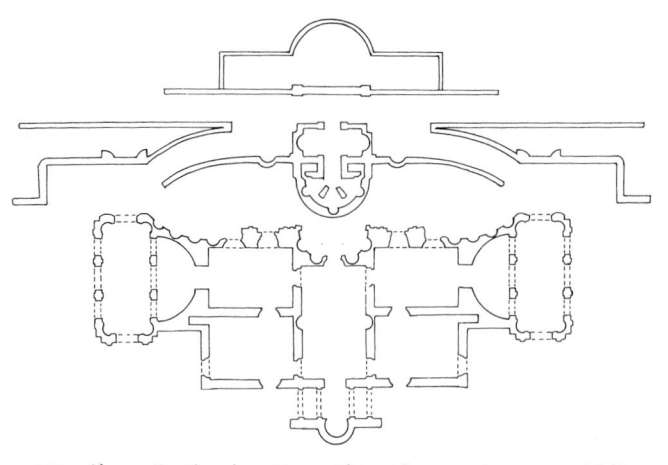

429　ヴィッラ・サッケッティ・デル・ピニェート、ローマ近郊
　　　（1630年代半ば）の平面図、コルトーナによる

るものであり、これはまさしく、プラエネステ（パレストリーナ）におけるフォルトゥーナ・プリミゲニアのローマの至聖所(サンクチュアリー)（本書83頁）に鼓舞された配置にほかならない。コルトーナはこの至聖所の復元を1636年に図面上(オン・ペーパー)で行なっていたのであった。円柱によって仕切られた、大きな半円形アプスのある2つの部屋のような間取り(プランニング)の特徴は、ローマの公共浴場の日光浴室群(ソラーリア)から抽きだされている。巨大な入口の壁龕(ニッチ)は、ヴァティカン宮のベルヴェデーレのものを真似ており、曲線をなす翼館(ウィング)が両脇に添えられている。これは、ローマにおけるもっとも初期の曲線をなすファサードのある、ボッロミーニの手になる、サン・フィリッポ・ネーリの祈禱堂(オラトーリオ)と張り合っているものである。

　コルトーナ最大の建築作品は、教皇の甥のフランチェスコ・バルベリーニ枢機卿〔1597-1679年〕による委託であるが、セプティミウス・セウェルスの凱旋門近くに建つ、フォルム・ロマーヌムの由緒ある敷地に建てられた、サンティ・ルーカ・エ・マルティーナの教会堂（1634-69年）である。ファサードに見られる2層をなす中央部分は、その両脇に添えられた直方形の塊りからの圧力によってできたような、凸面状の曲線をなぞっている。円柱群は、フィレンツェのラウレンツィアーナ図書館の玄関室においてミケランジェロによって考案されたやり方で、凸面状の壁面のなかへ埋め込まれている。このフィレンツェ人のマニエリスム的手法は常に、コルトーナの建築言語に強い影響を及ぼした。この教会堂の内部は、4つの腕の部分すべてが丸い端部をしたギリシャ十字形平面であるが、嵌め込まれた独立して建つ巨大なイオニア式の円柱群で〔分節化し、〕明確に表わされた複合した壁の平面といった、〔外構と〕同様に柔軟なやり方でかたどられている。コルトーナは、ボッロミーニと同様に、自らの〔建築の〕内部を、ベルニーニが行なったであろうやり方で、彩色や人物の彫像で豊かに飾り立てることはしなかった。その結果、エンタブレチャーの下方では、すべてのものが白いトラヴァーティンとストゥッコで出来ており、デザインの建築的特徴を強調しているのである。地下祭室(クリュプタ)すなわち教会堂下方は、内部よりも豊かに彩色されているが、これはおそらくは、初期キリスト教の地下墓地(カタコンベ)がもつ何か神秘的な雰囲気を導き入れるためのものであったといえよう。1634年に、この教会堂建設のために行なわれた発掘工事のあいだ、聖マルティーナの遺体が大いなる興奮をもって発見され、コルトーナは聖マルティーナの聖遺物群を、地下祭室のなかの豪華な祭壇祠堂のなかに収めたのであった。

1640年代と1650年代にコルトーナは、ナヴォーナ広場において、パンフィリ宮殿(パラッツォ)をサンタニェーゼの教会堂と結びつける長いギャラリーのような、数多くの目もくらむほどに幻想的なフレスコ画の描かれたストゥッコ仕上げの内部をつくり上げた。しかしながら、キージが、1655年にアレクサンデル7世として教皇に就任するとともに、コルトーナは建築家に転向し、バロックのローマにおいて、もっとも魅力的な2つの教会堂のファサードを生みだした。キージ家の礼拝堂を含んだ、サンタ・マリア・デッラ・パーチェの教会堂は、〔すでに〕15世紀に、シクストゥス4世によって、メディチ家と教皇庁のあいだで繰り拡げられた争い後の平和を記念(マーク)するために建てられていた。1656-9年のコルトーナの手になる新しいファサードは、アレクサンデル7世に委託されたものだが、その突きでた、トスカーナ式の円柱群からなる半楕円〔半卵・半長円〕形の張り出し玄関(ポーチ)をもった、平和の神殿としてのこの教会堂を言祝(ことほ)いでいる。神殿の一部に似せたこの教会堂はまた、ディオクレティアヌス帝の公共浴場の再建によっても鼓舞されていたといえよう。引き込んだ上層部分は、凹面状の翼屋(ウィング)が両脇に添えられているが、張り出し玄関(ポーチ)と同様に凸面状であり、その埋め込まれた円柱群のゆえに、柔順に対応しうる、ミケランジェロ風の特質を有している。

430　サンティ・ルーカ・エ・マルティーナ、ローマ（1634-69年）の内部、コルトーナによる

431　同、外観

実際のところ、ファサードの頂冠部の特徴は、弓形のペディメントを囲い込んだ三角形のペディメントであり、これはおそらくはミケランジェロのラウレンツィアーナ図書館に由来するものであろう。新しいものは、背景幕（バックドロップ）としてこの教会堂のファサードを用いた小さな露天の劇場、観客席としての小さな広場（ピアッツァ）、そしてます席として〔この広場の〕側面に位置する家々（ハウザズ）をつくりだすために、コルトーナが隣接する建物群を越えてこの教会堂のファサードを拡げたそのやり方である。こうして出来上がった印象は、現実に翼屋（ウィング）には、隣接した通りの数々へと続く〔劇場の〕楽屋口（ステージ・ドア）のような開口部がいくつかあるという事実によって高められている。コルトーナは、この小さな広場（ピアッツァ）をつくるために、数多くの家屋（ハウザズ）を壊さなければならず、またこの広場は、1台の馬車の方向回転が可能なように調整されたぎりぎりの幅しかもたなかったのである。ベルニーニの手になる芝居がかったコルナーロ礼拝堂から発展したものと見ることができる、このコルトーナの業績は、「拡張せし行動」（イクステンディッド・アクション）

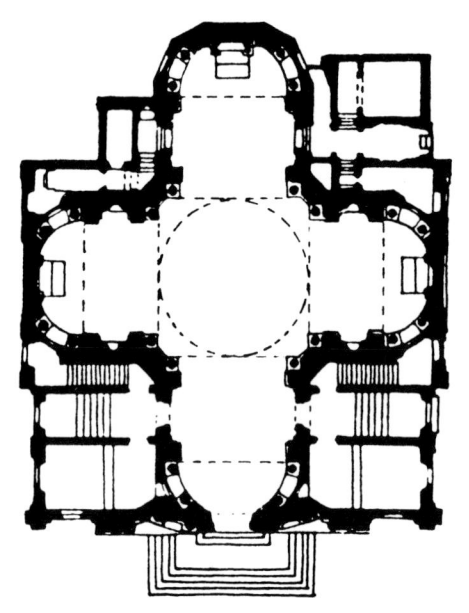

432　サンティ・ルーカ・エ・マルティーナ、ローマの平面図、コルトーナによる

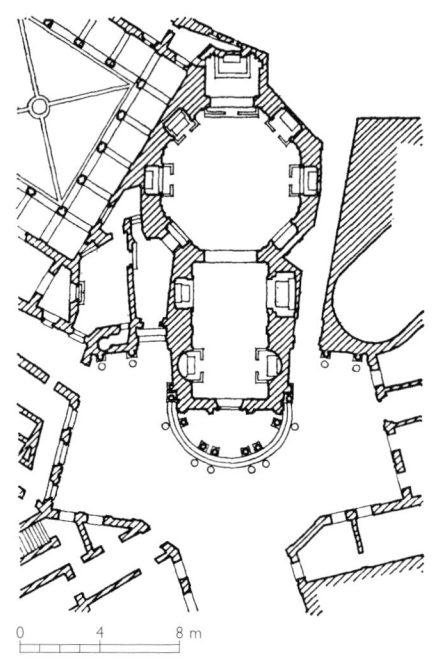

433　サンタ・マリア・デッラ・パーチェ、ローマ（1656-9年）の平面図、コルトーナによる

434　同、外観

410

というバロックの原理のありとあらゆる例のなかでも、もっとも爽快なもののひとつである。

　これとはまったく異なったやり方でつくられたものの、ほとんど等しく記憶に残すべきは、古代ローマと同時にバロック・ローマにおいても狭いながらも主要な公道であったコルソー通りに建つ、サンタ・マリア・イン・ヴィア・ラータの教会堂での、1658年に着工されたコルトーナの手になるファサードである。聖ペテロ自身が滞在した1軒家もしくは宿屋を組み入れたと思われる、初期キリスト教の礼拝堂の上に建てられたこの教会堂は、何度も再建されてきたのだが、コルトーナは、その考古学的実証を異常なまでに尊重することで、地下祭室を、聖ペテロに捧げられた祠堂として修復したのであった。入口正面にコルトーナは、ペルッツィの手になる新たな古代風のパラッツォ・マッシーミの場

435　コルトーナ：サンタ・マリア・イン・ヴィア・ラータ、ローマ（1658年着工）の外観

合のように、イン・アンティス型式（in antis）〔壁端柱（anta）のあいだに２本の円柱型式が基本〕の１階柱廊玄関を備え付けた。そして、この教会堂が周りに建ちつつある新しい建物群に埋没してしまう危険を察知したコルトーナは、アレクサンデル７世に懇願して、1662年に巨大な２階部分を増築することができたのであった。技術上は何ら機能的なものではない、この人目を惹く見晴らし台はおそらく、古代ローマの競技場群を見渡す、皇帝用の見物ます席の模倣と見なすことができよう。確かに、ペディメントのなかへ突っ込んだアーチを形づくるために上方に曲げられたエンタブレチャーという、アーチ形〔弓形〕の楣という顕著なモチーフは、バールベックやスパラトにおける後期帝政ローマ建築における原〔元祖〕＝バロックの特殊な模倣なのである（本書119、121頁）。

　コルトーナの手になる、記念碑的ではあるものの、活気に満ちた独断的な建築は、彼の古代に対する情熱によって強く彩られていた。われわれはコルトーナが晩年に、さまざまな像が彫られた浮彫りの図案を写すために、トラヤヌス帝の円柱をよじ登ったことや、新しく発

411

見された古代のフレスコ画を調べるために、発掘現場に降りていったことを知っている。おそらく、古典古代の世界に対するこの関心は、ローマにいる限り、避けられないものであろう。この事実によって確かにわれわれは、18世紀および19世紀に共通であった、バロック建築が反古典主義であると考える過ちを犯さずにすんでいるにちがいない。たとえば、ローマのポーポロ広場において、1662年着工された双子の教会堂、サンタ・マリア・ディ・モンテ・サントとサンタ・マリア・デイ・ミラーコリには、古代の神殿を意図的に思い起こさせる、独立して建つペディメントの付いた柱廊玄関(ポルティコ)がある。これらの教会堂は、ポーポロ門を通ってやって来る訪問者たちのために、ライナルディがローマへの記念すべき入口をつくるという輝かしい都市計画案の一部として、カルロ・ライナルディとベルニーニによって設計されたのである。両教会堂の側面ファサードは、この〔ポーポロ〕広場や〔この広場から延びるいくつもの〕通りや〔両〕教会堂をまとめて、ひとつの単一の都市の構成単位(ユニティ)へと鍛造(フォージ)するために、新たなやり方で、街路建築のなかに混ぜ合わされているのである。

後期バロック・ローマの対照をなす潮流

　17世紀末頃(レイター)のローマでは、バロックの建築と装飾において、2つの潮流が現われた。ひとつは、アンドレア・ポッツォとアントーニオ・ゲラルディ〔1638-1702年〕を含む様式上、より誇張された潮流であり、もうひとつは、カルロ・フォンターナによって率いられたもっと保守的な潮流である。アンドレア・ポッツォ（1642-1709年）は、イエズス会の〔手仕事をする〕平修士(レイ・ブラザー)であり、主導的立場にあるクワドラトゥーリスタ (*quadraturista*)〔遠近法によって実際の建築と区別がつきにくい天井画 (quadratura クワドラトゥーラ) を描く者〕、すなわち遠近法の幻想画〔だまし絵〕の画家であった。彼のもっとも重要な作品は、ローマの2つの主要なイエズス会の教会堂、イル・ジェズーとサンティニャーツィオの教会堂であった。ポッツォは前者では、聖イグナティウス〔・デ・ロヨラ〕の絢爛(けんらん)豪華な祭壇を用意し、後者では世界中で行なわれたイエズス会の布教活動を描いたフレスコ画で、1685-94年に、身廊のヴォールト、〔だまし絵の〕ドーム、そしてアプスを飾り立てた。1693-8年に彼は、2巻からなる論考『絵画と建築の、遠近画法 (*Perspectiva Pictorum et Architectorum*)』を、ヨーロッパ全土の建築家たちに影響を与えた、曲線からなる祭壇と一時的(テンポラリー)な構造物とを含んだ、入念に仕上げられた図版集を添えて出版した。

　カルロ・フォンターナ (1638-1714年) のもっとも人を動かさずにはおかない〔思わず釣り込まれそうな〕作品は、〔ローマの〕コルソ通り(ヴィア)に建つ、サン・マルチェッロのファサードである。これは、ボッロミーニとピエトロ・ダ・コルトーナを連想させる曲面をなす正面部分に、新しい古典主義的節度と調和をもたらした。フォンターナは、成功した定評のある建築家となったものの、用心深い人物であり、スペインの〔イグナティウス・デ・〕ロヨラの、イエズス会教会堂や大学(カレッジ)のような、むしろ単調(ダル)な建物を設計していた。彼よりもずっと生きいきとしていたのは、その弟子のアレッサンドロ・スペッキ (1668-1729年) であったが、彼は、今は破壊さ

第7章　バロックの拡がり

436　サンティニャーツィオ、ローマの身廊ヴォールトにポッツォによって描かれたフレスコ画（1685-94年）

437　デ・サンクティス：スペイン階段、ローマ（1723-8年）。頂きにあるのは、16世紀後期のファサードのあるサンティッシマ・トリニタ・デイ・モンティの教会堂

れて存在しないリペッタの港（1703-5年）を建てた人物である。この港は、サン・ジローラモ・デッリ・スキアヴォーニの教会堂に向かい合った、テーヴェレ河の岸に建つ埠頭〔船着場〕であった。ボッロミーニ風の2重になったS字曲線のある、河へと続く階段は、スペイン広場からサンティッシマ・トリニタ・デイ・モンティの教会堂へと登っていく、有名なスペイン階段の、より広大でよりゆるやかな構成を予知していた。スペッキが最初、このスペイン階段のデザインに関わっていたのだが、彼は、フランチェスコ・デ・サンクティス（1693-1740年）に取って代わられ、デ・サンクティスは、1723-8年に、ヨーロッパにおける遠近図法的(シーナグラフィック)都市計画のもっとも魅惑的な例のひとつをつくり上げたのである。こうした精神のいかほどかが、シチリア生まれの建築家フィリッポ・ラグッツィーニ（1680年頃-1771年）の手になる、ローマの魅力的なサンティニャーツィオ広場(ピアッツァ)（1727-8年）の小さく波打った動きに、より小さな規模ではあるが、見いだされる。斜めに置かれた街路によって隔てられた凹面状に湾曲したファサードの邸館群(ハウザズ)が、舞台装置をなす翼屋のように、これにより先に建っていたサンティニャーツィオの教会堂と向い合っているのである。

438 フォンターナ：サン・マルチェッロ、ローマ（1682-3年）

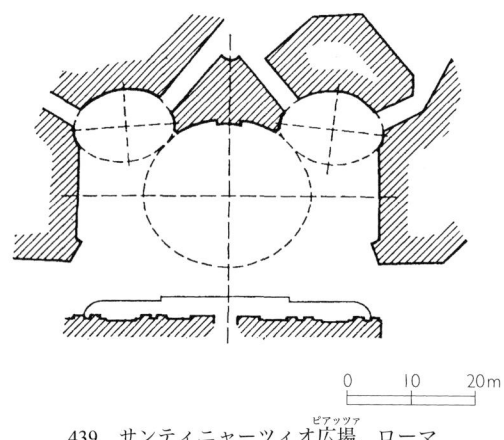

439 サンティニャーツィオ広場(ピアッツァ)、ローマ

　これらの曲線を用いた効果は、総体的にはローマでは打ち棄てられた。というのも、一部には、フィレンツェ出身の枢機卿ロレンツォ・コルシーニ〔1652-1740年〕の古典主義的趣向の数々が及ぼした衝撃のゆえであった。彼は、1730年にクレメンス12世としてローマ教皇に選出されたあと、2人のフィレンツェ出身の建築家、アレッサンドロ・ガリレイ（1699-1736年）とフェルディナンド・フーガ（1699-1781年）をローマへ呼び寄せた。1733-5年にガリレイは、サン・ジョヴァンニ・ラテラーノの初期キリスト教バシリカに、教会堂というよりもむしろ宮殿といった方がよいような記念碑的なファサードを用意したのであった。実際のと

414

第7章　バロックの拡がり

ころ、1階部分に差し込まれた、その巨大オーダーとこれより小さなオーダーをもって、この教会堂は、ミケランジェロの手になるカピトリウム丘上の宮殿群を大げさに讃美したものと見なされるかもしれない。教会堂の内部にガリレイは、クレメンス12世用の一家の礼拝堂であるカッペラ・コルシーニを、重々しい古典主義的な様式で付け加えた。そこには、クレメンスの墓廟も含まれていたが、これはクレメンスの趣向の数々と調和しており、パンテオンの柱廊玄関(ポルティコ)からもってきた古代ローマの石棺を再利用したものであった。フェルディナンド・フーガは、1736年-50年頃にクレメンス12世のために建てられた、そのどちらかといえばむしろ単調(ダル)なパラッツォ・コルシーニに見られる階段室や、サンタ・マリア・マッジョーレの初期キリスト教のバシリカでの、1741-3年のその華麗なファサードに見られるように、バロックの理想の数々により近いままにとどまったのである。ここでフーガは、イル・ジェズーで確立されたような16世紀の典型的な2層からなる教会堂ファサードの、より彫刻的な翻案(ヴァージョン)を供給することによって、教皇のための祝福用の開廊(ベネディクション・ロッジア)(教皇がその祝福(ブレッシング)を与えることのできる場所としてのバルコニー)の要求を巧みに活用したが、2層ともに深い陰影をつくりだすアーチ列をもって、〔ファサードを〕くり抜いたのであった。

440　サンタ・マリア・マッジョーレ、ローマのファサード（1741-3年）、フーガによる

　18世紀バロック・ローマの掉尾(とうび)を飾り、いくつかの点でもっとも注目すべき、大きな記念建造物は、ニコラ・サルヴィ（1697-1751年）による、1732-62年のトレヴィの泉である。サルヴィは、古典時代からローマの特徴であり続けた、多くの建築的にデザインされた噴水〔泉〕の内で、もっとも壮大なものをつくろうとして、現存している宮殿のファサードを、凱旋門のうしろに隠したのである。その、スケールの英雄的な壮大さと生きいきとした彫像彫刻という点でバロックであり、その、彫り刻まれた葉叢のなかへと急速に生長してゆく、空想的ながらも自然を忠実に模倣した岩塊という点でロココであり、その、凱旋門(アーチ)との繋がりとい

415

441 サルヴィ：トレヴィの泉、ローマ（1732-62年）

う点で新たな古代風である、このトレヴィの泉は、ありとあらゆる様式上の境界を超越した、古典主義的デザインの傑作なのである。

ピエモンテ地方：グァリーニ、ユヴァッラ、そしてヴィットーネ

ローマは、われわれが今イタリアと呼んでいるものの、芸術的中心であったことは疑いようもないが、ヨーロッパの18世紀初期においては、イタリアの土地における他の独立した国々が、それら自身の、バロックの翻案(ヴァージョン)を展開させていた。これらの地域のなかでもっとも重要なのは、〔イタリア北西部の〕ピエモンテ地方であり、ここはサヴォイア家(ハウス)の統治下で、16世紀半ばと18世紀の半ばのあいだ、ヨーロッパの強国という地位まで登りつめていた。1563年以降この地方の首都であったトリーノは、17世紀のあいだに、バロックという方針(ラインズ)に沿って改造されたが、そのローマ帝国に起源をもつ格子状平面は保持したままであった。1663年に、サヴォイア家の大公(デューク)カルロ・エマヌエーレ（1638-75年）が、トリーノに、バロック時代全体をとおして、もっとも輝かしく独創的な建築家のひとりであった、グァリーノ・グァリーニ（1624-83年）を招き入れた。

無数の卓越した建築家たちと同様に、グァリーニは、正式な建築の修養は一切受けてはいなかった。彼は、テアティーノ修道会〔1524年にイタリアで創設された〕の司祭であった。この修道会〔教団〕は、イエズス会や、オラトーリオ会のような新しい反宗教改革の教団(オーダー)のひとつであったものの、これらの修道会とは異なり、その後は消滅してしまったのであった。1639年から1647年まで、グァリーニは、ローマのテアティーノ教団の修道院(ハウス)で、神学や哲学や数学を学び、当地で彼は、1650年に哲学の教授に任命された。彼はまた、ボッロミーニの作品を間近に見ていたことは明白である。ボッロミーニの影響は、グァリーニの、リスボンやメッシーナやパリにおける教会堂のための初期の設計案に跡づけることができる。リスボンにあったグァリーニの、サンタ・マリア・ディヴィーナ・プロヴィデンシア（1656年頃）は、1755年の〔リスボン〕大地震で崩壊したものの、ひと続きをなす連結した卵形(オウヴァル)〔楕円形・長円形〕からなる身廊を誇っていた。ここでは横断アーチ群が立体感を醸しだしていた。すなわち、これらのアーチが前方へと同時に上方へと揺れ動いているかのようであった。この律動感(リズム)は、身廊の側面に沿って並んだソロモン神殿風の、すなわちねじれた付け柱(ピラスター)〔壁付き柱〕の数々と、さらには、ルネット〔ヴォールト天井が壁と接する部分の半円形をなす壁間〕の、びっくりするような〔腎臓もしくは〕インゲンマメの形をした窓の数々に繰り返されてい

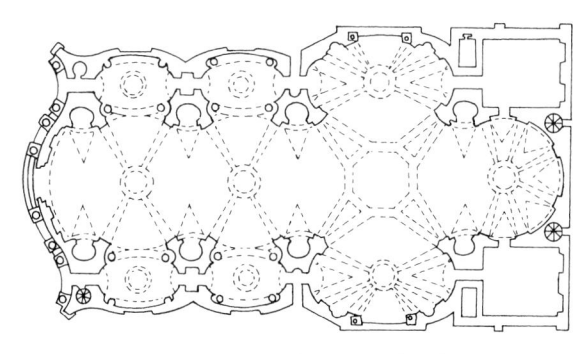

442　サンタ・マリア・ディヴィーナ・プロヴィデンシア、リスボン（1656年頃）、グァリーニによる

443　カッペッラ〔礼拝堂〕・デッラ・サンティッシマ・シンドーネのドーム内部、トリーノ大聖堂（1667-90年）、グァリーニによる

た。グァリーニの手になる、シチリアのメッシーナの〔パードリ・〕ソマスキ修道会〔ベルガモ近くのソマスカに中心的修道院のあった、孤児を援助するためにつくられた教団〕の教会堂に対する、1660年の実現することのなかった設計案(プロジェクト)と、グァリーニがその全体を決して実現することなく、今は破壊されてしまった、パリのサンタンヌ゠ラ゠ロワイヤルのテアティーノ修道会の教会堂（1662年）は、堅牢なドームを、互いに交差するリブ群からなる透かし細工(オープンワーク)のシステムに取って代えることに対するグァリーニの思い入れを暗示している。リブ付きのドームという考案物の起源は、ボッロミーニの手になるオラトーリオ会やプロパガンダ・フィーデ〔信仰布教神学校〕双方の礼拝堂の天井にあるといえるかもしれない。しかし、グァリーニは、われわれが本書の第5章で目にしたいくつかの後期ゴシックのヴォールト群のみが匹

418

敵しうるようなやり方で、この考案物を変形
させているのである。
　トリーノの大聖堂において、グァリーニ
は、アマデーオ・デ・カステッラモンテ〔1613
-83年〕から、カッペッラ・デッラ・サンティ
ッシマ・シンドーネ〔聖骸布の礼拝堂〕の建
造を引き継いだ。この礼拝堂は、ヨーロッ
パでもっともよく知られた聖遺物のひとつ
で、サヴォイア家がその所有を大そう重ん

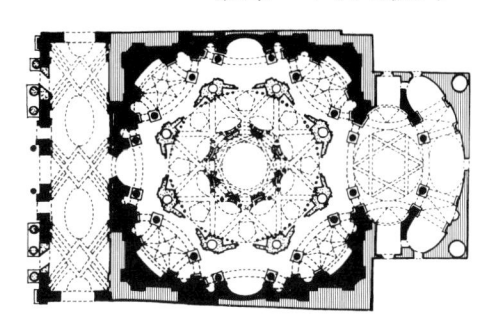

444　サン・ロレンツォの平面図、トリーノ

じていた、「聖骸布（ホーリー・シュラウド）」を収めることになっていた。キリストの死骸の像が奇跡的に刻印さ
れたものと信じられたこの骸布は、今日でさえも、想像力を掻き立てるその力を失って
はいない。現代の科学者たちは、なおも、この現象を説明するのに当惑しているが、時々、
一種の瞬間的な電気の放射だとも言っている。〔それはともかく〕確かにグァリーニの手に
なる、この礼拝堂上方のドームは、振動する電気の力とともに揺れている。この唯一無二
の大胆きわまりない透かし細工（オープンワーク）のドーム上方の各段〔階〕は、1667-90年に建てられたが、
子供のつくるトランプ札の家（ア・ハウス・オヴ・カーズ）のように互いの上に積み上げられ、上方にゆくほど小さくなっ
ていく横並び状態の平たくなったリブのようなアーチ群からなっている。この骨格状をした
円錐形の六角形〔六角堂〕の上には、円形の頂塔（ランターン）〔明かり塔〕が載っているが、これは「聖霊（ホーリー・ダヴ）」
のイメージを含むものであり、星の図柄（パターン）を形づくるリブ群によって支えられた環（リング）から建ち上
がっている。また、この星形は、その上方の頂塔（ランターン）にある卵形の窓群からの光を背景にして、大
胆なシルエット〔輪郭〕を描いているのである。この傑出した建築的詩情（ポエトリー）は、色彩の助けなし
で構想され、その神秘的な効果を、この建物の暗い低層部分の黒色のものから、これより明
るいクーポラの灰色のものに到るまでの大理石の使用に依存しているのである。そして、ク
ーポラにおいては、光が、ハチの巣状の弓形の窓をとおして、透けて見えるように（ダイアファナスリー）〔光透過
的に〕漏れてくるのである。この礼拝堂本体（ボディ）の墳墓的な雰囲気は、ドームの輝かしさとは対
照的に、骸布を収めるための祀堂というこの建物の機能にふさわしいものである。等しく奇
怪な外構では、弓形の窓の上方のリブ群がジグラットもしくはバベルの塔のジグザグな階段
のようになっており、天辺にある頂塔（ランターン）もまた、パゴダ〔インド・中国などの塔〕や仏教のスト
ゥーパ (stupa)〔仏舎利塔〕のように、3段状に先細りになっているのである。
　グァリーニの手になる、トリーノのサン・ロレンツォ教会堂（1668-80年）は、平面は正方
形であるが、中心部分は八角形の空間となっていて、ここでは、各辺が、「パラーディオ風
〔式〕」——これはまた「ヴェネツィア風〔式〕」もしくは「セルリアーナ」とも呼ばれる——
タイプの、幅広い、開放的なアーチのかたちをして、内側に向かって〔凸面状の〕曲線を描い
ている。4つの対角方向の軸線上では、円柱で枠づけされたこれらの開口部〔のそれぞれ〕が、
2つの円弧（アーク）によって限られた、奇妙なほぼ卵形の平面をした〔軸線の両端部に位置する〕祭室

419

群へと続いている。この上方の部分〔ゾーン〕では、セルリアーナ式の窓が、円錐の形をした塔のようなドームを支えているペンデンティヴ〔球面三角形〕と交互に並んでいて、このドームは、中央部分の開放的な八角形の空間をもって八芒星を形づくるために置かれた、8つの半円形リブからなっている。この空間の上方に、それ自体がリブ群からつくられている小さなドームによって覆われた、背の高い頂塔〔ランターン〕が建ち上がっている。この八角形の身廊は、第2の円形の、リブ付きドームでヴォールト架構された、楕円形の内陣へと通じている。そしてこの内陣は、セルリアーナのアーチをとおって、主祭壇を含んだ、さらなる楕円形の空間へと続くのである。これらの網状をなす交差しあうリブ群に唯一匹敵しうるのは、コルドバのモスクやサラゴッサの大聖堂に見られるドームのように、グァリーニが直接目にしたかもしれないスペイン゠ムーア式の建物においてである。しかしながら、これらのドームは、グァリーニのもののように透けて見える〔ダイアファナス〕わけではない。というのも、グァリーニは、リブ群のあいだをくり抜いて空隙をつくり、これらのリブの交差部に頂塔を高く掲げたからである。

その効果は、結局のところ、ムーア式の建築よりも、後期ゴシックに近いものである。それゆえに、グァリーニの建築論考『市民建築〔公共建築〕(*Architettura civile*)』(1737年の刊行。もっとも図版のいくつかは、1686年にすでに〔図集として〕現われていた)に、ゴシック建築のもっとも初期のもっとも生気ある擁護が含まれていることは、何ら驚くことではない。グァリーニは自分自身、「空中にぶらさがったように見える」アーチや、「先の尖ったピラミッドを戴いた全体に穴のあいた塔や、壁面の支えのない巨大な背の高い窓やヴォールト」をつくり、「高い塔の隅部が、1本のアーチの上や1本の円柱の上、あるいはひとつのヴォールトの頂点の上に載って見える」ようにした、ゴシックの建造者たちに驚いたことを告白していた。グァリーニの才気縦横の論考は、球面の平面への投影や、ヴォールトに合わせて石を切り、仕上げを施す術たる、切石法〔截石法〕〔ステレオトミー〕に見られるように、幾何学を建築に適用することに集中している。フランス人たちは、ゴシック建築を発明したのだが、建築家がその術を理解する際の本質的部分と彼らが見なしたこの切石法〔ステレオトミー〕にまさしく熟練していたのであった。神学を教えるためにパリを訪れたグァリーニは、フィリベール・ド・ロルムの『建築書第一巻 (*Premier tome de l'architecture*)』(1626年) や、デザルグ〔1591-1661年〕の『射影幾何学 (*Projective Geometry*)』(1639年)、そしてフランソワ・デラン〔1588-1644年〕の『各種ヴォールトの建築 (*L'architecture des voûtes*)』(1643年) を利用したのだが、これらすべての本には、切石法〔ステレオトミー〕の技術〔アート〕に関する情報が含まれていたのである。

グァリーニの死後、サヴォイア公ヴィットーリア・アメデーオ〔2世。1666-1732年〕が登場するまで、トリーノでの建設活動は小康状態が続いた。彼は、1713年にシチリア王となったものの、その王の称号は保持したまま、1720年にこの座をサルデーニャと交換せざるをえなかった人物である。彼は、王付きの建築家として、シチリア生まれのフィリッポ・ユヴァッラ (1678-1736年) を任命した。ユヴァッラは、1704年以降ローマでの10年のあいだに、国際的な評価を得ていた。当地ではユヴァッラはカルロ・フォンターナの弟子であった。ユヴ

第7章 バロックの拡がり

445 ユヴァッラ：パラッツォ・マダーマの階段室(ステアケイス)、トリーノ（1718-21年）

446 サン・ロレンツォのドーム方向を臨む、トリーノ（1668-80年）、グァリーニによる

ァッラは、彼以前のボッロ
ミーニとグァリーニと同様
に、カトリック教会でさほ
ど重要ではない注文を受け
ていた。彼は、トリーノで、
王宮はもちろんのこと、都
市の大邸宅や教会堂や新し
い街路をつくり上げた、信
じられないほど多産な建築
家であった。彼はトリーノ
を大公の首都から国王の首
都へと完璧に変貌させ、流
暢な国際的バロック様式で、
16もの宮殿と8つもの教会
堂を建築もしくは改築した
のであった。彼の手になる
サンタ・クリスティーナ教

447 ユヴァッラ：スペルガ教会堂、トリーノ近郊（1717-31年）

会堂（1715-28年）は、ローマにある、カルロ・フォンターナのサン・マルチェッロを真似ている。一方、1718-21年にユヴァッラは、皇太后マリア・ジョヴァンナ・バッティスタ〔1644-1724年〕のために、パラッツォ・マダーマを再建し、彼女のために、イタリアでもっとも大きな階段室のひとつをつくり上げたのである。階段室の設計によって供給された、空間遊動のためのさまざまな機会のゆえに、この大きな階段室は、バロックの建築家たちのあいだでとりわけ好評を博することになった。壮大な構えの階段はまた、王や王侯といった庇護者たちに歓迎された。なぜならば、当時の社会的な儀式の重要な部分は、主人が自分の来客を迎えるために、どれだけ遠くからこのような階段を降りてくるか、ということだったからである。

　ユヴァッラの建築にとって本質的な、光との、そして遠近画法的効果との遊動は、1708年以降のローマにおける、〔ピエトロ・〕オットボーニ枢機卿〔1667-1740年〕のための舞台意匠家という、広範囲な活動の成果であった。トリーノの、ユヴァッラによるカルミネ会の新しい教会堂（1732-5年）は、大胆な骨組み構造におけるその光の制御に関する著しく印象的な例である。これは、壁＝支柱式教会堂、すなわちクッテンベルク（クトナー・ホラ〔チェコ・ボヘミア州〕）のザンクト・バルバラ〔バルボラ〕（本書268頁）のような、北方の後期ゴシック・タイプの教会堂である。ここでは、側面の祭室群を区分けしているそれぞれの壁面が、教会堂の高さいっぱいにまで延びており、各祭室の上方に2階廊をつくることを可能にしている。これらの祭室のヴォールトに見られる非凡な卵形の開き口によって、2階廊のなかの窓群から光が祭室に降り注ぐことができるのである。

ユヴァッラの傑作は、スペルガ（1717-31年）である。これは、サヴォイア家のための王室埋葬教会堂であり、トリーノ外部の高い丘の上に華麗に置かれた修道院であり、ヴィットーリオ・アメデーオ2世とプリンツ・オイゲン・フォン・ザヴォイエン〔1663-1736年。サヴォイア家のオイゲン公子。フランス名はフランソワ・ウジェーヌで、父親がルイ14世と噂されもした〕がフランスを破り、彼らの公爵領を奪還した「トリーノの戦い」（1706年）の現場近くに建っている。この教会堂は、身廊の背の高いドームが架かった円筒形を背にして大胆に〔近接して〕並ぶ、巨大な正方形の柱廊玄関(ポルティコ)を用いることで、あのパンテオンを再び華麗にバロック化して表わしたものである。ここには、ボッロミーニのサンタニェーゼの場合と同様に、一対の鐘塔(カンパニーレ)が両脇に建ち、そのうえ、ドームの円胴(ドラム)の内部をめぐる湾曲した窓群もまた、ボッロミーニ風である。しかしながら、塔群の上のかぶとは、明らかにオーストリアのものである。おそらく、ペディメントのある柱廊玄関(ポルティコ)と塔群とドームの組み合わせに対するユヴァッラの発想もまた、ヴィットーリオ・アメデーオ〔2世〕の帝国同盟によって建立された、ウィーンのカールスキルヒェ（本書455頁を参照されたい）という誓願をこめて奉献した教会堂のような、ほぼ同時代の建物に、いくらか負っているのであろう。

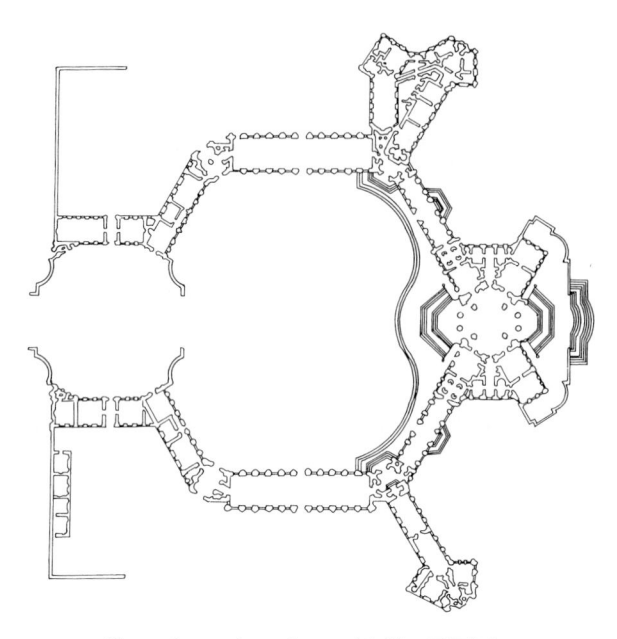

448　ユヴァッラ：ストゥピニージ宮殿の平面図、トリーノ近郊（1729-33年）

　ユヴァッラの、拡張的な雰囲気、生きいきとした細部、そして勢いのある折衷主義がこの上なく表現された場所は、トリーノから数マイル離れたストゥピニージに、ヴィットーリオ・アメデーオ2世のために1729-33年に建てられた狩猟小屋専用に使われた王宮以外にはない。主要棟(ブロック)のX字形平面は、中央の円堂(ロトンダ)から放射状に延びる対角線状の翼館を備えているが、これは、1689年の別荘(ヴィッラ)用の設計でフォンターナによって採択されていた、セールリオによる設計案（〔『建築書』〕第7書の13章）を真似たものである。
　この構想(コンセプト)に、ユヴァッラは、広大な六角形の前庭を形づくるために、宮殿前に拡張した翼館を配置するという考え(ノーション)を付け加えた。要するに、ストゥピニージは、ひとりのイタリア人の舞台背景画家によって実現されたようなフランス式の狩猟用城館(シャトー)という夢なのである。この幻想的な遠近図法的ドラマは、主要な大広間(サルーン)においてその絶頂に達する。ここは天井高がかなりあるドームの架かった舞踏室であり、それゆえ、音楽家たちや見物人たちのための、

第7章　バロックの拡がり

バルコニーの付いた2階廊(ギャラリー)がそこに組み込まれているのである。豊かなフレスコ画が描かれ、ストゥッコ仕上げされた内部は、1個の祝祭建築もしくは舞台装置を思い起こさせる。4本の独立して建つ支柱(ピア)によって囲まれた、その中央のドームが架かった空間には、2つが大きく、残りの2つが小さい、合計4つの天井の高いアプスが添えられている。

ユヴァッラは、国際様式で仕事をこなした、まさに国際的人物であった。彼は1720年に、ポルトガルの大使の賓客として、ロンドンに滞在していた。そこで彼は、バーリントン卿(ロード)に会ったと思われ、彼に、ユヴァッラは1巻の想像的な建築の画帖(スケッチズ)を献呈したのであった。ユヴァッラはマドリードで、スペイン王フェリペ5世〔1683-1746年、在位1700-46年〕の賓客として死去したが、この王のために、今もなお首都〔マドリード〕を支配している巨大な王宮を設計していた。その人格も、設計者としても、能弁で洗練されていたユヴァッラは、15世紀から彼自身の時代までの長きにわたる古典主義デザインの伝統の継承者であった。彼はこの伝統に、ヨハン・フィッシャー・フォン・エルラッハと同様のやり方で、総合的かつ折衷的に取り組んだのである。フィッシャー・フォン・エルラッハの『歴史的建築の構想(*Entwurff einer historischen Architektur*)』（ウィーン、1721年）は、世界の建築を初めて比較研究したものであった（本書457頁）。

449　ストゥピニージの王家の宮殿、主要な大広間の内部

グァリーニとユヴァッラの真の後継者は、ベルナルド・ヴィットーネ（1702-70年）であった。ヴィットーネは、1731-3年にローマのアッカデーミア・ディ・サン・ルーカで自らの建築修業に励み、グァリーニの諸論考を編纂し、1737年にテアティーノ修道会士たちの手によって、『市民〔公共〕建築(*Architettura civile*)』として出版した。ボッロミーニ、グァリーニ、ユヴァッラ——彼らのすべてによってヴィットーネは大いに影響されたのであった——と同様に、ヴィットーネは、独身のままであり、官能的(センシュアル)な喜びよりも、建築のもつ審美的(センシュアス)なスリル感の方に、自らを捧げたのであった。彼の手になるもっとも初期の記録に残った有意

425

義な作品は、カリニャーノ〔トリーノ近くの町〕近郊のヴァッリノットの、小さな「聖母マリア訪問会の巡礼礼拝堂（サンクチュアリー・オヴ・ザ・ヴィジタシオン）」〔サントゥアーリオ（カッペッラ）・デッラ・ヴィジィタツィオーネ〕(1738-9年)であり、これは、トリーノ出身の銀行家アントーニオ・ファッチョの私有地〔地所〕で働く農場労働者たちのために建てられた田舎の道端の礼拝堂であった。ヴィットーネは、約50フィート（15m）の直径をもった六角形の空間のなかへ、彼ののちの建築群を特徴づける、多くの異国風の形態をぎっしりと詰め込んだ。6つの弓形の祭室が添えられた、中央の六角形の空間を支えている6本の支柱（ピア）から、グァリー

450　ヴィットーネ：サンタ・キアーラ、ブラー（1742年）

ニ風の性格のドームを形づくるために交差しあう6本のリブが上に高く出ている。しかしながら、ヴィットーネは、このドームの上方に、双方ともに天使群のフレスコ画が描かれた、2つのさらなるドームないしシェルを建ち上げることによって、空間的複合性の点で、グァリーニを超えていた。これら2つのドームないしシェルの最初のものには窓がなく、第2のドームへと続く、中央の広い六角形の開き口（アーパーチャー）が含まれており、この第2のドームは、隠された円形の窓群によって採光され、そのヴォールトの上に描かれた「三位一体」の象徴物のある頂塔（ランターン）が上に載っている。〔このような〕二重殻（ダブル・シェル）のドームは、おそらく、パリのアンヴァリッドにおけるJ.アルドゥアン＝マンサールの手になるドームから抽きだされているのであろう。その一方で、卵形の開き口（アーパーチャー）群が貫通している、側面の各祭室のヴォールト群は、トリーノのユヴァッラによるカルミネ会教会堂のヴォールト群に鼓舞されている。複合した眺望（ヴィスタ）、飛び込んでくる採光、偽りの、つまりは近づきがたい、〔各祭室の〕ひとつ置きの祭室上に置かれたバ

ルコニーのある2階廊（ギャラリー）、構造物内の構造物という感覚、これらすべてのものが、ボローニャで活動した舞台設計家たちであるガッリ＝ビビエーナ一族の手になる、舞台背景用の幻想的なスケッチの数々（本書429頁）とほぼ同じような大げさな〔芝居がかった〕効果を生みだしているのである。

　ヴィットーネの手になる、ブラー〔トリーノの南50kmの町〕にある煉瓦造りのサンタ・キアーラ教会堂（1742年）は、これと同じ主題（テーマ）をもった、洗練された翻案（ヴァージョン）であり、おそらくは、ストゥピニージのユヴァッラによる大広間（サルーン）に鼓舞されたものである。ここでは、最初のドームのリブ群は、独立して建ってはいないものの、このドームの堅牢な表面は、4つの曲線を描く開口部（オープニング）でくり抜かれており、これらの開口部をとおして、天使たちや聖人たちが住む天空（スカイ）が描かれた第2のドームを見ることができる。キエーリ〔トリーノの南東11km〕にあるサン・ベルナルディーノ（1740-4年）では、八角形のドームが、光に溢れた部屋群となってドームの周りに流れてくる四角い空間のなかに、漂っている。周りを取り囲むアプス群のヴォールトと、ドームのペンデンティヴの双方が、この光の源泉にさらされるよう、穴があけられているが、とりわけペンデンティヴにあけられた開口部は、その形状が、巨大な鍵穴に似ている。ヴィットーネは25件以上の教会堂を建てたが、そのなかの大多数のものは、ヴァッリノットやブラーのものよりも因襲に捕らわれている。しかし、ヴィットーネが、円胴（ドラム）とペンデンティヴとドームのあいだの差異を消滅させるために、中を丸く刳（く）り貫（ぬ）かれたペンデンティヴ群の使用をとおして、高度に個性的な構造上の効果と採光効果とを導入した一連の建築群がある。これらのものは、カリニャーノのオスピーツィオ・ディ・カリタ〔カリタ救護所〕（1744年）、トリーノのサンタ・マリア・イン・ピアッツァ（1751-4年）、モンドヴィーのサンティ・ピエトロ・エ・パオロ（1755年）、そしてもっとも目立つのが、ヴィッラノーヴァ・ディ・モンドヴィーのサンタ・クローチェ（1755年）である。

　グァリーニのように、ヴィットーネは建築について深く考え、次のような2冊の論考を出版した。すなわち『基本的な教育指南書（*Istruzioni elementari*）』〔全体の名称は、*Istruzioni elementari per indirizzo de' giovani allo studio dell'Architettura Civile*（市民建築を学ぶ若者たちのための基本的な教育指南書）〕（1760年）と『多様にわたる教育指南書（*Istruzioni diverse*）』〔全体の名称は、*Istruzioni diverse concernenti l'officio dell'Architetto Civile*（市民建築家に役立つ多様にわたる教育指南書）〕（1766年）である。これらの書は、精神的な美しさが数学的、幾何学的、そして音楽的調和と同値であるというアルベルティにまで遡る系譜の最後に位置している。驚くべきことに、これらの書には、ヴィットーネ自身の建物群のもっとも忘れがたい局面の数々——ヴィットーネが小さな天国によって下界が照らしだされることを可能にした手立てである奇跡のような開放的なドーム群とヴォールト群——についての意義深い記述は、ほとんど含まれてはいない。

ジェノヴァ、ミラノ、ボローニャ、そしてヴェネツィア

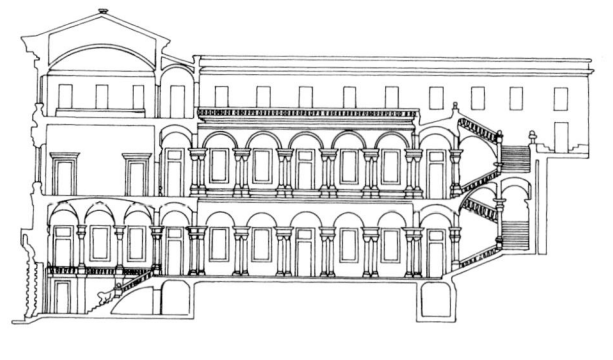

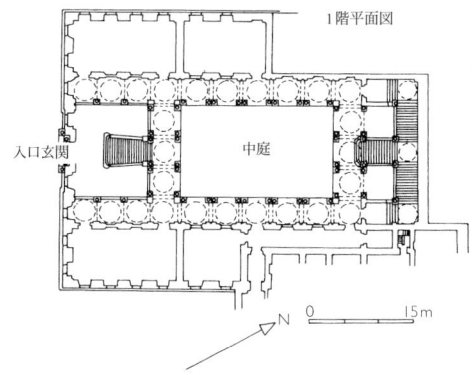

　北イタリアの何処を探しても、ピエモンテ地方ほどバロックが広範に展開したところはなかった。ジェノヴァにおける主要な建築活動は、16世紀後半に行なわれたが、この伝統の継承者は、この都市の指導的な初期バロック建築家の、バルトロンメオ・ビアンコ（1590年以前-1657年）であった。ビアンコの傑作は、1630年のイエズス会の寄宿学校である。今日では大学となっているが、これは傾斜した敷地の上に宮殿群を建設する際に、ガレアッツォ・アレッシ（1512-72年）のような建築家たちの経験を利用している建物である。ビアンコの才気縦横な空間構成においては、入口玄関部分には、これより高い所にある列柱の並ぶ中庭へと続く、ひとつの大きな階段〔室〕が含まれている。この中庭のずっと向こうの端の、広々としたアーチ列をとおして目に入るのは、この建物の高さいっぱいにまで建ち上がる、ひとつの大きな、2方向に向かう階段である。ジェノヴァは数多くの豊かなバロック様式の教会堂や宮殿や別荘をもって、18世紀のあいだに発展していったのである。ミラノでは、主要なバロックの建築家は、フランチェスコ・マリア・リッキーノ（1583-1658年）であった。彼の教会堂の多くは、破壊されてしまったが、ファビオ・マンゴーネ（1587-1629年）による設計案を基に1608年に建てられた、スイス寄宿学校に、1627年にリッキーノが付け加えた凹面状のファサードは、おそらくはイタリアにおけるこの種の最初の建物として、残存している。それ〔凹面状ファサード〕は、リッキーノや彼の北イタリアの同時代人たちが発展させた主題ではなかったが、1618年までにミラノを去ったボッロミーニが、リッキーノの注目すべきファサードの図面を目にしていたかもしれないと想像してみたくなる。

　ボローニャではわれわれは、カルロ・フランチェスコ・ドッティ（1670-1759年）をえり抜くべきである。彼は、その手になる「聖ルーカの聖母マリアの聖所記念堂（サンクチュアリー・オヴ・ザ・マドンナ・ディ・サン・ルーカ）」〔サントゥアーリオ・デッラ・マドンナ・ディ・サン・ル

451　ビアンコ：大学の断面図と平面図、ジェノヴァ（1634-6年）

ーカ〕(1723-57年)、すなわちこの都市の端にある丘の頂きに建つ巡礼教会堂のゆえに、もっとも忘れられない存在になっているのである。それ自体が記憶に残るべき、このドームが架かった楕円形のギリシャ十字形平面の教会堂は、その唯一無二の舞台装置的なアプローチの仕方によって無条件に忘れることのできない存在となっている。すなわち、この都市への入口を印づけている「メロンチェッロのアーチ」から湾曲した道やジグザグの道がずっと続く丘を登るという、長いアーチ列の並ぶあいだの通路がこの教会堂へのアプローチなのである。丘の頂上に辿り着くと、「カルヴァリへの道」〔カルヴァリは、エルサレム近くの丘で、キリスト磔刑の地〕の象徴たる、この劇的な通路が、二重のS字形の

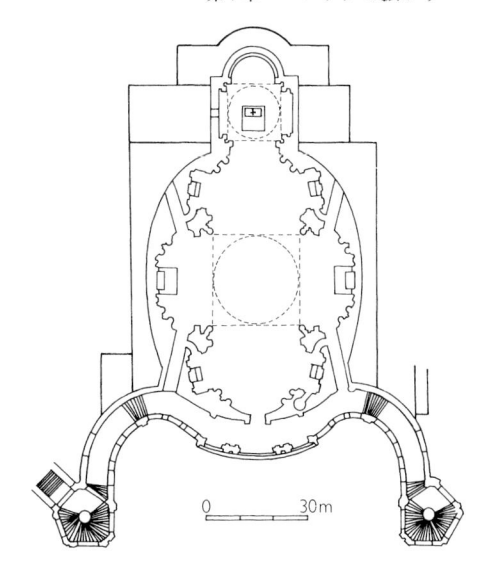

452　ドッティ：マドンナ・ディ・サン・ルーカ教会堂の平面図、ボローニャ（1723-57年）

アーチ列を正面とする、この教会堂のファサードと合体するのである。「メロンチェッロのアーチ」は、片方の側からのみアクセスできる非対称形の曲線をなす円柱列を付けて、1722年にドッティによって設計されたが、それ自体が、都市的バロック建築の注目すべき大がかりな〔芝居がかった〕作品なのである。

　ドッティの他の作品群には、パラッツォ・ダヴィア＝バルジェッリーニ〔現在は美術館〕内に1730年頃につくられた、華麗な二重の折り返し階段が含まれる。これは、遠近図法的階段というボローニャの伝統に起因するものである。もうひとつの生気のある範例は、パラッツォ・ディ・ジュスティツィア〔裁判所〕内の、ジョヴァンニ・バッティスタ・ピアチェンティーニによる1695年の階段である。おそらく、バロック建築に対するもっとも意義深いボローニャの貢献は、舞台設計家兼建築家であったガッリ＝ビビエーナ一族によってなされたといえよう。彼らは、遠近法による天井画法〔*quadratura*〕の絵画術をその極限まで追求したのであった。1670年代と1770年代のあいだ、フェルディナンド（1657-1743年）、彼の息子たちの、アレッサンドロ（1687-1769年）、ジュゼッペ（1696-1757年）、そしてアントーニオ（1700-74年）、さらにはフェルディナンドの弟のフランチェスコ（1659-1731年）が、ユヴァッラやヴィットーネの、そしておそらくはずっと意義深いと思われるピラネージの、創意的な想像力に影響を与えた激しい調子で、ドイツ語やイタリア語を話す多くのヨーロッパの宮廷を仕事場として働いていたのであった。

　ヴェネツィアでは、パラーディオとスカモッツィの影響が続いており、スカモッツィの弟子の、バルダッサーレ・ロンゲーナ（1598-1682年）の場合を除いて、建築における何らかのまさしく拡張してゆくバロックの展開は、水を差された状態にあった。ロンゲーナのもっと

453 ロンゲーナ：サンタ・マリア・デッラ・サルーテの内部、ヴェネツィア（1630年着工）

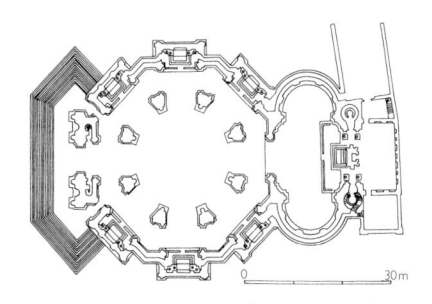

454 同、断面図および平面図

も赫々たる作品は、サンタ・マリア・デッラ・サルーテであり、これは、1630年のペスト流行のとき、総督と議会による、教会堂を建立するという誓いに応じてなされた設計競技で彼が勝ち取った委託である。巨大なふくらんだドームを戴く、この壮大な集中式平面の八角形の教会堂は、12個の重々しいバロックの渦巻装飾〔スクロール〕〔の控え壁〕によって重苦しい感じはするものの、ロンゲーナには、象徴的な冠に映っていたのであった。1630年4月にこの教会堂の模型を提示した際に添えられた注釈のなかで、ロンゲーナは、次のように書いた。すなわち「聖処女マリア〔ザ・ブレスト・ヴァージン〕に対してこの教会堂を献堂するという神秘な行ないによって私は、神が私に与えたほんのわずかな才能をもって、フォルマ・ロトンダ（forma rotonda）〔円堂形式〕の、すなわち冠の形状〔シェイプ〕をした、教会堂を建てようと考えたのであった」と。かくしてこの教会堂は「天国の女王」としての聖母マリアを言祝ぐのである。星々で飾られた冠を戴いたマリアの彫像は、〔外部の〕ドームの頂きに載り、〔内部の〕ヴォールト架構からぶらさがった巨大な冠の下の主祭壇の上方に、もう一度現われるのである。

ロンゲーナが、自らの、天空の〔神々しい〕冠のイメージを表現するために選ぶ際の拠り所になった建築的形態とは、周歩廊〔アンビュラトリー〕によって取り囲まれた規則正しい八角形であり、これは、ルネサンスもしくはバロックの建築には採択されることのなかった形態ではあるが、ローマのサンタ・コスタンツァやラヴェンナのサン・ヴィターレのようなイタリアの古代後期建築とビザンティン建築双方において重要な役割を

第7章　バロックの拡がり

果たした形態であった。注意深く考案された、芝居がかったもしくは遠近図法的な眺望(シーナグラフィック)(ヴィスタ)が、中央の八角形の空間を取り囲んでいるアーチ群をとおして4方に拡がっている。この配置の仕方は疑いなく、ヴィチェンツァのパラーディオによるテアトロ・オリンピコに見られるような、舞台背景に関するロンゲーナの知識によるものである。テアトロ・オリンピコでは、凱旋門の建つ前舞台(プロセニウム)が、祝祭にふさわしい宮殿群の並ぶ通りに沿って遠近法的眺望を組み立てているのである。凱旋門というモチーフはまた、サルーテ教会堂のファサードの中央部分(セクション)を支配している。その結果、入口扉が開けられると

455　ロッシ年若(ザ・ヤンガー)：イ・ジェズイーティの内部、ヴェネツィア（1715-28年）、ヤーコポ・アントーニオ・ポッツォによる主祭壇を見る

き、主祭壇に向けて拡がる(オープン・アップ)眺望が実際のところ、パラーディオのこの劇場に近いものになっているのである。ドームが架かる至聖所から、主祭壇背後にある長方形の修道士用内陣までの、印象的な眺望において、照明の制御は、舞台の場合と同様に巧妙にできているのである。

　パラーディオの存在が、ディオクレティアヌス帝の窓〔2本の方立てがある半円形の窓〕、背の高い台座に載った円柱、灰色の石からなる構造体の特徴と対比をなす、のろ〔上塗り用の水性石灰塗料〕を塗られた背景という色彩配分の工夫(スキーム)、教会堂の3つの部分に見られる調和がとれた比例関係、そして入口正面から斜め方向に後方へ退く、2つの側面祭室のファサード——これはヴェネツィアのジュデッカ島に建つ、パラーディオの手になる小さなレ・ジテッ

431

レ教会堂に鼓舞されている——を含んだ、この教会堂の数多くの特徴の背景に、見え隠れしている。そのうえ、2つの鐘塔(カンパニーレ)が添えられた背の高い円胴(ドラム)の上方に、普通より高位置の輪郭を見せる、至聖所上方の小さなドームの側面(プロフィール)は、イル・レデントーレでパラーディオがすでに採択していたビザンティン=ヴェネツィア風の範型(スティリティッド プロフィール)(モデル)に付き従ったものである。サンタ・マリア・デッラ・サルーテはかくして、バロックの遠近図法的特質の数々に対するロンゲーナの個人的な接近(アプローチ)という手立てによって、ひとつの新しい視覚的一貫性(シーナグラフィック)を与えられた、ヴェネツィア・タイプとパラーディオ・タイプ双方の、目もくらむほどの成功をなしえた混合物なのである。その2つのドームとヴェネツィアのスカイラインの紛れもないピクチャレスクな関係性もまた、ルネサンスの理想の数々を超えた、都市構成に対する画家的な接し方(アプローチ)の証拠なのである。

ロンゲーナの芝居がかった才能は、ヴェネツィアのサン・ジョルジョ・マッジョーレの修道院内で手がけた階段室ホール（1643-5年）にもう一度現われた。これは、いわゆる荘厳な〔皇帝用と呼ばれる〕タイプの階段室で、〔階段に接する〕外側の壁面に沿った〔左右対称をなす〕2つの登り〔階段〕(フライト)のなかへ、1個の真ん中部分の「腕」〔1階部分の幅広い段〕が〔直角に〕割り込んだかたちをしている。1630年のジェノヴァ大学での、ビアンコの階段室とともに、これは、イタリアの最初のバロック〔様式〕の階段室のひとつである。ロンゲーナによる住居建築、とりわけそのパラッツォ・レッツォーニコ（1670年着工）とパラッツォ・ペーザロ（1676年着工）は、サンソヴィーノのパラッツォ・コルネールを真似ている点で、17世紀と18世紀のヴェネツィアの宮殿群(パラッツィ)の特性を示している。もっとも、サンソヴィーノのものに比べて、彫刻群の豊かさは増してはいる。この豊かさは、オスペダレットというロンゲーナの手になる小さな教会堂（1670-8年）において頂点に達している。ここでは、彫琢されたライオンの仮面や盾や果実のふさ、そしてアトラス像（支持体として用いられる男性像）で埋め尽くされているのである。

ヴェネツィアでもっとも魅力的なバロック建築は、ドメーニコ・ロッシ年若(ザ・ヤンガー)（1652-1737年）による設計案を基にして、1715-28年にイエズス会士たちのために建てられた、イ・ジェズイーティである。もっとも、1729年の騒々しいファサードは、ジョヴァンニ・バッティスタ・ファットレットによる。ほとんど法外といってよいほどに豪華な内部は、緑と白のダマスク織り〔繻子地の紋織物〕で、すみからすみまで隈なく装飾されており、これは、象眼細工の大理石を驚くべきほどの名人芸的技によって使いこなすことでつくりだされた効果である。ねじれた円柱群に支えられた、曲線状のドームが架かったバルダッキーノ〔天蓋〕の下にある、彫像と、ラピスラズリ〔青金石〕からなる天蓋付壁龕(タバナクル)とが付いた主祭壇は、アンドレア・ポッツォの弟のヤーコポ・アントーニオ（1645-1725年）によって設計されたものである。この教会堂での彩色大理石のふんだんな使用は、われわれを南イタリアへと導いてくれる。というのも南イタリアでは、これが、ナポリやシチリアの建築家たちの特にお気に入りのやり方(テクニック)だったからである。

第7章　バロックの拡がり

456　ファンツァーゴ：未完成のパラッツォ・ドンナンナの外観、ポジリーポ、ナポリ近郊（1642-4年）

457　ジェヌイーノによる、インマコラータ尖塔(グーリア)のあるイル・ジェズー広場、ナポリ（1747-50年）

458 ヴッカーロ：サンタ・キアーラのマヨリカ回廊〔クロイスター〕、ナポリ（1739-42年）

ナポリとシチリア

　ナポリは、17世紀には、ひとりの総督〔ヴァイスロイ〕によって統治された、スペインの属州であり、快楽と敬虔の双方を追い求めることにわが身を捧げた庇護者たちのためのバロック建築で、豊かな発展を遂げていた。主導的な建築家は、コジモ・ファンツァーゴ（1591-1678年）であり、彫刻家および大理石細工師として修業を積んでいた。とりわけ、イル・ジェズー・ヌオーヴォでの1637-50年の礼拝堂と、サン・ロレンツォ・マッジョーレでの1643-5年の礼拝堂における象眼模様の大理石による内部装飾で、その名が知られている。彼のより厳格な建築的技能〔スキル〕〔わざ〕は、ポンテコルヴォにあるサン・ジョヴァンニ・デッリ・スカルツィのような教会堂（1643-60年）に現われた。ここでは、劇的な西側の玄関部分に、街路よりも高い位置に建つ身廊へと続く、二重の〔2方向の〕階段が含まれている。彼のもっとも注目すべき建物は、スペイン人総督、メディーナ公爵と彼の裕福なイタリア人妻のために、ナポリ近くのポジリーポに建てられた、未完成のパラッツォ・ドンナンナ（1642-4年）である。スパラト（スプリット）にあるディオクレティアヌス帝の宮殿のように、海から建ち上がった、その海に面した正面は、3層からなる、すなわち上下に重ね合わさった開廊〔ロッジア〕からなる、記念碑的な見晴らし台に統べられている。この建物は、驚くべきことに〔海に臨む〕隅部が斜めに切られていて、実際の岩を、不規則なかたちをしたルスティカ仕上げの基礎部分として組み入れている。この発想は、ベルニーニによって、彼の実現することのなかったルーヴル宮のための計画案のひとつにおいて取り上げられていた。

434

第7章　バロックの拡がり

　ナポリの陽気さと横溢の、溢れんばかりに豊かな表現のひとつは、グーリエ（Gulie : Guliaの複数形で「尖塔」の意）すなわち記念の彫像が頂きに載り、彫刻で豊かに飾り立てられた円柱もしくはオベリスクである。ファンツァーゴは、1637年にグーリア・ディ・サン・ジェンナーロを設計したが、もっとも豪華絢爛なものは、イル・ジェズー・ヌオーヴォ教会堂の外の広場にロココ調フランボワヤン様式で

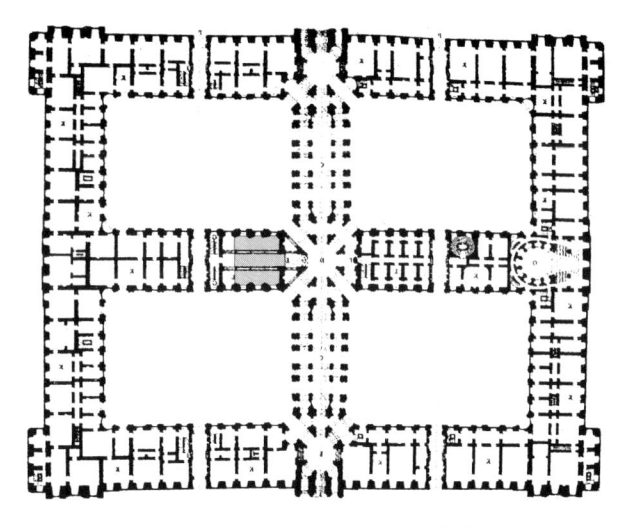

459　ヴァンヴィテッリによるカセルタ宮殿の平面図（1752-74年）

建っている、ジュゼッペ・ジェヌイーノの手になる、グーリア・デッリンマコラータ（Gulia dell' Immacolata〔ワトキンの綴り Immaculataは誤り〕）（1747-50年）である。ファンツァーゴの主要な追随者たちは、生気のある後期バロックの手法で仕事をこなした、2人ともにナポリの画家フランチェスコ・ソリメーナ〔1657-1747年〕の弟子であった、ドメーニコ・アントーニオ・ヴァッカーロ（1681-1750年）とフェルディナンド・サンフェリーチェ（1675-1750〔正確には1748〕年）であった。ヴァッカーロのもっとも興味深い教会堂群は、八角形と矩形の空間の組み合わせを活用したものであり、これらは平面上は集中式に見えるものの、実際は縦方向を強調している。これらの教会堂として、モンテカルヴァーリオにある、彼の手になるコンチェツィオーネ（1718-24年）と、とりわけ、ナポリ近郊のカルヴィッツァーノにある、同じく彼の手になるサンタ・マリア・デッレ・グラーツィエ（1743年頃）が挙げられる。ここでは、円胴（ドラム）と丸屋根（クーポラ）のあいだの構造的な分割が、頂塔（ランターン）にまで開口部を延ばすまでに、点々と雲の浮かぶ空のようになってゆく泡のようなストゥッコ細工の下で、消滅してしまっている。ヴァッカーロの手になるもっとも心地好い作品は、1739-42年の、ナポリにあるサンタ・キアーラの魅惑的なマヨリカ回廊（クロイスター）である。ここで彼は、ゴシックの回廊（クロイスター）の中央部分を、いくつものパーゴラ〔つるなどを這わせた棚が屋根になった四阿（あずまや）のこと〕でいっぱいにしたのであった。これらのパーゴラはみな、ブドウの房が描かれ彩色されたマヨルカ陶器〔ルネサンス時代にイタリアでつくられた装飾的陶器、焼物〕で出来た、本物のブドウの木々が混ぜ合わさった〔絡まった〕八角形の支柱（ピア）群に支えられている。これらの支柱は、これまたマヨルカ陶器でつくられ、周りの風景や田園の景色を描いて装飾されたベンチの数々と繋がっているのである。

　フェルディナンド・サンフェリーチェは、卓越した裕福なナポリの名家の出身であったが、自らの手になるいくつもの広々とした階段室のゆえに盛名を馳せた。これらの階段室のなかでもっとも巧妙につくられたものは、パラッツォ・セッラ・ディ・カッサーノ（1720-38年）

435

460　パラッツォ・ガンジの舞踏の間、パレルモ（1750年代）

にある。これは、広大な二重になった階段で、小さな中庭ぐらいの大きさがある。八角形の中庭から巨大なアーチ道を通って近づくこの階段室は、卵形の玄関室のなかを〔左右対称形に〕2等分した階段からなっており、それぞれの階段〔の大きな折り返し部分〕には、階段に近づくにつれて訪問者の眼前に立ち向かうように現われてくる、一対の砦（バスチャン）のような〔囲いのある〕半円形の踊り場がある。〔左右に位置する、対称形の〕2つの登り（フライト）は、〔両側から〕堂々とした橋（ブリッジ）に集まり、この橋から主要な住戸群（アパルトマン）に出入りするのである。サンフェリーチェの他の主要な貢献は、さまざまな祝祭行事の際にバロックのヨーロッパの到る所に建てられた、豪勢な〔一時的な（テンポラリー）〕仮構造物の設計においてなされた。そのなかでもっとも非凡なもののひとつは、1740年の、両シチリア国王の王女誕生を記念するものであり、総督（ヴァイスロイ）の宮殿外にある広場（スクエア）を、巨大なアーチ列の並ぶ半円形の広場に変えたものである。この広場には、凱旋門群を通って近づき、周りに二重の階段が巡る恐ろしく背の高い、中央のパゴダのような塔がこの広場を支配していた。

　1734年から、その父〔フェリペ5世〕の跡を襲って、スペイン王カルロス3世〔1716-88年、在位1759-88年〕として即位した1759年まで、両シチリア王国〔ナポリ王国とシチリア王国を指すが、ここでは事実上の両シチリア王国成立を言っている。両シチリア王国（Regno delle Due Sicilie）は、正式には1815（1816）年に成立し1860（1861）年まで存続した〕を最初の王として統治したカルロ・ボルボーネ〔ワトキンの原文では、Charles Bourbon〕が、1750年に、2人のローマで修業を積んだ建築家、フェルディナンド・フーガ（1699-1782年）とルイージ・ヴァンヴィテッリ（1700-71年）をナポリに呼び寄せた。ナポリの北方、およそ20マイル（32km）のところにあるカセルタで、ヴァンヴィテッリは、1752年に、この国王のための宮殿を建造しはじめた。4つの中庭、1,200もの部屋、そしてイタリアでもっとも大きな階段室をもったこの宮殿は、世界中でもっとも印象的な宮殿のひとつであり、この国におけるこの種のものとしては最後の

436

第7章　バロックの拡がり

ものである。そのファサード各面の長さは、34の柱間（ベイ）からなり、いくらか冷淡で単調ではあるが、この複合体全体の中心軸をとおした、息をのむような眺望は、3つの巨大な八角形の玄関間を組み入れており、ロンゲーナやガッリ＝ビビエーナ一族の幻想をもっとも壮麗に実現したものである。

18世紀のシチリアは、その精力と想像力を、ロココとして知られるバロックの凝った飾りを施した最終的様相の、膨大な数の魅惑的な建物に結実させた建築家たちの一団を生みだした。とはいえ、ロココという用語は、おそらくは、内部装飾を記述するために用いられるのが最適であろう。これらのシチリアの建築家たちのなかでもっとも際立った人物のひとりは、トンマーゾ・ナーポリ（1655-1725年）であった。彼はドミニコ会の修道士であり、パレルモの東方およそ10マイル（16km）のバゲリーアで、シチリア貴族のために2つの贅を尽くした別荘（ヴィッラ）をつくりだした。すなわち、ヴィッラ・パラゴーニャ（1705年着工）とヴィッラ・ヴァルグァルネーラ（1709-39年）であり、双方ともに、曲線状の創意に富んだ階段を外に配置している。

461　シラクーザ大聖堂：西側ファサード（1728-54年）と、紀元前5世紀のギリシャのドリス式円柱がある側面立面

　パレルモの17世紀の教会堂群は、彩色された象眼模様の大理石からなる豪華な装飾のゆえにひときわ目立っている。しかし、18世紀の冒頭（オープニング）の数年あたり、ジャーコモ・セルポッタ（1656-1732年）が、この土地に固有な漆喰仕上げの伝統のもとに働いていたが、凌駕する者のいない豊富な創意で出来た洗練されたストゥッコ塗りで内部が仕上げられた3つの祈禱室の任を負っていた。すなわち、サン・ジータ（1687-1717年）と、サン・ドメーニコ（1720年）の各「ロザリオ祈禱室」、そしてサン・ロレンツォの祈禱室（1706-8年）である。セルポッタはまた、1690年代に、ストゥッコ造りの雲で厚く覆われた主祭壇のある、アグリジェントのサント・スピーリトを飾り立てた。その一方、彼の息子のプロコーピオ〔1679-1756年〕は、パレルモのサンタ・カテリーナの祈禱室（1719-26年）を、同様の華麗なやり方で飾り立てたの

437

462 ヴァッカリーニ：サンタガタの外観、カターニャ（1735-67年）

であった。
　パレルモの数多いバロックの宮殿のなかから、われわれは、ジャーコモ・アマート〔1643-1732年〕によるパラッツォ・カットリーカ〔ワトキンはカットリーコとしている〕（1719-26年）、アンドレア・ジガンティ（1731-87年）によるパラッツォ・ボナジーア（1760年頃）、そしておそらくは1750年代頃のパラッツォ・ガンジに注目すべきである。パラッツォ・カットリーカ

438

第7章　バロックの拡がり

のアーチ列のある中庭は、広々としたアーチに支えられた橋によって、芝居がかった様で区分けされているが、これは、巨大なアーチの下の広々とした階段が統べる、パラッツォ・ボナジーアの中庭にも繰り返された考案物である。おそらくは、パレルモでもっとも保存状態の良い宮殿のパラッツォ・ガンジでは、舞踏の間〔鏡のガッレリーア（ギャラリー）〕が、ロココ様式の特色である、ひらひら翻る動きへと踏み込んだバロック形態のヨーロッパにおけるもっとも見事な範例のひとつである。壁面には、繊細に巻かれた枠に嵌められた巨大な3つの部分からなる鏡の数々が並んでいる。ここだけにしか見られない二重天井は、2層の天井板からなり、下の層の天井は、そこから鏡板群が取り去られてしまった弓形の張り出しのようなかたちをして、リブ群のみを残し、かくして、そこからわれわれが上の層のヴォールト天井に描かれたフレスコ画を垣間見るところの開口部を形づくっているのである。この魔法のような魅力的な内部は、シチリア人の生涯を描いた、〔イタリア人の貴族で作家の〕ジュゼッペ〔・トマージ〕・ディ・ランペドゥーサ〔1896-1957年〕の小説『山猫（*Il Gattopardo*）』（ミラノ、1958年）の、陶然となった贅沢さを要約している。この舞踏の間は、このランペドゥーサ公の小説を映画化した際に、舞踏会場の場面の舞台として、〔監督のルキーノ・〕ヴィスコンティ〔1906-76年〕によって適切にも選ばれたのであった。

　シチリアは、1693年の地震によって荒廃し、この地震のあと、島の東部は、物惜しみせぬやり方で、再建されたのであった。このときのもっとも注目すべき作品のひとつが、シラクーザの大聖堂のファサードであった。この活気ある創作物は、この教会堂の本体に対して、ひとつの驚くべき結末として、アンドレア・パルマ（1664-1730年）の手で、1728-54年に付け加えられたのであった。というのも、この本体は元々は〔紀元前〕5世紀のギリシャのドリス式神殿を、初期キリスト教時代に教会堂へと転用したものにほかならないからである。シラクーザの大聖堂においては、西洋建築の歴史が目の前に見えてくるのである。ノート、ラグーザ、そしてモーディカといった山腹に位置する都市はすべて、この地震のあとに再建されたものであり、1730年代と1740年代の、ロザリオ・ガッリアルディ〔1698-1762年〕の手になる記憶に残るべき教会堂の数々によって統べられている。堂々とした構えの階段の登りの上に力強く建つ、これらの教会堂の西正面は、主として、卵形の鐘楼の塔からなっている。この配置はイタリアの他の何処にも見られないものではあるが、これらの塔の存在を知るよしもなかったはずの、ノイマンやホークスムアのような建築家たちによって、北ヨーロッパでは並行してつくりだされていたのである。

　最後にわれわれは、カターニャ〔シチリア南部、エトナ山近くの港市〕に目を転じるべきである。ここは、1730年以降、G.B.ヴァッカリーニ（1702-68年）によって改造された。彼は、カターニャ大聖堂の司教座聖堂参事会員（canon）であり、パレルモに生まれたものの、1720年代のローマにおいて、カルロ・フォンターナの許で修業を積んだ。ピアッツァ・デル・ドゥオーモ〔大聖堂前広場〕で彼は、市庁舎（1735年）を完成させ、大聖堂のファサードを建てた（1733-57年）。彼の手になる市の噴水（1735年）は、エジプトのオベリスクを1本かついだ

439

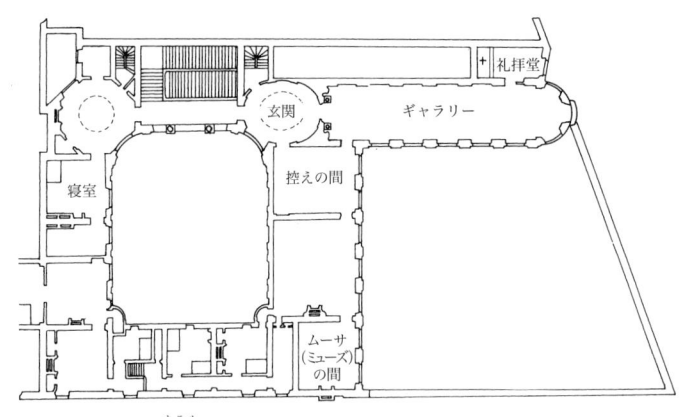

463　ランベール邸館の主要階平面図、パリ、ル・ヴォーによる（1640年着工）

1頭の象のかたちをしている。これらの作品には、彼の手になる輝かしい教会堂群の場合と同様、ボッロミーニ的な特色が多く見られる。これらの特色は、彼の傑作、サンタガタの修道院教会堂（1735-67年）にも見られる。この教会堂のファサードは、サン・カルロ・アッレ・クワットロ・フォンターネ（本書401頁）に鼓舞されており、聖アガタの殉教の象徴であるところの、シュロの葉や百合の花や冠が彫り刻まれた巨大な付け柱の柱頭群を誇っている。これまた曲線を描くファサードをもった、ヴァッカリーニの手になるサン・ジュリアーノ（1739-51年）では、ドームが、そのなかで修道女たちがくつろいだり、宗教上の連禱を唱えながらの行列をながめたりした、八角形〔八角堂〕の見晴らし台まで続いている。これは、シチリアの修道院に共通する特徴である。レブルドーネのパラッツォ・デル・プリンチペ（1740年頃-50年）やコッレージョ・ク

464　同、中庭入口〔邸館の入口は反対側〕

テッリ（1748年）のような、のちの作品においてヴァッカリーニは、当時フーガやヴァンヴィテッリによってナポリに導入されつつあった、より厳格な古典主義的手法の方に向かったのであった。しかしながら、ヴァッカリーニの才能ある追随者である、ステーファノ・イッ

440

タール〔1790年歿〕のパレルモにおける作品には、その当時までに北方ヨーロッパに襲いかかっていた古典主義(クラシシズム)の受容の跡はほとんど見られない。イッタールの手になるキエーザ・コッレジャータ〔1768年頃〕とサン・プラシード〔1769年竣工〕は、凹面状のファサードと生きいきとしたロココ調の装飾によって、曲線状の意匠という永い系譜の最後に、遅ればせながらも愛らしく花開いた姿なのである。

イタリア外部のバロック

フランス

　フランスはイタリアやドイツのように、全霊を傾けてバロックに専心したわけでは決してないものの、このバロックなる様式の展開は、イタリアを除くどの他の国よりも、フランスに大きく左右されたのであった。これは、太陽王〔ルイ14世〕のヴェルサイユ宮殿なるイメージが、その見応えある(スペクタキュラー)ル・ノートルの庭園群をもって、ヨーロッパ全土に魅力的であることを証明したからであった。そのうえ、バロックの最後の様相(フェイズ)であるロココを生みだしたのは、これまたフランスの、図案家(デザイナー)たちなのであった。

　ルイ14世とその宮廷のための目もくらむほどに見事な情景(セッティング)をつくりだす任を主に負っていた建築家は、ルイ・ル・ヴォー〔1612-70年〕とジュール・アルドゥアン=マンサール〔1646-1708年〕であった。パリっ子の熟練した石工の息子として生まれたル・ヴォーの最初のもっとも重要な作品は、ランベール邸館(オテル)であった。これは、行動の派手な財政官J.-B.ランベール〔1644年歿〕のために、パリのサン=ルイ島東の先端に、1640年に着工された。劇的なディスプレーに対するル・ヴォーの天賦の才を、目もあやに明示したこの作品は、入口とは反対側にある曲線状のファサードを通った視線が、明暗の対照を典型的なバロックの手法で活用した壮麗な階段室に釘づけになるような中庭を巡って建てられている。上方の踊り場の片方の側には八角形の玄関間が、そしてその反対側には楕円形の玄関間が配置され、後者からは、この邸館(ハウス)から一本の指のように延び、セーヌ河の景色を臨む大きな曲線を描いた弓形(ボウ)で終わる長いギャラリーを見おろすことができる。このギャラリーのある翼館(ウィング)は、自然の事物を眺めるために非対称形にした平面計画の、非凡な初期の例である。主要な内部空間はジェラール・ファン・オプスタル〔1604-68年〕の手になる、青銅をかぶせたり金箔を塗ったストゥッコの浮き彫り(レリーフ)群と、ウスターシュ・ル・シュウール〔1617-55年〕、シャルル・ル・ブラン、その他の人々による神話や風景を題材とした壁画や天井画で、豊かに飾り立てられている。

　近くのローザン邸館(オテル)は、これもまた豊かな装飾を施されているが、その大かたが、ル・ヴォーと、ランベール邸館(オテル)の任を負った芸術家集団とによるものである。この壮麗な屋敷(ハウス)は、シャルル・グリュアン・デ・ボルドのために、1650年代の半ばに建てられた。ランベールと同様に、彼はイタリア出身の枢機卿マザラン〔1602-61年〕のために、〔ランベールと〕同じだけ大きな金額の金を工面しつつ、〔自らも〕巨額の財産を蓄えた財政官のグループのひとりであ

465 ル・ヴォー：ヴォー＝ル＝ヴィコントの庭園側正面、パリ近郊（1657-61年）

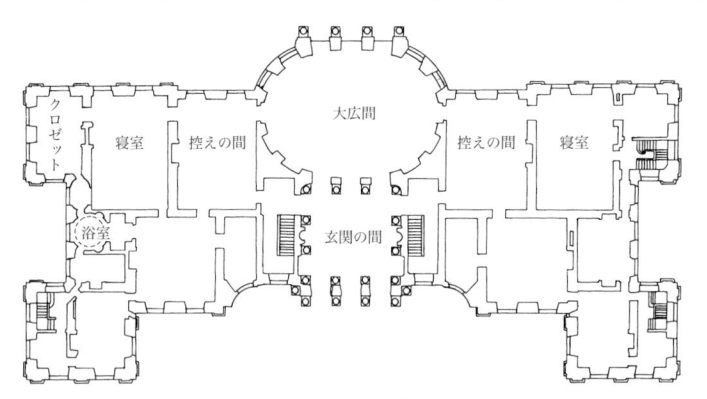

466 同、平面図

467 ヴォー＝ル＝ヴィコントのドームが架かった卵形の大広間(サルーン)内部

った。マザランは、ルイ
14世がまだ未成年であ
ったときから、成人にな
りたての頃までのあいだ
の、1641-60年に、フ
ランスの実質的な統治者
であった。まさに、フラ
ンス、イタリア、そして北
海沿岸の低地帯〔今のベ
ルギー・オランダ・ルクセ
ルブルクの占める地域〕の
文化上の反主流的傾向が、

468　ペロー：ルーヴル宮東正面、パリ（1667-74年）

もっとも多産だったこの時期においてこそ、ル・ヴォーとその仕事仲間たちが、太陽王がの
ちに自分自身のために採択した、様式と雰囲気をつくりだしたのであった。ローザン邸館の
内部装飾は、まさしく黄金でこぼれんばかりであり、そのため、この邸館の庇護者が、財政
官たちの行動を調査するために1662年にジャン＝バティスト・コルベール〔1619-83年〕が設
置した「財務官弾劾裁判所」の前に引きずりだされ、そのあと当然のことながら彼の財産が
没収されてしまったことを知っても何ら驚くにはあたらないのである。

　これと同じ運命がもうひとりの指導的な財政官のニコラ・フーケ〔1615-80年〕にも襲いかか
った。彼は財政総監の地位にあったが、ル・ヴォーは彼のために、パリの近郊、ヴォー＝ル
＝ヴィコントに、当時のフランスでもっとも壮麗な城館といわれたものをつくり上げた。こ
れは、アンドレ・ル・ノートル（1613-1700年）によって設計されたもっとも初期の整形式庭園
の絶頂期にあるものとして、1657-61年に建てられた。この城館のもっとも魅力的な特徴は、
庭園側正面から突きでているドームが架かった卵形の大広間であるが、これはル・ヴォーに
よってすでに、彼の、今は破壊されてしまったル・ランシーの城館（1645年頃）に導入されて
いたものである。ヴォー＝ル＝ヴィコントの平面は、中央の玄関間と大広間の両側に、片方
側にはフーケ用の、そしてもう片方側には国王用の、大きな住戸群（appartements）を備えて
いた。国王の寝室は、この城館のなかのもっとも豪華な内部空間であり、シャルル・ルブラ
ン（1619-90年）の手によって、当時のイタリアで流行していた様式を用いた、豊かなストゥ
ッコ細工、金箔塗り、そして絵画で飾り立てられていた。国王のベッドは、教会堂の祭壇前
の柵のような背の低い手摺りによって部屋の主要部から分離されたアルコーヴ〔部屋の一部
を凹状に入り込ませた一郭、もしくは大きな部屋の奥の小部屋〕状になった一種のプロセニアム・
アーチ〔舞台前迫持〕の背後に置かれた。これは、フランスの王の寝室や、訪問する王族によっ
て使われるよう設計された個人邸館の儀式用寝室において、1640年代までに確立されて
きた風習に従ったものである。高貴な生まれの人々は、自分たちの寝室で接見するよう習慣

づけられており、もっともお気に入りなもの以外のすべてを、王家の人々と接触させないようにすることが必要なのであった。手摺りのなかに入ってゆける権利をもった宮廷人たちは、バルコニー〔手摺り〕の貴族（seigneurs à balustrade）として知られていた。

　この伝統は、ルイ14世によって、特別な明敏さをもって繰り拡げられた。ルイ14世は自分自身を、ヨーロッパでもっとも偉大な君主と見なしていた。実際のところ、1661年のマザランの死に際して、ルイ14世は、自らが「首相(ファースト・ミニスター)」の助けなしでフランスを統治しようと決めたのであった。花火の打上げに続く、ジャン＝バティスト・リュリ〔1632-87年〕による音楽とルブランによる装飾を伴ったモリエール〔1622-73年〕によるバレエを含んだ、ヴォー＝ル＝ヴィコントの中庭全体を使っての、フーケによる1660年8月に催された、豪華絢爛な歓待行事のあと、フーケは横領のかどで逮捕された。ルイ14世の主席顧問のコルベール〔1619-83年〕は、王室事業(サービス)に、ヴォー＝ル＝ヴィコントをつくるのに貢献した芸術家たちのティーム全体を雇い入れたのであった。絶対君主の栄光を讃美するための、集中化した設計機構(デザイン・マシーン)の創設は、コルベールのもっとも注目すべき業績のうちのひとつであった。彼の数々の野望には、国家的栄誉の表現としてある、パリのルーヴル宮殿の完成が含まれていた。

　ル・ヴォーとルブランは、彼らがヴォー＝ル＝ヴィコントで採択していた豪華絢爛な手法で、1661-3年にルーヴル宮殿のアポロンの間(ギャルリー)を設計したのであった。壮大さに対する、その抑えがたい欲望に突き動かされたコルベールは、当時世界随一の芸術家と謳われたベルニーニからいくつかの設計案を所望することになった。ベルニーニは1665年6月に、何やらものものしく訪問する王者(モナーク)の体(てい)で、パリに到着した。しかし、彼の大胆なバロックそのものといったルーヴル宮の設計案の数々（本書400頁）は、拒否されてしまい、1667年にルイ14世は代替案を準備するべく、3人からなる委員会の召集を指示した。これらの人物は、ルイ14世付きの首席建築家たる、ル・ヴォー、首席画家のルブラン、そしてクロード・ペロー〔1613-88年〕であった。このペローは、当時のもっとも才気縦横な知性の持ち主のひとりである、解剖学者兼アマチュア建築家であった。ペローの手になるウィトルウィウスの論考書は、1673年に初めて出版されたが、当時の建築家たちにとって規範として役立つよう意図した、復元された古代の建築群の図集を伴った、論争を呼んだ著作であった。〔ルーヴル宮殿で実施に移された〕この重々しく、威厳のある、明快な楣(まぐさ)式の建築は、ローマ人たちの彫刻や剤り形の飾りを施された壁式の量塊によりもむしろ、ギリシャ人たちの荷重を支える円柱群に力点を置くことで、ほぼ確実にペローの設計案から1667-74年に建てられた、ルーヴル宮殿の東正面において、堂々とした表現が与えられたのであった。この建物の威厳と高貴さ、見えみえの派手な絶頂部分を中央部分に置くように建てることを協議のうえで拒否したこと、そして、周柱廊によって分け与えられた古代的な味わい〔趣き〕(フレイヴァー)によって、この建物は、その建設のときのみならず、それが「偉大なる世紀〔17世紀〕」におけるもっとも良きもののすべて——繰り返すことが不可能だと畏怖されたひとつの理想(アイデアル)——を表現するものと見られた、次代の数百年もの年月にとってもまた、特別に賞嘆されたのであった。古典主義的だが現代的でもあ

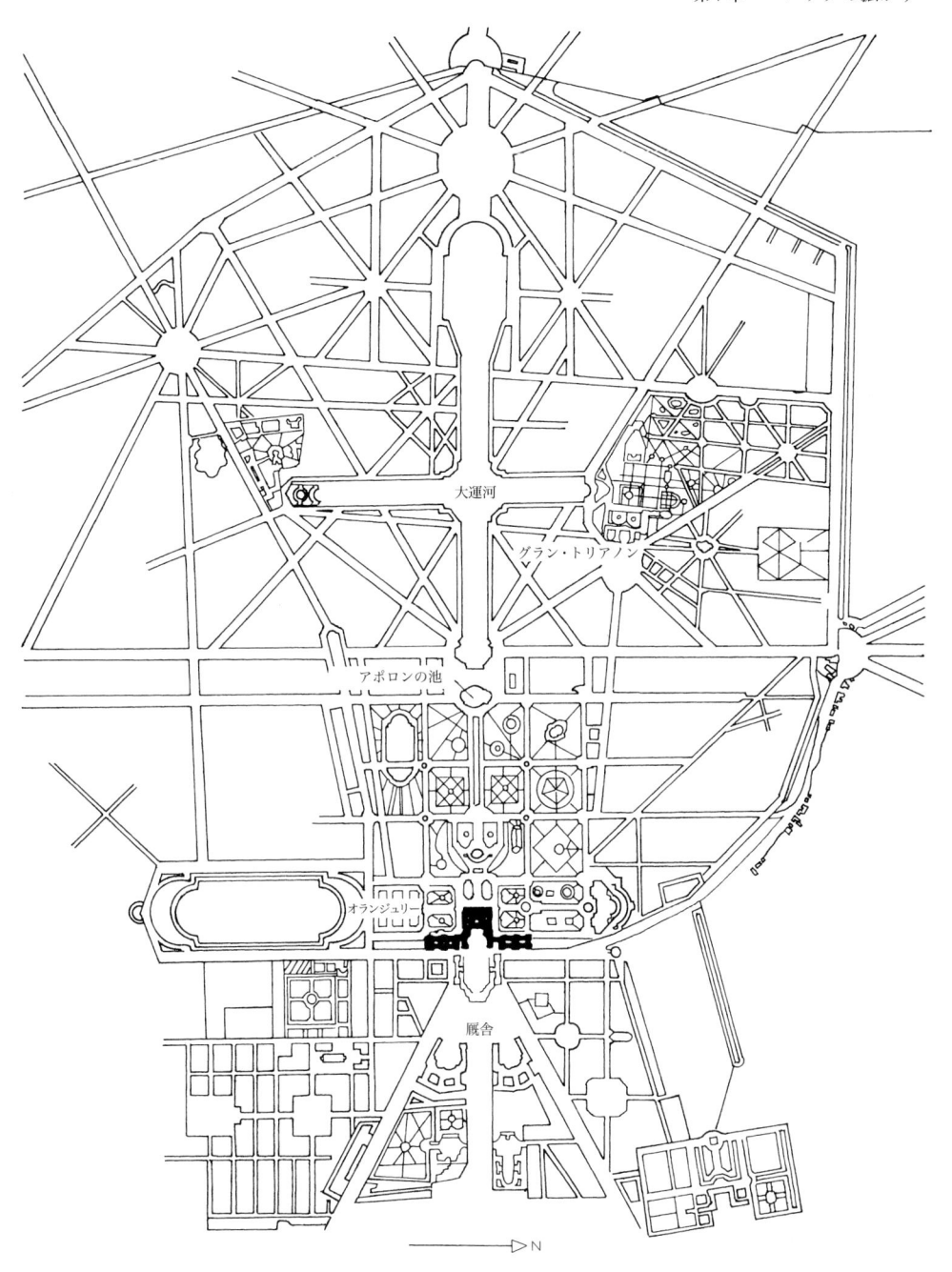

469　ヴェルサイユの平面図（1669年着工）、1752年のJ.-F.ブロンデルによる版画から描き直した

り、合理主義的であっても壮大さを漂わせ、フランス的でありつつもその権威に満ちた超然たる様相のゆえに普遍的な、この建物は、17世紀フランスの古典主義的バロックの、完璧な範型なのである。

470 ル・ヴォーとJ.アルドゥアン＝マンサール：ヴェルサイユの西側すなわち庭園側正面（1669年、1778年）

ヴェルサイユ

　とかくするうち、ルイ14世は自らの関心を、ルーヴル宮からヴェルサイユへと移したのであった。ヴェルサイユはパリから数マイル離れており、当地でルイ14世は、より大きな敷地で、自由に、君主政に対する自分自身のイメージを表現することができ、パリの暴徒に見られる破壊分子たちから、より安全であった。1669年にルイ14世は、ル・ヴォーに命じて、自らの父、ルイ13世〔1601-43年、在位1610-43年〕によって、1623年と1631年にヴェルサイユに建てられた比較的つつましい狩猟小屋を拡張し改築させたのである。ル・ヴォーは、クール・ド・マルブル〔「大理石の中庭」の意〕と呼ばれた中庭側に向いた古い城館の大半を残したものの、全体で25もの、端麗な新しい柱間からなる正面部分を、庭園側の正面とし、このうちの中央部分の11の柱間は、その2階と3階部分を、高台の後方へと後退させたのであった。このファサードの妥協を許さない立方体の量塊、その水平線のスカイライン、そして両側面をかためるパヴィリオンに対をなして並ぶ、厳格に適用されたイオニア式オーダーの円柱は、ペローの手になるルーヴル宮殿〔の東正面〕の重々しさをいくらか反映していた。ル・ヴォーのヴェルサイユは、フランス古典主義にどっぷりとつかった厳格で力強い実施作であった。とはいえ、1678年以降、J.アルドゥアン＝マンサールがル・ヴォーの高台のなかを、「鏡の間」でいっぱいにし、北と南の翼館を付加することで、ル・ヴォーの庭園側正面の長さを〔面一ではないにせよ〕3倍以上にも延ばしたときに、ル・ヴォーの元の建物は、その凝縮した勢いなるものを失ってしまったのである。

　国王の住戸群のうち7つの部屋に施された、ルブランによる装飾の図像の主題は、太陽神アポロンに基づいていた。ルイ14世は自分自身を、アポロンの生ける化身と見なしていた。たとえば、有名なものの今は破壊されてない「大使の階段室」における、壁面の装飾の扱い方には、幻想的な絵画のみならず、バロックのイタリアのものよりはるかに厳格かつ幾何学的な図柄で配置された、多色の大理石からなるパネルも含まれていた。この幾何学的な秩序

446

第7章　バロックの拡がり

立てのいくらかは、ル・ノートルによる庭園群の配置を支配していた。これらの庭園は1662-90年につくられたが、アポロンの泉水（bassin d' Apollon）（アポロンの池）において絶頂を迎えた、先と同様の図像の主題を特色にしていた。ここでは、ジャン＝バティスト・テュビィ〔1635-1700年〕の手になる壮麗な彫刻群が、1日の道のりの途につく太陽神を示しており、太陽神は、その日のうちの帰還を告知するトリトーン〔ポセイドンとアンフィトリテの息子で、頭と胴は人、下半身は魚の半神。海馬に乗ってホラ貝を吹き鳴らす〕たちやイルカたちを伴って、噴水の水しぶきを浴びて水のなかからその2輪の戦車に乗って現われるのである。

　ヴェルサイユの城館と広大な景観との有機的な繋がりは、主要な軸線のなす眺望によってまとめられているが、これはフランソワ・マンサールの手になる堂々としたシャトー・ド・メゾン〔メゾン城館〕（本書363頁）の配置の基調をなすものであった。ル・ノートルは、数多くの副次的な対角線を用いて、こうした主題を豊かにし、かつ複合させた。かくして、装飾的な刈り込み術によって区分けされ、木立ちや高台、運河、豪華な噴水群を幾何学的に配置した庭園内に頻繁に見られる区画がつくりだされた。これらの区画は、多様にわたる、宮廷の見世物や演劇、コンサート、花火の打ち上げの背景幕として機能したのであった。

　ジャック・ルメルシエは、リシュリュー枢機卿のために、1630年代のリシュリュー城館と町とを繋いだが、これは、ヴェルサイユの城館に有効な、都市の整然とした配置にとっての模範を提供してくれた。ヴェルサイユの町は、庭園の軸線の延長上にあり、最終的には全体の長さは8マイル（13km）に及んだ。1701年に、国王は自らの寝室を、この軸線の中心をなすところまで動かすことで、あらゆる権力と秩序の源泉としての君主を象徴的に表わしたのであった。1660年代をとおしての庭園群の拡張は、王の権力の拡張と呼応しており、このとき巨大な中央の運河は、「ネーデルランド継承戦争」を終結させた、1668年の「アーヘン（エクス＝ラ＝シャペル）の和約」の調印に合わせて、1669年に西方へと拡大されたのであった。1678年の「ナイメーヘン講和条約」〔フランスとスペイン・オランダ間のオランダ戦争の和約。ナイメーヘンはオランダの東部にあるオランダ最古の都市〕締結ののち、最終的に、ルイ大王によるスペイン・オランダ領土の要求は無事に解決し、国王は〔ヴェルサイユの〕城館を、誇大妄想的な規模で拡張することを決め、その任を、国王自らが1685年に国王付きの建築家として任命した、ジュール・アルドゥアン＝マンサール（1646-1708年）の手に委ねた。

　J.アルドゥアン＝マンサールは、偉大なるフランソワ・マンサールの兄弟の孫息子であり、弟子であった。もっとも彼はまた、劇的な建築的ディスプレーと成功した職業上の経歴をいかにつくりだし、手に入れるかといったことを含む多くのことを、ル・ヴォーから学んでもいた。ヴェルサイユの庭園側正面にJ.アルドゥアン＝マンサールが付け加えた巨大な翼館は、これよりもずっと小さな中央ブロックのためにル・ヴォーがつくりだした柱間のデザインを、そこで彼がただ単に繰り返しただけなのだが、細部よりもむしろ、まったくの大きさそのものをとおして、〔われわれを〕感動させるのである。これよりももっと成功しているのは、中央に置かれた「ギャルリー・デ・グラス」すなわち「鏡の間」の連続した様である。これ

は、アーチ道を通って、北側の「戦争の間」と南側の「平和の間」へと入ってゆくという遠近図法的な方法で〔南北両方向に〕続いているのである（図508）。これらの部屋の装飾と図像の主題の扱い方は、ル・ヴォーとルブランによって確立されたものではあるが、次第に豪華さを増大させてゆくように扱われていった。向かい側の窓の形姿をそのまま繰り返し、光や空や外の庭園を映しだす、長い列をなすアーチの架かったこの間の鏡の群れときらめく銀色の建具（今日では納得のゆくように、繊維ガラスで再現されている）をもった、この「鏡の間」は、ルイ14世が偉大であろうと目論んだのと同じ様に、ヨーロッパの偉大なる部屋のひとつなのである。

　1698年にJ.アルドゥアン＝マンサールによって着工され、1710年にロベール・ド・コット〔1656/7-1735年〕によって竣工した、ヴェルサイユの礼拝堂は、〔「鏡の間」と〕等しく、見応えのあるものである。パリのサント＝シャペルや他の中世の王家の礼拝堂と同様に、これは国王とその家臣一行のために用意された2階廊のある、2階建ての建物である。背の高い上方の階は、独立して建つコリント式円柱群からなる堂々とした列柱廊に完全に取り囲まれているが、これはひょっとしたら、1688-9年にこの礼拝堂のために最初の設計案に関係していたであろうクロード・ペローによって示唆された考えなのかもしれない。こうした考えは、荷重を支える円柱群といった理想的な古典主義建築に対する、ペローとその仲間たちの関心を反映しているけれども、列柱廊とそれに伴う採光効果は、ゴシック教会堂における支柱群を真似ているのである。こうしたゴシックとの比較は、この教会堂の、幅に対する極端なまでの高さによって、さらにまた、外構にフライイング・バットレス〔飛び梁〕を使用していることによって、強調される。われわれが次の章〔本書下巻〔II〕第8章〕で目にするように、ゴシック建築が、ギリシャ建築の合理的な構造原理に似た原理の数々を秘めていたという確信は、18世紀前半のフランスの著述家たちによって提示された過激な〔根源的な〕新古典主義の諸理論のいくつかに影響を与えることになったのである。

　ヴェルサイユにおけるマンサールのほかの作品としては、壮麗な厩舎（1679-86年）、驚くほどの壮大なスケールの基に構想された、ルスティカ仕上げのオランジュリー〔オレンジ栽培室〕（1681-6年）、そしてグラン・トリアノン（1687年）が挙げられる。宮廷生活の堅苦しさから逃れるための国王の隠れ家として設計された、このトリアノンは、まとまりのない1階建ての建物で、U字型の中心〔前庭がU字型をしていて、ここからトリアノンに入るため中心とされている〕と形式張らない野外の雰囲気をもっており、これらのものが、幅の広い開放的な円柱廊からなる、ほかに例を見ない、拡がりをもった入口によって強調されている。

　とりわけ庭園との関わりという点でもう一度考えてみると、ルイ14世のために建てられたもうひとつのもっと大きな隠れ家が、新しいものであった。これは、1679年にマンサールの設計を基に着工され、今は破壊されてしまったマルリーの城館である。ここには、〔中央に〕小規模な宮殿が、2階建ての〔外観上〕各辺が9つの柱間からなる正方形平面をして建ち、池

第7章　バロックの拡がり

や流れをあしらった庭園を見おろせた。この庭園ではひと続きになった、12戸の小さなパヴィリオンが、中央の運河の両脇に6戸ずつ分かれて建っていた。ちょうど、これらの異常なまでに小さな建物のそれぞれは、〔外観上〕各辺が2つの柱間(ベイ)からなる正方形で、まるで少し大きくなった哨舎〔番小屋〕のようであったが、ここには、国王の客として短い間訪問する2組の結婚したカップルが滞在した。この場所への招致が非常に盛んに行なわれ、その結果、国王が今にもマルリーを訪れそうだと知れわたるたび、国王は、礼拝堂でのミサに向かう途中でヴェルサイユの「鏡の間」へ降

471　J.アルドゥアン゠マンサールとR.ド・コット：ヴェルサイユの礼拝堂内部（1698-1710年）

りてゆくと、「陛下、マルリーはいかがですか？」という呼びかけ(リクエスト)をもって廷臣たちに挨拶されたのであった。マルリーのような事態は、後にも先にも見られることはなかった。それは、華麗さとへつらいの組み合わせの、唯一無二なる表現であり、そこではおそらく、フランスの君主政の長期にわたる将来にとっては損害の大きいことに、この国の組織全体が、ルイ14世という個人に集約されていたのであった。

　もうひとつのこの種の表現として、われわれは、パリの円形状のヴィクトワール広場(プラス)に目を転ずることができる。これは、国王の彫像の周りに、1685年頃以降にマンサールによって構想されたものであり、この彫像の前には、4つの重々しい灯火台(ランプ)が、まさしくカトリックの教会堂の霊廟にある奉納用の灯火(ランプ)のように、常に燃え続けていた。この広場には今日ではほとんど何も残されてはいないが、1698年に着工されたヴァンドーム広場は、都市計画家としてのマンサールの能力による堂々とした作品(プロダクト)として、そっくりそのまま残存している。巨大な壁付き柱とペディメントで明確に分節化された、その統一された宮殿のようなファサード、その斜めに切られた隅部、そして2つの注意深く人為的につくられた軸線上の出口をもった

449

472 ボフラン：公妃の大広間(サロン)、スービーズ邸館(オテル)、パリ（1735-9年）。ナトワールによる絵画が見える

この広場は、大規模なバロックの組織化の勝利を謳っている。均一なファサード群の壮麗なディスプレーに対する願望が、ここで初めて登場したのである。その一方で、これらのファサードの背後のさまざまな邸宅(ハウス)の平面は、しばしば他の建築家たちによって設計されていたのだが、二の次に考慮されたのであった。これは一部には、国王の支配力が元々の平面計画を供給することができず、そのため地所の数々を少しずつ売り払わなければならなかったためであろう。

バロックの壮大さは、同様に、マンサールの手になる、アンヴァリッドの大きな教会堂（1679年頃-91年）を特徴づけている。これは、おそらくはルイ14世が、自分自身とブルボン王朝のための埋葬地として、傷病兵たち用の軍事病院の場に、建設を委託したものであった。ドームが架かった、ギリシャ十字形平面は、内部空間のもっともバロック的な特徴である、えぐりぬかれたドーム——これをとおして、外側(アウター)〔原文にはouterとあるのでこう訳したが、実際には一番内側(inner)、すなわち室内から見える部分のことと思われる〕の殻(シェル)ドームに描かれ、環をなす隠された窓群から採光された、天界の栄光の絵画が目に入るのである——と同様に、フランソワ・マンサールによる、実施されることのなかったサン＝ドニのブルボン家礼拝堂から取られたものである。そのうえ、これら2つの〔二重殻の〕内部ドームの上には、鉛で覆われた木材からなる外側(アウター)のドームが載っているのである。

フランスのロココ

アンヴァリッドおよびヴァンドーム広場のバロック的壮麗さにもかかわらず、マンサールや、ラシュランスと呼ばれたピエール・カイユトー〔1655-1724年〕とピエール・ル・ポートル

第7章　バロックの拡がり

〔1621-81年〕のようなマンサールの助手たちは、1680年代と1690年代から、バロックの最後の様相であるロココとしてわれわれが知るところの内部装飾に関する、より親密で繊細な様式へと向かう多くの決定的な動向を示した。これの特徴を表わす諸例として、ヴェルサイユでの国王の寝室の横に、1701年につくられた「円窓の客間（Salon de l'Oeil de Bœuf）」のような、ヴェルサイユ、トリアノン、そしてマルリーでの数多くの私室が挙げられる。これらに現われた傾向は、アラベスク模様で飾り立てられた付け柱や、背の高いアーチの架かった鏡によって活気を添えられた、より軽快なパネルの据え付けの方を選ぶことで、壁付き柱やコーニスといったような建築的特徴による衝撃

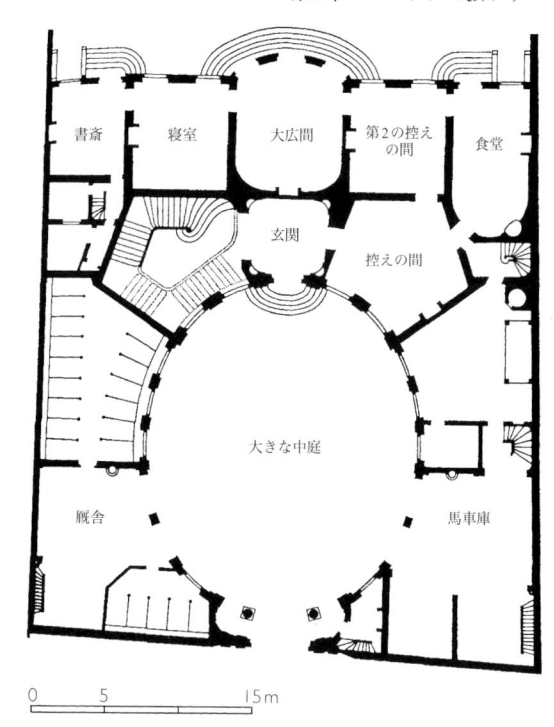

473　アムロー・ド・グールネーの邸館(オテル)の平面図、パリ（1712年）、ボフランによる

を弱めることであった。邸宅群(ハウザズ)は、それらの所有者の社会的位階の儀礼的表示よりも、利便の良さや快適さの方をますます考慮して計画されていった。ムードンのJ. アルドゥアン＝マンサールによる、王太子のための賓客用邸宅として設計されたシャトー・ヌフ〔新しい城館〕(1706-9年)の平面図には、人を惹きつける親密さや魅力を備えた、数多くの小さな続き部屋や住戸が表わされていた。同様の、しかしもっとずっと想像力に溢れた平面図は、ボフランによって、ローアン公〔1734-1803年。ストラスブールの枢機卿〕のために、1710年頃に建てられた、サントゥーアンの城館(シャトー)に採択された。ジェルマン・ボフラン（1667-1754年）は、ラシュランス、ジャン・オーベール〔1680年頃-1741年〕、ジル＝マリー・オプノール〔1672-1742年〕、そしてジュスト＝オレール・メソニエ〔1693-1750年〕を含んだ、一団をなす設計家たち——彼らは、この新しい生き方と結び付いた、ロココという装飾様式を発展させる責任を負っていた——のなかでももっとも重要な人物であった。

1710年頃から1730年頃までの最初の様相(フェイズ)は、1715-23年の、ルイ15世〔1710-74年、在位1715-74年〕が未成年のあいだの、フィリップ・ドルレアン〔オルレアン公フィリップ。1674-1723年〕の摂政政治にちなんで、「摂政様式(レジャンス)（Régence）」として知られた。これはその後、「ジャンル・ピトレスク〔ピクチャレスク様式〕」として知られ、1750年代に突入して見事に花開いた、十全たるロココ様式へと発展していった。彫刻家として、その後は、J. アルドゥアン＝マンサールの弟子兼協力者として、修業を積んだボフランは、1712年にパリで、アムロー・ド・グ

451

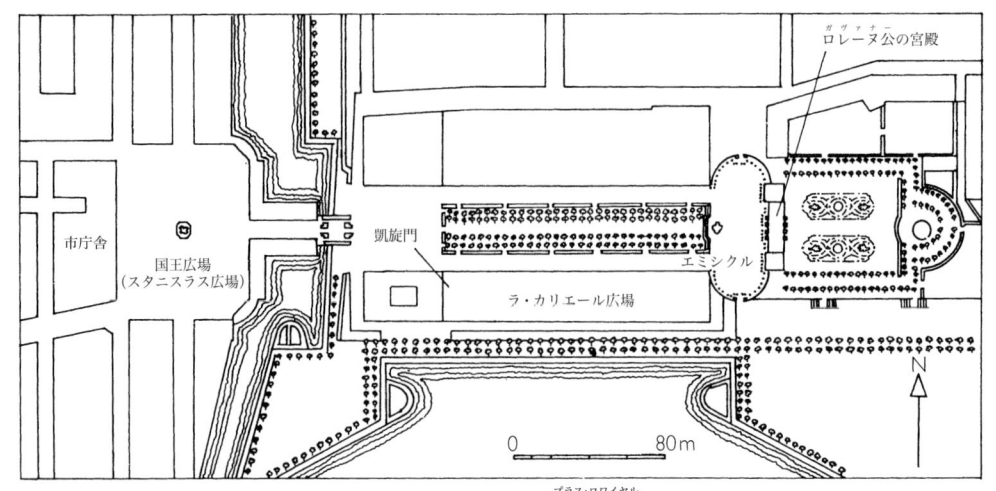

474 エレ・ド・コルニー：3つの繋がった広場の平面図——国王広場(プラス・ロワイヤル)（現在のスタニスラス広場）、ラ・カリエール広場、そして半円形広場(エミシクル)——、ナンシー(1752-5年)

ールネー（あるいはド・モンモランシー）邸館(オテル)を建てた。これは特定の施主のためにではなく、ただ単に投機用に建てられたのであった。その、奇怪な五角形や台形やアプス付きの部屋が、卵形の中庭の周りに形づくられている(オーガナイズド)様相は、このほかには、パリのスービーズ邸館(オテル)（今日の国立古文書館）にある、スービーズ公〔シャルル・ド・ロアン。1715-87年〕のために、1735-9年にボフランが増築した2階建てのパヴィリオン〔パヴィヨン〕の愛らしい内部空間が挙げられるのみであり、これら双方ともにロココの幻想性と楽天性の驚くべき産物として、互いに肩を並べることができるのである。ここにある「公妃の間（Salon de la Princesse）」では、彫琢され金箔を塗られた漆喰仕上げからなる、多種多様なひらひらした(フラッタリング)非対称をなす装飾が、シャルル＝ジョーゼフ・ナトワール〔1700-77年〕による挿入画や頭部の丸い鏡の縁を、はみださんばかりに飾り立てている。この部屋の分節化は、ナンシー近くのマルグランジュの短命であった城館の中心をなす、端部が卵形の大広間のそれと似ている。この城館は、1712年に、ロレーヌ公レオポール1世〔1679-1729年、ロレーヌ公としては1690-1729年〕のためにボフランによって着工されたが、ボフランは、この前年に、ロレーヌ公の首席建築家になっていたのである。マルグランジュのための、ボフランによる代わりの、実施されなかった計画案は、中央の円形状の列柱が並ぶホールがあるX字形平面であり、ユヴァッラの手になるストゥピニージを予期させるような、ダイナミックなバロック的絢爛豪華さを見せつけていた。

　これとは対照的に、ボフランがフランス東部のナンシーから20マイル（32km）にある、レオポール〔・ド・ロレーヌ〕公のルネヴィル城館(シャトー)に建てた礼拝堂は、荷重を支持する円柱群と水平に走るエンタブレチャー群といった構造的な実直さを強調しようとする、過激な新たなる古代風の試みである。1709年に設計されて1720-3年に着工されたこの礼拝堂は、大火のあとの1744年に、建築家エマニュエル・エレ・ド・コルニー（1705-63年）によって再建された。ボフランは分類〔仕分け〕するのが困難な建築家である。なぜなら、彼は、バロック的、新古

典主義的、そして、ロココ的であろうと目論んだからである。たとえば、ナンシーにあったレオポール公のための未完成な街なかの宮殿（1717年に着工するも1745年に破壊された）の中庭に見られたように、その作品には、強烈な新たなパラーディオ風の要素も見られるのである。この建物の入口正面は、ベルニーニによる最初のルーヴル宮殿計画案に鼓舞された、曲線を描いた翼館という特徴をもっている。この宮殿の様式、そしてボフランが1712-13年に、ラ・カリエール〔「競技場、競馬場」の意〕広場の近くに建てたボーヴォ邸館（あるいはクラオン邸館）の様式は、エマニュエル・エレ・ド・コルニーによって1752-5年に、スタニスラス国王〔1677-1766年。1704-9年と1733-6年にポーランド王〕のためになされた、ナンシーの著しい発展の範型を用意していたのであった。スタニスラス〔スタニスワフ〕は前のポーランド王であり、ルイ15世の義理の父〔岳父〕にあたり、さらには、1737年から、協定によってその死に際してフランス王家に譲渡されることになっていたロレーヌ公国の所有者であった。エレ〔・ド・コルニー〕は、ひと続きをなす、3つの互いに関連した広場をつくり上げた。すなわち、市庁舎に統べられたプラス・ロワイヤル〔国王広場〕（現在のスタニスラス広場）、それからローマのセプティミウス・セウェルス帝の凱旋門を模した凱旋門を通って行き着く細長いラ・カリエール広場、そして最後に、楕円状の半円形〔の広場〕に辿り着くことになる〔ヘミサイクル（フランス語ではエミシクル）は、ここでは、矩形の相対する短い方の2辺に、その辺の長さを直径とする半円形が外側に付加された形のこと〕。この広場では、半円形をなす列柱廊が、全体軸の終点をしるしづけている行政庁舎〔政庁宮殿〕（Hôtel de l'Intendance）〔図版では、ロレーヌ公の宮殿〕に添えられている。多様性と驚きという要素、また囲い込みと解放という要素、さらには、対比をなす建物のさまざまな高さという要素、そしてとりわけスタニスラス広場の各隅部にある噴水群を保護するための、ジャン・ラムール〔1698-1771年〕による、金箔を塗った錬鉄でつくられた曲線を描く透かし細工の格子〔柵〕、これらのものが、ヨーロッパにおける正当なバロックの都市計画化の、本質的にもっとも偉大な作品のひとつであるもののなかに、ロココの生きいきとした様相をつくりだしているのである。

オーストリアとドイツ

ドイツにおける諸芸術は、1618-48年の30年戦争により甚大な被害を蒙った。おおよそ半世紀をかけてなった復興には、ルネサンスを導入するのに大きな責を負った、巡歴するイタリア人建築家たちを、地元の芸術家たちに取って代えようとする試みが含まれていた。理想なるものは、今や、オーストリアのフィッシャー・フォン・エルラッハとヒルデブラント、プロシアの〔アンドレアス・〕シュリューター〔1664-1714年〕、そしてバイエルンのアザム兄弟のような、ローマで研鑽を積んだオーストリアやドイツの建築家たちによって表現されたのであった。オーストリア、ボヘミア、そしてハンガリーを統治したハプスブルク家出身の皇帝たちの首都たるウィーンの位置は、1683年に侵略してきたトルコ人たちに対して、〔同年の〕「ウィーンの救済」をもって最終的に勝利したことによって、さらには、1699年と1718年に

453

475　フィッシャー・フォン・エルラッハ：フライン城館のアンセストラル・ホール、モラヴィア（現在のチェコ共和国ヴラノフ・ナド・ディイー）（1690-4年）

それぞれ取り交わされた条約による、ハンガリーとバルカン諸国の大半をトルコの支配から回復させたことによって、大そう強められたのであった。オーストリアは、その成長しつつある国家的同定性〔独自性〕の感覚をもつことで、ドイツ語を話す国々のなかで最初に、自前のバロック様式を確立したのであった。

フィッシャー・フォン・エルラッハ

この新しく自信に満ちた局面における指導的な建築家は、ヨハン・ベルンハルト・フィッシャー・フォン・エルラッハ（1656-1723年）であった。彼は、当時のヨーロッパでもっとも独創的な建築家のひとりであった。グラーツ出身の彫刻家の息子の彼は、ローマへ研鑽のために送られ、当地でおそらくは、画家＝装飾家のヨハン・パウル・ショール〔ジョヴァンニ・パオロ・テデスコがローマでの通称。1615-74年〕の弟子となり、その後ベルニーニとフォンターナの仲間たちのところへ移った。イタリアでの12年を超えた滞在のあと、彼は、1687年にウィーンに居を定め、当地で以前自らの弟子となっていた、フランスのルイ14世というライヴァルの華麗さの向こうを張ろうと必死であった統治者の、〔神聖ローマ〕皇帝ヨーゼフ1世〔1678-1711年、在位1705-11年〕によって宮廷建築家に任された。

フィッシャー・フォン・エルラッハのもっとも初期の作品のひとつは、アルサン伯爵のヨハン・ミヒャエルのために、1690-4年につくられたモラヴィア（現在のチェコ共和国のブラノフ・ナド・ディイー）の、フライン城館であった。ここで彼は、大きな卵形の構造物であるアルサン一族の祖先を祀る霊廟の間を建ち上げた。これは、ターヤ川上流の切り立った断崖の上に劇的にそびえ建っている。この建物のなかは、ヴェネツィアで修業を積んだ画家のヨハン・ロットマイヤー〔1654-1730年〕による、アルサン家の歴史を言祝いだフレスコ画で飾り立てられている。まさしく、彼とフィッシャーとの実のある協働作業なるものの〔質の高さを

第7章　バロックの拡がり

476　フィッシャー・フォン・エルラッハ：カールスキルヒェの外観、ウィーン（1716-33年）

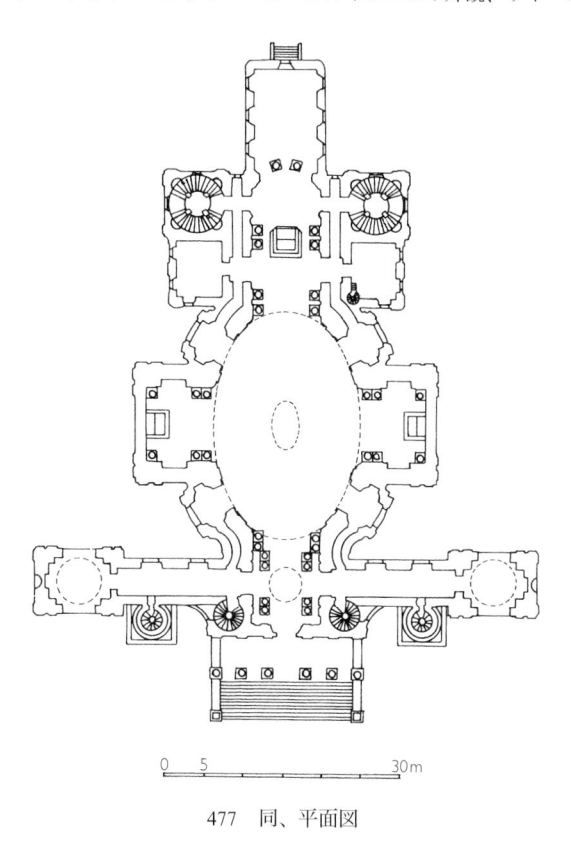

477　同、平面図

示す〕最初の例である。卵形の空間は、もちろん、ローマのバロック建築に由来するが、その一方で、ドームの量塊のなかへ深く食い込んでいる、巨大な卵形のドーマー窓〔屋根窓〕が、量塊とくり抜かれた空間との、影の多い対照を生みだしているのである。フィッシャー・フォン・エルラッハが、ウィーン外部のシェーンブルンにある皇帝用の巨大な宮殿のために、1690年頃描いた、実現されることのなかった計画も同様に、フランスとイタリアのバロックからの主題と、ローマの古代からの主題とを結び合わせていた。すなわち、トラヤヌスの円柱、プラエネステのフォルトゥーナの神殿、ベルニーニのルーヴル宮殿用の計画案、そしてJ.アルドゥアン゠マンサールのヴェルサイユといった具合に。フィッシャーのもっとも初期の傑作のいくつかは、ザルツブルクで建てられたが、みなザルツブルクの大司教領主ヨハン・エルンスト・フォン・テューン゠ホーエンシュタイン（1687-1709年）のためのものであった。とりわけ、ドライフェルティヒスキルヒェ（聖三位一体教会堂、1694-1702年）とベネディクト修道会大学附属のコレギエンキルヒェ〔コレギウム教会堂〕（1696-1707年）が重要であり、前者はボッロミーニの手になるサンタニェーゼの場合のように、2つの塔のあいだに凹面状の正面を備え、また後者に到っては、南ドイツにおいて、18世紀の大きなベネディクト修道会の教会堂の多くに反映されることになった、凸面状の正面が見られたのである。

　フィッシャー・フォン・エルラッハのもっとも魅惑的な作品は、ウィーンにあるカールスキルヒェ〔カールス教会堂〕（1716-33年）である。これは、ウィーンが1713年に猛威を揮ったペストから救済されるように、〔神聖ローマ〕皇帝のカール6世〔1685-1740年、在位1711-40年〕が、自らの庇護聖人であるカルロ〔カール〕・ボロメウス〔カルロ・ボッローメオとは別人〕に対して行なった願かけの成就に際して、皇帝のために建てられた、誓願をこめて奉献した、ダイナミックな教会堂である。敷地が大変に広いため、この教会堂の非凡な計画には、開廊が付いた細長い西正面と、仕切り壁のかたちをした両脇に建つパヴィリオンとが組み入れられている。中央部分のコリント式柱廊玄関は、パンテオンのそれ（本書105頁）もしくは、テンプルム・パキス〔平和の神殿〕のそれを思い起こさせる。これはカール6世の〔治める〕神聖ローマ帝国に、古代ローマ帝国の壮大さを授けようとする試みにほかならない。このことは、柱廊玄関に添えられた、モスクの、もしくは第2のローマたるコンスタンティノープルのハギア・ソフィアの隅部に建つミナレット〔尖塔〕に似ている、2本の堂々とした、トラヤヌスの円柱（本書94-5頁）の翻案物によって強調されている。円柱がこのような場所に建つということは空前絶後であるものの、これらの円柱は、純粋に装飾用のものであるのみならず、複合的な図像の主題を正当化するためのものでもある。すなわち、ウィーンに、トラヤヌス帝のローマの権力に対する力強い思い出の数々を賦与するという目的とは別に、これらの円柱はまた、ソロモン王の神殿の玄関に建っていた双子の支柱と、さらには、カール6世によって紋章の象徴物として使われた「ヘラクレスの柱」とを思い起こさせるのである。ジブラルタル海峡〔の入口にある岬〕はまた、「ヘラクレスの柱」として知られているがゆえに、円柱の並びはかくして、カール6世の、短いスペイン王冠占有〔1703年のこと〕にも及んでいるのである

〔スペインの国旗には、2本の円柱が並んで描かれている〕。そのうえ、円柱は完璧にキリスト教化されており、そこには聖カルロ・ボロメウスの生涯の各場面が彫り刻まれている。もっとも、これら2本の円柱の頂きには、何羽もの帝国の鷲と、スペイン王冠の載った丸天井(クーポラ)とが置かれているのではあるが。こうした図像の主題をめぐる課題(プログラム)は、古物収集家のヘレウスや哲学者のライプニッツ〔1646-1716年〕のような学者たちからの助言をもって考案され、教会堂内部において、ドームのロットマイヤーによるフレスコ画に描かれているだけでなく、金色の光線が貫いた、ストゥッコ仕上げをされた雲の群れの下にある主祭壇

478　フィッシャー・フォン・エルラッハ：ホーフブルクの帝国図書館内部、ウィーン（1716年頃-20年に設計、1723-6年に建造）

上方にも彫像として置かれているといった、聖カルロ・ボロメウスの神格化(アポテオシス)をもって絶頂に到るのである。

　フィッシャー・フォン・エルラッハの手になるダイナミックなカールスキルヒェ〔ザンクト・カルロ・ボロメウス教会堂(キルヒェ)〕は、芸術的かつ知性的な活気で溢れんばかりであるが、異教やユダヤ教やキリスト教の共鳴が充満した、宗教建築と〔世俗的な〕帝国の建築とを意図的に統合したものと解釈することができる。こうした統合のなかでは、カール6世は、第2のソロモンおよび第2のアウグストゥスと見なされるのである。事実、この建物は、フィッシャーの著作『歴史的建築の構想』に収められた版画群に、石というかたちで対応したものなのである。この著作は、ドイツ語とフランス語双方の文章(テクスト)を載せて、1721年にウィーンで出版されたが、1730年には、『市民建築と歴史的建築の図集 (*A Plan of Civil and Historical Architecture*)』として英語に翻訳された。この、世界の建築の注目すべき寄せ集め〔蒐集・編集〕(コンピレーション)は、18世紀啓蒙主義の貪欲で、百科全書的で、折衷主義的な精神性(メンタリティ)〔心性〕の先駆をなすものである。バビロ

ン、ストーンヘンジ、ピラミッド、オベリスク、ローマの廃墟、モスク、そしてパコダの、90枚にも及ぶ魅力的な図版は、フィッシャー自身も述べているように、「芸術家にさまざまな発明を鼓舞させること」を意図したものであり、ピラネージの版画群（本書下巻〔II〕第8章）がそうであったのとほぼ同じように、建築家たちにとっての刺激として重要なのであった。

　その『〔歴史的建築の〕構想』のなかでフィッシャーはまた、自分自身の手になる建物のいくつかを図版にして載せていた。これらの建物を彼はまさしく、過去の偉大な記念建造物群に対抗するものと見なしていたのであった。これらの図版のなかには、ウィーンの、サヴォイア公プリンツ・オイゲン〔オイゲン公。1663-1736年〕のための宮殿（1695-8年）と、プラハの、〔クラム＝〕ガラス宮殿（パレマ）（1713-9年）が含まれており、双方ともに、そのダイナミックな彫刻的処理の仕方のゆえに注目すべきものであり、とりわけ、階段室と扉口に見られる女人像柱群（カリアティッド）や男像柱群（アトラス）の使用が目を惹く。この壮大な様式は、ウィーンのホーフブルク宮殿の、帝国図書館〔プルンクザール　Prunksaal、「豪華な広間」の意〕で最高潮に達していた。この図書館はフィッシャーが1716年頃-20年に、カール6世のために設計したのだが、その大半はフィッシャーの死後に、彼の息子のヨーゼフ・エマヌエル・フィッシャー・フォン・エルラッハ（1693-1742年）によって、1723-6年に建てられた。1726-30年に、ダニエル・グラン〔1694-1757年〕の手でフレスコ画が描かれ、巨大な円柱による仕切り壁（スクリーン）が添えられた、卵形の、ヴォールトの架かった、ドーム状の中央部分の空間をもつこの図書館の場合ほど、豪華絢爛な陳列所（リポジィトリー）に、学識と文献の成果（スカラシップリタラチャー）の数々が与えられてきた例は決してなかったのである。

ヒルデブラント

　知的で奇矯な人物、フィッシャー・フォン・エルラッハは、1723年〔に歿し〕、彼のライヴァルである、如才なく温和な性格のヨハン・ルーカス・フォン・ヒルデブラント（1668-1745年）によって、帝国建造物総監督官の跡が襲われた。ジェノヴァで生まれ育ち、イタリア人の母親と、ジェノヴァの陸軍で司令官職（キャプテン）にあった、ドイツ生まれの父親の息子であったヒルデブラントは、ローマのカルロ・フォンターナの許で、市民建築と軍事建築を学んだ。ヒルデブラントは、1695-6年に、軍事技師として、ピエモンテ地方へ政治活動（キャンペーン）に行ったサヴォイア公のプリンツ・オイゲンに同行し、その後、ウィーンに居を定めた。当地で彼は、ハプスブルク家の宮廷そのもののためにというよりもむしろ、シェーンボルン、ハラハ、シュターレンベルク、そしてダウンといったオーストリア＝ハンガリーの高貴な名門のために、同時に、ヒルデブラントが自らの傑作である、ウィーンのベルヴェデーレ宮殿（パレス）を建てた際の施主たるプリンツ・オイゲン自身のために、働いたのであった。この豪華絢爛な複合体は、2つの庭園を備えた宮殿、すなわち1714-6年と1721-2年にそれぞれ、傾斜した敷地の上に建てられた、オーベレス〔上方の〕宮殿とウンテレス〔下方の〕宮殿からなっている。こういったウィーンの市壁の外にある敷地に建つ宮殿群は、この当時のウィーンの貴族階級に非常に人気があった。しかしながら、彼らの誰も、ヒルデブラントがプリンツ・オイゲンのためにつくり

第7章　バロックの拡がり

479　ヒルデブラント：オーベレス・ベルヴェデーレ〔上宮〕の外観、ウィーン（1721-2年）

上げたものに張り合おうとはしなかった。というのもプリンツ・オイゲンは、帝国陸軍の首席指揮官であり、スペインの支配するネーデルランド〔ここでは1579-1713年にスペインに支配された南ネーデルランド（現在のベルギーのほとんどが入る）のことを指すが、1713-94年は、オーストリアに支配されたのでこのような表記になっていると思われる。いずれにしても、ワトキンの記述は不正確〕の統治者であり、サヴォイア家という支配階級の公子〔プリンス〕であり、それゆえほとんどウィーンの第2の皇帝といってよい存在であったためであろう。

　ウンテレス・ベルヴェデーレ（Unteres Belvedere）〔下宮。ウンテレスは「下方」の意〕は、独身男のプリンツ・オイゲンのための夏用邸館〔レジデンツ〕として建てられた。その一方、これよりずっと豪華なオーベレス・ベルヴェデーレ（Oberes Belvedere）〔上宮。オーベレスは「上方」の意〕は、プリンツ・オイゲンの美術コレクションと図書室を収めるためと、王侯然とした催し物と充実した宮廷儀式用の背景として役立つために、付け加えられた。全体の配置は、遠近図法的〔シーナグラフィック〕な空間組織化に対するバロックの神髄〔ジーニアス〕を完璧に表現している。すなわち、この組織化においては、建築は、整形式庭園〔フォーマル〕、高台〔テラス〕、階段、並木路、噴水、そして人工湖によって限られたひとつの囲い込まれた環境のなかの、ひとつの出来事なのである。紐状細工〔ストラップワーク〕と先細りの付け柱群のようなマニエリスム的要素が、しなやかなバロック的言語へと変形してゆく、工夫された建築的細部は、ヒルデブラントが、ミケランジェロやボッロミーニに張り合うだけの力をもった、造形の革新者であることを示している。オーベレス・ベルヴェデーレに見られる空間のレヴェル差といった、大家にふさわしい〔名人芸の〕わざ〔プレイ〕は、庭園側正面から近づいてくる訪問者にとっては、入口からいきなり降りて〔サプライジングリィ〕、地上階のホール〔地面と同じ高さの広間〕である、身をよじらせたアトラス像柱〔男像柱〕群に続べられた、サーラ・テッレーナ（sala terrena）〔地上階の広間〕へと続く階段から始まる。そして、このサーラ・テッレーナから第2の階段を登って主要な大広間〔サルーン〕に到るのである。ヒルデブラントの手になるもっとも才気縦横な彫刻的階段室としては、ウィーンのダウン・キンスキー宮殿〔パレス〕のもの（1713-6年）と、ザルツ

459

ブルクの大司教領主であるフランツ・アントン・フォン・ハラハ〔1665-1727年、大司教は1709年から〕のための、ザルツブルクにあるミラベル城館(シュロス)のもの（1721-7年）が挙げられる。

ヒルデブラントはまた、フランケン〔マイン川流域を中心とするドイツ中世の部族大公領のひとつ〕のバロックのもっとも壮麗な作品のうちの2つを設計することにも加わっていた。すなわち、ポンメルスフェルデンの城館(シュロス)とヴュルツブルクの領主司教館、レジデンツ（Residenz）である。われわれはこれらの建物の記述を、その主要な建築家であった、ディーンツェンホーファーとノイマンを扱う際に行なうことにしよう。

プランタウアー

ヤーコプ・プランタウアー（1660-1726年）は、オーストリアのバロック建築家の偉大な3人組の第3の人物であるが、ほとんど占有的に教会建築の建設に専心した。グァリーニやユヴァッラと同様に、彼は、深い敬虔心の持ち主であり、宗教団体〔信心会〕の会員であった。彼はまた、フィッシャー・フォン・エルラッハやヒルデブラントとはちがって、伝統的な熟練した石工であり、あらゆる計画案についてその全体の建設活動を、労を惜しまず指揮した。彼の傑作は、南部オーストリアの、メルクのベネディクト会大修道院である。これは、1702年から1727年にかけて、活動的な大修道院長ベルトルド・ディートマイヤー〔1670-1739年〕のために、プランタウアーによって再建されたものである。ドナウ河上方の断崖に堂々と置かれたこのメルクの大修道院は、西洋建築の偉大なる苦心の芸術作品のひとつとして、ウェア川上方の城砦(アクロポリス)の頂きに載った、ダーラムの大聖堂と要砦に張り合っている。その双塔がつくりだすシルエットは、ゴシック教会堂の西正面に対するバロック様式の応答である。しかし、プランタウアーは、バロックの精髄である劇的なやり方で、西正面の前庭に、いくつかの建物を組織立てて配置した。〔それぞれが〕図書館と皇帝の間すなわち大理石の間(マルモア・ザール)を含んだ側面の〔2つの〕翼館は、セールリオ式ないしはヴェネツィア式の窓のような巨大なアーチによって区切られた、低層の曲線をなす入口領域によって繋がれている。これは外部と内部のあいだの差異を消し去るプロセニアム・アーチ〔舞台前迫持〕として機能している。かくして、このアーチは、旅人の注意を下方のドナウ河へと集中させるのみならず、中世の修道院において、より内省的であったと思われる修道士たちに対して、世界に目を向けるための窓としても同時に機能しているのである。ベネディクト会の修道院生活は、学問と歓待に力点を置くその姿勢で、常に著名であった。そして18世紀のドイツとオーストリアのバロック的修道院群においてほど、これらの特質が十全に表現されていたところは、何処にもなかったのである。ここ〔メルク〕では、皇帝を招き入れることが、大修道院教会堂それ自体と同じほどに重要であることを示す、図書館と豪華絢爛な部屋とが備えられていたのである。

バロックとゴシックの類似点の数々をすでに述べてきたわれわれにしてみれば、イタリア人の血統をもち、イタリアで修業を積んだ、プラハ生まれのひとりの注目すべき建築家ヨハン〔ヤン〕・サンティーニ・アイヒェル（1677-1723年）のことに触れずにやり過ごさぬよう、気

をつけるべきである。アイヒェルは、ボッロミーニとグァリーニに由来する様式で仕事をしたけれども、彼はまた、ツァール（ザァール）近郊の、そのゼレナー・ホラ〔「緑の山」の意〕の巡礼路教会堂〔スヴァティ・ヤン・ネポムツキー（ネポムクの聖ヨハネ）〕のような、ボヘミア地方の数多くの教会堂にもっともよく示されている、個性的なゴシック的バロック様式を展開させたのであった。この様式は、クッテンベルクにあるベネディクト・リートの手になる詩的な後期ゴシック（本書268頁）にまで遡るものであり、さらには、ゴシックとバロックのあいだにあるいくつかの美的類似性を解する、アイヒェルの感覚とも関連するものである。ネポムクの聖ヨハネ〔ネポムクは、南ボヘミア地方のこと〕のような、ボヘミアの聖人たちへの崇拝が増大してゆく様相は、ゼレナー・ホラの教会堂に、その元々の根拠となる表出物が見いだされた。それというのも、ここには、聖ヨハネの朽ちることのない舌が、聖遺物として保存されていたからである。サンティーニは、この教会堂を、五芒星のかたちで設計したが、これは、彼〔の遺体〕がヴルタヴァ（モルダウ）川に投げ入れられた際に、この殉教者の頭の周りに現われた5つの星を暗に指している。その一方、さらなる象徴を表わす細部として、舌の形をした扉口と窓の開口部とが挙げられる。

480　プランタウアー：メルクの修道院外観、オーストリア南部（1702-27年）

　プラハとボヘミアにおける主導的な建築家たちといえば、バイエルン地方出身のディーンツェンホーファー一族であった。彼ら一族として、クリストフ・ディーンツェンホーファー（1655-1722年）、その兄のヨハン（1633-1726年）、そして〔クリストフの〕息子のキリアン・イグナッツ（1689-1751年）が挙げられる。ヨハン・ディーンツェンホーファーは、ボヘミア地方のバロックの発明精神を、フランケンという中心的な属州にもたらしたゆえに重要であった。当地における彼の傑作は、バンツのベネディクト会大修道院（1710-19年）と、1711年に着工された、ポンメルスフェルデンのヴァイセンシュタイン城館である。後者は、マインツの領主大司教兼選帝侯で、バンベルクの領主司教でもあった、ロタール・フランツ・フォ

481　ディーンツェンホーファー：ポンメルスフェルデンの城館(シュロス)の階段室(ステアケイス)（1711年着工）

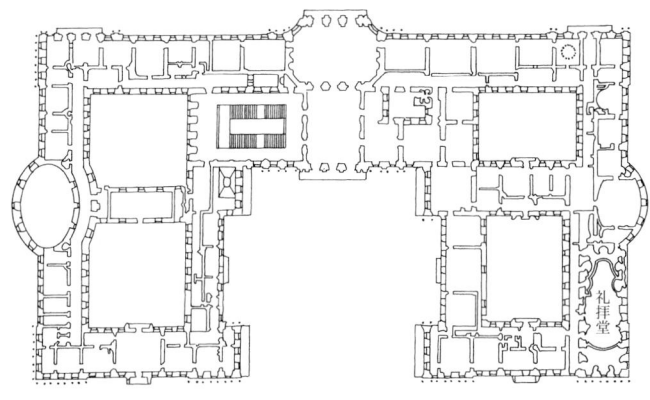

482　フォン・エルタールとフォン・ヴェルシュ：ヴュルツブルクの領主司教館(レジデンツ)の平面図（1720年頃着工）

ン・シェーンボルン〔1655-1729年〕のためのものである。バンツの教会堂の平面は、巨大な立体感溢れるリブ群を用いたヴォールト架構で生きいきと表現された、長軸上に相互に連結し合ういくつかの卵形からなっている。ポンメルスフェルデンの壮麗なる城館(シュロス)は、主として、その階段室のゆえに記憶に残るものである。この階段室は、全体がE字型をした建物の中心的偉業を形づくっている、それ自体が飛びだした格好のパヴィリオン〔小館〕を占有している。このように、階段室に相当大きな空間を豪勢に注ぎ込むことは、〔ロタール〕選帝侯自身の考えであった。それは、階段が外壁にくっついているよりも、独立して建っていることの方をよしとする、芝居がかった発想(フライツ)と同様のものであった。この階段室の設計に際してディーンツェンホーファーが援助を乞うた相手は、ヒルデブラントであった。ヒルデブラントは、円柱群と頭像群(ハームズ)からなるアーチ列で階段室を取り囲む、3層からなる歩廊(ギャラリー)を導入した。これによって、ガッリ゠ビビエーナの設計案(本書429頁)にも値する魔術的(マジカル)効果が生みだされ、この階段室を登ることが、もっとも爽快な建築体験を可能ならし

第7章　バロックの拡がり

483　ノイマン：ヴュルツブルクの領主司教館(レジデンツ)の大階段室（1737-42年）。ティエーポロによるフレスコ画（1752-3年）を見る

484 ノイマン：フィアツェーンハイリーゲンの巡礼路教会堂の内部（1743年着工）

めるもののひとつにまで高められているのである。ディーンツェンホーファーの手になる主要な内部空間としては、大理石の大広間(サルーン)すなわち皇帝の大広間(サルーン)が挙げられるが、これは、階段室の歩廊(ギャラリー)から入るところにあり、その下には、サーラ・テッレーナ (sala terrena) がある。1階から庭園へと導く、この天井の低い、ヴォールトの架かった広間(サーラ・テッレーナ)は、ゲオルク・ヘンニッケの手になるロココ調のストゥッコ細工で覆われた洞窟(グロット)のように扱われている。ポンメルスフェルデンに見られる、壮大な階段室を通って主要な大広間(サルーン)へと導く、天井の低いサーラ・テッレーナの配置は、多くのドイツのバロック宮殿において標準的なものであった。

ノイマンとアザム

　究極の華麗さを備えた儀式ばった階段室はまた、後期バロックもしくはロココの時代の、もっとも偉大なドイツ人建築家、バルタザール・ノイマン（1687-1753年）の顕著な特徴である。これらの階段室は、ヴュルツブルクのレジデンツ〔領主司教館〕、ブルハザール城館(シュロス)、ヴェルネック城館(シュロス)、そしてブリュール城館(シュロス)の主要な特徴を形づくっている。ノイマンは1711年にヴュルツブルクへ移り、当地で、軍事技師となった。そして、1720年には、ディーンツェンホーファーとともに、ポンメルスフェルデンの建造者の甥である、ヨハン・フィリップ・フランツ・フォン・シェーンボルン領主司教〔1673-1724年〕の、計画された司教宮殿(エピスコパル・パレス)建設用監督官に任命された。ヨーロッパでもっとも壮大なバロック宮殿のひとつである、ヴュルツブルクのレジデンツのための最初の平面図は、マインツ出身の2人のアマチュア建築家、フィリッ

第7章　バロックの拡がり

プ・クリストフ・フォン・エルタールとマクシミリアン・フォン・ヴェルシュ〔1671-1745年〕によって描かれた。しかし、建設はゆっくりと進められ、ノイマンの息をのむほどはっとする大階段室が、新しい司教のために、設計されて建造されたのは、漸く1737-42年になってからであった。背の高い広々としたアーチ列に支えられた、大階段室の登り段の上方高くに、天井が浮かんでおり、ここでは、通常では考えられないことだが、単一のヴォールトが、大階段室の大広間の領域全体を覆うようにつくられているのである。天井は、四大陸を表現した、1752-3年のジャンバッティスタ〔ジョヴァンニ・バッティスタ〕・ティエーポロ〔1696-1770年〕による、おそらくロココ芸術の絶頂であろうフレスコ画が描かれている。ヴュルツブルクの大階段室は、カイゼル〔カイザー〕ザール（皇帝の間）とヴァイセル〔ヴァイサー〕・ザール（白の広間）のような、無比の壮麗さを備えた儀式用の住戸群へと通じている。しかしながら、南面の庭園側正面の中央に、卵形の礼拝堂を組み入れようというヴェルシュの計画は、ノイマンによって打ち棄てられた。ノイマンは、この礼拝堂を、宮殿の南西の隅に移したが、その結果、礼拝堂はこの〔宮殿の〕建物の高さと同じほど目一杯に高くすることができたのであった。1732-44年に建てられ、装飾を施されたこの礼拝堂は、バンツでのディーンツェンホーファーの手になる、立体感を与えるアーチ状のリブ群をもった交差し合うヴォールト群を採択し、連結し合う卵形からなる一階平面の上方に、これらヴォールト群を置くという、びっくりするほどに豊かな内部空間を有しているのである（図509）。

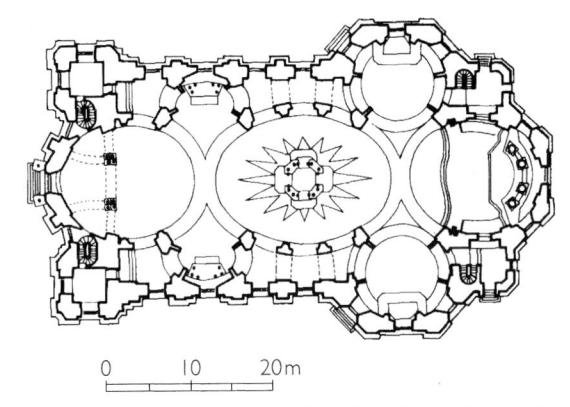

485　フィアツェーンハイリーゲンの巡礼路教会堂の平面図

　ヴュルツブルクのノイマンによる礼拝堂は、同様の魅力的な詩情を称えた数多くの教会堂にも繋がっている。これらの教会堂においてノイマンは、複合的なヴォールト架構を、バッハ〔ヨハン・セバスティアン、1685-1750年〕のフーガ〔遁走曲（主旋律以外に別の旋律も同時に進行するという対位法を主体とした楽曲形式のひとつ）〕の変奏〔曲〕にも似た、一連の数学的な変分〔汎関数（関数を変数に取る関数）の微分のこと〕を基に考案した〔複数の旋律を、それぞれの独立性を保ちつつ互いによく調和させて重ね合せるという対位法の定義から考えると、ここでは、ノイマンが複数のヴォールトをいかに巧みに組み合わせたかという事実を述べている〕。たとえば、ヴュルツブルクの領主司教、フリードリヒ・カール・フォン・シェーンボルン〔1674-1746年〕のための、ヴェルネック城館の礼拝堂（1734-45年）や、ネーレスハイムのベネディクト修道会大修道院教会堂（1747-92年）、そしてとりわけ、マイン川上流の丘の頂上――ここで、ひとりの羊飼いが、1445年に、子供たちの姿の14人の聖人に囲まれた幼な児キリストの

465

幻影を見た——に1743年に着工された、驚くほどに愛らしいフィアツェーンハイリーゲンの巡礼路教会堂である。この教会堂の双塔からなるファサードがもつダイナミックな垂直性は、装飾的細部は豊饒ではないものの、明らかに、神々しき陽気さといった輝かんばかりの美しさを表現せんがために設計されたと思われる、小さく波打つ内部空間へと〔われわれを〕導いてくれる。このおとぎ話的雰囲気は、心臓の形をして中央に置かれた、14聖人の祭壇において、具体的に現われている。というのも、この祭壇は、シンデレラの馬車(コウチ)と同じほどに幻想的な、多種多様の曲線からなる装飾がなされているのである。シンデレラの馬車はまさしく、あらゆる最良の馬車と同様に、ロココの残存物の範例にほかならないのである！

　構想上この教会堂は、3つの縦〔長軸〕方向に長い卵形からなる、ラテン十字形平面をもったバシリカであるが、卵形のヴォールト群のなかで、中央にあるもっとも大きなものは、交差部の上方にではなく、その西側の聖人たちの祭壇の上方に置かれているのである。ドームが架かっていると普通考えられる交差部の上方では、ヴォールトは分解されて、立体感(スリー・ディメンショナル)を与えるアーチ群によって限られた4つの相互に浸透しあう空間によって表現されている。さらなる空間的複合性が、外構の壁面の上にではなく、身廊を、広々とした2階廊(ギャラリー)の付いた

486　アザムキルヒェすなわちザンクト・ヨハン・ネポムクのファサードと内部、ミュンヒェン(1733-46年)、アザム兄弟による

第7章　バロックの拡がり

側廊から分かつ支柱群(ピア)の上に、これらの複合したヴォールト群を載せていることから生じているのである。かくして光は、外構の壁面にある3層からなる窓々から、これらの〔側廊に見られる〕開口部をとおって、洪水のようにどっと入ってきて、〔あたかもゴシック建築のごとき〕ダイア・ファナスな (diaphanous)〔透けて見える：光透過的：自ら光る：光輝性ある：光り輝く透過壁のごとき〕効果を与えているのである。光こそが、ヨハン・ミヒャエル・ファイヒトマイヤー〔1709-72年〕とヨハン・ゲオルク・ユーペルヘル〔1700-63年〕による、灰色と白色の繊細な漆喰(プラスター)装飾と、ジュゼッペ・アッピアーニによるフレスコ画を含んだ、内部空間全体の主題(テーマ)なのである。この躍るような光こそは、ロココ(ザ・ロココ)なるものの本質なのであり、この言葉によってわれわれは、1700年あたりのフランスのデザインに関するわれわれの研究に見るように、バロックの最後の様相(フェイズ)を知るのである。われわれは、ノイマンの経歴を年代記的に追うことによって、ロココなるものに辿り着いたのである。しかし、今バイエルン地方へと移るに際して、われわれは、ノイマンの同時代人であった、コスマス・ダミアン・アザム（1686-1739年）とその弟のエーギット・クヴィリン（1692-1750年）の作品に見られる、もっと充実しもっと豊かなバロックへと立ち返ることになる。

487　アザム兄弟：ヴェルテンブルクの修道院教会堂、聖ゲオルギウスと竜の彫像がある主祭壇（1716-21年）

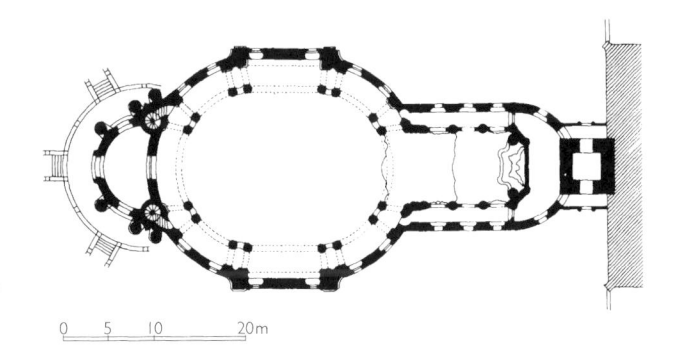

488　ヴェルテンブルク修道院教会堂の平面図、アザム兄弟による

　コスマス・ダミアン・アザムは、1711年頃-4年に、ローマでフレスコ画家として修業を積んだが、その一方、彼の弟は、オーストリア生まれの彫刻家アンドレアス・ファイステンベ

467

ルガー〔1646-1735年〕のミュンヒェンでの弟子であった。兄弟双方とも、彼らの父親が画家として雇われていたベネディクト会の修道院、テーゲルンゼー〔ミュンヒェンの南〕の大修道院長によって、ローマに派遣された。彼らの建築作品がもっぱら教会関係に限られることになるという事態は、バイエルンの芸術と、この時点での庇護者に特徴的なことである。彼ら兄弟は4つの新しい教会堂の設計に建築家として協働したものの、彼らに委託されたものといえば、内部装飾や既存の建物の改築が主なものであった。彼らのもっとも見事な独立した建物群としては、ケルハイム近くの、ヴェルテンブルクのベネディクト会修道院（1716-21年）、その近くにあるロールのアウグスティノ会小修道院教会堂（プライアリー）（1717-23年）、そして敬虔なるエーギット・クヴィリン・アザムによってその全体の建設が私費で賄われたがゆえにアザムキルヒェ〔アザムの教会〕として知られる、ミュンヒェンにある、ザンクト・ヨハン・ネポムクの教会堂（1733-46年）が挙げられる。

　ドナウ河畔に孤立して建つ小さなヴェルテンブルクの修道院では、その内部がバロック建築におけるもっとも魅力的な経験のひとつを提供してくれる。ベルニーニの手になるサンタンドレア・アル・クイリナーレのように、この教会堂は卵形の平面をしており、大理石で豊かに飾り立てられている。そして、主祭壇の背後は、芝居がかった「活人画（tableau vivant）〔魅力的に配置された一団の人々〕」〔のごとき絵画〕が続べている。このバイエルンの教会堂では、竜から王女をまさに救いださんとしている聖ゲオルギウス〔3-4世紀の殉教者〕を表わした、大きな感動を呼び起こすほどの強度がある騎馬像の彫刻群（グループ）が、隠された採光源で照らしだされた、フレスコ画の描かれたアプスを背景に、くっきりとそのシルエットを浮かび上がらせている。そのうえ、身廊上方の卵形のヴォールトは、コスマス・ダミアンによってフレスコ画が描かれ、さらにもう一度、隠された窓々から採光された、さらに上にあるヴォールトをはっきりと見せるために、中央部分がえぐり取られているのである。ロールでのエーギット・クヴィリンの主祭壇は、「聖母被昇天（アサンプション）」を描いたダイナミックな彫刻的構成を誇っており、ここでは、驚いた使徒たちが、空になった石棺の周りを取り囲み、その一方、天使たちを伴った処女マリアが彼らの頭上に浮かんでいる。彼の傑作たる、このアザムキルヒェは、通り側（ストリート）のファサードの一部を形づくっている、驚くほど表現の豊かな狭い入口をもつが、実際のところ、この教会堂の両隣りには、エーギット・クヴィリン自身の家と司祭の家とが並んでいるのである。内部は、宮殿の礼拝堂のように、2階からなっており、そのため、アザムは、自分自身の家のピアーノ・ノービレ（piano nobile）〔主階〕から、この教会堂に入ることができたのである。波打つ壁面、曲線を描くエンタブレチャー、ねじれた円柱、手摺りのある2階廊（ギャラリー）、そして長い鍾乳石のようにしたたり落ちてくる豪華な装飾物をもった、この高くて狭い内部は、さざ波を立てて流れる半透明の水をとおして見る、一種の海の洞窟に似ている。

　結局のところは、ベルニーニのローマの作品に基づいている、彼らの光沢ある大理石模様と金箔を備えた、ヴェルテンブルクとアザムキルヒェの内部は、ドイツの後期バロックおよ

びロココの内部を代表するものではない。これらのものは、多種多様な楽しいお菓子づくりのように、フレスコ画と組み合わされた、白や金の、あるいはパステルで彩色されたストゥッコ細工に特徴がある。このより軽快な様式は、アザム兄弟によって採択されたのである。たとえば、バイエルン地方での、ヴァインガルテンのもの（1719-20年）やフライジングのもの（1723-24年）、そしてレーゲンスブルクのザンクト・エメラム（1732-3年）といった、他の建築家たちによって設計された〔3つの〕教会堂において、彼ら〔アザム兄弟〕がつくりだしたうっとりするような内部装飾に見ることができるように。とりわけ、ともに根本的にはロマネスクの建物である後者の2つの教会堂では、砂糖漬けの拡がりといった感のあるロココの漆喰仕上げ（プラスター・ワーク）が、その下にある、重々しい中世の構造物の残存物によって、〔余すところなく〕雄弁に強調されている。

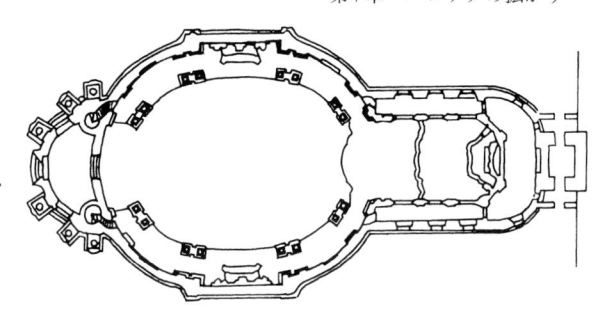

489　ヴィースキルヒェ（1746-54年）の平面図、ドミニクス・ツィンマーマンによる

490　J.M.フィッシャー：オットーボイレンの修道院教会堂の入口ファサード（1748-54年）

ドイツのロココ

　アザム兄弟の豊かな、ローマに鼓舞された造形言語（ランゲージ）から、より心軽やかなロココへの立ち退き（ムーブ・アウェイ）は、とりわけ、ヴェッソーブルンで漆喰工職人〔漆喰師〕としての修業を積んだ、ドミニクス・ツィンマーマン（1685-1766年）と結びつけられる。1728-33年に彼は、プレモントレ会教団（オーダー）〔1120年フランスのラン近郊プレモントレにおいて、聖ノルベルトゥス（1085年頃-1134年）が創設した修道会〕のために、シュタインハウゼンに教区教会堂（パリッシュ・チャーチ）兼巡礼用祀堂（ピルグリメージ・シュライン）〔巡礼路教会堂〕を建てた。ここの卵形〔長軸式楕円形〕をした平面の堂内では、独立して建つ支柱（ピア）群がつくる環（リング）によって囲まれた同じ卵形の身廊と、この環（リング）と外構の壁面とのあいだにつくられた周歩廊（アンビュラトリー）とが、明瞭に区分けされている。真ん中を占める卵形の身廊のヴォールトとこの身廊を取り囲む周歩廊のヴォールトが、同じ

469

高さにまで建ち上がっているため、この教会堂の内部は、ゴシックのホール式教会堂〔ハルレンキルヒェ（広間型・ホール式教会堂）〕のロココ・ヴァージョンであるといわれるかもしれない。この教会堂の上方部分に見られる幻想的なストゥッコ細工は、身廊のヴォルトに描かれた生きいきとしたフレスコ画群のための単なる枠組みとしての役割とはまったく対照的に、自らの生命(いのち)を獲得し始めている。これらのフレスコ画は、ドミニクス・ツィンマーマンの兄であるヨハン・バプティスト〔・ツィンマーマン。1680-1758年〕によるものである。ツィンマーマンは、たびたびこの兄とともに働いたのであった。

シュタインハウゼンのホール式教会堂のシステムは、南ドイツのすべてのロココ教会堂のなかでもっとも愛らしく、もっとも感動させるものとして、1746-54年に建てられ、装飾された、ドミニクスの手になるヴィースキルヒェ〔ヴィース教会堂〕（「牧草地のなかの教会堂」の意）によって、あざやかに(ブリリアントリ)発展を遂げた（図513）。卵形の身廊を周歩廊から隔てるアーチ列は、シュタインハウゼンの場合よりも広々(オープン)として、光が透過(ダイアファナス)する。ロココ調のストゥッコ細工は、より感覚に訴え、色彩の施し方も光輝さ(ラス)を増している。その一方で、木摺りを下地にした漆喰を上塗りしたヴォルトには開口部が穿たれ、ここから背面に描かれたヨハン・バプティスト・ツィンマーマンのフレスコ画が垣間見られるのである。身廊の上方に描かれた広大なフレスコ画は、「最後の審判」前の瞬間を示している。これは、建築の抒情的な華美とは感動的なまでに対照的な、荘厳なるビザンティンの主題(テーマ)なのである。この建物は、精神的な(スピリチュアル)ものも芸術的な(アーティスティック)ものも、ともかくありとあらゆる人間の感覚作用(センセーション)に触れる、1個の芸術作品なのである。バイエルン地方のアルプスの麓にある青々とした野原のなかの、どの村よりも遠く離れた場所に置かれたこの巡礼路教会堂は、「柱に縛られたキリストの笞打ち」という素朴かつ奇跡的な図像(イメージ)を収めるため、農民の敬虔心を表現するものとして建てられた。本章で扱ったほかのドイツの教会堂群と同様に、この教会堂は、18世紀にそうであったように、今日においても、宗教心をもち芸術的趣向のある巡礼者たちに人気がある。これらの建物は、建築様式(ファッション)がいくら変化しても(エヴリ・チェインジ)生き残ってきた。そして、第2回ヴァティカン公会議〔1962-5年〕以後、たいそう多くの教会堂を解体してきた典礼の再編(リオーダリング)によっても影響すらされぬまま存在してきたのである。

アザム兄弟とツィンマーマン兄弟は、バイエルンおよびスワビア〔シュヴァーベン〕において活躍したもっとも際立った後期バロックの建築家たちであったが、われわれは、ペーター・トゥーム(1691-1766年)やヨーゼフ・シュムザー(1683-1752年)、そしてとりわけ、多産であったヨハン・ミヒャエル・フィッシャー(1692-1766年)といった、彼ら兄弟たちと同時代の、数多くの次善の実力の持ち主たちのことを無視すべきではない。これらの建築家たちによる熱のこもった作品群としては、トゥームの手になる、ボーデン〔コンスタンツ〕湖畔のビルナウの巡礼路教会堂(1746-58年)、シュムザーの手になる、オーバーアマガウの教区教会堂(1736-41年)、そしてJ.M.フィッシャーの手になるオットーボイレンの帝国自由修道院(Imperial Free Abbey)〔ベネディクト修道会付属教会堂〕(1748-54年)がある。ここでは、フィッシャーの宮殿

第7章　バロックの拡がり

兼修道院の建物群が、見応えのある「皇帝の間(カイザーザール)」において絶頂に達しており、中世のクリュニーでの華麗さの数々に対する、ひとつのバロック的回答を提供している。

ロココの造形言語(ランゲージ)が最初に展開されたのは、世俗建築においてであった。ロココのデザイナーたちがバロックのデザインから引きだした、幻想と誇張という要素は、ドレスデンにある注目すべきツヴィンガー宮において、顕著にその姿を現わしている。これは、マテウス・ダニエル・ペッペルマン（1662-1736年）の手によって、ザクセン選帝侯〔在位1694-1733年〕かつポーランド王〔在位1697-1706年、1709-33年〕の、アウグスト強健王(ストロング)〔1670-1733年。選帝侯としてはアウグスト1世で、ポーランド王としてはアウグスト2世〕のために設計された、新しい宮殿の計画案のうちの、実施に移された部分でしかなかった。馬上槍試合やさまざまな祝祭用に意図された大きな中庭のあるツヴィンガー宮は、ペッペルマンによって、古代ローマの劇場を似せたものとして描きだされた。その〔壁面の〕分節化は、長くて低層の、1階建ての、脇に建つギャラリーないしはオランジュリー〔オレンジ温室〕とともに、驚くべき様で変化する。また、これらのギャラリーないしはオランジュリーには、隅にある4つのパヴィリオン〔小館〕が割り込んで配置されている。そのなかには、入念に仕上げられたウォールパヴィリオン（1716-8年）と、1713年に建てられた、塔状の門口であるクローネントーア〔王冠塔門〕がある。ペッペルマンの曲線美と彫刻的要素に溢れた建築は、バルタザール・ペルモーザー（1651-1732年）によって彫られた、神話を題材にした彫像のダイナミックな様相と完璧に混ざり合っている。

ツヴィンガー宮は、一部には、ウィーンにあるヒルデブラントの手になる庭園付きの宮殿群に鼓舞されているが、ヴェルサイユのルイ14世の宮廷にいた、ドイツの諸王や諸公に与えた衝撃は、フランスの諸様式の採択やフランス人の建築家たちの登用さえをも、増大させていったのである。〔そのなかで〕もっとも重要な建築家は、ブリュッセル近郊生まれの小柄なフランソワ・キュヴィイエ〔1695-1768年〕であった。彼は、1708年に、当時のスペイン/オーストリア領ネーデルランド〔本書459頁参照〕に亡命していた、バイエルン選帝侯マックス・エマヌエル〔マクシミリアン2世。1662-1726年、選帝侯は1679-1726年〕の軍隊に入った。1720-4年にパリでJ.-F.ブロンデル〔1705-74年〕の許で建築を学んだあとに、キュヴィイエは、1728年以降、ケルン選帝侯のクレメンス・アウグスト〔1700-61年〕のためにブリュール城館(シュロス)で、さ

491　ペッペルマン：ツヴィンガー宮、ウォールパヴィリオンを見る、ドレスデン（1716-8年）

471

492　クノーベルスドルフ：サン・スーシ、ポツダム（1745-7年）

らには、その兄の新しいバイエルン選帝侯のカール・アルベルト〔英語読み。ドイツ語ではアルブレヒトで、マックス・エマヌエルの息子（1697-1745年）。選帝侯は1726年から。1742-5年には神聖ローマ皇帝カール7世〕のために、ミュンヒェンのニンフェンブルク城館(シュロス)で、当時最先端のフランス・ロココ様式の内部装飾を供給したのであった。キュヴィイエのもっとも才気縦横な独立した作品は、ニンフェンブルクの宮殿庭園内の1階建てのアマーリエンブルクの園亭(パヴィリオン)（1734-9年）であり、これは、巧緻なフランスの平面形式(プランニング)を、ウィーン風に鼓舞されたファサードと組み合わせたものであった。主要な内部は、鏡によって取り囲まれた円形状の大広間(サルーン)であり、ここでキュヴィイエは、フランス・ロココ様式の源泉を超えでたのであった。すなわち、〔室内の壁用の〕鏡板(かがみいた)の上方に伝統的に置かれていたコーニス〔水平帯〕を〔消し去って〕、鳥、動物、木々、智天使(ケルビム)、そして豊穣の角(コルヌコピア)を覆った、ヨハン・バプティスト・ツィンマーマンの手になる、ひらひらと踊っているようなストゥッコ細工の葉叢(はむら)へと変容させたのであった。活気づけられた動きは、この部屋(サルーン)を囲んでいる鏡の数々によって、より立体感を感じさせるものとなり、その一方、貴重な宝石箱のような特質が、バイエルンの選帝侯出身のヴィッテルスバッハ一族の紋章の色である、青と銀の彩色を施されることで、高められているのである（図503）。この部屋(サルーン)の上方に架かったドームの外部は、内部のはかなげな優雅さの観点からはいささか不似合いなのではあるが、キジを射つための台として機能していたのであった。

　アマーリエンブルクと同じほどよく知られているのが、金箔を塗った花綱、衣紋、女人像柱、合唱隊のトロフィー、そして豪華絢爛な渦形装飾(カルトゥーシュ)で活気づけられた、キュヴィイエによる、ミュンヒェンのレジデンツの劇場（1750-3年）である。キュヴィイエは、ミュンヒェンやブリュール城館(シュロス)でのその作品の魅力的な輝きをとおしてのみならず、彼が1738年以降に出版した、装飾と建築の版画集をとおしても、ドイツのロココ様式に多大な影響を及ぼした。北ドイツにおいて、これとほとんど同じく洗練されたロココの内部装飾は、1740年代に、プロ

シアのフリードリヒ大王〔2世。1712-86年、在位1740-86年〕のためにゲオルク・フォン・クノーベルスドルフ（1699-1753年）によって供給された。クノーベルスドルフが、この趣味の広い庇護者のためになしたもっとも見事な作品は、「サン・スーシ宮」として知られる、ポツダムの小さなピンクと白の宮殿であった。これは、温室群の並んだ高台（テラス）をもって配置された、傾斜した土地の頂きに建っており、凍った小さな滝の印象をつくりだしている。こうした自らつくらせたさまざまなもののなかで、フリードリヒは、プロシアの〔寒い〕気候に抗して、自らのお気に入りの地中海地方の花々や果実類を生長させることができたのであった。

イングランド

われわれは、フランスとドイツにおけるバロックを、カトリックの巡礼路教会堂群や絶対主義ないしは自称絶対主義の君主たちや王侯統治者たちの宮殿群といった類いの建物に、とりわけ密接に結びついた様式として見てきた。17世紀のあいだのイングランドは、その大部分が、猛烈な反カトリックであった。その一方で、最初は、「チャールズ1世と議会の争い（シヴィル・ウォー）」〔1641-51年〕、そして最後は1688年の「名誉革命（レヴォリューション）」が、神授の王権なる概念に終止符を打ち、その代わりに、〔議会派〕ホイッグ党による寡頭制（オラガーキー）の手に権力を与えた。このような状況下で、バロック様式は一体どこまで花開くことができたのであろうか？　われわれは、〔さすがに〕南イタリアないしはバイエルンの場合のような極端なものは何も見いだせないであろうが、バロック以外の呼び名を見つけることのできないような、驚くべき量の建築と装飾が、プロテスタントのイングランドにも存在しているのである。

レン

1660年から1685年まで在位したチャールズ2世〔1630-85年〕は、ルイ14世に対する深い賞嘆の念を抱いていたが、このことをチャールズ2世は自らがサー・クリストファー・レンに委託した建築群のなかで、明瞭に表現したのである。たとえば、ヴェルサイユの配置を真似ている、ウィンチェスターの新しい宮殿と、アンヴァリッドに鼓舞された、チェルシーの王立病院（ロイヤル・ホスピタル）〔廃兵院〕のように。そのうえ、ヒュー・メイ〔1622-84年〕、アントーニオ・ヴェリーオ〔1636年頃-1707年〕、そしてグリンリング・ギボンズ〔1648-1721年〕が、1675-84年にチャールズのためにつくり上げたウィンザー城の儀礼用室群（カースル・ステート・アパートメンツ）〔大広間、豪華な部屋〕は、イングランドにおいてかつて実施〔施工〕されたもっとも絢爛豪華なバロックの内部のひとつに数え挙げられる。3つの主要な建物のためのレンによる設計群は、サー・ジョン・ヴァンブラとニコラス・ホークスムアによって展開された大胆な建築の造形言語（ランゲージ）を決定づけるのに役立った。これら3つの建物とは、まず、国王ウィリアム3世〔オレンジ公ウィリアム。1650-1702年、在位1689-1702年〕と女王メアリー〔2世。1662-94年、在位1689-94年（ウィリアムとの共同統治）〕のためのハンプトン・コートの再建であり、ここでは、レンの手になる実施に移されなかった最初の設計案群は、ベルニーニ、フランソワ・マンサール、そしてル・ヴォーによるル

473

493　シェルドニアン劇場の内部、オックスフォード（1664-9年）、レンによる

ーヴル宮のための計画案を真似たものであった。2番目のものは、レンが1698年に設計した、実施されることのなかったホワイトホールの宮殿であり、最後のものは、レンのグリニッジ病院のための第一次設計案である。サー・クリストファー・レン（1632-1723年）は、われわれがいくらか詳細に調べてみるべき経歴をもった、きわめて大きな影響力を行使する、高くそびえ立つ天才であった。

レンは、王党派の保守的な高国教会派の高トーリー党〔国王派〕の家族へと生まれでた。そして、彼の建築の委託は、王室と教会からほぼ独占的にやってきたのであった。レンの父親〔同名のクリストファー・レン。1589-1658年〕は、ウィンザーの首席司祭となり、一方レンの伯父〔マシュー・レン。1585-1667年〕は、イーリーの司教であった（この伯父は、清教徒たちによってこの地位を追われ、彼らによって1641年にロンドン塔に収監され、そのまま18年間をここで過ごしたのであった）。レンは、建築家としてではなく、輝かしい発明の才に富む想像力をもった、実験科学者として、その経歴を開始したのであった。クロード・ペローと同様に、レンは、解剖学者として際立った人物であった。しかしレンは、天文学者としてもっともよく知られており、1661年から1673年までオックスフォードの〔サー・ヘンリー・〕サヴィル〔1549-1622年〕天文学講座〔の教授〕に就いていた。最初にレンが、一部は、その数字と模型製作の巧みな技のゆえに建築に真摯な関心を抱いたのは、おそらくは、1660年頃であったと思われる。その頃には、独立した建築の職業はまだなく、そのため教養ある鑑識家なら誰でも、腕だめしに建築をやってみることができたのであった。1663年に、レンは、旧セイント・ポール大聖堂の修復を目的とした国王直属の委員会に〔専門家として〕意見を聞かれ、また同じ年に、その伯父によって、ケンブリッジの、ペンブルック・カレッジの新しい礼拝堂を設計することを勧められた。その結果、オックスフォードにしろケンブリッジにしろ、とにかく最初の、非ゴシック様式の礼拝堂が登場した。これは、セールリオ（本書324頁）に鼓舞されていて、創意に富んだ習作とは言い難いものであったにせよ、ともかくも手際のあざやかな作品ではあった。このあとに、これよりずっと独創的な、オック

第7章　バロックの拡がり

スフォードのシェルドニアン〔カンタベリー大司教（1663-7年）でもあった、当時のオックスフォード大学総長（1667-9年）ギルバート・シェルドン（1598-1677年）の名にちなむ〕劇場（1664-9年）が続いた。これの平面は、ローマのマルッケルス劇場をD型に再建したセールリオの案を真似た、大学の儀式用の建物である。ここでは、ローマの聴衆を太陽から保護する、ウェラリウム（veralium）すなわち天幕の代わりに、レンは、「真理」と「諸芸術」の勝利を示す寓意的な人物像を伴って描かれた天空の絵に隠された、三角形の木材トラスによる、精巧なシステムを考案したのであった。

　1665-6年にレンは、現代の建築家たちによる建物の数々を視察するために、パリへと長い訪問の旅に出た。彼ら建築家の評判は、ロンドンや宮廷の仲間たちのあいだでよく知られていたにちがいない。レンはベルニーニに会ったが、ベ

494　レン：セイント・ブライドの塔と頂塔、ロンドン、フリート・ストリート（1670-84年）

ルニーニはレンに、ルーヴル宮殿用の自らの手になる設計案を、まったく短いほんの一瞥程度であったものの、ともかく見せたのであった。レンはまた、同じルーヴル宮殿用のフランソワ・マンサールの手になる設計案をも目にした。レンが、パリの主要な、ドームの架かった教会堂群——ルメルシエによるソルボンヌや、ルメルシエとマンサールによるヴァル゠ド゠グラース、そしてこれまたフランソワ・マンサールによる前者よりも小さいサント゠マリー゠ド゠ラ・ヴィジタシオン——を訪れたことは疑いようがない。とはいえ、レンがもっとも賞讃した建物は、マンサールのメゾンの城館とル・ヴォーの、ル・ランシーおよびヴォー゠ル゠ヴィコントの各城館であった。驚くべきことに、レンは、これっきり、決して2度と国外を旅することはなかった。そして自らの建築をつくりだす際には、彼がじかに得た、16世紀後期と17世紀のフランス古典主義の伝統に対する経験に絶えず頼ったのであった。この伝統

475

495　セイント・スティーヴン・ウォールブルックの内部、ロンドン（1672-7年）、レンによる

はレンにとってひとつの啓示として現われていたにちがいない。というのも、この当時のイングランドでは、ル・ヴォーとマンサールによる建物の規模をもった、ドームの架かった教会堂も古典主義の宮殿も、まったく存在していなかったからである。1666年9月のロンドン大火は、レンにとって、彼がパリを訪れたときに賞嘆した壮大な古典主義的系譜に則って、この都市ロンドンを再建する、天与の機会のように見えたにちがいない。中世都市の曲がりくねった大通りをシクストゥス5世〔1520-90年、在位1585-90年〕のローマの場合のように、広場から放射状に延びるまっすぐな広い通りに取って代えるという、レンの有名な計画は、あまりに過激なものとして拒絶された。しかしながら、レンが1669年に、国王の建設事業の総監督官に任命されたのは、一部はこの広範な計画の成果によるものであった。

　都市〔ロンドン〕を再建するための条例は、1670年に承認され、そのあとの16年間にレンは、52件の新しい都市教会堂を設計した。宗教改革以降のイングランドでは、ほとんど教会堂の建設が行なわれておらず、アングリカン・コミュニオン（Anglican communion）〔英国国教会（聖公会）を母胎として、これと交流をもつ各国の連合〕のプロテスタントの教会堂がどのような格好であるべきかなど、一顧だにされなかったのであった。レンは、第一原理の数々に立ち戻り、名高い資料のなかで、次のように論じたのであった。すなわち、「われわれの改革された宗教においては、教区教会堂を、今現在を生きるすべての人々が聞いて見ることの双方が可能な教会堂よりも大きなものにしても無駄なように見えてしまう。ロマニスト（Romanist）〔ローマ・カトリックかぶれの英国国教徒〕たちは、実際のところ、もっと大きな教会堂をいくつも建てるかもしれない。彼らはミサ〔the Mass　聖祭〕のさざめきを聞き、「ミサの（聖体）奉挙（the Elevation of the Host）」を目にするだけで十分なのである。しかし、われわれの〔めざ

第7章　バロックの拡がり

す〕教会堂群は、聴衆たちに適したものであるべきなのだ」と。もうひとつの難題(チャレンジ)は、都市教会堂(シティ・チャーチ)用の敷地が中世のままの状態で不整形であるために、レンの発明の才のすべてが、これらの敷地の上にすっきり(サム)とした古典主義の建物群を配置するために求められたということであった。事実、レンが達成した多様性は、桁はずれなものであり、マクセンティウスのバシリカに鼓舞されたセイント・メアリー＝レ＝ボウや、ペローによる、ウィトルウィウスの手になるファーノのバシリカの図版に鼓舞された、フリート・ストリートに建つセイント・ブライドから、セイント・メアリー・アト・ヒルやセイント・マーティン・ラドゲイトのような、ヤーコプ・ファン・カンペンの手になる17世紀オランダの教会堂を真似た集中式平面の教会堂にまで及んでいた。さらには、精巧につくられた新たなゴシックの尖塔(スティープル)を有する、セイント・ダンスタン＝イン＝ジ＝イーストといった教会堂さえも存在するのである。

　尖塔(スティープル)は、おそらく教会堂群のもっとも人目を惹く特徴であろう。もっとも、これら尖塔はしばしば、〔教会堂本体よりも〕15年ないし20年遅れて建てられたり、設計されたりしたのであった。まるで空に浮かぶ神殿群のような、これらの詩的雰囲気をもった絢爛豪華さは、フリート・ストリートのセイント・ブライドやチ

496　レン：セイント・ポール大聖堂の「グレイト・モデル」、ロンドン（1673年）

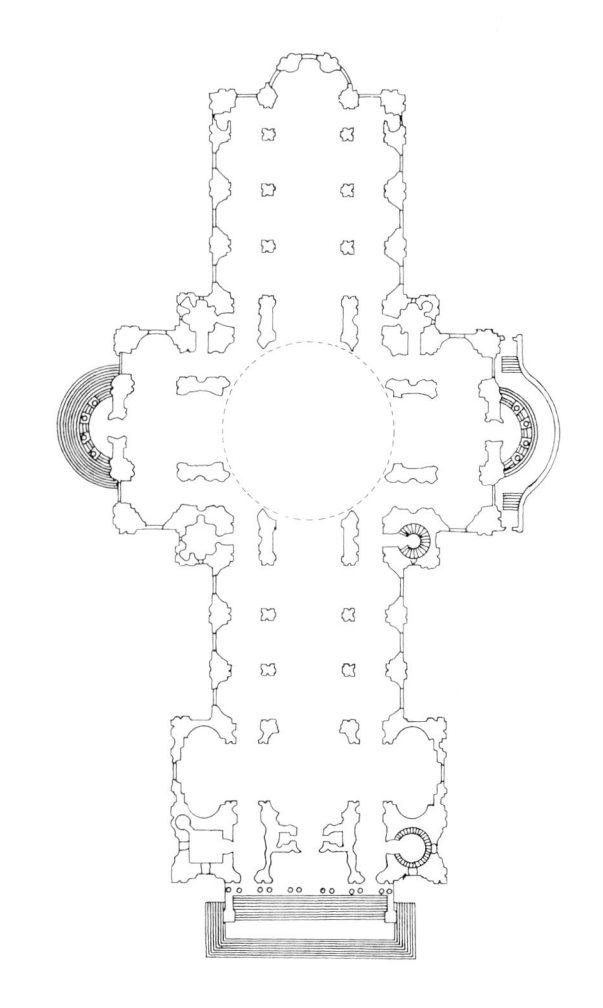

497　セイント・ポール大聖堂の平面図（1673年）

477

498　サン・ピエトロ広場のベルニーニによる列柱廊、ローマ（1656年着工）

ープサイドのセイント・メアリー＝レ＝ボウの多層からなる尖頂群——これらのものは、アントーニオ・ダ・サンガッロの、サン・ピエトロ大聖堂のための模型にヒントを得てつくられた——や、クルックド・レインのセイント・マイケルやフォスター・レインのセイント・ヴェダストの同じく、多層からなる尖頂群——これらは、凹凸の曲線を描く、ボッロミーニ風の彫刻的遊動を行なっている——に見てとられる。セイント・スティーヴン・ウォールブルックの尖頂は、込み入った、遊び心に溢れた構成物であるが、もっとも愛らしくもっとも複合的な特徴は、この教会堂の内部の方である。側廊の付いた身廊の平面と集中式の平面とを、才気縦横に、また空間的には曖昧なままに組み合わせたこの教会堂では、大きなドームが重々しい支柱の上にではなく、8本の細い円柱と8個のアーチの上に、優美な姿で浮かんでいるかのように載っているのである。この、8個の等しいアーチに支えられるドームという発想は、セイント・ポール大聖堂において、もっとずっと野心的な規模で実現されたのであった。

第7章 バロックの拡がり

499 サン・カルロ・アッレ・クワットロ・フォンターネのドームの内部、ローマ、ボッロミーニによる（1637-41年）

500　レン：セイント・ポール大聖堂の西正面（1675-1710年）

　燃えて朽ち果てた旧セイント・ポール大聖堂の全面的な建て替えのためにレンが用意した第1の計画案(スキーム)は、「グレイト・モデル（Great Model）」デザインとして知られているが、これは、今も大聖堂に残存している、1673年にこの計画案(スキーム)を基にしてつくられた木製の模型にちなんだものである。この計画案(スキーム)では、サン・ピエトロ大聖堂のドームによって鼓舞された、非常に美しいドームのある、集中式平面をしており、円胴(ドラム)はブラマンテ風で、ドームを取り囲むリブ群の付いた部分は、ミケランジェロ風である。教会堂の本体の前の部分には、サン・ピエトロ用のサンガッロによる設計(デザイン)に見られるものに鼓舞された、ドームが架かった入口玄関廊が置かれている。その一方で、凹面状の壁が、ギリシャ十字形の平面の各腕の部分を繋いでいる様は、アントワーヌ・ル・ポートル〔1621-81年〕の著作『建築作品集 (Oeuvres d'architecture)』（1652年）のなかにある、とある宮殿用の幻想的な図面(デザイン)を真似ている。この、レンのお気に入

第7章　バロックの拡がり

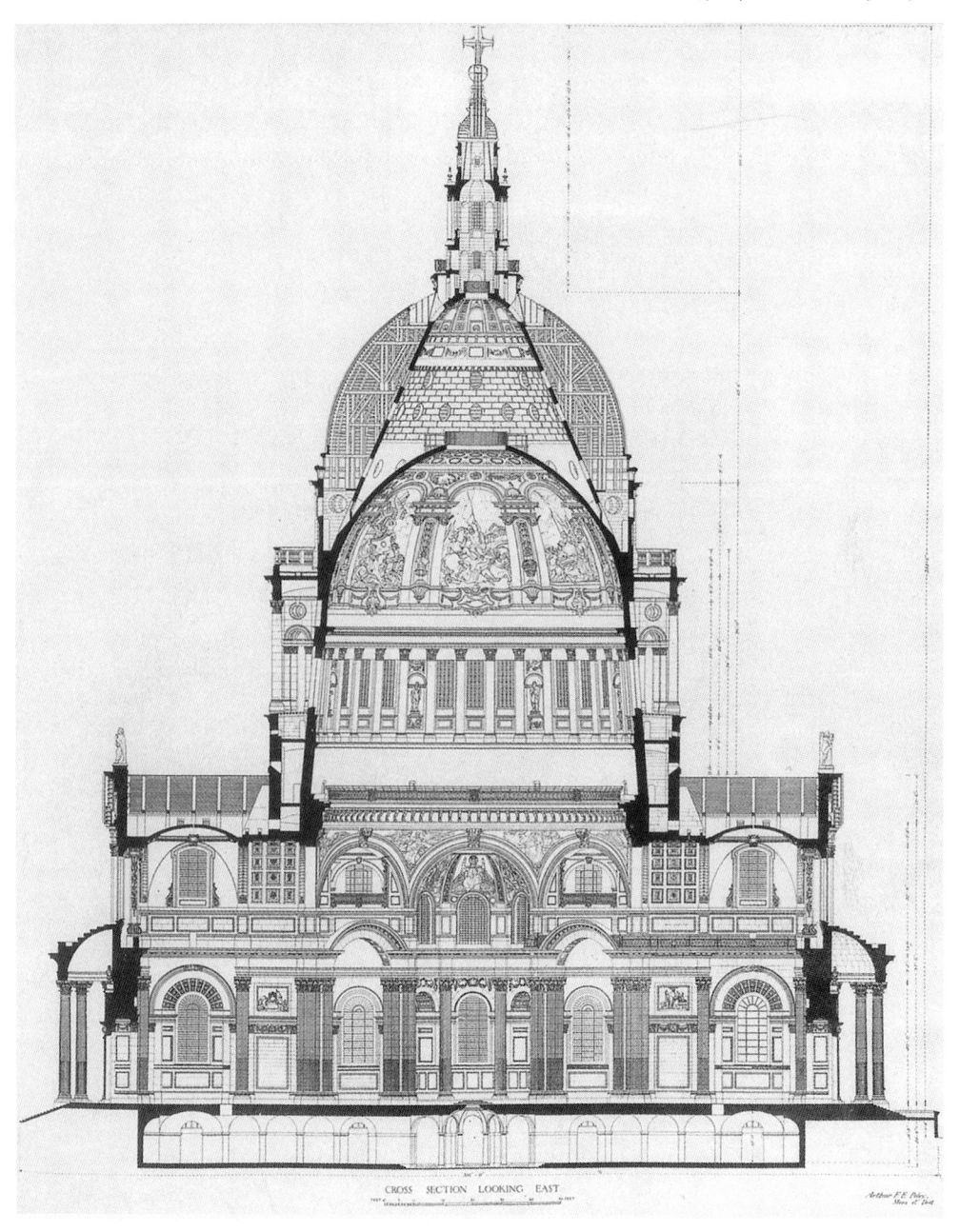

501　セイント・ポールの東側方向を見たときの交差部断面図、A.ポリーによる『計測され、図面を描かれ、詳述されたるセイント・ポール大聖堂』1927年刊より

りだったセイント・ポール大聖堂用の計画案(スキーム)は、首席司祭(ディーン)と司教座聖堂参事会(チャプター)によって、実際的ではないとして、拒絶されてしまった。彼らは、日々讃美歌が歌われる奉仕用の大きな内陣(クワィア)〔聖歌隊席〕と、個々の行事の際に会衆を受け入れるための身廊とをもった、伝統的なラテン十字〔バシリカ型式〕平面を望んだのである。かくして1673年に、レンは、長い身廊と

481

内陣と袖廊〔交差部〕をもった、いわゆる「ウォラント・デザイン（Warrant Design）」を生みだした。これは、その、かなり奇異な尖頂(スパイア)を除いて、1675-1710年に実施に移されたが、この尖頂の代わりにレンは、その「グレイト・モデル」デザインにおけるドームと似た、〔ドームの〕外側にある身廊壁面の意匠と構造を同時に変えるドームを、早くから用意していたのである。その結果、これらの壁面は、身廊と内陣にある、クリアストーリーの窓群の〔並びの〕前面から、何フィート分もの幅をもった、補助的(フォールス)な壁面として、拡張(キャリード・アップ)〔増築〕された。これらの壁面は、ドームの推力(スラスト)〔押圧力〕を打ち消すのに役立ち、その一方、補強されたことによって生じた余分な重み(ハイトンド)を支えるため、「ウォラント・デザイン」の場合よりも2フィート〔61cm〕分だけ厚くつくられたのである。内陣のクリアストーリーとこれらの補助的(フォールス)な〔ドームの〕外側の壁面とのあいだにある空隙(ギャップ)に、レンは、内陣のヴォールトの重みを支えるのに役立つフライイング・バットレスを目につかないように置いた。

　これほどの規模での欺き惑わし(ディセプション)を進んで採択すること(アプローチ)は、レンの手法のもつ本質的にバロック的な自由闊達さを示している。高期ルネサンスの建築家は、このような方便を許容することなどほとんどなかったと思われる。こうした方便の数々は、そのうえ、ドームそのものの設計(デザイン)においても継続してなされた。すなわち、このドームは、教会堂の内部から印象づけようとする〔適度の〕高さにある内部ドームと、遠くから眺めるときに効果を発揮するための、〔内部ドームより〕ずっと高い外構ドームといった、ミケランジェロの手になる、サン・ピエトロの考案物に従っているのである。レンの内部のドームは、2人のマンサールによって設計されたドームと同様に、その中央が開けられたままにされ、ずっと上方にある頂きをなす頂塔(ランターン)〔明かり塔〕を通って、光が劇的に流れ込むことを可能にしている。この重たい石造の頂塔(ランターン)では、外構ドームで支えることができないと考えられたようである。というのも、この外構ドームは、鉛で覆われた木材による枠組みにすぎないからである。それゆえ、この頂塔

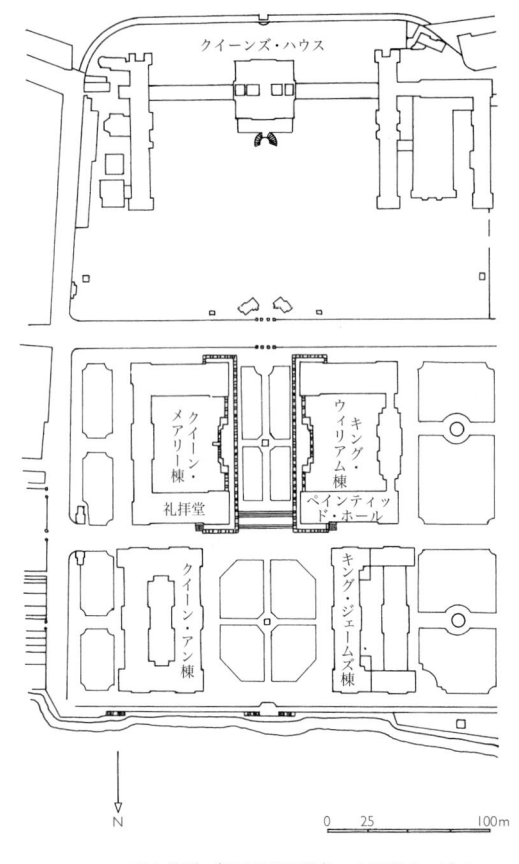

502　レン：王立病院〔海軍廃兵院〕の平面図、グリニッジ（1696-1716年）、ジョーンズによるこれより初期のクイーンズ・ハウスを取り込んでいる（本書386頁を参照されたい）

第7章　バロックの拡がり

503　アマーリエンブルクの鏡の間(ミラー・ルーム)、ミュンヒェン、キュヴィイエによる（1734-9年）。ヨハン・バプティスト・ツィンマーマンによるストゥッコ細工を伴う

を支えるという機能を遂行するため、レンは、大聖堂の内部および外部双方から見えることのない、背の高い煉瓦造りの円錐からなる、〔他では目にしたことのない〕唯一無二の第3の層を〔内側ドームと外構ドームのあいだに〕導入した。それは、大胆な発明が見せる手際の良さ(ストロウク)であり、われわれに、ひとりの若い科学者として二重望遠鏡と透明なミツバチの巣箱を発明したレンの姿を思い起こさせるのである。

　われわれは、セイント・ポールに見られるバロック的要素群のいくつかを指摘したのではあるが、外構ドームが、バロックのドーム群の高くそびえる、もしくは自己主張の強い垂直性ではなく、サン・ピエトロのためにブラマンテによって設計されたドームのような、ルネサンスのドーム群の、物静かで落ち着いたほぼ半球状の輪郭(プロフィール)をこそ、有しているということを記憶に留めておくべきである。ファサード群の2層からなる配置もまた、バロックのダイナミズムを欠いているが、イニゴー・ジョーンズのバンケッティング・ハウス（本書388頁）から由来するものであり、グリンリング・ギボンズ〔1648-1721年〕やその他の人々による、たくさんの凛とした小さな規模の、花々や葉叢(はむら)の彫り物(カーヴィング)で活気を添えられている。これらの彫

483

504 レン:グリニッジの王立病院〔海軍廃兵院〕、「ペインティッド・ホール」の内部。ホークスムアによる
彫琢された細部とソーンヒルによる絵画を見る

　り物は、レンがパリで目にしていた、16世紀と初期17世紀の建物の装飾を真似たものである。他方、ピエトロ・ダ・コルトーナによる、ローマのサンタ・マリア・デッラ・パーチェに由来する袖廊の正面群にある曲線状の柱廊玄関(ポーチコ)や、凹凸の形状がぶつかり合ったボッロミーニ風の西の双塔、そして西正面を囲む〔1階〕両側にある窓に見られるだまし絵風の遠近法(フォールス)の使用——これもまた、ボッロミーニに由来する特徴である——といった、積極的なバロックの特徴の数々が見られるのである。

　われわれは、ここに到るまでのあいだにすでに、チェルシー、ウィンチェスター、ハンプトン・コート、ホワイトホール、そしてグリニッジの、イングランドでは最初に見られる種類の、レンの手になる記念碑的な公共の建物群と宮殿群のもつ意義に触れてきた。実施に移されたこれらのもののなかで、もっとも大きなものは、グリニッジの王立病院(ロイヤル・ホスピタル)〔海軍廃兵院〕であり、ここでは、ジョン・ウェッブ〔1611-72年〕が1664-9年に、先駆的なバロックの傑作である、自らの手になるチャールズ2世区画(ブロック)で着工していたものを、レンが1696-1716年に完成したのであった。レンは、ルーヴル宮でのペローのものに鼓舞された、対(つい)になった円柱が並

第7章　バロックの拡がり

ぶ長い列柱廊が、両側に添えられ、〔内部の〕礼拝堂の釣り合いのとれたドーム群と「ペインティッド・ホール〔天井の色彩のあざやかな大広間〕」で限られた、ひとつの壮大な眺望を生みだした。この「ペインティッド・ホール」は、教会堂に似せたドームが架かった玄関、長い宴会専用の広間、そして主賓の食卓を含んだ上階の広間からなっている。これらの3つの空間はすべて、大きなアーチ道群を

505　チャッツワースの西正面（1700-3年）、ダービイシャー。左側に、アーチャーの手になる北正面（1705-7年）がある

おして互いに繋がっており、異なった高さに位置している。ニコラス・ホークスムアによる彫琢された細部と、サー・ジェームズ・ソーンヒル〔1675/6-1734年〕による、複雑な王家の図像の主題を描いた、溢れんばかりに人物が登場する絵画群とを伴った、この壮麗な空間の連続性は、ヨーロッパにおいてもっとも見事なバロック様式の総合的全体のひとつである。

トールマン、ヴァンブラ、ホークスムア

　王室建築家としてのレンの役割は、実質的に彼に、私的な田園の館の依頼を受ける時間も、関心も残させはしなかった。ダービイシャーのチャッツワースは、大きなホイッグ党の宮殿群――これらのものは、それらの規模の大きさと華麗さが、ホイッグ党の土地所有者〔地主〕たちと彼らの君主のあいだの変化した関係を象徴的に表現していた――の最初のものであった。この変化した関係とは、すなわち1688年の名誉革命の結果、またオレンジ公ウィリアムというオランダ人のプロテスタントに王位を授けた結果生じた事態であった。チャッツワースでは、南側と東側の正面が、ルーヴル宮殿に対するベルニーニの設計案を真似た様式で、1687-96年に、ウィリアム・トールマン（1650-1719年）によって建てられた。トールマンの庇護者、初代デヴォンシャー公爵〔ウィリアム・キャヴェンディッシュ。1640-1707年〕は、名誉革命において重要な役割を果たしたが、彼は以前のステュアート朝の宮廷と結びついた、建築や装飾のバロック的な様式を採択することによって、自分自身の権力と栄光を表現すること

485

506 ホークスムア：カースル・ハワードの霊廟(マウソレウム)、ヨークシャー（1729-36年）

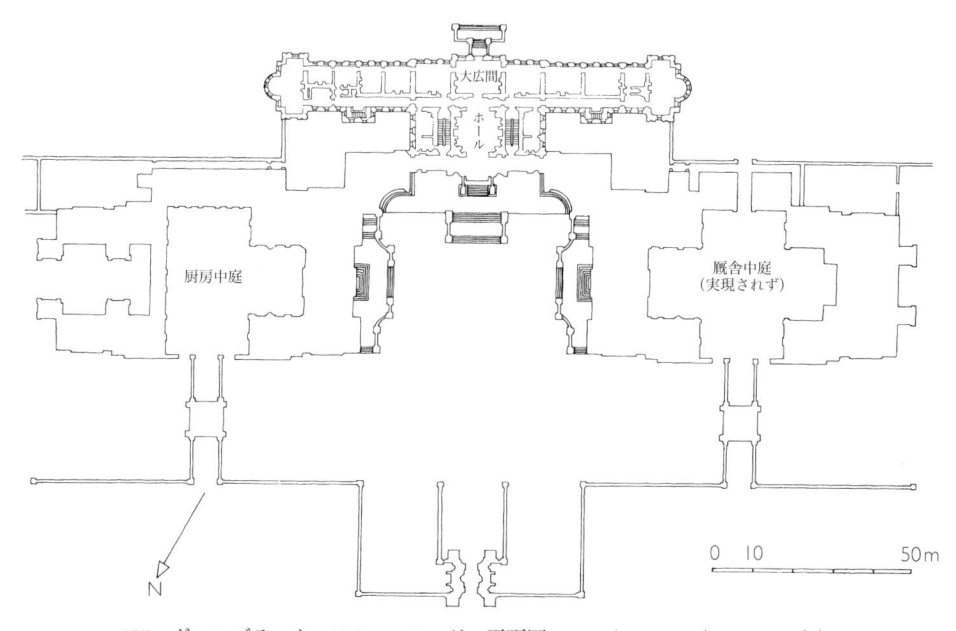

507 ヴァンブラ：カースル・ハワードの平面図、ヨークシャー（1699-1726年）

第7章　バロックの拡がり

508 「戦争の間」、ヴェルサイユ（1678年着工）、コワズボックスによるルイ14世の浮き彫り(レリーフ)と、右側には、「鏡の間」(ギャルリー・デ・グラース)がある

に満足していた。華やかな壁面装飾で豊かに飾り立てられ、金箔を塗られた内部空間のある、このようなフランス・イタリアの両様式の混合物は、イングランドにおいては、ウィルトシャーのウィルトン・ハウス内の、ウェッブの手になる、1648-50年の「ダブル・キューブ・ルーム」において初めて現われたのであった。これはそのあと、1675-84年に、ウィンザー城(カースル)において、ヒュー・メイの手によって取り上げられ、さらには、再びチャッツワースで、アントーニオ・ヴェッリーオ〔1636年頃-1707年〕とルイ・ラゲール〔1663-1721年〕のような大陸の芸術家たちによって、絵を描かれ彫刻を施された、一連の豪華な室内の数々に登場したのであった。

　1702年にトールマンは、「国王陛下の事業監督官」(コントローラー・オヴ・ヒズ・マジェスティズ・ワークス)の職を、ジョン・ヴァンブラ（1664-1726年）に継がれた。ヴァンブラは、夢多き冒険家であり、その経歴を、ひとりの兵士として始め、次にはフランスで、スパイとして投獄され、そのあと劇作家となり、数多くの好評を博した放蕩な喜劇作品を生みだした。何が彼を建築に転じさせたのか、われわれは知らない。しかし、1699年までに彼は、ヨークシャーのカースル・ハワードのための設計案を生みだすことができたのである。これはきわめて出来の良いもの(ブリリアンス)であったため、第3代カーラ

487

509　ヴュルツブルクの領主司教館(レジデンツ)の礼拝堂（1732-44年）、ノイマンによる

第7章　バロックの拡がり

510　ヴァンブラ：カースル・ハワードの南西部外観、ヨークシャー（1699-1726年）

511　ブレニム宮殿の上空からの眺め、オックスフォードシャー（1705-25年）、ヴァンブラとホークスムアによる

512 セイント・ジョージ、ブルームズベリー、ロンドン（1716-30年）、ホークスムアによる

イル伯爵〔チャールズ・ハワード。1669年頃-1738年〕は、トールマンの手ですでに準備されていた計画に利益となるよう、ただちにこのヴァンブラの設計案を選んだのであった。ヴァンブラのカースル・ハワードは、グリニッジでのウェッブによって始められ、同じくグリニッジでのレンによって継続され、そしてチャッツワースでのトールマンによる田園の館(カントリー・ハウス)の設計案(デザイン)に導入されたところの、記念碑的な伝統の、想像力に溢れた最高潮の作品であった。カースル・ハワードのための詳細な図面を準備し、1700-26年にその建造を監督する際の力添えとして、ヴァンブラは、才気縦横の建築家ニコラス・ホークスムア（1661-1736年）に助言を求めた。ホークスムアは、レンの事務所で、およそ12年間働いていたのである。

　ヴァンブラの手になる、フランボワヤン様式のドームが架かったこの宮殿は、誇大妄想狂的ともいえる華麗さにおいて、ドイツにおける君臨する領主司教たちによって建てられた宮殿群とほぼ対等に張り合うものであるが、これはただ単に、ヨークシャーの大地主という己れの身分の、富と誇りの象徴として建てられたものであった。この大地主は、ウィリアム3世の大蔵第一卿〔ファースト・ロード・オヴ・ザ・トレジャリー、首相を兼任した〕としての短い期間のあと、1702年に自らの領地に引きこもったのであった。カースル・ハワードは、儀式用の機能をまったくもっていなかった。実際のところ、広々としたアーチ群をとおして目に入る階段室群が添えられた、見応えのあるドームが架かった入口広間のほかには、大規模な、あるいは特殊な効果をもった内部空間は何もなかったのである。壮麗な庭園内には、建築芸術に対して、そして一族の誇りに対して等しく捧げられた豪華絢爛な記念建造物群が置かれている。すなわち、カーライル家の領地の創設者を記念するための、ホークスムアによる設計案を基に、1728年に建てられた大きなピラミッドや、これもまたホークスムアによる、厳

490

第7章　バロックの拡がり

513　ヴィースキルヒェ（1746-54年）、ドミニクス・ツィンマーマンによる

514 トランスパレンテ（1721-32年）、トレード大聖堂内、ナルシソ・トメーによる

第7章　バロックの拡がり

格なドリス式の円柱群からなる巨大な円堂である霊廟(マウソレウム)(1729-36年)、そしてパラーディオの手になるヴィラ・ロトンダの野心的な記念物(スーヴニール)としての、ベルヴェデーレ・テンプル〔見晴らし用の神殿〕(1725-8年)である。

カースル・ハワードのような異彩を放つ特異な様を見せつける記念建造物のつくり手であったヴァンブラは、オックスフォードシャーのブレニム宮殿(パレス)のための建築家として1704年に、当然のごとく選ばれたのであった。これは、まず第1には、ルイ14世〔のフランス軍〕に対して大勝利を収めた〔ドナウ河畔でのブレンハイムの戦い〕ことに感謝するため、〔指揮を執った将軍〕マールバラ公爵〔ジョン・チャーチル、1650-1722年〕への国家的な記念碑として、第2には

515　ホークスムア：セイント・ジョージ＝イン＝ジ＝イースト、ステップニー、ロンドン(1715-23年)

ただ単に住み心地の好い居館(ドウェリング・ハウス)として、意図されたものである。1705-25年に、ヴァンブラとホークスムアが協働した作品として建てられた、このブレニム宮殿は、カースル・ハワードで最初に表現されたさまざまな発想(アイデア)を発展させたものである。徐々に狭くなる前庭を通って劇的なかたちで近づいてゆくというつくり方は、明らかにヴェルサイユ宮殿に鼓舞されたものである。その一方で、4つの隅の塔の上に載った、通常は目にすることのない頂塔(ランターン)ないしはアーチ列のある見晴らし台(ベルヴェデーレ)の彫塑的な扱い方は、明確にボッロミーニ風の味わいを醸しだしている。

ホークスムアは、1711年に出来た「新しい50の教会堂の建造用条例(アクト)」の結果として、1712-6年に設計された、その6棟に及ぶロンドンの教会堂のゆえに、もっともよく知られている。この条例は、1710-4年のトーリー党〔国王派、保守派。ホイッグ党は議会派、改革派〕政府によって、英国国教会(ザ・チャーチ・オヴ・イングランド)内の高教会派(ザ・ハイ・チャーチ・パーティ)のさまざまな理想と合致した、宗教的かつ社会的秩序(オーダー)の要求の一部として承認されたのであった。これらの人目を惹く建物において、とりわけそれらの高い風変わりな(イディオシンクラティック)尖塔群において、ホークスムアの、抽象的な彫刻的デザインに対する天賦の才が、ひとつの理想的な表現を見いだした。〔ロンドン東部の〕ステップニーにある、セイント・ジョージ＝イン＝ジ＝イーストにおいて、ホークスムアは、曲線状のではない、ずんぐりした、ないしは幾何学的な形態を用いることをとおして、バロックのダイナミズムを

493

成し遂げる、唯一無二の個性的な建築造形言語(ランゲージ)を考案している。18世紀の末期頃と19世紀の場合にも、しばしばそうであったように、バロックの建築家たちについてもまた、古代へと記憶を遡る古典建築の中心的な伝統からはるかに隔たった豪華絢爛な造形言語をつくりだすことに熱心であったなどと考えるべきではない。その反対に、ボッロミーニやピエトロ・ダ・コルトーナのような建築家たちは、われわれが見てきたように、古代の建築と考古学に深い関心を寄せていたのであった。古代世界の宗教建築を、イングランドのプロテスタント教会の目的の数々に適用させようという大胆な試みを企てたホークスムアもまた、彼らと同じなのであった。ブルームズベリーにある、ホークスムアの手になるセント・ジョージはかくして、パンテオンの柱廊玄関(ポーチコ)に鼓舞された巨大なコリント式の柱廊玄関(ポーチコ)のみならず、ハリカルナッソスのマウソレウムの霊廟(本書61頁)を再建したものとして設計された、段状の輪郭をなした、奇妙なピラミッド状の尖塔(スティーブル)をもまた、誇りにしているのである。

アーチャーとギッブズ

　ベルニーニとボッロミーニの造形言語(ランゲージ)を、広大な規模で採択しようとしたほとんど唯一の英国の建築家は、トマス・アーチャー(1668年頃-1743年)であった。彼は、この当時の英国の建築家としては珍しく、イタリア、オランダ、そしておそらくはドイツとオーストリアを旅したのであった。凹凸の形態をリズミカルに対峙させるやり方は、アーチャーの主要な作品のすべてに生じている。たとえば、バーミンガムのセント・フィリップ(1710-5年)、ロンドンのスミス広場(スクエア)の、セント・ジョン(1713-28年)、チャッツワースのカスケード・ハウス(1702年)、そして、とりわけ、ベッドフォードシャーのレスト・パークにある、ドームの架かった庭園内のパヴィリオン〔小館〕(1709-11年)である。これは、ベルニーニによるサンタンドレアとボッロミーニによるサンティーヴォによって鼓舞された特徴の数々をもった小さな教会堂のような、堅牢な〔がっちりとした〕建物である。アーチャーは、初代〔1代限り〕シュルーズベリー公爵〔チャールズ・タルボット、1660-1718年〕に、ひとりの理想的な庇護者を見いだした。シュルーズベリー公爵は、1700年から1705年まで、ローマで生活していたが、この土地で、パオロ・ファルコニエーリ〔1634-1704年〕に邸宅(ハウス)の設計を依頼し、イタリア人の妻と結婚したのであった。アーチャーがチャッツワースの、弓のように曲がった北正面を設計した当の施主の初代デヴォンシャー公爵と同様、シュルーズベリーは、オレンジ公ウィリアムをイングランドに招いた7人の署名者のひとりであった。オックスフォードシャーのヘイスロップ・ハウス〔ヘイスロップ・パーク〕は、アーチャーが、シュルーズベリーのために、1707-10年に建てたものであるが、国王がその王位を手に入れるのに一役買ったホイッグ党の寡頭制支配者(アラガーニクス)たちの、権力をもった現状を、国王にはっきりと思い出させる建物であった。これは全体的な形と強健などっしりとした様を見れば分かるように、ベルニーニによるルーヴル宮のための最終設計案に鼓舞されたものであり、ベルニーニから直接引用した、通常の様相を逸脱した込み入った形の窓の数々に特色があった。しかし、この建物のもっと

第7章　バロックの拡がり

も人目を惹く内部の特徴は、不幸なことに、1831年の火災のあと元通りのものにはならなかった。つまり、この建物の中心(ハート)には、四つ葉状の平面をした、アプスの付いた玄関があったのである。これこそは、まさしく、イングランドの個人邸館(ドメスティック・アーキテクチャー)の個性的(ユニーク)なバロック空間なのであった。

　イタリア・バロック的なヘイスロップが、カトリック教や絶対君主制を公然と非難した敵によって委託されたものであったという皮肉な見方からすれば、建築家ジェームズ・ギッブズ（1682-1754年）は、不幸なことに、〔自らが〕カトリック教徒、トーリー党派、さらにはおそらくジャコバイト〔ステュアート王家支持者〕、すなわち1714

516　アーチャー：レスト・パークのドームが架かった庭園のパヴィリオン〔小館〕、ベッドフォードシャー（1709-11年）

年にハノーヴァー王家出身のジョージ1世〔1660-1727年〕が大ブリテン王の座の称号を得たことを拒否する者、であることをとおして、職業上悩み続けたのであった。1703年にギッブズは、カトリックの司祭職に就くための修業を行なうため、ローマのスコットランド神学校(スコッツ・カレッジ)へ行ったものの、その研鑽を途中で投げだし、ローマの主導的なバロック建築家カルロ・フォンターナ（1638-1714年）の弟子となった。この直接体験によって得た、大陸での修業は、ギッブズを当時の島国的な〔狭量な〕ブリテン島で唯一無二の存在にし、結果、ロンドンのセイント・メアリ゠レ゠ストランド（1714-7年）という、彼の最初に手掛けた建物の設計に際して、大いに利用されたのであった。「新しい50の教会堂建造の委員たち」に対し、ホークスムアの共同監督官としての立場から設計されたこの教会堂は、ギッブズがローマで賞嘆していた17世紀と18世紀初めの建物群を基にした、活気に溢れた独創的な構成をした図面(ドローイング)からなる。かくしてこの教会堂は、〔ローマの〕サンタ・マリア・デッラ・パーチェにおけるコルトーナの手法を思い起こさせる、半円形状の玄関柱廊(ポーチコ)が前面に置かれ、その一方で、1階の床に沿って、〔聖像を安置する〕天蓋付き壁龕(タバナクル)群が並ぶ彫塑的な立体感溢れた側面が描く立面は、ボッロミーニによるパラッツォ・バルベリーニのファサード群および窓の処理の仕方を真似ている。ギッブズの天井における喜びに溢れんばかりの生きいきとした様を見せるストゥッコ細工は、コルトーナによるサンティ・ルーカ・エ・マルティーナとフォンターナによるサン

495

517　ギッブズ：セイント・マーティン＝イン＝ザ
　　＝フィールズの西正面、ロンドン（1720-6年）

518　ギッブズ：ラドクリフ図書館の外観、オックス
　　フォード（1737-48年）

ティ・アポーストリという、2つのさらなるローマの教会堂に見られるストゥッコ細工を、思い起こさせるものである。

　ギッブズによる、ほかの主要な教会堂である、ロンドンのセイント・マーティン＝イン＝ザ＝フィールズ（1720-6年）は、18世紀のもっとも影響力をもった教会堂のひとつである。それというのも、神殿風の柱廊玄関(ポーチコ)の上方にそびえ建つ尖塔(スティープル)に見られる組み合わせの妙は、大ブリテン島全土のみならず、アメリカの植民地や西インド諸島においても模倣されたからである。この教会堂のための、ギッブズによるもっと前のいくつかの設計案のなかには、パンテオンのような柱廊玄関(ポーチコ)が、バロックの幻想的絵画の大家(マスター)であるポッツォによる、1693年の設計案に明らかに鼓舞された、見応えのある円形の身廊に通じているといったものも含まれていた。

　1716年にギッブズは、ホイッグ党派の人々によって、その監督官の職を解雇された。自らの政治的かつ宗教的心情の観点から公けの仕事を引き受けることができなくなったギッブズは、田舎の館(カントリー・ハウス)の設計に転じ、とりわけトーリー党派の貴族たちや地主たちのために働いた。その、影響力をもった『ウィトルウィウス・ブリタニクス（*Vitruvius Britannicus*）』〔英国のウィトルウィウス〕（全3巻、1715-25年）を著わしたホイッグ党派のコリン・キャンベル〔1676-1729年〕によって、業界から締めだされたギッブズは、自分自身の設計図を150枚集めて、『建築書（*A Book of Architecture*）』（1728年）として刊行した。これは、この世紀のもっとも広範に利

用された建築書のなかの1冊となったのである。ギッブズの田舎の館群〔カントリー・ハウス〕、たとえば、オックスフォードシャーのディッチリー・ハウス（1720-31年）は、やや無難といえる外観を有している。バロック的な情熱の激発〔ファイヤワークス〕は、その内部のために取って置かれた。内部では、ギッブズのお気に入りのイタリアのストゥッコ職人である、〔ジュゼッペ・〕アルターリと〔ジョヴァンニ・〕バグッティが、生きいきとした流暢な、大陸的な発露〔流出〕〔エフュージョン〕の趣きをもった装飾を生みだしたのであった。彼らの作品のもっとも見事〔ハッピー〕な範例のひとつが、1716年頃-21年に、トウィッケナムの、

519　オルレアンズ・ハウスの八角形のパヴィリオン〔小館〕内部、トウィッケナム（1716年頃-21年）、ギッブズによる

オルレアンズ・ハウスの川沿いにギッブズが建てた、八角形のパヴィリオン〔小館〕に見られる。これは、そこで皇太子妃〔プリンセス・オヴ・ウェールズ〕をもてなすための部屋として、その所有者に意図されてつくられた、ほぼロココ的といってよい絢爛豪華さを備えている。

　ギッブズの最後の公共建築である、オックスフォード〔大学〕のラドクリフ図書館（1737-48年）において、ギッブズは、セイント・メアリー＝レ＝ストランドにおいて自らが示していた創意工夫の妙をいくらか取り戻していた。実際に16面もの多面体をなす、この大きなドームが架かった円堂〔ロトンダ〕は、その周りを、対をなすコリント式の円柱がつくる柱列〔コロネード〕で包まれていたが、ギッブズによれば、これはローマにあるハドリアヌス帝の霊廟〔マウソレウム〕〔現在のサンタンジェロ城〕に鼓舞されたものであった。高くそびえるドームは、ミケランジェロ風の輪郭を示しており、その円胴〔ドラム〕を支持している曲線状のバットレス群がつくる環〔リング〕は、1630年代のロンゲーナによるサンタ・マリア・デッラ・サルーテを真似ている。折衷的でありつつも独創的で、力強くありながらも完璧な釣り合いを保った、ラドクリフ図書館は、ギッブズの傑作である。彼は、カメレオンのような建築家であった。すなわち、ウォリックシャーのラグリー・ホールの大広間〔サルーン〕（1750-4年）ではロココであり、ミドルセックスのホイットン・プレイス用のその設

497

計案（1725-8年）ではパラーディオ風であり、ヨーロッパではこの種のものとしては最初の記念建造物といえる、バッキンガムシャーのストウの「自由の神殿」では新たなゴシック風である、といった具合である。根本的にはバロックの建築家であるのに、この種の多芸な才能を示していることに、われわれは今さら驚くべきではない。というのもわれわれは、すでにして、1754年という、ギッブズと同じ年に歿したジェルマン・ボフランのなかに、この種の才能を目にしていたからである。

スペイン

　スペインは、何世紀ものあいだ、文化的かつ宗教的な観点から、多くの点で慣例を無視してきた。たとえば、1520年代にディエーゴ・デ・シロエーによって着手された、グラナダのすでに大いに風変わりな大聖堂のために、画家兼建築家のアロンソ・カーノ（1601-67年）が1664年に設計した圧倒するほどの迫力をもった西正面について、われわれは様式上これを何と規定することになるのであろうか？　1667年から実施に移されたとされるこの西正面は、ひとつの巨大な凱旋門のように屹立しており、その2層に及ぶ大きな背の高さと相俟って、古代ローマよりもむしろ、リンカーン大聖堂の西正面（本書179頁）のごときローマ的な壮大さを呼び起こそうとする、初期ロマネスクの試みを思い出させるものである。その骨太の直線的な力強さは、この西正面を、ほかの同時代の作品と関連づけることを困難にしている。この西正面は、16世紀の北ヨーロッパのマニエリスム的源泉の数々から借り受けた装飾上の細部をあれこれと組み入れてはいる。こうした北ヨーロッパのマニエリスム的源泉は、たとえば、セビーリャのバロックを確立させた、多産なレオナルド・デ・フィゲロア（1650年頃-1730年）の作品に見られるように、スペインの末期バロック建築群にしばしば繰り返されている。セビーリャのサン・テルモ神学校（1724-34年）にある彼の礼拝堂のような後期の作品は、基本的に、各種オーダーを3層に振り分けた正面であり、これはアネ〔の城館〕におけるフィリベール・ド・ロルムに立ち返る伝統である。しかし、それは、溢れんばかりの過剰なまでの〔煮えたぎったような〕装飾で埋め尽くされており、そのうちいくつかは、16世紀後期のドイツの建築家兼版画家、ヴェンデル・ディッターリンの作品を思い起こさせる。ディッターリンが出版した建築装飾の図版集は、〔鋲止めされた〕紐状の〔革〕細工や、グロテスク模様といった古典的な図像を織りまぜた、複雑な図柄を用いて、マニエリスムの北方的概念を、あらん限りに装飾的に明示しているのである。

　われわれがすでに見てきたように、16世紀においてプラテレスコ建築を特徴づけた、この表面装飾の豊饒な様式は、このように、18世紀の始まりあたりに、スペインで繰り返されることになるのである。このスペインのバロック様式は、しばしば、チュリゲレスコ (Churrigueresco) 様式として知られるが、〔この名称の由来となった〕チュリゲラ兄弟は、この様式をさほど好んで実践していたわけではなかった。この様式は、イタリアとオーストリアもしくは南ドイツのバロックから、相当に隔たった、一種のマニエリスム゠ロココ様式として

第7章　バロックの拡がり

記述されるのがよいかもしれない。おそらく、この時期のもっとも有名な記念建造物といえば、サンティアーゴ・デ・コンポステーラのロマネスク大聖堂の〔新しい〕西側ファサードであろう。17世紀をとおしてずっと、スペインにおけるもっとも人気の高い巡礼〔終点の〕教会堂としてのその地位（ステイタス）に対してライヴァルたちと競い合う事態に直面していた、〔この教会堂を管理する〕当局者たちは、この教会堂のロマネスク様式の内部と、さらにはその彫刻された扉口（ポータル）群さえをも、同時にそのまま保存したうえで、外構を現代風に改築して、この教会堂の存在感を改めてアピールすることを

520　カーノ：グラナダ大聖堂の西正面（1664年設計、1667年着工）

選んだのであった。これは、国家的な過去〔の遺産〕に対する敬虔心を表わす、スペイン人の特徴的な行動（ジェスチャー）である。この大聖堂の改築は、ゆっくりと進められ、「エル・オブラドイロ（黄金の作品）〔の正面〕」として知られる装飾立てられた西正面において、絶頂に達した。フェルナンド・デ・カサス・イ・ノーバ（1751年歿）による設計案（デザインズ）を基に、1738-49年に、金のように輝く花崗岩で建てられたこの正面は、ゴシックとバロックのあいだの密接な関係を強調する、双塔の輪郭（シルエット）を有している。これは、きわめて強い彫刻的な構成をしている。すなわち、もっとも非凡な類いの表面浮彫りが豊かに施され、ロンゲーナによる〔ヴェネツィアの〕サルーテに見られるような重ね合わさった渦巻装飾（ヴォリュート）群から、尖頂（スパイア）群が延びていくような構成なのである。ファサードに見られる不断の裂け目と窪みの繰り返しは、チュリゲレスコ様式の顕著な特徴であるところの、ひらひらした断奏的な（フラッタリング・スタッカート）効果を生みだしている。

　スペイン・バロックのもっとも驚くべき創造物（クリエーション）は、ナルシソ・トメー〔1690年頃-1742年〕の手で、トレード大聖堂内に、1721-32年につくられた「トランスパレンテ」である。これは、建築と絵画と彫刻を、ひとつのまとまった（トータル）空間的幻想（イリュージョン）へと一体化することに関心を示した

499

521　フェルナンド・デ・カサス・イ・ノーヴァ：サンティアーゴ・デ・コンポステーラ大聖堂の西正面（1738-49年）

バロックの頂点をなすものである。教会堂の内陣とその背後に位置する周歩廊との双方から、主祭壇上方の天蓋付き壁龕内に置かれた「聖餐のパン (the Blessed Sacrament)」を〔目で見て〕崇敬することが可能なように、この天蓋付き壁龕には、ガラスの扉が備え付けられていた。さらには、周歩廊のゴシック的な薄暗がりのなかでの「聖餐のパン」に対する信心深さに注

意を向けるために、トメーは、この周歩廊の周りに、黄金の光線に捕えられた、聖母マリアや天使たちや童子たち〔裸の子供たち〕の彫像群で急速に成長してゆく、そびえ建つ砂糖漬け〔のような飾り壁〕をつくり上げた、これは、「最後の晩餐」を立体感溢れるかたちで表現した彫像のところにまで達し、ここに、「聖餐のパン」が設けられているのである。「聖餐のパン」の上には、キリストの脇腹を突き刺した槍をもち、かくして、聖餐用のワインとなる〔キリストの〕血を出させる聖ロンギノスの像が載っている。この非凡なる、教会の祭壇背後の飾り壁（reredos）〔リアダス〕は、だまし絵的な遠近図を誇張するために、下向きに曲線を描いているエンタブレチャーを伴った円柱群が添えられた、1個の凹状の柱間のなかに置かれている。しかし、ここまではまだ話の半分にしかすぎない。というのも、ここを訪れる者は、ベルニーニによって確立された伝統に従って、自分自身が舞台の上に上がっているからである。驚くべき彫刻の一群全体が、〔飾り壁の方を向いた〕訪問者の背後にある、隠された光源から射してくる一筋の金色の光によって、劇的に採光されているのである。訪問者が、この光源を見るために振り返ると、彼は周歩廊の1個分のリブ・ヴォールト全体を取り去ってつくりだされた空間のなかに考案された、天上の光景に直面することになる。この上方にトメーは、下からは見えない窓がひとつある大きく背の高い屋根窓をつくりだした。彫刻された天使像群が、この奇妙な開口部の入口を枠づけしており、この開口部の室内側正面の数々には、天空の天使軍、『〔ヨハネ〕黙示録』の24人の長老たち〔イスラエルの12族長と12弟子〕、そして7つの封印〔巻き物に施された封印〕を解く仔羊〔キリスト〕といった、さらなる像の数々が描かれている（図514）。

　このトランスパレンテは、唯一無二の問題に対する、まさしく唯一無二の解決策として始まったのだが、その名声によって、いくつもの模倣物が生みだされることになった。その夢想的精神はまた、建築家フランシスコ・ウルタード・イスキエルド（1669-1725年）の作品において繰り返された。たとえば、セビーリャのサン・ホセ（1713年）とセゴビア近くのエル・パウラール（1718年起工）の各礼拝堂がそうである。エル・パウラールは、彼の最後のもっとも複合した作品であり、使われた材料が豪華であるのと同程度に、形態が複合的である。この礼拝堂は、主祭壇からカマリン（camarin　小さな聖室、スペインの外部では知られていないタイプのもの）〔祭壇背後のスペースのこと〕まで続いている暗い通路からなっており、カマリンは、ほとんどムーア人式の、赤と金の漆を塗った仕切り壁によって、もっと大きなサグラーリオ（sagrario　聖具室）から隔てられている。カマリンもサグラーリオもともに、ギリシャ十字形の平面をしている。カマリンは、トランスパレンテと呼ばれた、ドームの架かった八角形であり、明るい赤の大理石の、ねじれた円柱群からなるバルダッキーノ〔天蓋〕が上に載った、集中式の円形状壁龕が全体を統べている。

　もっとも可愛らしいカマリンのひとつは、グラナダにある、サンタ・クルース・ラ・レアルの、1726-73年につくられたロザリオ礼拝堂である。この教会堂は以前はドミニコ会の教会堂であったが、今はサンタ・エスコラスティカとして知られている。この3つのアプスが付いた

ドームの架かった祀堂には、平坦なもの、凸状のもの、そして凹状のものといったさまざまな形の鏡がきわめて魅力的に散りばめられている。このバロックならではの、凸面と凹面の取り合わせは、まず最初は、スペインの建築に登場したのであった。すなわち、ローマでベルニーニの許で修業したと思われるドイツ人の建築家、コンラート・ルドルフ〔1732年歿〕によって、1703年に着工された、バレンシア大聖堂の驚くほどボッロミーニ風なファサードに現われたのである。同じような特長をもつのが、ハイメ・ボルト・ミリアーによる設計案(デザインズ)を基にして、1736-49年に建てられた、ムルシアのゴシック大聖堂の西正面である。流れるような曲線を描くペディメントのある深い凹面状の正面部分(フロンティスピース)に集中した、この余りあるほどに芝居がかった構成は、メソニエによる幻想的な、版画になった計画案のひとつを実現させたもののように、目もくらむほどのロココ的充溢感(イグズーバランス)を示しているのである。

522　ハイメ・ボルト・ミリアー：ムルシア大聖堂の西正面（1736-49年）

　異国風の夢想は、バレンシアのもうひとつのロココの傑作、イポーリト・ロビラ・イ・ブロカンデル〔1695-1765年〕によって、1740-4年に改築された、ドス・アグアス侯爵の宮殿の基調をなしている。ここの流れるように彫刻された扉口(ポータル)では、この都市を流れる2つの川〔ツリアとフカル〕が、木々や雲や渦巻によってほとんど埋め尽くされた、河神たちと水の精たちによって象徴的に表現されている。この非凡な構成は、2階の高さからなり、波紋のある絹に似せて描かれた〔絹地の波形紋の輝きを描きだした〕壁面を背景に置かれている。このことは、スペインの東海岸沿いにあるバレンシアが、絹産業の中心地であり、それゆえに、リヨンのようなフランスの織り物の中心地群と密接に接触をもっていたことを思い出させる。

　スペインにおける主導的な後期バロックの建築家は、ロドリゲス・ティソン・ベントゥーラ（1717-85年）であり、彼は、フランスのボフランないしはイングランドのギッブズのカメレオン的特質をいくらか備えている。ベントゥーラのもっとも初期の大きな作品は、マドリードのサン・マルコの教会堂（1749-53年）であり、これは、ベルニーニによるサンタンドレア・アル・クイリナーレを真似た曲線状のファサードと、ひと続きをなす5つもの相交わる楕

502

円群からなる、驚くべきグァリーニ風の平面を有している。1750年に、サラゴーサの、エル・ピラールの教会堂において、ベントゥーラは、聖母マリアが聖ヤコブに対して自らの姿を現わしたといわれる、聖なる柱(ピラー)を収める卵形の礼拝堂を用意した。これは、圧倒的な豊饒さと複合性をもった内部を有し、グァリーニに鼓舞された、穴を穿たれたドームの下に、ベルニーニへの参照物とボッロミーニへの参照物とを結びつけている。アンダルシアでは、建築家フランシスコ・ザビエル・ペドラクサス（1736年生）が、1771-86年に、プリエーゴにキリスト昇天(アセンション)の教区教会堂を建てた。これは、その野心的なドームが架かった八角形のサグラーリオ〔聖具室〕が全体を統(す)べている。ここに見られる、バルコニーを支えている波打つ水平帯(コーニス)の付いた、2階廊(ギャラリー)のある、2層からなる内部空間には、メキシコにおいてスペイン人の建築家たちが、最高に充実したかたちで表現した、あの、ひらひらとした様が反復される多様さをもって処理された、大量のロココ装飾が含まれている。

523　チュリゲラ：マヨール広場、サラマンカ（1729-33年）

　スペイン人たちの情熱的な「カトリック教信仰」は、われわれの物語が、主として、教会建築についてのものであったことを意味したのであった。実際のところ、これらの異国風の内部空間の陶然とした壮麗さの真価を認める最善の方法は、「受難週（聖週）(ホーリー・ウィーク)」〔復活祭前の1週間のこと〕に、南スペインを訪ねることである。南ドイツのものと同様に、豪華な教会堂や光り輝く祀堂の数々は、なおも今日、バロックの時代と同様に機能しているのである。すなわち、頭巾を目深にかぶった悔悛者たちの色彩豊かで劇的な行進において、聖母マリアの豊かな衣裳を身に付けた彫像と「受難」の各場面とを保護している、銀色の円柱があるバロック様式の天蓋(キャノピー)の数々が、群衆で溢れかえった街路(ストリーツ)を通って、それぞれの教会堂へと運ばれるのである。

　世俗建築は、教会建築ほど研究されてはこなかったが、都市計画の分野でわれわれは、サ

503

ラマンカのマヨール広場を一瞥しておくべきである。この閉じられたアーチ列からなる広場は、1729-33年に、アルベルト・デ・チュリゲラ〔1676-1750年〕によって配置された。しかし、この広場は快適で魅力的ではあるが、バロック的エネルギーを欠いている。——実際のところ、広場の周りにあるファサード群はどれも、新プラテレスコ〔16世紀初期のムデーハル美術（キリスト教支配下のムーア美術）。本書284頁参照〕様式である。スペイン文化は、ポルトガルのそれとはちがい、本質的に都市的であり、またそれぞれの都市においては、公園とか庭園とかよりもむしろ、マヨール広場が露天の〔野外の〕客間として役立ち、そこでは民衆が、一日の大いなる暑気が取り去られたあと、散歩をしたり会話に打ち興じたりするのである。

17世紀におけるフランスとの戦争、それに伴う経済の衰退、そしてスペイン継承戦争のせいで、ほかのところとはちがって王家の建物には、バロック的表現にとって実のある領野がほとんど存在しなかったのであった。しかしながら、ルイ14世の孫である、ブルボン王朝のフェリペ5世〔1683-1746年、スペイン王在位1700-46年〕が1713年の「ユトレヒト条約」によってスペイン王の座にいったん即いたあとは、建設事業が、ともに魅力的なフランス庭園を備えた、ラ・グランハとアランフエスといった王家の地方宮殿において、さらにはもっと重要なことに、マドリードの広大な王宮において、開始されたのであった。この王宮の第1次案は、ユヴァッラによる1735年のもので、ヴェルサイユ宮よりも大きな宮殿が計画され、4つの中庭の周りに建てられた。しかし、これは、1738年に、ユヴァッラの弟子のジョヴァンニ・バッティスタ・サッケッティ〔1690-1764年〕によって、ベルニーニによるルーヴル宮の第3次計画案に似た、唯一の大きな中庭を含んだ実施計画案に取って代えられた。ヨーロッパをとおして、さまざまの宮殿用の設計においてなされた、ベルニーニへの多数の讃辞のなかでもとりわけ〔際立った〕、マドリードの中心に位置するこの巨大な都市の大建築は、すべてのバロック建築家のなかでもっとも偉大な建築家の、野心の数々を実現することに、もっとも近づいたものなのである。

ポルトガル

ポルトガルでは、バロックの全盛は、ジョアン5世〔1689-1750年〕の統治時代（1706-50年）にやって来た。このとき、富が、ブラジルの金やダイヤモンドの鉱山から、この国へと注がれたのであった。この新しく見いだされた富によって、17世紀後半の教会堂群、たとえばオポルトのサンタ・クララやサン・フランシスコのゴシック教会堂の改築において、すでに確立されていた、絢爛豪華な金箔を被せた内部装飾へと向かう傾向が奨励された。この意気揚々とした自信の壮麗な象徴が、特徴的なイベリア人の敬虔さと組み合わされてはいたものの、リスボン近郊のマフラの宮殿＝修道院なのであった。これは、エル・エスコリアルよりも大きな、まさしく巨大な建物である。この建物は、ポルトガルではルドヴィーセとして知られた、ドイツ生まれのヨハン・フリードリヒ・ルートヴィヒ（1670-1752年）による設計を基にして、1717年以降に、ジョアン5世のために建てられた。ルドヴィーセは、ローマで、ア

第7章　バロックの拡がり

524　ルドヴィーセ：マフラの宮殿＝修道院外観、リスボン近郊（1717年着工）

ンドレア・ポッツォの許で、金細工師として働いていたが、この建物の構成(オーガニゼーション)に際しては、球根状の塔が載った、ドイツ風の〔本館から突きでた〕別館(パヴィリオン)を、各隅部に配置することで、ヴァインガルテンのような大きなドイツの修道院を思い起こさせる建物を用意したのであった。しかしながら、建築上および装飾上の扱い方は、ローマのバロック建築家たち、とりわけカルロ・フォンターナとその一派からのさまざまなモチーフの、折衷的な寄せ集めであった。もしこの栄光ある建物が、イベリア半島全域のごとき、通常の「グランド・ツアー」〔（とりわけ英国の）貴族の子弟のヨーロッパ大陸（とりわけイタリア）旅行のこと〕行路(ルート)の埒外(らちがい)にある国によりもむしろ、イタリアやフランスにあったとしたならば、この建物は、それが

525　コインブラ大学の王立図書館の内部（1716-28年）

505

526 オリヴェイラ：ケルースの王宮の庭園側正面（1747-52年）。ロビリオンの手になる、両脇に建つ翼館のひとつ（1758-60年）が見える

当然受けるに値すべき事態として、その存在を広く知られていたことであろう。

　ジョアン5世によって、コインブラ大学に対して贈呈され、1716-28年に建てられた、飾り立てられた王立図書館の設計は、時々、ルドヴィーセに帰せられてきたが、本当のところは、地元の建築家ガスパール・フェレーイアの作品であるといえるかもしれない。もっとも重要な貢献は、その贅沢に彫琢され、金箔を被せた内部装飾を担当したとされる、フランス生まれの工芸家、クロード・ド・ラプラド〔1687-1740年〕によってなされた。2つの背の高いアーチをとおして互いに繋がっている3つの部屋全体に拡がった、この、同時代のフランスの摂政様式に由来する様式からなる、光沢ある華やかな作品には、赤色と金色の中国の漆（ラッカー）が塗られた、精巧なつくりの書棚群が置かれている。

　ジョアン5世は、バロックのイタリアに熱心であり、自国ポルトガルの建築家たちに信頼を置いていなかったため、1742年に礼拝堂の建設を、2人の主導的なローマ建築家、ルイジ・ヴァンヴィテッリとニコラ・サルヴィに委嘱した。この礼拝堂は、驚くべきことに、ローマで建設され、ローマ教皇によって祝福され、そのあとに、リスボンへ船で運ばれたのであった。リスボンでそれは、サン・ロケ〔サンウ・ホクエ〕のイエズス会教会堂内の、国王守護聖人である洗礼者ヨハネの礼拝堂〔サン・ジョアン・バプティスタ礼拝堂〕として、ルドヴィーセの監督下で建てられたのであった。ちょうど17フィート×12フィート（6m×4m）の小さなバロックの宝石ともいえるこの礼拝堂は、特色のあるポルトガル的やり方で、青金石（ラピスラズリ）、紫水晶（アメシスト）、瑪瑙（アガテ）、縞瑪瑙（オニキス）、金箔を被せた青銅（ブロンズ）、銀、そしてモザイクがちりばめられている。

506

第7章　バロックの拡がり

527　アマランテ：ボン・ジェズス・ド・モンテの外観、ブラガ近郊（1780年代着工）。滝のような階段（1727年着工）を見る

　本章で扱われた時代における、唯一のほかの主な王家の建築計画案であるケルースの宮殿は、ジョアン5世の息子の、ドン・ペードロ〔1717-86年〕によって委託された。マルリーの城館(シャトー)に直接鼓舞されたこの宮殿は、1747-52年に、ルドヴィーセの弟子のマテウス・ヴィセンテ・デ・オリヴェイラ（1706-86年）によって建てられた。その一方、この宮殿の庭園側正面は、フランスの版画家兼装飾家の、ジャン＝バティスト・ロビリヨン〔1704-82年〕によって、1758-60年に、両脇に建つ1階建ての翼館(ウィング)が付け加えられ、拡張された。ケルースの外構ならびにその内部の、ロココ的豊饒さと多様さは、この上なく眺めの素晴らしい庭園群に反映し、そこでは大胆な演出(プレイ)が、さまざまな段階で強調されている。とくに感じのよい特徴は、青と白の文飾(いろどり)のある化粧タイルが並んだ運河であり、ここには同じ材料でつくられた橋が架かっている。
　水の流れる庭園がある娯楽の小館(パヴィリオン)という主題(テーマ)は、スペイン人たちよりもカトリック教に対して陽気に接(アプローチ)するポルトガル人たちが、全能者(オールマイティ)自身の地上の住処(すみか)に対してあてがったものである。この雰囲気を、うっとりさせるような人気のあるかたちで表現しているものとして、ポルトガル北部にある、2つの巡礼路教会堂が挙げられる。すなわち、ブラガ近郊にあるボ

507

ン・ジェズス・ド・モンテと、ラメーゴにあるノッサ・セニョーラ・ドス・レメーディオスであり、これらのものは一種の宗教的な庭園建築に組み込まれている。ともに勾配の急な丘の上に建つこれらの教会堂には、劇的な様相を見せる神聖な階段を登って近づく。これらの階段脇には、「十字架の道（行き）の留（the Stations of the Cross）」〔キリストの苦難を表わす14の像のこと。この前で祈りを順次行なう〕のある礼拝堂群が添えられているが、その一方これらの階段は、噴水や彫像、壺、オベリスク、鉢植えの植物、そして刈り込まれた灌木でにぎやかに飾り立てられてもいる。ボン・ジェズスの階段状に連続した滝は、1727年に着工されたが、〔カルロス・〕クルス・アマランテ〔1748-1815年〕によって設計された、〔丘の上にある〕双塔の教会堂は、1780年代から始まる。ラメーゴにある同様の教会堂（1750-61年）は、1725年から73年までオポルトで暮らし働いた、トスカーナ地方生まれの建築家、ニッコロ・ナゾーニ〔1691-1773年〕の建築群に鼓舞されたものである。ナゾーニは、南イタリアの後期バロックとロココとがもつ絢爛豪華な形態の数々を導入したが、彼の傑作といえば、サン・ペードロ・ドス・クレーリゴス（1732-50年）であり、これは、刺激的な勢いと独創性で振動しているかのようなデザインをしている。

　1755年の大地震は、リスボンの中心全体を破壊したが、そのために、当時までこの首都〔リスボン〕に対するバロックの貢献の利点と程度を評価することは、今でも困難である。国王の精力的な大臣、ポンバル侯爵〔セバスティアン・ジョゼ・デ・カルヴァーリョ・イ・メロ。1699-1782年。ポルトガルの啓蒙専制政治家で、1750-77年の独裁的支配者〕によって指示された、格子状平面でのリスボンの再建は、1763年まで、エウジェーニオ・ドス・サントス・デ・カルヴァーリョ（1711-60年）とカルロス・マルデル〔1696-1763年〕によって実行された。採択された建築の造形言語は、単純化した18世紀半ばのローマ・バロック様式であったが、これは、「ポンバル様式」として知られるようになった。そして、ポルトガルの後期バロックとロココとの金ピカの贅沢な様相が、その最高に充実した表現を見いだしたのは、リスボンやオポルトにおいてではなく、ブラジルの、ポルトガル植民地においてなのであった。

都市計画

ローマの貢献

　バロック都市計画の父は、われわれが見てきたように、教皇シクストゥス5世であった。彼は、16世紀のローマを、劇場的であると同時に機能的でもある役割を果たした大きな街路〔通り〕の数々をもって、計画し直した。17世紀のバロック芸術は、「舞台としての世界（the world as a stage）」という隠喩を示唆しており、この隠喩においては、地上のけばけばしい華麗さが神から与えられた秩序を表現している。芸術と建築は、それを見る者たちを感覚的に魅惑し、幻想的な考案物を用いることをとおして、あらゆる芸術をひとつのまとまった存在に結び合わせている。設計者たちは、人々の行列と祭典とが結びついた、多様な芝居がかった

第7章　バロックの拡がり

考案物の数々を、それらが言祝ぐものが、宗教であろうが国家であろうが関係なく、採択したのであった。

　実際のところ、教皇アレクサンデル7世のために、1665年にローマを基にしてつくられた版画の数々は、『現代ローマの……新しい劇場 (Il nuovo teatro…di Roma moderna)』として出版された。1656年に、ベルニーニに対し、教皇が執り仕切る大スペクタクル用の舞台として、サン・ピエトロ大聖堂前の、列柱廊で囲まれた広大なサン・ピエトロ広場をつくるよう依頼したのは、まさしくこのアレクサンデル7世であった。アレクサンデル7世はまた、道路をまっすぐにし拡張するのみならず、通りや広場の数々をきれいにする権限をもった既存の委員会を、活性化させた。彼のほかの顕著な都市計画(プランニング)の業績は、コルソー通りの入口部分の両脇に、2つの〔双子の〕教会堂を位置づけることによって、ポーポロ広場(ピアッツァ)を記憶に残るような景色にするよう、1658年に、カルロ・ライナルディに委託したことであった。これらの教会堂は、北からローマに到着する訪問者たちに感銘を与えるような、劇的な構成をつくり上げた。この種のローマ的な都市計画(プランニング)は、19世紀の末まで、ひとつの規範的なモデルとして残存したのであった。実際のところ、教皇庁のローマにおける通りの数々は、19世紀のパリに見られたオスマン〔1809-91年〕による通りが現われる前まで、もっとも大きなものなのであった。

　ポーポロ広場(ピアッツァ)よりももっと親近感を与えるものの、これに負けず劣らず景観の優れた、ローマの広場(スクエア)は、フィリッポ・ラグッツィーニによって、1727-35年〔1727-8年〕につくられた、サンティニャーツィオ広場(ピアッツァ)である（本書414頁）。この広場を形づくる5棟の住戸(アパートメント)による区画群(ブロック)の楕円形ファサードの数々は、舞台脇の背景となる道具立てとして現われており、通りの入口群を隠すことによって、神秘と幻想を醸しだすような雰囲気をもたらしている。これに劣らず詩的なのは、ローマの、今は破壊されてしまったリペッタの港(ポルタ)であった。これは、アレクサンデル11世〔ワトキンはこう書くが、アレクサンデル11世は存在せず、これはクレメンス11世の誤り〕によって委託されたものであり、アレッサンドロ・スペッキ（1667-1729年）による設計案を基に、1703-5年に建てられ、トスカーナ地方やウンブリア地方から、テーヴェレ河(バージ)を下ってやってくる平底の荷船に積んだ商品の荷積みと荷降ろしを容易にするための、港すなわち入渠場(ドッキング・エリア)なのであった。スペッキは、サン・ジローラモ教会堂前の、噴水がある楕円形の広場へと登る階段に見られる、精巧な斜路からなり、曲線状に波立った半円形をつくりだすことによって、一見したところ何でもないようなありふれた問題を、多くの想像力をもって解決したのであった。水の高さがどうなろうとも機能しうるよう設計された、都市計画の小さな傑作といえるこの港はまた、河を景色の一部として組み入れようとする、ローマの歴史における数少ない都市的な計略(スキーム)のひとつでもあった。

　1723年にスペッキは、コルソー通りとスペイン広場から、サンティッシマ・トリニタ・デイ・モンティとシスティーナ通りまで続く、ローマのいわゆる「スペイン階段 (Spanish Steps)」のための設計競技に参加したものの、採択には到らなかった。これは、夢のような(ヴィジョナリー)計画を試みる教皇クレメンス11世〔1649-1721年、在位1700-21年〕から再度委託さ

509

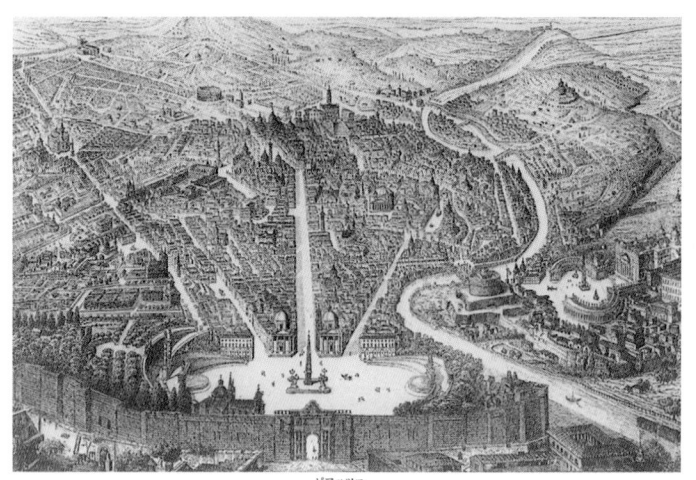

528 ポーポロ広場(ピアッツァ)からのローマ

529 スペッキ：リペッタの港(ポルト)、ローマ（1702-3年）

530 ウンター・デン・リンデン、ベルリン

れたもので、教皇庁とフランス君主国とのあいだにある古来からの拮抗(ライヴァルリー)の産物である。というのも、サンティッシマ・トリニタ・デイ・モンティは、フランスが創設したものであったからである。スペッキの作品は、この設計競技で勝利を得た建築家、フランチェスコ・デ・サンクティスに影響を与えた。彼は、1723-5年に、この「スペイン階段」を建てたのであった。百段を越える階段ということ以上に、これは巨大な凍った滝の光景のような、劇的な効果を及ぼす(シーニック)傾斜した広場(ピアッツァ)のごときものである。

サンティニャーツィオ広場(ピアッツァ)、リペッタ港(ポルト)、そしてスペイン階段は、すべて、その性格上非常に個性的なものであったため、大きな影響を及ぼすことは叶わなかった。新しい通りの数々がまっすぐに延びて、均一な建物群が整然と1列に並び、人目を惹く(アイ・キャッチング)記念建造物で終わるであろうとの期待を広くもたせたのはまさしく、16世紀と17世紀における教皇庁のローマが、新しい通りの数々を切り開いていったからこそであった。古い都市の中心を走るまっすぐに延びた広々とした通り(ストリート)〔街路〕の創造は、ヨーロッパ中に拡がったが、そのもっとも印象的なものは、1647年に、大選帝侯(グレイト・エレクター)、フリードリヒ・ヴィルヘル

510

ム〔1620-88年、ブランデンブルクの選帝侯〕(在位1640-88年)によってベルリンにおいて実施された並木大通りである。「ウンター・デン・リンデン (Unter den Linden)」(「菩提樹の下」の意)としても知られたこの閲兵用の大通りは、宮殿と、この都市〔ベルリン〕への西側入口

531　カールスルーエ（1715年から計画された）の上空からの眺望

および歴代のブランデンブルク選帝侯たちの猟場である、ティーアガルテンを、結びつけている。長さは1マイル（1.5km）近くあり、幅員が65ヤード（60m）のこの大通りは、おそらくはもっとも初期の1列に木を植えた〔並木の〕道路であり、合計で3列もの木々が並んでいたのであった。これはおそらく、この少し前に、今は北ライン＝ヴェストファリア地方のドイツの都市である、クレーヴェで、クレーヴェ総督のナッサウ＝ジーゲン伯〔1604-79年〕によって配置された、風景式庭園内の並木大通り（アヴェニュー）に鼓舞されたものであろう。

　「ウンター・デン・リンデン大通り」は、南フランスのエクス＝アン＝プロヴァンスにある、クール・ア・カロス（今日のクール・ミラボー）の場合と同様に、今日でもなお、ベルリンの中心部（コア）である。この〔エクス＝アン＝プロヴァンスの〕幅広い、木々による木陰のある並木大通り（アヴェニュー）は、旧市街を新市街のカルティエ・マザラン〔マザラン界隈〕と繋ぐため、1650年に建設されたのであった。

ヴェルサイユとその影響

　3つの通りがひとつの広場（ピアッツァ）で斜め方向に交わるという、ポーポロ広場（ピアッツァ）に最初に達成された、都市計画における新しい試み（ノヴェルティ）は、ル・ノートルとル・ヴォーによるヴェルサイユの町の計画実現に際して印象的なかたちで採択された。すなわち、彼らは、ヴォー＝ル＝ヴィコントとヴェルサイユの両宮殿において関わった庭園のデザインを、ここでも繰り返したのであった。1668-9年までに、3本の大きな並木のある道路（ツリー・ラインド）が、ルイ14世のヴェルサイユの広大な城館（シャトー）の前に位置する閲兵場（プラス・ダルム）〔軍事広場、練兵場とも〕に集まり、ルイ14世は1682年に、パリからヴェルサイユへと、宮廷と政府の所在地（シート）を移動させたのであった。1701年には自らの寝室——それはルイ14世が寝起きに伴う儀式が執り行なわれた場所であった——を、この宮殿のど真ん中に移したのである。かくして、「太陽王〔ルイ14世〕」から放たれる生命を与える光線群のもつ象徴的意味が、都市の表現全体に与えられたのである。

　この比喩的表現（イミジャリー）〔心像〕は、バーデン〔ドイツ南西部のフランス・スイス国境付近の地方〕の首

511

都であるカールスルーエ（「カールの平和」の意）なる都市において、さらなる発展を遂げた。それは、バーデン＝デュルラッハ辺境伯のカール・ヴィルヘルム〔1679-1738年〕による1715年以降の構想に基づいて、彼の軍事建築家、ヨハン〔ヤーコプが正しい〕・フリードリヒ・フォン・バッツェンドルフの手によってなされたのである。中心部分には、のちに宮殿のなかにまで拡張された八角塔が建ち、ここからこの都市が、車輪の輻ないしは太陽の光線のごとく、放射線状に延びてゆく32本もの通りによって、拡がっていったのである。マドリード近郊のアランフエスは、ヴェルサイユの放射状の並木大通りを採択した、2人のフランス人の軍事技師によって、スペインのフェリペ5世のために、1748-78年に構想された。これらの例は、サンクト・ペテルブルクで、もっとずっと壮麗な規模で繰り返された。とはいえここでは、1737年にピョートル大帝〔1672-1725年、在位1682-1725年。このように、1737年にはピョートル大王はすでに歿しているため、正確には、この大帝の姪であった当時の女帝、アンナ・イヴァノヴナ（アンナ・オヴ・ロシア。1693-1740年、在位1730-40年）といった方がよかろう〕のために最初に構想された。3つの巨大な並木大通り〔ブールヴァール〕〔ともに並木大通りと訳されるが、ブールヴァールは環状道路で、アヴニューは直線道路を指す〕が、海軍省の建物に集まり、王宮には集まらなかった。

ヴェルサイユはまた、シュトゥットガルト近くのルートヴィヒスブルクの場合のように、格子状に配置された、自身の町を伴う王侯の居館〔レジデンス クリエーション〕の建設にとっての模範でもあった。これは、1709年から、軍事技師のヨハン・ネッテ（1672-1714年）と、のちには、北イタリアの建築家兼ストゥッコ職人ドナート・フリゾーニ（1683-1735年）の手によって、ヴュルッテンベルク公爵のエーバーハルト・ルートヴィヒ〔1676-1733年〕のために建てられた。これより印象深いのは、1606年に、プファルツ選帝侯フリードリヒ4世〔1574-1610年、在位1583-1610年〕によって創設された、バーデンのマンハイムである。これは、カトリックの権力に対抗したカルヴァン主義の砦〔バスチャン〕として役立つように、格子状平面をした通りの数々のある、防備を固めた十角形の町として、1606年に建設された。この町が、1721年にヴィッテルスバッハ家出身のプファルツ選帝侯たちの宮廷になったとき、この町に隣接した城砦〔シタデル〕が、ルイ・レミィ・ド・ラ・フォス（1666-1726年）によって、ドイツでもっとも大きなものとして設計された宮殿に取って代えられたのである。その一方、この町は広大な正方形グリッドを基に新しく配置され直されたのであるが、そのなかでももっとも冷徹な感じのするグリッドは、そこに少数の小さな広場〔スクエア〕が置かれることによって初めて、その重々しさが和らげられたのであった。

首都と王侯の居住地〔シート〕とのあいだを区別するような、政治的理論も専門用語も存在しなかった。時々、これらのものは一致したものであり、また、ネーデルランドでの場合のように、時々かなり別々のものとして存在したのであった。すなわちネーデルランドでは、アムステルダムが首都であり、ハーグ〔デン・ハーフ〕が宮廷の所在地〔シート〕であった。これと同じような二重構造〔デュアリズム〕がフランスでは、パリとヴェルサイユのあいだに存在した。その一方で、ワシントンとニューヨークの互いに補完しあう役割は、現代においてこれに匹敵するものと見なされるのかもしれない。

512

ヴォーバンと要塞都市

　セバスティアン・ル・プレストル・ド・ヴォーバン元帥（1633-1707年）は、120以上の要塞〔要砦〕を設計したフランスの軍事技師であり、これらの要塞において初めて、フランスの防衛〔力〕が国家的基盤をもって考察されたのである。ヴォーバンはまた、ピレネー山脈の、サールルイ、ロンジー、そしてモンルイのようなフランスの国境地帯に建つ新しい町の数々を設計するための都市計画において、重要な位置を占めている。典型的なものは、ライン河の横断を保護するべく、コルマール〔フランス北東部、アルザス地方の町〕の南東に、1697年に創設された、ヌフ=ブリザックである。これは、閲兵場〔錬兵場〕としても使うことのできる大きな広々とした広場(スクエア)を中心とした、格子状パターンの町の街路群がある、ヴォーバン特有の幾何学的な、星形の城砦を呼び物としている。ヴォーバンは、ヴェルサイユの場合と同様に、カールスルーエの町に対しても影響を及ぼしたことは疑いようがない。

国王広場(プラス・ロワイヤル)

　国王広場は、君主の彫刻が真ん中にでんと構え、とりわけその強力な中央集権化君主制の17世紀フランスと結びついている。パリでは、ヴォージュ広場(プラス)とヴィクトワール広場(プラス)のあと、パリでもっとも大きな広場(スクエア)として、1685年にルイ14世によって計画されたルイ=ル=グラン〔ルイ大王〕広場(プラス)（現在のヴァンドーム広場）が続いた。各種王立アカデミー、王立図書館、そして造幣局(ミント)〔貨幣鋳造所〕が周りに建つこの広場は、フランスの軍事的かつ文化的偉業の数々を称えることを意図して計画された。工事は着工したものの、あまりに野心的すぎるとして、1691年に一旦放棄されてしまった。その後、この広場(スクエア)は、1700年頃に、フランスのもっとも社会的に活動にするエリートといった構成員(メンバーズ)たち、すなわちパリの財政家たちのための、居住用集合住宅(レジデンシャル・アンサンブル)として、建築家J.アルドゥアン=マンサールによって構想し直されたのであった。

　これに続いて1753年には、〔A.-J.〕ガブリエル〔1698-1782年〕が計画した非凡な様を見せるルイ15世広場(プラス)が登場した。元々はブシャルドン〔1698-1762年〕の手になる国王の騎馬像が周りを統べていたこの広場は、南面はセーヌ河に、東西側はシャンゼリゼの木々とテュイルリー宮殿に、さらには、のちに埋められてしまったが、奇妙なシステムの濠に、限られていた。建物は、北側に並んで建つ双子(ツイン)の宮殿、西側のオテル・ド・コワラン（今日のオテル・ド・クリヨン）、そして東側の家具保管所（今日の海軍省）だけである。これらの建物は、2階と3階を貫いて建つ巨大な円柱列(コロネード)によって、1667-74年にルイ14世のために建てられた、ペローの手になるルーヴル宮殿東正面（本書443頁）に対する敬意を雄弁に表わしているのである。

　ガブリエルはまた、その父親であるジャック・ガブリエル（1667-1742年）に恩恵を受けたが、彼は1730年に、レンヌとボルドーで、国王広場を細かく計画した人物であった。同様の都市計画案(スキーム)は、〔ジャン=ガブリエル・〕ルジャンドル〔1770年歿〕によってランスにおいて、A.-M.〔アントワーヌ=マティウ〕ル・カルパンティエ〔1709-73年〕によってルーアンにおいて、そし

513

てわれわれが前の章で見たように、エマニュエル・エレ・ド・コルニーによってあらゆる広場のなかでもっとも壮麗な広場をつくりだしたナンシーにおいて、1750年代に実現されていったのである。これらの案は、王家の優越性を公けにかつ政治的に表現するものであり、18世紀フランスの新しい平和と安全によって可能となったのである。というのも、これらの案にはしばしば、市壁や塁壁を、公園や散歩道に取って代えるという項目が含まれていたからである。

　国王広場〔プラス・ロワイヤル〕は、ほかの国々でも真似られた。とりわけ、コペンハーゲンの1750年のアマーリエンボルク〔アマーリエンボリ〕が知られる。ここの広場の隅部には、ヴァンドーム広場によって鼓舞された宮殿が建てられたのである。ブリュッセルにおいては、国王広場は、1766年に、ネーデルランドのハプスブルク家出身の統治者、シャルル〔＝アレクサンドル〕・ド・ロレーヌ〔1712-80年〕によって、ボルドーやランスやルーアンのようなフランスの都市群に見られた広場〔スクエア〕を真似て、着工された。

クリストファー・レンのロンドン計画

　バロック期のイングランドにおける主要な都市計画は、われわれがすでに手短に見てきた、クリストファー・レンによるロンドン・シティのための都市計画であった。1666年のロンドン大火のあとにチャールズ2世に呈示された、このレンの過激ともいえる計画案は、版画集からレンが知りえた教皇庁のローマから、そして、1665-6年に彼がフランスを訪れた際に目にした、ヴォー＝ル＝ヴィコントやヴェルサイユにおける、ル・ノートルの手になる軸線を中心とした庭園の設計から、さまざまな要素を引き出したものであった。もう一度、ベルリンとヴェルサイユの場合のように、われわれは、この時代における庭園のデザインと都市計画の合流を見ることになる。レンはまた、パリの埠頭〔キー〕に鼓舞された、テームズ河沿いの埠頭〔キー〕を組み入れもした。六角形や星形の広場〔スクエア〕を取り込んで、矩形の〔グリッド状の〕道路網〔ストリート・ネットワーク〕を、幅の広い斜め方向に走る並木大通り〔アヴニュー〕の数々と組み合わせようとする最初の試みのひとつは、不思議な魅力はあるものの、複雑なデザインであり、これは、ワシントンのものを含んだ、ずっとあとの都市計画の先駆的な例となったのである。このデザイン自体は大いに賞嘆されたものの、イングランドではとても考えられない中心集権的な都市計画の統制機構〔コントロール〕を〔当然ながら〕欠いたロンドンでは、実現する機会はまったくなかったのであった。

建築規制：遵奉〔コンフォーミティ〕の役割

　アムステルダムは、16世紀の始まり〔スタート〕までに新しく設立されたオランダ共和国の、もっとも豊かな都市であり、次の世紀では、世界中でもっとも重要な、売り手や買い手の出入りの盛んな市場となった。ただこうした商業のためだけに生活していたため、アムステルダムには、大聖堂や城館や大学、そして修道院といったような、大都市に通常は見られる明確な象徴物〔エンブレム〕を欠いていた。それにもかかわらず、海から、住居群や倉庫群を保護するために、アムステル

第7章　バロックの拡がり

532　ヴォーバンの手になるヌフ゠ブリザック（1697年）の上空からの眺望

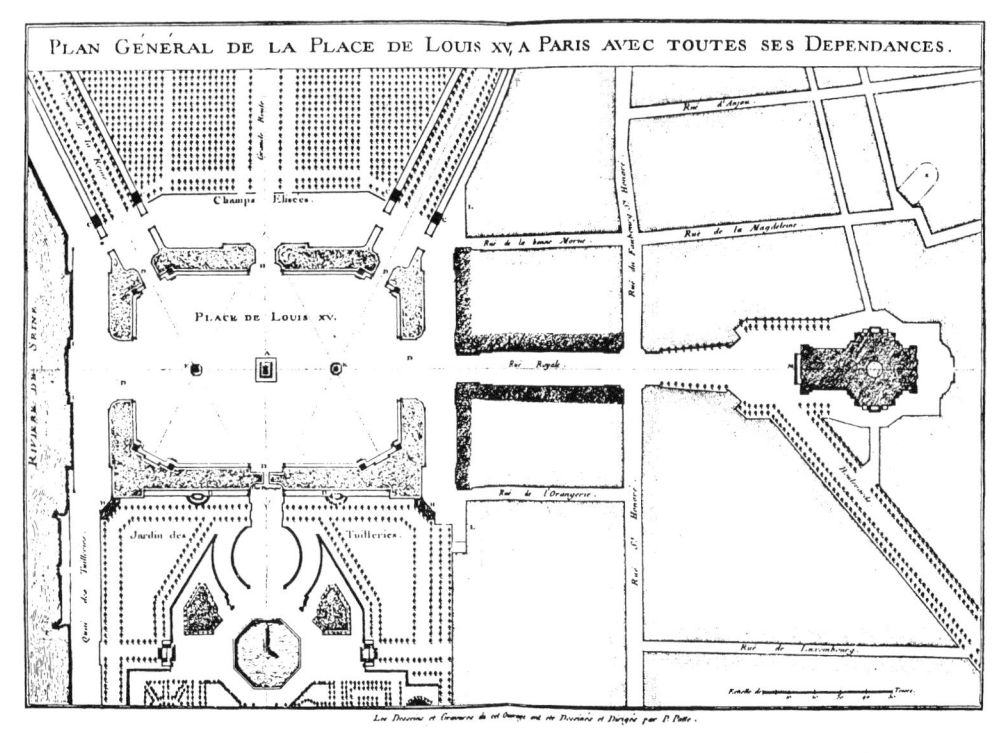

533　ガブリエル：ルイ15世広場（今日のコンコルド広場）の平面図、パリ（1753年）

515

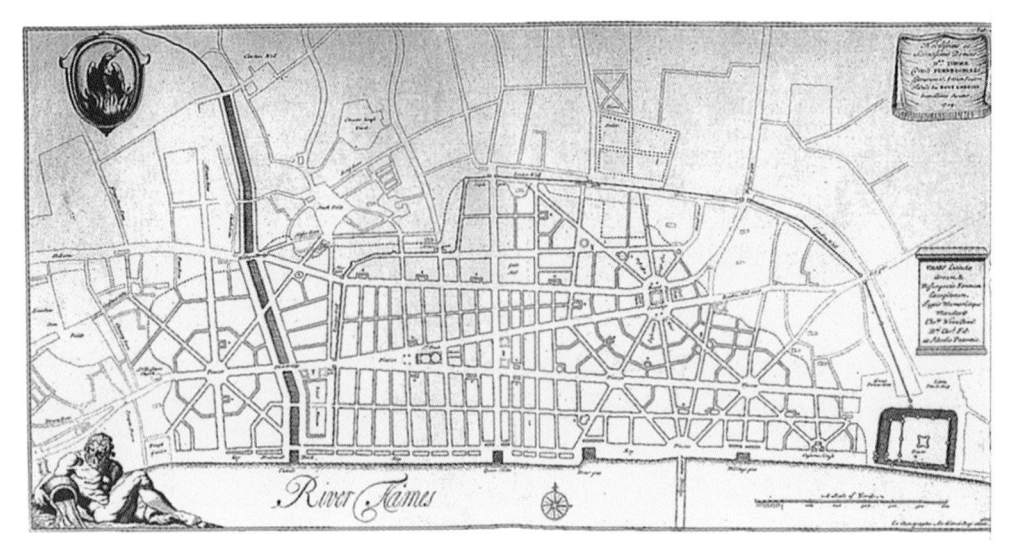

534 レンの手になるロンドンの地図（1666年）

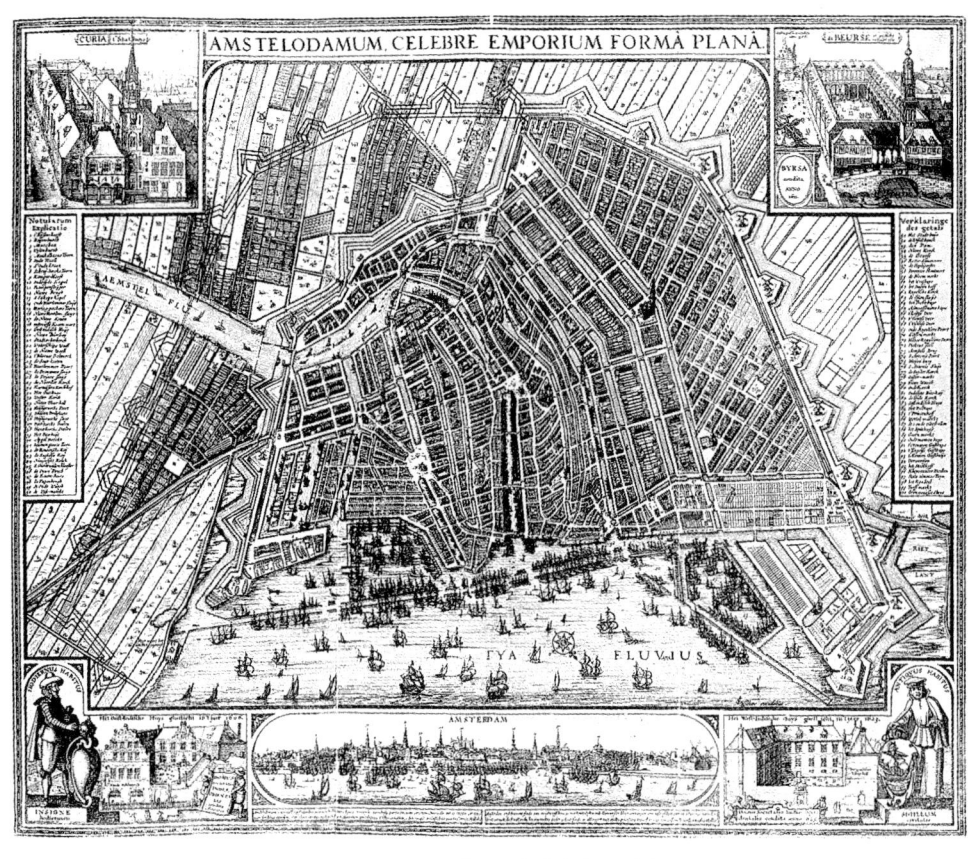

535 アムステルダムの平面図（1623年）

ダムは、どちらかといえばヴェネツィアのように、建物や都市計画に対しては、厳格な統制（コントロール）を採択せざるをえなかったのである。広い埠頭（キー）のある3つの印象的な同心円状の運河、すなわちいずれも有名なヘーレング運河（グラハト）、カイザース運河（グラハト）、そしてプリンセン運河（グラハト）をもってこの都市アムステルダムを拡張しようという計画案は、1607年に承認され、1620年代に完成した。1660年代に付け加えられた第2次の発展段階もまた完成に到った。やかましく言う建築条令群が、住宅の建設と地帯設定（ゾーニング）を規制したが、その一方、計画全体（スキーム）は、上部からの権威を押し付けられることもなく、この都市そのものから発案という、異例の措置のもとに企画されたのであった。

1670年代から18世紀の最初の10年までの、ヴェルサイユの町の発展は、アムステルダムのそれとは全体的に異なった政治上のシステムの産物ではあるものの、アムステルダムと同様に、われわれが第5章で目にした中世の町々で行なわれたどんな規制よりも完璧な建築規制によって、管理統制されていた。厳格な条例の適用によって、高さ、幅、階数、建築資材、そして家屋の色さえもが規制されており、一方、所有権者たちは、自分たちの舗道を、きれいなままに保ち、〔夜には〕ランプでしっかりと採光することを義務づけられたのである。

審美的な見かけ（アピアランス）〔外観〕に純粋に関わる規制群の歴史は、これからのさらなる踏査を必要とするものではあるが、とにもかくにも、ゲニウス・ロキ（genius loci）〔その土地に固有の特徴。その土地の守護神。その土地の雰囲気、気風のこと〕を求める感情が、新しい建物には、既存の歴史的な模範（プロトタイプス）となっている物々との関わりの遵守が時々要求されたということを意味したのは明らかである。アラスというフランドル地方の都市は、1659年以降はフランスに属し、織物と〔壁掛け用・室内装飾用の〕タピストリーの制作で豊かになったが、ここには、2つの広場があることで記憶に残されるべきところである。そのひとつはプティット・プラス〔「小さな広場」の意〕（現在のプラス・デ・エロ〔「英雄広場」の意〕）であり、これは中世からずっと市場のたつ広場であった。そしてもうひとつは、グランド・プラス〔「大きな広場」の意〕で、これはフランドル地方の煉瓦と石の様式でつくられた、17世紀後期の、〔1階に〕背の高いアーチ列（アーケード）があり、〔屋根には〕切妻のある家々（ゲイブルド）に取り囲まれた広場であった。これら2つの広場（スクエア）に見られる均一さ（ユニフォーミティ）は、偶然の賜物などではない。というのも、1692年の条例が、これら双方の広場の新しい所有権者たちに、彼らの家々のファサードを、その当時建てられたばかりの、今は破壊されてしまってない、メゾン・ド・レキュ・ドール（Maison de l'Ecu d'Or〔金貨鋳造所〕）のファサードに合わせるように要求したからである。1718年のさらなる条例は、ファサードのすべてを同一のものにすべきと、主張し続けた。第1次世界大戦において、これら2つの広場（スクエア）の大半が破壊されたあと、これらの広場が1930年代にピエール・パケの手で完璧に再建されたとき、歴史は繰り返したのであった。これらの広場は現在ではかなり円熟味を増し（メロウド・ダウン）、この歴史に残る（ヒストリック）都市を訪れる人々のほとんどが、新しい建物群がどのようなものかを理解することはない。

これと同様に、1695年のフランス軍による砲撃で、ブリュッセルのグランド・プラス

536 グラン・プラス、ブリュッセル（1697年以降に再建）、〔左に〕市庁舎（1402-63年）が見える

〔Grande Place と原文にはあるが、ブリュッセルに限らず一般的にグラン・プラス Grand Place といわれ、成句的表現として、女性名詞 Place の前であっても形容詞 grand には、末尾に e をつけない〕の破壊のあと、1697年の行政命令(デクリー)が、新しい建物(ワーク)が、切妻のあるギルド・ハウス群〔商人団体の家々〕用に、17世紀のあいだずっと発展を続けてきたイタリアとフランドル地方独特のバロック様式を遵守して建てられる場合に限って、その再建の申請を認可したのであった。その結果、グランド・プラス〔グラン・プラス〕は、以前につくられた広場の、18世紀における大々的な再建の例となっているのである。16世紀半ばのデザインを基にして17世紀の初めに建てられた、マドリードのマヨール広場(プラサ)は、17世紀に起こった2度の火災のあとも、同じ様式で忠実に再建されたが、もっと注目すべきことには、1790年の最後の火災のあとも、新古典主義の建築家フアン・デ・ビリャヌエーバ（1739-1811年）の手によって、これまた以前のままのかたちで再建されたのであった。

518

〔訳者略歴〕

白井秀和（しらい・ひでかず）

1951年生　福井大学大学院工学研究科教授・工学博士
京都大学工学部建築学科卒業
同大学院工学研究科修士課程修了
同博士課程研究指導認定退学
パリ国立高等美術学校（エコール・デ・ボザール）U.P.6 留学
専門：フランス・イタリア建築思潮、建築論、西洋建築史

主要編・著書：『カトルメール・ド・カンシーの建築論』(1992) ナカニシヤ出版
『ルドゥー「建築論」註解I・II』(1993-4) ＊
『建築的場所論の研究』〔共著〕(1998) ＊
『建築論事典』〔共著〕(2008) 彰国社
訳書：『ブロンデル 建築序説』(1990) ＊
E.カウフマン『ルドゥーからル・コルビュジエまで』(1992) ＊
L.-P.バルタール『ボザール建築理論講義』(1992) ＊
G.ハーシー『古典建築の失われた意味』(SD選書)(1993) 鹿島出版会
E.カウフマン『理性の時代の建築──イギリス・イタリア篇』(1993) ＊
E.カウフマン『三人の革命的建築家』(1994) ＊
H.オナー『新古典主義』(1996) ＊
S.アバークロンビー『芸術としての建築』(SD選書)(1996) 鹿島出版会
E.カウフマン『理性の時代の建築──フランス篇』(1997) ＊
A.ヴォジャンスキー『ル・コルビュジエの手』(2006) ＊
『ル・コルビュジエ事典』〔共訳〕(2007) ＊

〔＊は中央公論美術出版〕

デイヴィッド・ワトキン
西洋建築史 I
──メソポタミアとエジプト建築から
バロック建築の発展まで── ©

平成二十六年二月 十 日印刷
平成二十六年二月二十五日発行

訳者　白井秀和
発行者　小菅 勉
印刷　広研印刷株式会社
用紙 製本　三菱製紙株式会社
製函　株式会社加藤製函所

中央公論美術出版
東京都中央区京橋二丁目八─七
電話〇三─三五六一─五九九三

ISBN978-4-8055-0709-4